马克思哲学论坛丛书

Marx
Philosophy
Forum

第十三届

经典与当代：
马克思主义哲学史研究

主　编◎孙　麾　丰子义

中国社会科学出版社

图书在版编目（CIP）数据

经典与当代：马克思主义哲学史研究／孙麾，丰子义主编．—北京：
中国社会科学出版社，2015.9

（马克思哲学论坛丛书）

ISBN 978 - 7 - 5161 - 6859 - 2

Ⅰ.①经…　Ⅱ.①孙…②丰…　Ⅲ.①马克思主义哲学—哲学史—文集
Ⅳ.①B17

中国版本图书馆 CIP 数据核字（2015）第 208562 号

出 版 人	赵剑英	
责任编辑	王　茵	
特约编辑	马　明	
责任校对	王　斐	
责任印制	王　超	

出　　　版	中国社会科学出版社	
社　　　址	北京鼓楼西大街甲 158 号	
邮　　　编	100720	
网　　　址	http：//www.csspw.cn	
发 行 部	010 - 84083685	
门 市 部	010 - 84029450	
经　　　销	新华书店及其他书店	

印刷装订	北京君升印刷有限公司	
版　　　次	2015 年 9 月第 1 版	
印　　　次	2015 年 9 月第 1 次印刷	

开　　　本	710×1000　1/16	
印　　　张	33.25	
字　　　数	565 千字	
定　　　价	118.00 元	

目　　录

马克思主义哲学史学科反思与方法论检讨

马克思恩格斯经典文本研究的双重视角 ……………………… 陈先达（3）
深化马克思主义哲学史研究的几个问题 ……………………… 丰子义（22）
当代马克思主义哲学史书写中的三个关系问题 ……………… 梁树发（36）
马克思主义哲学的内史与外史的书写 ………………………… 何　萍（47）
马克思主义哲学中国化传统的形成和发展 …………………… 汪信砚（62）
马克思主义及其哲学：出场语境和理论形态 ………………… 杨学功（77）
关于当前马克思主义哲学史研究中的几个方法论问题 ……… 庄友刚（90）

马克思主义哲学史上重要文本、人物和思想研究

马克思人的本质思想的全新展示 ……………………………… 张奎良（103）
切莫把马克思所批判的观点当作马克思的思想引证
　　——有关"与人分离的自然界也是无"的读解 ………… 许全兴（127）
切莫再把黑格尔的思想当作马克思的思想引证
　　——对《哲学的贫困》中一段话的解读 ………………… 赵家祥（133）
从两个文献看恩格斯晚年究竟有没有放弃共产主义
　　世界观 ……………………………………………………… 陈学明（139）
马克思对古典自由主义的批判及其思想史效应 …………… 邹诗鹏（156）
再论"犹太人问题"
　　——重提马克思早期思想演变中的一桩"公案" ……… 聂锦芳（170）
完整理解马克思的人的解放理论
　　——马克思《论犹太人问题》再解读 ………………… 阎孟伟（187）

《德意志意识形态》中的交往思想何以被误读和低估 ……… 席大民(206)

论《哲学的贫困》在马克思主义哲学史中的价值与地位 …… 戴圣鹏(222)

物的依赖关系与市民社会的经济学—哲学批判

　　——新版《政治经济学批判大纲》研究 ……………… 仰海峰(231)

马克思《危机笔记(1857—1858)》的编辑、研究现状及意义 　 陈长安(251)

基于思想史分析视野的《资本论》的哲学性质 ………… 卜祥记(275)

《资本论》的哲学史意义 ……………………………… 白　刚(289)

作为主体的劳动时间

　　——《资本论》及其手稿时间观的存在论阐释 … 王林平　高云涌(302)

马克思主义哲学史研究与马克思主义哲学理论创新

一种崭新的社会形态

　　——论中国特色社会主义的独特价值和伟大意义 ……… 赵剑英(317)

马克思主义价值论的形成和发展概述 …………… 李德顺　孙美堂(330)

马克思主义哲学发展史中扬弃和复兴形而上学的两大传统 … 侯　才(343)

马克思哲学中两种逻辑间的张力及一种可能的解决方式 … 王南湜(357)

重新反思"哲学基本问题"

　　——哲学观念变革的重大课题之一 ………………… 贺　来(369)

重思马克思对黑格尔辩证法的"颠倒" ………………… 王庆丰(383)

论历史唯物主义的两种"历史"概念与意蕴 …………… 刘怀玉(397)

重估马克思历史理论的独特贡献及其当代价值 ………… 孙乐强(415)

马克思的拜物教批判理论的一般方法论意义 …………… 李惠斌(428)

从黑格尔到《资本论》：现代性矛盾的调和与超越 ………… 郗　戈(438)

苏格兰启蒙运动与青年马克思的市民社会理论 ………… 臧峰宇(456)

超越资本与空间生产的历史限度 ……………………… 车玉玲(470)

国际视野中的马克思主义哲学研究

何为"现实"：马克思与尼采的启示 ………………………… 刘森林(483)

英国新马克思主义在思维方式上的变革 ………………… 乔瑞金(494)

在发展中坚持历史唯物主义:"英国马克思主义"的
　　理论启示 ·· 张　亮(502)
统一性哲学的断裂与革命理论的合法性论证
　　——马克思及其后继者的哲学贡献 ·················· 夏　莹(511)

第十三届马克思哲学论坛学术总结 ·················· 孙　麾(525)

马克思主义哲学史学科
反思与方法论检讨

马克思恩格斯经典文本研究的双重视角

陈先达[*]

如何阅读和研究马克思恩格斯的经典文本，是坚持历史唯物主义方法、按照原著本意阅读和以创造性态度对待它们，还是片面强调自我解读、自我建构，这是关系科学地理解马克思主义本质、功能和当代价值的重大问题。尊重经典，学习经典，正确理解经典，对巩固马克思主义在意识形态中的指导地位有重要作用。

一 历史视角、逻辑视角及其特征

我们称马克思和恩格斯留给后人的宝贵思想财产为经典文本。对这些文本的研究有两种视角，即历史视角和逻辑视角。历史视角指的是研究马克思主义哲学史，逻辑视角则指的是研究马克思主义哲学基本原理。马克思主义哲学史和马克思主义哲学基本原理，在长期的学科发展历史进程中逐渐形成两个相对独立的分支。其实，这只是我们研究者为了方便研究而构建的视角，而非马克思恩格斯思想的原本存在方式。对于他们的经典文本，我们从历史的和逻辑的两个角度进行研究，从而形成现在我们研究马克思主义哲学而采取的两种研究范式。对两者关系处理得好，有利于马克思主义哲学研究的深入，处理不好会形成分裂甚至割裂，则两败俱伤。这是我们在研究马克思和恩格斯经典文本时必须时刻注意的。为了使对此问题的研究更为深入，我们需要对历史的视角和逻辑的视角的特征有清晰的把握。

---

* 陈先达，中国人民大学哲学院资深教授。

　　就马克思主义哲学史而言，马克思和恩格斯没有留下自己思想发展的自我叙述著作。虽然有点线索性的东西，例如马克思的《政治经济学批判·序言》，恩格斯《在马克思墓前的讲话》，列宁的《弗里德里希·恩格斯》和《卡尔·马克思（传略和马克思主义概述）》，但并没有一个完整的著作来讲述其思想发展的脉络及历程。撰写一部有头有尾、体系完整的马克思主义哲学史，当然是不同时代研究者的工作。但不能由此得出结论，马克思主义哲学史可以任意构建。马克思主义哲学史研究既是哲学又是历史，作为历史它应该具有历史学共有的特点，这就是尊重历史事实。没有事实，就不是历史，而是历史的伪造。

　　克罗齐关于"一切真历史都是当代史"① 的论断，在历史学中影响至深。当然，任何历史学家都在自己的时代从事历史研究，历史学家对历史的观点、视角、兴趣、关注点都不可能跳出自己的时代，即每个历史学家的"当代"。因而，与现实需要无关且"为历史而历史"的研究是毫无意义的。从这个角度来理解克罗齐的论断，无疑对历史研究是有启发的。但是，历史判断的当代性不能变为被研究的历史事实和历史人物的当代性。历史认识的当代性，涉及的是历史研究的主体的当代性；而历史事实和历史人物应该有自己确定的时代，有自己真实的内容。我们不同的人可以改变观察历史的观点，但不能改变历史事实。如果历史服从重构，每代人都可以重构历史，而且可以永远不断地重构过去，"历史真实"就只能永远被笼罩在不可信的重构的迷雾之中。这种只知有"此时""此地"的解读者，而不知有"彼时""彼地"的历史事实本身，必然陷于历史虚无主义。马克思主义哲学史同样要遵守历史真实性原则。不能说以马克思和恩格斯的文本为依据就不可能有真实的马克思主义哲学史，这种说法是把他们的经典著作看成是摆脱历史制约性和内容真实性，仅仅以文字为载体可以任意解读的一种文本。对马克思和恩格斯经典著作的上述看法，不可能跳出主观唯心主义的解释方法的窠臼。其实，马克思主义哲学史要以他们的经典文本为依据，就是因为其文本本身就包含文本的历史性和理论的真实性。

　　首先，任何一个哲学家、哲学思想、哲学思想体系都是一定历史条件

---

　　① ［意］贝奈戴托·克罗齐：《历史学的理论与实际》，傅任敢译，商务印书馆1982年版，第2页。

的产物。哲学家的思想的秘密存在于历史背景之中，而不是存在于当代人的解读之中。马克思和恩格斯的经典文本的历史条件是明确的。他们的经典文本本身就是历史的，都有比较明确的著作年代。虽然有些著作不可能精确到哪月哪天，但大体年代是有的。它不像有些中外古典文献那样，存在后人的假托，或年代和作者都难以厘清的问题。明确的写作年代，表明马克思和恩格斯的经典文本都有特定的历史背景可考，可以放在特定的历史背景下来考察。明确的历史条件，决定我们不可能随意解读马克思和恩格斯的文本，因为它的写作年代与历史条件的契合是不能任意改变的。马克思和恩格斯的每一经典著作之间的时间延续性，构成了他们文本的历史特色。马克思主义哲学史研究，就是着重研究每本重要经典出现的时代背景，它是如何产生，他们为什么要写这本书。这样才能进入马克思和恩格斯原本思想的深处，杜绝任意解读的可能性。

历史视角的特点是，每本经典著作都是一次性的，非重复性的。每本著作都只出现一次。即使《资本论》写作长达 40 年，有多种手稿，但就每种手稿而言仍然是一次性的。《德意志意识形态》有多个手稿，将其编成一本书则是研究者整理的结果，就历史本真状态看它是多个版本的手稿。文本的历史性，构成经典著作研究的史学特色，每本经典都要放在特定历史背景下来研究，时间顺序不可混乱。马克思和恩格斯著作的编年史，就蕴藏着马克思和恩格斯的思想发展史。例如，马克思给查苏利奇的复信中关于俄国跨越资本主义卡夫丁峡谷的论述，不可能出现在 1859 年《政治经济学批判·序言》关于历史唯物主义基本原理的论述之前；恩格斯晚年历史唯物主义著名通信中关于上层建筑能动作用的论述也不可能出现在《德意志意识形态》之前。颠倒这个顺序就不是历史。严格的历史顺序是马克思主义哲学史研究的基本条件。历史条件的确定性，经典出现的一次性，思想发展的连续性是马克思主义哲学史研究的特点。

其次，经典中提出了哪些思想，阐述了哪些问题，提出了哪些看法，也是客观的。因为它就存在于经典之中，而不是存在于经典之外的主体解读之中。马克思主义哲学史研究应该放在每本经典的特殊性上，揭示每本经典文本的特色与马克思恩格斯思想创造性发展的历史进程。因此，研究马克思主义哲学史，应该着重于每本经典的特色，而不是重复原理。重复就没有历史。没有思想和理论的发展，没有过程，就没有马克思和恩格斯哲学的历史。

最后,最为关键的是,马克思主义哲学史应该包括马克思恩格斯的实践史。因为,他们的理论创造和他们的实践是紧密联系的。不可能出现双轨,理论发展史是一回事,而他们的实践是另一回事。马克思恩格斯既是思想家又是革命家。他们的理论就表现在其奋斗目标和行动之中。行动体现他们的理论,理论也表现在他们的行动之中。两相对照,就能更深刻理解他们经典文本阐述的原理的真实性。把一个革命者塑造为一个满含眼泪的、把希望寄托在统治者善良本性上的人道主义的社会主义者,不符合历史事实。马克思和恩格斯为推翻资本主义制度而组织工人政党,一生都从事于唤醒无产阶级,推动人类解放,因此才有了批判资本主义的经典哲学著作。一本具有科学性、真实性的关于马克思和恩格斯哲学思想的发展史,必须是能真实揭示他们的经典文本产生的历史条件、理论内涵、思想进程和实践活动的相关的历史。

在这个意义上,胡编乱造的东西肯定与事实不符。例如"马恩对立论",这是某些西方马克思学炒得很热的问题。有什么根据,有历史事实根据吗?没有。有经典文本根据吗?没有。谁能在马克思和恩格斯的著作中,包括他们私底下的无数通信中,发现他们存在理论对立?没有。恩格斯称马克思是"第一小提琴手"①,以及在马克思墓前发表的著名的总结性悼词,都表明他们之间并不存在对立。他们的经典文本表现出来的是其各有专长,各有侧重,各有自己的代表作。他们在通信中也有过关于某些问题的探讨甚至争论,这是讨论,而不是理论对立。人生有限,术有专攻,即使像马克思和恩格斯这样伟大的学者,也是各有所长。在合作《共产党宣言》之后,马克思以毕生精力从事《资本论》的研究、写作,而恩格斯则在与对手的论战和总结自然科学的伟大成就中,对辩证唯物主义和历史唯物主义、对科学社会主义的阐述有突出贡献。他们是分工又是协作。所谓"马恩对立",只是某些研究者怀有政治意图的分析,而非事实。对历史而言,最重要的是事实而不是研究者的个人分析性结论。没有根据的结论,在历史学中一文不值。

---

① 1884年10月15日恩格斯在致约翰·菲力浦·贝克尔的信中提出:"我一生所做的是我注定要做的事,就是拉第二小提琴,而且我想我做得还不错。我很高兴我有像马克思这样出色的第一小提琴手。"参见《马克思恩格斯文集》第10卷,人民出版社2009年版,第525页。

　　至于"老年马克思和青年马克思的对立论"，同样是没有历史事实的根据。马克思经典著作包括手稿的先后次序，表现的是思想的发展，而不是退化，是由不成熟到成熟，而不是相反。如果马克思的思想发展是老年不如青年，那全世界的无产阶级革命应该以《1844年经济学哲学手稿》为指导，而不是以《共产党宣言》《资本论》《反杜林论》等著作阐述的基本原理为指导，不是以推翻资本主义制度，建立社会主义和共产主义社会为目标，而是以人性异化来解释历史，以追求人性复归作为共产党人奋斗的最高目标。这完全不符合世界无产阶级革命实践史。只要考察一下中国的革命和建设，尤其是近30多年来的社会主义改革开放，全部实践无不是为了解放和发展生产力，改变旧的生产关系，改变不适应经济基础的上层建筑，建立富裕、公平、和谐、自由的社会，并在改变社会的过程中培养社会主义新人。人性的丰富与完善是建立在改变社会的基础上，而不是相反。这是最起码的历史唯物主义原理。

　　研究马克思主义哲学史，一定要确立正确的马克思恩格斯思想发展观，应该懂得在马克思和恩格斯经典文本中，著作比笔记成熟，因为笔记是思想的准备和积累，或者说是正在思考中的思想；正式定稿的东西比草稿成熟，二稿比一稿成熟，三稿比二稿成熟，否则何必再三修改呢？研究马克思主义哲学史，可以考察这个成稿过程，考察如何修改，考察一稿、二稿、三稿有什么区别，有何增删，这样有利于了解他们思想如何深化，但不能把手稿置于正式著作之上，把一稿置于二稿之上，从未发表的手稿中挖掘出片言只语来进行所谓的"思想构建"。这样的马克思主义哲学史，就不是马克思和恩格斯思想发展史，而是思想退化史。

　　马克思主义哲学基本原理研究的视角不同于马克思主义哲学史的视角。它不是着重于经典著作的一次性、非重复性进程，也可以不必关注论战对象，关注写作动机，而是关注经典中不断重复的具有普遍性的规律性论断。例如，马克思和恩格斯关于生产力与生产关系、生产方式、社会形态、经济基础与上层建筑、阶级斗争等具有普遍性规律性的论述。它是脱去了历史"外衣"的纯逻辑范畴、概念、规律。因此基本原理的特点不是一次性的，而是在马克思恩格斯经典文本中反复出现且加以论述的规律性理论。可以说，基本原理是贯穿马克思恩格斯全部著作中的红线。不管是批判费尔巴哈，批判普鲁东还是批判其他人都不要紧，要紧的是这些具有规律性的论断本身。它构成了马克思主义哲学基本原理的根本内容。如

果用一句话来概括,可以说,马克思主义哲学史是历史的、纵向的,思想
发展是连续的;而马克思主义哲学基本原理则是平面的、逻辑的、概念
的。哲学史是有血有肉的过程,它以历史为背景,以经典文本为依托,有
具体的人物和事件,而哲学基本原理则是无血无肉的规律和范畴。我们从
经典中考察它的纵向发展,创立马克思主义哲学发展史;从经典著作中归
纳出具有普遍性的规律性论述,构成马克思主义哲学基本原理。

当然,在把握什么是马克思主义哲学基本原理时,我们还应该研究马
克思和恩格斯对自己原理的应用。通过他们对历史事件或对理论问题的分
析,可以看到哪些是基本原理。例如从《共产党宣言》《1848 年至 1850
年的法兰西阶级斗争》《路易·波拿巴的雾月十八日》《资本论》,以及关
于巴黎公社失败教训的总结等,就可以看到处处显示出历史唯物主义的基
本原理和唯物主义辩证法的光辉,而不是什么抽象人道主义或人性复归之
类的东西。

马克思主义哲学基本原理的视角是逻辑的。它关注的是经典中阐述的
原理自身的科学性、真理性、可证实性。例如在原理研究中没有必要研究
马克思是何时、何书中第一次阐述生产力决定生产关系的思想,而只关注
这个原理自身。马克思的《资本论》和恩格斯的《家庭、私有制和国家
的起源》,虽然前者是以资本主义社会为对象,揭示资本主义产生、发展
和必然灭亡的规律,后者是分析人类社会从野蛮时代向文明时代的发展,
揭示家庭婚姻制的变迁、私有制的起源、阶级和国家的产生,涉及的是原
始社会向奴隶社会的过渡,似乎它们研究的对象是不同的社会形态,但从
原理角度看,它们运用的都是历史唯物主义原则。

正是由于基本原理在马克思和恩格斯全部的成熟著作中一再出现,并
被运用于分析历史和现实,因而历史研究应该关注它的思想历史进程。在
历史中,原理的形成是一个过程,它有成熟和不成熟之分,可以划分出早
期、中期、晚期;而原理是平面的,不是纵向的。构成原理的是成熟的,
经过实践检验的具有普遍性、规律性的论断。原理中不应该包括不成熟的
东西,而历史中可以包括从不成熟到成熟的进程。不写不成熟的东西就不
是历史,突出不成熟的思想就不是原理。我用一句话概括这种说法,基本
原理中排除的东西可以进入历史,而历史中重复出现的规律性论断应该进
入原理。

二　两种视角的有机统一:合则两利　离则两伤

在长期的学科发展中,马克思恩格斯经典文本研究所形成的两种视角最终导致了两门相对独立的分支:马克思主义哲学史和马克思主义哲学原理。这样做的初衷在于,可以加深马克思主义哲学的研究,但由于我们的课程设置以及研究者自身的素质和学养的限制,有时会造成两者的分离:研究马克思主义哲学原理的不关注马克思主义哲学史,因此对原理的理解往往不准确;研究马克思主义哲学史的则不关注原理的正确性,往往容易陷于过度解读或者由于热衷于主观的解释学方法,走向对经典的断章取义或曲解。

我举几个著名的论断,说明离开历史就会错误地理解原理。"哲学是时代精神的精华",似乎这是马克思关于哲学本质的经典性定义性的表述,其实这是误读。这样理解,离开了马克思1842年抨击《科隆日报》社论提出这一著名论断的历史背景。马克思说的是"任何真正的哲学都是自己时代的精神上的精华"①。这个"真正的"定语是不能忽略的,更是不能删去的。删去了就无法理解,在同一篇文章中,马克思并不是赞扬任何哲学,相反他对经院哲学采取的是批评态度,可见马克思并没有抽象地把任何哲学都视为时代精神的精华。

马克思关于真正的哲学的论断,是对《科隆日报》的政治编辑海尔梅斯对《莱茵报》攻击的反驳,因为《科隆日报》在它的179号社论中猛烈抨击马克思主编的《莱茵报》,说:"我们认为,通过报纸传播哲学和宗教观点,或者在报纸上攻击这些观点,都是不能允许的。"② 它的攻击矛头是直指马克思,因为马克思当时参与青年黑格尔派运动,正在利用黑格尔哲学中的积极因素反对普鲁士专制制度和宗教,并在《莱茵报》上宣传这种哲学观点。马克思当时基于青年黑格尔派的立场维护黑格尔哲学,维护从黑格尔哲学中得出的反对宗教、反对普鲁士专制政府的结论等等,这些实质是要把黑格尔哲学导向实际的政治生活,从而使哲学走出纯思辨领域。这当然不是黑格尔的本意,但黑格尔哲学辩证地表现了时代精

---

① 《马克思恩格斯全集》第1卷,人民出版社1995年版,第220页。

② 同上书,第208页。

神，包含着对现实的批判因素。

　　熟悉这个时代和思想背景，我们就会懂得，马克思是在哲学与宗教对立意义上强调"真正的"哲学是时代精神的精华，因为它追求的是真理，而不是简单的信仰。仍然是在这篇文章中，马克思强调，"哲学是不是应该照'每个地方都有自己的风俗'这句俗语所说的那样，对每一个国家都采取特殊的原则呢？哲学是不是应该在一个国家相信 $3 \times 1 = 1$，在第二个国家相信女人没有灵魂，而在第三国家却又相信有人在天上喝啤酒呢？难道存在着植物和星辰的一般本性而不存在人的一般本性吗？哲学是问：什么是真实的？而不是问：什么是有效的？它所关心的是一切人的真理，而不是个别人的真理；哲学的形而上学真理不知道政治地理的界限；至于'界限'从哪里开始，哲学的政治真理知道得非常清楚，而不会把特殊的世界观和民族观的虚幻视野和人的精神的真实视野混淆起来。在所有维护基督教的人中间，海尔梅斯最无能"①。从这段话中，我们可以看到马克思强调只有追求真理，反映真理的、反映人类精神的哲学才是真正的哲学，才是时代精神的精华。宗教不可能是时代精神的精华；只表达个人哲学见解，而不能反映一切人的真理的哲学也不是时代精神的精华。这警示我们，不要以为任何人自称为哲学家，自称建构出一个哲学体系的哲学都是时代精神的精华。这些不是时代精神的精华，而是一文不值的"哲学胡说"。"哲学胡说"是恩格斯批评当时一些哲学的用语；"把哲学变成胡说的诡辩家"②，则是马克思在致恩格斯信中对施特劳斯等人的哲学的评价。

　　什么样的哲学才是时代精神的精华呢？马克思在论述真正哲学是时代精神的精华同时做过阐述："哲学家并不像蘑菇那样是从地里冒出来的，他们是自己的时代、自己的人民的产物，人民的最美好、最珍贵、最隐蔽的精髓都汇集在哲学思想里。正是那种用工人的双手建筑铁路的精神，在哲学家的头脑中建立哲学体系。"③ 他还强调，任何真正的哲学"不仅在内部通过自己的内容，而且在外部通过自己的表现，同自己时代的现实世界接触并相互作用"④。马克思上述关于真正哲学是时代精神精华中所说

---

① 《马克思恩格斯全集》第 1 卷，人民出版社 1995 年版，第 215 页。
② 《马克思恩格斯全集》第 28 卷，人民出版社 1973 年版，第 368 页。
③ 《马克思恩格斯全集》第 1 卷，人民出版社 1995 年版，第 219—220 页。
④ 同上书，第 220 页。

的时代精神，概括起来就是三个关键词：时代、人民、实践。

第一个关键词是时代。时代精神就是一个时代里反映时代进步要求的精神，因此，真正的哲学必然是引领时代思潮和潮流的哲学，是与时代相向而行并走在前面而不是相背而行的哲学。

第二个关键词是人民。作为时代精神精华的哲学必须能把人民中最精致、最珍贵和看不见的精髓集中在自己的哲学思想里。真正的哲学体系并不是哲学家头脑中冥思苦想、面壁虚构或闭门造车能构建出来的。进行哲学研究时可以闭门，可真正的哲学智慧不是闭门可得的。世界上没有一个仅属于个人的真理，哲学智慧同样如此。

第三个关键词是实践。哲学不仅从内容来说是实践的总结，而且就其作用来说，也应该与世界相互接触和相互作用。一个对人类认识世界和改造世界不能直接或间接起作用的哲学，不可能是时代精神的精华。

只要把马克思1842年撰写的《〈科隆日报〉第179号的社论》中关于真正的哲学是时代精神精华的论断，与他在《德法年鉴》上发表的《〈黑格尔法哲学批判〉导言》以及《论犹太人问题》，与之后撰写的《关于费尔巴哈的提纲》联系起来考察，尤其是与第十一条[1]联系起来考察，就能懂得马克思关于真正的哲学是时代精神精华的深刻含义。这是对新哲学的呼唤。只有这样理解，才能懂得马克思关于哲学满含热情的期待："哲学是被它的敌人的叫喊声引进世界的；哲学的敌人发出了要求扑灭思想烈火的呼救的狂叫，这就暴露了他们的内心也受到了哲学的感染。对于哲学来说，敌人的这种叫喊声就如同初生婴儿的第一声啼哭对于一个焦急地谛听孩子哭声的母亲一样；这是哲学思想的第一声喊叫。哲学思想冲破了令人费解的、正规的体系外壳，以世界公民的姿态出现在世界上。"[2]

我们这样解读，并不否认其他哲学对人类思想的贡献。可以说，凡是在哲学思想史上对人类智慧做出贡献的哲学家，都在不同程度上具有时代特性、吸取人民智慧并对人类认识世界有不同程度的贡献。他们是思想家，而不是哲学掮客。我并不反对简化用法"哲学是时代精神的精华"，

---

① "哲学家们只是用不同的方式解释世界，而问题在于改变世界。"参见《马克思恩格斯选集》第1卷，人民出版社2012年版，第140页。

② 《马克思恩格斯全集》第1卷，人民出版社1995年版，第220页。

但在理论上我们必须懂得并非任何哲学都是时代的精华，有的可能是时代的垃圾。

"宗教是人民的鸦片"①，此说出自马克思1844年发表在《德法年鉴》上的《〈黑格尔法哲学批判〉导言》。此时德国要结束宗教革命转向政治革命并提出人类解放问题，在此时此刻对宗教作用如何评价？它对政治革命、对人类解放，对提高无产阶级解放的觉悟而言，是清醒剂还是麻醉剂？这是不言而喻的。它起着精神鸦片的作用，因为它使被压迫者沉迷于对天堂的幻想，而忘掉现实的不幸和斗争。如果不加分析地把这个论断作为关于宗教本质的普遍判断，就会失去它的真理性。这种单纯地脱离人类历史而对宗教的理解，只会在现实中导致错误的宗教政策和社会的分裂。

宗教的功能是多种的。它的功能性质和作用往往离不开它的历史背景。宗教可以是政治斗争的工具，例如英国封建社会中王权与教权的斗争；可以是极端恐怖组织进行恐怖活动的思想工具；也可以是在行为上自我约束、道德向善、以诚待人的宗教教导，因而真正虔诚的信徒往往是具有道德心和爱心的信徒。宗教还具有文化功能。宗教对哲学、美术、音乐、雕塑影响至深至大。只有懂得宗教才能懂得中国哲学，同只有懂得宗教才懂得敦煌石窟、龙门石窟等的艺术价值一样。所以宗教是"人民的鸦片"的说法有其历史背景和原因，并非马克思主义关于宗教的标准定义，而是对利用宗教反对革命反对社会变革，用迷信愚弄群众的一种抨击。

"每个人的自由发展是一切人自由发展的条件。"② 我们一些学者在文章中抽象地宣传这个观点，仿佛它是马克思主义哲学的基本原理。其实这也是离开经典文本的历史条件而导致的误读。马克思决不是个人自由主义者，他不认为不先解放个人就不能解放人类。马克思关于自由的学说非常明确。个人只有在集体中才能得到自由。在资本主义社会，一个人的自由是另一个人自由的丧失，一个阶级的自由是另一个阶级自由的丧失。因此，阶级社会中，一个人的自由是另一个人自由的妨碍。这种情况只有消灭阶级和剥削才有可能改变，因此"代替那存在着阶级和阶级对立的资产阶级旧社会的，将是这样一个联合体，在那里，每个人的自由发展是一

① 《马克思恩格斯选集》第1卷，人民出版社2012年版，第2页。
② 同上书，第422页。

切人的自由发展的条件"①。离开了这个大前提，抽象地说"每个人的自由发展是一切人的自由发展的条件"，是错误的。如果这个论断能成立，我们就应该根本改变马克思主义的革命学说，先解放个人，为个人争取自由才使全社会获得自由。社会主义革命不是从争取个人自由开始的革命，而是从改造社会开始的革命。马克思主义的社会革命论和西方自由主义理论走的是两条完全不同的道路。

在逝世前一年，恩格斯仍然坚持社会革命的观点，而不是个人自由高于和先于集体自由的观点。1894 年 1 月，当意大利的朱泽培·卡内帕请求恩格斯为《新纪元》周刊创刊题词时，他要求恩格斯尽量用最简短的文字来描绘未来社会主义社会的新纪元的特征。恩格斯复信说："我打算从马克思的著作中给您找出一则您所期望的题词……但是，除了《共产主义宣言》中的下面这句话……我再也找不出合适的了：'代替那存在着阶级和阶级对立的资产阶级旧社会的，将是这样一个联合体，在那里，每个人的自由发展是一切人的自由发展的条件。'"② 恩格斯意思很明确，"每个人的自由发展是一切人的自由发展的条件"的社会是社会主义新纪元。要使它成为现实，首要条件是消灭阶级和阶级统治，只有社会解放才有个人解放。也只有在社会主义条件下，才可能通过促进个人的自由发展，为他人的自由创造条件。我们倡导的社会和谐，就是朝这个方向发展。

反过来，在研究马克思主义哲学史时，我们要以马克思主义哲学基本原理为指导，坚持马克思主义的世界观和方法论。如果脱离原理，寻章摘句，各取所需，就会歪曲马克思的思想。例如，把马克思对查苏利奇的复信中关于跨越卡夫丁峡谷可能性的论断，看成是其晚年对早年关于社会形态学说的否定。其实无论俄国后来跨越资本主义卡夫丁峡谷成功与否，都不能作为对社会五形态学说的否定。"五形态说"是世界历史发展的总规律，而非任何一个具体国家具体社会的发展模式。但任何国家或社会发展按其发展历史进程来说，都只能与五种社会形态发展总方向顺向而行，而不是逆向而行；可以各具特色，但决不是无规律可寻，杂乱无章。例如中国的半封建半殖民地社会，不是一种独立的社会形态，而是资本主义与封

---

① 《马克思恩格斯选集》第 1 卷，人民出版社 2012 年版，第 422 页。
② 《马克思恩格斯选集》第 4 卷，人民出版社 1995 年版，第 730—731 页。

建主义相结合的怪胎。世界上不出现资本主义社会,就不会有殖民地社会;中国不处于封建社会,就不会出现半封建社会。殖民地社会并不是一种社会形态,而是依附于资本主义社会形态的社会变形;半封建社会也不是一种社会形态,而是处于消亡前的中国封建社会。没有西方资本主义的入侵,中国可能就不会沦为半封建半殖民地社会,而会逐步地缓慢地走向资本主义社会。俄国没有实现跨越,但仍然是走向资本主义社会,而不可能走向奴隶社会;在斯托雷平改革后,资本主义在俄国得到一定程度的发展。苏联克里姆林宫红旗落地,也只能是由社会主义社会回到资本主义性质的社会,而不可能重新回到保留公社的沙皇农奴制时代,回到普希金和托尔斯泰的时代。就资本主义社会形态与社会主义社会形态两者的关系而言,它们是前后相继的关系,或者是由资本主义社会走向社会主义,或者失败重新回到资本主义社会。就世界历史发展的总规律而言,"五种社会形态学说"是正确的。但它是世界历史发展的总趋势,现实社会的发展则是多样的,有跳跃、有跨越、有倒退,但至今为止,我们见到的人类社会发展都没有超越五种社会形态,没有发展出第六种社会形态。虽然北欧号称走的是"第三条道路",但所谓民主社会主义仍然是资本主义社会。中国特色社会主义社会仍然是社会主义社会,不是社会主义社会形态之外的另一种社会。有的学者说,中国特色社会主义是一种独立的社会形态,这不过是一家之言。中国特色社会主义是社会主义社会的"特色",或者说具有中国特色的社会主义社会。一句话,都离不开"社会主义"这四个字。社会主义社会的本质就是一种社会形态。社会主义形态下不同的社会主义社会,可以各具特色,资本主义社会形态下的美国、英国、日本等各国也都各具特色。美国资本主义充斥西部牛仔精神,英国则崇拜贵族精神,以爵士绅士为高贵,而日本则是美国人类学家鲁斯·本尼迪克特所著《菊与刀》中说的天皇崇拜和武士道精神。社会形态是共性,而具体的社会则各具个性。

"人是马克思主义的出发点",仿佛是马克思主义哲学的基本原理,并且有经典文本根据。其实,马克思和恩格斯从来没有说过这种话,这个观点是对历史唯物主义基本原理的背离。只要我们认真阅读原文,可以发现《德意志意识形态》中争论的是意识的本质问题。意识是人的意识还是"从天国降到人间"的无主体的意识。关于这个问题有两种考察方式,一种是唯心主义的方法,一种是马克思和恩格斯主张的历史唯物主义方法："前一种考察方法从意识出发，把意识看做是有生命的个人。后一种符合现实生活的考察方法则从现实的、有生命的个人本身出发，把意识仅仅看做是他们的意识。"① 既然把意识看作人的意识，而不是像黑格尔的绝对观念那样是无主体的意识，必须有一个前提，承认人的存在，没有人当然没有人的意识，所以《德意志意识形态》强调，"这种考察方法不是没有前提的。它从现实的前提出发，它一刻也不离开这种前提。它的前提是人，但不是处在某种虚幻的离群索居和固定不变状态中的人，而是处在现实的、可以通过经验观察到的、在一定条件下进行的发展过程中的人"②。这段话再明白不过，意识只能是人的意识，而作为意识主体的人，"不是处在某种虚幻的离群索居和固定不变状态中的人，而是处在现实的、可以通过经验观察到的、在一定条件下进行的发展过程中的人"。用如此繁复的定语来定义人，就是防止把人抽象化。如果他们同意人是出发点，而不区分抽象的人和现实的个人，就不会在《德意志意识形态》中用那么大的篇幅批判施蒂纳关于人的学说。由此可见，简单地说，"人是马克思主义的出发点"是违背历史唯物主义基本原理的，也必然是对马克思恩格斯经典文本的曲解。主张为无产阶级树立斗争旗帜的马克思和恩格斯，以一种不包含历史性、社会性、阶级性的，可以有多种解释、模棱两可，自己曾大力批判过的光秃秃的"人"，作为自己全部理论的出发点，这是完全不可理解的。反对"人是马克思主义的出发点"并不是反对对人的问题的研究，也不是在任何意义上反对人道主义。马克思主义哲学当然要研究人和人道主义，但必须是从历史唯物主义观点研究人和研究人道主义，而不是相反。

在马克思主义哲学研究中，马克思主义哲学史和马克思主义哲学原理只是两种视角，而不能是相互脱离的两个分支。它们各有特点，但必须统一在对马克思恩格斯经典著作的正确理解中。我们不能脱离马克思主义哲学史去建构所谓马克思主义哲学基本原理；也不能违背其哲学基本原理解读经典从而曲解马克思主义哲学史。马克思主义哲学基本原理是马克思主义哲学史的精华和实践经验的凝结，而其思想发展史则是基本原理在与实践结合中走向成熟和不断发展的过程。合则两利，离则两伤。

---

① 《马克思恩格斯文集》第 1 卷，人民出版社 2009 年版，第 525 页。

② 同上。

三　不能以文本的不同解读建构多元化的马克思主义

当我们说，马克思和恩格斯留给我们的是经典著作或者说是文本时，从理论上就潜藏着一个危险，这就是马克思和恩格斯哲学史和马克思主义哲学基本原理都是研究者自己的解读，因为马克思和恩格斯并没有为自己写一本哲学思想史，也没有说自己的理论中哪些是或不是基本原理。这都是后人研究的成果。因此对马克思和恩格斯哲学思想发展的历史和哲学基本原理，可能出现多种理解，多种写法。这是不可避免的。研究者的政治倾向不同、理论追求和所处的社会环境不一样，肯定会存在差别。这就是我们之所以看到存在着各种各样的马克思主义，包括西方马克思主义的根源所在。例如，西方马克思学对同一经典也会产生不同的解读。观点分岐，甚至完全对立并不罕见。

美国社会学家赖特·米尔斯在《马克思主义者》一书中曾经谈到这一点。他说："马克思并没有得到人们的统一认识。我们根据他在不同的发展阶段写出的书籍、小册子、论文和书信对他的著述做出什么样的说明，要取决于我们自己的利益观点，因此，这些说明中的任何一种都不能代表'真正的马克思'。"他还特别强调，"人们对马克思的确没有一个统一的认识；每一个研究者必须通过自己的努力去认识马克思"。① 有多少个研究者，就有多少个马克思主义，这是西方某些学者的得意之论。在20世纪90年代，我与几位博士生合作，写了《被肢解的马克思》，就是对完全以自我解读和建构的方法，取其一点不及其余，对马克思进行肢解的错误方式所作的批判。

如果说，赖特·米尔斯肯定的是马克思主义多元化的现实，而西方解释学则为多元化的马克思主义从哲学上提供了一种理论和方法论依据。马克思主义多元化获得的合法性，得到了一种哲学理论的支撑。相反，任何坚持马克思主义哲学基本原理的马克思主义者，都被视为教条主义者，解读和建构成为发展马克思主义的推力。按照这种说法，没有真假马克思主义之分，对马克思主义的理解也没有正确与错误之分，只有不同的解读和建构。马克思主义学说没有本质规定性，成为一件被撕裂为无数碎片的号

---

① ［美］赖特·米尔斯:《马克思主义者》，商务印书馆1965年版，第39页。

称为马克思主义的"公用外衣",可以包裹各种各样的理论身躯,只要它们乐于自称为"马克思主义"。

　　毫无疑义,西方解释学的传播,加深了国际和国内马克思主义多元化建构的合法性。解释学,又称诠释学(hermeneutics),既是一种新的研究方法,又是一种哲学思潮。它为人们提供了解释、了解文本的哲学方法,也是一种根据文本本身来了解文本的诠释理论。它的产生经历了很长的过程,是一种涉及哲学、语言学、文学等许多学科领域的当代理论思潮。虽然近现代有些比较温和的解释学者,也强调处于具体历史情境中的文本的历史性和解释的客观性,但由于解释学面对的只是文本,强调的是诠释者自己所处当下的处境,因此对文本中包含的真理性和客观性的追求,在解释学中始终是一个无法解决的难题。

　　马克思和恩格斯的经典著作,不同于其他文本。它的革命的和实践的本性,决定对它的阅读、掌握、应用不可能采取西方的解释学方法。片面强调主体的解读,往往会成为导向对马克思主义进行主观主义和相对主义的解释。我们应该坚持历史唯物主义的方法。无论是研究马克思主义哲学史,还是研究马克思主义基本原理包括哲学原理,我们既要重视经典文本,更要以科学态度对待经典文本。恩格斯在致约·布洛赫的信中批评当时德国一些青年人对历史唯物主义的曲解,特别嘱咐他们,要"根据原著来研究这个理论,而不要根据第二手的材料来进行研究"。① 恩格斯不仅提倡要根据原著进行研究,而且强调研究时要尊重作者,反对对原著的任意解读甚至蓄意曲解。恩格斯针对英国一些庸俗经济学家和"伪装为庸俗经济学者的马克思主义者"对《资本论》的任意指摘,在《资本论》第3卷序言中指出,"一个人如想研究科学问题,首先要在利用著作的时候学会按照作者写的原样去阅读这些著作,首先要在阅读时,不把著作中原来没有的东西塞进去"。② 如果我们对经典文本研究,不坚持以事实为依据的历史唯物主义分析方法进行解读,必然会坠入自我建构、任意附加的泥淖,这是对马克思主义哲学基本原理和哲学史科学研究的根本颠覆。沿着这条路,我们的马克思主义研究必将走入死胡同。

　　或许有人会反驳,马克思和恩格斯的经典著作是以文本方式存在,对

---

① 《马克思恩格斯文集》第10卷,人民出版社2009年版,第593页。
② 《马克思恩格斯全集》第25卷,人民出版社1974年版,第26页。

文本的理解必须经过解读，而解读者都是在自己的时代条件下阅读文本的。时代不同，语境不同，理解不可能相同，马克思主义多元化是必然的、必要的和进步的。这种说法实则混淆了两个根本不同的问题：马克思主义多元化与马克思主义的时代化和民族化。马克思主义多元化是关系如何看待马克思主义的本质的问题。我们并不否认，由于政治见解以及其他诸多原因，当代世界存在着马克思主义多元化趋势。西方马克思主义中流派纷呈，"马克思学"也相当活跃，对什么是马克思主义提出了各种解释。西方马克思主义和西方"马克思学"情况各不相同，其中有些学者提出过一些独到见解，包括对苏联马克思主义教条化和僵化思想的批判。但我们坚决反对以马克思主义多元化来模糊马克思主义和非马克思主义的界线，甚至把反马克思主义的观点也纳入马克思主义之中。

马克思主义的本质是一元的而非多元的。马克思主义作为一种科学体系，它的内容并不取决于研究者的主观解读、自我建构，而是取决于它的客观内容和科学本性。马克思主义作为一种科学学说，必然具有它的本质属性，这就是马克思和恩格斯在他们的经典文本中阐述的关于哲学、经济学和科学社会主义的基本原理。马克思和恩格斯并没有终结马克思主义，但他们为这种学说奠定了基础。完全背离马克思和恩格斯的基本原理，离经叛道，可以另举旗帜，但不能自称为马克思主义。当年美国的 R. L. 海尔布隆纳在《马克思主义：赞成与反对》一书中提出的看法，我以为至今仍值得参考。他说："我确信马克思主义思想，或者说得更精确些，马克思的著述所激发的思想（我们合称之为'马克思主义'），是有一个可以得到公认的共同点。这个共同点，源于同一套前提，凡是在这类著作中都可以发现这些前提，不管其作者所赞同的观点如何严谨或反传统，也不管这些观点相互之间如何不相一致，前提还都是共同的。"① 作者列举了几条：对待认识本身的辩证态度；马克思主义的唯物主义历史观；依据马克思的社会分析而得出的关于资本主义的总看法；以某种形式规定的对资本主义的信奉。② 尽管海尔布隆纳的归纳不一定全面，但他肯定马克思主义必须有质的规定性，必须坚持历史唯物主义和辩证法，反对资本主义和

① ［美］R. L. 海尔布隆纳：《马克思主义：赞成与反对》，易克信、杜章智译，桂冠图书股份有限公司1990年版，第5—6页。

② 同上书，第6—7页。

信奉社会主义，认为并不是任何人可以凭自我建构和解读就能自封为马克思主义者的看法，却是正确的。

我们反对马克思主义多元化，但赞成马克思主义多样化。多样化是与时代化、民族化相联系的。由于坚持马克思主义时代化、民族化，可以形成各具特色的马克思主义，这是一条创造性发展马克思主义的道路。中国当代马克思主义，就是具有中国特色的马克思主义。它不是依据对经典文本的解读和自我建构，而是基于中国革命和社会主义建设实践，创造性地发展马克思主义，是马克思主义基本原理与中国实际相结合的光辉结晶。它没有离开马克思主义，可又创造性地发展了马克思主义，为马克思主义增加了新的内容。

有的学者说，马克思主义中国化的提法证明马克思主义是错误的，否则何以要中国化？既然要中国化，说明它原本不适用于中国。这种看法当然不对。马克思主义不仅要中国化，可以说在任何国家要发挥作用都必须"本国化"，即与各国的具体情况相结合。对各国的实际情况而言，马克思主义是一种普遍性理论，它的力量在于运用和结合，从运用和结合中可以产生特点。看看世界社会主义运动情况，凡是能将马克思主义与本国情况结合的共产党就能得到发展和壮大，相反则会失去它的影响力甚至逐渐消失。马克思主义之所以需要中国化，之所以能够中国化，而且一经中国化就产生不可战胜的力量，证明它具有真理性和当代价值。中国化的丰硕成果，证明了马克思主义的力量而不是相反。如果马克思主义是错误的理论，那么无论你如何"化"都是无用的。只有本来正确的理论才有可能"化"，即运用于本国条件；对原来错误的理论，无论怎样化也是化不了的。在近现代曾经有各种各样的思潮传播到中国来，真正能与中国实际相结合并指导中国革命的只有马克思主义。其他一些思潮逐渐随着马克思主义中国化的胜利而被淘汰。

这启示我们，任何一个国家的马克思主义者，真正的共产党人和革命者，都必须走马克思主义与本国国情相结合的道路，创造出各具本国特色的马克思主义，而不能以文本的不同解读建构多元化的马克思主义。

马克思主义的科学性和实践本质，决定我们对待马恩经典文本的态度，不同于神学家对待圣经，也不同于中国儒家对待儒家经典专事注释的态度。中国儒家经典，历代注家蜂起，各种注疏汗牛充栋，真正有价值的并不太多。这种道路不是发展马克思主义的道路。毛泽东早在 1930 年

《反对本本主义》中就说过,"我们说马克思主义是对的,决不是因为马克思这个人是什么'先哲',而是因为他的理论,在我们的实践中,在我们的斗争中,证明了是对的。我们的斗争需要马克思主义"①。至于书斋里的马克思主义、讲坛上的马克思主义,完全以学术研究为目的的马克思主义学者、"左"派学者,只要他们能从自己研究中得出一些有价值有意义的见解,都值得欢迎。但应该明确的是,完全建立在对马克思恩格斯经典原著自我解读、自我诠释、自我建构基础上的学术研究,只能是学者个人化的一种研究方式,它不能成为马克思主义者普遍认同的研究方法,更不能是马克思主义政党坚持和发展马克思主义的正确道路。

既然哲学史和哲学基本原理是研究马克思恩格斯经典文本的两种视角,必然会存在对它们不同的书写方式。既然我们并"不要求玫瑰花散发出和紫罗兰一样的芳香",承认"每一滴露水在太阳的照耀下都闪现出无穷无尽的色彩"②,那么,在马克思主义哲学史和基本原理的研究中,我们当然也反对千人一面。马克思主义哲学发展的通史研究,断代史、国别史研究,包括著名人物的研究或者某个专题研究,不同的研究者当然可以有不同的语言风格、关注点和叙述方式。在学术研究中,多样性是必然的,雷同反而是对学术生命力的窒息。但我们必须区分书写的多样性和内容的正确性,不能以书写的多样性取代理论的正确性。

马克思主义哲学史并非只有唯一的写法,可以有多种写法;马克思主义哲学基本原理的编写,也不是只有一种编写,可以有多种编写。也就是说,马克思主义哲学史和马克思主义哲学基本原理的书写方式没有唯一的模式,可以多样。但是多样性不能排斥马克思主义哲学史和基本原理的科学性与内容的真实性。写作风格和叙述方式可以是多样的,某些问题的看法可以不同,但不管何种书写方式和何种见解,都必须是力求真实的、具有科学性的、经得起实践检验的,不能专属作者个人的解读。如果那样,就不是研究马克思主义哲学史和马克思主义哲学基本原理,而是研究各人心目中的马克思主义哲学史和基本原理,或者干脆称为我是如何解读马克思主义哲学史和基本原理的。如果我说我研究的是马克思主义的哲学史、研究的是基本原理,那科学性和真实性就应该摆在第一位,多样性和不同

---

① 《毛泽东选集》第1卷,人民出版社1991年版,第111页。

② 《马克思恩格斯全集》第1卷,人民出版社1995年版,第111页。

的见解应该服从客观性和真理性。我们是在研究，而不是在自我解读。对象是确定的，对象并且只有对象自身的内容，才是我们科学研究应该追求的真实性所在。解读，重点关注的是解读主体，对象的内容决定于主体的理解；研究，重点关注的是被研究的对象，解读的结果应该力求符合对象。

　　或许有人会问，研究不需要解读吗，不解读何以研究？解读不要发挥解读者独特的视角和眼界吗？这是毫无疑问的。科学研究本来就是艰苦的脑力劳动，它要求最高度地发挥研究者的主观努力。但不管研究主体如何重要，在马克思主义研究中，解读只是研究的一种手段，是通向真理性认识道路的一种方式。它的研究结论应该具有真实性，必须符合研究对象，而不是研究对象从属于个人的解读。因此，无论是马克思主义哲学史还是马克思主义哲学基本原理研究，都应该遵循一条原则，这就是反对主观主义的解释学，反对单纯强调自我建构，研究必须以经典原著自身为依据。对马克思和恩格斯经典文本的历史的和逻辑的两种研究视角，并不是研究者主观决定的，它的真实内容都统一不可分地存在于马克思恩格斯的经典文本之中。按照实事求是原则，阅读原著，尊重原著，正确理解原著，无论对马哲史或对原理的研究都是普遍适用的。

深化马克思主义哲学史研究的几个问题

丰子义[*]

自 20 世纪 70 年代末以来，与深刻的社会发展变革相伴随，我国马克思主义哲学史研究也得到了重大发展，取得了可喜成绩：马哲史学科从无到有，从小到大；教材体系、课程体系逐渐建立并日臻完善；相应的研究机构和学术团体相继设立并积极开展活动；研究的范围和深度都有较大扩展，研究成果大量涌现。在肯定成就的同时，我们也必须看到问题的存在。虽然对存在的问题不好作具体的清理与"盘点"，但一些倾向性的问题还是值得注意的：一些研究基本上还谈论的是过去的老话题，没有多少新意；一些研究虽然视野比较开阔，但其关注点主要是跟着西方的话题转，很少是自己提出来的；还有一些研究主要是根据学者自己的兴趣和研究方向来进行的，研究比较零散化，等等。在新的历史条件下，如何深化马哲史的研究，这是我们今天研究马哲史以至整个马克思主义哲学必须认真思考的一个重要课题。回答这一课题固然需要多方面的努力，但重要的一点，就是要增强研究的方法论自觉。所谓方法论自觉，就是要对马哲史研究的一些基本方法、路径问题予以正确的理解和把握，以廓清认识的迷雾，明确其研究的方向。就其基本方面而言，有关马哲史研究的这样几个问题是需要提起重点关注的。

一 马克思主义哲学的史和论

如同任何一门科学一样，马克思主义哲学也有自己的史和论。按照学

---

* 丰子义，北京大学哲学系教授。

术发展的一般通则，马克思主义哲学也是论从史出。马克思主义哲学作为一种新哲学，其基本理论就蕴藏于马哲史中，离开了不同时期的文本，离开了思想发展过程，基本理论也就失去了依据。因此，全面准确地阐释马哲史，是理解和把握马克思主义哲学基本理论的前提。就实际研究过程来看，史对论的意义和作用是重大的：一方面，只有加强史的研究，才能更好地掌握马克思主义哲学的基本原理及其精神实质。马克思主义哲学基本原理并不是靠纯粹思辨和逻辑推演制定出来的，而是通过对社会生活的深入研究而提炼概括出来的，并且根据社会生活的变化而不断丰富发展的。因而要透彻地领悟和掌握其基本原理，必须联系当时的历史条件，联系理论观点的发展演变。通过对思想发展过程的历史考察，可以真实地把握其基本原理的思想内涵，可以真正有助于分清哪些是必须长期坚持的基本原理，哪些是需要结合新的实际加以丰富和发展的理论判断，哪些是必须破除的教条式理解，哪些是必须澄清的附加在马克思主义哲学名下的错误观点，从而更加深刻地理解马克思主义哲学的精神实质。另一方面，只有加强史的研究，才能更深刻地理解马克思主义的世界观和方法论。马克思主义哲学作为一种世界观和方法论，不是以一种抽象的理论形式提出来的，而是在批判改造以往的旧哲学，特别是在批判解剖资本主义社会以及考察分析各种重大问题时呈现出来的。因此，通过学习和研究马哲史，可以看到马克思主义作家在一些基本理论的阐释上是怎么提出问题的、怎么分析和解决问题的，从中可以把握其考察问题的基本方法论，从而使马克思主义哲学变为一种活的哲学。黑格尔曾经说过，"哲学就是哲学史"。这一说法固然有点夸大哲学史，但也确实道出了哲学与哲学史的特殊关联。恩格斯在谈到理论思维时也曾明确地指出："理论思维无非是才能方面的一种生来就有的素质。这种才能需要发展和培养，而为了进行这种培养，除了学习以往的哲学，直到现在还没有别的办法。"① 恩格斯虽然谈论的是整个哲学史，但对马哲史也是适用的。提高马克思主义哲学的理论思维能力，必须借助于学习和研究马哲史。

然而，马克思主义哲学的研究又不能停留于或限于"史"的研究。尽管后者是前者的前提和基础，但它毕竟不是研究的全部。将马克思主义哲学研究单纯变为文本或马哲史的"诠释学"，无益于推进马克思主义哲

---

① 《马克思恩格斯选集》第 4 卷，人民出版社 1995 年版，第 284 页。

学的研究，更遑论其发展。在这里，必须明确马哲史研究的目的。何为马哲史研究的目的？就其直接的意义而言，当然是要正确地理解和把握马克思主义哲学发展的来龙去脉，真正弄清马克思主义哲学各种观点的思想发展与精神实质。但是，这不是最终目的。最终的目的是要通过"史"的研究推动"论"的发展，进而为现实服务。史的研究只是达到这一目的的手段和重要环节。在这方面，我们应当注意学习马克思的研究方式。马克思在其众多的著述中都十分重视哲学史的考察，但他从来没有囿于纯粹"史"的探讨，而是重在帮助"论"的阐发。如在其博士论文中，表面上探讨的是哲学史上伊壁鸠鲁自然哲学与德谟克利特自然哲学的差别，实际上阐述的是自我意识的哲学和自由的思想，研究哲学史上的老问题是为了论证自由服务的。又如在《神圣家族》中，马克思在批判鲍威尔的过程中，曾详细地考察了西方近代以来唯物主义的发展，即从培根之后沿着两条路线——由霍布斯开启的自然唯物主义路线和由洛克、孔狄亚克开启的法国唯物主义路线——的发展，这样的考察也并非是为发思古之幽情或澄清什么哲学事实，而完全是为了阐释对唯物主义的理解以及论证唯物主义与人的结合服务的。通过这种史的考察，可以更清楚地看到马克思视野中唯物主义的形象，看到唯物主义何以成为社会主义的哲学基础。在其他文本中，这种史与论的关系也是显而易见的。

史不仅是为论服务的，而且史的理解也离不开对论的把握。没有对论的深刻领会，对史的理解也必然是肤浅的，甚至是错误的。比如对马克思主义哲学主题的把握，对于理解马哲史是至关重要的。与传统哲学否认其阶级性并局限于抽象的理论主题相反，马克思主义哲学的主题是无产阶级和人类的解放，马克思主义哲学的全部内容和各种论证都是围绕这一主题展开的，其各种理论观点都是这一主题的具体化。离开了这一主题，不可能真正认识和理解马哲史。又如对马克思主义哲学核心观点或发展主线的把握，直接关系到对马哲史的具体阐释。如何看待其核心观点或发展主线，由此解读出来的马哲史是大不一样的。从实际情况来看，马克思主义哲学的核心观点与其主题是内在地联系在一起的：无产阶级和人类解放的主题必须要求确立一种彻底的实践观点，而变革社会的实践立场也必然要求落实到无产阶级和人类解放的主题上来。正是科学的实践观，使马克思主义哲学同以往旧哲学严格区别开来；也正是科学的实践观，使马克思主义哲学的自然观、历史观、辩证法、认识论、价值论等超越了以前的旧唯物主义。科学的实践观作为一条红线，贯穿于马克思主义哲学的各个基本环节，将其各个组成部分连为一个有机整体。离开了这一主线，不可能对马克思主义哲学的基本内容和具体发展作出深刻的揭示和阐释。总之，只有对马克思主义哲学基本立场、观点和方法有一个深刻的把握，才能对经典文本和思想发展史作出透彻的理解和合理的评价，仅凭文献版本的考证、思想发展的梳理，是很难达到这样的效果的。如同社会历史有其表层和深层一样，马哲史作为思想史也有其表层和深层，这种深层是无法通过史的叙述达到的，而必须通过论的分析来趋近。强调论的作用，决不意味着对史的研究可以采取一种实用主义的立场。史的研究无论如何是一项严谨的工作，来不得半点虚假与浮躁。为了服务于某种目的而随意地解读，决不是对待马哲史的科学态度。

在马克思主义哲学发展过程中，史和论是交织在一起的。史和论如同经线和纬线，贯穿于马哲史的全过程，其内在机理就在于：思想史上的探索与讨论往往会形成新的理论观点，而一个新的理论的提出和发展又总是以以往的研究成果作为研究的阶梯与支点。史和论就是这样纵横交错地联结在一起，推动着马克思主义哲学的发展。值得注意的是，史和论的这种关系不仅存在于马哲史自身的发展之中，而且体现于马哲史的研究之中。这里主要涉及马哲史的研究方式问题。谈及研究方式，直接涉及描述与分析两种方法及其相互关系。对于马哲史，如果仅仅是侧重于描述，可以不用过多关注"论"的问题；如要进行分析、评价，无论如何不能避开"论"的介入，因为人们总是带着一定的立场、观点来对这种思想发展史进行评说的。分析、评价的标准不同，实际上就是所依据的理论观点不同，论对史的渗透和影响是非常明显的。严格来说，在马哲史研究中，纯粹的描述是没有的，任何描述都是受特定的立场、观点支配和影响的，要想离开论来进行所谓纯客观的描述，事实上是不可能的。问题的关键，不在于史的描述要不要摆脱论，而在于运用什么样的论。只有运用正确的理论观点和方法，才能对马哲史及其具体内容作出准确的描述和合理的评价。否则，只能造成对马哲史的歪曲。同样一部马哲史，为什么在不同的编写者手里、在不同的历史条件和环境里，编写出的结果存在比较大的差异？一个重要的原因，就在于所运用的理论范式和评价标准不同。所以，正确处理好史与论的关系，是提升马哲史研究水平的重要一环。

要使马哲史的研究不至变为纯粹的"诠释学"或"考据学"，这就确实需要"激活"马哲史。激活的方法，就是要强化论的"点击"和冲击，以论带史。推进马哲史的研究，当然要体现史的特点，遵循史的发展及其内在逻辑。但是，研究又不能仅仅限于史的描述，应当突出重要理论问题的探讨。通过对一些重要理论问题的研究，可以使文本中许多思想赋予当代意义，从而使文本和马哲史焕发出新的生机与活力。如近年来学界重点关注的马克思世界历史理论、社会发展理论、现代性理论、东方社会理论、价值理论、人的发展理论、公平正义理论等，这些都是过去马哲史研究中很少涉及的。现在通过研究，不仅弥补了以往马哲史研究中的诸多空缺，而且激活了马哲史中的许多思想资源，使其成为当代社会重要的理论财富。也正是对这些理论问题的研究，使得众多国内外学者都程度不同地对马克思的有关思想予以新的重视，并成为理论研究不可或缺的重要组成部分。

二　马克思主义哲学的历史与现实

马哲史作为一种思想史，其研究是否可以不理会现实？或者说，是否可以回避现实进行纯学术的研究？要回答这一问题，需要首先了解马哲史的基本特点。马哲史当然是思想史，但这种思想史又显然不同于其他以抽象论题为主要内容的思想史，而是有其鲜明特色的思想史。首先，它是以实践为根本特征的思想发展史。马哲史不是纯粹的概念演变史、逻辑演绎史，而是植根于实践又指导着实践、随着实践发展不断发展的历史，是理论和实践密切结合的发展史。这一发展史具体体现了马克思主义哲学在不同历史时期与不同国家具体实践相结合形成的各种不同理论形态，深刻反映了各国马克思主义者认识世界和改造世界的历史进程。其次，它是不断回答时代课题的思想发展史。问题"是公开的、无所顾忌的、支配一切个人的时代之声。问题是时代的格言，是表现时代自己内心状态的最实际的呼声"，因而哲学要抓住"一个时代的迫切问题"①。马克思主义哲学的许多重要著作，均是在具体回答时代重大课题中形成的。正是立足时代要求、把握时代脉搏、回答时代课题，马克思主义哲学才能够始终适应时代步伐，保持强大的生命力。因此，马哲史向来是不与现实脱节的。

研究马哲史，不能退回到马克思之前的思辨哲学老路上去，应当沿着

---

① 《马克思恩格斯全集》第 1 卷，人民出版社 1995 年版，第 203 页。

马克思哲学开辟的道路来推进。这就确实需要"回到马克思"。所谓"回到马克思",并不是要回到马克思哲学的各种具体结论上去,而是要回到马克思哲学的基本轨道上来。首先是要回到马克思哲学的本性上来。马克思哲学不是经院哲学,而是实践哲学、群众哲学、生活哲学。这样的本性决定了它区别于以往哲学史上的任何哲学。马克思哲学革命变革的实质,就在于它终结了传统的抽象"形而上学",开创了"实践的唯物主义"新路。当年马克思从学院哲学走出来,今天我们不能再把他创立的哲学倒回到原来的学院哲学。其次是回到马克思哲学的基本立场上来。这就是自觉维护广大人民群众的利益,为无产阶级和人类解放寻求道路。这样的基本立场决定了马克思主义哲学的研究不可能是抽象的玄思,而必须是切合实际、能够提出明确意见的理论探索和思想指引。丧失了这样的立场,其研究完全可以不顾及现实,乃至变为一种纯个人性的"学术"活动。再次是回到马克思哲学的基本方法论上来。与以往旧哲学不同,马克思哲学的主要任务不是解释世界,而是要改造世界。由这样的使命所决定,马克思哲学决不会满足于概念王国的抽象思辨,而是直接面对社会现实,通过矛盾、问题的深刻揭露与分析,以达到影响和改变世界的目的。所以,马克思始终反对思辨的形而上学,明确主张哲学研究应走出"阿门塞斯的阴影王国",转向现实的世界。这也正是我们今天研究马哲史的基本方法论。

要把马哲史研究与现实相结合,重要的是把握好两个关系问题:

一是马哲史的内在逻辑与历史逻辑的关系。从历史上看,任何哲学史都同社会历史保持着一定的联系。懂得古希腊罗马的历史就容易理解苏格拉底和柏拉图,理解 18 世纪、19 世纪的德国,就容易理解康德、谢林、黑格尔。哲学的差别,内在地隐含着时代的差别①。如果说其他哲学尚且如此,那么马哲史更为突出,因为它直接就是在当时的社会历史运动中应运而生的。马克思主义哲学的形成和发展,始终是和国际工人运动的发展、社会主义的发展以及 19 世纪以来西方社会的发展紧紧联系在一起的。没有社会生活的这些重大变动与发展,就没有马哲史的产生。因此,马哲史的"史",内在地包含着社会历史运动的深刻内容。可以说,马哲史就是思想史、共运史、社会发展史等的统一。为此,必须弄清马哲史内在逻辑与历史逻辑的关系问题。马哲史作为一种思想发展史,自有它的内在逻

---

① 参见陈先达《静园论丛》,中国人民大学出版社 2000 年版,第 87 页。

辑,因而研究马哲史必须把这一逻辑搞清楚,并把它准确地揭示出来。但是,要深刻地揭示马哲史的内在逻辑,又必须深入到其背后的历史逻辑,因为前一逻辑不外是后一逻辑的具体反映。马哲史的内在逻辑或思想发展进程,实际上以哲学的方式再现了当时的社会历史进程,反映了这一社会历史进程的矛盾运动和发展规律。要深入研究马哲史,必须对当时的现实予以充分的观照,这就要具体考察马克思主义哲学发展所处的不同时代、每一文本所处的社会背景、不同文本间思想转换关系何以产生的历史条件变化等。只有把这样的历史逻辑搞清楚,才能真正揭示马哲史的内在逻辑。要不然,往往会形成马哲史逻辑叙述上的诸多悖论或困惑,即所谓的"前后思想矛盾""不同思想间的矛盾""内在冲突"等。对于这些矛盾和问题,仅靠文本的上下文关系来解读是无法解决的,必须联系当时的现实,从两种逻辑的统一中加以把握。

二是马哲史中历史与现实的关系。马哲史无疑属于史,但这里的"史"不是一个过去终结了的"点"或时段,而是一个处于发展中的"流"。既然是一个流,那就不仅指向过去,同时也联系着现在。或者说,现实本身也是马哲史的一个内在表现。不仅如此,马哲史还通过现实指向未来,未来也成为马哲史发展的一个重要环节。之所以会形成这样的关系,原因就在于历史、现实与未来有着内在联系,是一个不可割断的发展链条。历史往往以浓缩的形式包含在现实之中,而现实又往往以趋势的形式体现着未来。对马克思主义哲学发展的历史有一个正确的认识,便可对其发展的现实有一个深刻的理解;反过来,对现实的深入分析既可达到对历史的透彻了解,又可达到对未来发展一定程度的把握。因此,今天研究马哲史,必须正确对待马克思哲学的历史与现实的关系,立足于当代。马哲史是一门历史科学,但它研究的历史进程并没有完结,还要在新的时代背景和历史条件下继续发展。研究马哲史,既要有历史眼光,又要有当代意识;既要考察和总结它的以往历史发展,更要关注它的现实境遇和未来命运。因为马克思主义哲学作为工人阶级和人类解放的思想武器,它的命运是和工人阶级以及整个人类的命运连在一起的,后者的命运直接决定着前者的发展前景。关注当代社会发展现实,这是马克思主义哲学自身存在和发展的必然要求。为此,研究马哲史,并不仅仅是为了弄清马克思主义哲学的"历史",而更重要的是为了通过总结历史,前瞻和指导未来,简言之,要让历史告诉未来。对于当代中国来说,尤其要关注当代中国马克思主义哲学和中国特色社会主义理论体系在现在和今后的发展，因为这关系到中华民族的未来、中国特色社会主义的未来。

　　加强马哲史与现实的密切结合，也是推动马克思主义哲学发展创新的需要。在新的历史条件下重新考察马哲史、阐释经典文本，只是推进马克思主义哲学研究和发展的一种方式，而不是唯一的方式。马克思主义哲学的发展和创新固然不能丢掉文本、不能离开已有的思想发展史，但更重要的是面对时代、面对现实，研究新情况、新问题，形成新观点、新结论。真正意义上的发展创新不是回溯而是开拓。马克思主义哲学的生命力就产生于与时代的互动，适应时代的发展。因此，推进马克思主义哲学的发展和创新，必须处理好源和流的关系。所谓"源"，就是现实的社会生活实践；所谓"流"，就是马哲史上的思想发展。发展创新总是在原有思想基础上进行的，离开了这样的基础，无从谈及发展创新。但是，发展创新最终不是产生于"流"而是产生于"源"。马哲史上的理论成果只是理论创新的思想资源和思想酵母，而现实的社会发展实践才是产生新思想、形成新理论的重要源泉。马克思主义哲学发展到今天，其理论之所以能够出现不断创新并产生那么巨大的影响，主要原因不在于对原有理论作了何种新的解释，而在于面对新的时代、新的实践作出了新的探讨和回答，提出了新的思想观点。在马哲史上，每一个重大理论的提出及其重大影响，莫不如此。

三　马哲史的宏观考察与微观探索

　　研究马哲史，必须注意加强宏观考察。要对马克思主义哲学发展的历史有一个全面系统的理解，客观上要求有一个宏观的把握，"宏大叙事"是必不可少的。这也是由马哲史发展的整体性决定的。所谓马哲史发展的整体性，就是指马克思主义哲学的发展是一个链条，每一阶段、每一重大思想都是这一链条上的一个重要环节。为此，研究马哲史，要从马克思主义哲学发展的全部历史中领会它的丰富内容和深刻内涵，而不能割断历史，截取其中某一发展阶段的内容孤立地进行研究。如果只注意发展史上某一时期的思想内容，而忽略它后来的发展，甚至用某一时期的思想来诠释马克思主义哲学的基本思想，就不可能对马哲史有一个完整、全面的认识。而且，马克思主义哲学就其理论体系本身来说，也是整体性的，每个组成部分之间都有着内在联系，彼此相互影响，相互支撑，要对马克思主义哲学理论体系以及各个组成部分之间的关系加以理解和把握,同样不能离开宏观考察。

加强宏观考察无疑是重要的,但要深化马哲史研究,又不能仅仅停留于宏观考察,必须同时重视微观探索。所谓微观探索,就是对马哲史上的一些有关情节、人物事件、思想主张等加以具体研究。这也是马哲史研究不可或缺的。事实上,马哲史的宏观图景就是建立在各种微观事实基础之上的,马哲史的宏观考察自然应以微观探索为基础。没有扎实的微观研究,宏观考察也难免浮泛虚玄。当然,强调突出微观探索,并不意味着要排斥宏观考察,真正意义上的微观探索是无论如何不能离开宏观把握的。"管中窥豹",其实连一斑也未必真实地窥到。思想史中的"斑"更是如此。宏观与微观研究必须放在合理的基点上。历经数十年的努力,我国的马哲史研究在宏观考察方面已经取得了很大进展,但相形之下,微观探索还很薄弱。除了一些文献学上的考证和一些人物、思想的具体研究之外,深入细致的微观探讨还较少见。要避免研究的平面化,应当在原有研究的基础上,加强微观探索。具体说来,重点是强化如下方面的研究:

一是断代史研究。了解马哲史,必须把握马克思主义哲学的通史,否则无从揭示马克思主义哲学形成和发展的历史进程。但如同任何史学一样,通史的研究并不能代替断代史的研究。通史的研究可能给我们提供一个简单明了的发展线路和解释框架,但并不能提供某段历史的深入分析和说明;要透彻地理解该段历史,应当予以专门研究。如对第二国际时期马克思主义哲学的发展,以往的研究尽管也作过比较具体的介绍和分析,但总的说来,理解和评价有些简单化,对其经验教训也未给以系统的总结,只是近年来才开始了新的研究。实际上,尽管在这一时期马克思主义哲学受到实证化、经验化的片面理解,但不少思想家还是对马克思主义哲学作出了新的贡献,特别是以希法亭、卢森堡和考茨基为代表的几种现代资本主义理论,直接构成了后来以列宁为代表的帝国主义论的理论来源和思想背景。列宁的《帝国主义论》正是以布哈林为中介,在基本继承希法亭、部分借鉴卢森堡、全盘否定考茨基、同时批判地吸取非马克思主义者霍布森一些观点的基础上完成的①。又如对马克思晚年的哲学探索,加强其研

---

① 参见姚顺良等《资本主义理解史》第二卷,凤凰出版传媒集团、江苏人民出版社 2009 年版,第6页。

究不仅对于深化古代社会史和唯物史观的认识，而且对于探讨社会发展规律与中国道路具有重要的理论与现实意义。尽管研究马克思有关古代社会史的笔记有一定的难度，但其研究的价值是不能轻视和忽略的。

二是个案研究。马克思主义经典作家对于哲学的阐发，除了少量专门、集中的论述之外，更多的是在论战、社会问题剖析、人物事件分析、时事评论等中呈现出来的。特别是对于一些重大事件和人物的分析，生动地体现了马克思的基本立场、观点和重要的方法论。如在 1848 年欧洲革命期间，马克思对于这一场革命以及路易·波拿巴这一人物，给予了极大关注，并用大量著述进行了认真的考察和分析。这些分析和评论生动体现了马克思的历史观和评价事件人物的重要方法论，在唯物史观发展史上有其独特的价值。又如，在 19 世纪 50 年代，马克思充分利用当时所能得到的材料，开始深入细致地观察和分析中国问题。从 1851 年 8 月到 1862 年 3 月，曾定期为具有左翼倾向的进步报纸《纽约每日论坛》撰稿，在报上发表了 20 多篇有关中国的专题时政论文。这些论文以英文写成，涉及中国革命与欧洲革命、鸦片战争、对华贸易、英人在华的残暴行为等，其中多篇成为该报的社论。在这些论文中，马克思比较深入地分析了中国社会的性质和中国革命的特点，阐述了中国革命与欧洲革命和世界革命的联系，揭露和谴责了英法等列强对中国的侵略和掠夺，热情赞扬了中国人民抵抗外敌入侵的人民战争，并在一定程度上预见了中国革命的前途。这些思想观点既是研究马哲史也是研究马克思主义中国化的重要思想资源。类似的个案研究非常之多，应当引起我们的高度重视。

三是专题史研究。研究马哲史，肯定要遵循史的发展线索。但是，研究又不能仅仅限于历史的一般描述，应当根据理论和现实发展的需要，突出一些重要理论问题的深入探讨。为此，在现有研究的基础上，应加强专题史的研究。专题史的研究，顾名思义，特点在"专"，它要求对马克思主义哲学的某一理论观点在不同时期的论述和发展进行专门系统的考察，以得到深入阐发和开掘，彰显其理论价值。这样的研究可以使原有的某些理论得以新的阐发，可以使曾被忽视、遗忘的思想观点得到重新重视，可以使被误解和曲解的思想观点得以澄清和纠正，还可以使今天凸显的思想观点从马哲史中找到一定的理论支持。总之，进行专题史的探讨，有助于深化马哲史研究，避免停留于重复原著叙述的水平上。值得指出的是，专题史的研究往往联结着两头，一头直接联结着马哲史，一头联结着现实，借助于专题史研究，可以沟通理论与现实，实现二者的有效结合。像前面所提到的近年来学界所关注的有关马克思世界历史理论、东方社会理论、现代性理论、人的发展理论、价值理论、公平正义理论等专题性研究，其意义不仅仅在于从史学的角度弄清了这些理论的形成和发展，更重要的是在于它为我们今天观察和分析相关的现实问题提供了重要的理论参考和指南。

　　加强微观研究，除了上述这些具体研究方式之外，最重要的是要突出问题研究。问题是多种多样的，既有马哲史上的老问题，又有现实生活提出的新问题；既有似乎已经解决的问题，又有引起争议的问题，等等。不管何种问题，只要进入马哲史研究的视野，都有"激活"的作用，因为这样的问题研究开辟了新的论域，深化了原有的讨论，最后的结果是推进了马克思主义哲学的发展。从现有的情况来看，研究的平面化主要是缺乏问题意识。没有问题意识，就不可能形成对马哲史某些问题的特别关注；没有新问题的关注和提出，马哲史的研究只能是不断地重复原有的话题，延续原来的老路，难以产生出多少新意。其实，马哲史同其他哲学史一样，就是一部不断提出问题和对问题加以回答的历史①。马哲史就是在提出和回答问题中向前延伸的。如果封闭了问题的提出和解决，也就封闭了马哲史。提倡问题研究，并不是要在经典文本中寻找问题的答案，而是旨在将问题引入马克思主义哲学的语境，看经典作家是怎样提出问题、分析和解决问题的，从中领悟其考察问题的基本观点和方法，提高其研究和解决问题的智慧和能力。问题研究并不是一件轻松的事情，需要付出艰辛的努力。发现问题和提出问题本身就必须进行研究，其意义不亚于获得答案。善于发现和提出问题、善于正确分析问题，是推进马克思主义哲学发展的重要环节。马克思主义哲学是在回答和解决当时时代与实践提出的问题中诞生的，同样要在回答和解决今天时代和实践的问题中得到丰富和发展。

四　马克思主义哲学发展的历史叙述与规律揭示

　　研究马哲史，不但要阐述马克思主义哲学形成、传播、发展的具体过

---

① 参见丰子义《走向现实的社会历史哲学》，武汉大学出版社 2010 年版，第 6 页。

程，弄清其发展线索，而且要研究和把握它的发展规律。从一定意义上说，后者更为重要，因为只有把握其发展规律，才能更深刻地理解和把握马克思主义哲学的实质和发展方式，才能更好地推进马克思主义哲学的发展。而且，只有深刻揭示其发展规律，才能对马克思主义哲学的发展作出全面、准确的历史叙述；离开了对规律的揭示和把握，历史叙述可能是浮浅的或者是不得要领的。就此而言，要深化马哲史的研究，必须深化对马克思主义哲学发展规律的认识。

　　揭示马克思主义哲学发展的规律，重要的是学会运用唯物史观的分析方法。这种方法不仅是认识社会历史的科学方法，而且是把握马克思主义哲学发展史的根本方法。研究马哲史之所以必须坚持这种方法，原因就在于这种方法在下述方面有着不可取代的重要价值：一是对历史发展中的各种现象的认识。马哲史上的各种现象很复杂，如何清楚地认识这些现象及其产生的必然性，这就必须了解这些现象背后的成因。例如，为什么在普鲁士专制的条件下会产生马克思的哲学？为什么在帝国主义时代会产生列宁的哲学？为什么在半殖民地半封建的中国会出现中国化的马克思主义哲学？为什么在"二战"后西方马克思主义研究的主题会发生那么大的变化？只有结合当时的时代背景和各国的具体国情进行分析，才能得到清楚的认识。离开了唯物史观，根本不可能从错综复杂的现象中找到其本质的联系，揭示出它的规律性。二是对发展的基础和根源的认识。哲学作为一种社会意识形态，归根到底是由社会存在特别是由社会生产方式决定的。马克思曾经指出："每个原理都有其出现的世纪。例如，权威原理出现在11世纪，个人原理出现在18世纪……为什么该原理出现在11世纪或者18世纪，而不出现在其他某一世纪，我们就必然要仔细研究一下：11世纪的人们是怎样的，18世纪的人们是怎样的，他们各自的需要、他们的生产力、生产方式以及生产中使用的原料是怎样的；最后，由这一切生存条件所产生的人与人之间的关系是怎样的。"① 这一观点同样适用于马克思主义哲学自身的产生和发展。马克思主义哲学在其不同发展阶段关注的重点和讨论问题的方式不同，实际上反映了所处的生产方式以及社会关系不同。只有把握历史的发展规律，才能真正把握马克思主义哲学的发展规律及其未来走向。

---

① 《马克思恩格斯选集》第 1 卷，人民出版社 1995 年版，第 146—147 页。

研究马克思主义哲学发展的规律，重要的是探索马克思主义哲学发展创新的规律。因为创新才是它的生命力，才是它的不竭动力。通观马哲史，马克思主义哲学的理论创新也有其自身的逻辑或规律性，它主要是通过这样一些方式得以实现的:

一是不断地提出和发现问题。正确地提出和发现问题，向来是推动理论发展创新的首要前提。问题是怎样被提出和发现的? 方法、途径可能很多，但重要的一条就是能够不断进行理论反思与追问。反思与追问的结果，一方面是发现了问题，另一方面是通过对问题的思考，使理论分析更靠近客观实际、靠近真理，这无疑会提高理论的说明力和穿透力，促使理论创新。如唯物史观的创立实际上就是得益于对国民经济学理论前提和结论的不断追问。马克思认为，"国民经济学从私有财产出发，但是，它没有给我们说明这个事实"①。正是通过对私有财产这个事实和前提的深入追问，使马克思看到了异化劳动同私有财产的内在联系，进而通过异化劳动和私有财产关系的分析，揭示了共产主义产生的必然性，同时通过异化劳动产生和发展的线索，发现了物质生产及其内在矛盾在社会发展中的决定作用，创立了唯物史观。在唯物史观创立之后，马克思也一直没有停止这种反思与追问的工作，随着对资产阶级经济学各种观点及其理论基础的深入检讨，不断发现其理论破绽，借以阐发出新的思想观点。马克思的许多哲学和经济学基本理论就是在这种过程中形成和发展起来的。

二是勇于进行自我反思与自我批判。就其史实来看，马克思主义哲学主要是在各种批判和社会批判中发展过来的。然而，还要看到，马哲史并不仅仅是一部批判史，同时也是一部自我批判史。马克思主义经典作家从来没有把自己的理论看作是不变的"真理"，而是看作发展着的理论。在其理论研究中，马克思和恩格斯曾多次对自己原有的一些观点、看法进行修改、补充乃至放弃，因为这些观点、看法已经不适应形势的发展，必须作出相应的调整与变动。如对《共产党宣言》，马克思和恩格斯在 1872 年德文版序言中就坦言其中一些观点、论述"是不完全的"，有的"已经过时了"，如果要重写，"许多方面都会有不同写法"②。又如 1848 年革命期间对欧洲革命的看法，恩格斯在晚年的《〈法兰西阶级斗争〉导言》中

---

① 《马克思恩格斯全集》第 42 卷，人民出版社 1979 年版，第 89 页。
② 《马克思恩格斯选集》第 1 卷，人民出版社 1995 年版，第 248—249 页。

也坦诚地承认："历史表明我们也曾经错了，暴露出我们的看法只是一个幻想……1848 年的斗争方法，今天在一切方面都已经过时了，这一点值得在这里比较仔细地加以探讨。"① 类似这样的自警、自查，充分体现了马克思恩格斯的自我批判精神。就是借助于这种精神，原有理论观点上的一些局限得到了克服，理论上得到了发展和创新。勇于自我反思、自我批判，事实上就要求敢于接受批评与挑战，这也是推进马克思主义哲学发展的重要契机。在马克思主义哲学发展过程中，应特别注意审慎地对待那些批评性的意见，只要不是恶意攻击，就应当认真分析并合理对待。简单的拒斥，就不能大胆正视和否定原有观念的不足与局限，不能将理论推向前进。

三是善于吸收人类文化的优秀成果。理论创新固然体现出明显的独创性，但这种独创性并不是要离开人类文明大道。理论上的创新往往是在同各种文化的交融与互动中形成的。马克思主义的创立就是在批判地继承人类思想文化的优秀遗产，特别是德国古典哲学、英国古典政治经济学和英法空想社会主义学说的基础上形成的。而马克思主义哲学后来的丰富和发展，也是在吸收新的文明成果并加以合理转化的过程中实现的。对于马克思来说，没有对摩尔根《古代社会》的深入研究，就没有对史前社会清楚而准确的认识，当然也就不会纠正和完善自己以前的史前社会理论；没有对俄国土地所有制、村社结构等文献资料的详细考察，就没有对俄国公社发展道路认识上的改变；没有对大量历史学、民族学、政治学资料的研究，就没有对古代社会史的了解和社会发展统一性与多样性理论的深入阐发。从一定意义上讲，没有对人类文化成果的合理吸收，就没有马克思主义哲学的创新和发展。今天，要继续推进创新的进程，同样必须注意加强人类文化优秀成果的借鉴和吸收。

从发展史上探索马克思主义哲学创新的规律性，不只是具有学理性的意义，更重要的是具有重大的现实意义。它可以帮助我们更深刻地认识什么是马克思主义哲学，如何对待马克思主义哲学，怎样使马克思主义哲学在日益复杂的社会生活中更好地引领社会实践，指导实践创新。

---

① 《马克思恩格斯选集》第 4 卷，人民出版社 1995 年版，第 510 页。

当代马克思主义哲学史
书写中的三个关系问题

梁树发[*]

在马克思主义哲学史的书写中我们遇到一些问题，这些问题的出现既反映了新的历史条件下马克思主义哲学发展的现状，也反映了当代马克思主义哲学发展的新的特点。要提高我们的马克思主义哲学史的研究水平，提升马克思主义哲学史著作、教材的质量，有必要处理好这些问题。其中突出的是以下三个问题：客观历史事实和"哲学事件"与马克思主义哲学发展的关系、非主流思潮及"相关因素"与马克思主义哲学发展的关系、当代中国马克思主义哲学两种表现形式之间的关系。

一 哲学的"背后故事"与哲学思想发展的关系

一些西方学者批评马克思主义者们把马克思主义哲学简化了，这种简化表现在哲学原理和哲学史两个方面。西方学者的批评有它的片面性，也包含某种意识形态因素，但不能说完全没有根据。

当然，马克思主义哲学著作、教材的编写是允许一定程度的合理的简化的。马克思主义哲学基本原理和简明马克思主义哲学史著作、教材的编写，都有适当简化的要求。但是，简化是有条件的和有限度的。一部通史性的马克思主义哲学史著作的编写，由于有内容全面的要求，因而不能有过多的简化。编写中一些细节不被或未被纳入著作内容，往往不是简化的结果，而是

---

* 梁树发，中国人民大学马克思主义学院教授。

这些内容对于马克思主义哲学的发展无关紧要，或者没有发生实际影响。简明马克思主义哲学史著作、教材的编写，简化是必要的。但是简化什么和简化到什么程度，要服从著作、教材的结构和内容的需要，不能任意简化。马克思主义哲学基本原理著作、教材的编写，以保持马克思主义哲学基本原理结构的完整性为前提，不发生马克思主义哲学基本概念、范畴和重要理论的遗漏。马克思主义哲学史著作、教材编写中一定的内容被舍弃和简化后，应使马克思主义哲学发展的基本理论内容、基本过程和基本线索不仅更加清晰，而且不发生重要遗漏和断裂，以反映和保持马克思主义哲学发展的真实的完整的面貌。当然，在实际书写过程中，由于对问题的理解和对文本的掌握的局限性，遗漏总会有的。但这不是刻意简化的结果。一般说来，遗漏是非目的性的行为，简化则是目的性的和自觉的行为。

简化的确有个适当与不适当的问题。造成不适当简化的原因，除文献掌握方面的原因外，还有一个哲学史观问题。哲学史是一定的概念、范畴、观点、思想形成、演变的历史。它不是历史事实本身，但是它不脱离历史并且总是形成于和表现于历史之中。它是逻辑与历史的统一。任何一种哲学概念、范畴、观点、思想的形成，都能够从历史事实和历史过程中找到根据。而作为历史事实的，首先是存在于一定时间和空间中的客观历史形势，是以世界性的和根本性的历史形势为内容的时代，是一切进步阶级和广大群众的伟大实践。列宁在谈到马克思主义发展史中的几个特点时，谈到马克思主义"往往被人忽视的那一方面"，认为"忽视那一方面，就会把马克思主义变成一种片面的、畸形的、僵死的东西，就会抽掉马克思主义的活的灵魂，就会破坏它的根本的理论基础——辩证法即关于包罗万象和充满矛盾的历史发展的学说，就会破坏马克思主义同时代的一定实际任务，即可能随着每一次新的历史转变而改变的一定实际任务之间的联系"。20 世纪初的俄国，"因为具体的社会政治形势改变了，迫切的直接行动的任务有了极大的改变，因此，马克思主义这一活的学说的各个不同方面也就不能不分别提到首要地位"①。列宁关于马克思主义发展史的特点和经验的以上论述告诉我们，要理解和发现一定时期马克思主义发展的一定主题（即被提到首要地位的那一方面）和一定概念、范畴、观点和理论的形成，就必须考察作为其根据和根本条件的客观历史形势（它通过

____

① 《列宁选集》第 2 卷，人民出版社 1995 年版，第 278、279 页。

经济的、政治的和社会的具体方面表现出来）、无产阶级行动的条件和实际任务。就我们的马克思主义哲学史研究来说，不能认为我们不了解或根本不懂得这个道理，不能说我们完全不去分析决定一定概念、范畴、观点、理论形成的背后的事实。但是，又不能不承认我们不大善于做这种分析和说明，不大善于从一定的哲学思想与事实的联系中说明一定哲学思想的产生。在已有的一些马克思主义哲学史著作中，历史事实往往只是形式化地被作为理论、思想形成的一般背景放置在理论、思想陈述的前面，而缺乏事实与理论的有机联结。这里存在的简化，可能不是对事实本身的简化，而是分析环节上的简化，是书写者思想懒惰的表现或认识能力问题。

作为哲学形成和发展基础的不仅有客观的历史事实，还有哲学生活或"理论实践"方面的事实。本文把这一方面的事实称为"哲学事件"。"哲学事件"是指与马克思主义哲学相关的各种大的活动，如在重大哲学问题上发生的争论、围绕重大哲学问题举行的重要会议、对重要哲学思潮开展的有组织的批判、重要著作的出版和重要学术组织的建立等。这些事件、活动由哲学问题引起，有哲学家的广泛参与，对一定时期或长远时期的哲学发展发生了或可能发生重要的影响。因此，它是马克思主义哲学发展的一定背景，当然也是其发展的一定条件。实际的马克思主义哲学发展过程不能没有这些事件、过程的陪伴。它同样是我们理解一定哲学思想如何得以形成、发展的线索。客观的历史事实和"哲学事件"共同构成一定哲学思想或一定时期的哲学发展的"背后故事"。马克思主义哲学史的书写以及教学，都要讲好这个"背后故事"，即讲好马克思主义哲学发展中每一崭新观点、思想产生的"背后故事"。只有讲好这个故事，才能够讲好一定的哲学，才能够理解一定的哲学。我们要讲好从新中国成立到"文化大革命"前我国马克思主义哲学的发展情况，不能不联系我国这一时期发生的哲学上的"三次大讨论"，即我国过渡时期资产阶级与工人阶级矛盾性质问题的讨论、过渡时期经济基础和上层建筑之间的关系的讨论、"思维与存在的同一性"问题的讨论。同这一时期马克思主义哲学发展相联系的"哲学事件"，还有 1962 年 1 月 30 日毛泽东在"七千人大会"上关于哲学问题的讲话①；有毛泽东在读到发表于《自然辩证法通讯》1963 年第 1 期上的坂田昌一的《基本粒子的新概念》文章后，1964

---

① 参见《毛泽东文集》第 8 卷，人民出版社 1999 年版，第 298—306 页。

年 8 月 18—24 日先后在北戴河同哲学工作者、在北京同参加科学讨论会的坂田昌一和各国科学家、同周培源和于光远谈"物质无限可分"和"关于人的认识问题"①；有毛泽东在看到徐寅生关于如何打乒乓球的讲话稿和贺龙副总理的批语后，于 1965 年 1 月 12 日所做的批示。毛泽东的这个批示公布后，全国掀起了一个学习和应用马克思主义哲学的热潮。而要讲好"文化大革命"后我国马克思主义哲学的发展，又不能不谈到关于"实践是检验真理的唯一标准"问题的大讨论、关于异化和人道主义问题的大讨论、关于实践唯物主义问题的大讨论，以及马克思主义理论研究和建设工程。讲好当代马克思主义哲学发展中的这些"背后故事"，是讲好整个马克思主义哲学发展这个大故事的前提。

　　问题不只在于要讲马克思主义哲学发展的"背后故事"，还在于如何讲好这个"背后故事"。马克思主义哲学史是思想史，要求从历史的事实中发现、发掘出思想，要求从事实、事件的连续中把思想的连续揭示出来。不能从事实、事件的联系和连续中发现和揭示思想，是我们马克思主义哲学史书写中的另一种弊病。这个情况在关于苏联马克思主义哲学发展的阐述中和关于我国一定时期的马克思主义哲学发展的阐述中，表现得比较突出。苏联马克思主义哲学发展的过程常常被湮没在苏联发生的几次"哲学事件"② 中。而我国从新中国成立到"文化大革命"发生前的哲学发展，也往往满足于对几次"哲学事件"的阐述，这一时期马克思主义哲学发展的主题或主导线索没有被清晰地揭示出来。"哲学事件"可能引领了哲学的一定发展方向，也在其中深化了对某一哲学问题的认识。但是全面的哲学发展不可能仅限于几次"哲学事件"，"哲学事件"之外的哲学的日常发展是整个哲学发展的基本过程。在关注"哲学事件"的同时，也能够深入到对哲学的日常发展过程的研究，才是对哲学发展全过程的和全面的研究，才可能避免重要哲学思想发展的遗漏和产生哲学思想发展链条的断裂。就苏联哲学研究而言，如能深入到苏联哲学的日常发展，我们

----

① 参见《毛泽东文集》第 8 卷，人民出版社 1999 年版，第 389—394 页。

② "两次哲学论战"（20 世纪 20 年代"辩证法派"与"机械论派"的论战、米丁为首的"正统派"与德波林学派的论战）和"三次哲学大反思"（第一次是 1947 年 6 月关于亚历山大洛夫《西欧哲学史》一书的全苏哲学讨论会，第二次是苏共 20 大前后哲学界对斯大林个人崇拜的批判，第三次是 1987 年 4 月"哲学与生活"讨论会）。参见李尚德《20 世纪马克思主义哲学在苏联》，社会科学文献出版社 2009 年版，第 118—126、148—185 页。

将有可能对苏联哲学的总的发展有新的发现和新的认识。国内有学者已注意到这个问题，所以在对苏联"哲学事件"做了详细考察之外，还从社会哲学、科学哲学、经济哲学、语言哲学、人的哲学等方面比较全面地阐述了马克思主义哲学在苏联的发展①。但这不是马克思主义哲学史的著作，而是一部关于苏联马克思主义哲学的专门著作。

二　非主流思潮及相关因素与马克思主义哲学发展的关系

这个问题是由"西方马克思主义"要不要写入马克思主义哲学史著作引起的。有学者从"'西方马克思主义'不是马克思主义"的前提出发，主张"西方马克思主义"不要写入马克思主义哲学史著作。国内出版的有的马克思主义哲学史著作把"西方马克思主义"（有著作使用"新马克思主义"概念，其中包含"西方马克思主义"）列入了著作的附录②。关于"'西方马克思主义'是马克思主义"和"'西方马克思主义'不是马克思主义"的结论都过于简单化，因此以此为理由而把"西方马克思主义"排斥在马克思主义哲学史著作之外的做法是欠妥当的。这里，我们暂且不去争论"西方马克思主义"究竟是不是马克思主义的问题，而先假定它不是马克思主义，探讨在这种认识前提下它是否应该写入马克思主义哲学史著作的问题。我们说，尽管在性质上"西方马克思主义"不属于马克思主义，只要与马克思主义哲学发展相关，它就应当被写入马克思主义哲学史著作。马克思主义哲学史著作是记述马克思主义哲学如何发展的著作。它是一个基本过程，也是它发展的一个必要条件，是同一切错误思潮的斗争，包括同一切反马克思主义思潮的斗争。"斗争"，当然只是一种概括的或简单的说法，就其过程来说，它包含研究、对话、批判等具体环节。理想的结果是把包括反马克思主义思潮在内的一切错误思潮消灭掉，但思想、理论的东西与实体性的东西和制度性的东西不一样，它不是一下子就能够被彻底消除的。所以，客观上有一个正确的、马克思主

---

① 参见李尚德《20世纪马克思主义哲学在苏联》，社会科学文献出版社2009年版。

② 参见杨春贵主编《马克思主义哲学发展史教程》，中共中央党校出版社2003年版；孙伯鍨、侯惠勤主编《马克思主义哲学的历史和现状》下卷，南京大学出版社2004年版。

义的东西同错误的、非马克思主义和反马克思主义的东西长期并存的过程和时期。所以，错误的、非马克思主义和反马克思主义思潮的存在就成为马克思主义的一种"生存环境"，斗争成为马克思主义生活中的常态和存在与发展的方式。斗争对斗争的双方都会产生影响。对于马克思主义发展来说，积极的结果是从对方获得对自己发展有益的资源，获得激励自己发展的力量。正是在这个意义上，毛泽东把真理同谬误的斗争看作真理发展的规律，看作马克思主义发展的规律。他指出："马克思主义必须在斗争中才能发展，不但过去是这样，现在是这样，将来也必然还是这样。正确的东西总是在同错误的东西作斗争的过程中发展起来的。真的、善的、美的东西总是在同假的、恶的、丑的东西相比较而存在，相斗争而发展的。当着某一种错误的东西被人类普遍地抛弃，某一种真理被人类普遍地接受的时候，更加新的真理又在同新的错误意见作斗争。这种斗争永远不会完结。这是真理发展的规律，当然也是马克思主义发展的规律。"① 马克思主义哲学史的著作就应该反映马克思主义同一切非马克思主义、反马克思主义思潮的斗争过程，揭示它在同一切错误思潮的斗争中得到发展的规律。在这个意义上，我们把一切非马克思主义思潮，甚至反马克思主义思潮看作马克思主义发展的"相关因素"。"西方马克思主义"即使不是马克思主义，而作为马克思主义哲学发展的"相关因素"，也是应该写入马克思主义哲学史著作的，或者说，是马克思主义发展史的书写不能回避的因素。假若在这一点上我们还有所怀疑，那么试想，由我们今天编写的马克思主义哲学史著作、教材如果在内容上没有"西方马克思主义"，丝毫不涉及"西方马克思主义"，那这个著作、教材会是什么样子？它不可能是一部反映20世纪马克思主义哲学发展客观过程的著作、教材，当然它也不会是受读者欢迎的著作、教材。近一个世纪以来，世界马克思主义哲学的发展呈现的是一种苏联哲学（即苏联马克思主义哲学）、"西方马克思主义"和中国马克思主义哲学"三足鼎立"的态势。"西方马克思主义"是西方发达资本主义国家的马克思主义哲学家或者马克思主义哲学研究者对马克思主义哲学的研究与探讨，核心内容是对当代资本主义的批判和关于发达资本主义国家走向社会主义的道路问题，是结合当代资本主义现实和马克思主义哲学发展现状而对马克思主义所做的批判性反思。它

---

① 《毛泽东文集》第7卷，人民出版社1999年版，第230—231页。

与现实社会主义国家（又称东方国家）的马克思主义哲学研究具有不同的思路、范式、话语甚至结论（其中可能包含许多错误）。它也始终在对马克思主义的"新"阐发中保持同现实社会主义国家的马克思主义哲学的对话（它往往是批评性的，并包含误解和攻击的成分）。正是这种对话、交流和相互批评，在一定程度上激发了马克思主义哲学在20世纪的发展。因此，正是由于它的存在和现实表现与意义，使它同现实社会主义国家的马克思主义哲学研究一起构成20世纪马克思主义哲学发展的完整画面。没有"西方马克思主义"，这个画面就不够完整，就不能完整地和客观地说明20世纪世界马克思主义哲学的发展，不能完全说明20世纪现实社会主义国家的马克思主义哲学的发展。苏联和东欧社会主义制度解体后，苏联哲学终结了，"经典'西方马克思主义'"①也终结了，但是具有与其相同或相异理论倾向和传统的"当代国外马克思主义"的一些流派还在，独立的个性化的马克思主义、马克思主义哲学研究现象还存在。假若按照"'西方马克思主义'不是马克思主义"（现在应换成"'当代国外马克思主义'不是马克思主义"），因而马克思主义发展史和马克思主义哲学史的著作、教材不能够写入它的简单逻辑，罔顾当代欧美马克思主义哲学的发展，那么当代世界马克思主义哲学发展岂不成了中国马克思主义哲学的"一花独放"？这是不符合实际的。

谈到事件、人物、思想、流派在著作中的"写入"，其意义可能有以下方面：第一，不分事件、人物、思想、流派的性质，只看其历史影响，在著作（与历史同义）中"记上一笔"。第二，具有价值选择和褒贬意味，"写入"著作意味着对一定事件、人物、思想和流派的肯定。第三，通常意义上的"内容包含"。没有特别的价值选择和主观意图，写入与不

---

① "经典'西方马克思主义'"是为了与那种把"西方马克思主义"宽泛地理解为全部当代欧美国家的马克思主义或马克思主义研究区别开来而提出的概念。所谓"经典'西方马克思主义'"就是本来的"西方马克思主义"。它创始于卢卡奇、柯尔施和葛兰西的"黑格尔主义的马克思主义"，后有法兰克福学派、"存在主义的马克思主义"、"弗洛伊德主义的马克思主义"、"结构主义的马克思主义"、"新实证主义的马克思主义"等流派。它是20世纪20年代至70年代末这一特定时段的西欧激进马克思主义研究流派。参见王雨辰《加强经典西方马克思主义研究：观念与方法》，《河北学刊》2009年第4期；梁树发、于乐军《关于"经典西方马克思主义"的研究》，《理论视野》2010年第8期。

写入仅仅取决于内容的需要，即取决于客观历史和理论历史的阐述的需要。以上所谈的"西方马克思主义"应该写入马克思主义哲学史著作的主张，是第一和第三种意义上的，绕开了对它的性质与意义的价值评价。无论我们把"西方马克思主义"看作马克思主义的（它可能是马克思主义发展中的支流、甚至异端），还是看作非马克思主义的，它都是马克思主义哲学发展中的"相关因素"，并且是值得"记上一笔"的相关因素。没有这个因素就没有内容完整的马克思主义哲学史，就不能完整地和客观地说明当代马克思主义哲学的发展。

专门的马克思主义发展规律问题的思考，也使我们遇到马克思主义发展中的"相关因素"问题。马克思主义发展规律是一个系统。这个系统除了有马克思主义发展的一般性规律和基本规律外，还有其他一些"规律性现象"。马克思主义发展的一般规律和基本规律与这个过程中的主要现象和基本现象相联系，它们是前面提到过的客观的历史形势和由此决定的无产阶级的行动任务，是现实的阶级斗争及其影响下的理论斗争，是科学文化发展和马克思主义者的理论创新能力，以及对理论生活具有直接影响的国家意识形态管理。作为马克思主义发展的"相关因素"的"规律性现象"是对主要现象和基本现象的补充，是一种"副现象"。它们是：关于"什么是马克思主义"的提问、马克思主义与方法的关系问题的提出、马克思主义与哲学的关系问题的争论、马克思主义创始人诞辰和逝世周年纪念性话语等。这些带有哲学意义的规律性现象要不要或者可以不可以写入马克思主义发展史、马克思主义哲学史的著作呢？从马克思主义发展史研究和马克思主义哲学史研究的理论目的在于发现马克思主义及其哲学发展的规律出发，它们是应该写入马克思主义发展史、马克思主义哲学史著作的。或者说，我们应该在马克思主义发展史、马克思主义哲学史的著作中，发现和能够读到这些规律性现象。因为它们是马克思主义和马克思主义哲学"理论实践"中的事实。它们在马克思主义发展史、马克思主义哲学史著作、教材书写中的被吸收，可能是我们的马克思主义发展史、马克思主义哲学史著作、教材更具有可读性、更有色彩，并且更为可信的一个主要因素。这些因素可能是我们以往的研究没有发现的，也可能是以往的马克思主义发展史、马克思主义哲学史著作、教材编写被忽略了的。

三 当代中国马克思主义哲学
两种表现形式之间的关系

当代中国马克思主义哲学有两种表现形式,一种是哲学家们以标准的(或专业性的)哲学语言、思维方式和表达形式在有关著作和活动中直接显现的马克思主义哲学思想;一种是以非哲学的语言、思维方式和表达形式在马克思主义中国化两大理论成果中特别是在中国特色社会主义理论体系中间接显现的马克思主义哲学思想,以该形式存在的马克思主义哲学思想需要通过哲学家的解读、阐释与发挥而得以呈现。

不能把当代中国马克思主义哲学的两种表现形式与它的两种形态混淆起来。当代中国马克思主义哲学的两种形态分别指毛泽东哲学思想和中国特色社会主义理论体系中的哲学思想。而中国马克思主义哲学的两种表现形式是指其中每一形态的两种具体表现形式。它们中的每一形态都有两种具体的哲学表现形式。这两种表现形式按其表现的直接性与间接性而划分。人们往往习惯于从语言、思维方式和文本的表面性质判断一种思想是否为哲学,而忽略或否认在一般理论体系中或在非直接哲学文本或活动的背后深藏的哲学思想。这当然是对哲学表现的一种误解。这种误解表现在文本方面,认为只有《黑格尔法哲学批判》《神圣家族》《德意志意识形态》和《路德维希·费尔巴哈和德国古典哲学的终结》等才算得上马克思和恩格斯的哲学著作,而《资本论》《路易·波拿巴的雾月十八日》《哥达纲领批判》等则不算他们的哲学著作;在毛泽东的著作中,认为只有《实践论》《矛盾论》才是哲学著作,而《反对本本主义》《论持久战》《中国革命和中国共产党》《新民主主义论》等则不能被看作哲学著作。就文本形式和叙述形式而言,似乎邓小平理论、"三个代表"重要思想和科学发展观不能被看作哲学,而是一般的马克思主义理论,被看作中国化的马克思主义,而不能被看作中国化的马克思主义哲学。

当代实践中,特别是中国特色社会主义实践中,哲学表现或履行其意识形态功能的形式,马克思主义哲学大众化的形式与现实,特别是由邓小平理论、"三个代表"重要思想和科学发展观构成的中国特色社会主义理论体系实际具有的哲学内容和哲学品质,严重地冲击了关于马克思主义哲学表现形式的传统认识,从而使哲学家们不得不回到一个老问题上来,即什么是哲学的问题上来。放弃以往那种关于哲学表现形式的单一性的认识成为必然。

邓小平理论、"三个代表"重要思想和科学发展观的确不直接是哲学或表现为哲学，不是直接哲学形态的马克思主义。但是，我们又不能简单地说，它们不是哲学。就其内容和具有的意义而言，它们当然是哲学。它们是一种以非哲学的形式表现的哲学，是蕴含在或深藏于一般马克思主义理论体系中的哲学，是需要通过哲学家的解读、阐释与发挥而得以理解和呈现的哲学。这种解读、阐释与发挥是当前中国马克思主义哲学家面临的重要任务。

马克思主义哲学的两种表现形式，可能是现实社会主义国家马克思主义哲学的基本的和常态性的表现形式。马克思主义哲学对于国家主导思想体系功能的发挥，一般是与作为国家主导思想体系总体即马克思主义联系在一起的，是融入这个总体中的。这就是我们在前面提到的马克思主义哲学在内容和性质上具有的与政治的关联性。要认识这个总体中的哲学并将它呈现出来，需要哲学家的解读、阐释和发挥。马克思主义哲学的另一种存在和表现形式是哲学的常规的表现形式，是所谓以哲学的存在和表现形式而存在和表现的哲学。就形式而言，它在社会主义国家和非社会主义国家无特殊性可言。这就是作为学科和专业而存在的哲学，是马克思主义哲学在内容和性质上具有的与学术的关联性。

马克思主义哲学、当代中国马克思主义哲学两种表现形式的存在是客观的。它们是一种形态的哲学的两种表现形式。它们各有所长，因而各有其存在的理由。它们不是对立的，而是互补的，并且这种互补性不只在于它们的形式方面，而且在于它们的内容方面。存在于国家主导思想体系中的间接显现的马克思主义哲学由于更接近于社会生活现实，并且在哲学创新方面往往有突出表现，因而一方面对于那种作为一种学术存在的马克思主义哲学的发展具有启发和推动作用，一方面也在内容上不断补充和丰富以直接形式存在的马克思主义哲学。

与当代中国马克思主义哲学两种表现形式的关系问题相联系的，是与这两种形式相关的两支马克思主义哲学家队伍的关系问题，更是马克思主义哲学史书写中以两种表现形式存在的马克思主义哲学的关系问题。我们知道，在西方学者的马克思主义哲学史著作中，一般没有本文所说的两种形式存在的马克思主义哲学，而只有所谓作为学术的马克思主义哲学，因而在书写形式上往往表现为对哲学家个人的哲学的阐释，即哲学家个人理解的马克思主义哲学的阐释与记述。但在我们书写的马克思主义哲学史著作、教材中，则少见或几乎见不到我们的哲学家们的"个人的"哲学，特别是在世的马克思主义哲学家的"个人的"哲学。所以，我们书写的马克思主义哲学史著作、教材，其当代中国马克思主义哲学史部分，几乎是无主体的哲学。我们的有鲜明个性和特色的哲学家个人的马克思主义哲学思想在我们的马克思主义哲学史著作中往往见不到。而作为哲学家个人（他们一般是已经不在世的）的哲学思想出现的又往往是对马克思主义经典作家和主导思想体系的解释和阐述。在我们的马克思主义哲学史著作、教材中较为多见的是国家主导思想体系的哲学。但是，就是这一表现形式的马克思主义哲学我们书写得也不够好。我们的马克思主义哲学家似乎不大善于，有的甚至不太情愿做这种解释、阐释和发挥的工作。

总的说，马克思主义哲学史著作和教材的编写，一方面，在充分反映国家主导思想体系中的马克思主义哲学发展的成就的同时，不要忽视或遮蔽我们的职业哲学家们特别是现世的职业哲学家们对中国化马克思主义哲学和总体的马克思主义哲学发展的贡献；另一方面，我们的哲学家们也要积极地参与（至少不要有意规避）和善于对主导思想体系中的哲学思想的解释、阐释与发挥。在两种表现形式的马克思主义哲学的有机联系和统一中，书写好当代马克思主义哲学史，特别是当代中国马克思主义哲学史。

马克思主义哲学的内史与外史的书写

何　萍[*]

一　本题研究之必要性

自黑格尔创立哲学史这门学科以来，哲学的内史和外史就成为哲学史书写中必须讨论的问题。所有的哲学家，凡是撰写哲学史的著作，都会在其导论或绪论中专门讨论这一问题。

哲学家们之所以要讨论这一问题，是由哲学史的研究对象的特殊性决定的。哲学史的研究对象是哲学的一般。这里所说的哲学的一般，不是单个的哲学理论，不是讲的哲学和现实关系的问题，而是讲的哲学的本质与个别哲学派别和哲学形态之间的关系。哲学的本质是一，是逻辑的东西；个别哲学派别和哲学形态是多，是历史的东西。个别哲学派别和哲学形态的历史又有两种：一种是无数个别的哲学派别和哲学形态之间的联系和发展。这种历史构成了哲学自身发展的历史，即哲学的内史；一种是无数个别哲学派别和哲学形态产生的历史条件，主要指一定时代和民族的文化，与哲学发生联系的各种文化形式，即宗教、神话、科学、艺术、文学、语言等。这些都是哲学发展的外在因素，构成了哲学的外史。由于哲学史的研究对象具有这双重的历史，所以，哲学家在叙述哲学史之前，必须研究哲学史中的历史的东西，区分哲学的内史和外史，以便确定哲学史应该叙述什么样的历史，以及如何叙述这一历史。由此可见，区分哲学的内史和外史，是哲学家对于哲学史书写的一种方法论的反思，体现了哲学史研究的自觉意识。

---

* 何萍，武汉大学哲学学院教授。

但是，哲学史本身又是一门发展的学科。哲学史这门学科的发展是与哲学的发展相联系的：哲学的变革是哲学史观变革的内在根据，而哲学史观的变革是哲学变革的完成。也就是说，一种哲学，只有当它能够进入哲学史的叙述，能够证明它与前此哲学之间的联系和区别，能够比前此哲学更深刻地展示哲学的一般的时候，它变革哲学的意义才能得到肯定。直到这时，它的变革才算完成。这种通过哲学史来研究哲学、检验哲学变革的意义、证明某种哲学的合理性的思路，是黑格尔在建立哲学史这门学科时提出来的，也是黑格尔创立哲学史这门学科的目的。自黑格尔之后，这种哲学研究的思路得到了普遍的认同，从而成为了哲学的研究方式和哲学自我证明的方式。正是这样，每一时代的哲学家，为了证明他们的哲学的合理性，都要去研究哲学史，以新近发展起来的哲学去改写以往叙述出来的哲学史。哲学史这门学科就在哲学变革的推动下发展起来。这一点，在文德尔班批评黑格尔的哲学史观中得到了鲜明的体现。文德尔班是新康德主义的哲学家，也是著名的文化哲学的哲学家。文化哲学不同于近代理性主义哲学的一个根本特点，就是它把哲学的对象看作是历史，而不是科学；强调哲学的根据是历史科学，而不是自然科学。从这一观点出发，文化哲学在哲学理论上建立了历史的形而上学，以对抗近代理性主义哲学的科学的形而上学；在哲学史的叙述上以历史科学的个别化方法取代自然科学的普遍性方法，揭示哲学发展的文化必然性。在文化哲学的这两个方面的创造中，文德尔班在哲学史研究方面的贡献更大，文化哲学对于哲学变革的意义、它的理论的合理性，就是在他的哲学史书写中得到证明，并最终得到普遍认可的。他在《哲学史教程》的绪论中，首先对包括黑格尔在内的前此哲学家的哲学观念进行了批判。他指出，从古希腊以来的哲学虽然有种种不同的观点，但是，在把科学作为洞见人生观和价值观的基础，在把哲学"置于有更普遍意义的'科学'概念之下"① 这一点上则是共同的。这种哲学观念的根本缺陷在于，只看到了哲学中的逻辑的东西，而没有看到哲学中的历史的东西。进而，他指出了黑格尔哲学史观的荒谬之处。他指出，黑格尔把哲学史定义为理性范畴不断获得明确意识并进而达到概念形式的过程，强调哲学史的研究就是要揭示理性范畴的内在联系，这是对哲学史本质的说明；只有通过这一说明，哲学史才第一次成为科

---

① ［德］文德尔班:《哲学史教程》上卷，罗达仁译，商务印书馆 1987 年版，第 12 页。

学。这是黑格尔对于哲学史这门学科建立所做的贡献。但是，这并不意味着黑格尔的哲学史观是完全正确的。在如何叙述理性范畴的演化过程上，黑格尔由于受哲学是普遍科学概念的指导，只强调逻辑的东西，而删除了历史的东西。在他那里，哲学的内史只是抽象的理性概念结构，个别哲学家的历史创造活动是没有意义的，是根本不能进入哲学内史的；哲学的外史虽然对哲学的发展产生影响，但是，它们对于哲学史的叙述来说，却是一些无关的东西，是需要被排除的东西。由于删除了历史的东西，黑格尔就只能借助于一种想象的必然性来说明一种范畴向另一种范畴的过渡。他这样叙述哲学史，的确保证了哲学史的哲学性质，保证了哲学史的内在逻辑的清晰性，但却使哲学史失去了历史的内容，从而"经常违背历史事实"①。从这一方面看，黑格尔有关哲学内史和外史的观点，又是需要修正的。文德尔班从对黑格尔哲学史观的这一批评出发，对哲学的内史和外史作了新的阐发。他提出，哲学史固然"只能通过思想内在的必然性和'事物的逻辑'去理解"②，但是，哲学史中的思想的内在必然和"事物的逻辑"不应该是黑格尔所理解的科学的逻辑，而应该是历史的逻辑，不应该是理性的必然性，而应该是文化的必然性。历史的逻辑、文化的必然性包含着黑格尔所要求的理性的东西、逻辑的东西，同时，又要求结合哲学家个人的哲学创造活动，在无数哲学家个人的思维中去揭示哲学的理性的和逻辑的东西。由此决定，哲学的内史是由思维的普遍性和哲学家个人的哲学创造活动结合而成的结构，其中，思维的普遍性是逻辑的东西，是哲学一般的方面，哲学家个人的哲学创造活动是历史的东西，是决定哲学一般的性质的方面；正是由于后者，思维的普遍性才具有了文化必然性的特性，而不至于变成抽象的、片面的、想象的理性。除此之外，哲学的外史，对于哲学史的叙述来说，也不是无关紧要的，因为，哲学家个人的创造活动总是与他们的生活环境相联系的，与他们时代的各种文化因素相联系的。因此，哲学史只有通过考察哲学家的生活环境、考察一定时代的哲学思想与其他文化的关系，才能揭示哲学的一般，才能使哲学史变成"批判—哲学的科学"③。在这里，文德尔班通过重新定义哲学的内史和外

---

① ［德］文德尔班：《哲学史教程》上卷，罗达仁译，商务印书馆 1987 年版，第 20 页。

② 同上书，第 21 页。

③ 同上书，第 25 页。

史，建立了文化哲学的哲学史观。根据这一哲学史观，哲学史是"欧洲人用科学的概念具体表现了他们对宇宙的观点和对人生的判断"①的过程，是"种种不同的单个的思维活动的产物"②。由此决定，哲学的历史进程必然是形形色色和多种多样的。这样一来，文德尔班就描绘了一幅完全不同于黑格尔的哲学史的图景。

我认为，考察文德尔班对黑格尔哲学史观的批判和对哲学内史与外史的界定，对于我们思考中国马克思主义哲学史的研究现状，有着十分重要的方法论意义。因为，它给了我们一种研究马克思主义哲学史的规范。这一规范包括两个方面的内容：其一，马克思主义哲学史，不论具有什么样的特殊性，只要想成为一门科学，就必须首先符合哲学史这门学科的一般规定，而要获得哲学史学科的一般规定，就必须反思它的内史和外史，建立起马克思主义哲学史学科的自觉意识；其二，马克思主义哲学史的研究必须扎根于一个半多世纪的全部哲学思想发展的历史之中，尤其是要扎根于 20 世纪的马克思主义哲学发展的历史之中。因为马克思主义哲学内部诸多传统的形成和多种形态的演变，在 20 世纪才得到充分的发展和显现。所以，我们只有研究 20 世纪的马克思主义哲学，才能看清马克思主义哲学发展的内在逻辑，也才能把握马克思主义哲学的一般，而只有深刻地把握了马克思主义哲学的一般，马克思主义哲学史的叙述才能够称得上是哲学的，马克思主义哲学史也才能由此而成为一门相对独立的科学。我国的马克思主义史研究最欠缺的恰恰就是这两个方面。就第一个方面而言，我国的马克思主义哲学史研究因为没有经过方法论的讨论而缺乏哲学史的自觉意识，所以，在马克思主义哲学史的叙述中，大量叙说的是历史的东西，而非逻辑的东西；历史的东西成了主题，逻辑的东西只是作为历史东西的一种点缀而出现。按照这种方式叙述出来的哲学史，或许符合了逻辑与历史相一致的原则，却难以称得上是真正的哲学史，因为哲学史作为一门独立的学科的首要条件，是它所叙述的逻辑的东西必须是哲学的一般，凡是不具有哲学一般的性质，凡是没有揭示出哲学一般的"哲学史"，都不能成为真正意义上的哲学史。可见，对于哲学史这门学科来说，发现哲学史的内在要求，是比强调逻辑与历史相一致的原则更为重要的方面。就

---

① ［德］文德尔班：《哲学史教程》上卷，罗达仁译，商务印书馆 1987 年版，第 18 页。

② 同上书，第 20 页。

第二个方面而言，我国的马克思主义哲学史研究所遵循的辩证唯物主义和历史唯物主义理论，不是从马克思主义哲学的全部历史发展中抽象出来的，而是从马克思主义哲学的教科书中搬过来的。马克思主义哲学教科书中的哲学理论只是诸多马克思主义哲学形态中的一种，绝不是马克思主义哲学理论的全部；它是马克思主义哲学的特殊，而不是马克思主义哲学的一般。用这种特殊的理论去叙述全部的马克思主义哲学史，必然会出现许多违背事实的东西。我国马克思主义哲学史研究中出现的种种问题，比如，把西方马克思主义哲学排除于马克思主义哲学史的系统之外，对第二国际马克思主义哲学的贬斥等，都是由此而引起的。鉴于此，本文立足于一个半多世纪以来的马克思主义哲学发展的历史，以 20 世纪马克思主义哲学的发展为历史的和理论的视角，讨论马克思主义哲学的内史和外史，以此说明马克思主义哲学史的书写问题。

二　马克思主义哲学的内史及其书写

我国的马克思主义哲学史叙述中出现的内容庞杂、逻辑线索不清的种种问题，都是因为没有清理和确定马克思主义哲学的内史造成的。因此，从方法论的高度探讨马克思主义哲学的内史及其书写的问题，应该成为本题研究的重点。

按照哲学史这门学科的规范，哲学的内史必须是哲学自身发展的历史，因而也必定是哲学史书写的主线。遵循这一规范，马克思主义哲学的内史，必须是马克思主义哲学自身发展的历史。那么，马克思主义哲学自身发展的历史是什么？它的本质和核心理论是什么？是以辩证唯物主义和历史唯物主义理论为核心展开的历史，还是以实践和辩证法为核心展开的历史？对于这个问题，我国学者在马克思主义哲学的理论研究领域，已经作了许多的研究，却很少从马克思主义哲学史观的角度加以研究。从哲学研究的思路来说，从理论的角度研究问题和从哲学史观的角度研究问题是不同的。从理论的角度研究问题，讲的是理论本身，或者说，是具体的理论问题，而从哲学史观的角度研究问题，讲的是理论的深层结构，或者说，是理论的构造机制。前者是对理论的静态的说明，后者是对理论的动态的、历史发展的说明。由于两者之间存在着这种差别，所以，理论的研究不能代替哲学史观的研究，理论研究的成果可以为哲学史观的研究所

用，但不能是简单的搬用，而应该把它纳入哲学史研究的系统中作重新阐
释。这一点也适合于我国的马克思主义哲学的理论研究和哲学史观研究的
关系。在理论研究中，我国学者通过对马克思和恩格斯哲学的关系、马克
思哲学和马克思主义哲学的关系、西方马克思主义哲学和马克思主义哲学
的关系等多方面的讨论，提出，马克思主义哲学的本质不是原有的马克思
主义哲学教科书中的辩证唯物主义和历史唯物主义的基本原理，而是马克
思的实践和辩证法。这一研究成果应该成为马克思主义哲学史观研究的理
论基础，但是，马克思主义哲学史观的研究不能简单地把这一成果运用于
叙述马克思主义哲学的发展史。如果这样的话，那么，它只是用一种理论
标准代替另一种理论标准，用一种马克思主义哲学排挤另一种马克思主义
哲学。这样叙述出来的马克思主义哲学史与以往的马克思主义哲学史著作
叙述出来的马克思主义哲学史并无实质性的差别。然而，如果从马克思主
义哲学史观研究的视角来反思这一成果，情况就不同了。在这里，马克思
的实践和辩证法不是理论的研究对象，而是哲学史的研究对象。作为哲学
史的研究对象，研究马克思的实践和辩证法所要解答的问题是：马克思的
实践和辩证法的内在结构如何？它是如何成为马克思主义哲学的本质的，
又是如何构造出一部哲学史的？解答这个问题，就是解答何为马克思主义
哲学的内史的问题。这也就是我在这里所要论述的问题。

　　实践和辩证法成为马克思主义哲学的本质，严格地说，是几代马克思
主义哲学家创造的结果，因而，是一种历史的产物。不可否认，把实践和
辩证法作为新唯物主义学说的本质是马克思首先提出来的，但是，马克思
在提出这一观点时，并不是用它来定义整个的马克思主义哲学，而是讲的
他自己的哲学品格。这种哲学如果不经几代马克思主义哲学家的创造性发
展，如果不发生形态上的变化，那么，它就会如同康德的批判哲学和黑格
尔的辩证法那样，永远都只能和马克思个人的名字连在一起，永远都只是
马克思个人的哲学，而绝不能发展为一种哲学传统、一种哲学思潮。然
而，当马克思以后的马克思主义哲学家把马克思的实践和辩证法定义为马
克思主义哲学的本质，并在学理上发展这一哲学时，马克思哲学的命运就
不同了，它不再是马克思个人的哲学，而是世界各民族进步力量共同创造
的思想财富。这一事实，要求我们联系一个半多世纪马克思主义哲学的发
展，尤其是 20 世纪马克思主义哲学的发展，来思考马克思主义哲学本身
的历史。这就是马克思主义哲学史研究的历史主义原则。

　　历史地看，马克思主义哲学家对马克思的实践和辩证法的阐释主要是从两个层面上展开的：第一个层面，是把实践和辩证法当作一种精神、一种哲学理念，来阐释它们对于马克思主义哲学革新的方法论意义；第二个层面，是结合时代的变革和本民族的哲学传统，赋予实践和辩证法不同的含义，创造不同形态、不同传统的马克思主义哲学理论。前者建立起不同时代、不同地域的马克思主义哲学之间的深刻的联系，后者则创造了马克思主义哲学在不同时代、不同地域的差别，从而展示了马克思主义哲学的变革。马克思主义哲学正是在这两个看似矛盾的层面中创造了自己的传统，从而获得了不同于其他哲学的本质。因此，我们要把握马克思主义哲学的本质，对马克思主义哲学的内史作出界定，就必须历史地考察这两个层面的内容以及它们之间的关系。

　　实践和辩证法作为一种精神、一种哲学理念，是马克思最早阐发出来的。博士论文是马克思从事哲学创造的第一部哲学著作。马克思在写作这部著作时，他的唯物史观的理论还远远没有形成，但是，他的唯物史观理论中所包含的新的哲学精神却已经在这部著作中先阐发出来了。在这部著作中，马克思以偶然性为核心范畴，通过对原子偏斜意义的说明，阐发了个体自由的精神及其在现实世界中的实现问题。在阐发这一问题中，他提出了著名的"世界的哲学化同时也就是哲学的世界化"的论断。这一论断揭示了哲学与现实之间的相互否定关系，强调了哲学的批判精神。① 在《关于费尔巴哈的提纲》中，马克思进一步把哲学的批判精神概括为："环境的改变和人的活动或自我改变的一致"和"改变世界"的哲学②。当他把这一精神贯穿于对政治的、意识形态的和资本主义经济的批判之中，贯穿于对工业的批判性研究之中时，他就超越了青年黑格尔派的哲学，超越了他同时代其他的哲学，而创立了历史唯物主义的理论。这一过程表明，马克思的实践和辩证法绝不只是一些能够说明人类历史规律的理论，它还包含了哲学不断趋向现实，并通过理论的反思和批判而又超越现实的诉求，包括了彻底批判的辩证法精神。马克思之后的马克思主义哲学家把马克思哲学中的这种现实的批判精神概括为一种历史的辩证方法，一

① 对马克思博士论文中的这一思想的详细论述，参见何萍《马克思博士论文中的本体论问题》，《学术月刊》2002年第9期。
② 《马克思恩格斯选集》第1卷，人民出版社1995年版，第55、57页。

种哲学创造的原则。罗莎·卢森堡在批评那些教条式地对待马克思思想的观点时，反复强调："只是在经济领域内才谈得上马克思创立了一个或多或少完整的理论体系。相反，他的理论中最有价值的唯物主义的辩证的历史观却只表现为一种研究方法、一些天才的指导思想，它们使人有可能展望一个崭新的世界，开辟独立活动的无限远景，激励我们的思想大胆地飞进尚未研究的领域。"① 在这里，罗莎·卢森堡把马克思的哲学当作一种思想解放的力量，一种反对教条主义的武器。正因为有了这个武器，她才能够突破旧的理论框架，立足于 19 世纪末西欧资本主义的发展和世界历史的新变化，分析帝国主义现象，修改马克思的资本积累公式，创造帝国主义理论。所以，从理论内容上看，她的资本积累理论与马克思的资本积累理论有着巨大的差异，而从方法论上看，她却是把马克思的辩证法原则贯彻到底了，从而体现了她的哲学与马克思哲学之间深刻的一致性。罗莎·卢森堡的这一马克思主义哲学的创造方式也体现在列宁的哲学创造活动之中、体现在西方马克思主义哲学家的哲学创造活动之中，同样的，也体现在毛泽东的哲学创造活动之中。马克思主义哲学的本质就是在这些马克思主义哲学家的连续不断地批判和创造活动中形成的。正是这种连续不断地批判和创造活动，把不同时代、不同民族的马克思主义哲学家的思想和观点联结下来，使他们之间具有了共同性，而这种共同性就是马克思主义哲学的本质。这一历史事实表明，马克思主义哲学的本质是它充满活力的创造精神，是辩证的批判方法，而不是某种既定的马克思主义哲学理论。因此，它是开放的，而不是封闭的。那种把马克思主义的某一哲学理论当作马克思主义哲学的本质，以此衡量其他的马克思主义哲学形态的观点，其实就是我们通常所说的一种教条主义的马克思主义哲学观，是一种需要批判和摒弃的马克思主义哲学史观。

实践和辩证法作为一种哲学理论，就是被马克思称之为"实践的唯物主义"的学说。这一学说本身也是历史发展的。早在马克思和恩格斯那里，"实践的唯物主义"就已经包含了哲学各个领域的内容，本体论的、认识论的、辩证法的、意识形态的、语言学的、自然观的、历史观的、伦理学的，等等。但是，马克思和恩格斯从来就没有建立起关于这一

---

① ［德］罗莎·卢森堡：《卢森堡文选》上卷，中共中央马克思恩格斯列宁斯大林著作编译局译，人民出版社 1984 年版，第 472 页。

学说的完整体系，其中的有些部分，比如本体论、认识论、意识形态、语言学、伦理学等，还根本没有充分发展起来，有些部分，比如唯物主义的历史观、辩证法等，虽然有了较为完整的论述，但在理论的结构上、在研究的向度上，都打上了自由资本主义时代的印记，属于他们所处时代的理论。这些都为以后的马克思主义哲学理论创造留下了广阔的空间。从 19 世纪末开始，世界各国的马克思主义哲学家结合资本主义的新变化，结合资本主义在本民族发展的状况，对马克思和恩格斯创造的"实践的唯物主义"学说的各个部分都进行了结构性的改造，创造出不同的马克思主义哲学传统和不同的哲学形态。不同的马克思主义哲学传统，是马克思主义哲学与不同国家、民族哲学传统文化相结合的产物，体现了马克思主义哲学在空间上的拓展。这种空间上的拓展，在世界性范围内，形成了马克思主义哲学的东方传统和西方传统之别；而在这两种马克思主义哲学的内部，又有不同的哲学传统。在东方，有苏联马克思主义哲学传统与中国马克思主义哲学传统之别；在西方，有批判的马克思主义哲学传统与科学的马克思主义哲学传统之别，等等。不同的马克思主义哲学形态，是时代变革的产物，体现了马克思主义哲学在时间上的发展。从 19 世纪末到今天，马克思主义哲学曾经历了三次大的变革：第一次是 19 世纪末至 20 世纪初，面对西欧资本主义内部的变化、帝国主义现象的出现以及所引发的无产阶级革命，第二国际的马克思主义哲学家从资本主义存在的历史环境的角度研究资本主义崩溃的问题，创立了帝国主义理论，从而改变了唯物史观研究的向度；第二次是 20 世纪 20 至 60 年代，包括苏联和西方马克思主义哲学在内的马克思主义哲学家，围绕着无产阶级革命实践的问题，开展了马克思主义哲学的研究，从本体论上更新了马克思主义哲学，西方马克思主义哲学家还相继创造了文化的意识形态理论、日常生活批判理论等；第三次是 20 世纪 60 年代末至今，面对全球问题的出现，东西方马克思主义哲学家以全球化和现代性批判为主题，重新思考了马克思主义哲学的自然观和历史观，创造了生态学马克思主义哲学和分析的马克思主义哲学，等等。马克思和恩格斯创立的"实践的唯物主义"学说正是在哲学传统的分流和哲学形态的变革中形成了多元发展的格局。这种多元发展的格局表明，马克思主义哲学的发展不是一个范畴的演进过程，而是哲学传统的分流和哲学形态的变革过程。因此，它的发展不可能是一元的、直线式的，而是多元的、立体式的。正是有了这种多元的、立体式的发展，实践和辩证法的本体论、认识论、意识形态、语言学和伦理学等理论才能被建构起来，马克思主义哲学也才能由此而成为 20 世纪主要哲学思潮之一。在这个意义上，可以说，如果没有几代马克思主义哲学家的创造，马克思和恩格斯创立的"实践的唯物主义"学说的全部哲学意义，尤其是它的现代意义，是根本不能呈现出来的，也谈不上有马克思主义哲学史。

从逻辑的角度分析，实践和辩证法的批判精神和多元化的哲学传统和理论形态共同构造了马克思主义哲学发展的内在机制。其中，批判精神体现了实践和辩证法的内在要求。这种内在要求有两种：一种是方法论意义上的；一种是理论创造意义上的。方法论意义上的内在要求，针对的是哲学的批判精神，是每一时代、每一民族的马克思主义哲学家在创造新的马克思主义哲学理论时，都必须坚持的东西，因而也是把每一时代、每一民族的马克思主义哲学联结起来的共同点。理论创造意义上的内在要求，针对的是具体的理论革新，它要求每一理论必须有时代的、民族的内容，有哲学家富有个性的创造。这种要求一旦满足，哲学的理论必然是多元化的，而不是一元化的。也就是说，理论创造意义上的内在要求构造的是马克思主义哲学发展的差异性。多元化的哲学传统和理论形态就是实践和辩证法的批判精神创造的成果，当然也是这双重要求的实现。从马克思主义哲学发展的历史形成看，多元化的哲学传统和理论形态又是后来的马克思主义哲学创造的历史起点。正是有了这个起点，后来的马克思主义哲学家的创造活动才有了新的内容，马克思主义哲学才有了阶段性的变化。在这个意义上可以说，多元化的哲学传统和理论形态构造了马克思主义哲学发展的不同阶段、不同环节。马克思主义哲学的历史就是在实践和辩证法的批判精神和多元化的哲学传统和理论形态的相互作用中创造出来的。

根据上述历史的叙述和逻辑的分析，实践和辩证法的批判精神，多元化的哲学传统和理论形态的相互作用及其所创造的历史，就是马克思主义哲学的内史，也是马克思主义哲学史叙述的主线。为了清晰地展现这一主线，马克思主义哲学史的叙述要遵循三个原则：第一，准确地描述各个哲学家的创造活动。实践和辩证法的批判精神是决定马克思主义哲学本性的方面，但这一精神不是预成的，而是通过个体的哲学家创造出来的。因此，要叙述马克思主义哲学的精神及其发展，就必须研究哲学家个体的富有个性的思想创造。这是从整体上叙述马克思主义哲学史的基础。第二，以问题为中心，研究不同时代马克思主义哲学发展的特点和独特的形态，通过哲学形态的变革揭示哲学发展的质变，从而建立起马克思主义哲学史叙述的时间向度。第三，以民族文化为背景，研究不同国家、民族的马克思主义哲学传统的形成及其历史演变，特别是比较东西方马克思主义哲学的传统，通过这些不同的哲学传统比较，叙述马克思主义哲学发展的世界化和多元化，从而建立起马克思主义哲学史叙述的空间向度。

三　马克思主义哲学的外史及其书写

一部马克思主义哲学史的著作，读起来，让人感到内容庞杂、逻辑线索不清，这是内史书写的问题。但是，如果读起来，让人感到全是历史背景的叙说，全是政治性的评论，则属于外史书写的问题了。通常，这两个部分的缺陷是分不开的。一部哲学史著作叙述的不成功，首先是内史的书写出了问题。但是，对内史书写的检讨并不能代替对外史书写的反思，因为，即使内史的书写方式弄清了、明确了，还有一个是否需要书写外史和如何书写外史的问题。何况，书写外史，对于马克思主义哲学史来说，比之其他任何哲学史都显得更为重要和迫切。这是由马克思主义哲学的性质决定的。因为，马克思主义哲学在把"改变世界"作为自己的目的，强调外部世界是哲学的一个须臾不可分离的部分时，就已经注定了外史的书写要成为马克思主义哲学史叙述中的不可或缺的部分。所以，在检讨了马克思主义哲学内史的书写之后，马克思主义哲学外史书写的问题就凸显出来了。

哲学外史的书写一般说来包括三个方面的内容：第一个方面是哲学与时代的关系；第二个方面是哲学与其他学科之间的关系；第三个方面是一个民族哲学与其他民族哲学之间的关系。这三个方面的内容又可分为两类：一类是由第一个方面的内容所表现出来的哲学与现实之间的关系；一类是由第二和第三两个方面表现出来的学术联系。马克思主义哲学外史的书写，也应该包含这两类的关系。不过，由马克思主义哲学的性质所决定，马克思主义哲学史的叙述有自己独特的内容和书写方式。

就第一类的关系而言，马克思主义哲学外史的书写应该紧紧扣住以机器生产为标志的工业革命和资本主义生产方式及其变化。哲学与时代的关系，也就是哲学与现实生活的联系。但是，现实生活是复杂的、多方面的，并不是每一个方面都会对哲学起作用，而只有那些决定时代性质的方面才会对哲学起作用,哲学史的叙述就是要选取其中对哲学起主要作用的方面。这是从客观的方面而言的。从主观的方面看,某些哲学家对现实生活中的某些方面感兴趣的问题,这种兴趣是与他们判断现实生活中的哪些因素对人们的精神生活、对该时代的哲学更有意义这一问题相关的。每一时代的哲学家,在创造自己的哲学时,都会指出该时代的现实生活中那些决定社会生活、历史发展和人类的精神生活一般性质的因素,然后用这些因素去说明现实生活的其他方面,以此建立起该时代的哲学。此外,同一时代的哲学家对现实生活的理解总有不同,对现实生活中起支配作用的思想的判断也不相同,这就决定了他们创造出来的哲学必然不同。哲学史上的科学主义和人文主义思潮的兴起与发展,就源于哲学家对现实生活中支配人们精神生活因素的判断不同:科学主义的哲学家把自然科学的思想作为支配人们精神生活的东西,于是,把哲学置于自然科学思维的基础之上,并且借助自然科学的思维方式建构起科学理性的形而上学;人文主义的哲学家把文学、历史学、伦理学、语言学等人文科学看作人们精神生活的主要方面,于是,把这些学科的思维方式当作哲学思维的基础,建立道德伦理学说、政治哲学、历史哲学,直到建立起历史的形而上学。哲学与现实关系的这些不同反映到哲学史的研究上,就是不同的哲学家对现实生活叙述有着不同的要求。在西方哲学家那里,对每一时代的哲学起支配作用的现实生活的叙述,大都集中于政治、自然科学和人们道德生活的变化等因素上,所以,他们主要通过这些因素的分析来叙述哲学与时代的关系。马克思主义哲学家也肯定政治、自然科学和人们道德生活的变化是现实生活中对哲学起支配作用的因素,但是,在马克思主义哲学家看来,在现代社会,政治、自然科学和人们道德生活的变化归根到底是从工业革命和资本主义生产方式及其变化中产生出来的,它们的性质、对哲学起作用的方式,也是由工业革命和资本主义生产方式的发展状况所决定的。因此,工业革命和资本主义生产方式及其变化是社会生活中更为根本的方面,也是对哲学起主导作用的因素。政治、自然科学和人们道德生活的变化对哲学的作用,都只能通过工业革命和资本主义生产方式及其变革这一中介来实现。这样,马克思主义哲学家就在工业革命和资本主义生产方式及其变化中找到了哲学与时代的本质联系,并根据工业的发展和资本主义生产方式的变化,创造不同时代的马克思主义哲学。在马克思和恩格斯那里,实践概念明显地包含着工业和资本主义批判的内容,马克思对实践唯物主义的所有原理的论述、对费尔巴哈哲学的批判，也都是从工业对于人的本质、对人类历史发展所带来的革命性影响这一角度展开的。自马克思恩格斯之后，马克思主义哲学从第二国际到第三国际的发展，从东方到西方的拓展，无不是在研究工业革命和资本主义生产方式的变化中发展起来的。由此决定，马克思主义哲学史要叙述哲学与时代的关系，就应该抓住工业革命和资本主义生产方式的变化这条主线，而把政治、自然科学和人们道德生活的变化作为这条主线上的不同方面来论述。除此之外，马克思主义哲学史在论述工业革命和资本主义生产方式的变化时，要着重那些与哲学发生本质联系的东西，而不是罗列工业革命和资本主义生产方式变化的细节。具体地说，是以实践和辩证法的批判精神来审视工业革命和资本主义生产方式变化对马克思主义哲学的产生和发展所起的作用，说明每一时代的工业发展状况和资本主义生产方式变化的特点与该时代马克思主义哲学的关系。

就第二类的关系而言，马克思主义哲学外史的书写，应该重点叙述马克思主义哲学与各民族文化传统之间的关系问题。西方哲学家在论述哲学的外史时，已经肯定了哲学的民族性特征，强调哲学总是一定民族的思想、民族的精神，因而，哲学是民族的。但是，他们并不认为所有民族的思想都能称得上是哲学，而只有具有充分发展的理性思维形式的西方思想、西方文化，才能成为哲学。由此得出的结论是：西方哲学具有哲学的一般性质，是世界哲学。这是典型的西方中心论的思想。与西方哲学不同，马克思主义哲学产生于西欧的文化土壤，但它绝不是西方民族的，而是世界性的。这里所说的世界性，不是指的马克思主义哲学的世界性传播，而是指它具有世界文明的共同性和普遍性的内容。这种共同性和普遍性的内容主要有两点：一是指它具有建立在资本主义创造的世界性的生产方式之上的思维内容和形式；二是指它的共同性和普遍性的获得是在世界历史的形成中，通过改造各民族的文化传统而实现的。这样一来，各民族的文化传统，既是马克思主义哲学获得共同性和普遍性的经验基础，也是马克思主义哲学共同性和普遍性的内容之一；马克思主义哲学要走进各民族的无产阶级革命实践，首先要走进各民族的文化传统，要在与各民族文化传统的融合中，创造出一种新的思维方式，被该民族所接受。由此决定，我们在叙述马克思主义哲学的世界性发展时，不能仅仅讲马克思主义哲学与各国无产阶级革命实践的关系，而必须讲马克思主义哲学与各民族文化传统之间的关系，叙述它在不同民族所形成的思维方式的特点，揭示它与各民族文化传统之间的学术联系。只有通过这一叙述，马克思主义哲学的学术思想内容才能充分地展示出来。相反，如果只讲马克思主义哲学与无产阶级革命实践的关系，而不理会马克思主义哲学与民族文化传统之间的学术联系，就会把马克思主义哲学封闭在一个狭隘的圈子里，变成一种仅仅服务于政治的工具。这显然是降低了马克思主义哲学世界性发展的意义，也根本不符合马克思主义哲学发展的历史和逻辑，最重要的是，它不能展示马克思主义哲学作为思想史的内容。事实上，通过不同民族的哲学思维的相互交流、相互碰撞，来考察一定民族的思维方式，是马克思研究哲学史的一个重要方法。早在《神圣家族》中，马克思就通过考察18世纪法国唯物主义者接受英国唯物主义的方式，说明，考察一个民族怎样吸收和改造其他民族的哲学思想，就能发现该民族的时代内容和哲学的思维传统。① 我以为，马克思提出的哲学史叙述的这一方法，也适合于我们对马克思主义哲学外史的学术关系的书写。长期以来，我国学术界把马克思主义哲学与政治画等号，没有揭示出马克思主义哲学在中国传播和发展的学术价值，没有说明它对于改造中国传统文化，推动中国传统文化实现现代转型的意义，就是因为没有考察中国的马克思主义哲学与中国近代其他哲学传统的关系。自20世纪90年代开展起来的马克思主义哲学中国化研究，给予了我们书写马克思主义哲学史一个重要的方法论启示，这就是，要求我们重视马克思主义哲学与各民族哲学传统之间的关系，通过考察马克思主义哲学与其他哲学传统的相互碰撞、相互吸收的过程，揭示马克思主义哲学内部传统的形成和哲学形态的变化。这一哲学史的研究方法，不仅为书写马克思主义哲学中国化的历史进程所必需，而且也为书写西方马克思主义哲学和北美的马克思主义哲学所必需。

以上对马克思主义哲学内史和外史的书写问题的探讨，其实是我以文化哲学的范式对马克思主义哲学史所作的一种解读。这种解读的历史基础就是20世纪的马克思主义哲学。我认为，20世纪的马克思主义哲学，无论在理论的内容上，还是在思维的形式上，都是沿着文化哲学的路向发展的。通过这种发展，马克思主义文化哲学的传统不仅被开发出来，而且还

① 对这一观点的详细论证，参见何萍《马克思主义哲学史教程》上卷，人民出版社2009年版，第106—108页。

表明，马克思主义哲学的发展，并不是像先前人们所以为的那样是受单纯的技术理性支配的，而是受文化的必然性支配的，是由内部诸多哲学传统和哲学形态构成的有机整体。这一点一旦被揭示出来，变革马克思主义哲学史观的任务也就提出来了。而这种变革的方向，就是破除先前看待马克思主义哲学史的那种片面的、单一的理性主义的范式，采用文化哲学的范式来解读马克思主义哲学的历史，说明它内部的诸多哲学传统和哲学形态产生的历史必然性和合理性，展示它的完整风貌。如果说，先前的那种片面的、单一的理性主义研究范式使我们的马克思主义哲学史研究陷入了种种困境，那么，文化哲学的研究范式则给予了我们走出这种种困境的可能。

马克思主义哲学中国化传统的形成和发展

汪信砚[*]

马克思主义哲学中国化即把马克思主义哲学与中国的具体实际相结合，早已不仅仅是中国马克思主义哲学研究的方法论要求，而是20世纪以来中国哲学发展的主脉，并由此构成了中国哲学的新传统即中国哲学的现代传统[①]。与任何其他的哲学传统一样，马克思主义哲学中国化传统也有一个形成和发展的过程：它由李大钊、陈独秀、李达等早期中国马克思主义者开创，由毛泽东加以完善，由当代中国马克思主义者加以阐扬。考察和把握马克思主义哲学中国化传统的形成和发展过程，对于深化和拓展马克思主义哲学中国化研究，对于深刻理解中国马克思主义哲学史和整个现代中国哲学史，都是非常重要的。

一　马克思主义哲学中国化传统的开创

马克思主义哲学中国化传统是由中国早期马克思主义者开创的。五四运动以后，中国一大批先进知识分子纷纷转变为马克思主义者，他们在中

---

* 汪信砚，武汉大学马克思主义哲学研究所所长。

　① 参见汪信砚《中国哲学传统的三重变奏》，《学术月刊》2013年第9期。该文系统考察和阐述了中国哲学传统从古代传统到近代传统再到现代传统的演进。作者认为，作为中国哲学的现代传统，马克思主义哲学中国化传统具有三个显著特点：第一，哲学探索的目标在于用马克思主义哲学改造中国，亦即运用马克思主义哲学回答"中国向何处去"的时代问题；第二，哲学探索的方法是普遍和特殊的结合，亦即把马克思主义哲学与中国的具体实际相结合；第三，哲学探索的路径是马克思主义哲学与中国实践之间的双向互动，即运用马克思主义哲学研究中国的实践，并通过总结中国实践的经验丰富和发展马克思主义哲学，然后又用中国化的马克思主义哲学来指导和进一步研究中国的实践。

国广泛传播马克思主义哲学的过程中开创了马克思主义哲学中国化传统，而李大钊、陈独秀和李达则是他们中最杰出的代表。

　　作为最早转变为马克思主义者的中国先进知识分子和在中国自觉传播马克思主义的第一人，李大钊是明确把马克思主义理论当作改造中国社会的工具来传播的。在他看来，马克思主义是"世界改造原动的学说"①和"拯救中国的导星"②，而马克思的唯物史观、政治经济学和科学社会主义之间有着根本的"联络"和不可分的关系，若"离了他的特有的史观，去考他的社会主义，简直的是不可能"③。这是他在传播马克思主义理论时也特别注重传播唯物史观的根本原因。他不仅对唯物史观的根本原理作了高度概括，阐述了生产力与生产关系和经济基础与上层建筑的辩证关系、阶级斗争学说和人民群众的历史作用，而且还分析、批驳和澄清了种种对唯物史观的误解和歪曲。他在中国马克思主义史上首倡了普遍与特殊、理论与实践相结合的原则，开了把马克思主义与中国具体实际相结合的先河。他认为，马克思主义"实是一个时代的产物"，我们采用它的时候"不要忘了他的时代环境和我们的时代环境"④，马克思主义者"必须要研究怎么可以把他的理想尽量应用于环绕着他的实境"⑤。具体到马克思主义哲学研究，他强调说，"应该细细的研考马克思的唯物史观，怎样应用于中国今日的政治经济情形"⑥，亦即应"依马克思的唯物史观以研究怎样成了中国今日政治经济的情状，我们应该怎样去作民族独立的运动，把中国从列强压迫之下救济出来"⑦。他指出，"依马克思的唯物史观，社会上法律、政治、伦理等精神的构造，都是表面的构造。他的下面，有经济的构造作他们一切的基础。经济组织一有变动，他们都跟着变动。换一句话说，就是经济问题的解决，是根本解决。经济问题一旦解决，什么政治问题、法律问题、家庭制度问题、女子解放问题、工人解决

---

① 《李大钊全集》第3卷，人民出版社2006年版，第16页。
② 《李大钊全集》第4卷，人民出版社2006年版，398页。
③ 《李大钊全集》第3卷，人民出版社2006年版，第18页。
④ 同上书，第36页。
⑤ 同上书，第3页。
⑥ 《李大钊全集》第4卷，人民出版社2006年版，第397页。
⑦ 同上。

问题，都可以解决"①。在他看来，中国的社会问题也"必须有一个根本解决，才有把一个一个的具体问题都解决了的希望"②，而这个根本解决就是经济问题的解决；而要解决经济问题，就必须进行社会革命，开展阶级斗争。他说："可是专取这唯物史观（又称历史的唯物主义）的第一说，只信这经济变动是必然的，是不能避免的，而于他的第二说，就是阶级竞争说，了不注意，丝毫不去用这学理作工具，为工人联合的实际运动，那经济的革命，恐怕永远是不能实现，就能实现，也不知迟了多少时期。"③ 他还运用唯物史观考察中国近代经济社会的变动情况，得出了"中国今日政治经济的情形，完全是国际帝国主义侵入的结果，中国全民族应该并力反抗那侵入中国的国际帝国主义，作民族独立的运动，从列强压迫之下，把中国救济出来"④ 的结论。

　　与李大钊一样并在李大钊的直接影响下，陈独秀在五四运动后也迅速转变为马克思主义者。陈独秀也是把马克思主义视为改造中国社会的工具来宣传的。他认为，马克思主义之所以输入中国，我们之所以鼓吹它，就是因为中国社会需要。"我们现在的至急需要，是在建立一个比较最适合于救济社会弊病的主义来努力改造社会"⑤，而这个"主义"就是马克思主义。在他看来，马克思的学说有两大精神：一是"实际研究的精神"，即马克思的学说是从实际中抽取出来的；二是"实际活动的精神"，即注重实际活动，干社会的革命。正是基于这一理解，他特别强调把马克思主义与中国的实际相结合，希望人们"以马克思实际研究的精神研究社会上各种情形，最重要的是现社会的政治及经济状况，不要单单研究马克思的学理"，并"发挥马克思实际活动的精神，把马克思学说当做社会革命的原动力，不要把马克思学说当做老先生、大少爷、太太、小姐的消遣品"⑥。陈独秀注重理论联系实际在他对马克思主义哲学的传播方面有突出的表现。他把唯物史观归结为两大要旨，即经济基础决定上层建筑和社会生产决定社会制度，并由此得出了一系列的革命结论：一种经济制度要

① 《李大钊全集》第3卷，人民出版社2006年版，第6页。
② 《李大钊文集》下卷，人民出版社1984年版，第37页。
③ 《李大钊全集》第3卷，人民出版社2006年版，第6—7页。
④ 《李大钊全集》第4卷，人民出版社2006年版，第398页。
⑤ 《独秀文存》，安徽人民出版社1987年版，第602页。
⑥ 《陈独秀文章选编》中册，生活·读书·新知三联书店1984年版，第178页。

崩坏时，其他制度也必然要跟着崩坏，是不能用人力来保守的；我们对于改造社会的主张，不可蔑视社会经济的事实；我们改造社会应当首先从改造经济制度入手①。他针对梁启超、胡适、张君劢等把唯物史观歪曲为机械唯物论，阐述了社会发展的客观规律与人的主观能动作用的关系，划清了唯物史观与机械唯物论的界限。他根据中国革命的实际需要，突出地宣传了阶级斗争和社会革命学说。他指出，马克思的阶级斗争学说是以唯物史观为依据的，而《共产党宣言》的精髓"正是根据唯物史观来说明阶级争斗的"②；阶级斗争是无产阶级夺取政权、改革社会制度的根本途径，革命是"新旧制度交替底一种手段"③。他还运用唯物史观对中国社会的性质、中国革命的对象、任务、动力以及中国革命与世界革命的关系问题进行了分析，得出了中国革命要分"民主主义的争斗"和"社会主义的争斗"两步走的正确结论④。

　　李达也是一位能够与李大钊和陈独秀相提并论的早期中国马克思主义者，他甚至比陈独秀更早完成向马克思主义者的转变。同时，李达也是马克思主义理论水平最高的早期中国马克思主义者。正如侯外庐先生所说，抗战前宣传马克思主义理论的学者中，"就达到的水平和系统性而言，无一人出李达之右"⑤。更为重要的是，与李大钊和陈独秀相比较，李达在研究和传播马克思主义哲学方面的贡献更为突出。与李大钊和陈独秀一样，李达研究和传播马克思主义，也是为了用马克思主义改造中国，因而他也一向坚持理论与实际相结合。1919—1922 年，李达发表了一系列文章，批判研究系的假社会主义、无政府主义以及国际共产主义运动中的各种修正主义思潮，论证中国必须走社会主义道路和实行无产阶级专政，而他批判各种反马克思主义思潮的一个重要理论武器就是唯物史观。1926年，李达出版了专著《现代社会学》，这是"中国人自己写的最早的一部联系中国革命实际系统论述唯物史观的专著"⑥，被学界称为唯物史观中国化的标志性成果。他在该书序言中说：马克思的唯物史观"不仅发现

---

① 参见《陈独秀文章选编》中册，生活·读书·新知三联书店 1984 年版，第 157 页。

② 同上书，第 195 页。

③ 同上书，第 134 页。

④ 同上书，第 185 页。

⑤ 侯外庐：《为真理而斗争的李达》，《光明日报》1981 年 6 月 18 日。

⑥ 参见江明《展读遗篇泪满襟——记李达和吕振羽的交往》，《文献》1981 年第 4 期。

社会组织之核心，且能明示社会进化之方向，提供社会改造之方针，其贡献之功实有不可磨灭者"①，故此，"特采唯物史观学说为根据，编著此书……学者苟循此以求之，必了然于国计民生之根本，洞悉其症结之所在，更进而改造之不难也"②。该书对唯物史观的论述，最后落脚到帝国主义时代的世界革命与中国革命问题，对中国社会的性质及中国革命的任务、动力、对象、领导者、归趋等问题作了深入探索。他于1929年出版的《社会之基础知识》也是一部阐释唯物史观的专著，而其最后一章专门探讨了"中国的出路"问题，其最终结论则是："只有民众起来打倒帝国主义，铲除封建遗物，树立民众政权，建设国家资本，解决土地问题，以求实现真正自由平等的新社会。"③他于1935年首次印行的《社会学大纲》，被毛泽东称为"中国人写的第一部马克思主义哲学教科书"。而他写作这部著作的目的是以马克思主义哲学的世界观和方法论揭示中国社会的特殊发展规律，帮助中国人民科学地分析中国社会的实际问题，认清中国革命的道路，而不只是系统地论述马克思主义哲学理论。在坚持普遍与特殊相结合方面，李达对马克思主义哲学的研究和传播也独具特色。他把马克思主义哲学的理论和方法运用于人文社会科学多门学科的研究，撰写了中国第一部马克思主义经济学教科书《经济学大纲》、中国第一部马克思主义货币学著作《货币学概论》、中国第一部用唯物史观系统研究中国近现代经济史的著作《中国产业革命概观》、中国第一部以唯物史观为指导的世界通史《社会进化史》以及中国第一部马克思主义民族学著作《民族问题》。

总之，李大钊、陈独秀、李达等早期中国马克思主义者对马克思主义哲学的传播已铸就马克思主义哲学中国化传统的基本特点，因而他们已开创了马克思主义哲学中国化传统。李达于1935年出版的《社会学大纲》标志着马克思主义哲学在中国系统传播的结束，也标志着马克思主义哲学中国化传统的形成。

---

① 《李达文集》第1卷，人民出版社1980年版，第237页。
② 同上。
③ 同上书，第558—559页。

二　马克思主义哲学中国化传统的完善

在中国马克思主义哲学史、中国现代哲学史乃至整个中国哲学史上，毛泽东有着特别重要的地位，他完善了由中国早期马克思主义者开创的马克思主义哲学中国化传统。正是由于毛泽东在马克思主义哲学中国化方面的理论创造，马克思主义哲学中国化传统才得以定型，成为与中国哲学古代传统和近代传统遥相辉映的中国哲学现代传统。

毛泽东对马克思主义哲学中国化传统的完善主要表现在以下几个方面：

首先，毛泽东创造了马克思主义哲学中国化传统的经典文本。

1937 年七八月间，毛泽东在延安抗日军事政治大学讲授哲学，撰写了《实践论》和《矛盾论》两部重要著作，运用马克思主义哲学对中国革命实践经验作了哲学总结。这两部著作密切联系中国革命的具体实际，批判地继承中国传统文化，特别是中国传统哲学的遗产，同时借鉴和吸收国内外马克思主义哲学研究的一些新的成果，运用具有鲜明中国特色的语言形式，深入浅出而又创造性地阐释了马克思主义认识论和辩证法的基本原理。其中，《实践论》紧紧抓住实践与认识这一认识过程中的基本矛盾，坚持实践第一的观点，系统地阐述了社会实践在认识过程中的基础地位和决定作用，具体分析了认识发展的辩证过程，概括了认识辩证运动的全过程和总规律，并深刻揭示了中国革命中的机会主义和冒险主义的认识论根源，即主观和客观相分裂、认识和实践相脱离。他指出："我们的结论是主观和客观、理论和实践、知和行的具体的历史的统一，反对一切离开具体历史的'左'的或右的错误思想。"① 《矛盾论》则针对教条主义者背离具体问题具体分析这一马克思主义的灵魂，从各个不同的方面对辩证法的实质和核心即对立统一规律作了系统论述，特别是阐明了矛盾的普遍性与特殊性的辩证关系，强调把握矛盾特殊性的重要意义。他指出："共性个性、绝对相对的道理，是关于事物矛盾的问题的精髓，不懂得它，就等于抛弃了辩证法。"② 《实践论》和《矛盾论》是中国早期马克

---

① 《毛泽东选集》第 1 卷，人民出版社 1991 年版，第 296 页。

② 同上书，第 320 页。

思主义者所开创的马克思主义哲学中国化传统所结出的理论硕果,它们标志着中国化的马克思主义哲学即毛泽东哲学思想理论体系的形成。

众所周知,历史上的任何一种哲学传统都有其经典文本,并且都是通过一定的经典文本来获得支撑的;经典文本可谓是其所属哲学传统的范例,没有经典文本,哲学传统即使能够长久存在,也会是游移不定的。《实践论》和《矛盾论》就是马克思主义哲学中国化传统的经典文本和范例,正是由于有了这两部经典文本,马克思主义哲学中国化传统才得以定型。

其次,毛泽东对包括马克思主义哲学中国化在内的马克思主义中国化传统作了系统阐发。

1938 年 10 月,毛泽东在党的六届六中全会上所作的《论新阶段》的政治报告指出:"我们这个民族有数千年的历史,有它的特点,有它的许多珍贵品。对于这些,我们还是小学生。今天的中国是历史的中国的一个发展;我们是马克思主义的历史主义者,我们不应当割断历史。从孔夫子到孙中山,我们应当给以总结,承继这一份珍贵的遗产。这对于指导当前的伟大的运动,是有重要的帮助的。共产党员是国际主义的马克思主义者,但是马克思主义必须和我国的具体特点相结合并通过一定的民族形式才能实现。马克思列宁主义的伟大力量,就在于它是和各个国家具体的革命实践相联系的。对于中国共产党说来,就是要学会把马克思列宁主义的理论应用于中国的具体的环境。共产党员要成为伟大中华民族的一部分就必须和这个民族血肉相连,离开中国特点来谈马克思主义,只是抽象的空洞的马克思主义。因此,马克思主义的中国化,使之在其每一表现中带着必须有的中国的特性,即是说,按照中国的特点去应用它,成为全党亟待了解并亟待解决的问题。洋八股必须废除,空洞抽象的调头必须少唱,教条主义必须休息,而代之以新鲜活泼的、为中国老百姓所喜闻乐见的中国作风和中国气派。"[1] 这一论述,实际上是根据中国革命发展的需要而对中国早期马克思主义者所开创的、包括马克思主义哲学中国化在内的马克思主义中国化传统的系统阐发,它对于马克思主义哲学中国化传统的完善有两方面的重要意义。

一是正式提出了马克思主义中国化命题,从而也正式提出了马克思主

---

① 《毛泽东选集》第 5 卷,晋察冀日报社 1944 年版,第 20—21 页。

义哲学中国化命题，并由此命名了马克思主义哲学中国化传统。虽然中国早期马克思主义者在中国广泛传播马克思主义哲学的过程中一开始就致力于把马克思主义哲学与中国的具体实际相结合、开创了马克思主义哲学中国化传统，但他们并没有提出马克思主义哲学中国化命题，因而尚未实现对于他们所开创的这一哲学传统的理性自觉。1938 年 4 月，艾思奇在《哲学的现状和任务》一文中认为："现在需要来一个哲学研究的中国化、现实化的运动。"[1] 同年 7 月，胡绳在其《辩证法唯物论入门》的"前记"中提出了"辩证法唯物论的'中国化'"的问题[2]。1938 年 10 月毛泽东《论新阶段》中的"马克思主义的中国化"的命题，正是在这些思想资源的基础上提出的，它显然内在地包含着马克思主义哲学中国化命题。这一命题的提出，意味着中国早期马克思主义者所开创的把马克思主义哲学与中国的具体实际相结合的哲学传统有了一个正式的名称，即马克思主义哲学中国化传统。

二是明确提出应当总结、承继"从孔夫子到孙中山"的珍贵文化遗产，弥补了马克思主义哲学中国化传统的一个重要缺失。中国早期马克思主义者致力于把马克思主义哲学与中国的具体实际相结合，但他们对中国的具体实际的理解是不全面的，他们眼中的中国具体实际主要是当时中国社会的政治经济状况，并不包括中国的历史文化传统，特别是中国的哲学传统。李大钊、陈独秀等人甚至把马克思主义与中国传统文化完全对立起来，对中国传统文化进行了激烈批判和根本否定。毛泽东清醒意识到了中国早期马克思主义者的这个缺点，明确提出应该总结、承继"从孔夫子到孙中山"的珍贵文化遗产。正如学界有人指出：毛泽东在这里实际上强调了这样一点，即致力于马克思主义哲学中国化，就应该总结和继承中国哲学的古代哲学传统和近代传统，因为孔夫子可谓是中国文化和中国哲学古代传统的代表，而孙中山则可被视为中国文化和中国哲学的近代传统的象征[3]。因此，毛泽东关于应当总结、承继"从孔夫子到孙中山"的珍贵文化遗产的论断，使马克思主义哲学中国化传统变得更加丰满。

---

[1]　《艾思奇文集》第 1 卷，人民出版社 1981 年版，第 387 页。

[2]　参见《胡绳全书》第 4 卷，人民出版社 1998 年版，第 162 页。

[3]　参见李维武《20 世纪中国哲学视阈中的马克思主义哲学中国化研究》，《哲学分析》2010 年第 4 期。

最后,毛泽东完整地揭示了包括马克思主义哲学中国化在内的马克思主义中国化命题的含义,科学地制定了马克思主义哲学中国化传统的基本内涵。

马克思主义哲学中国化,就是把马克思主义哲学与中国的具体实际相结合。那么,应该怎样"结合"呢?按照中国早期马克思主义者的理解,主要是把马克思主义哲学应用于中国,即运用马克思主义哲学研究中国的政治经济状况。应该说,这一理解是很不全面的。与此不同,毛泽东则完整地揭示了包括马克思主义哲学中国化在内的马克思主义中国化命题的含义。当然,毛泽东在这方面也经历了一个探索过程。1938 年 10 月毛泽东在《论新阶段》中正式提出马克思主义中国化命题时,他对这一问题的理解尚未超越中国早期马克思主义者的水平,因为当时他对这一命题的解释是"使之在其每一表现中带着必须有的中国的特性,即是说,按照中国的特点去应用它"。后来编辑《毛泽东选集》时,毛泽东还曾亲笔将《论新阶段》原文中的"马克思主义的中国化"改成了"使马克思主义在中国具体化"①。对于这一更改的原因,学界已有不少探讨。我认为,不管毛泽东是出于何种考虑,这一更改倒是更符合其上下文的意思。就是说,毛泽东在《论新阶段》原文中所说的"马克思主义的中国化"原本就是指"使马克思主义在中国具体化",即"把马克思列宁主义的理论应用于中国的具体的环境"②。1941 年 9 月 10 日,毛泽东在中央政治局扩大会议上所作的《反对主观主义和宗派主义》的讲话中提出:"我们要使中国革命丰富的实际马克思主义化。"③ 直到这时,毛泽东才全面地理解了把马克思主义与中国的具体实际相结合、完整地揭示了马克思主义中国化命题的含义,它既包括"使马克思主义在中国具体化",又包括"使中国革命丰富的实际马克思主义化"。由此,毛泽东实际上科学地制定了马克思主义哲学中国化传统的基本内涵,即既注重使马克思主义哲学在中国具体化,运用马克思主义哲学研究中国的具体实际,又注重使中国丰富的实际马克思主义哲学化,通过对中国的具体实际的研究丰富和发展马克思主义哲学。实际上,也只有将这两个方面有机地统一起来,才能真正创造并

---

① 参见《毛泽东选集》第 2 卷,人民出版社 1991 年版,第 534 页。

② 同上。

③ 《毛泽东选集》第 5 卷,晋察冀日报社 1944 年版,第 374 页。

不断发展中国化的马克思主义哲学。

三 马克思主义哲学中国化传统的阐扬

当代以来，特别是在改革开放以来的新的历史时期，中国马克思主义者根据时代的变化和中国社会发展的客观需要，高度重视、深入研究和积极推进马克思主义哲学中国化，使马克思主义哲学中国化传统得到了进一步的阐扬。

新时期中国马克思主义者对马克思主义哲学中国化传统的阐扬可概括为以下三个方面。

第一，对马克思主义哲学中国化的理论和历史的多维探索。

五四运动以后，虽然马克思主义哲学中国化传统经由早期中国马克思主义者开创和毛泽东进一步完善，逐渐主导了中国现代哲学的发展，成为中国哲学的现代传统，但与这一新的哲学传统相关的一系列理论问题在很长一段时间内并没有得到人们的关注和重视。改革开放以来，中国马克思主义哲学界才逐渐展开对于马克思主义哲学中国化诸多理论问题的探索。这些理论问题大体上包括三类：一是马克思主义哲学中国化本身内存的理论问题，如马克思主义哲学中国化的丰富内涵、基本性质、内在规律、标志性成果、主要文本、典型代表、思想源流、经验教训等；二是马克思主义哲学中国化的前提性理论问题，如马克思主义哲学中国化的可能性、必要性、基本依据、理论基础、主要目的、重要意义等；三是马克思主义哲学中国化的关联性理论问题，如马克思主义哲学中国化与马克思主义哲学民族化、马克思主义哲学中国化与马克思主义中国化、马克思主义哲学中国化与其他外域文化中国化、马克思主义哲学中国化与近代以来的西方哲学东渐、马克思主义哲学中国化与中国传统哲学现代化、马克思主义哲学中国化与中国现代文化的生成和发展、马克思主义哲学中国化与中国马克思主义哲学研究、马克思主义哲学中国化与当代中国哲学建设等的关系。就其发展过程看，人们对马克思主义哲学中国化诸理论问题的研究也大体上表现为对上述三类问题探索的层层推进。20 世纪八九十年代，学界已对马克思主义哲学中国化本身内存的一些理论问题作了初步研究。进入21 世纪以后，马克思主义哲学中国化的前提性理论问题开始受到人们的重视，而马克思主义哲学中国化本身内存的理论问题也得到了进一步的探讨。近年来,人们在更加深入地思考这些理论问题的同时,也开始关注马克思主义哲学中国化的关联性理论问题,并逐渐开始了马克思主义哲学中国化的比较研究。这里所说的比较研究,既包括马克思主义哲学中国化与其他相似文化现象的外部比较研究,特别是马克思主义哲学中国化与其他形式的马克思主义哲学民族化和其他外域文化中国化的比较研究,也包括马克思主义哲学中国化不同代表人物思想的内部比较研究。而要进行后一类比较研究,首先必须对马克思主义哲学中国化不同代表人物的思想作深入的探讨。因此,在上述过程中,人们对马克思主义哲学中国化诸理论问题的研究也表现出逐渐由对马克思主义哲学中国化的宏观整体研究,向马克思主义哲学中国化的微观个案研究发展的特点。

与此同时,人们也积极展开了对马克思主义哲学中国化历史的研究,探讨了马克思主义哲学中国化的发展历程及其各个阶段的目标、任务、内容、特点、成就、不足等问题。这种对马克思主义哲学中国化历史的研究,是与对马克思主义哲学中国化诸理论问题的研究,特别是与对马克思主义哲学中国化内存的理论问题的研究紧密联系在一起的。例如,马克思主义哲学中国化的内在规律实际上是马克思主义哲学中国化发展过程中表现出来的规律,离开对马克思主义哲学中国化历史的研究,是不可能把握马克思主义哲学中国化的内在规律的。再如,要理解和把握马克思主义哲学中国化的历史,必须深入研究马克思主义哲学中国化发展历程各个阶段上的重要文本和代表性人物的思想。否则,对马克思主义哲学中国化历史的研究就会陷入无根据的臆想。从这个角度看,上述关于马克思主义哲学中国化的比较研究,特别是关于马克思主义哲学中国化不同代表人物思想的比较研究,既是对马克思主义哲学中国化理论问题的研究,也是对马克思主义哲学中国化历史的研究。

第二,对马克思主义哲学中国化的思想资源的全面开掘。

马克思主义哲学中国化是把马克思主义哲学与中国的具体实际相结合,创造和发展中国的马克思主义哲学,这也是中国马克思主义哲学研究的根本任务。在这里,"中国的具体实际"既包括中国的现实实际,也包括中国的历史文化实际,特别是中国的传统哲学;而创造和发展中国的马克思主义哲学,既需要借鉴其他形式的马克思主义哲学民族化的经验教训,也需要吸收各种非马克思主义哲学的合理内容。因此,从广义上说,马克思主义哲学经典文本、中国传统哲学、外国哲学、现当代国外马克思主义哲学等都是马克思主义哲学中国化的重要思想资源。改革开放以来，作为当代中国哲学的重要领域，中国传统哲学和外国哲学的研究逐步全面展开，一些重要典籍得到整理或译介，许多重要思潮、流派和代表人物的哲学思想得到日渐深入的探讨，对当代中国马克思主义哲学研究产生了非常积极的影响，特别是为推进马克思主义哲学中国化提供了新的思想资源。不仅如此，中国传统哲学和外国哲学领域中的许多研究者还自觉地把自己学术研究的理论目标定位于为马克思主义哲学中国化提供思想资源、促进当代中国马克思主义哲学的发展。早在20世纪50年代初，作为马克思主义哲学中国化的杰出代表人物之一，李达先生在谈到马克思主义哲学、中国传统哲学、外国哲学三个学科的关系时就曾提出了"一体两翼"的构想①，明确了马克思主义哲学与中国传统哲学和外国哲学的"体""翼"关系，实际上也就是要求中国传统哲学和外国哲学的研究服务于马克思主义哲学研究，即为马克思主义哲学中国化提供思想资源。在当代中国传统哲学和外国哲学研究中，这一构想成为许多学者的自觉实践。例如，冯友兰、张岱年、冯契、肖萐父、方克立等人的中国传统哲学研究，金岳霖、贺麟、陈修斋、罗克汀、刘放桐等人的外国哲学研究，都鲜明地体现了这一点，都是对马克思主义哲学中国化传统的阐扬。与此同时，作为当代中国马克思主义哲学的重要论域，马克思主义哲学经典文本和现当代国外马克思主义哲学的研究也愈益受到人们的重视。一方面，人们对马克思主义哲学经典文本倾注了前所未有的热情，不仅使马克思主义哲学经典文本的编译工作发展到了一个新的阶段，而且使马克思主义哲学经典文本的研究工作也得到前所未有的推进，出版和发表了大量专门研究各种马克思主义哲学经典文本的论著，甚至在当代中国马克思主义哲学研究中还不时响起"回到马克思主义哲学经典文本"的口号。另一方面，人们对现当代国外马克思主义哲学的研究也蓬勃展开。由于各种复杂的原因，现当代国外马克思主义哲学是在改革开放以后才逐渐成为中国马克思主义哲学研究的一个重要论域的，它一旦受到中国学界的重视，就很快地成为中国马克思主义哲学研究的理论热点。特别是近20年来，国外马克思主义哲学的论著纷纷被译介到中国，有关代表人物的思想也得到不同程度的研究，

---

① 参见陶德麟《缅怀李达老校长——在纪念李达同志重建武汉大学哲学系50周年大会上的讲话》，《武汉大学学报》（人文科学版）2007年第2期。

人们对国外马克思主义哲学发展的关注度不断提高。这两个方面的马克思主义哲学研究，为马克思主义哲学中国化研究提供了更为直接的思想资源。

当然，马克思主义哲学中国化最为直接的思想资源乃是马克思主义哲学中国化的代表人物所创造的那些文本。对这些文本的整理和研究，既属于对马克思主义哲学中国化的理论和历史的探索，同时也是对于马克思主义哲学中国化最为直接的思想资源的开掘。改革开放以来，除了毛泽东所创造的马克思主义哲学中国化的经典文本以外，许多其他马克思主义哲学中国化代表人物的论著也逐渐得到整理和编纂，并纷纷以全集或选集的形式出版，如《李大钊文集》《李大钊全集》《陈独秀文章选编》《独秀文存》《陈独秀著作选编》《李达文集》《瞿秋白文集》《瞿秋白文选》《蔡和森文集》《艾思奇文集》《艾思奇全书》《杨献珍文集》《胡绳文集》《冯契文集》等。另外，《李达全集》也正在编纂过程中。毫无疑问，对马克思主义哲学中国化代表人物所创造的文本的整理和研究，是对马克思主义哲学中国化传统的直接阐扬。

第三，对马克思主义哲学中国化本身的重要推进。

新时期中国马克思主义者对马克思主义哲学中国化传统的阐扬，除上述两个方面外，还突出地表现为立足于当代中国的具体实际对马克思主义哲学中国化本身的新的推进：

一是中国共产党的理论创新对马克思主义哲学中国化的推进。中国的马克思主义者致力于把马克思主义哲学与中国的具体实际相结合，一开始就是要用马克思主义哲学改造中国、回答"中国向何处去"的时代问题。正是在这一过程中，中国早期马克思主义者开创了马克思主义哲学中国化传统，毛泽东又进一步完善了马克思主义哲学中国化传统。在改革开放的新的历史时期，中国马克思主义者和共产党人继承和发扬这一传统，在继续探索"中国向何处去"即中国社会主义建设道路的过程中，创立并不断发展了包括邓小平理论、"三个代表"重要思想和科学发展观在内的中国特色社会主义理论体系。作为当代中国的马克思主义，中国特色社会主义理论体系是把马克思主义与当代中国的具体实际相结合亦即整个马克思主义中国化的理论结晶，而它的理论基础正是中国化的马克思主义哲学。中国特色社会主义理论体系所深刻体现出来的一切为了人民、一切相信人民、一切依靠人民、诚心诚意为人民谋利益的基本立场，中国特色社会主义理论体系所阐述的中国特色社会主义的共同理想，中国特色社会主义理论体系所内在包含的关于社会主义的根本任务是发展生产力、社会主义社会是经济政治文化协调发展和社会生活全面进步的社会、促进人的全面发展是党的执政理念和经济社会发展的根本目标等基本观点，中国特色社会主义理论体系所坚持的唯物辩证的思想方法、实事求是的思想方法和群众路线的工作方法，都是结合当代中国的具体实际，对于马克思主义哲学的立场、观点和方法的创造性的运用，都是对于马克思主义哲学中国化的新的推进。

二是中国学界的马克思主义哲学研究对马克思主义哲学中国化的推进。近30多年来，与现实生活中的改革开放实践相伴随并为了适应改革开放实践的需要，中国的马克思主义哲学研究逐渐冲破了以往那种僵化的教科书体系的束缚，问题意识日益得到强化，并在吸收和消化上述马克思主义哲学中国化的各种思想资源的基础上，通过研究当代中国和当代世界的各种时代问题，积极致力于把马克思主义哲学与当代中国的具体实际相结合。在这一过程中，认识论、价值论、历史观、本体论、人学等相继成为中国马克思主义哲学研究的前沿热点领域，实践、主体性、价值、文化、历史、人、个人、生存、发展、资本、中国道路、生态文明等纷纷成为中国马克思主义哲学研究的关键词，而价值哲学、社会哲学、历史哲学、政治哲学、经济哲学、文化哲学等作为马克思主义哲学的部门哲学也越来越受到人们的重视。虽然新时期的中国马克思主义哲学研究在突破原有的教科书范式以后，特别是自20世纪90年代以来实际上处于一种无范式即没有统一范式的多样化分化发展的状态，但正是这种多样化的发展，为进一步推进马克思主义哲学中国化准备了重要条件。一方面，教科书范式即按照教科书模式去理解、阐释和研究马克思主义哲学本身，是背离马克思主义哲学中国化即把马克思主义哲学与中国的具体实际相结合的要求的，而马克思主义哲学研究的多样化的发展，有利于彻底消解这种背离马克思主义哲学中国化要求的教科书范式。另一方面，近20年来马克思主义哲学研究的多样化的发展所暴露出来的问题，迫切要求我们在当代中国马克思主义哲学研究中复归马克思主义哲学中国化传统、恢复或重建马克思主义哲学中国化范式。在学界近年来关于马克思主义哲学研究范式的讨论中，人们已清醒意识到长期以来马克思主义哲学研究因缺失统一范式而多样化发展的弊端，特别是它会使得当代中国马克思主义哲学研究丧失共同的目标、信念和评价标准，并因此而明确提出了在当代中国马克思主义哲学研究中重建马克思主义哲学中国化范式的主张①。而一旦我们在当代中国马克思主义哲学研究中重新确立起了马克思主义哲学中国化范式，以往马克思主义哲学研究多样化发展的成果与马克思主义哲学中国化的关系，就会发生一种格式塔式的转换。就是说，一旦我们把马克思主义哲学研究多样化发展的那些成果纳入马克思主义哲学中国化范式，它们就会助益于当代条件下中国化马克思主义哲学的建构，这些成果的取得就会彰显出对于推进马克思主义哲学中国化的重要意义，而以往马克思主义哲学研究的多样化发展也会因此而成为对于马克思主义哲学中国化传统的阐扬。

---

① 参见汪信砚《当代中国马克思主义哲学的研究范式》，《中国社会科学》2008 年第 2 期。

马克思主义及其哲学：
出场语境和理论形态

杨学功

一切历史地产生的东西，都只能在历史中存在。回顾马克思主义及其哲学一个多世纪以来的历史进程，直面马克思主义及其哲学的当代境遇，我们能够从中得到什么启示呢？

一

任何理论或学说都是历史的产物，都有自身的出场语境。马克思主义及其哲学当然也不能例外。

1882 年，恩格斯在《社会主义从空想到科学的发展》德文第一版序言中写道："科学社会主义本质上就是德国的产物，而且也只能产生在古典哲学还生气勃勃地保存着自觉的辩证法传统的国家，即在德国。"[1] 对这个论断的不同理解，曾经引发了关于"马克思主义故乡问题"的争论。1924 年，斯大林在《论列宁主义基础》中提出："正是德国成了科学社会主义的诞生地。"[2] 由于斯大林当时在政治上的权威地位，"德国是马克思主义的故乡"一时便成为权威的观点。然而，斯大林的概括明显忽略了恩格斯后来对这段话的一个重要补充，即恩格斯在《社会主义从空想到科学的发展》1883 年德文版上所加的一个注：

---

* 杨学功，北京大学哲学系教授。

[1] 《马克思恩格斯选集》第 3 卷，人民出版社 1995 年版，第 691 页。
[2] 《斯大林选集》上卷，人民出版社 1979 年版，第 191 页。

"在德国"是笔误,应当说"在德国人中间",因为科学社会主义的产生,一方面必须有德国的辩证法,同样也必须有英国和法国的发达的经济关系和政治关系。德国的落后的——40 年代初比现在还落后得多——经济和政治的发展阶段,最多只能产生社会主义的讽刺画(参看《共产党宣言》第三章(丙)《德国的或"真正的"社会主义》)。只有在英国和法国所产生的经济和政治状况受到德国辩证法的批判以后,才能产生真正的结果。因而,从这方面看来,科学社会主义并不完全是德国的产物,而同样是国际的产物。[①]

恩格斯的这段话,对于我们理解马克思主义及其哲学的出场语境具有特别重要的意义。诚然,恩格斯肯定了德国古典哲学对于马克思主义哲学形成的独特作用,他指出:"唯物主义历史观及其在现代的无产阶级和资产阶级之间的阶级斗争上的特别应用,只有借助于辩证法才有可能。德国资产阶级的学究们已经把关于德国伟大的哲学家及其创立的辩证法的记忆淹没在一种无聊的折衷主义的泥沼里……而我们德国社会主义者却以我们不仅继承了圣西门、傅立叶和欧文,而且继承了康德、费希特和黑格尔而感到骄傲。"[②] 但他同时又指出,德国当时落后的经济和政治条件,最多只能产生"社会主义的讽刺画"。只有在英国和法国的经济和政治状况受到德国辩证法的批判之后,才能产生真正的结果。因此,科学社会主义并不单是"德国的产物",而同样是"国际的产物"。

恩格斯在这里所说的科学社会主义产生的条件,广义上也就是马克思主义产生的一般条件,即马克思主义的出场语境。那么,他强调马克思主义是"国际的产物"又有何深意呢?

从恩格斯相关论述的上下文可以看出,他之所谓"国际的产物",实际上主要是指欧洲,具体说是指西欧,即当时经济条件较为发达的英国和政治条件较为发达的法国,以及文化上由于德国古典哲学的成就而后来居上的德国。离开这个历史条件,或者孤立地单就创始人出生的国籍来看,马克思主义创立的条件不可能得到科学的说明。

---

① 《马克思恩格斯选集》第 3 卷,人民出版社 1995 年版,第 691 页,编者注。

② 同上书,第 691—692 页。

　　马克思主义是"国际的产物",这一点对于理解马克思主义及其哲学的出场语境具有极为关键的意义。列宁在《马克思主义的三个来源和三个组成部分》(1913 年 3 月)一文中,对此有过一段非常有名的论述:"哲学史和社会科学史都十分清楚地表明:马克思主义同'宗派主义'毫无相似之处,它绝不是离开世界文明发展大道而产生的一种故步自封、僵化不变的学说。恰恰相反,马克思的全部天才正是在于他回答了人类先进思想已经提出的种种问题。他的学说的产生正是哲学、政治经济学和社会主义极伟大的代表人物的学说的直接继续。"① 虽然这里关于马克思主义"三个组成部分"的论述,并非可以直接等同于后来对马克思主义的学科划分,但强调马克思主义绝不是离开世界文明发展大道而产生的一种故步自封、僵化不变的学说,对于我们确立对待马克思主义的正确态度意义重大。

　　事实上,我们从作为马克思哲学核心内容的唯物史观的发现,就能证明马克思主义必然是"国际的产物"。众所周知,唯物史观在纵横两个方面展开自己的理论系统:在纵的方面,它揭示了人类社会从低级向高级发展的各种形态及其内在历史逻辑;在横的方面,它揭示了人类社会的内在结构及其相互制约关系。而无论前者还是后者,马克思都是从解剖资本主义社会入手的。然而,资本主义社会本身又是一个十分复杂的肌体,它直接呈现在人们面前的是一个"关于整体的表象"。要揭示其内在结构,就不能停留在这个表象上,而必须抓住决定性的方面或环节。列宁在谈到马克思研究社会结构所使用的方法时指出,这种方法就是"从社会生活的各种领域中划分出经济领域,从一切社会关系中划分出生产关系,即决定其余一切关系的基本的原始的关系"②。生产关系或经济关系是一切社会运动的基础,是一切复杂的政治上层建筑和意识形态借以竖立其上的基石。因此,抓住这一决定性的方面或环节,是解开社会结构奥秘,创立唯物史观的关键。而政治经济学就是研究生产关系的科学。所以马克思说:"对市民社会的解剖应该到政治经济学中去寻找。"③ 恩格斯也说:"马克思从黑格尔的法哲学出发,得出这样一种见解:要获得理解人类历史发展

① 《列宁论马克思主义》,人民出版社 2003 年版,第 66 页。
② 《列宁选集》第 1 卷,人民出版社 1995 年版,第 6 页。
③ 《马克思恩格斯选集》第 2 卷,人民出版社 1995 年版,第 32 页。

过程的钥匙，不应当到被黑格尔描绘成'大厦之顶'的国家中去寻找，而应当到黑格尔所那样蔑视的'市民社会'中去寻找。但关于市民社会的科学，也就是政治经济学"。① 由此可见，不研究政治经济学，就不可能"获得理解人类历史发展过程的钥匙"，也就不可能创立唯物史观。

政治经济学对于唯物史观创立的特殊重要意义，再次有力地证明了马克思主义及其哲学只能是"国际的产物"。因为在马克思主义创立时期，在政治经济学大师中几乎找不到一个德国人的名字，而英国人在这方面却享有无上的光荣和最高成就。恩格斯在《卡尔·马克思〈政治经济学批判·第一分册〉》中说："德国人早已证明，在一切科学领域内，他们与其余的文明民族不相上下，在大部分领域内甚至胜过它们。只有一门科学，在它的大师们当中，没有一个德国人的名字，这就是政治经济学。原因很清楚，政治经济学是现代资产阶级社会的理论分析，因此它以发达的资产阶级关系为前提，而在德国，这种关系自从宗教改革战争和农民战争，特别是从30年战争以来的几百年间，都没有可能产生。"②

从当时的历史条件来看，19世纪40年代是西欧资本主义迅速发展，而其内部矛盾也日益暴露的时代。经过17、18世纪的资产阶级革命，西欧主要资本主义国家如英国和法国已经建立起资本主义的社会制度和国家政权。从18世纪六七十年代开始，以瓦特发明和改进蒸汽机为标志，英国开始了以机器大生产代替工场手工业生产的工业革命。到了19世纪初，资本主义生产方式已经在英国占据统治地位。所以马克思一再申明，他对资本主义经济关系的研究主要是以英国作为例证的。他在《资本论》德文第一版序言中说："物理学家是在自然过程表现得最确实、最少受干扰的地方观察自然过程的，或者，如有可能，是在保证过程以其纯粹形态进行的条件下从事实验的。我要在本书研究的，是资本主义生产方式以及和它相适应的生产关系和交换关系。到现在为止，这种生产方式的典型地点是英国。因此，我在理论阐述上主要用英国作为例证。"③

但是，马克思以英国为例证，目的还是为了从个别达到一般，即揭示

① 《马克思恩格斯选集》第16卷，人民出版社1964年版，第409页。

② 《马克思恩格斯选集》第2卷，人民出版社1995年版，第36页。

③ 马克思：《资本论》第1卷，人民出版社2004年版，第8页。

资本主义时代的普遍矛盾和普遍本质,进而找到克服这种矛盾的解决办法。不过,我们看到,他并不是把所得到的一般结论简单套用到其他国家,而是对具体问题进行具体分析。比如,针对当时德国和欧洲大陆其他国家,马克思就指出了它们不同于英国的特殊性:"我们也同西欧大陆所有其他国家一样,不仅苦于资本主义生产的发展,而且苦于资本主义生产的不发展。除了现代的灾难而外,压迫着我们的还有许多遗留下来的灾难,这些灾难的产生,是由于古老的、陈旧的生产方式以及伴随着它们的过时的社会关系和政治关系还在苟延残喘。不仅活人使我们受苦,而且死人也使我们受苦。死人抓住活人!"①

马克思主义是"国际的产物",这就意味着它揭示了人类在资本主义时代所存在的普遍性问题和矛盾,它的基本原理也具有与其出场语境和历史条件相应的普遍性。但是,这并不意味着可以把马克思主义当作适用于任何情况和任何条件的抽象公式,相反,对于这些基本原理的理解尤其是运用,必须结合具体的历史条件才有可能。可以说,这是我们理解马克思主义及其哲学发展史的一个根本问题。

二

正因为马克思主义及其哲学是"国际的产物",反映了一个时代具有国际普遍性的问题和呼声,所以自它诞生以后,就在世界范围内广泛传播开来,并深刻影响了19世纪下半叶和整个20世纪的人类历史进程。这首先是由于资本主义开创了世界历史,通过世界市场的开拓和殖民扩张,把资本主义的矛盾扩展到世界范围,从而也使得作为资本主义的科学分析和理论批判的马克思主义学说,在一切文明国度都找到了自己的知音,从而获得了"世界历史性的意义"②。

拿哲学来说,需要特别指出的是,马克思主义哲学不是学科建制意义上的哲学,而是面向和回应现实问题的哲学。人们通常强调马克思主义哲学的开放性,这种开放性的根据就在于:它始终以现实生活作为思考的对象,而现实生活总是处在不停的变动之中,这种变动的剧烈和深刻,近一

---

① 马克思:《资本论》第1卷,人民出版社2004年版,第9页。
② 《列宁选集》第4卷,人民出版社1995年版,第299页。

百多年来达到了前人难以想象的程度。因此，马克思主义哲学必定会随着时代、实践和科学的发展而不断更新，不可能一成不变。事实上，在一个多世纪的历史发展过程中，马克思主义哲学的创始人和后继者总是根据变化了的时代条件，不断推进马克思主义哲学的理论创新，从而使之获得新的生命和形态。可以说，马克思主义哲学的生命力就存在于它的不断发展的过程之中。

毋庸讳言，在马克思主义哲学发展史上是否形成了不同的理论形态，这个问题在以前是不可能提出的。因为以前受意识形态因素和某种偏见的影响，人们往往先验地认定马克思主义哲学是一脉相承的思想体系，看不到或故意无视马克思主义哲学的创立者和后继者，如马克思恩格斯、列宁、斯大林以及当代马克思主义者之间实际存在的种种差异，对它们讳莫如深。随着思想解放和研究的深入，现在人们已经能够正视这种差异了。应该说，这是人之常情。因为即使是同一个人的思想，也可能在一生中发生某些变化，更不用说两个或多个人的思想之间会存在差异了。从一定意义上说，发展即意味着差异，如果永远只能与原来的思想保持同一，理论就停滞不前了。当然，大家都认为应该更多地从他们思想的一致性和一贯性方面去理解，这无疑是正确的。然而，能否正视他们的思想之间实际存在的差异，是马克思主义哲学形态能否成立的根据所在。

事实上，由于时代主题的变化，地区国情的差异，具体科学研究的进展，新的哲学思潮的产生和影响，以及马克思主义政党执政地位的变化等多种因素，马克思主义哲学的出场语境不断在发生历史的变化，马克思主义哲学的面貌和特征也必然会发生相应的变化，从而形成不同的理论形态。

回顾历史不难看到，马克思和恩格斯不仅是马克思主义哲学的创立者，也是这种哲学的发展者，他们构成了马克思主义哲学发展史上的马恩阶段。由他们创立并发展了的马克思主义哲学可称之为马克思主义哲学原生形态。这一阶段还包括他们的一些战友和学生对马克思主义哲学的研究和宣传。在恩格斯晚年，特别是在他逝世以后，第二国际理论家对马克思主义哲学作了带有他们自身特点和倾向性的解释。这种解释通过普列汉诺夫的中介作用，影响到俄国以及后来苏联的马克思主义哲学。列宁在19世纪末20世纪初自由资本主义向垄断资本主义转变的历史条件下，把马克思主义发展到列宁主义阶段，实现了马克思主义哲学形态的更新。列宁逝世后，斯大林对马克思主义哲学作了通俗化解释，其中存在着简单化和误解。以上这些，形成了并隶属于俄苏马克思主义哲学形态。与此同时或稍后，马克思主义哲学在西方也发展出了不同的理论形态。与第二国际理论家和苏联的"正统马克思主义"相区别，以卢卡奇、科尔施、葛兰西为早期代表的"西方马克思主义"开创了马克思主义哲学的另一种理论路向，并逐步形成为西方马克思主义哲学形态。自从马克思主义传入中国以来，中国的马克思主义者，从李大钊、陈独秀算起，已经有几代人，在民主革命和社会主义革命时期的主要代表是毛泽东，在社会主义现代化建设新时期的主要代表是邓小平以及党的领导集体，也包括一些从事马克思主义哲学研究的学者和理论家，他们也在不断推进马克思主义哲学的发展，从而形成了中国马克思主义哲学形态。这些都是马克思主义哲学历史发展中的基本史实，问题是应该怎样看待这些理论形态之间的关系。

有的学者曾借用马克思关于"历史的形态"论说，用"原生形态""次生形态"和"再生形态"等几个概念来描述马克思主义哲学的形态演变。这是富有启发意义的。如果本着研究的态度来看，我们可以说马克思主义哲学的"原生形态"是指主要由马克思所创立的哲学，其名称为"新唯物主义"（《关于费尔巴哈的提纲》）或"实践的唯物主义"（《德意志意识形态》），主要内容是唯物史观或历史唯物主义；"次生形态"是指经晚年恩格斯、列宁阐释和发挥过的马克思主义哲学，其名称不尽一致，内容比较复杂；"再生形态"是指被斯大林体系化的马克思主义哲学和我们从苏联人手中接受过来的教科书哲学，其名称是辩证唯物主义和历史唯物主义，核心内容是辩证唯物主义。除此之外，还有马克思主义哲学的"当代形态"，即正在被我们运用和发展着的马克思主义哲学。显然，这些形态之间不仅有着一致性，也存在着相当大的差异。这是我们把它们作为不同形态来考察的根据所在。

现在的问题是，如何看待各种马克思主义哲学形态的相互关系。我们认为，马克思主义哲学原生形态与它的各种衍生形态（如次生、再生形态）之间是源与流、一与多的关系。马克思主义哲学原生形态主要是由马克思创立的，是这种哲学在建立过程中自然形成的，作为整体来说是"一"；与之不同，马克思主义哲学的衍生形态是由后来的马克思主义者在变化了的时代条件下，基于他们对马克思哲学的理解和解释，又融入新的时代内容和思想成果而形成的，因此它必然是"多"。一般来说，对原生形态的解释要以原生形态本身为基础和源头，尽可能与原生形态的精神实质保持一致。但这种一致并不是必然的，也有发生偏差和变形的可能。在这一过程中，作为马克思哲学原生形态之解释的各种衍生形态必然是多样化的，乃至是多元化的。对此，詹姆逊（Fredric Jameson，又译詹明信、杰姆逊）曾经在讲到理论话语的多样性时，说过下面一段意味深长的话："在此人们会说，不管你怎么大讲理论话语的多样性，到头来马克思主义还是一家独尊，以势压人。但我们不应忘记如今马克思主义并不是只此一家，别无分店。事实上有形形色色的马克思主义理论话语。因此这样的说法并不成立。"[①] 多样化的各种衍生形态之间可能形成互补的关系，也可能形成竞争的关系。开展马克思主义哲学形态研究，就是要对这些多样化乃至多元化的衍生形态做出评价。一般说来，这种评价是参照原生形态，通过各种衍生形态之间的比较和竞争来实现的。

在这里应当避免一个理论误区，即把"马克思哲学"与"马克思主义哲学"僵硬地界划开来或对立起来。当然，如果从这两个概念所涵盖的内容和文本依据来看，这种划界是必要的和合理的。在这种划界中，"马克思哲学"狭义上特指马克思本人的哲学，它以马克思的著作为文本依据；而"马克思主义哲学"，其文本依据则不仅包括了马克思的著作，而且包括了隶属这一学派的其他人的著作，例如马克思的合作者恩格斯的著作，马克思的后继者列宁、斯大林、毛泽东等人的著作，甚至包括马克思的战友和学生的著作，逻辑上还应该包括当代的其他马克思主义者的著作，等等。可见，"马克思主义哲学"是一个内涵和外延均在不断扩展的概念，而"马克思哲学"则是一个内涵和外延都相对确定的概念。

但是，如果夸大这种划界的意义，甚至把"马克思哲学"与"马克思主义哲学"对立起来，则势必割裂马克思主义哲学历史发展的内在连续性，人为制造马克思与恩格斯以及马克思主义哲学创始人和后继者之间的种种"断裂"。排除那种把"青年马克思"和"老年马克思"或把马克思和恩格斯对立起来的"偏见"不论，学理上则关涉如何看待马克思主义哲学的历史发展和马克思主义哲学当代价值的理解方式问题。应该看

---

① ［美］詹明信：《晚期资本主义的文化逻辑》，张旭东编，陈清桥等译，生活·读书·新知三联书店1997年版，第19页。

到，马克思主义哲学是从马克思发源而不断流变的学说，是以马克思为根而一直在生长着并具有分歧的枝杈的理论生命体。将马克思主义哲学的"源"与"流"抽象地割裂开来、对立起来，撇开马克思主义哲学在当代的发展而力图在源头上去寻找"马克思哲学"自身的所谓同一性和单义性，只能是否定历史的错觉。实际上，即使是在源头上也存在着差异，孕育着多向发展的可能性，而发展过程中的多样性更是发展本身的特性所规定的。不同时代不同国度的马克思主义者，根据自身在实践中所面临的任务和问题，结合自身的历史文化传统，对马克思思想理解的侧重点和着眼点都是不同的，从而形成了各具特质和特色的马克思主义哲学形态，构成了一个庞大的马克思主义家族。只有从这样一个广阔的历史视野出发，才能合理地理解马克思主义哲学的发展史，正当地提出构建马克思主义哲学当代形态的问题。[①]

马克思文本研究也是如此。从解释学视角看，任何理论和学说的意义都不是仅仅孤立、静止地存在于文本之中，而是还存在于以后对它的解释之中。因此，文本的意义永远是未完成的，解释敞开了文本意义通向未来的道路。正是通过不断更新的解释，从文本"原有"的意义中不断开掘出其"应有"的意义，一种学说的价值才能发扬光大。

马克思的文本，自从它们被创作出来以后，已经过了几代人的解释，形成了若干互有差异的解释系统。这些解释系统构成了以"马克思主义"命名的马克思学说的各种衍生形态。今天事实上已经不可能完全撇开"马克思主义"去"回到马克思"，否则只能是否定历史的错觉。对马克思文本的解释是由他人（包括同时代的其他人和后来人）进行的，因此它可以也必然是"多"。解释文本的文本又形成新的文本，我们称之为衍生文本。被解释的原初文本与解释文本所形成的衍生文本之间的关系，是源与流、一与多的关系。这种关系并不是简单的派生与被派生的关系，而是一种循环和扩充关系。文本的意义存在于并且只能现实地存在于对它的解释中，"多"和"流"是对"一"和"源"的补充和发展（包括添加，当然也包括偏离），现实中只能通过"多"和"流"去达到"一"和"源"。从根本上说，我们今天对马克思文本的研究，既不是要简单地重复或张扬历史上的某种解释，也不是为了在众多的解释中增加一个新的品

---

① 参见马俊峰《合理理解马克思主义哲学的当代性》，《教学与研究》2005年第9期。

牌或品种，而是为了带着当代的"问题意识"，通过新的解释，揭示出马克思哲学的当代意义或当代价值。

三

经历了一个多世纪的历史风云，我们对列宁在《论马克思主义历史发展中的几个特点》（1911 年 1 月 5 日）一文中的如下一段话感同身受："正因为马克思主义不是死的教条，不是什么一成不变的学说，而是活的行动指南，所以它就不能不反映社会生活条件的异常剧烈的变化。这种变化的反映就是深刻的瓦解、混乱、各种各样的动摇，总而言之，就是马克思主义运动的极端严重的内部危机。坚决地反对这种瓦解，为捍卫马克思主义基础而进行坚决顽强的斗争，又成为当前的迫切任务了。"① 这段话，仿佛对我们今天所面临的情势又具有了极强的现实针对性。

苏东剧变以后的一段时期里，马克思主义陷入低潮。无论是在国际上还是国内，各种贬低乃至根本否定马克思主义的思潮迅速蔓延。国际上，随着东欧剧变、苏联解体和冷战结束，资本主义昔日强大的竞争对手失去了制度支持，原来的意识形态对抗也趋于淡化，经济全球化及其所推动的政治合作与文化交流普遍开展。日裔美籍学者福山（Francis Fukuyama）在使其声名鹊起的著作《历史的终结和最后的人》中，以苏东剧变和冷战结束为背景，描绘了一幅资本主义在全球胜利的图景，宣称历史已经证明资本主义是人类所能够选择的最好的、从而也是最后一种社会制度，社会主义作为制度而言已不再是对资本主义的一种有效的替代选择，资本主义将成为人类历史上最后一种政治形式。在国内，20 世纪 90 年代以来的思想理论界可谓风云际会，新权威主义、保守主义（民族文化本位论）、自由主义乃至民族主义次第登场，而马克思主义者则没有在这种思想交锋中坚定而充分地表明自己的态度和立场。一时间，似乎不是马克思主义的"在场"，而是其"缺位"和"退场"，成为真正严峻的课题。

然而，正是在这样的背景下，一些在世界范围影响卓著的学者和思想家却坚定地指认马克思主义的当代价值。法国解构主义大师德里达（Jacques Derrida）被认为是"挑了一个最好的时候向马克思致敬"，他在《马

---

① 《列宁论马克思主义》，人民出版社 2003 年版，第 60 页。

克思的幽灵》一书中写道:"不能没有马克思,没有马克思,没有对马克思的记忆,没有马克思的遗产,也就没有将来;无论如何得有个马克思,得有他的才华,至少得有他的某种精神。"① 世界体系理论的代表人物沃勒斯坦((Immanuel Wallerstein))则描述了一种多少有点离奇的矛盾现象:"马克思经常被宣告死亡,他也经常被宣告复活。""马克思被从前门赶走,却可能偷偷地从窗口进来。因为马克思还未耗尽其政治上的意义和精神上的潜能。"② 这种描述,我们不妨称之为"退场"与"出场"的辩证法。而在美国著名后现代主义思想家弗里德里克·詹姆逊(Fredric Jameson)看来,"马克思主义是关于资本主义的科学,或者更恰当地说,是关于资本主义内在矛盾的科学。这意味着庆贺'马克思主义的死亡',宣告资本主义和市场体系决定性胜利的做法是不合逻辑的"。他甚至强调,"马克思主义是关于资本主义的唯一科学;其认识论方面的使命在于它具有描述资本主义历史起源的无限能力"③。詹姆逊写道:"在我看来,最令人发笑的没有条理的表述就是,同时声称资本主义取得胜利和马克思主义已经终结。马克思主义最早对资本主义及其特性与矛盾进行了研究,如果说资本主义现在已经遍布世界(正如马克思所设想的那样,在可以构想社会主义——马克思认为社会主义结构潜藏于资本主义之中——之前,资本主义一定会这么做的),那么,毫无疑问,马克思主义比以往的意义更大。"④ 美国得克萨斯大学哲学教授道格拉斯·凯尔纳(Douglas Kellner)也认为,"我们仍然生活在资本主义社会,并且,只要我们还生活在资本主义社会,那么马克思主义将仍然是合乎时宜的"⑤。

　　无须过多引述,马克思主义的当代价值看来是毋庸置疑的。而这样说的根据就是,正如萨特曾经说过的,在其中孕育了马克思主义的那个时代

① [法]雅克·德里达:《马克思的幽灵》,何一译,中国人民大学出版社1999年版,第21页。

② [美]伊曼纽尔·沃勒斯坦:《苏联东欧剧变之后的马克思主义》,孟鸣歧译,载俞可平主编《全球化时代的"马克思主义"》,中央编译出版社1998年版,第12、19页。

③ [美]弗里德里克·詹姆逊:《论现实存在的马克思主义》,俞可平译,载俞可平主编《全球化时代的"马克思主义"》,中央编译出版社1998年版,第73、85页。

④ [美]弗里德里克·詹姆逊:《杜克学者论马克思主义》,载俞可平主编《全球化时代的"马克思主义"》,中央编译出版社1998年版,第214页。

⑤ [美]道格拉斯·凯尔纳:《正统马克思主义的终结》,闫月梅译,载俞可平主编《全球化时代的"马克思主义"》,中央编译出版社1998年版,第35页。

还没有成为过去。问题在于,肯定马克思主义的当代价值,是否意味着马克思主义的任何一种历史形态都具有无条件的当代性? 甚或,是否可能构建某种超历史的作为绝对真理出场的马克思主义普遍原理体系? 如果我们能够本着马克思主义的思想方法去看待问题,就应该对此做出否定的回答。正如恩格斯在评论黑格尔辩证法的真实意义和革命性质时所发挥的,"它彻底否定了关于人的思维和行动的一切结果具有最终性质的看法……这种辩证哲学推翻了一切关于最终的绝对真理和与之相应的绝对的人类状态的观念"。① 这也正是马克思主义的思想方法所必然要求的结论。在这一点上,倒是德里达的看法给我们以鲜明的启示。针对福山在《历史的终结和最后的人》中关于资本主义全面胜利的乐观断言,德里达强调分析现代世界的问题和矛盾,"必然要长期依靠来源于马克思主义传统的一种提问方式"。关于这种提问方式,德里达的解释是:"我们所说的来源于马克思主义传统的这种提问方式是一个开放中的和不断转型中的提问方式,而不是与正统工具相联系的马克思主义的独断论。"② 这种看法是富有洞见的。

马克思主义始终认为,必须根据变化着的历史环境来反思和修正现存的思想范畴和理论假定。马克思主义反对任何形式的理论实体主义,强调理论必须随着生活实践的变化而变化,它自身的定位就是"理论与实践的统一"。马克思主义的这种自我定位,要求我们不能单纯从理论的角度来对待理论,而要把理论看作一种历史现象,按照理论所力图解释和改变的历史环境来看待理论。事实上,无论从历史的角度还是从理论自身的前提来看,马克思主义都是一个不断变化着的思想体系,它既是变化着的历史环境的创造者,又是这种环境的产物。正因为如此,邓小平在总结马克思主义发展史和分析当今世界形势时,曾经意味深长地说:"马克思去世以后一百多年,究竟发生了什么变化,在变化的条件下,如何认识和发展马克思主义,没有搞清楚。绝不能要求马克思为解决他去世之后上百年、几百年所产生的问题提供现成答案。列宁同样也不能承担为他去世以后五十年、一百年所产生的问题提供现成答案的任务。真正的马克思列宁主义

① 《马克思恩格斯选集》第 4 卷,人民出版社 1995 年版,第 216、217 页。
② [法] 雅克·德里达:《评福山的〈历史的终结和最后的人〉》,李晖译,载俞可平主编《全球化时代的"马克思主义"》,中央编译出版社 1998 年版,第 144 页。

者必须根据现在的情况，认识、继承和发展马克思列宁主义。"又说："世界形势日新月异，特别是现代科学技术发展很快。现在的一年抵得上过去古老社会几十年、上百年甚至更长的时间。不以新的思想、观点去继承、发展马克思主义，不是真正的马克思主义者。"① 这些话，值得每一个真诚的马克思主义者深长思之。当然，对于那些试图把马克思的理论变成某种"中立无害的偶像"的所谓研究者，是可以不必理会的。

对待马克思主义的教条主义态度的本质特征，就是使马克思主义丧失了自我批判和自我否定的维度，把马克思主义的理论当作可以适用于任何情况和任何条件的抽象公式。用这样的态度来看待马克思主义，在把它捧上绝对真理地位的同时，也就葬送了它继续发展的生机与活力。因为任何理论，如果不能实现与时偕行的发展和创新，都必然会被淘汰。从这种意义上说，马克思主义及其哲学的出场和在场都只能是历史性的，而不是一次完成的。那种试图把它的某些原理绝对化从而使之永恒在场化的做法，恰恰会使之黯然退场。

人类已经进入一个新全球化时代，新全球化时代在深刻改变人类实践结构和生存方式的同时，也深刻地变革着人类的价值观念和思维方式，从而构成了马克思主义的当代视野、问题谱系和时空结构。② 新全球化时代为马克思主义的发展提供了广阔的天地，马克思主义也必将在回应全球化挑战和回答全球化问题中，把自己推进到一个新的发展水平。而中国当代的社会发展也进入了一个关键时期，中国的马克思主义者只有在破解中国发展难题的过程中，才能创造出既具有当代特征又具有中国风格和气派的马克思主义哲学新形态。

---

① 《邓小平文选》第 3 卷，人民出版社 1993 年版，第 291、292 页。
② 参见任平《走向交往实践的唯物主义》，人民出版社 2003 年版。

关于当前马克思主义哲学史 研究中的几个方法论问题

庄友刚[*]

自 20 世纪 80 年代初期国内马克思主义哲学史学科诞生以来，该学科在我国的发展取得了长足的进步，成为马克思主义哲学研究体系中一个必不可少的基础性学科。马克思主义哲学史研究范式的确立，对于全面、深入推进马克思主义哲学的研究和发展起到了不可磨灭的作用。从蓬勃兴起到遭遇困境再到创新超越，在中国马克思主义哲学理论研究中，马克思主义哲学史研究范式走上了一条独特的发展道路，其在马克思主义哲学研究中的基础地位和独特价值也得到了充分的彰显。另外，从未来创新发展和把马克思主义哲学史研究进一步推向深入的角度来说，在当前的马克思主义哲学史研究中还有一些基本的方法论问题需要得到深层的反思和检视，把抽象的方法论原则进一步明晰化。这也构成了马克思主义哲学史研究能够合理地推向深入的方法论前提。本文拟在这一问题上谈几点看法，欢迎学界同仁的批评指正。

一 "以古言古"与"谈古论今"：马哲史 研究中的解释学与认识论

马克思主义哲学史在基本性质上是一门哲学史。作为哲学史，马哲史首先具有一般历史学科的特点和要求，即注重对客观历史事实的确认与把

---

* 庄友刚，苏州大学哲学系教授。

握，探索历史事实的联系性与历史发展的客观规律性。但是哲学史又不同于一般的历史学科，它关注的对象不仅仅是客观的历史事实，更重要的是哲学家的思想，把握的是哲学发展的内在逻辑。就是说，一般历史学科的研究对象侧重于客观的历史事实和现象，而哲学史的研究对象则侧重于一定历史条件下的主观思想与观念。尽管哲学史研究不能离开对客观历史事实的把握，但其研究对象首先是哲学家的理论观念。而对历史事实的确认、把握与对思想家思想的把握，其要求显然是有所不同的。前者是一个认识的问题，后者则首先是一个理解的问题。

因此，哲学史研究遭遇的首要方法论问题是如何理解前人的理论观念的问题。这里我们并不想就解释学的问题展开论述，而只是想指明，哲学史的研究首先需要以最大限度接近前人的方式来把握前人的思想理论。就是说，要在前人所处的历史条件与话语语境中来理解前人的观念。诚如陈寅恪先生所言："对于古人之学说，应具了解之同情"，"与立说之古人，处于同一境界，而对于其持论所以不得不如是之苦心孤诣，表一种之同情"①。在特定的历史语境中来理解和把握哲学家的思想是哲学史研究必须具备的方法论自觉。就马克思主义哲学史研究来说，就是要在特定的历史语境中来理解和把握马克思主义哲学的具体特定形态。当然，按照解释学的观念，任何理解都会受到理解者本人"前见"的影响，完全回到前人的历史语境事实上是不可能的。但是哲学史研究应该具备这样的方法论意识，不能因为无法完全回到前人的历史语境就无视哲学史研究的这一原则要求。

需要注意的是，要求在特定的历史语境中来理解和把握前人的理论，这与根据当下时代境况来探讨前人理论的得失是两个不同的问题。就是说，要求以古人之境界揣古人之思路并不否认以今人之境况讨论古人之得失的必要性和可能性。前者是一个解释学的问题，后者则是一个认识论的问题。作为理解的问题，要求回归古人之语境，想古人之所想，明古人之思路；而不能以今人之境遇理解古人的思路，把今人之所想当作古人之所想。而作为认识的问题，则要求在准确理解和把握前人观念的基础上，来探讨前人认识的是非得失，论前人所未曾论和未能论。如陈寅恪先生所说

---

① 陈寅恪：《冯友兰中国哲学史上册审查报告》，《金明馆丛稿二编》，上海古籍出版社1982年版，第247页。

的，"始能批评其学说之是非得失，而无隔阂肤廓之论"①。准确把握前人的理论是能够正确评价其得失的前提。这实际上涉及到哲学史研究的目的和意义的问题。哲学史研究不是为史而史，谈古的最终目的在于论今，研究前人的思想是为了给当代的事件、现象、生活状况以合理的理论说明，或者是回答现今的时代问题，至少是为回答当代问题提供思路。

理解与认识是两种不同的思维现象，二者在考察的对象、活动的目的、判断的标准、遵循的要求等方面都有重大区别。认识的对象，笼统地说是客观存在的事物和现象，精确一点讲是人们实践活动中的事物和现象；因此，马克思主义哲学把实践作为认识的对象。认识的目的是把握客观事物的本质和规律。认识是否正确只能以实践为标准，在实践中检验和发展真理。主观认识与客观实际相符合是对认识活动的根本要求。同是思维现象，理解与认识有重大不同。理解的对象是文本，是作者的思想。理解的目的是把握作者的思想。因此，理解是否正确最终要看理解者把握到的内容与作者的思想是否一致。准确把握作者的思想是对理解活动的根本要求，至于作者的思想在认识论的意义上是否正确、是否是真理则是无关紧要的。

这里我们无意详细探讨理解与认识的区别，简要指明理解与认识两种思维活动的差异性，只是想指出在马克思主义哲学史研究中必须确立明确的方法论意识。由于在马克思主义哲学史研究中同时涉及解释学与认识论两种思维现象，因此合理区分两者的关系并确认各自的边界范围，就成为当前马哲史研究中首要的方法论前提。在探讨方法论问题本身的时候，大多数研究者都能够十分清楚地把握理解与认识、解释学与认识论的差别，而一旦在讨论马克思主义哲学史有关具体问题的时候，在一些研究者那里这种区分就显得不是那么明晰了，经常混淆解释学与认识论的原则界限。当前马哲史研究中表现出来的主要不合理倾向是，把对经典作家文本的理解与对经典作家的理论认识在当代语境中的进一步推进和发展混为一谈，以当代之语境解前人之思路。根据当下实践发展的需要来推进马克思主义哲学的发展，这既是时代的要求，也是马克思主义哲学发展的应有之义。但是绝对不能因为时代实践对马克思主义哲学发展提出了新要求，就认为

---

① 陈寅恪：《冯友兰中国哲学史上册审查报告》，《金明馆丛稿二编》，上海古籍出版社1982年版，第247页。

可以根据时代实践的需要对马克思主义哲学的经典文本来进行解释。根据现时代的需要对经典文本进行解读，不仅违背哲学史研究的基本原则要求，而且极易导致理论研究中的实用主义倾向。更为重要的是，马克思主义哲学的本真精神和本质规定经常在这样带有实用主义色彩的重新理解和解释中被消解。与此相联系，当前马哲史研究中的另一种倾向是，不能合理把握理解与认识的关系，以文本理解代替认识的推进。前面我们已经指出，准确把握前人的理论是能够正确评价其得失的前提，在此基础上我们才能真正做到把理论认识进一步向前推进。因此，对前人思想与文本的合理、正确的理解，是把理论认识推进的必要条件，但不等于认识本身，有了合理的理解并不等于就把理论向前发展、推进了。还必须根据实践状况来发展理论，提出新认识。马克思主义哲学史研究不能仅仅停留在梳理以往理论发展线索的层次上。谈古是为了论今，忽略了这一点也就遮蔽了马哲史研究的根本目的和意义了。

二　史实基础与逻辑中心：马哲史研究中的历史与逻辑相统一的原则

坚持历史与逻辑相统一是哲学史研究的基本原则，尤其是对马克思主义哲学史研究而言更是如此。历史与逻辑相统一是历史唯物主义的基本观念，在历史唯物主义中，这一理论原则不仅是合理说明其他各种思想、理论形成和发展的基本原则，也是审理和阐释自身的产生与发展的基本原则。借用柯尔施的话来说就是"把马克思的辩证唯物主义原则运用于马克思主义的整个历史"①。一种理论提供的理论原则不仅要能够合理说明其他现象和理论，也要能够合理说明自身，这是检视这一理论合理性程度的一个重要准则。正因为如此，在马克思主义哲学史研究中，坚持历史与逻辑的统一成为首要的基本的原则之一。

就理论原则要求而言，凡是坚持马克思主义哲学基本理论立场的人，都不会反对这一理论原则。但是是否深入合理地把握了这一原则、如何在理论研究活动中真正贯彻这一原则，则是当前马克思主义哲学史研究中必

---

① ［德］卡尔·柯尔施：《马克思主义和哲学》，荣新海译，重庆出版社 1989 年版，第 22 页。

须要检视的问题。

强调历史与逻辑的统一,并不意味着两者处于同等的地位。在本体论的意义上,观念逻辑只是第二性的,逻辑只能根据历史事实来确立。理论逻辑根本上是对历史联系的反映。从哲学发展的动力来看,马克思主义认为推动哲学研究前进的首要动力在于社会实践的发展。"在从笛卡儿到黑格尔和从霍布斯到费尔巴哈这一长时期内,推动哲学家前进的,决不是他们所想象的那样,只是纯粹思想的力量。恰恰相反,真正推动他们前进的,主要是自然科学和工业的强大而日益迅猛的进步。"① 社会实践状况决定哲学观念的发展,哲学观念的变革、发展,根本来自实践的变化和需要。因此,马克思主义哲学史的建构必须以客观的历史发展状况为基础,根据历史联系构建哲学发展的逻辑线索。历史与逻辑相统一,首先是逻辑统一于历史,理论逻辑以历史史实为根据。

另一方面,社会意识具有相对独立性,理论一旦形成就不再与具体实践构成同步的线性对应关系而具有了相对独立的发展逻辑。正因为这样,马克思主义哲学史研究要求探索马克思主义哲学发展的独特理论逻辑,呈现这一逻辑进程成为马克思主义哲学史研究的一个中心任务。然而这样一来,根据史实构建逻辑与清理理论独立的发展逻辑就构成了双重的任务和要求,如何在两者之间保持一种合理的平衡就成为实际研究中很难精准把握的问题。

在马克思主义哲学诞生以前,旧的哲学观认为哲学家本人是推动哲学前进的唯一动因,是思想逻辑本身在推动哲学发展,因此仅仅从理论自身的独立逻辑来审理以往哲学的发展。由此才有了恩格斯的关于以往哲学发展的不合理观念的批评,"在从笛卡儿到黑格尔和从霍布斯到费尔巴哈这一长时期内,推动哲学家前进的,决不是他们所想象的那样,只是纯粹思想的力量"。正是看到了这一点,在马克思主义哲学史研究中,根据历史史实即社会实践状况和发展需要来建构马克思主义哲学史发展线索成为理论研究的基本特征。这种研究状况在今天依然存在,是马克思主义哲学史研究的基本路数。强调从历史实践进程审理马克思主义哲学的发展史,这无疑有其合理性。当前研究中存在的主要问题在于:第一,片面地强调史实因素在马克思主义哲学史上的作用,忽视了理论发展的相对独立性,遮

---

① 《马克思恩格斯选集》第 4 卷,人民出版社 1995 年版,第 226 页。

蔽了马克思主义哲学发展的内在逻辑。第二,更为重要的是,在强调史实因素对于逻辑建构的作用时,主要是依据国际共产主义运动史来建构马克思主义哲学史的研究思路。而在梳理共运史线索时又主要是以经典作家尤其是政治领袖为轴心线索。这样一来,造成的实际后果就是以政治领袖的观念沿革作为马克思主义哲学史的发展逻辑线索。马克思主义哲学史上的史实线索尽管与国际共产主义运动史有很大程度的重合性,但是毕竟不能等同,更不能把它与被特定理解、建构的国际共运史等同。第三,片面强调历史因素、实践因素在马克思主义哲学史上的作用,还会造成一个问题,那就是马克思主义哲学研究中的"时代中心"的研究倾向。遮蔽马克思主义哲学发展的内在理论逻辑,忽视这种内在逻辑的历史进程,很自然地就会把时代实践作为理论建构的唯一轴心。由此导致的可能风险后果在于对马克思主义哲学本质规定的弱化和消解。这方面的问题后文还会谈到。

可喜的是,马克思主义哲学史研究中的这方面的问题在理论界已经得到了很大程度的反思和检讨。尤其是过多地依赖国际共运史的线索来建构马克思主义哲学史的现象得到了较大的纠正,关注马克思主义哲学自身的内在逻辑成为众多马克思主义哲学史研究者的呼声。但是在强调并重视清理马克思主义哲学发展的内在逻辑的时候不能走向另外一个极端,即片面强调理论发展的内在逻辑,而遮蔽历史实践在马克思主义哲学发展中的基础性作用。在当前的马克思主义哲学史研究中已经出现了这样的端倪,一些研究者那里不自觉地存在这样的倾向。批判以往马哲史研究中的不合理倾向,反对学术研究中的政治实用主义,这当然是对的。但是不能由此就把根据历史构建哲学发展的逻辑作为一种错误的做法而予以拒斥。以往马哲史研究的失误在于其片面性,即过多地强调了马哲史发展中的历史实践因素而没有给理论自身的逻辑以足够重视。现在要做的是在这方面给予恰如其分的关注,而不是片面强调这一方面却又遮蔽另外一面。片面强调理论自身的发展逻辑,一方面很容易造成理论与实践的脱节,以逻辑裁减和组织史实,不能真正理解马克思主义哲学在各个时代的发展首先因为历史时代社会实践的需要;另一方面也容易造成一种现象,这就是马克思主义哲学向非马克思主义性质方向的发展。比如,后马克思主义思潮在理论逻辑上与马克思主义哲学有这样那样的密切关联,但其已经不是马克思主义性质的了。这方面的问题在我们要讨论的下一个论题,即哲学史与学术史的关系问题上更加明显地表现出来。

三　马克思主义哲学史与马克思主义哲学研究的学术史

　　讨论马克思主义哲学史研究的问题，不可避免地会涉及到一个相关的问题域，这就是马克思主义哲学研究的学术史。关于马克思主义哲学史与马克思主义哲学研究的学术史，乍一看似乎二者的区别非常明显，是两个完全不同的东西。然而再仔细考察一下，又发现要把两者根本区别开来，详细梳理清楚它们的关系，却是非常困难的。在一般意义上，马克思主义哲学史是马克思主义哲学产生、发展和传播的历史，马克思主义哲学学术史则是马克思主义哲学学术研究的历史。一方面，马克思主义哲学学术史是马克思主义哲学史的构成部分。马克思主义哲学史当然包括关于马克思主义哲学理解和研究的历史，但又不局限于学术研究史，同时是马克思主义发展和传播的历史。另一方面，马克思主义哲学史研究本身又是一种学术现象，是学术史的构成部分。正是由于这样的复杂关系，在马克思主义哲学史研究中，很多人没有对马克思主义哲学史与马克思主义哲学的学术史做出明确区分。然而马克思主义哲学史毕竟不能等同于马克思主义哲学学术史，不能仅仅在学术史的角度来审理和看待马克思主义哲学的发展史，这是当前马克思主义哲学史研究中应该具备的又一个方法论意识。

　　在古代，"学"与"术"不同，"学"主要指思想、观念，"术"主要指方法、技能，"学术"是与古代图书或知识分类相关的概念。在现代语言中，学术主要指专业领域的学理性知识，学术研究就是获得学理性知识的过程，学术史也就是学理性知识研究和发展的历史。学术史研究在内容上涉及众多的问题，比如把握史实、考证史料、评判既有理论、追踪学理逻辑等。在这些方面，哲学学术史研究和哲学思想史研究具有很多相通的地方。正因为如此，很难细致地把二者区分开来。但是总体来看，学术史研究的核心是以学术问题演化方式呈现出来的学术观念的变迁，其中心任务是考察学术问题演化的内在联系，把握学术观念变迁的内在逻辑。学术史研究的根本要求是立足客观的学术立场，以学术的方式审理各种学术思想。学术史研究中学术研究的方法和技巧被放在了比较突出的地位。

　　马克思主义哲学史首先是一种哲学思想史。马克思主义哲学史研究当然需要把握并呈现马克思主义哲学发展的内在理论逻辑。就此而言，这与马克思主义哲学的学术史研究具有重合的一面。但是，这仅仅是马克思主义哲学史研究的任务之一。作为思想史，马克思主义哲学史更注重对哲学思想和思想家在历史上的地位与作用的探讨和研究，研究马克思主义哲学发生发展的历史，是要引导人们获得新的认识，发现新的真理。就研究的最终目的而言，深入追踪马克思主义哲学发展进程中的学理演化逻辑，最终也是为这一目的服务的。因此，在研究任务、理论目标、对象范围、功能性质等方面，马克思主义哲学史与马克思主义哲学研究的学术史都有差异性。

在马克思主义哲学史研究中，我们必须注意两种表现上完全相反但在实质上又根本一致的不合理研究倾向。说它们完全相反，是指在现实表现上要么完全忽视思想史与学术史的差异，单纯以学术史的方式研究马克思主义哲学史，要么片面夸大思想史与学术史的差异，把二者对立起来，遮蔽了学术史研究对于马克思主义哲学史研究的意义。说它们在实质上根本一致，是指二者错误的根源，都在于没有合理把握哲学思想史与哲学学术史的关系。

就第一种研究倾向而言，单纯以学术史的眼光看待马克思主义哲学史，是相对更为突出的不自觉地存在着的倾向。既然马克思主义哲学史研究是一种学术研究，当然也就应当以学术的方式来进行这种研究。原则上说这当然是对的。但是不能忘记了，马克思主义哲学是有其基本的阶级立场和价值取向的，是无产阶级的世界观与方法论，以共产主义为终极价值指向。探讨思想家及其理论观念在历史上的地位与作用，是以此为根本标准的。追踪、呈现马克思主义哲学发展的内在逻辑，最终也是要服务于这样的价值需要的。单纯以学术史的眼光对待马克思主义哲学史研究，很容易造成马克思主义哲学固有根本立场和价值取向的缺场。片面强调阶级性质与实际需要，而罔顾理论自身的发展逻辑，固然不合理，这也是过去的研究中遭到众多批评的方面。但是无视这方面的本质规定，片面强调理论的学术演进逻辑，这就遮蔽了马克思主义哲学史作为思想史的性质和要求了。这实际上是把马克思主义哲学史研究变成了"马克思学"的研究。不能把马克思主义哲学史变成纯粹的学术史。

就第二种研究倾向而言，片面强调马克思哲学史研究的思想性，完全拒斥学术史的研究方式也是不合理的。前文已经指出，忽视和遮蔽马克思主义哲学发展的内在理论逻辑,是过去马哲史研究存在重大失误的方面。不能合理地呈现马克思主义哲学发展内在逻辑线索,很容易把马克思主义哲学史变成各种思想的杂乱堆砌。思想史的研究应以学术为根基,没有学术作为基础,思想本身也就成了虚无缥缈的空中楼阁。学术研究为思想发展提供了必要的支撑。强调不能把马克思主义哲学史变成纯粹的马克思主义哲学学术史,并不是说马哲史研究不需要学术史的研究方式,而是指不能把学术史方式的研究作为马克思主义哲学史研究的主要方式,更不能看作是唯一的研究方式。实际上,对马克思主义哲学发展进程进行学术史视角的研究和探讨,不仅是可能的,而且是必要的,只是不能认为这是马克思主义哲学史的全部内容罢了。

四   理论发展与本质规定:马克思主义
哲学史研究的整体性

马克思主义哲学史是关于马克思主义哲学形成、发展和传播的历史。马克思主义哲学的形成史,是马克思主义哲学从"无"到有的诞生过程。一方面,马克思主义哲学是继承以往人类优秀思想成果的产物,在人类文明发展的大道上,各种先进理论成果都成为马克思主义哲学借以形成的思想来源。另一方面,马克思主义哲学的诞生,又是人类思想史上的重大革命性变革,在既有优秀成果基础上形成了更为先进的和革命的理论观念,因而马克思主义哲学同其他各种理论和思潮相比,有其自身独特的本质和规定。正是这些特有的本质规定,把马克思主义哲学同其他理论和思潮区别开来,并标示了马克思主义哲学特有的先进性与革命性。

马克思主义哲学形成以后的历史,不仅是马克思主义哲学传播和应用的历史,同时也是理论不断发展的历史。一方面,历史时代的转换造成了不同的时代实践状况和时代问题,必然要求马克思主义哲学对于新的时代现象和时代问题给予创新性的阐释和回答。与时俱进是马克思主义哲学的基本理论品格。另一方面,随着马克思主义哲学在不同国家和民族区域的广泛传播,不同国家和民族的文化背景及现实境遇的差异,必然造成马克思主义哲学传播中新的理论生长点,要求填补各自不同的理论空白。在这样的意义上,马克思主义哲学传播和应用的历史,同时也是马克思主义哲学理论自身不断创新和发展的历史。理论传播不是把一件物品从一个地方搬运到另一个地方，传播和应用本身就是理论的再创造。由此必然造成马克思主义哲学具体理论形态在不同民族、不同时代条件下的特殊性与差异性。马克思主义哲学史不仅要研究马克思主义哲学在不同时代的发展，同样也要研究她在不同民族的发展。纵向的"线"与横向的"面"相结合，才构成马克思主义哲学史研究完整的理论视野。

由此也导致了马克思主义哲学史研究中的一个重大问题，即马克思主义哲学形态的多样性与统一性问题。关于多样性与统一性之间的辩证关系，在理论上是比较明确的，无须赘述。这里我们要谈的是与此相关并由此引申出来的关于马克思主义哲学史研究的一个方法论意识问题。这就是马克思主义哲学史研究的整体性质问题。马克思主义哲学之为马克思主义哲学，有其特定的本质规定，是马克思主义哲学区别于其他理论的特质与标志。马克思主义哲学史研究的主题范围限定于"马克思主义哲学"，任何时候都不能湮没马克思主义哲学的特殊的基本规定性。这是当前马克思主义哲学史研究中必须强调的一个方法论意识。因为它直接涉及马克思主义哲学史研究范式的合法性问题。这里应注意几个方面的问题：

首先，马克思主义哲学在传播与发展过程中必然呈现为多样化的形态，因此应当合理看待并处理好多样性与统一性的关系。历史上一个时期内，马克思主义哲学在传播与发展过程中的统一性被过分片面地强调，完全抹杀和遮蔽了马克思主义哲学在不同时代、不同民族的特殊性，把统一性变成了机械的单一性。正是看到了这样的缺点，西方马克思主义思潮对此进行了批评，提出多样化的马克思主义的观念。但是在进一步的发展中，列斐伏尔、德里达等人又走向了另一个极端，认为只存在多样的马克思主义，不存在统一的马克思主义。否认马克思主义的统一性，必然是对马克思主义本质规定的消解。马克思主义哲学史研究在观念前提上首先要承认多样化的形态，研究马克思主义哲学在不同国家、不同历史条件下的特殊性。但与此同时，必须坚持马克思主义哲学的统一性，统一性的基础就在于马克思主义哲学的本质规定性。离开了这一点就不再是"马克思主义哲学"的发展史了。

其次，马克思主义哲学在不同时代、不同民族范围内必然会有新的理论发展，但这种发展既具有无限性又具有有限性。说它是无限的，是指理论总是随着时代实践的进步而不断向前推进，只要人类存在，改造外部世界的实践活动就不会停止，对外部世界的理论探索也就永不停歇。说它是有限的，是指作为马克思主义性质的理论探索是有限的。马克思主义哲学有其特殊的本质规定，马克思主义哲学也会在一定历史界限内随着时代的发展而发展。也正是在这样的意义上，我们说与时俱进是马克思主义哲学的基本理论品格。但是作为马克思主义哲学的理论发展，任何时候都不能超越马克思主义哲学的本质规定。理论探索还在进一步延续和发展，但这样的理论探索还是不是马克思主义哲学性质的理论探索，对于马克思主义哲学史研究而言，则是必须要加以明晰的。这里应注意两个层面的问题：其一，任何具体哲学形态最终都是要消亡的，即不再作为时代生活的指导观念而存在。哲学形态的消亡并不否认其在思想史上的价值。马克思主义哲学作为哲学的一种具体形态，将来也是要消亡的。但是在当代，马克思主义哲学仍然具备充分的存在条件和发展空间，马克思主义哲学是当代的哲学。把马克思主义哲学发展的有限性理解为马克思主义哲学在当代已经过时，这是重大的误解。其二，尽管马克思主义哲学在当代有充分的发展空间，但是并不意味着所有与马克思主义哲学理论逻辑有关联的理论探讨，尤其是借"马克思"之名进行的理论探讨，都是马克思主义性质的，比如"后马克思思潮"、西方"马克思学"的研究，就不应当看作是马克思主义哲学的理论形态。如果借理论新发展之名，把这些都作为马克思主义哲学的具体理论形态纳入马克思主义哲学史的研究对象，则必然把马克思主义哲学史研究引向歧途。

最后，与上一方面的问题相联系，马克思主义哲学史研究中对马克思主义哲学具体形态和非马克思主义的理论形态的考察是一种辩证的关系。马哲史研究要坚持马克思主义哲学本质规定性，并不是说完全不能考察非马克思主义的理论形态，而只是强调不能把所有与"马克思"名字有关的理论探讨都当作是马克思主义哲学的具体形态。事实上，马克思主义哲学正是在同各种非马克思主义的理论思潮的斗争中不断发展的。因此，马克思主义哲学史研究不可避免地要涉及各种非马克思主义的理论。但必须注意的是，这样的研究对于马克思主义哲学史而言不是主流，只具有从属的意义和地位，根本上是为更加深入把握马克思主义哲学理论服务的。喧宾夺主的做法势必削弱马克思主义哲学史研究的意义和价值。

马克思主义哲学史上重要
文本、人物和思想研究

马克思人的本质思想的全新展示

张奎良[*]

人的本质是对人的终极追问，也是人自我意识的最高境界。费尔巴哈把人的本质称为"哲学上最高的东西"①。本质向来以其抽象性、思辨性、深邃性包容了极为广阔的思考空间，以致无论给出什么样的答案都很难证实或证伪。尤其是人的本质作为人的自我诉说，长期以来百孔千面，扑朔迷离，至今仍是哲学上的"老大难"问题。马克思是哲学史上全面揭示人的本质的第一人，他虽然直接的论述不多，但他先后提出的许多命题、论断整合起来，足以绘出一副全景式的人的本质思想体系的画面。过去对马克思人的本质思想的研究取得了一定的进展，但总的来说支离破碎，欠缺体系上的把握。特别是对马克思人的发展本质、共同体本质和社会联系本质鲜有揭示，而离开人的这些本质，人和历史就将失去前进的方向和动力，历史也就会变得扑朔迷离和不可理解。鉴此，本文拟就马克思的人的本质思想体系做一全方位的展示，冀望能为坚持科学发展观，贯彻落实以人为本的核心立场提供一点正能量。

一 人的本质的历史定位：人是人的最高本质

人对自己内在本质的思索，其历史与哲学一样久远，从古希腊苏格拉底提出"认识你自己就能认识人的本质"开始，对人的本质的研究几乎

---

* 张奎良，黑龙江大学哲学与公共管理学院教授。
① 《费尔巴哈哲学著作选集》上卷，商务印书馆 1984 年版，第 83 页。

没有中断过。只有伴随着文艺复兴起始的人文主义运动,人的本质才真正作为一个重大的哲学问题而被提出来。近代人文主义崛起,其矛头直指宗教神学,批判宗教,揭示神的本质,使人向尘世生活回归是近代哲学永恒不衰的主题。但是近代的宗教批判已经证明,神的本质不过是人的本质的自我异化,揭示神的本质必须以确证人的本质为前提。由此,借助宗教批判,人的本质的探究也高潮迭起,形形色色的人的本质学说一下子喷涌出来。其实,神和人的关系不过是人和人的关系,究其源不过是人的自我关系。在近代市场经济兴起,人作为交换主体的大背景下,研究人,揭示人的本质,不仅为宗教批判所必须,也是时代精神的呼唤,标志着与市场经济、民主政治相匹配的人道意识的觉醒和崛起。

近代各种人的本质学说立意杂陈,五花八门,尤其是与人性问题纠结在一起,已经混乱不堪,难以辨析。但要仔细梳理,也可管窥发现,大多数研究者都把人的本质定位于人和动物的根本区别上。本质本来就是一物与他物相区别的根本属性,人作为有生命的存在物与之最切近的是动物,动物也是有生命的存在物,人与动物之间不仅存在横向的包容性和可比性,而且还具有历史进化的渊源性。因此,就可以用种加属差的概念定义法,把人与动物的根本差别从各个不同的视角反映出来。诸如人是神性的动物,人是有意识的动物,人是会说话的动物,人是有情感的动物,人是使用工具的动物,人是社会动物,人是政治动物,人是意识形态动物,人是文化动物,人是直立行走的动物,人是理性动物,人是超越性和创新性的动物等,不一而足,于是社会性、使用工具、语言情感等这些属差被提炼出来构成人根本区别于动物的内在本质。

面对这些林林总总的人的本质的说法,马克思无暇也没有必要一一去辨识,在他哲学思想的形成时期,他做了一件极为有益的事,即排除人的本质的外在化,把人的本质还给人自身——在《黑格尔法哲学批判》导言中提到了一个著名的命题:"人是人的最高本质","人的根本就是人本身"①,作为对以前所有关于人的本质思想的总体回答。这个命题并不是马克思的新创,而是从费尔巴哈那里借鉴来的。费尔巴哈一向认为,人在对象的意识中浇注了人的心血和本质,对象的意识就是人的自我意识,所以,对象反映人的本质,是人的本质的真正显示。由此费尔巴哈断言:

---

① 《马克思恩格斯选集》第 1 卷,人民出版社 1995 年版,第 9 页。

"人所认为的绝对本质，就是人自己"①，"人的绝对本质、上帝，其实就是他自己的本质"②。这个认识显然是正确的，体现了宗教批判的积极成果，费尔巴哈的宗教是人的本质的异化论断就是由这个认识转化来的。马克思超越费尔巴哈的独特贡献在于他比费尔巴哈更彻底，不仅承认人是人的本质，而且还进一步提升，认为人是人的最高本质。之前众多人有关本质的说法，如自然、社会、意识、审美等，在一般意义上，都可以成为人的本质的构成要素，但不能成为人的最高本质，因为这些要素并非人所独有，某些动物在浅层次上也具备这些要素，汇集并统领这诸多要素的最高本质就是人。而人又是什么呢？马克思认定人的根本就是人本身。这个回答的重大意义在于揭示了人的本质的来源和出处，告诉人们不要到人自身以外去寻求人的本质，人的本质既不在上帝，也不在自然，更不在神秘的绝对精神，人的本质就在人自身。这个回答似乎是同义语反复，没有说明任何问题，但这是马克思实践唯物主义世界观形成之前唯一可能的有益回答，也是最有价值的回答，反映了马克思当时的思想状况和认识水平。它离后来的自由的有意识活动的类本质只差一步之遥，只要再追问一下，人本身的什么东西成为了人的根本和最高本质，那就必然把劳动和实践召唤出来，从而使人的本质的思考进入到新的境界。

所以，不要忽视人是人的最高本质和人的根本就是人本身这类说法的潜在意义，它不仅在逻辑上包含进一步走向实践唯物主义的趋势，还反映了当时德国宗教批判的积极成果。马克思说："德国理论是从坚决积极废除宗教出发的。对宗教的批判最后归结为人是人的最高本质这样一个学说，从而也就归结为这样的绝对命令：必须推翻那些使人成为被侮辱、被奴役、被遗弃和被蔑视的东西的一切关系。"这个要求既指向封建等级制度，也指向人的彻底解放，使即将到来的革命真正"达到人的高度"③。

二　迈出科学探寻人的本质的第一步：人的类本质

以《1844 年经济学哲学手稿》（以下简称为《手稿》）为标志，马克

---

① 《费尔巴哈哲学著作选集》下卷，商务印书馆 1984 年版，第 555 页。
② 同上书，第 30 页。
③ 《马克思恩格斯选集》第 1 卷，人民出版社 1995 年版，第 9 页。

思开启了哲学革命变革的实际进程。这场革命直接针对费尔巴哈的直观唯物主义,目的是为了把唯物主义从抽象的物质形态推进到实践形态。伴随着这场革命,马克思的人的本质思想也踏上了以实践为核心的新征程,其最初成果就是马克思推出了与费尔巴哈不同的人的类本质概念。

必须承认,无论此前马克思提出的人是人的最高本质,或是人的根本就是人本身,只是说明了人的本质的来源和出处,而没有具体回答人的什么东西构成了人的本质。在人类思想史上,费尔巴哈试图以新的方式解决这个历史谜题,他第一个提出了人的本质在于类。所谓类并不神秘,不过是对事物的种属划分。世界上最大的类是存在,包括无生命的物类和有生命的动植物类,动物类又可以分为人类、鸟类、鱼类和兽类等。人作为有智慧和灵性的动物,以其自己的特殊的本质而与动物相区别,费尔巴哈所说的类或类本质,就是指人与动物相区别的根本特性。费尔巴哈的这个看法并没有错,问题在于到哪里去探求人与动物根本区别的类本质。摆在费尔巴哈面前有两条路可走:一条是科学实践之路,即把人看成有生命的个体存在,满足生命需求就必须要有生活资料,而人获得的生活资料的方式不是动物般地融于自然、依附自然,而是否定自然,进行物质资料的生产,而劳动、生产和实践也就把人与动物彻底区分开来。马克思在探寻人的本质时走的就是这条道路。费尔巴哈由于不理解生命需求和生产实践的决定意义,所以他在规定人的类特性时选取了一条哲学思辨之路。一方面他把类理解为单个人的简单相加,在孤立个体中寻找能把一切人纯粹自然地联系起来的普遍性,与此同时他又把这种普遍性归结为意识。他说:"究竟什么是人跟动物的本质区别呢?对这个问题最简单、最一般、最通俗的回答:是意识……理性、爱、意志力这就是完善性,这就是最高的力,这就是作为人的绝对本质、这就是人生存的目的。"① 费尔巴哈把意识当作人的类本质反映了他的理论上的不彻底性,意识固然也是人与动物的重要区别,但意识本身不具有原初性,还有产生和决定意识的更深刻的源头。不过费尔巴哈毕竟开启了探求人的本质的大方向,沿着这个方向,突破费尔巴哈圈定的意识壁垒,就有可能通过类的研究,更深刻地揭示出人的真正本质。所以,马克思认为费尔巴哈的类概念可以接受和沿用,在《手稿》中,他以自己刚刚开创的实践哲学的崭新思想对费尔巴哈的类概

① 《费尔巴哈哲学著作选集》下卷,商务印书馆 1984 年版,第 26—28 页。

念作了积极的回应。

在马克思看来，人之所以具有类本质不是因为人有意识，更深刻的原因在于"人是类存在物"①。马克思从以下两个方面对人的类存在进行了解说：首先，人在把自然界当做自己认识和活动对象的同时，还把人自身视为类，也当做对象，从主客体两个方面进行对象化活动，这是人所独有的。动物不仅不把自身当做对象，而且还把自己溶于自然界中，因此动物从不进行对象化活动。其次，马克思从科学的视角揭示"人把自身当作现有的、有生命的类来对待……当作普遍的因而也是自由的存在物来对待"②。人作为一个类不同于物类，人有生命，而物类没有生命，动物虽然有生命，但在自然界面前缺少人所具有的普遍性，人赖以生存的自然界的范围要比动物广泛和普遍得多。马克思从精神领域和实践领域揭示了人的这种普遍性："从理论领域来说，植物、动物、石头、空气、光等等，一方面作为自然科学的对象，一方面作为艺术的对象都是人的意识的一部分，是人的精神的无机界……从实践领域来说，这些东西也是人的生活和人的活动的一部分。人在肉体上只有靠这些自然产品才能生活。"③ 由此马克思得出结论："在实践上，人的普遍性正是表现为这样的普遍性，他把整个自然界——首先作为人的直接生活资料，其次作为生命活动的对象（材料）和工具——变成人的无机的身体。"④ 人在自然界面前表现出的这种普遍性使人远远超出了动物，人虽然靠自然界生活，但不像动物那样只是在狭小的范围内紧紧依附于自然界，人时时处处把自然界当做自己的精神食粮、生活食粮和无机的身体。以此人在自然界面前确立了自己的主体地位，争得了自由，这就是马克思所说的"人把自身当做普遍的因而也是自由的存在物来对待"的真实含义。

与人相比，动物处处依附于自然，受制于与自然，因而不是普遍的自由的存在物。人的自由和动物的不自由表现在它们的生命活动中。人的生命活动首先是生产物质生活资料的劳动，是物质生活的生产和再生产。正是这种劳动和生产才使人区别于动物，自成一类，所以马克思说："生产

① 《马克思恩格斯全集》第 3 卷，人民出版社 1995 年版，第 272 页。
② 同上。
③ 同上。
④ 同上。

生活就是类生活。这是产生生命的生活。"① 人不断地思考这种生活对生命的意义,"使自己的生命活动本身变成自己意志和自己意识的对象,它具有有意识的生命活动。"② 与动物相比,"动物和自己的生命活动是直接同一的,动物不把自己同自己的生命活动区别开来。"③ 动物没有意识和意识环节,本能主宰一切,因而动物的生命活动是无意识的生命活动。至此,马克思不仅揭示了人的生命活动的自由属性,而且向前探伸到意识,揭示了意识与自由的关系,由于动物的生命活动是无意识的,仅凭本能,所以是不自由的,而人的生命活动是有意识的,所以是自由的,意识和自由成了人的生命活动的两大特征。最后,马克思做出最终的归结:"自由的有意识的生命活动恰恰就是人的类特性……有意识的生命活动把人同动物的生命活动直接区别开来。正是由于这一点,人才是类存在物。"④

　　这里马克思已经说得再明白不过了,对千百年来人类对自身是何物的追问,给予真切地回答:人是类存在物,自由的有意识的活动是人的类特性、类本质或类生活,人凭借自由的有意识的活动而把自己与动物区别开来,这里的自由的有意识的活动其实就是指人的实践,实践恰就具有自由的有意识的特性。所以马克思又说:"通过实践创造对象世界,改造无机界,人证明自己是有意识的类存在物……它把类看作自己的本质。"⑤

　　至此,马克思在哲学史上第一次从人是有生命需求的科学视角出发,把自由的有意识的实践活动视为创造对象世界、改造无机界、产生人的生命的根本的总体性的活动。正是这种活动使人自成一类,成为与动物根本区别的类存在物,而自由的有意识的活动就构成人的内在本质。过去长期以来人们对自由的有意识活动的真实内涵重视不够,挖掘不深,以为不过是实践活动的一般表述方式。其实,这是人之为人的崇高境界。只有人的生命活动是自由的,才能摆脱动物般地对自然的依附关系,人才彻底地最终脱离动物界;只有人的生命活动是有意识、有目的、有追求的,才能摆脱本能和盲目,真正进入自觉的境界。在人的生命活动中一般做到自由和

---

① 《马克思恩格斯全集》第 3 卷,人民出版社 1995 年版,第 273 页。
② 同上。
③ 同上。
④ 同上。
⑤ 同上。

有意识，似乎不难，但要真正把自由和有意识彻底贯彻到自己的一切活动中，那就很难了。现实生活中，精神萎靡，浑浑噩噩，无所事事，得过且过，既没有志存高远的奋斗目标，又没有达到彼岸的良策，这样的人很难说就真正具备自由的有意识活动的类本质。每想及此，深感作为一个一撇一捺大写的人，进一步修养和历练该有多么必要。

三　人的本质探究的深化：人的发展的本质

自由的有意识活动作为人与动物根本区别的类本质，划清了人与动物的界限，凸显了人之为人的独特本性。但自由和有意识活动不过是人满足生命需求特有的方式和手段，并未在目标和追求上反映出人生命活动与动物生命活动的不同。马克思说："动物不把自己同自己的生命活动区别开来，它就是自己的生命活动。"言下之意，动物的全部生命活动的目的只有一个，就是活着，成天为吃饱而奔波，除此之外再也没有比这更高的追求。人的生命活动是否也同动物一样呢？显然不是。人活着如果就是为了满足生命需求，那就导向马克思在《手稿》中讲的异化的第三条，即人的本质的自我异化，人若自我降低到这种地步，也就与动物没有区别了。动物满足生命需求其实很简单，自然界提供什么，它们就消费什么，饥一顿、饱一顿，很少积攒，更不进行加工。人作为自由的有意识的类存在物，在生命目标和质量的诉求上与动物显然不同。马克思在《手稿》中，提出了"人的发展的本质"概念，用以进一步深化人与动物的本质区别，而这是在探讨异化的起源时提出来的。马克思说："现在要问：人怎么使他的劳动外化、异化？这种异化又怎么以人的发展的本质为根据？我们把私有财产的起源问题变为外化劳动对人类发展进程的关系问题，就已经为解决这一任务得到了许多东西。"①

私有财产起源于剩余劳动和剩余产品，这是私有财产产生的物质前提，把剩余产品占归己有就成为私有财产。而这一切都起始于人的无止境的需要，人的发展的本质就是指在满足生命需求基础上产生新的需要，其追求目标是生活质量更高，生命更有意义，人生更美好。这就对社会生产提出了一个新的要求：即每个生产者不能只生产自己需要的东西，然后消

① 《马克思恩格斯全集》第3卷，人民出版社1995年版，第273页。

费掉,这种低水平的生产连剩余产品都提供不了,人类就像动物一样只能在生命需求的底线上苟延残喘着。人作为有智慧和灵性的动物,不仅有自由和有意识活动的类本质,而且把自由和有意识引向超越生命需求的新需要,追求消费得更多更好,这就在类本质的基础上生成了人所独有的发展的本质。发展本质反映人作为人的需要本性。马克思后来在《德意志意识形态》中说过一句千古名言:"他们的需要即他们的本性"①。马克思在《手稿》中也曾批评粗陋共产主义者"不了解需要所具有的人的本性"②,这种本性只有用人的发展了的活动提供更多的产品才能满足。因此,面对发展的需要本性,人不仅要消费自己生产的产品,还要求消费别人的产品,别人也不仅要消费他自己的产品,也要求能够消费我的产品。人的实践活动从来不是单纯为自己的活动,为自己的同时也为他人和社会,我与他人在劳动对象或产品上是一种社会性的互动关系。所以马克思说:"直接体现他个性的对象如何是他自己为别人的存在,同时是这个别人的存在也是这个别人为他的存在。"③ 从劳动者个人作为主体来说,他有发展的本性,他的活动不仅是为了自己,还必须能够生产出满足别人需要的产品,这些产品作为劳动结果的对象或材料既为自己也为别人所享受。私有财产、异化和社会性就是在超出自己生存需要的生产活动中产生出来的,是人的发展本质外化的必然结果。由此马克思进一步引申得出结论:"无论是劳动的材料还是作为主体的人,都既是运动的结果,又是运动的出发点……私有财产的历史必然性就在于此。"④

人的发展本质对人的生产活动提出了扩大化的要求,简单的一次性或重复性的生产,无论在质量上或数量上都与人的发展本质背道而驰,只有扩大的再生产才是真正的人类生产。长久以来,我们在讲述《德意志意识形态》的五种生产时,一直不理解马克思为什么把扩大的再生产与物质资料生产、人口生产、意识生产、社会关系生产并列为人类历史的基本前提。马克思说:"第二个事实是,已经得到满足的第一个需要本身、满足需要的活动和已经获得的为满足需要而用的工具又引起新的需要,而这

---

① 《马克思恩格斯全集》第 3 卷,人民出版社 1956 年版,第 514 页。
② 《马克思恩格斯全集》第 3 卷,人民出版社 1995 年版,第 297 页。
③ 同上书,第 298 页。
④ 同上书,第 298—301 页。

种新的需要的产生是第一个历史活动。"① 满足第一个需要和活动是维持生命的需要和活动，这还是动物般的需要和活动，满足超越生命需求的需要和活动才是人类第一个真正的历史活动，所以马克思讲到生活和生产时往往说社会生活的生产和再生产，因为只有扩大的再生产才是对人类发展本质的积极回应。

源于新的需要而进行的扩大再生产孕育了分工的出现，而分工恰恰是劳动异化的根源，扩大再生产所产生的私有财产对生产者经常是一种异己力量，这又成为"劳动借以外化的手段"②。到现在就可以回答马克思在探讨异化起源时所提出的问题，人是怎样使自己的劳动外化、异化的呢？人是通过分工和扩大再生产使他的劳动外化、异化，而这种异化归根到底又是源于人的发展本质和需要本性，这种本性也成为人类本质的要素，把人与动物进一步区别开来。在马克思看来，把私有财产的起源归结为异化劳动，即分工和扩大再生产，这是人类全部历史的奥秘，但是"私有财产只有发展到最后的、最高的阶段，这个秘密才重新暴露出来"③。千百年来人类的历史一直都是在私有财产中演进的，而私有财产的"劳动本质""主体本质""积极本质"不过是人的发展本质的显现。

确证人的发展本质是科学地揭示历史演进的动力、方向和一系列重大问题成因的一把钥匙。历史上许多先进的思想家都坚信人类的美好未来，对社会发展前景持乐观主义态度，黑格尔、马克思都是历史臻于至善者。黑格尔把人类的未来托付给绝对精神的自我实现，只有马克思用科学的态度揭示了人的需要和发展本质。基于这种本质和需求，人才不断努力进取向善，社会也才可能不断由低至高向前发展。承认人先天具有满足需要的发展本质，并把它提高到人与动物根本区别的高度，这是马克思对人的本质的深入发掘，人的这种本质并不神秘，它与人的智慧、灵性等一起都是从自由的有意识活动的类本质中衍生出来的。承认人的自由和有意识的类本质自然就会认同人的需要本性。人满足生命的需要是第一需要，在活着的基础上产生的活得更好的需要是第二个需要，这也是人之为人并与动物彻底分离的真正人的需要。把人有生命和满足生命需求的生产实践作为历

---

① 《马克思恩格斯选集》第1卷，人民出版社1995年版，第79页。
② 《马克思恩格斯全集》第3卷，人民出版社1995年版，第277页。
③ 同上。

史的第一个前提,这是对历史采取了科学的态度,同样,把满足生命需求的第一需要推进到人生活得更好的第二需要,这也是对人类历史采取了科学的求实的态度。马克思恩格斯在《德意志意识形态》中就人与动物有没有需要意识因而能否形成和他物的关系进行了对比,说过一段鲜为人知的名言:"凡是有某种关系的地方,这种关系都是为我而存在的;动物不对什么东西发生'关系',而且根本没有'关系';对于动物来说,它对他物的关系不是作为关系而存在的。"① 人以自己的需要意识和他物发生关系,认为这种关系都是为我而存在的,因而是一种真正的关系。而动物没有人这种需要和意识,它与他物的关系完全出自本能,因而就不是为我而存在的真正"关系"。马克思恩格斯的这段话也反映了他们对人的基于需要的发展本质的认同。过去一谈论人的本性往往被认为是离开人的现实生活的唯心主义思辨,其实这恰恰是马克思首先开启的科学传统,也是符合人类历史真实的唯物主义的写照。确认人的发展本质也为破解私有财产、分工、异化等哲学难题提供了科学的奠基。由于人的发展本质的不竭诉求,而现实实践中人人又总处于受动状态,这就经常造成历史的二律背反:私有财产既有主体和劳动的积极本质,又是私有制的前提;分工既是生产的发展形态,又是对人类的肢解;异化既是人的内在本质的沦丧,又是人类不满足于现实而不断努力追求的动力;等等。实际上基于需要的人的发展本质为历史辩证法提供了强大的动力。

四　凸显人的社会性内涵:人的共同体本质

古往今来,在众多人的本质及其要素的理解和选择中,社会性以其理论的明晰、实践的确证而占据头筹。费尔巴哈作为马克思的人的本质思想的引路人,虽然认为意识,特别是理性、意志和爱是人之为人的绝对本质,但他对社会性也相当地关注与重视。他曾说:"只有社会的人才是人"②,"人的本质只是包含在团体中,包含在人与人的统一中"③。受费尔巴哈和其他哲学先辈的影响,马克思对人的社会本性也极端重视,他推

---

① 《马克思恩格斯选集》第 1 卷,人民出版社 1995 年版,第 81 页。

② 《费尔巴哈哲学著作选集》上卷,商务印书馆 1984 年版,第 571 页。

③ 同上书,第 185 页。

出的人的类本质和发展本质就内在于人的社会性中。自由的有意识的活动作为人的类本质表达的是人的独特的生命活动，而以需要为核心的人的发展本质，已超出生命需求，用《手稿》的话来说，它所追逐的是"享受"。但是无论是活动或是享受，都是人的实践活动的不同层次，而任何实践活动都不是单个人进行的，也不是只为自己或其他单个人，而是为别人的存在和别人为他的存在。所以马克思在《手稿》中特别强调实践的社会性，认为"社会性质是整个运动的普遍性质"①，同时又是人的本质借以实现的条件，如马克思所说："活动和享受无论就其内容或就其存在方式来说，都是社会的活动和社会的享受。"② 在马克思看来，人的实践活动作为一种对象化活动，其结果是人把自己的本质赋予自然，使自然人化，其关键就是人的社会性和活动的社会性。不是单个人，也不是孤立的个体活动，而是社会的人和社会性的活动才能保证人的对象化活动取得预期结果，使自然界显现出人的本质来。脱离社会，任何单个人的孤立活动都不可能把自己的本质对象化到自然界中，自然界也不可能在人的实践中得到改变和提升。马克思说："因此，社会是人同自然界完成了的本质统一，是自然界的真正复活，是人的实现了的自然主义和自然界的实现了的人道主义。"③

　　但是，人的社会性在人的本质中是怎样体现的呢？或者说体现为人的什么样的本质呢？过去，一般都把人的相互依赖、共同生产和群体生活理解为社会性的基本内涵，这虽然不错，但仍停留于对社会的表面化理解，没有进一步具体揭示出人的社会性本质。《手稿》是马克思生成人的本质思想的集中地，但是也没有超出对社会性的一般表述水准。然而我们注意到，马克思在同时期的不同问题上，却有机缘把社会性引向深入和具体，神奇地幻化出对人的本质的新概括，这就是马克思与《手稿》同时却又突破《手稿》而提出的人的共同体本质。

　　1844 年 7 月 31 日，马克思在《前进报》上发表了《评一个普鲁士人的〈普鲁士国王和社会改革〉》一文，对卢格在西里西亚织工起义问题上的错误观点提出批评，其中牵涉到对共同体问题的不同看法。卢格预言，

---

① 《马克思恩格斯全集》第 3 卷，人民出版社 1995 年版，第 301 页。

② 同上。

③ 同上。

"在人们不幸脱离了共同体和他们的思想离开了社会原则这种情况下爆发的"① 起义肯定会被扼杀。马克思说，西里西亚织工起义"决不是在思想离开了社会原则这种情况下发生的"，这个问题这里不予评述，"只是还要讨论一下'人们不幸脱离了共同体'这种情况"②。

卢格所谓的共同体就是政治共同体，即德国的国家制度，卢格否认这种共同体的政治性质，这是在重复"关于非政治的德国的老调"③。马克思反问道："难道所有的起义不都是毫无例外地在人们不幸脱离了共同体这种状况下爆发的吗？这种相脱离的状况岂不是一切起义的必要前提吗？要是没有法国公民们这种不幸而脱离了共同体的状况，难道1789年的革命能够爆发吗？这个革命的任务恰好就是消灭这种相脱离的状况。"④ 马克思的意思很明确，过去所有的革命起义都是在与国家政权相脱离的状况下发生的，"没有政治影响的阶级企望着消除自己同国家制度和统治相脱离的状况"⑤，建立起自己统治的国家共同体。这种共同体带有鲜明的政治性质，如马克思所说"政治起义不管带有怎样的普遍性，在其庞大的形式中却隐藏着狭隘的精神"⑥，即"靠社会本身的利益在社会中组织起一个统治阶层"⑦。

马克思认为，与这些期望着统治权的阶级相脱离的共同体是政治共同体，他们的革命是政治革命。"可是与工人相脱离的那个共同体，无论就其现实性而言，还是就其规模而言，完全不同于政治共同体。工人自己的劳动使工人离开的那个共同体是生活本身，是物质生活和精神生活、人的道德、人的活动、人的享受、人的本质。"⑧ 说到这里，马克思概括道："人的本质是人的真正的共同体"。可以看出，这个共同体的规模大，现实性强，远远超出政治共同体，它的真实含义就是人的现实生活本身，就是在实际生活中体现出的人之为人的全部类本质和发展本质。异化劳动使

---

① 参见《马克思恩格斯全集》第3卷，人民出版社1995年版，第393页。

② 同上书，第394页。

③ 同上。

④ 同上。

⑤ 《马克思恩格斯全集》第3卷，人民出版社1995年版，第395页。

⑥ 同上书，第394页。

⑦ 同上书，第395页。

⑧ 同上书，第394页。

工人与自己类本质和发展本质相异化，工人不幸而脱离这种人之为人的本质和体现这种本质的共同体，就是人的异化和退化，就是人在不断地丧失自己的人的本质，这远比资产阶级脱离政治共同体，处于在野地位，危害更大，灾难更深，这是人的境界的倒退，使人难以容忍。所以马克思说："消灭这种相脱离的状况或者哪怕是对它作出局部的反应，发动起义反抗它，其意义也更是无穷无尽。因此，产业工人的起义不管带有怎样的局部性，总包含着恢弘的灵魂"①，它是向人的本真的回归，是超越政治解放而向社会解放迈出的坚实的一步。"而政治解放不管带有怎样的普遍性，在其庞大的形势中却隐藏着狭隘的精神"②，其实质是追逐私利，这就是政治解放与社会解放或人类解放的巨大差异，也是真正的共同体远远高于政治共同体的精髓之所在。

人的真正共同体是个人在其中能够实现自己本质和需要的共同体，个人和共同体的关系永远是共同体的灵魂。如果每一个单个人的需要和本质不能在共同体中得到实现，那么，人的解放和人向自己的本质复归就是一句空话。工人的社会革命是"对非人生活的抗议"，它有真切的现实基础，完全是从单个现实的个人的观点出发。马克思说到此进一步申明："那个脱离了个人就引起个人反抗的共同体，是人的真正的共同体，是人的本质。"③ 所以，个人和共同体的一致，为充分展示个人的独立、自由和才能提供一切可能的手段，就成为真正共同体的基本特性和功能。这个思想也为马克思后来的文章所印证：马克思在《德意志意识形态》中指出："只有在共同体中，个人才能获得全面发展的手段，也就是说，只有在共同体中才可能有个人的自由。"④ 在《1857—1858 年经济学手稿》中，马克思也表述了类似的思想："人是最名符其实的社会动物，不仅是一种合群的动物，而且是只有在社会中才能独立的动物。"⑤ 这里的社会也就是指真正的共同体。

共同体是人类生存的基本方式，人以其共同性而组成的群体在哲学上称为共同体。严酷的自然环境和人的社会本性使人只能在共同体中才能生

---

① 《马克思恩格斯全集》第 3 卷，人民出版社 1995 年版，第 394 页。
② 同上。
③ 同上书，第 395 页。
④ 《马克思恩格斯选集》第 1 卷，人民出版社 1995 年版，第 119 页。
⑤ 《马克思恩格斯选集》第 12 卷，人民出版社 1962 年版，第 734 页。

存和繁衍。人类最早的共同体是由婚姻和家庭组成的血缘共同体,由于生产和分工的发展,职业的分化,人类的共同体形式也越来越多,什么政治共同体、思想共同体、经济共同体、文化共同体、地域共同体,等等,但是共同的利益和追求是共同体的核心。自原始社会以来,人类社会的历史一直在异化和私有财产中运行,人类的共同体也深受其沾染,而逐渐失去人类借以生存的"恢弘的灵魂",而沦为某些阶级或集团谋取私利的狭隘工具,就体现人的本质的意义来说,他们都是虚假的共同体。马克思说人的本质是人的真正共同体也是在人与动物根本区别的意义上,强调人的社会性尤其是共同体生活的极端重要性,它接续人的类本质和发展本质,表明人只有在共同体中才能把自由的有意识的活动与超越生命需求的发展本质整合起来,付诸实现,体现人之为人的根本特点。在这个意义上,共同体生活也如类本质和发展本质一样,构成人的共同体本质,这个本质反映了类本质和发展本质的实现条件。

但是马克思特别强调,构成人的本质的不是沾染了狭隘的私利一般的共同体,只有真正的共同体才凸显了人的本质。所谓真正的共同体并不玄奥,其实就是每一个单个人都能在其中实现类本质和发展本质并使人的全面本质向人自身回归的那种共同体,由于这种回归是涵盖每一个人的,因而不是抽象和虚幻的;由于这种回归反映人的类本质和需要本质,而这又很难在某一天能够实现,因而带有理想性;但又是每一前进步伐都为这种回归做了量的积累,表现为动态过程,因而又具有现实性。总之,自由的有意识活动的类本质和超越生命需要的发展本质,都离不开真正的共同体的滋润,只有不断地营造和净化人的生存环境,使人真正像人那样生活,人的本质才能逐步回归。

五　共同体本质的现实化:人的社会联系本质

人的共同体本质带有鲜明的理想性,人的类本质和发展本质只有在真正的共同体中才能实现,这就等于把真正的共同体推向遥远的未来,在现实层面上变得不易把握和理解。为了进一步揭示共同体本质的现实意蕴,马克思在1844年夏秋之际,在詹姆斯·穆勒《政治经济学原理》一书摘要中(以下简称《摘要》)又推出了人的社会联系本质。

马克思写道:"因为人的本质是人的真正的社会联系,所以人在积极实现自己本质的过程中创造、生产人的社会联系、社会本质。"① 马克思这里所说的社会联系与共同体是同一时期提出的同一层级的概念，都是对人的社会性的具体展现。但社会联系与共同体存在上下承接关系，如果说人的类本质和发展本质只有在共同体中才能够实现，那么社会联系就更加生活化和现实化，进一步说明了人的本质只有在共同体内人与人之间的社会联系中才能实现，因此，共同体的内核与秘密就是人与人之间的社会联系，如果说人的本质就是人的真正共同体这个命题还有些费解的话，那么，社会联系就把共同体的真实内蕴相当直白地表述出来了。

马克思一方面说人的本质是人的真正共同体，同时紧接着又说人的本质是人的真正的社会联系，从时间上看，后者是对前者的解说。而社会联系也并不神秘，无非就是指社会交往。马克思在这本《摘要》中有时就把社会联系和社会交往并列使用②。社会交往的普遍形式是贸易和交换，用马克思的话说，"不论是生产本身中人的活动的交换，还是人的产品的交换，其意义都相当于类活动和类精神——它们现实的、有意识的、真正的存在是社会的活动和社会的享受"③。社会交往表面上是个人行为，其实质是社会活动和社会享受，反映了人的类活动和类精神。其原因和奥秘就在于人的生产和生活一刻也离不开社会性，离不开彼此之间的联系和交往，"不仅孤立的一个人在社会之外进行生产……这是罕见的事"④，而且任何活动都不仅满足个人的需要，同时也满足他人的需要，是为社会而进行的生产。所以个人和社会是统一的，人在实现自己的本质的时候，也必然生产出人的社会联系和社会本质。但是，必须指明，任何社会联系和社会本质都"不是一种同单个人相对立的抽象的一般力量，而是每一个单个人的本质，是他自己的活动，他自己的生活，他自己的享受，他自己的财富"⑤。凡是与单个人利益和需求相背离的所谓社会联系和社会本质都是虚伪的，如马克思所说，"真正的社会联系并不是由反思产生的，它是由于有了个人需要和利己主义才出现的，也就是个人在积极实现其存在时

---

①　马克思：《1844 年经济学哲学手稿》，人民出版社 2000 年版，第 170 页。

②　同上书，第 173 页。

③　同上书，第 170 页。

④　《马克思恩格斯选集》第 12 卷，人民出版社 1962 年版，第 734 页。

⑤　马克思：《1844 年经济学哲学手稿》，人民出版社 2000 年版，第 170—171 页。

的直接产物"①。

由此可见,在马克思的视野中,真正的社会联系具有双重的来源:一方面,人作为人先天就有社会联系的本性,人不交往,没有社会联系就不可能生产和生活;另一方面,人在积极实现自己本质的过程中生产和创造人的社会联系,使不同时代的社会联系具有不同的时代特点。这样看来,社会联系对人来说既具有必然性、普遍性,又具有时代性和再生性,是人须臾不可脱离的本质。人生活在交往世界,只有保持和进行多方面的社会联系,人才成为人,所以马克思又说"有没有这种社会联系,是不以人为转移的"②。但是社会联系多种多样,遍及人的一切生活领域,如果人的社会联系只是重复共同利益的高调,贬损个人的需要和价值,那么,这种社会联系就是伪善的。马克思说,真正的社会联系必须从个人需要和利己主义出发,反映每一个单个人的本质,只有这种社会联系才是真实的,体现了个体和共同体的一致和统一。然而这种真正的社会联系也带有鲜明的理想性,只有在未来的理想社会中,个体和类的矛盾真正解决,才能产生这种真正的社会联系。

在现实生活中,社会的全面异化是挥之不去的常态,社会联系也是如此。马克思说:"只要人不承认自己是人,因而不按人的方式来组织世界,这种社会联系就以异化的形式出现。"③ 在分工和私有制下,特别是在高度异化的资本主义社会中,无论是工人还是资本家,都处在马克思所指出的异化劳动的第四个方面,即人与人相异化状态中:"凡是在工人那里表现为外化的、异化的活动的东西,在非工人那里都表现为外化的、异化的状态。"④ 资本主义社会造成了全面异化的人,马克思认为,这些人"不是抽象概念,而是作为现实的、活生生的、特殊的个人……这些个人是怎样的,这种社会关系本身就是怎样的"。所以,在资本主义社会中,由于个人都是异化的,个人之间的交往生成的社会联系也必然是异化的。异化的社会联系是"现实的社会联系",是描述人的"真正类生活的讽刺画"。马克思用一大段话具体地描述了这幅丑恶的讽刺画面:"他的活动

① 马克思:《1844 年经济学哲学手稿》,人民出版社 2000 年版,第 171 页。
② 同上。
③ 同上。
④ 同上书,第 64 页。

由此而表现为苦难，他个人的创造物表现为异己的力量，他的财富表现为他的贫穷，把他同别人结合起来的本质联系表现为非本质联系，相反，他同别人的分离表现为他的真正的存在；他的生命表现为他的生命的牺牲，他的本质的现实化表现为他的生命的非现实化，他的生产表现为他的非存在的生产，他支配物的权利表现为物支配他的权利，而他本身，即他的创造物的主人，则表现为这个创造物的奴隶。"① 可以看出，马克思把同时期《手稿》对异化劳动的前两个规定，即劳动者与劳动产品和劳动活动相异化的后果的描述，信手地运用到社会联系的异化上来。这就表明社会联系的异化是很实际的，在诸多方面都对人的本质的实现形成巨大的障碍。如同人类丧失了自由的有意识的活动的类本质、人的超越生命需要的发展本质和作为善良的生存方式的共同体本质，人就不成其为人一样，真正的社会联系也是人的本质的重要方面，社会联系的异化也会使人丧失重要的机会和手段，去"积极实现着人的本质，探讨他们在类生活中、在真正的人的生活中的相互补充"②。

　　社会联系和社会交往对人的善良品性的培养和形成具有重大的作用，这一点一直为中国传统文化所看重，孟母择邻的佳话和近朱者赤、近墨者黑的训诫也一直萦绕在国人心中。在中国，社会联系和社会交往一方面是活动和过程，另一方面也固化为社区或社会环境。当今的择校风和交友不善或沉湎网络的种种事实和教训，都说明马克思关于人的社会联系本质思想的重要意义。

六　社会关系的总和：人的个体本质

　　人的类本质、发展本质、共同体本质和社会联系本质将人与动物的区别进一步深化和细化，使人的本质要素从多方面具体地揭示出来。但是即使如此，这些本质也没有摆脱自己固有的局限性，即它只能标识人与动物在总体上的差别，而不能将这种差别延伸到人与人之间。因为所有的这些本质都是人作为人所普遍具有的，它们反映不了人的个体本质和人与人之间的差异，而这正是一切关于人的本质学说的最终落脚点。所以马克思的

---

① 马克思：《1844 年经济学哲学手稿》，人民出版社 2000 年版，第 171 页。
② 同上。

人的本质思想不能停留于此，还要继续向前推进。适应理论自身完善的需要，马克思首先迈出的第一步是将具有多方面本质的总体的人进行分化、细化、具体化，为确证人的个体本质奠定基础。正像实践生成世界和人本身并造就人的全面本质一样，实践也是区分人的个体本质的唯一路径。如同马克思说："个人怎样表现自己的生活，他们自己就是怎样。因此，他们是什么样的——既和他们生产什么一致，又和他们怎样生产一致。因而个人是什么样的，这取决于他们进行生产的物质条件。"① 物质条件不是指劳动对象和生产工具本身，而是指人们在生产活动中所处的地位，具体来说是指人在生产中是支配者还是被支配者，是劳动者还是管理者。生产中的不同的地位形成人与人之间不同的生产关系和社会关系，关系是联系人的纽带，不同的生产关系和社会关系连接着不同的人，是个体人及其本质的终极确立者。

　　人类的童年时代，生产和实践水平低下，分工也极不发达，那时的人主要是以自然人的身份出现，彼此之间共性多，差别少。这时人们的社会关系也比较简单，马克思说，"男人对妇女的关系是人对人最自然的关系"②，因此婚姻和家庭也就成为最早、最自然的社会关系。鉴于原始社会生产和分工的极度落后，马克思曾一度把整个原始社会关系归结为家庭关系的扩大。伴随着三次社会大分工和由渔猎文明、农耕文明进到工业文明，生产力水平空前提高，分工导致职业的分化也日趋明显，人的社会关系也随之越来越发达和复杂。在原有的家庭关系的基础上，又产生了种族、宗族、民族国家等多方面的关系，与此同时在经济关系的基础上又相应地产生了社会、政治和文化的关系，这就为区分人的个体及其本质创造了现实条件。正是基于这种背景，马克思承接人的社会联系本质，在《关于费尔巴哈的提纲》（以下简称《提纲》）中适时地推出了人的社会关系本质，指出："人的本质不是单个人所固有的抽象物，在其现实性上，它是一切社会关系的总和。"③

　　人的本质是一切社会关系的总和，这是马克思关于人的本质的经典定义，也是对此前类本质、发展本质、共同体本质、社会联系本质的最终归

---

① 《马克思恩格斯选集》第1卷，人民出版社1995年版，第67—68页。
② 《马克思恩格斯全集》第3卷，人民出版社1995年版，第296页。
③ 《马克思恩格斯选集》第1卷，人民出版社1995年版，第56页。

结。马克思对人的本质的思考基本上集中在 1844 年，这时正是马克思的实践唯物主义哲学的形成的关键时期。这个时期写出的《评一个普鲁士人的〈普鲁士国王和社会改革〉》一文和关于穆勒的《摘要》都和《手稿》一样，基于同一水准，由此推出的人的类本质、发展本质、共同体本质和社会联系本质，都是对人的本质的各方面要素的逐次揭示。《手稿》中那些著名段落和话语，如："整个所谓世界历史，不外是人通过人的劳动而诞生的过程，是自然界对人来说的生成过程"①，"通过工业——尽管以异化的形式——形成的自然界，是真正的、人本学的自然界"②，等等，清楚表明这时马克思已经形成了实践唯物主义的基本思想，所以，在人的本质问题上，马克思能够从人的生命活动和超越生命需求的发展活动、共同体活动和社会关系活动来逐一解说，这就超越了费尔巴哈对人的类本质的意识界定，把实践和活动引入到对人的本质的正确理解中来。但是无论是《手稿》还是评普鲁士人一文，或是《摘要》，当时都还处在费尔巴哈光环笼罩下，在《手稿》中马克思竟然称赞"费尔巴哈是唯一一位对黑格尔辩证法采取严肃的、批判的态度的人；只有他在这个领域内做出了真正的发现，总之，他真正克服了旧哲学"③。对费尔巴哈的这种过高的评价，影响到马克思对人的本质看法的彻底发挥。一方面，基于对实践的基本理解使马克思能够走出费尔巴哈人的类本质的藩篱，正确揭示了人的类本质、发展本质、共同体本质和社会联系本质。但与此同时，马克思又没能对费尔巴哈的人的类本质思想采取严肃的批判态度，1844 年马克思提出的人的本质的多重规定基本上是与费尔巴哈的人的类本质平行无争的。

1844 年前后是年轻的马克思思想发展极为迅速的关键期，几乎是经历半年或一个季度他的思想就发生明显的改变和进步。写完《摘要》不过几个月，刚刚进入 1845 年春，马克思就写出著名的《关于费尔巴哈的提纲》11 条，这是马克思坚定地迈向实践唯物主义的标志性著作。伴随着新世界观的确立，马克思明显地感到，费尔巴哈的人的类本质思想背后的直观唯物主义，已经成为通往探寻人的本质正确道路上的拦路虎，必须

---

① 马克思：《1844 年经济学哲学手稿》，人民出版社 2000 年版，第 92 页。

② 同上书，第 89 页。

③ 同上。

从世界观的高度加以严肃的批判。所以,《提纲》第一条就开宗明义地提出了实践唯物主义的宗旨,指出,对对象、现实和感性不能像费尔巴哈那样,只是从客体的或直观的形式去理解,而应当把它们当做感性的人的活动,当做实践去理解,从主体方面去理解。这实际上是提出了与费尔巴哈的直观唯物主义相对立的新唯物主义,即"把感性理解为实践活动的唯物主义"①。马克思在收获了实践新唯物主义崭新的成果之后,立即用来去考察人的本质,这就又导致与费尔巴哈的人的类本质思想严重撞车,不容马克思不对其进行深刻的批判。

马克思的新唯物主义凸显人的实践活动,而人的任何生命活动都不是单个人进行的,社会性是实践的先天基础。而费尔巴哈离开人的实践和社会性去观察人,他只能看到孤立的人的个体。因此,在他看来,作为人的本质的类,只能是"一种内在的、无声的、把许多个人自然地联系起来的普遍性"②,即意识、感情和爱。费尔巴哈不仅把类当做纯粹个人的抽象物,而且还把它进一步提升为"宗教感情",企图在这种感情的基础上建立爱的宗教,去解决尘世的矛盾和纷争。马克思批评说:"费尔巴哈没有看到,'宗教感情'本身是社会的产物,而他所分析的抽象的个人,是属于一定的社会形式的。"③ 如果用实践的观点去探寻人的本质,首先凸显的社会的人所进行的实践活动,正是这种实践活动提炼出人的自由的有意识活动的类本质、发展本质、共同体本质和社会联系本质。但是,所有这些本质在标识人的个体本质上都无能为力,只有把社会联系再往前探伸,进到社会关系,就有彰显个体本质的可能了。社会关系基于生产关系,生产关系作为生产力的实现形式,又与人的生产活动相连接,生产活动不过是最基本的实践活动,归根到底社会关系也是实践活动的产物,所以由实践引向社会关系是逻辑的必然。社会关系与社会联系本意也大抵相通,但仔细推敲可以发现,社会联系是动态过程,社会关系是固态的结果,只有社会联系经过一系列的选择和变换,达到相当成熟的程度,才形成可以表述的稳定的社会关系。社会关系好比一张大网,任何人都在这张网上布下了自己实践活动所形成的经纬线,每个人的生理、家庭、职业、

---

① 《马克思恩格斯选集》第 1 卷,人民出版社 1995 年版,第 56 页。
② 同上。
③ 同上。

经历、信仰、品格、教育程度、社会组织等多重线条相互交织，形成自己独有的纽结，这些各不相同的纽结，锁定了单个人，构成了人的个体本质。无论任何时代的人都是社会关系总合大网上的一个纽结，这些纽结即反映了人与人之间的差别，又是对人的个体的具体定位。这就突破了类本质、发展本质、共同体本质和社会联系本质的局限性，将人与动物的区别引向了人与人之间区别的新境界，从而将人的本质个体化、现实化，实现了由社会联系本质到人的社会关系本质的过渡。所以马克思才强调在其现实性上，人的本质是一切社会关系的总和。如果不在现实性上，类本质等就够了。如果在理想意义上，人的本质可以推向无限善良美好，大家彼此都一样，那时用来标示人的个体本质区别的社会关系本质就将完全失去意义。

《提纲》以其鲜明的实践唯物主义世界观记录了马克思的划时代哲学革命变革的伟大历程，与此相联系，在人的本质问题上，马克思也将立足点转移到实践上来，他的人的本质是一切社会关系总和的论断，首次从实践出发，将人的本质个体化和现实化，这是从人的生命进化和发展的视角对人的本质的深层的拷问和回答。至此，终于驱散了蒙在人的本质问题上的种种迷雾，使其成为一个可以理解和把握的人生理想和态度问题。

人作为社会关系总和的承担者实际上扮演着多种社会角色，肩负着具体的使命，经历了坎坷的命运，正是这些方面的集合，使人成为具体的、历史的、现实的人。不管人们主观意识到没有，凡是人，皆在社会关系的大幕中演出一场场有声有色的生活大剧，"历史也不过是追求着自己目的的人的活动而已"①。马克思对人的社会关系本质的揭示，深刻启发人的意志和良知。人不能对自己所处的社会关系茫然不知，无动于衷，社会关系是一种处所、联系、角色和责任，人作为共同体的一员，只有理解自己的处境，扮演好自己的角色，履行自己的责任，共同体才能兴旺发达。如果对自己的境遇和角色一知半解，浑浑噩噩，对自己的工作敷衍塞责，得过且过，那么人皆如此就真要天诛地灭了。我们的社会之所以还在正常的运转，并不代表所有的人都在奋发努力，尽职尽责，实际上经常是一些人为另一些人无偿奉献和补台，只是另一些人不自觉罢了。所以，我们每一

---

① 《马克思恩格斯选集》第 2 卷，人民出版社 1957 年版，第 118 页。

个人作为社会关系总和中的一员，都应该反思如何凸显自己的本质和个性，在自己扮演的各种角色中，努力做到称职合格，人皆如此，我们的社会才会有辉煌的未来。

七　马克思人的本质思想体系初探

马克思人的本质思想形成于他的实践唯物主义世界观从萌动到确立的年代，这个过程恰是马克思摆脱和批判费尔巴哈人的类本质思想影响的同一过程，实践始终是马克思人的本质思想的灵魂和主导。马克思人的本质思想的巨大贡献在于，他不是零敲碎打地涉猎了人的本质的片段和碎片，而是伴随着自己新世界观的形成过程集中在两年的时间内，全面地展示了人的本质各方面的要素，留给后人一个较为完整的人的本质思想体系。

马克思继承历史上人的本质思想传统，把人的本质定位于人与动物的根本区别上。但马克思又与他的前驱者特别是费尔巴哈不同，他没有选取意识、使用工具、直立行走、政治、会说话等人与动物的表层差别，而是深入寻找决定这些差别的更深刻的原因。思维一转向这里，马克思与费尔巴哈的区别立即显现出来。马克思说，费尔巴哈不满意黑格尔的抽象思维"而喜欢直观，但是他把感性不是看作实践的、人的感性的活动性"[①]，不理解实践对意识、政治、使用工具等的决定作用，所以，他抛开实践，把感情、意志和爱推崇为人的终极本质。而马克思则确信，"全部社会生活在本质上是实践的。凡是把理论引向神秘主义的神秘东西，都能在人的实践中以及对这个实践的理解中得到合理的解决"[②]。人的本质作为人与动物的根本区别，首先立足于他们生命活动根本不同的基础上，这是以科学的方式介入人的本质思考的切入口。马克思说："全部人类历史的第一个前提无疑是有证明的个人存在……可以根据意思、宗教或随便别的什么来区别人和动物。当人开始生产自己的生活资料的时候，这一步是由他们的肉体组织所决定的，人本身就开始把自己和动物区别开来。"[③] 但是，人生产生活资料的活动不是动物般地依附自然的本能活动，而是自由的有意

---

① 《马克思恩格斯选集》第 1 卷，人民出版社 1995 年版，第 56 页。

② 同上。

③ 同上书，第 67 页。

识的活动。马克思把人的这种自由的有意识的活动作为人与动物的根本区别，并把它定格为人的类本质。这样，马克思就不仅找到了人的本质的基本立足点，而且走出了费尔巴哈以意识为内核的类本质的羁绊。

自由的有意识活动的类本质是马克思人的本质思想体系的奠基。马克思一再地说，这种活动"恰恰就是人的类特性"，凭借这种活动，就"把人同动物的生命活动区别开来"①。但是，马克思在《手稿》中提出人的类本质的同时，紧接着就提出人还具有反映需要本性的发展本质，人的类本质表明人的生命活动的特性，但如果自由的有意识的活动仅仅是满足谋生需要的，那么尽管这种活动是自由的有意识的，也与动物的生命活动没有本质区别，这是典型的异化劳动。人之为人而与动物根本区别，还在于人有超越谋生需要的新的需要，人要生活得更丰富、更有尊严、更美好。因此人类的生产活动决不限于满足自身需求，还要通过扩大再生产，产生更多的产品同时满足别人和社会的需要，这是人类历史不断向前发展的根本原因。由此而形成的人的发展本质与类本质紧密结合在一起，既是是对人的类本质内涵的展开，也是对类本质的补充和完善，在这个意义上人的发展本质与人的类本质是同级的，它们一起共同构成人的本质思想体系的基础。

但是仅有基础还是不够的，人与动物的区别在人的类本质和发展本质基础上还有继续揭示和完善的余地。

首先，人还具有反映自己基本生存方式的共同体本质。共同体作为人的社会性的具体体现，是人类生存的基本方式，只有在共同体中人才能够实现自己的独立、自由和本质。但是这种共同体必须是真正的共同体，是能够为每一个人的发展、自由和本质回归创造条件的共同体。显然这种共同体，带有理想性，是人的不懈的追求，但又是在每一个前进步伐中都能得到量的积淀，因而又具有现实性。人把这种理想追求和现实积淀内化到自己的本性中，也构成人所固有的共同体本质。离开这种本质，也就反映不出人和动物的深层区别。

其次，作为共同体内涵的具体显现，人还具有社会联系本质。社会联系是社会或共同体内部交往的真实含义，人生活在社会和共同体中也就是生活在社会联系中。社会联系是人的存在方式，没有社会联系人也就不可

————————

① 马克思：《1844 年经济学哲学手稿》，人民出版社 2000 年版，第 57 页。

能生产和生活,对社会联系的渴望和追求也构成人之为人的本质。但是这里所说的社会联系,不是一般的更不是虚伪的社会联系,而是每一个单个人能在其中实现自己的本质和发展需要的真正的社会联系。这种社会联系与真正共同体一样,也是理想与现实的积淀和转换的过程,是人所独有的内在本质。

上述人的类本质、发展本质、共同体本质和社会联系本质,有机配合,相互补充,完满地反映了人与动物的根本区别,昭示了人之为人的本质属性。但是,它们对揭示个体本质和人与人之间的差别却无能为力,而这正是人的本质研究瞩目的焦点之一。伴随着新的实践唯物主义世界观的确立,马克思从生产实践出发,把人的本质研究探伸到生产关系和社会关系领域,提出人的本质在其现实性上是一切社会关系的总和。社会关系好比一张大网,人的多重社会关系的交织,凸显了反映个体特性的纽结,正是这些纽结体现了人的个体本质。所以,如果说人的类本质和发展本质构成了马克思人的本质思想体系的基石,那么,人的社会关系本质就是人的的本质思想体系大厦的屋顶。它既立足于类本质和发展本质的坚实基础,又以对人的个体本质的揭示而完满收官,完成了对人的本质的全面、深刻的探索,是马克思早期思想一颗闪亮的明珠。

当然,这里也无意对马克思的人的本质思想赋予更多的溢美之词,毕竟马克思当时还很年轻,不过二十六七岁,而且他这些思想和论述没有来得及经过严谨的深思熟虑,都是用笔记和摘要的形式,信手写出来的。我们一方面为马克思的天才而折服,那么年轻就能写出如此深奥的作品,这在当今是不可想象的。同时也看到,虽然他的人的本质思想体系还欠缺严谨和修酌,然而也正因为如此,更反映了这个思想体系的毫无掩饰的纯朴、童真和深刻,是马克思真实的思想冲动。笔者这里所阐述的马克思人的本质思想及其体系,首先是出于一颗赤诚之心,为马克思未被深入阐发的人的本质思想搭建一个平台,铺就构建马克思人的本质思想体系的探索之路。至于本文所述,可能是望文生义,仅作为引玉之砖,期待更多的精品问世。当然我也并不否认,这也是我一个时期来辛勤研究、诚实发掘和探索的结晶。

切莫把马克思所批判的观点
当作马克思的思想引证

——有关"与人分离的自然界也是无"的读解

许全兴[*]

长期以来，马克思《1844 年经济学哲学手稿》中的"被抽象地孤立地理解的、被固定为与人分离的自然界，对人说来也是无"[①] 的文字被研究者广为引用。从百度网上搜索看，引用此段文字的"相关结果"要远高于引用马克思的名言"哲学家只是用不同的方式解释世界，而问题在于改变世界"[②]。虽然具体情况各不相同，但几乎所有引用者（只有极个别的例外）都是把它当作马克思的观点来为自己的立论作论证。在诸多引用者中，有些是著名的学者、教授，其中有的是我多年的好朋友。笔者对《1844 年经济学哲学手稿》无有研究，但多读几遍原文，联系上下文思索后，总感到上述文字表达的并不是马克思本人的思想，而是以批判的态度在转述黑格尔的唯心主义观点。

在《手稿》的"对黑格尔的辩证法和整个哲学的批判"部分，马克思十分称赞费尔巴哈对黑格尔唯心主义批判的伟大功绩，充分肯定黑格尔否定辩证法的精华，肯定他把劳动看成是人的本质。针对当时的施特劳斯

---

[*] 许全兴，中共中央党校教授。

① 参见《马克思恩格斯全集》第 42 卷，人民出版社 1979 年版，第 178 页。

② 2013 年 6 月 6 日晚 9 时，我将"马克思：与人分离的自然界对人说来也是无"与"马克思：哲学家们只是用不同的方式解释世界，而问题在于改变世界"分别用百度网各搜索 3 次，其相关结果，前者为：2740000 个、3460000 个、3570000 个；后者为：559000 个、2750000 个、2880000 个。

和布鲁诺·鲍威尔这样的批判家在批判宗教时"仍然拘泥于黑格尔逻辑学"这一情况，马克思用了较大的篇幅来揭露黑格尔哲学体系的唯心主义实质。这种揭露批判，既有通常形式的正面的理论阐释，也有通过摘录黑格尔著作的纲目和有关原文，更多的则是以批判的态度对黑格尔思想的转述。

　　黑格尔把绝对观念或绝对精神看成是世界的本质，现实世界不过是绝对观念的外化。《逻辑学》是黑格尔哲学的本体论，由存在论、本质论和概念论组成。黑格尔通过概念的分析和演绎，论述了绝对观念由抽象到具体、简单到丰富的生成过程，概念论结束时绝对观念外化为自然界。马克思转述说："扬弃了的存在是本质，扬弃了的本质是概念，扬弃了的概念……是绝对观念。然而绝对观念究竟是什么呢？……绝对观念也要再一次扬弃自身。但是，自我理解为抽象的抽象，知道自己是无；它必须放弃自身即抽象，从而达到了恰恰是它的对立面的本质，达到了自然界。"顺着黑格尔的逻辑，马克思继续写道："因此，全部逻辑学都证明，抽象思维本身是无，绝对观念本身是无，只有自然界才是某物。"以上是《手稿》笔记本 III 第 XXXI 页的最后文字。

　　抽象的绝对观念如何"把自然界从自身中释放出去"，用今天通常的语言来说亦即是抽象的绝对观念如何过渡到自然界，这对黑格尔分子来讲是一道"如此奇妙而怪诞、又伤透了脑筋"的难题。马克思在《手稿》笔记本Ⅲ的第 XXXII 页就转述和揭露了黑格尔面临的窘困及其错误。"从逻辑学到自然哲学的这整个过渡，无非是对抽象思维者说来如此难以达到、因而由他作出了如此牵强附会地描述的从抽象到直观的过渡。有一种神秘的感觉驱使哲学家从抽象思维进入直观，那就是厌烦，就是对内容的渴望。"黑格尔认为发展过程是由抽象到具体的过程，他厌烦抽象，推崇具体。为了摆脱对抽象的厌烦，绝对观念过渡到了自然界，成为可直观的某物。然而，在黑格尔看来，这自然界仍不过是绝对观念的一种异在的形式，是绝对观念的外化，也只是预先规定和异在的、与人无关的一个环节。所以马克思在《手稿》笔记本Ⅲ的第 XXXIII 页的一开始就写道："被抽象地孤立地理解的、被固定为与人分离的自然界，对人说来也是无。"

　　紧接往下的一长段文字，是马克思按黑格尔的思维逻辑转述说明为什么"被抽象地孤立地理解的、被固定为与人分离的自然界，对人说来也是无"。马克思批判地写道："他实际上从自身释放出去的只是这个抽象的自然界，只是自然界的思想物（按：有研究者把此处的‘抽象的自然界’‘自然界的思想物’当成是唯物主义者费尔巴哈的思想加以引述，这更是莫大的误读），不过现在具有这样一种意义，即这个自然界是思想的异在，是现实的、可以被直观的、有别于抽象思维的自然界。”“对他说来整个自然界不过是在感性的、外在的形式下重复逻辑的抽象而已。”“他对自然界的直观不过是他把自然直观抽象化的确证活动，不过是他有意识地重复的他的抽象概念的产生过程。”

往下，马克思用独立的一小段文字总结性地写道：“作为自然界的自然界，也就是说，就它还在感性上不同于它自身所隐藏的神秘的意义而言，离开这些抽象概念并不同于这些抽象概念的自然界，就是无，即证明自己是虚无的无。它是无意义的，或只具有应被扬弃的外在性的意义。”①此段文字可以说是对“被抽象地孤立地理解的、被固定为与人分离的自然界，对人说来也是无”的注释。“离开这些抽象概念并不同于这些抽象概念的自然界”是无，是无意义的，这难道是在肯定而不是在揭露黑格尔哲学唯心主义的荒谬性吗？

往下直至《手稿》笔记本Ⅲ的第 XXXIV 页完，都是马克思以转述和摘要的方式揭露在黑格尔那里，自然界不过是观念的异在的形式，自然界必须扬弃自身，最后绝对观念又重新回到自身，达到与自身的同一性。“自由精神把自然界设定为自己的世界。”“绝对的东西是精神；这是绝对的东西的最高定义。”马克思以这样方式揭露批判黑格尔哲学唯心主义实质的目的是为了说明，布鲁诺·鲍威尔等人对宗教的批判“仍然拘泥于黑格尔的逻辑学”，在语言和观点上与黑格尔“毫无区别”②。

还应指出：从《手稿》笔记本Ⅲ的第 XXXI—XXXIV 页（中文《马克思恩格斯全集》第 42 卷第 175—181 页）看，马克思无一处有涉及通过人的劳动和活动将人的本质对象化或将观念、精神对象化的文字。诸多引用者以实践观点读解上述引文并不符合文本的原意。

总之，从文本本身看，只要联系上下文进行认真研读的话，就不会发

---

① 以上《1844 年经济学哲学手稿》引文均参见《马克思恩格斯全集》第 42 卷，人民出版社 1979 年版，第 177—179 页。

② 《马克思恩格斯全集》第 42 卷，人民出版社 1979 年版，第 156 页。

生把"被抽象地孤立地理解的、被固定为与人分离的自然界,对人说来也是无"当成是马克思本人思想的误读。

再从哲学义理上看,唯物主义者马克思也决不会认为,"与人分离的自然界,对人说来也是无"。人是自然界的产物,自然界是人类生存的基础条件;人又通过劳动、活动反作用于自然界,将自然人化,这是马克思自然观的最基本的内涵。在《手稿》里,马克思在对资本主义社会异化劳动的批判时引申到阐发人化自然的思想,超越了费尔巴哈的直观唯物主义。但马克思在重视以实践观点看待人与自然的关系时丝毫没有否认自在自然的存在及其对人的意义。第一,人本身是自然界的产物,是自然界不可分割的一部分,人不可能与自然界无关。第二,自然界是人一切活动的出发点和基础,人化自然以自在自然为前提,是经人的劳动由自在自然转化来。自在自然与人化自然的界限是可变动的。第三,人化自然,虽是人的活动的产物,但它依然存在着不以人的意志为转移的客观规律。倘若违背了客观规律,人化自然就成为人类的异化物,人类就会受到人化自然的惩罚。第四,承认人类出现以前自然界的客观存在,决不仅仅是自然科学问题,更重要的是哲学问题;也不仅仅是价值论的问题,而且也是本体论(存在论)的问题。所以,对"与人分离的自然界,对人说来也是无",不可做实践唯物主义的读解。

把"被抽象地孤立地理解的、被固定为与人分离的自然界,对人说来也是无"当作马克思的话引用,肇始于国外的研究者。德国学者梅茨克把它当作马克思的思想,并进而认为,在马克思看来,没有独立于人的自然界,而只有被人加工的自然界[①]。另一德国学者施密特在《马克思的自然概念》[②] 中也把它当作马克思的话加以引用。不过,他并不否认独立自然界的客观存在。他仅从经济学价值论视角进行解说:"只要自然界在未被加工时,它在经济上就是毫无价值的;它只不过是有待于实现的潜在的价值。"[③] 笔者孤陋寡闻,肯定还有更早、更多的研究者有过这类引用,

---

① [德] 梅茨克:《马克思最初思想中的人和历史》,《马克思主义研究》1957 年第 2 期,转引自黄楠森等主编《马克思主义哲学史》第 8 卷,易克信、吴仕康分卷主编,北京出版社1996 年版,第 408 页。

② 作者称是"1957—1960 年在霍克海默与阿多诺指导下完成的博士论文"。

③ [德] 阿尔弗雷德·施密特:《马克思的自然概念》,欧力同、吴仲昉译,商务印书馆1998 年版,第 20 页。

这有待学识广博者补缺。但有趣的是，笔者在浏览《〈1844 年经济学哲学手稿〉研究》① 和《西方学者论〈1844 年经济学哲学手稿〉》② 两书时却未见有专门研究《手稿》的学者把马克思所批评的观点当成马克思本人思想的误读。我国学者北京大学杨适教授著的《马克思〈经济学哲学手稿〉述评》③ 和兰州大学韩学本教授著的《〈1844 年经济学哲学手稿〉论析》④ 均阐述了马克思对黑格尔唯心主义自然观的揭露和批判，自然也更无前面所说的误读。

最后还要说明，中山大学已故去的叶汝贤教授早在《恩格斯和马克思主义哲学》⑤ 和《唯物史观视阈中的"以人为本"》⑥ 两文里就明确指出，《手稿》中"与人分离的自然界，对人说来也是无"的表述，"不是马克思的思想，而是马克思对黑格尔的唯心主义自然观的揭示和批判"。因不是专论，叶教授对此只做简略说明，因而也未能引起更多人的注意，但叶教授的论文给我留下很深的印象⑦。

近日，在审读某校《马克思主义哲学经典著作导读》时，读到把"被抽象地孤立地理解的、被固定为与人分离的自然界，对人说来也是无"当成马克思语录加以引用，这令笔者感到十分意外。由此直接导致笔者用醒目的标题写此短文，以希望引起学界同仁的关注。

要重视文本的研究。但专门从事文本研究的人要有较高的语言条件，

---

① 中共中央马克思恩格斯列宁斯大林著作编译局马克思室编译：《〈1844 年经济学哲学手稿〉研究》，湖南人民出版社 1983 年版。

② ［美］弗洛姆、马尔库塞等：《西方学者论〈1844 年经济学哲学手稿〉》，复旦大学出版社 1983 年版。

③ 杨适：《马克思〈经济学哲学手稿〉述评》，人民出版社 1982 年版。

④ 韩学本：《〈1844 年经济学哲学手稿〉论析》，兰州大学出版社 1988 年版。

⑤ 叶汝贤：《恩格斯和马克思主义哲学》，《现代哲学》1990 年第 2 期。

⑥ 叶汝贤：《唯物史观视阈中的"以人为本"》，《现代哲学》2004 年第 10 期。

⑦ 写完这篇短文后笔者又搜索查阅到：朱德生先生在《谈谈一切从实际出发，坚持实事求是》（《青海社会科学》1990 年第 4 期）文中和黄楠森先生在《当前哲学研究中的几个重要问题》（《青海社会科学》1990 年第 5 期）文中，也从不同问题视角指出《手稿》中"与人分离的自然界，对人说来也是无"，表达的并不是马克思本人的思想，而是"要批评黑格尔的唯心主义"，有些引证是"断章取义"，"冤枉了马克思"。黄、朱两位是我的老师。此后《青海社会科学》1991 年第 5 期刊了何丽野先生的《黑格尔的"无"与马克思的"无"——兼与黄楠森、朱德生二先生商榷》的争鸣文章。该刊 1992 年第 1 期刊发了黄楠森先生的《〈黑格尔的"无"与马克思的"无"〉商榷》一文，提出"马克思这段话别有所指"，希望研究者"不要再说是马克思本人的观点"。

只能是少数的专门家。就大多数研究者、理论工作者而言，虽不能做专门文本研究，但也要静下心来，认真研读原著，以力求做到完整、准确地理解原著，而不可实用主义地摘取其中个别词句，违背本义，为我所用。这是一个学风问题。

切莫再把黑格尔的思想当作
马克思的思想引证

——对《哲学的贫困》中一段话的解读

赵家祥*

马克思在《哲学的贫困》一书中讲过一段概括黑格尔关于范畴的辩证运动及其构造体系的方法的话，不少人，包括一些资深的著名学者，也经常把这句话当作马克思的思想加以引证，并作为自己所持某种观点的论据。我在参加一些博士生的论文答辩和审阅某些作者的书稿时，时常遇到这种情况。本文拟做考辨，以澄清对马克思观点的误读。

一

蒲鲁东《贫困的哲学》一书构造政治经济学体系的方法，模仿黑格尔构造哲学体系的方法。所以马克思说，我们要同两个人打交道，首先是蒲鲁东，其次是黑格尔，黑格尔构造哲学体系的方法对蒲鲁东构造政治经济学体系的方法起了重要的作用。所以马克思在批判蒲鲁东构建政治经济学体系的方法之前，首先剖析了黑格尔哲学中范畴的辩证运动及其构造哲学体系的方法。马克思在概括黑格尔范畴的辩证运动及其构造哲学体系的方法时指出："两个相互矛盾方面的共存、斗争以及融合成一个新范畴，就是辩证运动。"[1] 我国理论界有些人，甚至有些资深的

---

* 赵家祥，北京大学哲学系教授。

① 《马克思恩格斯文集》第1卷，人民出版社2009年版，第605页。

著名学者，把这句话当作马克思本人的思想，并认为这里既讲了两个相互矛盾方面的共存，又讲了两个相互矛盾方面融合成一个新范畴，克服了所谓"斗争哲学"的片面性，是一种和谐哲学或和谐辩证法，并把这句话作为我国建设和谐社会的理论基础。我认为这种理解是完全错误的。

为什么说这段话是马克思对黑格尔关于范畴的辩证运动及其构造体系的方法的概括，而不是马克思本人的思想呢？下面我们具体考察马克思的论述。蒲鲁东和黑格尔一样颠倒了逻辑和历史的关系。马克思指出："经济范畴只不过是生产的社会关系的理论表现，即其抽象。真正的哲学家蒲鲁东先生把事物颠倒了，他认为现实关系只是一些原理和范畴的化身。这位哲学家蒲鲁东先生还告诉我们，这些原理和范畴过去曾睡在'无人身的人类理性'的怀抱里。"① 既然把任何一种生产的社会关系都归结为逻辑范畴，把任何一种运动、任何一种生产都归结为政治经济学的形而上学方法，那就会自然得出一个结论，整个生产运动都是纯粹的逻辑公式或者纯粹理性的运动。而纯粹理性的运动，正像黑格尔所做的那样，就是设定自己，自相对立，自相合成，就是把自身规定为正题、反题、合题，或者就是自我肯定、自我否定和否定自我否定。但是理性一旦把自己设定为正题，这个正题、这个与自己相对立的思想就会分为两个互相矛盾的思想，即肯定和否定，"是"和"否"。这两个包含在反题中的对抗因素的斗争，形成辩证运动。"是"转化为"否"，"否"转化为"是"。"是"同时成为"是"和"否"，"否"同时成为"否"和"是"，对立面互相均衡，互相中和，互相抵消。这两个彼此矛盾的思想的融合，就形成一个新的范畴，即它们的合题。这个新的范畴又分为两个彼此矛盾的范畴，这两个彼此矛盾的范畴又融合成一个新的合题，即新的范畴。从这种逻辑推演过程中，就产生出思想群，亦即范畴群。同简单的范畴一样，范畴群也遵循辩证运动，每个范畴群也有一个与之矛盾的范畴群作为反题，从这两个互相矛盾的范畴群中产生出新的范畴群，即它们的合题。正如从简单范畴的辩证运动中产生出范畴群一样，从范畴群的辩证运动中产生出范畴群的系列，从范畴群系列的辩证运动中产生出整个体系。黑格尔庞大的范畴体系就是这样通过范畴和范畴群

① 《马克思恩格斯文集》第 1 卷，人民出版社 2009 年版，第 602 页。

的辩证运动构造出来的。

　　通过上面的简略考查，完全可以确信，马克思所说的"两个相互矛盾方面的共存、斗争以及融合成一个新范畴，就是辩证运动"这句话，是对黑格尔关于范畴的辩证运动及其构造体系的方法的概括，而不是马克思本人的思想。马克思认为，经济范畴只是生产关系"在理论上的表现"①，黑格尔和蒲鲁东既然忽略了生产关系的历史运动，就只能到纯粹理性的运动中去寻找这些思想的来历了，这些范畴无非是纯粹的、永恒的、无人身的理性产生出来的一些思想罢了。马克思指出："黑格尔认为，世界上过去发生的一切和现在还在发生的一切，就是他自己的思维中发生的一切。因此，历史的哲学仅仅是哲学的历史，即他自己的哲学的历史。没有'与时间次序相一致的历史'，只有'观念在理性中的顺序'。他以为他是在通过思想的运动建设世界；其实，他只是根据绝对方法把所有人们头脑中的思想加以系统的改组和排列而已。"②

二

　　下面我们考察蒲鲁东是怎样把黑格尔的辩证法即范畴的辩证运动应用到政治经济学上去的，以及通过他的这种应用把黑格尔的辩证法变成了什么样子。蒲鲁东认为，任何经济范畴都有好坏两个方面，好的方面和坏的方面、益处和害处加在一起，就构成每个经济范畴所固有的矛盾。他认为"应当解决的问题是：保存好的方面，消除坏的方面"③。蒲鲁东具体论述了奴隶制、分工、竞争、土地所有权等经济范畴好的方面和坏的方面的表现。马克思以嘲讽的方式说，我们暂且把蒲鲁东先生当作一个范畴看待，看一看他和黑格尔相比，好的方面和坏的方面、长处和短处是什么。马克思认为他的长处是区分了经济范畴好的方面和坏的方面是什么，以及如何保存好的方面、消除坏的方面。与此相应，他的短处则是由于他保存了经济范畴的好的方面、消除了经济范畴的坏的方面，就否定了经济范畴的矛盾，切断了经济范畴的辩证运动，这就无法形成新的经济范畴。所以马克

---

①　《马克思恩格斯文集》第 1 卷，人民出版社 2009 年版，第 599 页。

②　同上书，第 602 页。

③　同上书，第 604 页。

思指出:"我们看到的已经不是由于自己的矛盾本性而设定自己并自相对立的范畴,而是在范畴的两个方面中间转动、挣扎和冲撞的蒲鲁东先生。"① 蒲鲁东由于陷入了用正当方法难以摆脱的困境,于是就随心所欲地给经济范畴赋予某种特性,把需要清洗的范畴的缺陷消除。例如他认为,"税收可以消除垄断的缺陷,贸易差额可以消除税收的缺陷,土地所有权可以消除信用的缺陷"②。这样,蒲鲁东先生就把经济范畴一一取来,把一个范畴用作另一个范畴的消毒剂,用矛盾和矛盾的消毒剂这二者的混合物建构了他的冗长的政治经济学的形而上学体系。

由于蒲鲁东把范畴的辩证运动的过程归结为好的方面和坏的方面加以对比,提出消除坏的方面的问题,并且把一个范畴用作另一个范畴的消毒剂,这样范畴就不再有自发的运动,观念和理性就不再有内在的生命,它既不能再把自己设定为范畴,也不能再把自己分解为范畴。辩证法不再是绝对理性的运动了,辩证法没有了。马克思指出:当蒲鲁东"实际应用这种辩证法的时候,理性对他来说却不存在了。蒲鲁东先生的辩证法背弃了黑格尔的辩证法,于是蒲鲁东先生只得承认,他用以说明经济范畴的次序不再是这些经济范畴相互产生的次序。经济的进化不再是理性本身的进化了"。"那么,蒲鲁东先生给了我们什么呢?是现实的历史,即蒲鲁东先生所认为的范畴在时间次序中出现的那种顺序吗?不是。是在观念本身中进行的历史吗?更不是。这就是说,他既没有给我们范畴的世俗历史,也没有给我们范畴的神圣历史!那么,他到底给了我们什么历史呢?是他本身矛盾的历史。"③

蒲鲁东陷入矛盾的尴尬境地,从另一个侧面说明,离开历史的客观进程,单纯用理性进行范畴的逻辑推演建构哲学体系和政治经济学体系,都是马克思坚决反对的,离开历史的客观进程单纯讲范畴的辩证运动的观点决不是马克思的观点。

三

需要认真思考的是,在我国理论界为什么时常出现把马克思批判黑格

---

① 《马克思恩格斯文集》第 1 卷,人民出版社 2009 年版,第 605 页。
② 同上书,第 606 页。
③ 同上书,第 607 页。

尔的思想当作马克思的思想、把马克思概括的黑格尔的思想当作马克思本人的思想这种情况呢？原因可能是多方面的，而且每个人这样做的原因也不尽相同。归纳起来主要有以下几个原因。

第一，与译文密切相关。现在这段话引自《马克思恩格斯选集》中文1995年版的译文，而这段话在《马克思恩格斯选集》中文1972年版和《马克思恩格斯全集》中文第1版中的译文是："两个矛盾方面的共存、斗争及融合成一个新范畴，就是辩证运动的实质。"[①] 这段译文容易被误解为是讲对立统一规律是辩证法的实质。很多把这句话当作马克思的思想的人，大都引用的是《选集》1972年版或《全集》中文第1版的译文。据此我断定，人们对这段话发生误解的重要原因之一与译文密切相关。

第二，是由于学风浮躁以及急功近利的价值观的驱动（这只是就少数人而言的）。由于学风浮躁，就不去系统地、认真地研读马克思主义经典著作。读书往往是挑着读，跳跃式地读，不能把所读著作的思想连贯起来，这就势必造成对经典作家的某些论述的误解和曲解。由于急功近利的价值取向的驱动，总想以所谓的"理论创新""提出新观点""创造新体系"一鸣惊人，名利双收，于是就对经典作家的论述主观随意、为我所用地加以解释。

第三，是由于片面理解理论联系实际以及为现实服务的原则。理论联系实际、为现实服务，确实是学习和研究马克思主义的基本原则。但理论联系实际，主要是指用马克思主义的基本立场、观点和方法指导实际，而不是到马克思主义经典作家的著作中寻章摘句，为现实的某种需要做论证。有人错误地以为，到马克思主义经典著作中寻找几句精辟的类似格言、警句式的语录，为某种现实倡导的理论、原则、任务作论证，就是理论联系实际，就是为现实服务。例如，我们主张人与自然的统一、反对人与自然的对立，倡导人与自然和谐发展、建设生态文明，于是就有人把马克思所说的"被抽象地孤立地理解的、被固定为与人分离的自然界，对人说来也是无"[②] 批判黑格尔绝对唯心主义的这句话，当成了马克思本人的思想；由于我们纠正阶级斗争扩大化的错误，提倡厚德包容、团结互

---

① 《马克思恩格斯选集》第1卷，人民出版社1972年版，第111页。《马克思恩格斯全集》第4卷，人民出版社1958年版，第146页。

② 《马克思恩格斯全集》第42卷，人民出版社1979年版，第178页。

助、建设社会主义和谐社会,于是就有人把马克思所说的"两个相互矛盾方面的共存、斗争以及融合成一个新范畴,就是辩证运动"这句概括黑格尔范畴的辩证运动及其构造体系的方法的话,误认为是马克思自己的思想。

第四,是由于把现时代的需要与过去的历史背景错位和颠倒。现时代的需要,对理解马克思主义经典作家的著作中的思想确实有重大影响。列宁在《论马克思主义历史发展中的几个特点》一文中曾经讲过,由于政治形势以及迫切的直接行动的任务的改变,"马克思主义这一活的学说的各个不同方面也就不能不分别提到首要地位"①。但是,这并不是说,不是根据马克思主义经典作家写作某篇(部)著作时的历史背景去理解他们的思想,而是要根据现时代的需要去理解他们过去著作中的思想。如果是根据政治形势和迫切的直接的行动任务的变化去解读马克思主义经典作家过去的著作,那么对马克思主义经典作家的同一篇(部)著作或其中的某些论述,在不同时期就会做出不同的乃至相反的解读。这样做的结果,势必把马克思主义经典著作变成了任人随意打扮的少女,在不同的场合以不同的面貌出现,把马克思主义经典著作弄得面目全非,极大地损害马克思主义的形象和声誉。

① 《列宁选集》第2卷,人民出版社1995年版,第279页。

从两个文献看恩格斯晚年究竟有没有放弃共产主义世界观

陈学明[*]

　　不知从什么时候起，国内一些人否定马克思主义的手法变为主要用马克思，特别是恩格斯自己的名义来进行。他们强调，马克思，特别是恩格斯到了晚年对自己原先的理论做出过重大修正，这些修正足以证明马克思恩格斯到了晚年已放弃了推翻资本主义、实现共产主义的伟大理想，主张改良资本主义制度，和平进入社会主义，走民主社会主义的道路。他们参阅了证明恩格斯在晚年放弃共产主义世界观的两份主要文献：一是恩格斯在 1886 年为马克思的《英国工人阶级状况》在美国出版时所写的"美国版附录"；二是恩格斯在逝世那一年，即 1895 年的 1 月 30 日所写的《卡·马克思〈1848 年至 1850 年的法兰西阶级斗争〉一书导言》。现在我们就来研读一下恩格斯的这两个文献，看看恩格斯到了晚年究竟有没有离开马克思主义的基本立场，放弃共产主义世界观。

—

　　1842 年 11 月—1844 年 8 月，恩格斯在英国曼彻斯特期间，踏遍这个城市访问了工人居住区，获得大量第一手材料。基于这些材料，恩格斯写成了《英国工人阶级状况（根据亲身观察和可靠材料）》一书。马克思于 1883 年去世，1886 年，当《英国工人阶级状况》在美国出版时，恩格斯

---

　　* 陈学明，复旦大学哲学学院教授。

为该书写了"美国版附录"。在这"美国版附录"中可以看到这么一段话:共产主义不是一种单纯的工人阶级的学派学说,而是一种目的在于把连同资本家阶级在内的整个社会从现存关系的狭小范围中解放出来的理论。这在抽象意义上是正确的,然而在实践中却是绝对无益的,有时还要更坏。前段时期国内就有人以这 93 个中文字为证,说恩格斯在这里已把马克思主义的"三大名篇",即《共产党宣言》《法兰西内战》《哥达纲领批判》都否定了,说恩格斯实际上到了 1886 年已公开宣布放弃了共产主义理论。这样恩格斯在《英国工人阶级状况》的"美国版附录"中宣布放弃共产主义的说法在国内不胫而走。下面我们就来研读一下包括这 93 个中文字在内的《英国工人阶级状况》的"美国版附录",看看恩格斯在这里究竟放弃了什么样的理论,能否就此证明恩格斯本人已不再具有共产主义的信仰。①

(一) 恩格斯在《英国工人阶级状况》的"美国版附录"中究竟讲了些什么

为了解恩格斯的本意,我们把这 93 个中文字的前后与相关文字完整地引述一下。

恩格斯写道:"用讲英语的读者的本族语言呈现给他们的这本书,是 40 多年前写的。那时作者还年轻,只有 24 岁,所以这本书就带有作者青年时代的烙印,反映着他青年时代的优点和缺点;但是无论优点或缺点都没有什么使他脸红的地方。这本书译成英文,完全不是作者倡议的。"②

恩格斯还写道:"几乎用不着指出,本书在哲学、经济和政治方面的总的理论观点,和我现在的观点并不是完全一致的。1844 年还没有现代的国际社会主义,从那时起,首先是并且几乎完全是马克思的劳绩,它才彻底发展成为科学。我这本书只是它的胚胎发展的一个阶段。正如人的胚胎在其发展的最初阶段还要再现出我们的祖先鱼类的鳃弧一样,在本书中到处都可以发现现代社会主义从它的祖先之一即德国哲学起源的痕迹。例

---

① 参见李克菲《恩格斯终身坚持共产主义的伟大理想》,乌有之乡电子杂志第 138 期;张传鹤《马克思恩格斯晚年是民主社会主义者吗?》,载《"当代世界社会主义前沿和热点问题"学术研讨会暨 2007 年世界社会主义专业委员会年会论文集》,2007 年,第 72—78 页。

② 《马克思恩格斯全集》第 21 卷,人民出版社 1965 年版,第 292 页。

如，本书很强调这样一个观点：共产主义不是一种单纯的工人阶级的学派学说，而是一种目的在于把连同资本家阶级在内的整个社会从现存关系的狭小范围中解放出来的理论。这在抽象意义上是正确的，然而在实践中却是绝对无益的，有时还要更坏。既然有产阶级不但自己不感到有任何解放的需要，而且全力反对工人阶级的自我解放，所以工人阶级就应当单独地准备和实现社会革命。1789 年的法国资产者也曾宣称资产阶级的解放就是全人类的解放；但是，贵族和僧侣不肯同意，这一论断——虽然当时它对封建主义来说是一个抽象的历史真理——很快就变成了一句纯粹是自作多情的空话而在革命斗争的火焰中烟消云散了。现在也还有这样一些人，他们不偏不倚的'高高在上的观点'向工人鼓吹一种凌驾于工人的阶级利益和阶级斗争之上、企图把两个互相斗争的阶级的利益调和于更高的人道之中的社会主义，这些人如果不是还需要多多学习的新手，就是工人的最凶恶的敌人，披着羊皮的豺狼。"①

现在我们就来具体分析一下恩格斯所写下的这一大段文字。

首先，恩格斯在这里反复强调《英国工人阶级状况》是自己 40 多年前写下的，"带有作者青年时代的烙印，反映着他青年时代的优点和缺点"，这本书的观点"和我现在的观点并不是完全一致的"，这本书"正如人的胚胎在其发展的最初阶段还要再现出我们的祖先鱼类的鳃弧一样"。至于为什么这本书所论述的观点还是一种不成熟的观点，在恩格斯看来，原因很简单，这就是写这本书的时候"还没有现代的国际社会主义"，他和马克思还没有将社会主义发展成为科学社会主义，他还不是一个科学社会主义者。

其次，恩格斯在论述这本书的不成熟的观点时，特别列举了他自己当时对共产主义的理解。这就是他当时这样来理解共产主义："共产主义不是一种单纯的工人阶级的学派学说，而是一种目的在于把连同资本家阶级在内的整个社会从现存关系的狭小范围中解放出来的理论。"他强调对共产主义的这种理解"在抽象意义上是正确的，然而在实践中却是绝对无益的，有时还要更坏"。从这里可以看到，恩格斯在《英国工人阶级状况》的"美国版附录"中确实放弃了一种共产主义，但所放弃的是《英国工人阶级状况》所论述的那种不成熟的共产主义学说。用"移花接木"

---

① 《马克思恩格斯全集》第 21 卷，人民出版社 1965 年版，第 297 页。

的方法把对《英国工人阶级状况》所论述的那种不成熟的共产主义学说的否定,说成是对《共产党宣言》《法兰西内战》《哥达纲领批判》等著作中所阐述的科学社会主义理论的否定是毫无根据的。

再次,恩格斯对自己所放弃的这种对共产主义的理解做出了较为详尽的论述。恩格斯不是一般地对所放弃的这种对共产主义的理解下一个判断"在抽象意义上是正确的,然而在实践中却是绝对无益的,有时还要更坏",而且还就何以如此做出了解释。在加以解释时,恩格斯把对共产主义的这种理解与他写"美国版附录"时所流行的"人道主义的社会主义"联系在一起,认为这种"人道主义的马克思主义"要害就是抹杀阶级性,用不偏不倚的"高高在上的观点"向工人鼓吹工人阶级与资本家的共同利益凌驾于工人的阶级利益之上,工人阶级和资本家的合作共存凌驾于阶级斗争之上、企图把两个互相斗争的阶级的利益调和于更高的人道之中。恩格斯特别指出鼓吹这种共产主义理论的人"如果不是还需要多多学习的新手,就是工人的最凶恶的敌人,披着羊皮的豺狼"。

恩格斯在这里把自己在《英国工人阶级状况》中这种对共产主义的理解概括为,"共产主义不是一种单纯的工人阶级的学派学说,而是一种目的在于把连同资本家阶级在内的整个社会从现存关系的狭小范围中解放出来的理论"。让我们回顾一下恩格斯在《英国工人阶级状况》中的相关论述,以便对恩格斯在这里所做出的这一概括有着更真切的了解。恩格斯是这样说的:"在原则上,共产主义是超乎资产阶级和无产阶级的敌对的;共产主义只承认这种敌对在目前的历史意义,但是否认它在将来还有存在的必要;共产主义正是以消除这种敌对为目的的。所以,只要这种敌对还存在,共产主义就认为,无产阶级对他们的奴役者的愤怒是必然的,是正在开始的工人运动的最重要的杠杆;但是共产主义比这种愤怒更进了一步,因为它并不仅仅是工人的事业,而是全人类的事业。""而因为共产主义超乎无产阶级和资产阶级的对立,所以它和纯粹无产阶级的宪章主义比起来,更容易为资产阶级的优秀的代表人物(但是这种人是极少的,而且只能从正在成长的一代中去寻找)所赞同。"① 从恩格斯在《英国工人阶级状况》中的这段话可以看出,尽管不能把恩格斯当时对共产主义的理解与他在写"美国版附录"时所流行的"人道主义的社会主义"同

---

① 《马克思恩格斯全集》第2卷,人民出版社1957年版,第586—587页。

日而语，但是确实它具有超阶级的特征，恩格斯说它"在抽象意义上是正确的，然而在实践中却是绝对无益的，有时还要更坏"，是有理由的。

最后，恩格斯在否定不成熟的共产主义的学说的基础上，又对他所要坚持的"成熟的共产主义"理论作了"画龙点睛"式的论述。这就是那93 个中文字后面的那句话："既然有产阶级不但自己不感到有任何解放的需要，而且全力反对工人阶级的自我解放，所以工人阶级就应当单独地准备和实现社会革命。"这句话可以视为马克思主义共产主义理论的精髓。别指望资产阶级与无产阶级一起完成实现共产主义的事业，共产主义事业实质上是无产阶级的革命事业，共产主义事业的主体是无产阶级，无产阶级只能依靠自身的力量来履行自己的历史使命。随着马克思和恩格斯从革命的民主主义者转变为共产主义者，他们的共产主义理论也从超阶级的"人道主义"理论转变为以无产阶级为主体的科学的理论。自他们成为真正的科学共产主义者以后，就一直坚持这样的理论。实际上，在恩格斯写下《英国工人阶级状况》后不到 3 年，即在 1847 年，他就在《共产主义原理》中就已超越了那种超阶级的观点，把共产主义表述为"关于无产阶级解放条件的学说"①。再往后 1 年，即 1848 年，恩格斯和马克思一起在《共产党宣言》中更是这样说道："共产党一分钟也不忽视教育工人尽可能明确地意识到资产阶级和无产阶级的敌对的对立。"②

（二）从恩格斯为"三大名篇"再版作的序看出恩格斯晚年没有放弃"三大名篇"的共产主义学说

那些提出恩格斯的《英国工人阶级状况》的"美国版附录"是对马克思主义的三大名篇《共产党宣言》《法兰西内战》《哥达纲领批判》的共产主义理论的否定的人，完全不顾起码的历史事实。恩格斯是在 1886年为《英国工人阶级状况》写"美国版附录"的，随后几年，《共产党宣言》《法兰西内战》《哥达纲领批判》这三大名篇在欧洲都一再重版，恩格斯为这三大名篇的若干版本作序。恩格斯所作的这些序言十分清楚地告诉我们，恩格斯在晚年非但没有放弃这三大名篇的共产主义学说，而且还一再声明坚持这一学说。下面我们就具体地看一下恩格斯在 1886 年以后

---

① 《马克思恩格斯选集》第 1 卷，人民出版社 1972 年版，第 210 页。
② 《马克思恩格斯文集》第 2 卷，人民出版社 2009 年版，第 66 页。

为这三大名篇所作的序言。

前边我们已引述过恩格斯的《〈共产党宣言〉1888年英文版序言》，恩格斯在1888年所作的那个《共产党宣言》的序言中一方面明确地把《共产党宣言》视为全世界无产阶级的"共同纲领"，另一方面又重申了1872年德文版序言所下的结论："不管最近25年来的情况发生了多大的变化，这个《宣言》中所阐述的一般原理整个来说直到现在还是完全正确的。""《宣言》是一个历史文件，我们已没有权利来加以修改。"① 这是恩格斯在1888年写下的文字，强调的是《共产党宣言》所阐述的一般原理"直到现在还是完全正确的"，甚至说连修改的权利都没有，怎么可以闭眼不看这一事实，竟然说在两年前，即1886年，恩格斯已放弃了《共产党宣言》的基本理论了？

1891年柏林的"前进报"社要再版马克思的《法兰西内战》，恩格斯特地写了"导言"，即《卡·马克思〈法兰西内战〉一书导言》。马克思在这里这样写道："公社一开始就得承认，工人阶级在获得统治时，不能继续运用旧的国家机器来进行管理；工人阶级为了不致失去刚刚争得的统治，一方面应当铲除全部旧的、一直被利用来反对它的压迫机器，另一方面应当以宣布它自己所有的代表和官吏毫无例外地可以随时撤换，来保证自己有可能防范他们。""近来，社会民主党的庸人又是一听到无产阶级专政就吓得大喊救命。先生们，你们想知道无产阶级专政是什么样子吗？请看看巴黎公社吧。这就是无产阶级专政。"② 众所周知，无产阶级专政的理论是科学共产主义学说的一个重要组成部分，恩格斯在1891年重申巴黎公社的基本原则，重申无产阶级专政理论，说马克思于1886年就已放弃了《法兰西内战》的科学共产主义学说岂不是无稽之谈？

1891年，恩格斯主持出版马克思的《哥达纲领批判》的单行本，并亲自为单行本写了序言。这就是《卡·马克思〈哥达纲领批判〉序言》。恩格斯在这里把《哥达纲领批判》视为整个国际共产主义运动的纲领性文献。恩格斯这样说道："如果我还延时发表这个有关这次讨论的重要的——也许是最重要的——文件，那我就要犯隐匿罪了。"③ 恩格斯在这

---

① 《马克思恩格斯文集》第2卷，人民出版社2009年版，第14页。
② 《马克思恩格斯全集》第22卷，人民出版社1965年版，第227、229页。
③ 同上书，第105页。

里提出，《哥达纲领批判》这个文件如此重要，以至于他还不及时把它公开发表，自己就要犯"隐匿罪"了。恩格斯在 1891 年 10 月 24 日给左尔格的信中也对《哥达纲领批判》"发挥了充分的作用"这一点表示"感到满意"①。如果恩格斯早在 1886 年就已放弃了《哥达纲领批判》的基本理论，马克思为什么在 1891 年还要出版《哥达纲领批判》的单行本，并还为之作序？为什么在 1891 年该书在国际共产主义运动中发挥如此大的作用时喜悦之情溢于言表？

（三）再引证两个历史事实

说来说去，这些人之所以如此不顾文本和历史的真实性大肆宣扬恩格斯在《英国工人阶级状况》的"美国版附录"中的这 93 个中文字，就是为了说明恩格斯到了晚年已放弃了对共产主义的信仰，已不再是无产阶级革命家。为了进一步驳斥这种观点的荒谬性，我们引证一个历史事实。1890 年，恩格斯 70 岁了。为了表达对这位共产主义理论的创始人和国际共产主义运动领袖的敬意，世界各国无产阶级的学派和组织纷纷以各种形式向恩格斯致以 70 岁生日的祝贺。其中法国工人党全国委员会的贺信中有这样一段话："亲爱的公民：我们祝您——同马克思一起作为很快就要达到目的的国际社会主义运动的理论家的人，保持着火热的心和年轻人的热情的人健康长寿，祝您像新的摩西一样，能够看到无产阶级进入共产主义的乐土。"② 恩格斯是这样回答这些祝贺信的："请你们相信，我的余生和我尚存的精力将献给无产阶级事业而进行的斗争"③，"我只有庄严许约，要以自己的余生积极地为无产阶级服务"④，"我将以我还余下的有限岁月，和我还保有的全部精力，一如既往地完全献给我为之服务已近 50 年的伟大事业——国际无产阶级的事业"⑤。这是 70 岁的恩格斯所发出的心声，这里丝毫看不出放弃共产主义的信仰，放弃无产阶级革命事业的痕迹，我们所看到的是这位共产主义理论的创始人和国际共产主义运动领袖"老骥伏枥，志在千里""鞠躬尽瘁，死而后已"的英雄气概和献身精神！

---

① 《马克思恩格斯全集》第 38 卷，人民出版社 1972 年版，第 180 页。
② 参见《马克思恩格斯全集》第 22 卷，人民出版社 1965 年版，第 676 页。
③ 《马克思恩格斯全集》第 22 卷，人民出版社 1965 年版，第 101 页。
④ 同上书，第 100 页。
⑤ 同上书，第 309—310 页。

为了说明恩格斯本人在晚年坚持自己的共产主义信仰,坚持认为自己是一个共产主义者,我们还引证一个史实。1894 年 1 月,恩格斯在柏林出版了《〈人民国家报〉国际问题论文集 (1891—1875)》。恩格斯为这一论文集写了序。在这篇序言中,恩格斯特地阐明了共产主义与社会民主主义之间的区别,并且解释了为什么他和马克思"处处不把自己称做社会民主主义者,而称做共产主义者"的原因。他是这样解释的:"这是因为当时在各个国家里那种根本不把全部生产资料转归社会所有的口号写在自己的旗帜上的人自称是社会民主主义者。"他举例说,在法国,"社会民主主义者是指对工人阶级怀着或多或少持久的但总是捉摸不定的同情的民主共和主义者"。而在德国,"自称为社会民主主义者的是拉萨尔派","道地的拉萨尔式的由国家资助的生产合作社仍然是他们纲领中唯一被正式承认的东西"。恩格斯指出,在这种情况下,"对马克思和我来说,用如此有伸缩性的名称来表示我们特有的观点是绝对不行的"。恩格斯针对当前的实际情况接着指出,尽管"现在情况不同了,这个词也许可以过得去",但是,"对于经济纲领不单纯是一般社会主义的而直接是共产主义的党来说,对于政治上的最终目的是消除整个国家因而也消除民主的党来说,这个词还是不确切的"。恩格斯最后这样告诫所有追随他的无产阶级革命者:"党在发展,名称却不变。"① 恩格斯在这里说得如此清楚,即使形势发生了某些变化,党也在发展,但"共产党"的名称不能改变,共产主义的目标不能丢,不能把共产主义者混同社会民主主义者。

事情十分清楚,恩格斯在《英国工人阶级状况》的"美国版附录"中是站在科学社会主义理论的立场上否定早期不成熟的共产主义学说。这些抓住恩格斯在《英国工人阶级状况》的"美国版附录"中的 93 个中文字大做文章的人,是完全颠倒了否定与被否定的关系。按照他们的理解,恩格斯是站在早期不成熟的共产主义学说的立场上否定了科学共产主义理论。明明是恩格斯用三大名篇所阐述的科学共产主义理论否定了《英国工人阶级状况》中的那 93 个中文字为主要内容的不成熟的共产主义学说,而他们偏要说成是恩格斯用那 93 个中文字为主要内容的不成熟的共产主义学说否定了三大名篇所阐述的科学共产主义理论。

---

① 《马克思恩格斯全集》第 22 卷,人民出版社 1965 年版,第 489—490 页。

二

1895 年 1 月 30 日，德国社会民主党的《前进报》出版社经理查·费舍写信给恩格斯，请求他同意该出版社把马克思在 1850 年《新莱茵报》时发表的论述法国 1848 年革命的一组文章印成小册子出版，还请求恩格斯为这个单行本写一篇导言。恩格斯同意这个计划，并在 1895 年 2 月 14 日至 3 月 6 日把"导言"撰写完毕。这就是著名的《卡·马克思〈1848 年至 1850 年的法兰西阶级斗争〉一书导言》。这篇"导言"写完以后不到 5 个月，1895 年 8 月 5 日，恩格斯就去世了。这篇"导言"确实是恩格斯一生中所写的最后一篇重要政治论文，被视为恩格斯所留下的"政治遗嘱"。在这篇"导言"中我们不时可以看到这样的词句："历史表明我们曾经错了""历史表明，我们以及所有和我们有同样想法的人，都是不对的""我们当时所持的观点只是一个幻想""消除了我们当时的迷误""今天在一切方面都已经陈旧了"，等等。伯恩斯坦当年就以这篇"导言"中的这些话为依据，说恩格斯在晚年已着手"修正"马克思主义，甚至以这篇"导言"作为自己的修正主义的出发点。今天我们国内一些人也以这篇"导言"中的这些话为依据，论证恩格斯晚年已把马克思主义发展到一个新阶段，即民主社会主义阶段，论证恩格斯在晚年实际上已是个社会民主主义者。这里，我们就来认真研读一下恩格斯的这篇"导言"，看看恩格斯到了晚年是不是已从共产主义者变成社会民主主义者。①

（一）恩格斯在生前反对有人利用和歪曲他的《卡·马克思〈1848 年至 1850 年的法兰西阶级斗争〉一书导言》

必须首先说明的是，恩格斯还在世的时候，也就是说，在从完成《卡·马克思〈1848 年至 1850 年的法兰西阶级斗争〉一书导言》写作的 1895 年 3 月 6 日至 8 月 5 日逝世这不到 5 个月的时间里，他本人就曾数次强烈地对有人歪曲他的"导言"的基本思想，把他说成力主工人阶级在

---

① 参见李克菲《恩格斯终身坚持共产主义的伟大理想》，乌有之乡电子杂志第 138 期；张传鹤《马克思恩格斯晚年是民主社会主义者吗?》，载《"当代世界社会主义前沿和热点问题"学术研讨会暨 2007 年世界社会主义专业委员会年会论文集》，2007 年，第 72—78 页。

任何情况下都只能通过和平途径取得政权这一点表示不满。当时，党的机关报《前进报》以社论的形式发表了一篇题为"目前革命应当怎样进行"的文章，文章未经恩格斯的同意，从他刚写完的"导言"中断章取义地引了几段话，而这几段话给人造成一种印象，似乎恩格斯成了"无论如何要守法"的捍卫者。恩格斯阅后非常气愤，当即向《前进报》编辑李卜克内西提出强烈抗议，对如此歪曲他的观点表示不满。他在 1895 年 4月 1 日"致卡尔·考茨基"的信中这样说道："使我惊讶的是，今天我发现，《前进报》事先不通知我就发表了我的'导言'的摘录，在这篇经过修饰整理的摘录中，我是以一个爱好和平的、无论如何要守法的崇拜者出现的。我特别希望'导言'现在能全文发表在《新时代》，以消除这个可耻的印象。"① 过了两天，即在 1895 年 4 月 3 日，他又致信给保尔·拉法格说："李卜克内西刚刚和我开了一个很妙的玩笑。他从我给马克思1848—1850 年的法国的几篇文章写的导言中，摘引了所有能为他的、无论如何是和平的和反暴力的策略进行辩护的东西。近来，特别是目前柏林正在准备非常法的时候，他喜欢宣传这个策略。但我谈的这个策略仅仅是针对今天的德国，而且还有重大的附带条件。对法国、比利时、意大利、奥地利来说，这个策略就不能整个采用。就是对德国，明天它也可能就不适用了。"② 看了恩格斯的这些话，我们一方面知道，还在恩格斯在世的时候，就有人利用他所写的这篇"导言"做文章，企图把他说成是一个完全反对暴力革命的改良主义者，我们另一方面也知道，恩格斯在当时就已旗帜鲜明地对此表示了反对态度。从中我们完全可以进一步得出结论，今天有人继续利用这篇"导言"来曲解恩格斯也并不奇怪，而倘若恩格斯地下有知，他也会坚决地反对。

（二）　恩格斯确实肯定利用普选权

这些人之所以利用这篇"导言"把恩格斯说成是一个社会民主主义者，说来说去是因为恩格斯在这里对工人阶级争取和利用普选权的肯定。恩格斯在这里确实赞赏并推崇德国社会民主党利用普选权。他称赞德国社会民主党"给予了世界各国同志们一件新的武器——最锐利的武器中的

① 《马克思恩格斯全集》第 39 卷，人民出版社 1974 年版，第 432 页。
② 同上书，第 436 页。

一件武器，他们向这些同志们表明了应该怎样利用普选权"①。他也非常赞同"法国马克思主义纲领"中所说的："选举权已经被他们""由向来是欺骗的工具变为解放工具"②。恩格斯还具体列举了选举权对工人阶级的种种好处，例如："通过定期标志出的选票数目的意外迅速的增长，同样地既加强工人的胜利信心，又加强敌人的恐惧"；"给我们提供了关于我们自身力量和各个敌对党派力量的精确情报，从而给予了我们行动的比例尺"；"它给了我们最好的手段到民众还远离我们的地方去接触人民群众，并迫使一切政党在全体人民面前回答我们的进攻，维护自己的观点和行动"；"它在帝国国会中给我们的代表提供了讲坛，我们的代表在这讲坛上可以比在报刊上和集会上更有威望和更自由得多地向自己在议会中的敌人和议会外的群众讲话"，等等。③ 基于工人阶级利用普选权所带来的种种好处，恩格斯得出结论说："原来，在资产阶级借以组织其统治的国家机构中，也有许多东西是工人阶级可能利用来对这些机构本身作斗争的。""结果，资产阶级和政府害怕工人政党的合法活动更甚于害怕它的不合法活动，害怕选举成就更甚于害怕起义成就。"④

必须指出的是，利用普选权实际上是马克思和恩格斯一直持有的一个观点，而不是到了晚年才提出来的，特别是到了写作《卡·马克思〈1848年至1850年的法兰西阶级斗争〉一书导言》的1895年才提出来的。如果说因为肯定了利用普选权就是一个社会民主主义者，那么，马克思和恩格斯早已是一个社会民主主义者了。

正如恩格斯在这篇"导言"中所指出的："'共产党宣言'早已宣布，争取普选权，争取民主，是战斗无产阶级的首要任务之一。"⑤ 这就是说，恩格斯自己也承认，早在他与马克思在1848年共同推出的《共产党宣言》中就已有了利用普选权的思想。那么能不能说马克思和恩格斯在创立马克思主义时就不是一个共产主义者而是一个社会民主主义者，能不能认为作为"全世界无产者共同纲领"的《共产党宣言》的名称是一个名不符实的名称，确切地应当称为《社会民主党宣言》？显然不能。

---

① 《马克思恩格斯全集》第22卷，人民出版社1965年版，第601页。
② 同上书，第602页。
③ 同上。
④ 同上书，第603页。
⑤ 同上书，第602页。

马克思和恩格斯在早年不仅在《共产党宣言》中肯定对普选权的利用,而且在其他著作中也有类似的观点。如马克思于 1850 年为法国工人党起草的"法国工人党纲领导言"中就提出:"这种集体占有制只有通过组成为独立政党的生产者阶级——无产阶级的革命活动才能实现;要建立上述组织,就必须使用无产阶级拥有的一切手段,包括借助于由向来是欺骗的工具变为解放工具的普选权。"[1] 到了晚年,马克思特别是恩格斯对利用普选权有了更良好的期待,这也是事实。除了在《卡·马克思〈1848 年至 1850 年的法兰西阶级斗争〉一书导言》中我们可以看到恩格斯对利用普选权的赞赏外,恩格斯在其他场合也发表了类似的观点。如恩格斯于 1893 年 9 月在维也纳的社会民主党人大会上的演说提到:"现在你们正在进行争取普选权的斗争;它是无产阶级手里最重要的工具之一。普选权是检验党的影响、计算党的力量的唯一手段。最近 20 年的德国历史教导我们认识这一点。"[2]

(三)恩格斯在肯定利用普选权的同时,又对迷恋利用普选权进行了批评

在马克思和恩格斯的著作中我们不仅可以看到他们对利用普选权的肯定,也可以看到他们对西方民主制度、对迷恋利用普选权的批评。而且他们在肯定利用普选权时处处强调西方的民主制度有"制度局限"和"阶级局限",他们实际上对西方的民主制始终抱有很大的戒心。

应当说,马克思和恩格斯对西方民主制度的批评贯穿于他们一生的著作之中,对西方民主制度的揭露构成了他们批判资本主义的一个重要内容。马克思在《法兰西内战》中就提出西方的议会制只不过是"每 3 年或 6 年决定一次由统治阶级中什么人在议会中当人民的假代表"[3]。这是马克思对西方议会民主制度一个最经典、最具代表性的表述。[4] 显然,这一表述对西方议会民主制度的认知主要是负面的。恩格斯对于西方议会民主制度曾经提出过一个著名的"标尺"论。他在《家庭、私有制和国家

① 《马克思恩格斯全集》第 19 卷,人民出版社 1963 年版,第 264 页。
② 《马克思恩格斯全集》第 22 卷,人民出版社 1965 年版,第 481 页。
③ 《马克思恩格斯选集》第 3 卷,人民出版社 1995 年版,第 57 页。
④ 《马克思恩格斯选集》第 4 卷,人民出版社 1995 年版,第 173—174 页。

的起源》中这样说道："普选制是衡量工人阶级成熟性的标尺。在现今的国家里，普选制不能而且永远不会提供更多的东西。"把"普选制"当作衡量工人阶级成熟性的"标尺"，说明恩格斯对西方议会民主制度对工人阶级的真正意义并不持乐观态度。

只要我们仔细分析一下马克思和恩格斯肯定西方议会民主制度的词句，马上会发现，他们从来不会明确地说这一制度已经没有"制度局限"和"阶级局限"，从来没有要工人阶级完全认同这一制度。恩格斯在逝世前一年，即1894年，给保·拉法格写过一封信，正是在这封信中，恩格斯表达了他对西方的议会民主制度所具有的戒心。他在信中这样说道："对无产阶级来说，共和国和君主国不同的地方仅仅在于，共和国是无产阶级将来进行统治的现成的政治形式。""但是，共和国像其他任何政体一样，是由它的内容决定的；只要它是资产阶级的统治形式，它就同任何君主国一样敌视我们（撇开敌视的形式不谈）。因此，无论把它看作本质上是一种社会主义的形式，还是当它还被资产阶级掌握时，就把社会主义的使命委托给它，都是毫无根据的幻想。我们可以迫使它作出某些让步，但是决不能把我们自己的工作交给它去完成；即使我们能够通过一个强大得一天之内就能使自己变为多数派的少数派去监督它，也不能那样做。"①恩格斯在这里明确地提出西方的议会民主制度是由其内容决定的，如按其内容来分析，它毫无疑问就是资产阶级的统治形式，它必然要敌视无产阶级。正因为如此，无产阶级政党不能对它抱毫无根据的幻想，不能把自己的工作交给它来完成。

我们还可看一看恩格斯在《卡·马克思〈1848年至1850年的法兰西阶级斗争〉一书导言》中，是如何在肯定利用普选权的同时，又对西方的议会民主制度的伎俩做出分析的。他揭露说，正当无产阶级政党在积极参与和利用议会民主制度之时，控制议会的资产阶级政要却在"破坏宪法，实行独裁，恢复专制"。②恩格斯这样说道："让他们去通过他们的反对变革的法案吧，让他们把这些法案弄得更残忍些吧，让他们把全部刑法都变成橡胶式的东西吧——他们所能达到的，只是再次证明自己无能为力罢了。""要给社会民主党以严重打击，他们一来还得采取完全是另一个

---

① 《马克思恩格斯选集》第4卷，人民出版社1995年版，第734—735页。
② 《马克思恩格斯全集》第22卷，人民出版社1965年版，第611页。

样子的办法。现在遵守法律是对社会民主党的变革有利的，为要反对社会民主党的变革，他们就只能运用秩序方面的变革，即非破坏法律不可的变革。"① 恩格斯的意思是说，当议会民主制度变得对无产阶级有利之时，资产阶级马上会露出真面目，他们会改变法律，破坏现成的法律，甚至实行独裁，恢复专制。当然在恩格斯看来，资产阶级一旦破坏法律，恢复专制，也是不能得逞的。他这样正告资产阶级："如果有一方破坏契约，契约就要完全作废，另一方也不再受契约义务的约束"，"如果你们破坏帝国宪法，那末社会民主党也就不再受自己承担的义务的约束，而能随便对付你们了。但是它那时究竟怎样做——这点它今天未必会告诉你们。"② 恩格斯这里是在正告资产阶级，但实际上他也是在提醒无产阶级政党：资产阶级政要随时会翻脸破坏现成的法律，所以无产阶级政党也必须随时准备"不再受自己承担的义务的约束"，用其他的任何手段对付资产阶级。

恩格斯在《卡·马克思〈1848 年至 1850 年的法兰西阶级斗争〉一书导言》中讲到进行合法斗争时，往往用"现在"这个限制词，也就是说，在恩格斯看来，利用普选权、进行合法斗争只有在"现在"这种形势下才有一定的可行性。当时的社会民主党的某些领导人在发表这个"导言"时要求恩格斯把"现在"这个限制词去掉。恩格斯知道这个限制词在这里的分量很重，删去它就意味着把利用普选权、进行合法斗争变成一个普适的战略，于是他坚决不同意删掉这个限制词。他明确地对这些领导人说："你们想去掉'现在'一词，也就是把暂时的变成永久的，把相对变成具有绝对意义的策略。我不会这样做，也不能这样做，以免使自己永世蒙受耻辱。"③ 恩格斯似乎早已预见到，把"现在"这个限制词去掉，有人就会因此把他说成是一个力主改良的社会民主主义者，从而会使自己"蒙受耻辱"，现在的问题是，即使他没有把这个词删掉，也有人要让他"蒙受耻辱"。恩格斯在这个时期反复申明无产阶级政党的"守法"，利用普选权只是一种暂时使用的斗争手段。他在不同的场合不断地指出："守法——目前暂时在一定程度上对我们还是适用的，但绝不是不惜任何代价

---

① 《马克思恩格斯全集》第 22 卷，人民出版社 1965 年版，第 610 页。
② 同上书，第 611 页。
③ 《马克思恩格斯全集》第 39 卷，人民出版社 1974 年版，第 401 页。

的守法，即使是口头上也罢！"① "我谈的这个策略仅仅是针对今天的德国，而且还有重大的附带条件。对法国、比利时、意大利、奥地利来说，这个策略就不能整个采用。就是对德国，明天它也可能就不适用了。"②

（四）恩格斯在肯定利用普选权的同时，从来也没有否定过利用暴力的手段夺取政权

马克思和恩格斯在肯定利用普选权的同时，从来也没有否定过利用暴力的手段夺取政权，他们始终坚持合法的改良斗争和暴力革命"两手论"，而不是"一手论"。

首先，必须搞清楚的是，恩格斯在《卡·马克思〈1848 年至 1850 年的法兰西阶级斗争〉一书导言》中有没有明确地反对暴力革命。一些学者通过歪曲地引用恩格斯相关的言语，认为恩格斯在这里对暴力革命持反对态度，实际上并非如此。他们所引的是恩格斯下述一段话："历史表明我们也曾经错了，我们当时所持的观点只是一个幻想。历史做的还要更多：它不仅消除了我们当时的迷误，并且还完全改变了无产阶级进行斗争的条件。1848 年的斗争方法，今天在一切方面都已经陈旧了，这一点是值得在这里较仔细地加以研究的。"③ 引者在"1848 年的斗争方法"后用括弧加了一个注说："指《共产党宣言》中说的暴力革命。"这样一来，恩格斯在这里就把暴力革命作为一种"已经陈旧"的方法加以否定掉了。问题在于，恩格斯把此作为一种"已经陈旧"的方法加以否定的"1848 年的斗争方法"，指的就是"《共产党宣言》中说的暴力革命"吗？只要仔细地阅读一下原文就可知道，这是"引者"为了说明恩格斯是反对暴力革命的，通过"移花接木"的手段强加给恩格斯的。那么，被恩格斯视为"已经陈旧"的方法的"1848 年的斗争方法"究竟指的是什么呢？事实上，恩格斯在这里讲得非常清楚，指的是"那些表现了莫大英勇精神的街垒战"，如"1848 年 6 月在巴黎""1848 年在维也纳""1849 年在德勒斯顿"的那种方法。④ 恩格斯认为，由于"斗争的条件""已发生了

① 《马克思恩格斯全集》第 39 卷，人民出版社 1974 年版，第 403 页。
② 同上书，第 436 页。
③ 《马克思恩格斯全集》第 22 卷，人民出版社 1965 年版，第 595 页。
④ 同上书，第 604 页。

本质上的变化",这种"旧式的起义",即"在1848年以前到处都起过决定作用的筑垒的巷战","现在大都陈旧了"①。可见恩格斯认为"已经陈旧"而必须要加以否定的只是"街垒战",而不是普遍的"暴力革命",也就是说,恩格斯所否定的只是"暴力革命"中的某种形式,而不是全部的暴力革命。事实上,马克思和恩格斯作为无产阶级的导师不可能从根本上反对"暴力革命",即使在他们肯定合法斗争时,也再三提醒人们不要放弃暴力的手段。

其次,让我们看一下马克思于1872年9月8日在阿姆斯特丹群众大会上那个著名的演说中是怎么说的:"工人总有一天必须夺取政权,以便建立一个新劳动组织。""但是,我们从来没有断言,为了达到这一目的,到处都应该采取同样的手段。""我们知道,必须考虑到各国的制度、风俗和传统;我们也不否认,有些国家,像美国、英国——如果我对你们的制度有更好的了解,也许还可以加上荷兰——工人可能使用和平手段达到自己的目的。但是,即使如此,我们也必须承认,在大陆上的大多数国家中,暴力应当是我们革命的杠杆。"② 请看,马克思在这里对暴力革命与和平手段之间的关系讲得如此辩证和切合实际,他把暴力视为"我们革命的杠杆"又是如此明确!

再次,我们再看一下马克思和恩格斯于1879年3月,在给奥·倍倍尔、威·李卜克内西、威·白拉克等人的通告信中,对"苏黎世三人团",即卡·赫希伯格、爱·伯恩斯坦和卡·奥·施拉姆的批评。这三人主张社会民主党人就不应当像"爱好街垒战的无赖"那样参加斗争,而宁可"走合法的道路","使暴动平息下来"。③ 马克思和恩格斯看到了这三人的这一主张后气愤地说道,"既然连党的领导也或多或少地落到了这些人的手里,那党简直就是受了阉割,而不再有无产阶级的锐气了","党怎么能容忍"持有这种观点的人"留在自己队伍中,这是我们完全不能理解的"。④ 马克思和恩格斯认为"苏黎世三人团"与1848年的资产阶级民主派是一丘之貉,他们都"心怀恐惧地声明,无产阶级迫于自己的

---

① 《马克思恩格斯全集》第22卷,人民出版社1965年版,第603页。
② 《马克思恩格斯全集》第18卷,人民出版社1964年版,第179页。
③ 《马克思恩格斯选集》第3卷,人民出版社1995年版,第681页。
④ 同上书,第685页。

革命地位，可能'走得太远'"。"不要采取坚决的政治上的反对立场，而应全面地和解。""不要反对政府和资产阶级，而应尝试争取他们，说服他们。""不要猛烈地反抗从上面来的迫害，而应逆来顺受，并且承认惩罚是罪有应得。"① 马克思和恩格斯批评"苏黎世三人团"对于无产阶级和资产阶级之间的阶级斗争，只是在"纸上""承认"，"但是在实践中去抹杀、冲淡和削弱"，批评"苏黎世三人团"一心搞合法斗争，把"最终的大灾难"变成一个"渐进的、逐步的和尽可能温和的瓦解过程"。② 马克思和恩格斯当年对"苏黎世三人团"的批评，具有极强的针对性，不仅击中了"苏黎世三人团"的要害，而且对当今中国那些热衷于把马克思和恩格斯解释成是"反对革命"的改良主义者的人来说，也是当头一棒。

　　最后，我们再看一看恩格斯写完《卡·马克思〈1848 年至 1850 年的法兰西阶级斗争〉一书导言》以后，预见到有人会利用这篇"导言"来反对暴力革命，于是他来一个"有言在先"。在上面我们已说过，恩格斯是应《前进报》出版社经理查·费舍之约写这篇"导言"的。在"导言"完稿后的第二天，即 1885 年 3 月 8 日，他就致信给此人说："我不能容忍你们立誓忠于绝对守法，任何情况下都守法，甚至对那些已被其编制者违犯的法律也要守法，简言之，即忠于右脸挨了耳光再把左脸送过去的政策。""我认为，如果你们宣扬绝对放弃暴力行为，是决捞不到一点好处的。没有人会相信这一点，也没有一个国家的任何一个政党会走得这么远，竟然放弃拿起武器对抗不法行为这一权利。"③ 还有什么比这更清楚的语言能反映恩格斯对暴力革命的态度的呢？恩格斯绝对不是一个主张"右脸挨了耳光再把左脸送过去"的人，绝对不会同意放弃暴力行为，放弃"拿起武器对抗不法行为这一权利"。我们怎么可以撇开恩格斯这些明确的语言、明确的态度，片面地解读这篇被视为恩格斯的"政治遗嘱"的"导言"呢？

---

① 《马克思恩格斯选集》第 3 卷，人民出版社 1995 年版，第 683 页。

② 同上。

③ 《马克思恩格斯全集》第 39 卷，人民出版社 1974 年版，第 401 页。

马克思对古典自由主义的
批判及其思想史效应

邹诗鹏[*]

近年来，学界致力于马克思学说对欧洲近代思想传统尤其是启蒙传统的批判与出离关系的探讨。不过，其中的一个基本问题，即马克思对古典自由主义的批判及其思想史效应，却还没有得到过清理和分析。本文的探讨将表明：马克思通过政治批判以及日益自觉的政治经济学批判，作为古典自由主义批判的理论及学术基础，建基并贯穿于对空想社会主义、德国古典哲学以及当时诸多思想流派的批判，并且连同这一系列批判，构成了马克思唯物史观及其科学社会主义的观念史前提。马克思从青年时期对古典自由主义的信奉，到《德法年鉴》时期对古典自由主义的政治批判，再到《1844 年经济学哲学手稿》初步展开并在后半生近 40 年中系统展开的政治经济学批判，呈现了马克思愈益清晰的古典自由主义批判活动。19世纪中叶以后，资本主义经历了从早期资本主义向上升及垄断时期资本主义的转变，自由主义传统也完成了从古典自由主义向新自由主义的转变，这一转变包含着对马克思有关古典自由主义批判思想的汲取与回应，此后现代思想界形成了自由主义、社会主义与保守主义诸政治思潮冲突激荡的新格局。晚近以来全球性新古典自由主义的兴起，则激活了马克思古典自由主义批判的当代视阈，全球资本主义及新古典自由主义背景下的中国特色社会主义道路，显然包含着对古典自由主义及其变种展开理论与实践批判的时代课题。

---

* 邹诗鹏，复旦大学哲学学院暨当代国外马克思主义研究中心教授。

一

古典自由主义是与 17—18 世纪西方工业革命及其资本主义制度相匹配的意识形态，强调基于私有财产及其法权关系的个人主义，认为国家富裕应当建立在发达的市场经济之上，主张自由放任主义。古典自由主义主要说来是英法启蒙运动的结果，后波及美国，并不同程度地影响西方各国。一般说来，古典自由主义存在英法两种传统。英国的古典自由主义传统具有经验主义性质，以大卫·休谟、亚当·斯密、埃德蒙·伯克等为代表，注重习惯法，批判重商主义，强调私有制与自由市场，要求弱化国家功能。法国自由主义传统具有理性主义特征，以卢梭、百科全书派以及魁奈及其重农主义为代表，注重契约伦理、注重集体主义与国族意识，强调自由、平等及民主等启蒙价值。英法古典自由主义各有其学术基础，英国古典自由主义的学术基础即英国的古典政治经济学，法国古典自由主义的学术基础则主要是法国启蒙思想，法国的古典政治经济学虽在一定程度上分享了法国启蒙及其自由主义，但就其本身而言则只是英国古典政治经济学的法国化①。

古典自由主义，连同空想社会主义、左翼社会运动、民粹主义、无政府主义、民族主义、保守主义、浪漫主义以及历史主义等在 19 世纪上半叶泛起的欧洲社会政治思潮，均在不同程度上是启蒙的后果。在诸多思潮中，古典自由主义是当时欧洲主导性的政治意识形态并直接影响着英法资本主义制度及其演进，因而主导和统领着当时的诸多社会政治思潮。马克思正是在自身思想发展过程中从早期接受古典自由主义、到日益自觉地展

---

①　马克思已经注意到古典政治经济学在英法的不同学术谱系。"古典政治经济学在英国从威廉·配第开始，到李嘉图结束，在法国从布阿吉尔贝尔开始，到西斯蒙第结束"（《马克思恩格斯全集》第 13 卷，人民出版社 1962 年版，第 41 页）。依照这一分析，亚当·斯密以及约翰·穆勒，均属于英国的古典政治经济学传统，而魁奈及其重农主义以及萨伊，则属于法国的古典政治经济学传统。但马克思没有从学术谱系上严格区分英法古典政治经济学。这是对的。奠定古典自由主义学术基础的古典政治经济学，主要说来就是英国古典政治经济学，所谓法国古典政治经济学，则是英国古典政治经济学的法国化，是以英国古典经济学为理论样板回应法国现实的结果。法国的古典政治经济学，特别是在西斯蒙第那里，在其回应英国古典政治经济学的努力中，尤其因消极地面对法国大革命的过程，从而逐渐走向浪漫主义与保守主义，因而丧失了英国古典政治经济学的激进性，以至于逐渐难以与法国启蒙思想分享法国古典自由主义。

开古典自由主义的批判,从而突破了启蒙传统及其相关社会政治思潮,进而把他自己所开创的唯物史观及其科学社会主义学说带到历史的中心舞台,实现了欧洲激进社会政治思潮从古典自由主义向马克思主义及其社会主义的转变。

列宁曾精辟地概括马克思主义的三个来源:英国的古典政治经济学、法国的科学社会主义以及德国的古典哲学。列宁的概括彰显出当时几大意识形态及其学说的地域特征。显然,"三个来源"不是指现成的资源,而是马克思主义学说得以形成的批判性的理论资源,实际上指英国古典政治经济学批判、法国空想社会主义批判以及德国古典哲学批判。三个批判性的资源也并非彼此分离,而是综合性地对马克思主义发挥影响。正如古典政治经济学也有法国分支,空想社会主义也不只是存在于法国,而是当时欧洲流行的社会政治思潮,只是受法国启蒙运动的激发而在法国尤为彰显。至于德国古典哲学中也渗透着古典政治经济学与社会主义的影响①。但列宁有关国别特征的概括,实际上提示了古典政治经济学、空想社会主义以及德国古典哲学的社会现实及其经验基础。因此,马克思主义对英国古典政治经济学、法国空想社会主义以及德国古典哲学的批判,实质上是对当时资本主义的几种社会现实的批判,因而在不同的理论资源及学术背景上贯彻着对古典自由主义的批判。

古典自由主义首先在英国扎根。英国先进的工商业及其从属的资本主义制度,是马克思展开古典自由主义批判进而展开其社会主义历史构想的最典型的文本。当时英国的状况最为鲜明地反映出社会化大生产与资本主义私有制的矛盾冲突,冲突的实质是不断加剧的异化劳动及其人的异化。但这一基本矛盾被英国古典自由主义及其古典政治经济学有意抹杀,古典政治经济学"把私有财产在现实中所经历的物质过程,放进一般的、抽象的公式,然后把这些公式当作规律"②,而不具体分析劳动过程,并且有意避开劳动在从主体到活动及其关系各个环节发生的分离,也即有意

---

① 黑格尔哲学表明,政治经济学乃是德国古典哲学中的一个被扬弃的环节。关于德国的社会主义传统,恩格斯在《德国的社会主义》一文中指出,1848年以前,德国有两个独立的派别:一是作为"法国工人共产主义的支流"的"魏特林的空想共产主义",二是青年黑格尔派。而1848年《共产党宣言》则"标志着两个派别的融合"。参见《马克思恩格斯文集》第4卷,人民出版社2009年版,第426页。

② 马克思:《1844年经济学哲学手稿》,人民出版社2000年版,第50页。

"掩盖劳动的异化"①。古典政治经济学实际上是把私有制看成了一种常规现象，并没有看到资本主义私有制的特殊性。对马克思而言，问题的根本在于展开对资本主义私有制的实践批判，基于此，他不仅直面英国工人阶级的劳动与生存状况，而且要求赋予英国工人阶级以扬弃资本主义私有制的历史使命。而当他赋予这样的使命以先进性时，也就确定了古典政治经济学的保守主义性质。

但是，在马克思那里，个人的解放如何与集体的解放相统一，更主要的是承继了法国启蒙之遗产。在法国启蒙运动主导下，法国古典自由主义并不那么强调苏格兰启蒙运动在经济层面扩张的自由主义及个人主义，转而拓展为强调个人在思想、言论、信仰以及法权等政治层面上的自由。在这里，随法国国族建构而形成的集体主义观念与强调个人自由的古典政治经济学一度达到过某种平衡。但由于古典政治经济学越来越表达为第三等级及其资产阶级意识形态，空想社会主义渐渐离弃此前同样未必自觉的农民及无产者，进而丧失了政治主体，乃至于退化为一般的民粹主义，因而不足以消化英国的古典政治经济学及其自由主义的负面效应，而社会政治矛盾则不断激化，最终使法国大革命不可避免。对马克思来说，必须针对支持资产阶级意识形态的政治经济学本身展开批判，并在批判的基础上，将历史主体确定为无产阶级及其普通民众，重新规定现代政治社会及其政治国家，扬弃法国启蒙传统中的集体主义及社会主义②，并重构社会主义。虽然对于法国而言，古典政治经济学批判从属于政治批判，但如果真正要深入到空想社会主义批判，必然要展开古典政治经济学批判。

德国古典哲学是德国精神回应英法启蒙传统的结果，是启蒙的"德国版"。黑格尔批判了边沁式的个人主义及自由放任主义，把政治哲学的畛域确定为国家哲学与法哲学，把经验主义及实证主义转变为彻底的观念论，把在法国启蒙中强化的一般的人类解放转变为由日耳曼民族精神所主导的世界精神，在观念的层面也实现了对古典自由主义的消化与扬弃。马克思对德国古典哲学展开的意识形态批判，其经验基础一度并不是落后的

---

① 马克思：《1844年经济学哲学手稿》，人民出版社2000年版，第51页。
② 法国当时有多种社会主义流派，如伦理社会主义、基督教社会主义、封建的社会主义、小资产阶级的社会主义、资产阶级的社会主义等，空想社会主义只是其中之一种。在马克思的思想演进以及马克思主义政治理论传统的形成过程中，除了扬弃空想社会主义外，还不同程度地扬弃了其他社会主义流派。

德国，而是英法先进国家，马克思也曾肯定并利用了在当时德国兴起的自由主义，并以之应对诸如保守主义、浪漫主义、历史主义以及民族主义。当马克思着力于展开对古典自由主义的批判时，德国的现实即成为其批判的对象，而德国人的解放则被真正赋予主体地位，德国古典哲学的深刻性也才逐渐转化为马克思主义理论的彻底性，古典自由主义所设定的资本主义永恒论，被从资本主义向社会主义的必然的历史转变所代替。

作为欧洲启蒙运动的结果，或与这场运动及其主流意识形态及其演进相关联的，并不只是古典政治经济学、空想社会主义以及德国古典哲学，而是牵涉到诸多社会政治思潮及其意识形态，除各种社会主义、自由主义流派外，还有与之相随、相关或相反的诸多流派，如左翼社会运动、激进民主主义、民粹主义、无政府主义、个人主义、功利主义、浪漫主义、历史主义、青年黑格尔派、民族主义等，各种思潮又都存在不同的样态及其变种，且存在一定的国别特征，如在英国特别表现为个人主义及功利主义，在法国表现为激进左翼、社会主义及激进民主主义，在德国则表现为历史主义、浪漫主义以及青年黑格尔派，但总体上是相互激荡并交织在一起的，见证了一个巨大的思想动荡与转型的时代。诸多激荡冲突而又交织纠结的社会政治思潮，本身又是启蒙思想及其古典自由主义陷入困境的表现，它们同样也在不同程度上构成马克思主义加以批判的思想资源。这里面包含着很多值得进一步清理的思想史课题。

二

马克思自己的学术历程清晰地显示出从出离到明确批判古典自由主义的进程。

中学时期的马克思即是一位理性进化论者，推崇黑格尔。在大学期间转向青年黑格尔派。此后，通过费尔巴哈，马克思告别了黑格尔以及青年黑格尔派，并形成无神论及唯物主义的基本立场。在此前后，马克思已经确立起对古典自由主义的基本认同。1841 年完成的博士论文《德谟克利特的自然哲学和伊壁鸠鲁的自然哲学的差别》从哲学史及认识论角度论证原子自动偏斜理论，这种努力其实表现为政治哲学上的个人自由，而马克思对青年黑格尔派自我意识的认同，也表明了这一点。个人自由及其自我意识，正是启蒙及其古典自由主义的核心概念。但在此之后的《莱茵报》时期，马克思的思想发生了转变。一方面，职业记者生涯及其接触到的社会现实，巩固了马克思已经形成的理性自由主义。在黑格尔与古典自由主义之间，马克思反而肯定后者，并称之为"先进国家"的观念，与青年黑格尔派将政治批判归结为宗教批判有别，马克思越来越要求把宗教批判转变为政治批判，马克思希望以更加激进的方式推进启蒙——因而已经区别于强调教化与解释的启蒙传统。另一方面，众所周知，正是在《莱茵报》时期，马克思遭遇"物质利益的难题"。面对这一难题，马克思感到，无论黑格尔的法哲学还是英法自由主义政治哲学，都不可能提供现成答案（而且本身就应当予以批判）。弄清"物质利益难题"，必须另辟道路。

这一新的道路本身就经历了一个探索历程。《莱茵报》之后，马克思在克罗茨纳赫逗留了一个夏天，自称"从社会舞台退回书斋"①，即通过学术方式解决此前的困惑，期间研讨了大量的政治、法、历史文献，包括马基雅维利、孟德斯鸠和卢梭等人的政治哲学著作，以及格·亨利希《法国史》、蒲菲斯特《德国史》和林加德《罗马人第一次入侵以来的英国史》以及相关的古代史著作，这些著述及文献的基调即古典自由主义。而马克思在同一时期完成的《黑格尔法哲学批判》显然受到了古典自由主义的影响。在该部著作中，马克思借助费尔巴哈的主谓颠倒，揭示了黑格尔有关国家决定市民社会何以是思想与现实的双重颠倒，并确立起市民社会决定国家的观念，这一观念本身即古典自由主义的基本理据。费尔巴哈用"类"概念反黑格尔的"国家"概念，但"类"概念还不是"市民社会"，费尔巴哈也不可能实质性地理解市民社会。事实上，马克思自1842 年起即鲜明地批判费尔巴哈哲学中政治维度的缺乏。因在著作撰写过程中，马克思同时大量汲取古典自由主义的资源，因而著作前后的风格与内容也有很大差别。著作前一些部分较多地运用费尔巴哈的主谓逻辑，且总在各种概念之间兜圈子，表明马克思对市民社会本身的探讨还没有进入实质层面。后一部分则越来越多地从政治、法、经济、历史等方面展开，尤其是通过对市民社会的实存性的揭示与强化，破解了政治社会的实体性，因而破解了黑格尔的法哲学与国家哲学，并暴露了政治社会以及政治国家的意识形态本质，明确指出市场社会本身并不是法权关系，而是经

---

① 《马克思恩格斯全集》第 13 卷，人民出版社 1962 年版，第 8 页。

济关系,为此后的政治解放学说以及唯物史观埋下了伏笔。

当然,马克思的努力绝不止于向古典自由主义还原。实际上,《黑格尔法哲学批判》《黑格尔法哲学批判导言》以及《论犹太人问题》已经表现出激进民主主义,并由此对古典自由主义中的保守主义倾向展开了批判。而马克思此后一段时间的工作重点,乃是对为古典自由主义所"坐实"的资本主义市民社会本身进行批判。仅仅把黑格尔的国家决定市民社会颠倒为市民社会决定国家是不够的,因为市民社会本身,还只是古典政治经济学与旧唯物主义的社会现实基础。问题还在于对作为市场基础的市民社会本身进行批判,揭示其"自我分裂和自我矛盾","并在实践中使之革命化"①。这既是马克思创立唯物史观的起点,也是其自觉展开对古典自由主义批判的起点。

在马克思的思想历程中,市民社会批判包含政治批判与政治经济学批判两个层面。关于市民社会的政治批判,在当时激进的政治话语中,政治批判是围绕着资产阶级的政治解放展开的。但是,在马克思的政治定向中,市民社会的政治批判其实是通过激进民主主义并指向于无产阶级的政治解放、社会解放以及整个人类解放。因而,政治解放不仅只是"把人变成市民社会的成员,变成利己的、独立的个人",还要"把人变成公民,变成法人"②,即为人的彻底解放创造政治条件。通过政治批判及其历史分析,马克思把市民社会直接把握为资产阶级社会。但是,对市民社会本身的批判,马克思认为还需要从政治经济学入手,恩格斯的《国民经济学批判大纲》使得马克思更加意识到政治经济学批判的重要性,这项工作的正式开启,则是《1844年经济学哲学手稿》,表明他已明确形成古典自由主义批判的学术自觉。

在马克思的思想历程中,经历了从政治批判到政治经济学批判的转变,这是重心,而不是非此即彼的转变。在其早年,身处落后即低于批判水准的德国,受英法先进国家启蒙思想及其古典自由主义的感召,马克思强化了政治批判,而《德法年鉴》时期的激进民主主义及其政治批判,表明马克思已开始区别并告别古典自由主义及其改良主义立场。此后在1845—1848年向共产主义的转变以及新唯物主义、唯物史观和科学社会

① 《马克思恩格斯选集》第1卷,人民出版社1995年版,第55页。
② 《马克思恩格斯全集》第1卷,人民出版社1956年版,第443页。

主义理论的形成，进一步巩固了对古典自由主义的政治批判。如果说政治批判还保留着一定的法国古典自由主义的因素，那么其政治经济学批判则是对全部古典自由主义的批判。马克思居住伦敦 40 年间展开的《资本论》研究与撰写，正是对古典自由主义展开的系统的和历史性的学术批判。

概言之，马克思通过政治经济学批判所展开的古典自由主义的批判，包含如下四个层面：

其一是对资本主义生产方式及其动力机制的揭示。通过对人类社会活动特别是资本主义的历史考察，马克思揭示了生产力、生产关系、生产方式、经济基础、上层建筑、社会形态、社会意识形态以及社会意识等一整套从经济、政治、再到文化及意识形态的社会结构及其动力机制。通过对资本主义结构的内在分析，马克思剖析了资本主义生产、分配、交换及消费四个环节的关联及其病理机制。古典自由主义及其古典政治经济学也包含这一套范畴及概念话语，但其给出的是实证主义的社会结构及其功能机制，并渐渐同一种受线性的经济决定论及其恒定的社会进化论支配的社会哲学范式同一起来，从而难以展开资本主义制度批判。但马克思给出的则是反思的和批判性的关于资本主义生产方式、社会形态及其动力机制的历史理论，既揭示了资本主义的结构及其进程，也揭示了资本主义的必然终结及其向社会主义的必然转变，由此巩固了唯物史观关于历史进步与人的发展的统一。

其二是对资本主义即剩余价值的生产的揭示对资本主义私有制的批判。马克思坚决反对古典自由主义、古典政治经济学以及德国社会主义工人党所推崇的一般劳动价值论。通过艰苦卓绝的探索，马克思指出，剩余价值的生产才是资本主义生产方式的秘密，而剩余价值产生的原则，即资本主义私有制。古典自由主义的基本理据是强调一定权力结构中的人对财产的从属关系，私有制是人类社会的基本事实，并且正因为如此才产生了人类社会的不平等现象，制度安排均须以不同的财产关系为前提。由此，资本主义私有制不仅具有一般的合法性，并且越来越表达为现代文明的基本要求，表达为现代社会的恒定状态。但是，对马克思而言，问题不仅在于批判私有制的一般形式，揭示其何以是"人的自我异化"的结果，而且要特别揭示资本主义法权关系下的私有制，并由此展开对资本主义私有制的历史批判。

其三是对古典自由主义国家学说的批判。古典自由主义总是把国家与市民社会关联在一起。其中，英国古典自由主义传统试图以市民社会去弱化国家，法国传统则是把国家看成是具有高度国族意识的"政治社会"或"市民社会"，黑格尔则干脆以政治国家规定市民社会，因而实际上巩固了古典自由主义的政治国家概念。在马克思那里，对人类社会或社会化的人的构想，即包含着对古典自由主义国家观的批判。国家的实质依然还是政治国家，有其阶级本质及其归属性，因而对资本主义私有制的批判，必然要求表达为国家批判。在马克思的构想中，国家，连同阶级、民族等社会实在均将扬弃在未来共产主义社会。但是，对于任何在现存世界中否定国家存在的无政府主义及其民粹主义，马克思又都是坚决批判的。在马克思的批判谱系中，这样的民粹主义及无政府主义，究其实质乃是古典自由主义的消极的表现形式。

其四是对自由主义及其商品拜物教观念的批判。启蒙运动开出了一些基本价值，如自由、民主、平等、人权等，这些价值可以称之为与现代性相适合的人道主义或人本主义价值，这些价值特别为古典自由主义所表述。但古典自由主义随即陷入资本主义的困境，使得它不仅不可能兑现其所承诺的人道主义价值，而且反过来使得承诺这些价值的话语成为掩盖越来越不公正的资本主义制度的虚假而抽象的意识形态。在这种情况下，马克思不仅要展开政治经济学批判，还要展开意识形态批判，即揭示资本主义条件下人道主义价值的虚假性。但是，马克思对古典自由主义的意识形态批判，并不是把这类价值本身看成是虚假观念，而恰恰是通过对资本主义制度的批判从而还原这类价值真正的普遍性与人类性。无疑，马克思批判古典自由主义，也批判自由主义价值观，但并不意味着他拒绝自由、民主、平等以及人权本身。这类现代价值确为资本主义所捆绑，但显然并非资本主义的专利，在批判资本主义所承诺的所谓抽象价值时，没必要否定这类价值，更没有必要拱手将这类价值奉送给资本主义，这本身就是由马克思有关古典自由主义批判所开出来的价值论，实际上，在马克思整个思想进程中，一以贯之地强调自由、民主、平等及人权价值，并要求通过社会主义真正实现这些价值。基于此，马克思特别批判了商品拜物教。不同于传统时代的超验崇拜，商品拜物教反映了世俗时代尤其资本主义时代的"信仰"，并为古典自由主义所强化。商品拜物教反过来加剧了资本主义的物化处境及其现代人的异化状况。商品拜物教曾经是资本主义制度的伴随物，但其一旦形成即产生对现代性及其现代人的侵蚀，以至于日益加剧了资本主义与现代性的物化及异化状况。马克思对商品拜物教的批判，是其由政治批判及政治经济学批判进而通向人类解放学说的必要环节。其中，依马克思的思路，商品拜物教从属于资本主义，但并不直接等同于现代性意识，因而当将商品拜物教纳入资本主义批判时，实际上是将现代性与资本主义区分开来，并将从过程、制度到价值各个层面展开资本主义批判的现代性构建与其科学社会主义统一起来。

三

考察马克思对古典自由主义的批判，必当考察这一批判对社会主义运动以及现当代自由主义等相关现当代政治思想的复杂影响。

马克思批判古典自由主义的正果，即科学社会主义的诞生。1848 年前后，随着《共产党宣言》的问世，社会主义思潮取代了自由主义，成为欧洲最具活力的社会政治思潮，并在随后的一个半世纪里主导了世界范围的社会政治思想及其变革。恩格斯在《社会主义从空想到科学的发展》中有一个著名的判断，即"现代社会主义，就其内容而言，首先是对现代社会中普遍存在的有财产者和无财产者之间，资本家和雇佣工人之间的阶级对立以及生产中普遍存在的无政府状态这两个方面进行考察的结果。但是，就其理论形式来说，它起初表现为 18 世纪法国伟大的启蒙学者们所提出的各种原则的进一步的、据称是更彻底的发展"[1]。恩格斯所说的"现代社会主义"，主要是指空想社会主义。不过，真正体现启蒙理想的恰恰是马克思的科学社会主义学说。古典自由主义当然是启蒙的成果，但是，古典自由主义的制度形式即资本主义私有制，则反过来制约了启蒙，马克思则通过超越启蒙思想，通过切入、积聚并超越激进政治思潮，从而创立了影响现代世界的科学社会主义。

但是，与此同时，自由主义传统也在完成自身的现代转变。

尽管社会主义成为现当代主要的社会政治思潮，但西方主导的政治意识形态依然是自由主义，是一种变革了古典自由主义传统的新自由主义。事实上，自由主义传统，正是在应对资本主义的变化、并回应以社会主义

---

[1] 《马克思恩格斯文集》第 2 卷，人民出版社 2009 年版，第 523 页。

为代表的现代社会政治思潮的强大挑战与批判的情况下，完成了从古典自由主义到新自由主义的转变。

古典自由主义，实际上只是早期资本主义时代的意识形态。19 世纪 50 年代以后，资本主义逐渐经历了从早期资本主义向上升时期以及垄断时期资本主义的转变，自由主义也经历了从古典自由主义向新自由主义的转变。尽管罗素、伯林、哈耶克、阿伦特、罗尔斯等现代自由主义及保守主义思想家们也都认为，19 世纪 40 年代以来，社会主义取代古典自由主义成为欧洲的激进政治思潮，但这并不意味着自由主义退出了政治舞台。实际的情形是，马克思主义及其社会主义成为激进政治思潮，同时也激起了自由主义传统的变革。1848 年，《共产党宣言》发表，这一年无疑意味着欧洲激进政治思潮的巅峰，就在同一年，约翰·穆勒的《政治经济学原理》出版，该著宗旨十分明确，即"祖述"亚当·斯密及大卫·李嘉图的古典政治经济学。实际上，穆勒在此著中已经开始修正古典政治经济学，关注国家及其福利政策。穆勒试图克服古典自由主义的个人主义，并要求自由主义同社会团结关联起来。在随后的《论自由》中，穆勒论证了自由主义何以应该脱离此前与个人主义的同一状态，论证自由主义何以从日益增加的社会团结中区分出自由的可能性，也论证了自由何以不只是法律的规定，而是一种基本的现代教养。约翰·穆勒之后，G. 格林则在 19 世纪 70 年代明确提出"新自由主义"（new liberalism，亦译"社会自由主义"），强调个人与社会之间的有机联系，明确反对自由放任主义，主张通过国家干预的方式对资本主义私有制实行一定的限制，并初步提出了福利社会的概念。在此之后，随着霍布豪斯以及马歇尔等的持续努力①，尤其是随着垄断资本主义时代的全面来临，新自由主义成为英美的主导意识形态，显示出越来越大的政治实践效应。

20 世纪 20 年代，以哈耶克为代表的朝圣山学派开始展开对新自由主义的批判，反对公有制、反对社会主义、反对国家干预，强调回到古典自由主义，因与新自由主义的区别，哈耶克及其朝圣山学派被称为新古典自由主义（neo-liberalism）。新古典自由主义在凯恩斯革命及其国家资本主

① 霍布豪斯在肯定格林的国家干预及其福利政策的基础上进一步批判了黑格尔式的国家观，也进一步论证了新自由主义，马歇尔因对构成马克思生产理论的边际效应理论的出色的论证，从而创立了影响当代西方经济学的新古典经济学派。

义兴起时期并不是显学，但在 20 世纪 80 年代以后，随着里根与撒切尔夫人推行新政，新自由主义连同施特劳斯的新保守主义，一起成为当代西方政治显学。新古典自由主义的兴起，乃是自由主义传统克服、修复新自由主义矛盾并回应当代资本主义发展态势的结果。一方面，新自由主义之后，回应于垄断资本主义的现实，西方特别是美国开出了国家资本主义的形态，另一方面，福利社会的建立及其社会心态的改变侵蚀了资本主义的效率原则。更为重要的是，冷战即将终结的全球资本主义空间再度激起了资本主义私有制的冲动与想象。

新古典自由主义显然是古典自由主义在当代的回潮。马克思对古典自由主义的批判，则因面对当代资本主义的现状而再度问题化甚至干脆被搁置。马克思对古典自由主义的批判，只不过是从属于从古典自由主义到新自由主义的转变，但从马克思科学社会主义开出的从价值设定到财产关系再到制度模式，均被看成是消解甚至否定了个人主义及自由主义的国家化的社会主义模式，并被看成是异质于自由主义的极端模式，哈耶克、伯林、波普等现代不同种类的自由主义论述不断强化了这一点。新自由主义传统框架中的社会主义与资本主义的分立，显然被新自由主义在其后期所从属的冷战国际背景所巩固。但是，随着所谓"历史的终结"，一个新的以资本与技术扩张为主题的全球资本主义时代全面来临，西方国家此前因外部扩张受到限制的资本主义私有制再度扩张且释放出更大的势能。此轮扩张不仅没有削弱，反而直接在经济帝国主义版图上扩张其民族国家利益，从而直接增强资本主义竞争力。与此同时，在古典自由主义中已有所表达的为应对现代激进政治主义及其从属的现代性进步逻辑的守成主义，亦得到肯定和贯彻。

总的说来，在当代自由主义的构架中，马克思主义批判资源的参与是严重不足的。其中的"客观"原因似乎在于，20 世纪 90 年代以来，马克思主义对古典自由主义批判已经成了"过去时"，新古典自由主义本身则认定其在超越新自由主义的过程中，已经吸纳了马克思对古典自由主义的批判，而马克思主义及社会主义实践，则干脆视为现代性的歧路。但问题其实还是发生在"主观"方面，这就是，自以为从制度上历史地超越古典自由主义的社会主义实践，在其早期历史进程中存在着重蹈空想社会主义覆辙，甚至于僭越实践而导向乌托邦灾难的情形，而西方的社会主义运动则是放任自己无批判地认同或屈从于新自由主义及新古典自由主义图景。如果说马克思对古典自由主义的批判奠定了马克思主义学说的原则高度，那么，19 世纪中期以来的马克思主义运动中，一直存在着原则高度的"下降"态势，西方马克思主义的兴起将这种态势切入现代资本主义的分析批判，但并没有改变这一颓势，作为一种症候，人们会发现：何以西方马克思主义的兴起并没有政治经济学批判活动的参与？何以阿尔都塞及其同道的《读〈资本论〉》中的主题是政治批判与历史科学而不是政治经济学批判？这部著作所强调的"结构"在很大程度上是古典政治经济及其实证主义历史观的一个翻版。人们还会看到，在晚近西方兴起的激进政治经济学，也不是从经济学内部、而只是从非经济的尤其是政治的方面展开的资本主义批判，其思想史原型更多地对应着青年马克思的政治批判，而不是成熟时期更为彻底的古典自由主义批判及其政治经济学批判。激进政治经济学，也没有对自韦伯的消费理论以及同时代的边际效应理论以降的西方主流经济学形成实质性的对抗与批判。至于时下后马克思主义以及诸多总往新古典自由主义"贴靠"的新左翼思想，其实已没有能力重拾马克思对经典自由主义的批判遗产。

因此，问题再次回到对马克思有关古典自由主义批判的当代意义的探讨，这一探讨当然还连带着对现当代自由主义的批判。马克思对古典自由主义的批判，无论在具体的现象层面，还是在一般的和总体的层面，均有着显著的当代性。就具体的现象层面而言，马克思对古典自由主义的批判，特别针对早期资本主义时代的社会现实，但并不因现当代西方世界进入上升或晚期资本主义而成为单纯的"过去时"。西方国家自古典自由主义到新自由主义，再经国家资本主义到新古典自由主义，转变的依然只是私有制的形式，并没有改变资本主义私有制本身，尤其没有改变资本主义私有制条件下因资本扩张所导致的日益加剧的社会分化。新古典自由主义实际上是前所未有地巩固了资本主义私有制。实际上，在今日新自由主义及其新帝国主义的全球空间中，那些主动或被动卷入全球资本主义的广大非西方世界，都在不同程度上经历和应对早期资本主义的境遇及其苦难，而且，因承接由西方发达资本主义转嫁的矛盾包括应对由此而加剧的国内矛盾，非西方世界对自由主义的批判显然尤为严峻而迫切。

就一般的和总体的层面而言，马克思对古典自由主义的批判蕴含着对自由主义的一般批判，即对自由主义所迷信的市场化及其直接信从的资本逻辑及其商品拜物教的批判，是对自由主义在演进过程中不断累积的削弱和消解社会的价值取向与做法的批判，也是对现代性进程中不断强化的资本主义永恒论的批判。资本逻辑及其商品拜物教，在提升物化层面的现代性的同时，也因其物化从而在经济、制度、社会以及精神文化各个层面侵蚀现代性，现代性将始终面对资本逻辑的挑战。因此，面对现实的资本主义，必然要求坚持对自由主义的一般批判，并由此强化对资本主义的历史超越意识，确定从资本主义向社会主义转变的历史信念。基于此，马克思对古典自由主义批判始终要求保持在场性。

对于作为最大的发展中国家并坚持中国特色社会主义道路的中国而言，立足于全体中国人民的福祉及其发展要求，展开古典自由主义及现当代自由主义的批判，进而谋求一个更为公正合理的人类发展模式，更是理所当然且责无旁贷。事实上，现当代中国已经置于马克思主义与新老自由主义及其相关思潮的激荡与互动。中国的发展并不外在于新古典自由主义的全球空间，而经济的高速增长及其因政治体制改革的滞后，亦不断加剧国内诸社会阶层的分化及固化，尤其是贫富的分化与固化，在这种情况下，如何保障普通百姓的利益，防止国内权贵资本或垄断资本与国际跨国资本的联营，是中国发展道路需要以高度的政治责任以及政治敏感性加以认真对待的问题。这一问题，从理论角度讲，显然涉及到如何在今日全球资本主义空间以及中国特色社会主义道路中继续拓展和深化马克思对古典自由主义批判。

当然，研究马克思对古典自由主义的批判，并非要把二者割裂开来，视批判为政治思潮的排斥，而恰恰是在一个更加广阔的视阈中开放马克思主义研究。从本质上讲，马克思主义与自由主义的激荡互动，其交集当是现当代人类文明之不断进步。除了呈现为各种社会政治思潮的激荡冲突，现当代人类文明也在进行种种艰苦卓绝的探索与调整，以谋求人类可观的未来图景。因此，无论社会主义传统是否存在着视批判为对立，甚至于存在着错误地将自身与整个现代人类文明对立起来的倾向，但无论如何，今日全球化时代的中国特色社会主义道路，却需要足够的开放以及兼收并包，不仅批判古典自由主义以及现当代自由主义，还要求从中汲取思想资源，以使中国道路更加符合当代人类文明重构之方向，中华民族伟大复兴事业推进到今天，确应具有这样的理论气魄与自信。

再论"犹太人问题"

——重提马克思早期思想演变中的一桩"公案"

聂锦芳*

一 缘何要重新讨论"犹太人问题"

众所周知,在马克思早期思想演变中,有一个很重要的思想背景和参照系,那就是青年黑格尔派思潮(Junghegelianer)。如果从马克思开始撰写博士论文《德谟克利特的自然哲学和伊壁鸠鲁的自然哲学的差别》(1839)算起,他与青年黑格尔派的关系,从深受其影响、融入其间再到发生歧见、反叛出来,直至与其进行彻底的思想剥离,这中间不过六七年时光。而在这一思想因缘的解构和转换过程中,"犹太人问题"是一条导火索;正是在对这一复杂的社会历史事件的认识和评论中,马克思与他的思想先贤、作为青年黑格尔派主将的布鲁诺·鲍威尔首次展开了论争,在对同一个重大问题的观照中开始显现出理解世界的思想方式的差异。但遗憾的是,长期以来,由于不注重对原始文献资料的搜集、翻译和辨析,我们对这一复杂的思想纠葛的了解和把握,基本上都是单纯根据马克思的概括和论述来推测其批判对象乃至当时的理论图景的。比如说,作为马克思开启其与鲍威尔思想剥离进程序幕的重要作品《论犹太人问题》,实际上是对后者先前刊印的一部小册子《犹太人问题》和一篇重要论文《现代犹太人和基督徒获得自由的能力》较为详尽的评论,但由于国内研究者过去对这些文本几乎没有直接接触过,致使所获得的思想信息实际上很单

---

* 聂锦芳,北京大学哲学系教授。

一、肤浅乃至很片面，所得出的结论自然也就很难说是客观、准确和到位的了。而随着文本研究的深化，必然要求我们改变这种在马克思思想理解上"不求甚解"和"外围言说"的状况。

最近，我们花比较大的精力系统而全面地搜集到了这些重要资料，据此才得以了解和"复原"了170年前那场"有关犹太人的问题的讨论"的复杂情形。站在今天的角度来观照这场争论，我们无意借由文献资料的新发掘和新解读就"矫情地"拔高这一理论事件及其相关著述在思想史上的地位，只想尽可能回到当年复杂的理论纷争和情境中，重新梳理和审视作为这场讨论主角的鲍威尔与马克思的观点和思路，借此深化对包括《论犹太人问题》在内的马克思早期文本及其思想的复杂性和客观性的理解；同时，我们也知道，"犹太人问题"由来已久，迄今为止也还是最为难以理解更无法彻底解决的"世界性难题"。因此，这里只把它作为马克思早期思想演变中的一桩"公案"，凭借这面"棱镜"探究认识复杂社会历史问题的方法、重新理解马克思哲学变革的意义和界域。

二 被归结为宗教信念的"犹太人问题"

如果仅仅根据《神圣家族》等著述对青年黑格尔派理解世界的"思辨结构的秘密"的揭示，必然会推测出鲍威尔是以纯粹的观念导引来理解"犹太人的解放之路"的，然而殊不知，这恰恰是误解；在《犹太人问题》一开始，鲍威尔着重纠正的正是这一致思路向。

（一）犹太人的民族个性与历史法则的背离

很多人抱怨现代犹太人在基督教的世界中生活上遭受到压迫，并且认为正是这种压迫造成了其"性情沉沦"的状态。鲍威尔不认同这种看法，他在《犹太人问题》中设专章对犹太教的演变进行了批判性考察，剖析了犹太人的现代处境与其自身的民族个性之间的关系。

每当人们对犹太人问题进行观照和思考的时候，印象深刻的往往是，长期以来，犹太人一直保持着自己的民族个性，严格恪守着古老的戒律、准则和观念，而拒斥历史的运动和习惯的改变。但是，历史的"特性"或"第一法则"恰恰在于，它必然要发展、进步和改变，不断地淘汰旧的观念、寻求新的形态。这样,总是想保持原始状态的犹太人就明显要与这种"特性"或"第一法则"作对,既然"他们使自己与历史联系起来的每一个纽带都失效了,也就不会参与、干涉到历史的新发展中来了"①。据此似乎就能获得这样的解释:现代犹太人为什么要受到处罚呢?只是由于他们的戒律、生活方式和民族性与时代脱节;换句话说,他们确实遭受了迫害,但对此负有责任的应当是他们自己!鲍威尔不是不承认犹太人的劳碌、简朴、他们经营自己的工作时的那种勤奋、创造力、在寻找新的收入来源时不懈的毅力等,但他认为,犹太人这样做不是为了他人、不是为了社会发展,而只是为了他们自己。鲍威尔不无情绪化地追问道:在过去1800年间一直为欧洲的教养而努力工作的是谁?在战争中击溃了一直想谋求统治地位的等级制的是谁?创造了基督教和现代的艺术并用永恒的丰碑装点了欧洲城市的是谁?造就了科学的是谁?完成了宪法理论的是谁?他的答案是:没有一个犹太人!所以,他得出这样的结论:"犹太人的劳碌和历史的进步没有半点关系。"②

那么,这种不放弃民族个性的韧性是值得炫耀的吗?鲍威尔对此也颇不以为然。举例说,有一些民族在融合中形成了法兰西民族,为此他们放弃、丧失了自己的独立性,这丢脸了吗?肯定不!献身、融入整体之中只是证明了他们顺应历史变迁的能力和胸襟,体现了他们为转换和锻造特定历史时期的民族精神所作出的努力和贡献。还有一些民族聚居在一起缔造了北美共和国,这些民族保持自己从前的特殊性了吗?也没有。即使以当时进入德意志的人口为例,他们在短时间内都有了新的国家整体认同感和特性,这对于他们而言并不是真的耻辱,只是证明了他们有能力融入那里的民族生活及其时尚和潮流,并于其中快乐地生活着。针对有人极力鼓吹"犹太人的韧性",鲍威尔反问道:欧洲的各个民族用这种韧性保护自己了吗?没有!相反,他们都改变了自己的特征,而这种改变也是历史的期望和趋势。

这样,在鲍威尔看来,犹太民族精神的韧性并不是一个优点。相反人们倒应该追问一下,这种韧性从根本上说是什么?它来自哪里?质言之,这种个性和韧性表征的不过是历史发展能力的匮乏,起因于这个民族彻底

---

① Bruno Bauer, Die Judenfrage. Braunschweig, 1843, S. 5.
② Ibid. , S. 10.

的非历史性，而这种非历史性又只能归因于这个民族的"东方"本质。①
这样的特性和法则当然给了一个民族特殊的韧性，但是也夺走了它与历史
一起发展的一切可能性。

（二）固执于民族个性给犹太人带来的后果

理论逻辑必然招致现实的后果。在鲍威尔看来，上述观念长期流行可
以说流毒甚深，它造成犹太民族具有以下特征：

首先，是一个排他性的民族。局限于本民族内思考问题而又沾沾自
喜，往往将自己的家园视为绝对的、唯一的民族，认为除了犹太民族，其
余者都没有资格成为一个民族。任何其他的民族与其相比都是有缺陷的、
不够格的，他们作为被选中的民族才是唯一的、真实的，犹太民族就是一
切，应该占据整个世界。这就意味着，他们的存在是排他的，其存在的本
质即是排他性。对于犹太人来说，只有他的同胞才是兄弟和亲密的人，除
了犹太人，所有其他民族对他而言——按照其戒律，必然是不合法的，而
且是不受戒律保护的。从历史上看，一个民族只相信自己，认为自己这个
民族就是一切，这种自负和狂妄会由于还存在着其他的民族而受到刺激，
同时也会使它变得焦躁、忐忑、固执、野蛮乃至残暴，这些是犹太民族往
往在诸如战争等危难中所表现出来的特征，支撑他们与其他民族进行作战
的理由，就是他们认为这些民族完全不应该存在。

其次，是一个不自由的民族。如此心胸狭窄的民族，必然是不自由
的。他们为戒律所束缚，但从未反省过戒律本身，他们不能解释那些被称
作戒律的东西，不清楚它们也是从环境中来的，只是特殊环境和世俗关系
的反映，所有的戒律都具有任意性和不确定性，其内容也是最偶然的，只
是一个规定。而在他们眼中，戒律是至上崇高的、无法解释的、绝对超越
特定的环境的东西，是耶和华的意志，不可以追问，只能服从，他们则自
愿成为这些戒律无条件的、不明所以的奴仆。

再次，是一个缺乏人文创造的民族。心灵上不自由的民族不能从事艺

---

① 鲍威尔解释说："这里的东方指的是那种静态民族的家园，在那里人的自由以及发展的
可能性都是受制约的。"参见 Bruno Bauer, *Die Judenfrage*, Braunschweig, 1843, S. 11。这是他戴
着西方"有色眼镜"观照其他地区及民族时表现出来的"傲慢与偏见"，与下文所分析的犹太民
族的"排他性"具有一致性。"真正的批判家"不自觉地按照他所批判的对象的思维方式在思考
问题，这是多么有趣而又值得深思的逆转啊！

术和科学,因为其精神缺少与其他民族建立自由的、人的关系的视野,也缺少理论地、自由地处理自然与人的关系所必需的能力。其精神本质从一开始就受到束缚、压缩,最终成了最奇特、最微不足道、最无足轻重的东西,只能被封闭在日常生活的餐具、家具、服饰和圣油钵里。

最后,必然是一个自己背叛自己的民族。犹太人恪守戒律,但戒律本身最后背叛了他们自己。鲍威尔认为,犹太人在世界历史上是唯一无法与自己的戒律统一起来的民族,只有当它不再是一个民族,丧失了民族独立性的时候,它才会明了戒律之于它的限制。如果说戒律只有远离民族生活才能维持,那么这样的戒律从来就没能理性地影响其民族的事业,如果说戒律的功能只是颠覆民族关系,那么这也是自然而然的、唯一不会出人意料的事实。戒律并不能给一个民族提供长久的内在的伦理支持,因为它不具备在任何时代都不过时、都需要遵循的合法性和可操作性。这样,恪守这些戒律就变成了一个没有灵魂的假象;为了"真诚地"维持这个没有灵魂的假象,人们最终必须把虚伪作为避难所。

(三) 犹太人解放的出路就在于放弃犹太教

但是,鲍威尔没有气馁,他在另一篇著名论文《现代犹太人和基督徒获得自由的能力》中指出:"在人面前,一切皆有可能。"[1] 首当其冲的是犹太人要破除政治偏见和宗教偏见、改变自身。为此,鲍威尔不惜为他们出谋划策,提出了很多具体方案,指出他们必须做到以下几点:一是放弃本民族的语言,"完全放弃以这种语言来教导青年人"[2]。二是放弃割礼等宗教仪式,不要在后代身上打上这种本民族性的标记。因为无论是基督教的洗礼还是犹太教的割礼,都是从孩子的生命之初开始,甚至等不及聆听他们的想法,就已经把其与国家、世界以及其他人分离开了。三是放弃日常生活中那些特殊的规定和禁忌,诸如饮食,在公共生活领域,似乎只有自己享受的是神奇的、天国的食品,而别人的喜好就不足道也不吉利,从而将自己和所有其他人隔离开来。"但是,你怎么看见了你兄弟眼中的碎屑,而不愿意察觉自己眼中的大梁? 或者,你可以对你的兄弟说:停一

---

① Bruno Bauer, "Die Fähigkeit der heutigen Juden und Christen", *frei zu werden*, einundzwanzig Bogen aus der Schweiz, herausgegeben von Georg Herwegh, Zürich und Winterthur, 1843, S. 71.

② Bruno Bauer, *Die Judenfrage*, Braunschweig, 1843, S. 104.

下，我想把你眼中的木屑拔出来？看呐，你自己眼里有一个大梁！"①

　　总之，一直以来，人们只是把解放问题视为一个单方面的问题、视为犹太民族自身的问题；在鲍威尔看来，这样理解是完全错误的。以这种方式思考犹太人问题，既找不到理论的解决方式，也找不到实践的解决方式。所以，他总结说："解放的问题是一个普遍的问题，我们这个时代的一般问题。不仅犹太人，而且人人都想要得到解放。"② 这就是说，他把"犹太人问题"的解决提高到全人类解放的高度和地位来看待了！

　　这不正是长期以来我们所理解的马克思的思想吗？竟然是作为他的批判对象的鲍威尔的观点！由此可知，一方面，如果不直接面对文本而单纯依靠外在的臆想和抽象的推断，会造成多么离谱、荒腔走板的阐释，居然把批判者与批判对象混为一谈，把后者的观点强加在前者身上；另一方面，以"人类解放"来概括马克思的思想，并没有真正理解马克思超越鲍威尔思想的原始初衷、复杂考量和具体论证，从而把批判者降低到批判对象的水准上了。

　　这一谜团只能从马克思的论述中才能得以解开，那么，让我们转向对《论犹太人问题》的分析吧。

三　从世俗关系所理解的 "犹太人问题"

（一）为什么犹太人问题不能抽象地讨论

　　在马克思看来，犹太人问题依据犹太人所居住的国家的不同而呈现出不同的情形。在德国，它是纯粹神学的问题，因为这里不存在现代意义上的政治国家，由犹太人同基督徒组成的社会处于宗教对立之中，"这个国家是职业神学家"。③ 而在法国，犹太人问题则已经是政治问题了，因为在这个业已实现了立宪制的国度，尽管犹太人对国家的关系仍然保持着宗教、神学的外观，但已经是毫无意义而且自相矛盾的形式，至多只能算是现代政治解放不彻底的表现。至于在北美，由于在很多州实行了现代共和

---

① Bruno Bauer, *Die Judenfrage*, Braunschweig, 1843, S. 105.

② Ibid., S. 61.

③ 马克思：《论犹太人问题》，《马克思恩格斯文集》第 1 卷，人民出版社 2009 年版，第26 页。

制，犹太人问题就完全失去其神学的意义而成为真正世俗的问题了。这样说来，笼而统之或以偏概全地从神学立场和宗教观念来观察整个犹太人问题，就很难切中要害，更谈不上据此可以找到真正的出路了。

那么，鉴于当时德国的落后以及犹太人问题在这一国度所显现的独特性质，是不是意味着，只有废除了宗教才能使其走向现代国家、实现政治解放呢？或者说，政治解放必然与宗教解放对立、是以宗教解放为前提的呢？不是的。马克思提醒大家注意，甚至在政治解放已经完成了的国家，宗教不仅仅存在，而且生气勃勃、富有生命力，这就证明，宗教的存在与现代国家的建立是不矛盾的。但是，由于宗教的存在毕竟是一种有缺陷的存在，那么这种缺陷的根源就只能到国家自身的本质中去寻找。因此，二者的关系就应该这样解释：宗教不是世俗局限性的原因，而只是它的现象。对于现代公民来说，只能用他们的世俗束缚来说明他们的宗教束缚，而不能说他们必须消除他们的宗教局限性，才能消除他们的世俗限制；只能说他们一旦消除了世俗限制，就能消除他们的宗教局限性。

这样，马克思就确立了与鲍威尔不同的重新审视犹太人问题的视角和思路："我们不把世俗问题化为神学问题。我们要把神学问题化为世俗问题。相当长的时期以来，人们一直用迷信来说明历史，而我们现在是用历史来说明迷信。"① 或者说，犹太人问题貌似宗教问题，其背后实质上是政治问题、世俗问题、历史问题。

（二）日常世俗生活中的犹太人及其观念变迁

按照上述视角和目标，马克思开始探究现实的犹太人——不是像鲍威尔那样关注安息日中的犹太人，而是考察日常世俗生活中的犹太人。他不是到犹太人的宗教里去寻找犹太人的秘密，而是到现实的犹太人那里去寻找他的宗教的秘密。这样一来，呈现出来的状况就完全不同了——"犹太教的世俗基础是什么呢？实际需要，自私自利。犹太人的世俗礼拜是什么呢？经商牟利。他们的世俗的神是什么呢？金钱"②。据此可以推断出，犹太人的自我解放就是从经商牟利和金钱中解放出来，从而从实际的、世

---

① 马克思:《论犹太人问题》,《马克思恩格斯文集》第 1 卷，人民出版社 2009 年版，第 27 页。

② 同上书，第 49 页。

俗的犹太教中解放出来；而犹太人的政治解放就是通过一种社会组织，消除其经商牟利的前提，从而消除其经商牟利的可能性，而随着这种社会变革，他的宗教意识也会像淡淡的烟雾一样在社会这一现实的、生命所需的空气中自行消失。更进一步，如果犹太人承认自己经商牟利的世俗生活毫无价值，并为改变它而工作，那么他就会从自己的历史困境中解脱出来，直接为实现人的解放而工作，致力于反对和改变人的自我异化的现实世界。所以，"犹太人的解放，就其终极意义来说，就是人类从犹太精神①中解放出来"②。

在当时的社会生活中，在名义上没有给予犹太人政治权力，但实际上他们却有着很大的权力，而且在很大范围内显示着自己的政治影响，鲍威尔对此很不理解，认为"这种情况是虚假的"③。但从马克思的思路看，这是很容易解释清楚的：这不过是实际政治同金钱势力之间的矛盾关系，虽然在观念上，政治凌驾于金钱势力之上，其实前者是后者的奴隶。与鲍威尔认定犹太人固执于古老的戒律、拒斥历史变迁的看法不同，马克思认为犹太人有一种与时俱进的本质，犹太精神从不违反历史，而是通过历史保持下来的。特别是在现代市民社会，犹太人更能如鱼得水，他们的宗教的基础已经不是那些刻板的规则、顽固的理念，而是在市民社会中大行其道甚至可以说是其基本原则的实际需要和利己主义。因此，犹太人的一神教，在其现实性上就成了凝聚着诸多物质利益和需要的多神教，"一种把厕所也变成神律的对象的多神教"。而实际需要和自私自利的神是什么呢？就是金钱！金钱是妒忌之神；在它面前，一切神都要退位的。它贬低了人所崇奉的一切神，并把一切神都变成商品。它是一切事物的普遍的、独立自在的价值。因此它剥夺了整个世界——人的世界和自然界——固有的价值。金钱是人的劳动和人的存在同人相异化的本质；这种异己的本质统治了人，而人则向它顶礼膜拜。

① 马克思这里说的"犹太精神"，德文原文是 Judentum。在这里，马克思是在两种不同的意义上使用 Judentum 一词的：一种是在宗教意义上，指犹太人信仰的宗教，中文译为"犹太教"；一种是在世俗意义上，指犹太人在经商牟利的活动中表现出的唯利是图、追逐金钱的思想和习气，中文译为"犹太精神"。

② 马克思：《论犹太人问题》，《马克思恩格斯文集》第1卷，人民出版社2009年版，第50页。

③ Bruno Bauer, *Die Judenfrage*, Braunschweig, 1843, S. 114.

犹太人不仅使其原来的神世俗化了，而且使新的神成了世界性的神。货币、票据就是犹太人的现实的神。犹太人的神只是幻想的票据。这带来了犹太人理解世界的整体观念的巨大变迁。在私有财产和金钱的统治下形成的自然观，是对自然界的真正的蔑视和实际的贬低。在犹太人的宗教中，自然界虽然存在，但只是存在于想象中。抽象地存在于犹太人的宗教中的那种对于理论、艺术、历史的蔑视和对于作为自我目的的人的蔑视，是财迷的现实的、自觉的看法和品行。就连类关系本身、男女关系等也成了买卖对象！妇女也被买卖。现代社会不是制定了那么多法律、契约和规则吗？其实，正像以往的戒律是随意和偶然的一样，这些法律、契约和规则也是"毫无根基的"，而从本质上看，"犹太人的毫无根基的法律只是一幅对毫无根基的道德和对整个法的宗教讽刺画，只是对自私自利的世界采用的那种徒具形式的礼拜的宗教讽刺画"①。表面上看，在这个自私自利的世界，人的最高关系是法定的关系，是人对法律的关系，但是，这些法律之所以对人有效，并非因为它们是体现人本身的意志和本质的法律，而是因为它们起统治作用，因为违反它们就会受到惩罚。

（三）"人的解放"才是当代最关键的问题

马克思不仅用世俗关系替代鲍威尔的宗教信念，作为观察犹太人问题的视角和思路，用政治解放、社会解放化解鲍威尔所提出的借助宗教解放以解决犹太人问题的出路的"抽象性"，而且更深刻地注意到政治解放、社会解放也只是一个"中介"，较之真正的"人的解放"，它也是抽象的。

政治解放在迄今为止的世界制度内当然是一大进步，但它"不是彻头彻尾、没有矛盾的人的解放方式"，还不是普遍的人的解放的最后形式。政治解放的限度一开始就表现在：即使人还没有真正摆脱某种限制，国家也可以摆脱这种限制，即使人还不是自由人，国家也可以成为自由国家②。由此可以得出结论，一方面，人通过国家这个中介得到解放，他在政治上从某种限制中解放出来，就是在与自身的矛盾中超越这种限制，就

① 马克思：《论犹太人问题》，《马克思恩格斯文集》第 1 卷，人民出版社 2009 年版，第 53 页。

② 德文原文是 "Freistaat"，原义为 "共和国"。在这句话中，这个词在字面上也含有 "自由国家" 的意思。

是以抽象的、有限的、局部的方式超越这种限制。另一方面，在政治上得到解放的人仍然只是用间接的方法承认自己，仅仅是通过一个中介（尽管是一个必不可少的中介）而使自己得到解放。由此看来，国家只是人和人的自由之间的中介者。正像基督是中介者，人把自己的全部神性、自己的全部宗教束缚都加在他身上一样，国家也是中介者，人把自己的全部非神性、自己的全部人的自由寄托在它身上，仍然不能真正摆脱束缚。

我们知道，人的自由、发展和解放也是鲍威尔的旗帜和方向。而在现代社会中，所谓的人权概念、意识和观念更是大行其道，然而只要"看看所谓人权，确切地说，看看人权的真实形式"，就会发现其中大有诡谲和奥妙。

马克思仔细甄别了所谓的"人权"。概而言之，它有两方面的内涵及其不同的现实意义：一部分是政治权利，即 droits du citoyen，它是与他人共同行使的权利，其内容就是参加共同体，确切地说，就是参加政治共同体，参加国家，它属于政治自由的范畴，属于公民权利的范畴；而另一部分是个人权利，即 droits de l'homme。与 citoyen 不同的这个 homme 究竟是什么人呢？不是别人，就是市民社会的成员。不同于 droits du citoyen 的 droits de l'homme，无非是市民社会的成员的权利，就是说，是利己的人的权利、同其他人并同共同体分离开来的个人的权利。

马克思引用了那部被他称为"最激进的宪法"即 1793 年《人权和公民宣言》中的论述，指出 droits de l'homme 是人的自然的和不可剥夺的权利，具体而言指的是平等、自由、安全和财产等。他特别强调："这里所说的是人作为孤立的、自我封闭的单子。"[1] 就是说，自由这一人权不是建立在人与人相结合的基础上，而是相反，建立在人与人相分隔的基础上。这一权利就是这种分隔的权利，是狭隘的、局限于自身的个人的权利。可见，任何一种所谓的人权都没有超出利己的人，没有超出作为市民社会成员的人，即没有超出封闭于自身、封闭于自己的私人利益和自己的私人任意行为、脱离共同体的个体。在这些权利中，人绝对不是类存在物，相反，类生活本身，即社会，显现为诸个体的外部框架，显现为他们原有的独立性的限制。把他们连接起来的唯一纽带是自然的必然性，

---

① 马克思：《论犹太人问题》，《马克思恩格斯文集》第 1 卷，人民出版社 2009 年版，第 40 页。

是需要和私人利益,是对他们的财产和他们的利己的人身的保护。人,正像他是市民社会的成员一样,被认为是本来意义上的人,与 citoyen 不同的 homme,因为他是具有感性的、单个的、直接存在的人,而政治人只是抽象的、人为的人,寓意的人,法人。现实的人只有以利己的个体形式出现才可予以承认,真正的人只有以抽象的 citoyen 形式出现才可予以承认。

据此,马克思明确地阐明他关于"人的解放"的思想。他指出:"任何解放都是使人的世界即各种关系回归于人自身。"① 政治解放具有两方面的后果,一方面把人归结为市民社会的成员,归结为利己的、独立的个体,另一方面又把人归结为公民,归结为法人。而只有当"现实的个人"把抽象的公民复归于自身,并且作为个人,在自己的经验生活、自己的个体劳动、自己的个体关系中间,成为类存在物的时候,只有当人认识到自身"固有的力量"是社会力量,并把这种力量组织起来因而不再把社会力量以政治力量的形式同自身分离的时候,只有到了那个时候,"人的解放"才能完成。需要指出的是,尽管后来马克思的思想发生过变化,但这一观点始终是一直坚持着的,可以说,这是贯穿马克思思想发展始终的中心线索之一。可惜的是,长期以来,马克思的上述思想并没有得到国内学界的理解,直到现在,绝大多数论者仍然把马克思关于人的解放的思想错误地解释为"人类解放"。导致这种误解的原因,一方面与过去中文译本的翻译不无关系②,另一方面,也表明不在少数的论者在研读马克思著述时"不求甚解",根本没有深入到马克思的语境、思路和论证逻辑中理解其思想,结果马克思煞费苦心、苦心孤诣的努力就被我们漠视乃至曲解了!

---

① 马克思:《论犹太人问题》,《马克思恩格斯文集》第 1 卷,人民出版社 2009 年版,第 46 页。

② 最典型的例子,如"对德国来说,彻底的革命、普遍的人的解放,不是乌托邦式的梦想,确切地说,部分的纯政治的革命,毫不触犯大厦支柱的革命,才是乌托邦式的梦想"一句通常被翻译成:"对德国来说,彻底的革命、全人类的解放……"参见《马克思恩格斯全集》第 1 卷,人民出版社 1960 年版,第 463 页;《马克思恩格斯全集》第 3 卷,人民出版社 1995 年版,第 210 页;《马克思恩格斯选集》第 1 卷,人民出版社 1972 年版,第 11 页;《马克思恩格斯选集》第 1 卷,人民出版社 1995 年版,第 12 页。直到在 2009 年出版的《马克思恩格斯文集》中才得到纠正,但是并未引起学界的注意。参见《马克思恩格斯文集》第 1 卷,人民出版社 2009 年版,第 14 页;《马克思恩格斯选集》第 1 卷,人民出版社 2012 年版,第 12 页。

四　"犹太人问题"是一面"棱镜":如何求解复杂的社会历史问题

在梳理了鲍威尔与马克思的思路及其论证后,我们站在当代的立场来对其重新做出评判。可以说,关于犹太人问题的讨论提供了一个很重要的个案,从中既表征着不同维度的理解的合理性和独特性,也显现出各自的局限性和界域。对于复杂的社会历史现象和事件,最忌讳的就是以单一维度介入以至于以偏概全地做出判断,比较而言,我们更倾向于多重视角的互补、融通和超越。

(一)　破除复杂的社会历史问题理解和评价上的片面性、极端化倾向

犹太人问题的复杂性,为从不同角度理解和评说留下了很大空间,特别是由于很多论者把自己个人特殊的情形诸如出身、情感、经历等因素掺入其间,致使各种观点彼此龃龉甚至视若冰火。

我们已经知道,鲍威尔是在否定性的意义上来看待犹太人的民族性的,他认为这些特性是基于犹太人古老的戒律、观念和生活方式而形成的,由于与时代的发展严重脱节。因此,是不值得炫耀的。鲍威尔的这种看法虽然与那些更为激进的"反犹主义"言论相比还有一定的距离,但其煽动性也是需要警惕的。

与其形成强烈反差和截然对立的,则是另一派对犹太民族性可以说高度赞赏的观点。我们举美国作家托马斯·卡希尔在《上帝选择了犹太人——一个游牧民族如何改变了世界》一书中的说法:"犹太人所给予我们的既包括外在的形式也包括内在的内容,既有世界观也有内心生活……我们做的梦铭刻着犹太人的印记,我们所怀有的希望也被打上了犹太人的烙印。事实上,我们词典里那些最美好的词汇,诸如'创新、探索、惊奇、独特、个性、个人、天命、时间、历史、未来、自由、进步、精神、信仰、希望、正义'等,都是犹太人给予我们的礼物。"[①]

最值得深思的是马克思和爱因斯坦。马克思的难能可贵之处在于,恰

---

①　[美]托马斯·卡希尔:《上帝选择了犹太人——一个游牧民族如何改变了世界》,徐若夫译,世界知识出版社2001年版,第18页。

恰作为一个犹太人，他丝毫没有站在自己民族立场、沉湎于情感层次进行思考，而是从资本时代的新变化和"历史向世界历史转变"的大趋势来观照"日常世俗生活中的犹太人"，指明犹太教的世俗基础是"实际需要，自私自利"、犹太人的世俗礼拜是"经商牟利"以及他们的世俗的神是"金钱"。把犹太人问题做世俗化的理解，马克思的判断应该说是一种现实的态度和中性的立场。同样是犹太人，爱因斯坦则明显带有一定程度的主体倾向，他对犹太人传统的特征的理解是："为知识而追求知识，几乎狂热地酷爱正义，以及要求个人独立的愿望"，并且特别说明"我为自己属于它而感到庆幸。"① 较之马克思的"世俗化"视角，爱因斯坦的理解要更为"超现实"一些。

以上的对比分析昭示出，在犹太民族性理解和评价上的片面性、极端化态度是多么妨碍对这一问题的准确判断! 人诚然不能完全排除情感的介入，但任凭其汪洋肆意地延伸甚至左右，很难做出客观而全面的把握和分析，最终必然导致理论推导和实践指向的双重偏差。犹太人问题复杂难解，与参与者的情感迷障不无关联;两极相同，我们在那些极端贬斥和过分褒扬的言论和主张背后，看到的是一致的思维方式和各自自私的考量，局限于自己的思路看待别的看法和作为，永远走不出恶语相向和以怨报怨的循环、魔咒，当代以色列与巴勒斯坦之间难解难分的关系不正是如此吗?

（二）仅仅把复杂的社会历史问题归结为精神信念的支撑，并不能解释其历史变迁和现实处境

鲍威尔把犹太人问题归结为单纯的宗教信念，这就意味着，是对这些信念的敬畏、恪守、践履支撑着他们走过漫长而苦难的岁月，表征着犹太民族独特性的存在。然而，我们看到真实情形是，犹太人的历史某种程度上却是其敬畏淡化、信念退却、戒律松懈和式微的过程。在艰难的历史进程和个人命运中，犹太人不得不一次又一次发生嬗变和蜕化，今昔对比，物是人非，真正有沧海桑田般的感慨。鲍威尔其实也已经意识到了这一点，我们不妨顺着他的思路来透析其观点的粗疏和漏洞。

信念总是抽象的，犹太人宗教信念通常体现在对其古老戒律的遵守，

----

① ［美］爱因斯坦:《爱因斯坦论犹太人问题》，许良英，中央编译出版社 2007 年版，第 3 页。

那么这里就有一个问题：这些戒律究竟是什么呢？是早先的《摩西戒律》，还是后来已经发生了修正和变迁的《塔木德法典》呢？按照很多犹太教徒的解释，《摩西戒律》中包含着他们最纯粹的理想、学说和规定，而他们自己则是摩西戒律的“仆人”，如果其敌人凭借后来的《塔木德法典》中的观点和诫命用来作为反对他们的武器，或者，如果他们自己在更后来的历史进程中受到包括启蒙运动在内的新潮观点不自觉的影响，甚至对《塔木德法典》中的条例也失去了兴趣，这时他们往往会发出内心的呼吁：为了改变他们民族日趋衰落的命运，“返回到纯粹的摩西主义”吧！但是，现实与信念的矛盾不得不使其发生这样的疑问：什么是“纯粹的摩西主义”呢？究其实，那些特定的观念和制度规定了特定的祭祀仪式、祭司规则和财产关系，它只有在其诞生地——迦南地区，只有在民族自治的前提下才是可能的，换句话说，在现代社会，这些东西已经仅存于人们的记忆之中，成为一种无可奈何的幻想了。进一步追问：在当代，“摩西主义”何以能得以回复并进而“变得纯粹”呢？是放弃那些已经与古老的祭祀仪式、祭司制度和财产关系完全不同但却构成了当代生活的环境、条件和规则的一切东西吗？如果你仔细检视一下身处当代的犹太人的生活，古老的传统现在还剩下什么呢？这就表明，那些戒律、规定不过仅仅是一个特定阶段的特殊的存在，它们如果不想脱离地面就必须有现实的根基，如果缺乏这种根基，它们必然会散架。因此，“回归纯粹的摩西”戒律，甚至把它纯粹化，始终是不愿正视历史与现实者的幻觉。

历史和现实都表明，犹太人实际上不能再以任何方式遵守摩西戒律了。固执于传统诚然会得到赞扬，但它的徒劳无功又证明这种赞扬不过是一个谎言，它会被整个世俗生活所否定，而且短期内还看不到恢复的希望。犹太教徒说这些戒律体现了一种永恒的伦理价值和道德原理，但就现实而言，它有什么伦理价值呢？它对生活已没有任何影响，其诫命也很少被哪怕是最虔信者贯彻；它又算什么道德原理呢？只有在极少数犹太人团体那里，它才会被人念叨和顾及，如果走出这个边界，就烟消云散了。这说明，压根就不可能存在真实的摩西主义；一心想要顺从摩西戒律的犹太人在当代是生活在一个不真实的幻觉之中。

马克思超越鲍威尔之处就在于，他看到了现代社会对犹太人的重新塑造。与青年黑格尔派把一切现实生活问题都变成了神学问题，片面鼓吹“批判”，试图通过“纯批判”来改变现存事物的思路决裂，马克思则把对宗教的批判服从于迫切的现实生活和斗争,强调要"更多地在批判政治状况当中来批判宗教,而不是在宗教当中来批判政治状况"。同时,马克思提出:"宗教本身是没有内容的,它的根源不是在天上,而是在人间,随着以宗教为理论的被歪曲了的现实的消灭,宗教也将自行消亡。"① 这样,犹太人问题的现代特征在一定程度上就被马克思揭示出来了。

(三)只局限于现实世俗关系来解释复杂的社会历史问题,体现不出问题本身的独特性与超越性

但是,越是复杂的社会历史问题,越显现出其矛盾性。犹太人问题也是如此。一方面,"变迁"成为其数千年历史发展中最重要的特征,因此以不变的宗教信念、规章戒律来予以统摄和解释,就存在着很大的盲区和漏洞。另一方面,我们又不得不承认,与此形成强烈反差的"坚守",也确实构成犹太人在数千年坎坷的历史进程中,甚至在失去自己独立生存的家园、被迫作为"外邦人"而浪迹天涯甚至人身安全都得不到保障的环境下,得以顽强地存续下来并且得到发展的表征;一代又一代的犹太拉比不懈地对《托拉》和《塔木德法典》进行阐释和解读,目的就是想把犹太人的文化、观念和精神坚持下来,以便得到传承和提升。这就表明,仅仅把犹太人问题还原为世俗问题是必要的,但不能是唯一的。

就以现代资本主义背景下的情况看,横跨欧亚大陆的犹太商业网络的建立,确实改变了犹太人的很多传统和生活方式,但不可思议的是,随着各地经济的发展,这些地区日趋繁荣昌盛、都市化的犹太社区也出现了,从而犹太文化的连续性不仅没有中断,反而得以保存下来。17、18 世纪,随着犹太人进入欧洲主流社会,犹太民族的活力和创造力不仅没有被抑制,反而在《托拉》价值观的引领下重新迸发出来。在接下来的 200 年里,他们在艺术、哲学、科学、医学和金融方面为西方文明作出了叹为观止的独有的巨大贡献。到 19 世纪末,犹太人酝酿并兴起了"复国主义运动",旨在通过建立犹太人国家的方式恢复民族自决权,虽然是在席卷整个欧洲的民族主义运动大背景下开始的,但在某种意义上也可以被视为是犹太民族认同的一种强烈表达。"建立一个自由独立犹太国的思想也是直

---

① 马克思:《致阿尔诺德·卢格的信([1842 年] 11 月 30 日)》,《马克思恩格斯文集》第 10 卷,人民出版社 2009 年版,第 3—4 页。

接基于犹太民族从未丢弃、延续千年重返古老犹地亚家园的渴望。"①

　　检验犹太人不能被彻底"世俗化""现实化"的标志，是在过去的100年里最触目惊心的世界性事件——欧洲有600万犹太人在大屠杀中惨遭灭绝和1948年以色列国的建立以及持续不断的阿以冲突。这些成为犹太人在当代面临的最巨大的挑战。然而，在挑战面前，犹太民族的现代复兴也开始了。在重塑自我、适应今日快速变化的全球文明的过程中，犹太人仍然像以往一样，从古老经典中汲取伦理、文化、精神方面的养分，基于《托拉》之上的公正、平等、改善世界的价值观，引领犹太人再次意气风发地进行犹太教和犹太传统的实践。这也是其具有千年历史的古老文化充满活力、固守自己的核心认同观和生活目标的一种现代表达。

　　所有这一切都说明，根据世俗生活来观照人、理解民族是必要的，但仅仅局限于此又是不够的。因为人是一种矛盾性的存在物，在灵与肉之间、物质与精神之间、个体与共同体之间是摆脱不掉的困境，而由这些人所组成的民族、国家等共同体形式就更为复杂。我们既要理解、认同现实，更要批判、超越现实，人生之难、民族之艰，永远不可能一劳永逸地获得解决，我们只能在"坚守"与"变革"之间逐步前行。对于复杂的社会历史问题来说，不能固执于单一视角的观照，而只能从多个维度予以透视，才能找到切实可行的解决之道。这样说来，马克思从青年黑格尔派的同道走向论敌，不是抛弃他之前所有的积累和历练，而是在此基础上的扬弃和发展；《论犹太人问题》与《犹太人问题》之间在观点和思路上既是对立的、有差异的，更可以是互补的、融通的和超越的。

　　最后，需要指出的是，《论犹太人问题》较之于马克思以后的著述也许算不上他最重要的作品，但它的意义就在于，这一时期马克思的思想发展处于一个重要关节点，即他意识到只注重从精神、观念角度来思考问题所具有的片面性，从而开始从现实关系、物质利益出发寻求对世界的理解，然而，这是不是意味着，马克思完全否定、抛弃了前一种方式了呢？马克思是从一个极端走向另一个极端、以一种片面性取代另一种片面性吗？"成熟时期"的马克思建立的是一种与青年黑格尔派截然相反的思想

---

　　①　［以］埃里克·J.弗里德曼：《7个中国式提问，7种犹太式回答》，王苗等译，南京出版社2010年版，第19页。

体系,还是在批判、扬弃其思维方式之上的超越形态?马克思的哲学变革是在所谓哲学路线、政治立场上站队,还是在不断寻求对复杂的社会历史问题客观、到位而深入的理解和解决?如此说来,长期以来,很多人对马克思苦心孤诣的探索和思考的理解是过于简单和肤浅了。

完整理解马克思的人的解放理论

——马克思《论犹太人问题》再解读

阎孟伟*

在笔者看来，马克思于 1843 年发表在《德法年鉴》上的文章《论犹太人问题》，不只是他阐述自己的人的解放理论的重要文献，而且可以说是他全部政治哲学理论的纲领性文件。在这篇文章中，马克思对政治解放与人的解放的关系问题做出了鲜明的、透彻的分析，所形成的基本观念和实质精神贯彻到他日后的全部著述中。但就目前情况来看，我国学界对这篇文章的重要理论价值和实践意义仍缺乏足够的认识。近来，北京大学的聂锦芳教授写了一篇题为《再论"犹太人问题"——重提马克思早期思想演变中的一桩"公案"》的长文。该文大致分为三个部分。第一部分主要是评述青年黑格尔派思想家布鲁诺·鲍威尔在他的两篇文章《犹太人问题》和《现代犹太人和基督徒获得自由的能力》中所阐述的有关犹太人的解放问题的理论观点。作者收集到了鲍威尔这两篇文章的文本资料，并对鲍威尔的观点做出了既深入系统又简洁明确的分析和评价。这部分内容对于还原那一历史时期复杂的理论纷争和历史情境，从而深化对马克思人的解放理论的理解，具有十分重要的意义。第二部分，重点阐述马克思《论犹太人问题》一文中有关犹太人的解放和人的解放的理论观点，这也是本文所关注的主要内容。在第三部分，作者依据丰富的文史资料对犹太人问题这个复杂的社会历史现象进行了比较细致的分析，指出，对于复杂的社会历史问题，不能固执于单一视角的观照，而只能从多个维度予以透

---

* 阎孟伟，南开大学哲学院教授。

视,才能找到切实可行的解决之道。从这三方面内容来看,聂锦芳教授的这篇文章的重要学术价值毋庸置疑。特别是,如果有谁愿意对犹太人问题做出更为深入的研究,这篇文章就是不可多得的理论参照。

　　和聂锦芳教授的文章相比,笔者的这篇文章没有那么宽阔的理论视野,依然是着重于解读马克思的文章所提出来的理论问题。依我之见,对于马克思的这篇文章来说,犹太人问题只是一个话题,而不是一个主题。主题是人的解放问题,更为确切地说是政治解放与人的解放的关系问题。显然,这个主题是单纯的犹太人问题所不能涵盖的。事实上,鲍威尔在他的文章中亦有超越犹太人问题的意向,如他所说:"解放的问题是一个普遍的问题,我们这个时代的一般问题。不仅犹太人,而且人人都想要得到解放。"① 然而,聂锦芳教授在文章中说:"这不正是长期以来我们所理解的马克思的思想吗? 竟然是作为他的批判对象的鲍威尔的观点! 由此可知,一方面,如果不直接面对文本而单纯依靠外在的臆想和抽象的推断,会造成多么离谱、荒腔走板的阐释,居然把批判者与批判对象混为一谈,把后者的观点强加在前者身上;另一方面,以'人类解放'来概括马克思的思想,并没有真正理解马克思超越鲍威尔思想的原始初衷、复杂考量和具体论证,从而把批判者降低到批判对象的水准上了。"② 我以为,聂锦芳教授的批评太过简单了。关于能不能用"人类解放"这个概念来概括马克思的思想这个问题,我们放到最后去分析。在这里,我想指出的一点是,"人人都想得到解放"亦即人的解放问题是欧洲近代启蒙运动的主题之一。在这一点上,马克思与鲍威尔有共同的追求,问题在于对人的解放的理解各不相同。因此,我们总不能说,由于作为马克思的批判对象的鲍威尔追求人的解放或"人类解放",因而用"人类解放"来概括马克思的思想就相当于把批判者与批判对象混为一谈,甚至把批判者降低到批判对象的水准上。问题不在这里,问题在于怎样理解人的解放,特别是怎样理解政治解放与人的解放的关系。正是在这个问题上,马克思超越了犹太人问题的狭隘视界,把对犹太人的解放问题转变成对

---

　　① Bruno Bauer, *Die Judenfrage*, Braunschweig, 1843, S. 61, 转引自聂锦芳《再论"犹太人问题"——重提马克思早期思想演变中的一桩"公案"》,《现代哲学》2013 年第 6 期。

　　② 聂锦芳:《再论"犹太人问题"——重提马克思早期思想演变中的一桩"公案"》,《现代哲学》2013 年第 6 期。

现代社会政治国家的批判，转变为对作为现代社会政治国家之基础的市民社会的批判，以政治解放与人的解放的关系问题作为核心内容，奠定了人的解放理论的基本思路。本文试将马克思的这一基本思路概括为五个方面的问题。

问题之一：政治解放是否要以废弃宗教为前提？

我们知道，在 19 世纪前半叶，德国思想界特别是德国思想界中的青年黑格尔派对德国的政治批判开始于宗教批判。正如马克思所言，就德国来说，"对宗教的批判是其他一切批判的前提"。之所以如此，就在于这个批判贯穿着人的解放这个主题，它必然涉及到对现代资本主义政治国家的批判性分析。布鲁诺·鲍威尔是当时青年黑格尔派宗教批判的领军人物之一。他于 1843 年发表的两个作品，其主题就是犹太人的解放问题，更进一步说，就是包括犹太人和基督徒在内的一般人的解放问题。马克思高度注重鲍威尔所谈论的问题。他并没有否认鲍威尔的一个基本观点，即人的解放就是把人从宗教中解放出来。但这个问题必然包含着一个更为根本的问题，即"政治解放"与"人的解放"的关系问题。正是在这个问题上，鲍威尔的观点遭到了马克思的批判。

鲍威尔认为，犹太人作为犹太人所要求的"政治解放"和作为人所要求的"人的解放"是同一个问题。如果犹太人只为自己要求一种特殊的解放，那就是利己主义者。犹太人作为德国人，应当为德国的政治解放而奋斗，作为人，就应当为人的解放而奋斗。在他看来，如果犹太人不放弃犹太教的话，犹太人的政治解放就不可能完成，因为"法律上的自由——公民一律平等——在生活上受到限制，生活仍然被宗教特权控制和划分开来，生活的这种不自由对法律起反作用，迫使它认可：本身自由的公民区分为被压迫者和压迫者"。因此，犹太人要想获得政治解放，成为真正的自由平等的公民，就必须从犹太教的宗教约束中解放出来，并且，如果消灭了宗教特权和特权教会的垄断，如果不再存在享有特权的宗教，那就不再有什么宗教。换句话说，犹太人摆脱了宗教约束也就是在实际上废除了犹太教，从而不仅获得了"政治解放"，同时也就获得了一般意义上的"人的解放"。

马克思直截了当地批评了鲍威尔的这个观点，指出鲍威尔的错误在于：他没有探讨政治解放对人的解放的关系，而是毫无批判地把政治解放和普遍的人的解放混为一谈。而要弄清政治解放对人的解放的关系，阐明政治解放本身的现实内涵，就必须对政治解放本身做出批判性研究。所以，马克思说："只是探讨谁应当是解放者？谁应当得到解放？这无论如何是不够的。批判还应当做到第三点：这里指的是哪一类解放？人们所要求的解放的本质要有哪些条件？只有对政治解放本身的批判，才是对犹太人问题的最终批判，也才能使这个问题真正变成'当代的普遍问题'。"①

对于鲍威尔的观点，马克思反问道："政治解放的观点有权利要求犹太人废除犹太教，要求一般人废除宗教吗？"② 他指出，犹太人或一般人的政治解放，不是一个神学问题，而是宗教和国家的关系问题。一旦国家作为国家不再从神学的角度对待宗教，而是从政治的角度对待宗教，那么对宗教和国家的关系的批判，就不再是对神学的批判，而是对政治国家的批判。而鲍威尔对犹太人的政治解放的理解却游离了对政治国家的批判，把政治解放归结为一个神学问题，因而"他提出的是一些不包括在他的课题内的问题，他解决的是一些没有回答他的问题的课题"③。

政治解放是否要以废弃宗教为前提？对于这个问题，马克思援引了法国政治学家博蒙、托克维尔和英国政治学家汉密尔顿提供的关于美国在独立战争之后国家和宗教之间关系的资料。这些资料表明，美国作为一个完成了政治解放的国家，虽然在宪法上没有把宗教信仰和某种礼拜作为取得政治权利的条件，但也没有要求公民放弃自己的宗教信仰。据此，马克思指出："在政治解放已经完成了的国家，宗教不仅仅存在，而且是生机勃勃的、富有生命力的存在，那么这就证明，宗教的存在和国家的完成是不矛盾的。"④ 这表明，政治解放并不需要废除宗教，政治解放的观点也没有权利要求一般人废除宗教。马克思不否认宗教的存在是一种缺陷的存在，但他认为，这种缺陷的根源只能从国家自身的本质中去寻找，因为宗教不是世俗局限性的原因，而只是它的现象。因此不能用宗教约束来说明

---

① 《马克思恩格斯全集》第 3 卷，人民出版社 1995 年版，第 167 页。
② 同上书，第 167—168 页。
③ 同上书，第 168 页。
④ 同上书，第 169 页。

自由公民的世俗约束，而应当用自由公民的世俗约束来说明他们的宗教约束，只有消除了世俗约束才能真正消除宗教约束。但世俗约束的消除并不是政治解放所能完成的，因为通过政治解放而形成的政治国家在本质上并不能消除世俗约束，相反却以世俗约束的存在为前提。这就意味着，在政治解放的范畴中，人不能在自己的世俗生活中摆脱宗教约束，从而也就不能获得普遍的人的解放。这样，"政治解放对宗教的关系问题已经成了政治解放对人的解放的关系问题"①。

　　基于上述分析，马克思给予政治解放以明确的界定，指出：政治解放就是把国家从宗教中解放出来，"当国家作为一个国家，不信奉任何宗教，确切地说，信奉作为国家的自身时，国家才以自己的形式，以自己本质所固有的方式，作为一个国家，从宗教中解放出来"②。这其实也正是近代欧洲启蒙运动所要达及的目标——政教分离。

　　当然，在政治上，把国家从宗教中解放出来，并不意味着在世俗生活中把人从宗教中解放出来，而是把宗教从国家的政治生活领域驱逐到市民社会的私人生活领域。因此，国家的完成与宗教的存在并不矛盾，相反可以说宗教就是国家在世俗生活中的存在。如果说，人的解放就是把人从宗教中解放出来的话，那么政治解放就不可能是一个彻头彻尾、没有矛盾的人的解放方式。这表现出政治解放的一个限度："即使人还没有真正摆脱某种限制，国家也可以摆脱这种限制，即使人还不是自由人，国家也可以成为自由国家。"③ 摆脱了宗教的政治解放让宗教持续存在，这使得任何一种特殊宗教的信徒不可避免地同自己的公民身份发生矛盾，但这个矛盾只是政治国家和市民社会之间的普遍世俗矛盾的一部分，"基督教国家的完成，就是国家表明自己是国家，并且不理会自己成员信奉的宗教。国家从宗教、不是现实的人从宗教中解放出来"④。人们不用完全地、毫无异议地放弃自己的宗教信仰就可以在政治上获得解放。就此而论，如果说人的解放就是从宗教中将自己解放出来，那么政治解放本身并不就是人的解放，更确切地说，就不是"普遍的人的解放"或"一般的人的解放"。

---

① 《马克思恩格斯全集》第 3 卷，人民出版社 1995 年版，第 169 页。
② 同上书，第 170 页。
③ 同上。
④ 同上书，第 180 页。

问题之二:公民是否只有放弃宗教
信仰才能获得普遍人权

鲍威尔的另一个问题是,犹太人如果承认由于自己的本质即犹太教徒而不得不永远同他人分开生活,那么他是否能够获得普遍人权并给他人以这种权利? 他认为,权利的思想不是天生就有的,而是人在同迄今培育着他的那些历史传统进行斗争中争取的,是通过同出生的偶然性和历史上一代一代流传下来的特权的斗争赢得的,只有争得和应该得到这种权利的人,才能享有这种权利。而使犹太人成为犹太人的那种狭隘本质一定会压倒那种把他作为人而同别人结合起来的人的本质,一定会使他同非犹太人分隔开来,因而他就不能获得这种权利。同样,基督徒作为基督徒也不能给任何人以人权。①

针对鲍威尔的这一观点,马克思首先对人权这个概念做出了分析。他把人权区分为两个部分。一部分是 *droits du citoyen* [公民权],这是与别人共同行使的政治权利,"这种权利的内容就是参加共同体,确切地说,就是参加政治共同体,参加国家。这些权利属于政治自由的范畴,属于公民权利的范畴"。另一部分权利是 *droits de l'homme* [人权]。在这里,马克思有意对"公民权"和"人权"做出明确的界分,指出人权中的人*homme*,是指市民社会成员,因而人权就是市民社会成员在市民社会生活中所能享有的个人自由权利,它包括精神因素和物质因素两个方面。从精神因素上说,就是信仰自由的权利,从物质因素上说,主要是指私有财产权利,同时也包括与之相关的平等和安全等。

问题在于,在通过政治解放形成的政治国家中,公民是否必须放弃自己的宗教信仰才能获得普遍人权呢? 马克思的回答是否定的。就公民权利或公民的政治自由权利来说,以上对政治解放的本质的分析已经证明,这种权利的获得"绝不以毫无异议地和实际地废除宗教为前提,因此也不以废除犹太教为前提"。那么,"人权"呢? 人权作为个人的自由权利是不是像鲍威尔所说的那样具有把人作为人而同别人结合起来的人的本质呢? 对此,马克思针锋相对地指出,在政治解放的范畴内,个人自由权利

---

① 参见《马克思恩格斯全集》第 3 卷,人民出版社 1995 年版,第 179 页。

中所说的自由就是"可以做和可以从事任何不损害他人的事情的权利。每个人能够不损害他人而进行活动的界限是由法律规定的，正像两块田地之间的界限是由界桩确定的一样。这里所说的是人作为孤立的、退居于自身的单子的自由"，因此，"自由这一人权不是建立在人与人相结合的基础上，而是相反，建立在人与人相分隔的基础上。这一权利就是这种分隔的权利，是狭隘的、局限于自身的个人权利"①。

首先，是信仰自由，即"信仰的特权或者被明确承认为一种人权，或者被明确承认为人权之———自由——的结果"。因此在信仰自由这一概念中"并没有宗教和人权互不相容的含义。相反，信奉宗教、用任何方式信奉宗教、履行自己特殊宗教的礼拜的权利，都被明确列入人权。信仰的特权是普遍的人权"②。

其次，是私有财产权利。"自由这一人权的实际应用就是私有财产这一人权"。而私有财产这一人权就是"任意地、同他人无关地、不受社会影响地享用和处理自己的财产的权利；这一权利是自私自利的权利。这种个人自由和对这种自由的应用构成了市民社会的基础。这种自由使每个人不是把他人看作自己自由地实现，而是看作自己自由的限制"。③

最后，还有平等和安全。"平等，在这里就其非政治意义来说，无非是上述自由的平等，就是说，每个人都同样被看成那种独立自在的单子。""安全是市民社会的最高社会概念，是警察的概念；按照这个概念，整个社会的存在只是为了保证维护自己每个成员的人身、权利和财产……市民社会没有借助安全这一概念而超出自己的利己主义。相反，安全是它的利己主义的保障。"④

通过上述分析，马克思总结说："可见，任何一种所谓的人权都没有超出利己的人，没有超出作为市民社会成员的人，即没有超出作为退居于自身，退居于自己的私人利益和自己的私人任意，与共同体分隔开来的个体的人。"⑤ 鲍威尔把人权说成是人作为人而同别人结合起来的权利，这说明他并不真正理解人权的实质。在以利己主义为基本特征的市民社会生

---

①　《马克思恩格斯全集》第 3 卷，人民出版社 1995 年版，第 183 页。

②　同上书，第 182 页。

③　同上书，第 183—184 页。

④　同上书，第 184 页。

⑤　同上书，第 184—185 页。

活中,人权恰恰不是建立在人与人结合的基础上的,而是建立在人与人相分隔的基础上的。因此,"在这些权利中,人绝不是类存在物,相反,类生活本身,即社会,显现为诸个体的外部框架,显现为他们原有的独立性的限制。把他们连接起来的惟一纽带是自然的必然性,是需要和私人利益,是对他们的财产和他们的利己的人身的保护"①。

问题之三:政治解放是不是人的解放?

承认政治解放的限度,必然带来的一个问题就是,如何看待政治解放与人的解放的关系?或者更为具体地说,政治解放是不是属于人的解放的范畴?对于这个问题,马克思的回答应当说是相当明确的,即政治解放属于人的解放,但不是"普遍的人的解放",不是"一般的人的解放",不是"彻头彻尾、没有矛盾的人的解放方式"。

如果说,人的解放的一般含义就是把人从宗教中解放出来,那么政治解放是把国家从宗教中解放出来,就意味着把人通过国家这个中介从宗教中解放出来,意味着人已经通过国家的中介宣布自己是无神论者,也就是宣布国家是无神论者。但这个解放是不彻底的,因为他只是以抽象的、有限的、局部的、间接的方式超越了宗教的限制,或者说,他必须而且只能通过国家这个必不可少的中介者实现对宗教限制的超越,把自己的全部非神性、自己的全部人的无约束性寄托在国家这个中介者身上。但是,政治解放仅仅是把宗教从政治生活领域驱逐到市民社会生活领域,从公法领域驱逐到私法领域,并没有在人们世俗的市民社会生活中废除宗教,因而,个人在自己的世俗生活中总还是要受到宗教信仰的约束。

同时,通过政治解放形成的政治国家不仅在政治上废除了宗教,而且也在政治上废除了私有财产,"一旦国家取消了选举权和被选举权的财产资格限制,国家作为国家就废除了私有财产,人就以政治方式宣布私有财产已被废除……既然非占有者已经成了占有者的立法者,那么私有财产岂不是在观念上被废除了吗?财产资格限制是承认私有财产的最后一个政治形式"②。但是,正如国家从政治上废除了宗教而在人的世俗生活中没有

① 《马克思恩格斯全集》第3卷,人民出版社1995年版,第184—185页。
② 同上书,第171—172页。

废除宗教一样，国家从政治上废除了私有财产但并没有在人们的世俗生活或物质生活中废除私有财产，从政治上废除了出身、等级、文化程度、职业等的差别，但"国家还是让私有财产、文化程度、职业以及它们固有的方式，即作为私有财产、作为文化程度、作为职业来发挥作用并表现出它们的特殊本质"。也就是说，国家并没有在人们的世俗生活或物质生活中废除这些实际差别，相反它以这些实际差别的存在为前提，因为，只有在这些实际差别所表现出特殊本质面前，国家才表现出自身是对这些特殊本质的超越，从而实现自己的普遍性，感到自己是不同于世俗生活的政治国家。

进而，马克思认为，完成了的政治国家本质上是"人同自己物质生活相对立的类生活"，只不过，这种"类生活"仅仅存在于政治共同体中，亦即，在国家这种政治共同体中，人把自己看作社会存在物，而在人们的物质生活中，即在市民社会的生活中，人是作为私人而活动的，他把他人看作工具，也把自己降为工具，使自己成为异己力量的玩物。也就是说，"人把宗教从公法领域驱逐到私法领域中去，这样人就在政治上从宗教中解放出来。宗教不再是国家的精神；因为在国家中，人——虽然是以有限的方式，以特殊的形式，在特殊的领域内——是作为类存在物和他人共同行动的；宗教成了市民社会的、利己主义领域的、一切人反对一切人的战争的精神。它已经不再是共同性的本质，而是差别的本质。它成了人同自己的共同体、同自身并同他人分离的表现——它最初就是这样的。它只不过是特殊的颠倒、私人的奇想和任意行为的抽象教义"①。这样，"在政治国家真正形成的地方，人不仅在思想中，在意识中，而且在现实中，在生活中，都过着双重的生活——天国的生活和尘世的生活"。这样看来，政治国家对市民社会的关系，也就是人们的政治生活与人们的物质生活的关系，这如同天国与尘世的关系一样，也是唯灵论的（非物质生活的）。所以，"政治国家与市民社会也处于同样的对立之中，它用以克服后者的方式也同宗教克服尘世局限性的方式相同，即它不得不重新承认市民社会，恢复市民社会，服从市民社会的统治"。人的生存的这种二重化给人的存在的现实性带来了悖谬，人在其最直接的现实中，也就是在市民社会中，是尘世的存在物，在这里，人把自己和他人看作现实的个人，但

---

① 《马克思恩格斯全集》第3卷，人民出版社1995年版，第174页。

这个人不是作为类的存在物而存在，因而人是一种不真实的现象；相反，在国家中，人被看作是类的存在物，但被剥夺了自己现实的个人生活，因而充满了非现实的普遍性。

基于上述分析，马克思明确断言："政治解放当然是一大进步；尽管它不是一般人的解放的最后形式，但在迄今为止的世界制度内，它是人的解放的最后形式。不言而喻，我们这里指的是现实的、实际的解放。"① 无须穿凿附会就可以看出，马克思是把人的解放理解为一个历史过程，而把政治解放理解为这个过程的一个阶段或一个历史性的环节。因而，政治解放虽然不是一般人的解放的最后形式，但在迄今为止的世界制度内，也就是在现代资本主义制度内，它是人的解放的最后形式，而且是现实的、实际的解放。

当然，在这里也清晰地显示出马克思的解放理论与自由主义政治理念的根本区别。从国家于宗教的关系而言，政治解放就是把国家从宗教中解放出来，从而也就是把人在政治上从宗教中解放出来，实现政教分离；从国家与市民社会的关系上说，政治解放就是国家以确认和维护公民的个人自由权利，即信仰自由的权力、私人财产权利、平等和安全的权利，为根本目的。不难看出，政治解放其实就是资产阶级自由主义政治学说所能理解的、所能追求的、所能想象的，并将之终极化了的"人的解放"。但马克思指出，这"不是一般人的解放的最后形式"。政治解放所能实现的目标同时也说明了它自身的限度，即"人分为公人和私人，宗教从国家向市民社会的转移，这不是政治解放的一个阶段，这是它的完成"②。通过政治解放，人自我分解为宗教信徒和公民，这种分解就是政治解放本身，是人使自己从宗教中解放出来的政治方式。

因此，政治解放必然要造成个人生活即社会社会生活与类生活即政治生活的二元性。而政治国家的成员之所以在自己的个人生活中依然信奉宗教，也正是由于这种二元性。他们在自己的政治生活把自己看作是类的存在物，即在政治民主制中，每个人都享有主权，是最高的存在物，但在市民社会生活中，每个人又都是"具有无教养的非社会表现形式的人，是具有偶然存在形式的人，是本来样子的人，是由于我们整个社会组织而堕

---

① 《马克思恩格斯全集》第 3 卷，人民出版社 1995 年版，第 174 页。

② 同上书，第 175 页。

落了的人，丧失了自身的人，外化了的人，是受非人的关系和自然力控制的人，一句话，人还不是现实的类存在物"①。

问题之四：如何看待政治解放的历史进步价值

在分析了政治解放的本质和人权的性质之后，马克思提出了一个他称之为"令人困惑不解的问题"，即"一个刚刚开始解放自己、扫除自己各种成员之间的一切障碍、建立政治共同体的民族，竟郑重宣布同他人以及同共同体分割开来的利己的人是有权利的"②。也就是说，人们原本以谋求政治解放为目的，但当人们通过政治解放获得公民身份之后，所建立的政治共同体却都被谋求政治解放的那些人贬低为维护这些所谓人权的一种手段；公民被宣布为利己的人的奴仆；人作为社会存在物所处的领域即政治生活领域被降低到人作为单个存在物所处的领域即市民社会领域之下。以至于，不是身为 *citoyen*［公民］的人，而是身为 *bourgeois*［市民社会的成员］的人，被视为本来意义上的人，真正的人。"就是说，政治生活在其热情还富有朝气而且以后由于形势所迫又走向极端的时候，就宣布自己只是一种手段，而这种手段的目的是市民社会生活。"③

马克思认为，从政治解放的本质上来看，这个谜很容易解答。他指出政治解放的历史进步价值就在于，"政治解放同时也是同人民相异化的国家制度即统治者的权力所依据的旧社会的解体。政治革命是市民社会的革命。"旧社会的性质就是封建主义。在封建社会中，旧的市民社会直接具有政治性质，这主要表现为，市民生活的要素即财产、家庭、劳动方式是以领主权、等级和同业公会的形式上升为国家生活的要素，也就是说，领主权、等级和同业公会既是旧的市民社会的存在形式，同时又是封建社会政治生活的各个组成部分。个人是隶属于领主权、等级和同业公会的。这样，领主权、等级和同业公会这些组织形式就构成了个体与国家之间的隔离层，并规定了单一的个体对国家整体的关系。旧市民社会的这些组织形式没有把财产或劳动上升为社会要素，也就是没有上升为普遍的市民社会

① 《马克思恩格斯全集》第3卷，人民出版社1995年版，第179页。
② 同上书，第185页。
③ 同上。

生活的要素,而是融入领主权、等级、同业公会这些组织形式中,上升为国家生活的要素,同时又因为这些要素隶属于领主权、等级和同业公会而完成了这些要素与国家整体的分离,使它们成为社会中的特殊社会。因此,在封建社会中并在封建的意义上,市民社会的生活机能和生活条件还是政治的,这些机能和条件使个体因隶属于领主、等级和同业公会而同国家整体分隔开来,把他的领主、等级和同业公会对国家整体的特殊关系变成他自己对人民生活的普遍关系,使他的特定的市民活动和地位变成他的普遍的活动和地位。在这种情况下,国家统一体作为市民社会组织的结果,也像作为国家统一体的意识、意志和活动的普遍国家权力一样,必然表现为一个同人民相脱离的统治者即君主及其仆从的特殊事务,而不是面向人民生活的普遍事务。

"政治革命打倒了这种统治者的权力,把国家事务提升为人民事务,把政治国家组成为普遍事务,就是说,组成为现实的国家。"① 这种革命必然要摧毁把个体同国家分隔开来的那个隔离层,即一切等级、同业公会、行帮和特权,"因为这些是人民同自己的共同体相分离的众多表现"。这样,政治革命消灭了市民社会的政治性质,并把市民社会分割为简单的组成部分:一方面是个体,另一方面是构成这些个体的生活内容和市民地位的物质要素和精神要素。从而把过去分散在领主权、等级、同业公会和行帮中的政治精神汇集在一起,组成政治国家这种政治共同体,使政治生活成为人民的普遍事务。这种政治国家把国家的政治生活同个体的市民社会生活剥离开来,使市民社会的特定的生活活动和特定的生活地位降低到只具有个体意义,而不再构成个体对国家整体的普遍关系。但个体作为享有公民权的公民参与到政治共同体中,这样,"公共事务本身反而成了每个个体的普遍事务,政治职能成了他的普遍职能"②。

国家摆脱物质生活领域的要素就是"国家的唯心主义的完成",这同时也就是市民社会的唯物主义的完成,即市民社会本身失去了政治性质而仅仅表现为物质生活,由此摆脱了政治桎梏,摆脱了束缚市民社会利己精神的枷锁。正是在这个意义上,"政治解放同时也是市民社会从政治中得到解放"。封建社会瓦解了,旧市民社会的那些组织形式被消灭了,只剩

---

① 《马克思恩格斯全集》第 3 卷,人民出版社 1995 年版,第 187 页。

② 同上。

下了自己的基础——人，即利己的人。这种人作为市民社会成员是政治国家的基础和前提，是国家通过人权予以承认的人。"但是，利己的人的自由和承认这种自由，更确切地说，是承认构成他的生活内容的那些精神要素和物质要素的不可阻挡的运动。""因此，人没有摆脱宗教，他取得了信仰宗教的自由。他没有摆脱财产，他取得了占有财产的自由。他没有摆脱行业的利己主义，他取得了行业的自由。"①

人作为市民社会的成员就是非政治的人，从而必然是自然人，人权也就表现为自然权利，而他的自我意识的活动即确认自己为类的存在物的活动集中于政治行为。与此同时，政治革命也"把市民社会，也就是把需要、劳动、私人利益和私人权利领域看作自己持续存在的基础，看作无须进一步论证的前提，从而看作自己的自然基础"②。作为市民社会成员的人被认为是本来意义上的人，不同于公民的人，有其感性的、单个的、直接存在的人，而政治的人即公民只是抽象的人、人为的人，寓意的人，法人。因此，"现实的人只有以利己的个体形式出现才可予以承认，真正的人只有以抽象的 *citoyen*［公民］形式出现才可予以承认"③。

问题之五：如何从政治解放过渡到"普遍的人的解放"？

如上所述，政治解放的确具有十分重要的历史进步价值，但同时它又具有不彻底性和局限性，不是彻头彻尾的、无矛盾的人的解放，因而进一步的问题是，如何把人的解放从政治解放推进到"普遍的人的解放"。马克思说："任何解放都是使人的世界和人的关系回归于人自身。"政治解放也是如此。政治解放一方面把人在政治上从宗教中解放出来，从而把政治关系回归于人自身，使人成为公民、法人；另一方面，政治解放又把人归结为市民社会的成员，归结为利己的、独立的个体。在政治生活中，个人作为"公民"是"类的存在物"，而在市民社会生活中，个人作为市民社会的成员是现实的个人，但却是与他人相分隔的、退居于自身的个体，而不是类的存在物。如此说来，进一步的解放，即普遍的人的解放，就在

---

① 《马克思恩格斯全集》第3卷，人民出版社1995年版，第187—188页。
② 同上书，第188页。
③ 同上。

于克服政治解放所造成的人的存在的这种二重化,使现实的个人把抽象的公民复归于自身,使自己作为个人在自己的经验生活、自己的个体劳动、自己的个体关系中成为类存在物。"只有当人认识到自身'固有的力量'是社会力量,并把这种力量组织起来因而不再把社会力量以政治力量的形式同自身分离的时候,只有到了那个时候,人的解放才能完成。"①

　　问题在于,怎样才能实现从政治解放到普遍的人的解放的过渡,或者说,要实现普遍的人的解放,需要克服哪些社会障碍?对这个问题,马克思是借助对鲍威尔的另一篇文章《现代犹太人和基督徒获得自由的能力》的分析和评述做出了自己的解答。这个解答远远超出了鲍威尔的话题所设定的范围。他没有像鲍威尔那样,把犹太人的解放问题变成纯粹的宗教问题,从而纠结于犹太人的宗教信仰、宗教戒律、安息日之类的事情,而是明确指出要真正解决犹太人获得自由的能力问题,就必须突破对问题的神学提法,使犹太人获得解放的能力问题变成必须克服什么样的特殊社会要素才能废除犹太教的问题。鲍威尔把犹太人的理想的抽象本质即犹太教看作是犹太人的全部本质,这使他对犹太人的解放问题或犹太人获得自由的能力问题的理解不能超出神学的范畴。相反,马克思指出,我们要观察的是世俗的犹太人、日常的犹太人,"我们不是到犹太人的宗教里去寻找犹太人的秘密,而是到现实的犹太人里去寻找他的宗教的秘密"②。犹太人的世俗基础是什么?实际需要和利己主义。犹太人的世俗礼拜是什么?做生意。犹太人的世俗的神是什么?金钱。"那好吧!从做生意和金钱中解放出来——因而从实际的、实在的犹太教中解放出来——就会是现代的自我解放了。"③ 显然,马克思在这里讲的犹太人的世俗基础就是市民社会本身,就是市民社会的一般特征、一般活动。他实际上已经把对犹太教、犹太精神的批判转变为对作为政治国家之基础的市民社会的批判。

　　马克思设想:"如果有一种社会组织消除了做生意的前提,从而消除做生意的可能性,那么这种社会组织也就会使犹太人不可能存在。他的宗教意识就会像淡淡的烟雾一样,在社会这一现实的、生命所需的空气中自行消失。另一方面,如果犹太人承认自己这个实际本质毫无价值,并为消

———————————

① 《马克思恩格斯全集》第 3 卷,人民出版社 1995 年版,第 189 页。

② 同上书,第 191 页。

③ 同上书,第 191—192 页。

除它而工作，那么他就会从自己以前的发展中解脱出来，直接为人的解放工作，并转而反对人的自我异化的最高实际表现。"① 所谓消除了做生意的前提的社会组织，当然不是指通过政治解放而形成的政治国家，而是指把人自身的固有力量作为社会力量组织起来的社会共同体，也就是消除了犹太教世俗基础的社会组织。那么，在现代社会的发展中，是否有可能形成这样的社会组织？

马克思确信，"我们在犹太教中看到普遍的现代的反社会的要素，而这种要素，经由有犹太人在这一坏的方面热心参与的历史发展，达到自己目前这样的高度，即达到它必然解体的高度"②。所谓"普遍的现代的反社会的要素"，就是指实际需要和利己主义，这种要素使人成为与他人相分隔、相对立的利己的人。这些要素由于犹太人的参与已经在现代社会充分发展起来，以至于达到了必然要解体的高度。对此，马克思用"犹太人已经用犹太人的方式解放了自己"这样一个看似反讽的方式予以论证。其意是说，尽管犹太人的宗教信仰在基督教国家中遭到了排斥，但犹太人的利己主义的实际精神或世俗精神已成为基督教各国人民的实际精神。犹太人不仅掌握了金钱的势力，而且因为金钱通过犹太人或者其他人成了世界势力，这是历史发展的必然趋势。因此，犹太人的实际精神即犹太精神之所以能够在基督教社会本身中保持自己的地位，就是因为基督教社会已经成为利己主义的市民社会。这样看来，犹太精神不像鲍威尔所说的那样是违反历史的，而恰恰是在历史中保持下来的。市民社会从自己的内部不断产生犹太人，即利己主义的个人，而"基督徒在多大程度上成为犹太人，也就是成为利己的人，犹太教就在多大程度上解放了自己"③。

实际需要、利己主义是犹太教的世俗基础，同时也是市民社会的原则。当政治国家产生以后，由于政治生活和市民社会生活的二重化，政治精神、类生活集中于政治生活领域，这就使市民社会的原则赤裸裸地显现出来，从而也使"犹太精神随着市民社会的完成而达到自己的顶点"。然而，问题的另一个方面是，市民社会又只能在基督教世界才能完成。基督教把一切民族的、自然的、伦理的、理论的关系变成对人来说是外在的东

---

① 《马克思恩格斯全集》第3卷，人民出版社1995年版，第192页。

② 同上。

③ 同上书，第192—193页。

西,即外在于人的现实生活的东西,也就是把个人的现实生活和他的类的本质分离开来,使人的本质成为异己化的幻想的本质,并把这种本质对象化。从这个意义上可以说,"基督教是犹太教的思想升华",而"犹太教是基督教的鄙俗的功利应用",因为当通过政治解放形成的政治国家把人的类的生活集中于政治领域,而把人的现实生活从政治生活中剥离出来之后,利己主义的犹太精神才能真正成为市民社会赤裸裸的原则。犹太教不过是在利己需要的统治下,把人自身的产品和活动置于异己本质——金钱——的支配下。这种鄙俗的功利应用,"只有在基督教作为完善的宗教从理论上完成了人从自身、从自然界的自我异化之后,才能成为普遍的",这样,"基督徒的天堂幸福的利己主义,通过自己完成了的实践,必然要变成犹太人的肉体的利己主义,天国的需要必然要变成尘世的需要,主观主义必然要变成自私自利"①。

犹太人的真正本质即实际需要和利己主义在市民社会中得到了普遍的实现,所以在现代社会中,犹太人的本质不是抽象本质,而是高度的经验本质。只有当社会消除了犹太精神的经验本质,即做生意及其前提,才有可能废除犹太教,"因为犹太精神的主观基础即实际需要将会人化,因为人的个体感性存在和类存在的矛盾将被消除"。为此,马克思断言:"犹太人的解放,就其终极意义来说,就是人类从犹太精神中得到解放。"②"犹太人的社会解放就是社会从犹太精神中获得解放。"③

结语:马克思人的解放理论对我们的启示

根据上述分析,我认为,马克思在《论犹太人问题》一文中已经确立了关于人的解放理论,从而也是马克思政治哲学理论的基本思路和框架。毫无疑问,沿着这个思路,完整、准确地把握马克思的人的解放理论,无论对于理解马克思的政治哲学理论,还是对于探讨当代中国社会主义政治发展道路,都是十分重要的。长期以来,我们对马克思的人的解放理论的理解确实存在着一定的偏颇,而且这种偏颇也的确直接影响了我们

---

① 《马克思恩格斯全集》第3卷,人民出版社1995年版,第197页。
② 同上书,第192页。
③ 同上书,第198页。

对当代中国政治实践的理解。

　　聂锦芳教授在他的文章中尖锐地指出：长期以来，马克思的人的解放的思想并没有得到国内学界的理解，"直到现在，绝大多数论者仍然把马克思关于人的解放的思想错误地解释为'人类解放'。导致这种误解的原因，一方面与过去中文译本的翻译不无关系，另一方面，也表明不在少数的论者在研读马克思著述时'不求甚解'，根本没有深入到马克思的语境、思路和论证逻辑中理解其思想，结果马克思煞费苦心、苦心孤诣的努力就被我们漠视乃至曲解了"①！把马克思的人的解放学说归结为"人类解放"确是一个"误解"，但"误"在哪里呢？我理解，误就误在没有完整地理解和把握马克思的人的解放理论，尤其是没有真正领会人的解放是一个从"政治解放"到"普遍的人的解放"的历史过程的思想。因此，当我们打着"人类解放"的旗帜建立起社会主义国家之后，我们就误以为政治解放作为资产阶级政治革命结果已经被放进历史博物馆了，误以为在中国这样一个没有经历完备的资本主义发展阶段的社会可以不经过政治解放而径直进入人类解放的发展阶段。

　　今天，我们不能不以更为严肃认真的态度来讨论政治解放与人的解放的关系。如马克思所说，政治解放是以市民社会为自身持续存在的基础和前提的。所谓"市民社会"就其经济形态而言就是指市场经济社会，现代意义上的市民社会就是在市场经济充分发展的基础上形成的。在这个意义上，政治解放就是市场经济发展所带来的政治革命，这场革命所要达到的客观目的，就是要为市场经济的发展创造出适宜的政治条件。如，政治解放之所以要把国家从宗教中解放出来，实现政教分离，就是因为现代国家不能以宗教信仰来划分它的国民，而必须确认所有公民在人格上的和法律上的平等地位；政治解放之所以要以宪法和法律的形式确认和维护公民的个人自由权利，特别是其中的私有财产权利，就是因为这些个人自由权利是形成市场经济体制的最为基本的政治前提。因此，可以说，政治解放与市民社会的关系就是政治解放与市场经济的关系。在过去，我们曾经把市场经济归结为资本主义所特有的经济形态，但经过计划经济这个漫长的弯路之后，我们终于确认市场经济是现代经济形态发展的不可逾越的历史

---

　　①　聂锦芳：《再论"犹太人问题"——重提马克思早期思想演变中的一桩"公案"》，《现代哲学》2013 年第 6 期。

阶段，也就是马克思所说的那个"既不能跳过也不能用法令取消"的
"自然的发展阶段"①，并前所未有地确立了建立和完善社会主义市场经济
体制的战略方针，而中国 35 年来市场取向的改革所获得的辉煌成就，也
充分证明了这一认识的科学性。既如此，就应当考虑到，政治解放对于我
们考察当代中国社会主义政治发展道路的重要性。也就是说，既然我们承
认市场经济是现代经济不可逾越的发展阶段，并且前所未有地开创了社会
主义市场经济，那么，我们也就应当合乎逻辑地承认政治解放是人的解放
的不可逾越的发展阶段，并且探索在社会主义前提下完成政治解放的必要
性和现实性。当然，在认识政治解放的现实性和必要性的同时，我们也必
须看到政治解放的限度，即它是人的解放的一个必经的历史阶段，但不是
人的解放的最终完成。因此，指出政治解放是人的解放的不可逾越的历史
阶段，同时也就意味着我们不能在政治解放面前缩步不前。以社会主义基
本制度为前提的政治解放在根本上不同于资产阶级的政治解放，它在本质
上必然要与普遍的人的解放历史地连接起来，逐步克服政治解放的局限
性，合理地解决市场经济的发展所必然带来的社会矛盾和社会问题，逐步
为实现普遍的人的解放创造出充分的社会条件。

　　聂锦芳教授在他的论文中不赞同用"人类解放"来概括马克思的思
想。这是需要斟酌的。根据《马恩全集》第二版，马克思在《论犹太人
问题》一文中，没有使用"人类解放"这个概念，而是用"普遍的人的
解放"或"一般人的解放"等概念来表述与政治解放相区别的人的解放
的最后形式。但马克思反复用"类生活""类存在物"等概念来表达人的
解放的内涵。他认为，通过政治解放而形成的政治国家，就是人同自己的
物质生活相对立的类生活，在国家中，人被看作是类的存在物，而在以实
际需要和利己主义为特征的市民社会中，人不是类的存在物。因此，进一
步的解放即"普遍的人的解放"或"一般的人的解放"或"人的解放的
最后形式"，就是要把人从市民社会中解放出来，从实际需要和利己主义
的世俗精神中解放出来，消除人的感性存在与类存在的矛盾，把人自身
"固有的力量"即社会力量组织起来，不再使之以政治力量的形式同自身
分离，从而使现实的个人把抽象的公民复归于自身，并作为个人在自己的
经验生活、自己的个体劳动、自己的个体关系成为类存在物。这样看来，

---

① 《马克思恩格斯选集》第 2 卷，人民出版社 1995 年版，第 101 页。

"普遍的人的解放"或"一般的人的解放"或"人的解放的最后形式"就包含着"人类解放"的含义。并且，对于马克思来说，政治解放已经通过资产阶级的政治革命完成了，他所追求的正是使人在自己的现实生活中成为类的存在物的人的解放。从这个意义上说，用更为简洁的"人类解放"概念来表述马克思所说的"普遍的人的解放"或"一般的人的解放"等用语，未尝不可。只不过，需要指出的是，人类解放固然是社会主义社会所要追寻的终极价值目标，但这个解放必然要以政治解放为前提。没有经历完整的政治解放，就不可能实现普遍的人类解放，甚至有可能把"人类解放"变成空泛的、甚至有害于社会主义政治实践的政治口号。

《德意志意识形态》中的交往
思想何以被误读和低估

席大民[*]

现在大多数论者都承认，《德意志意识形态》（以下简称《形态》）是马克思和恩格斯第一次系统论述历史唯物主义基本原理的著作。在这部著作中，交往思想得到了比较充分的阐述。但是，由于《形态》公开问世较晚[①]，长期以来，人们主要根据马克思《〈政治经济学批判〉序言》（以下简称《序言》）中的经典表述作为主线来阐释历史唯物主义的基本理论。在这种阐释体系中，生产关系成为核心概念，而交往概念和交往思想却淡出了历史唯物主义的叙述体系。近年来，随着对《形态》的重新研究，马克思的交往思想日益引起人们的重视，交往思想也开始逐渐被纳入到新的历史唯物主义的叙述体系之中。然而，在先入为主的以生产关系为核心的叙述体系框架内，并不能使交往思想得到合理的阐发，从而使得马克思的交往思想仍然处于被严重低估的状态。这一切究竟是如何发生的？《形态》中的交往思想被误读和低估的理由及内在逻辑到底是什么？本文试图对此问题作一些梳理和澄清。

---

* 席大民，北京大学哲学系副教授。

① 《形态》在马克思和恩格斯生前未能公开出版，只有第 2 卷的第 4 章 1847 年曾在《威斯特伐里亚汽船》杂志上发表过。手稿长期存放在德国社会民主党的档案库中，其中最重要的第 1 卷第 1 章即《费尔巴哈》章，直到 1924 年才第一次由苏联马克思恩格斯研究院发表俄译文，1926 年该章又以德文原文发表，载于莫斯科出版的《马克思恩格斯文库》第 1 卷。1932 年，《形态》全书第一次以原文发表于《马克思恩格斯全集》国际版第 1 部分第 5 卷。全书的中译本直到 1960 年才纳入《马克思恩格斯全集》第 3 卷问世。

一　"交往关系"之被误读为"生产关系"

《形态》中有大量显而易见的关于交往的论述，本来应该足以引起人们对马克思交往思想的重视。然而事实却是，交往思想长期处于被忽视和遮蔽的状态。何以如此呢？直接原因是人们把这里的"交往""交往形式""交往关系"术语，误解为"生产关系"概念的雏形。进而认为，既然马克思后来形成了明确的"生产关系"概念，那就意味着交往思想已被包含在生产关系概念之中了。这样一种解读，可以从《马克思恩格斯选集》的一个注释和《马克思恩格斯全集》第 3 卷的"说明"中得到印证。

在 1972 年中文版《马克思恩格斯选集》第 1 卷的注释 11 中，关于"交往"术语是这样解释的：

> 在《德意志意识形态》中，〈Verkehr〉（交往）这个术语的含义很广。它包括个人、社会团体、许多国家的物质交往和精神交往。马克思和恩格斯在这部著作中指出，物质交往——首先是人们在生产过程中的交往，乃是任何另一种交往的基础。《德意志意识形态》中所使用的〈Verkehrsform〉，〈Verkehrsweise〉，〈Verkehrsverhältnisse〉（"交往形式"、"交往方式"、"交往关系"）这些术语，就是马克思和恩格斯在当时所形成的生产关系的概念。①

在 1995 年中文版《马克思恩格斯选集》第 1 卷的注释 56 中，仍然基本上沿用了 1972 年版的注释 11，只是做了一些文字上的改动：

> "交往"（Verkehr）这个术语在《德意志意识形态》中含义很广。它包括单个人、社会团体以及国家之间的物质交往和精神交往。马克思和恩格斯在这部著作中指出：物质交往，首先是人们在生产过程中的交往，这是任何其他交往的基础。《德意志意识形态》中所用的一些术语："交往形式"、"交往方式"、"交往关系"、"生产和交

---

① 《马克思恩格斯选集》第 1 卷，人民出版社 1972 年版，第 718 页。

往的关系",表达了马克思和恩格斯在这个时期形成的生产关系概念。①

　　除了上述注释之外,在中文第一版《马克思恩格斯全集》第 3 卷(该卷收入《关于费尔巴哈的提纲》和《德意志意识形态》)的"说明"中,更是针对"交往关系"和"生产关系"术语做了如下说明:

　　　　马克思和恩格斯所创立的理论的某些概念在"德意志意识形态"中还是用不太确切的术语来表达的,后来他们用比较确切表达了这些新概念的内容的另一些术语代替了这些术语。例如,生产关系这个概念在这里是用"交往方式"、"交往形式"、"交往关系"等术语来表达的……②

　　上述"注释"和"说明"表明的一个基本观点就是:《形态》中的"交往关系"等术语,表达的是"生产关系"概念。这意味着,在《形态》中还没有"生产关系"概念,生产关系概念是用"交往关系"术语来表达的。然而,我们通过检索发现,"生产关系"这个术语其实已经在《形态》中出现了。因此,用"生产关系"概念来消解"交往关系"的说法,至少在形式上是站不住脚的。下面试列举《形态》中出现"生产关系"术语的几段话③:

　　　　共产主义和所有过去的运动不同的地方在于:它推翻一切旧的生产关系和交往关系的基础,并且第一次自觉地把一切自发形成的前提看作是前人的创造……④

----

　　① 《马克思恩格斯选集》第 1 卷,人民出版社 1995 年出版,第 791 页。

　　② 《马克思恩格斯全集》第 3 卷,人民出版社 1956 年版,"第三卷说明",第 IX 页。在《马克思恩格斯选集》的全书"说明"中,则更明确地用"生产关系"替换这里的"交往形式":"他们第一次揭示了生产力和交往形式(即生产关系)的辩证关系,指出生产力决定交往形式。"

　　③ 赵家祥罗列了他从《形态》中检索出的提到"生产关系"的句子有 11 条之多。参见赵家祥《解析〈德意志意识形态〉中的一个难解之谜——"生产关系"与"交往形式"等术语的关系》。

　　④ 《马克思恩格斯选集》第 1 卷,人民出版社 1995 年版,第 122 页。

教阶制是封建制度的观念形式；封建制度是中世纪的生产和交往关系的政治形式。因而，要把封建制度反对教阶制的斗争解释清楚，只有阐明这些实际的物质关系；而这些关系阐明以后，所有以往盲目相信中世纪幻想特别是皇帝和教皇在相互斗争中所提出的幻想的历史观就站不住脚了。①

至于货币是一定的生产和交往关系的必然产物，并且只要这些关系存在时，货币总是"真理"……②

但是，这和他的"能力"本身一样，决不只是取决于桑乔，也取决于他生活于其中的生产的和交往的关系……③

把整个社会变成各个自愿组合这一思想，在这里是按照施蒂纳的方式改造过的，是根据传到柏林的流言产生的；这一思想原是属于傅立叶的。但是……傅立叶在描述现今这些逍遥作乐的企图时，指出了它们与现存生产关系和交往关系的联系……④

从上述引文中可以看出，《形态》中已经多次出现了"生产关系"术语。如果假定一个术语应该意表所对应的概念，那么，"注释"和"说明"中的说法就有问题了：如果正在形成的"生产关系"概念是用"交往关系"表述的，那么如何解释《形态》中已经出现的"生产关系"术语呢？为了避免矛盾，1995年中文版《选集》的注释在列举和"交往"有关的术语时，改为"生产和交往的关系"，仿佛是说，"生产的"和"交往的"作为定语修饰同一种"关系"，只是没能确定哪一个是更准确的术语。但是，从上述引文的上下文关系看，两处提到的"生产和交往关系"，后边的表述都是"这些关系"，而不是"这种关系"。因此，这两处所说的"生产和交往关系"，就是后文引述的"生产的和交往的关系"，它们意指的是两种关系，亦即第一段和最后一段引文所说的"生产关系和交往关系"。既然是并提的具有合取关系的两种关系，说二者是替代关系显然是不合逻辑的。

---

① 《马克思恩格斯全集》第3卷，人民出版社1956年版，第191页。
② 同上书，第221页。
③ 同上书，第228页。
④ 同上书，第487页。

进一步看,这种"生产关系"和"交往关系"并提的情况,不仅出现在《形态》中,也出现在生产关系概念已经被明确定义之后的著作中。例如,在《1857—1858 年经济学手稿》"货币章"中有如下的提法:

> 在这种情况下,真正的交换只是附带进行的,或者大体说来,并未触及整个共同体的生活,不如说只发生在不同共同体之间,决没有征服全部生产关系和交往关系……
>
> 但是,在以交换价值为基础的资产阶级社会内部,产生出一些交往关系和生产关系,它们同时又是炸毁这个社会的地雷……另一方面,如果我们在现在这样的社会中没有发现隐蔽地存在着无阶级社会所必需的物质生产条件和与之相适应的交往关系,那么一切炸毁的尝试都是堂·吉诃德的荒唐行为。①
>
> 在一切价值都用货币来计量的行情表中,一方面显示出,物的社会性离开人而独立,另一方面显示出,在整个生产关系和交往关系对于个人,对于所有个人表现出来的异己性的这种基础上,商业的活动又使这些物从属于个人。②

一般认为,马克思在写于 1847 年的《雇佣劳动与资本》中,比较明确地给出了生产关系的定义:"各个人借以进行生产的社会关系,即社会生产关系,是随着物质生产资料、生产力的变化和发展而变化和改变的。生产关系总和起来就构成所谓社会关系,构成所谓社会,并且是构成一个处于一定历史发展阶段上的社会,具有独特的特征的社会。古典古代社会、封建社会和资产阶级社会都是这样的生产关系的总和,而其中每一个生产关系的总和同时又标志着人类历史发展中的一个特殊阶段。"③ 如果按照"注释"和"说明"的逻辑,马克思既然有了明确的生产关系概念和术语,就没有必要再使用这种并提的术语形式了。然而,在《形态》写作 11—12 年之后,《雇佣劳动与资本》写作 10—11 年之后,马克思还是在上述引证的《1857—1858 年经济学手稿》中明确地采用了"生产关

---

① 《马克思恩格斯全集》第 30 卷,人民出版社 1995 年版,第 108—109 页。
② 同上书,第 110 页。
③ 《马克思恩格斯选集》第 1 卷,人民出版社 1995 年版,第 345 页。

系和交往关系"并列的提法。这至少说明以下几点：第一，"交往关系"的术语并没有因为"生产关系"概念的明确提出而在马克思的著作中消失；第二，"交往关系"有其独立的内涵和外延，因而不能因"生产关系"概念的明确界定而否定和弃置"交往关系"的概念；第三，"交往关系"和"生产关系"不是术语不同的同一概念，而是相互关联却又各有存在价值的独立概念。

从"注释"和"说明"中，我们还可以引申出一个问题：马克思是自觉地提出交往关系的广泛含义，还是因为当时没有形成精确的生产关系概念而暂时以交往关系术语权宜？换句话说，"交往关系"是可以得其意而忘其言的术语吗？且不说《形态》中不仅频繁地使用了"交往活动""交往形式""交往关系""交往手段"等术语，还从物质交往和精神交往、经济交往和政治交往、内部交往和外部交往等各种维度上论述交往，可以说形成了系统的交往思想。如果这些还不足以说明马克思使用交往概念的自觉程度的话，那么在写于《形态》之后不久的《致帕·瓦·安年科夫（1846 年 12 月 28 日）》的信中，马克思关于交往的论述，则无可置疑地表明了他使用的交往概念有其独特的含义，是一个不能被生产关系所替代的独立概念。

> 社会——不管其形式如何——是什么呢？是人们交互活动的产物。人们能否自由选择某一社会形式呢？决不能……人们永远不会放弃他们已经获得的东西，然而这并不是说，他们永远不会放弃他们在其中获得一定生产力的那种社会形式。恰恰相反。为了不致丧失已经取得的成果，为了不致失掉文明的果实，人们在他们的交往［commerce］方式不再适合于既得的生产力时，就不得不改变他们继承下来的一切社会形式——我在这里使用"commerce"一词是就它的最广泛的意义而言，就像在德文中使用"Verkehr"一词那样。①

---

① 《马克思恩格斯选集》第 4 卷，人民出版社 1995 年版，第 532—533 页。在这封信的这段话中，马克思两次使用 commerce 一词，一次是和消费形式并列，指的是"交换"，显然是从经济学意义上作为具体的经济交往中交换的具体形式而言，这个含义可以包含在以后形成的生产关系概念的内容之中，中译为"交换"是正确的，而这里则指的是最广泛意义上的交往概念，这个概念却不能等同或者缩小为生产关系概念。

这里中文版把 commerce 译作"交往",应该说是符合文本的原义的。马克思在这里明确把交往看作是"最广泛的意义"的交往概念,还特别使用德文的"交往"一词加以说明。从这一界定可以看出,马克思使用具有最广泛含义的交往概念是非常自觉的,而不是像"注释"和"说明"所暗示的,是一种在还没有提出生产关系概念的准确定义之前的模糊的说法。

二 "生产关系"之被误读为"生产力"
或"人与自然的关系"

前文已经证明,《形态》中的"交往"术语是马克思自觉提出的"交往"概念,而不是如"注释"和"说明"所认为的那样,是"正在形成中的生产关系概念",把《形态》中出现的"交往关系"理解为表达"生产关系"概念的术语,在逻辑上是不能成立的。学界已有一些论者指出了这一点。但这样的论证似乎还不足以让坚持"注释"和"说明"观点的学者放弃这种误读。他们针对《形态》中已经出现"生产关系"术语的情况,采取的解释思路就是进一步把《形态》中出现的"生产关系"术语,解释为"生产力"概念或"人与自然的关系"。也就是说,《形态》中的"交往关系"术语是后来形成的"生产关系"概念,而《形态》中的"生产关系"术语则表示的是"生产力"概念。例如,张夏乐认为,"生产关系范畴在《德意志意识形态》中第一次被使用。但作为生产方式的一个重要方面,此时它还单纯局限于人对自然关系范围,以表达工业生产的发展阶段,因而倾向于从属于生产力的内容方面"[①]。姜爱华、赵希宏则认为,"此时对生产关系范畴的理解还仅限于人对自然的关系范围,还没有从生产力中独立出来"[②]。在笔者看来,这是一种将错就错的阐释逻辑,即:如果论证了《形态》中的"生产关系"术语指称的概念根本不是生产关系,而是生产力,那么"注释"和"说明"所表达的

[①]　张夏乐:《试析生产关系与交往关系的关系》,《中国石油大学胜利学院学报》2007 年第 4 期。

[②]　姜爱华、赵希宏:《关于马克思的生产关系范畴与交往形式范畴》,《沈阳师范大学学报》2007 年第 2 期。

《形态》中的"交往关系"等术语是"正在形成中的生产关系概念"的说法，在逻辑上就仍然可以成立。其主要的文本根据是《形态》中马克思提到的"生产关系"时的这样一段表述：

> 封建时代的所有制的主要形式，一方面是地产和束缚于地产上的农奴劳动，另一方面是拥有少量资本并支配着帮工劳动的自身劳动。这两种所有制结构都是由狭隘的生产关系——小规模的粗陋的土地耕作和手工业式的工业所决定的。①

但是，据此能不能认为马克思这里所说的"生产关系"其实就是指生产力呢？如果不是只看这句话，并按照生产力决定所有制的简单公式去套用的话，结论并不是这样简单。

首先，从文本的整体来看，尽管马克思在《形态》中还没有得出像《哲学的贫困》和《雇佣劳动与资本》中的"生产关系"概念，但至少也有了生产力概念的基本框架，而且生产力术语也是《形态》中最常使用的术语。就是说，如果马克思这里想表达的是生产力概念，何必要用"生产关系"术语呢？论者的解释是，此时在马克思那里，"生产关系范畴还没有从生产力范畴中独立出来"。这明显是一种循环论证，即把要论证的命题当作结论了。

其次，从这一段话本身和上下文关系看，能不能直接得出这里所说的"小规模的粗陋的土地耕作和手工业式的工业"就是指生产力呢？不能。在这句话的后面，马克思所做的阐述指的是分工，而不是生产力。让我们把原话多引一句：

> 在封建制度的繁荣时代，分工是很少的。每一个国家都存在着城乡之间的对立；等级结构固然表现的非常鲜明，但是除了在乡村里有王公、贵族、僧侣和农民的划分，在城市里有师傅、帮工、学徒以及后来的平民短工的划分之外，就再没有什么大的分工了……

从上下文关系看，这里所说的生产关系指的是分工，而且是社会分工

---

① 《马克思恩格斯选集》第 1 卷，人民出版社 1995 年版，第 71 页。

的形式。如果说马克思在《形态》中已经把生产力看作是"人与自然的关系",那么,分工则是指受这种特定的人与自然关系水平决定的"人与人之间的关系"。也就是说,马克思这时使用的"生产关系"术语虽然还不能表达后来明确定义的生产关系概念,但也意指某种人与人之间的关系。只是相比于"交往"这个更广泛的"人与人之间的关系",这里的"生产关系"术语更侧重于指分工,指在分工中生成和体现的人与人之间的经济关系。

另外,如果把这里所说的"生产关系"理解为"生产力"的话,就很难理解其他地方使用"生产关系"术语时的含义,而理解为分工中生成和体现的人与人之间的经济关系则更合理。例如前文引述过的:"共产主义和所有过去的运动不同的地方在于:它推翻一切旧的生产关系和交往关系的基础,并且第一次自觉地把一切自发形成的前提看作是前人的创造。"按照我们的理解,"过去的运动"在一定历史条件下也可以解放和发展生产力,这是共产主义运动与之共同的地方,而不同的地方在于,要推翻旧式分工生成和体现的人与人之间的剥削关系。从这个意义上理解这里的"生产关系",与《形态》中出现的几次"生产关系"术语的含义都是不矛盾的;反之,如果理解为"生产力",则出现了逻辑矛盾。

例如,如果我们把这里的"生产关系"解释为"生产力"的话,那么就会是这样的结果:共产主义要推翻的不仅是旧的交往关系的基础,也包括生产力的基础,而这肯定不是马克思理解的共产主义。生产力的基础是共产主义所要推翻的还是要继承的?如果共产主义也包含了直接解放生产力,更新生产力的技术形式的内容,那么,这肯定也不是共产主义与以往的其他运动的区别。如果这样理解《形态》中的"生产关系"术语,就会造成一系列概念和术语的混乱和混淆。而作为解读者,我们不能以设想文本的自相矛盾作为理解某一句话的根据。因此,即使按照同一文本的逻辑一致性假定,我们也应该认同这里的"生产关系"术语,不是表征"人与自然关系"的"生产力"概念,而是表征"人与人之间关系"的分工中生成和体现的经济关系。

那么,分工能不能归结为生产力呢?从《形态》论述生产力与分工的关系的内容看,尽管分工与生产力有着密切的关系,但还是不能把分工简单地归结为生产力范畴。例如,马克思说:

　　各民族之间的相互关系取决于每一个民族的生产力、分工和内部交往的发展程度……一个民族的生产力发展水平，最明显地表现于该民族分工的发展程度。任何新的生产力，只要它不是迄今已知的生产力单纯的量的扩大（例如，开垦土地），都会引起分工的进一步发展。

　　一个民族内部的分工，首先引起工商业劳动同农业劳动的分离，从而也引起城乡的分离和城乡利益的对立。分工的进一步发展导致商业劳动同工业劳动的分离。同时，由于不同部门内部的分工，共同从事某种劳动的个人之间又形成不同的分工。这种种分工的相互关系取决于农业劳动和商业劳动的经营方式（父权制、奴隶制、等级、阶级）。

　　分工发展的不同阶段，同时也就是所有制的各种不同形式。这就是说，分工的每一个阶段还决定个人的与劳动材料、劳动工具和劳动产品有关的相互关系。①

　　从这些引述可以看出，一方面，分工的发展受生产力的发展决定，生产力发展水平表现为分工的发展程度，马克思正是在这个意义上提到"生产关系"术语，用它来表征与一定的生产力水平相应的分工状况。但作为生产力表现的分工含义的"生产关系"术语，却不是生产力的同义语，尽管生产力直接决定了生产中发生的分工关系，但它却是在人与自然关系中生成的人与人之间的经济关系，而并不是生产力范畴框定的人与自然的关系。另一方面，分工发展的不同阶段，同时也是所有制的各种不同形式。在这里，马克思所表达的最接近后来提出的"生产关系"概念的术语不是"交往关系"，而是"所有制形式"。即使在后来清晰表述的生产关系概念中，所有制形式也是其最主要的内容。而这里马克思对"所有制的各种不同形式"所做的解释正是"个人的与劳动材料、劳动工具和劳动产品有关的相互关系"。这个解释已经非常接近后来对生产关系内容的界定。也就是说，《形态》中可以作为后来的"生产关系"概念雏形的，不是"交往关系"术语，也不是"生产关系"术语，而是"所有制

———————
① 《马克思恩格斯选集》第1卷，人民出版社1995年版，第68页。

形式"术语。而这里的"生产关系"术语所表达的既不是生产力概念，也不是"所有制形式"或后来的"生产关系"概念，而是作为"生产力"和"所有制形式"的中间环节的分工形式。

由此可见，如果说在《形态》中已经有了生产力决定生产关系思想的萌芽，那么这个萌芽是通过生产力决定所有制形式的思想来体现的。而生产力作为人与自然之间关系的体现，它是如何决定作为人与人之间关系的所有制形式的呢？是通过分工。在《费尔巴哈章》中，马克思恩格斯系统叙述了所有制发展的各个形态和阶段，而分工就是贯穿这个过程的中间环节。分工何以能够成为生产力和所有制形式之间的中间环节呢？因为分工开始就发生在实际的生产过程中。物质生产过程本身是人与自然关系和人与人之间关系的统一，生产力即人与自然之间关系的发展必然表现为分工的发展。分工起初是出于生产的需要而发生的。而新的分工形式造就了新的所有制形式。分工本身就是在人与自然关系发展中生成的不同分工地位的人与人之间的社会关系。分工对生产力而言，是发生在人与自然关系中的每个个人对自然的关系；与此同时，分工使每个处于不同分工地位和行当中的个人之间产生了人与人之间的关系。因此，分工对所有制形式而言，是活动和活动的结果的关系，是实现人与自然关系向人与人之间关系的稳定形式——所有制形式转变的中介。

综上所述，《形态》中的"生产关系"术语不是指"生产力"或"人与自然的关系"，而是表述了在物质生产过程中发生的与生产的发展阶段密切相关的分工形式，这种分工形式体现的是在物质生产过程中产生的人与人之间的经济关系。在《形态》中更接近以后形成的"生产关系"概念的是"所有制形式"。如果说生产关系概念在马克思思想中有一个形成的过程的话，那么其萌芽状态已经在《形态》中出现了。生产关系术语因其已经意指"人与人之间的经济关系"，这是其可以在后来从经济学的角度加以确认并沿用的根据。从逻辑一致性的解读前提看，假定马克思忽而将"生产关系"术语用来表征"人与自然的关系"，忽而又用来表征"人与人之间的关系"；在同一文本中既用"生产力"术语表征"人与自然的关系"，又用"生产关系"术语表征"人与自然的关系"，是没有说服力的。

三　交往思想在被强化的"经典表述"阐释模式中被低估

《形态》中的交往思想先被误读为不成熟的"生产关系"概念，为了维护这种误读，又产生了把《形态》中的"生产关系"术语误读为生产力的情况。实际上，之所以会出现误读，是因为在解释文本之前已经形成了解释者珍爱的"前见"。这就是以"生产关系"概念为核心的历史唯物主义叙述体系。而这个叙述体系是在人们读到《形态》之前，先从《序言》那段"经典表述"中建构起来的。于是，《序言》成为解读《形态》的前见。两相对照，人们发现，《序言》和《形态》各有一段关于历史唯物主义的集中表述。① 这两段"经典表述"的大致思路一致，却又存在差异，最大的差异发生在"生产关系"和"交往形式"两个概念的所谓"替换"上。于是，《形态》中的"交往形式""交往关系"术语是不成熟的或"正在形成中的生产关系概念"的误读便似乎合情合理地产生了。

追溯按照《序言》经典表述阐释历史唯物主义基本原理的过程，我们看到的最早且影响最大的，当属列宁写于 1894 年春夏的长文《什么是"人民之友"以及他们是如何攻击社会民主党人的?》中的阐释。这部论战性的著作所反驳的，是俄国民粹派理论家米海洛夫斯基对历史唯物主义的质疑："马克思在哪一部著作中叙述了自己的唯物主义历史观呢?"在他看来，"这样的著作是没有的。不仅马克思没有这样的著作，而且在全部马克思主义文献中也没有这样的著作"。他"责备马克思，说他没有'重新审查'……一切关于历史过程的著名理论"。列宁针对他这一论点以及支持这一总论点的各种否定马克思和恩格斯有历史唯物主义理论的观点做了逐一反驳。列宁的基本观点是："凡是熟悉马克思的人，都会反问他：马克思在哪一部著作中没有叙述过自己的唯物主义历史观呢?"在具体论证中，列宁大段引述了《序言》的经典表述，并做了后来被简称为

---

① 《序言》的表述参见《马克思恩格斯选集》第 2 卷，人民出版社 1995 年版，第 32—33 页。《形态》的表述参见《马克思恩格斯选集》第 1 卷，人民出版社 1995 年版，第 92 页。这些都是大家熟知的段落，为节省篇幅，恕不引述。

"两个归结、一个过程"的重要发挥。① 在这一发挥中，生产关系概念因其构成一切社会关系的基础，是社会物质关系的标志，是划分社会形态的主要标准而被确立为历史唯物主义的核心概念。这一发挥可以说奠定了《序言》表述作为历史唯物主义权威表述的地位。

今天我们重读列宁的这部著作，禁不住要追问一个问题：列宁是否正面回答了米海洛夫斯基的问题？如果说历史唯物主义思想如列宁所说散见在马克思的几乎所有著作中，这些思想构成了马克思历史唯物主义的思想体系，但马克思本人或者恩格斯有没有一个相对集中而系统的叙述体系呢？在今天看来，相比于其他著作，《形态》恰恰是这样一个叙述体系。但是由于《形态》并没有公开发表，所以列宁未能看到。当然，提出这个问题的米海洛夫斯基也没有看到。上述米海洛夫斯基所苛求马克思的所有责难，在《形态》中其实都有一定程度的解决。在没有看到《形态》的情况下，可以作为依据的马克思本人对历史唯物主义的表述，最为系统和明确的文本当然就是《序言》了。在这样的背景下，列宁抓住《序言》的表述加以发挥，自然有其道理。但是，如果列宁看到了《形态》呢？他会舍弃《形态》而只强调《序言》吗？当然，历史没有"如果"，出于当时的时代背景和对历史唯物主义的迫切需要，列宁的强化《序言》表述的历史唯物主义阐释思路就在这篇战斗性极强的长文中诞生了。

在以《序言》表述为依据的历史唯物主义阐释框架业已形成的背景下，《形态》公开问世了。这就存在一个如何理顺《序言》和《形态》的关系问题。苏联学者尽管较早地编辑出版了《形态》，但在处理这个关系的问题上，却采取了以《序言》及其阐释模式来解读《形态》的做法，特别是用生产关系概念解读在《形态》中大量出现的交往关系、交往形式术语，认为它们是不成熟的生产关系概念。中文版的"说明"和"注释"正是照搬了这种做法。在这种阐释模式的支配和影响下，中国学者在很长时间内也不断强化以《序言》表述为框架的历史唯物主义阐述思路，并用这一思路和框架来理解《形态》中的交往思想。例如，虽然大多数论者承认《形态》"第一次对唯物主义历史观作了比较系统的阐述，标志着新的历史观的形成"，但因为《序言》的表述始终被认为是马克思对历史唯物主义基本原理的经典的"完整的表述"，而被各种教科书和文

---

① 参见《列宁选集》第 1 卷，人民出版社 1999 年版，第 5—15 页。

章反复加以引用和阐发。① 在很长时期，中国的历史唯物主义教科书没有把马克思的交往思想列入其中；晚近的一些教科书版本虽然引入了马克思的交往思想，但却是在以《序言》为根据的传统阐释体系的框架内把"交往的社会作用"作为一节，列入社会发展的动力一章中。② 可见，直到今天，人们越来越重视马克思在《形态》中表述的交往思想，但却依然在生产关系概念所导出的传统阐释体系内部给它一个与它的实际价值不相称的地位。

在马克思的普遍交往思想和世界历史理论越来越被重视的今天，把马克思在《形态》中系统表达的交往思想遮蔽在"生产关系"概念之中，排除在历史唯物主义的叙述体系之外，显然是漠视文本解释的"问题视阈"和"解释学处境"，③ 即拘泥于在过去的问题视阈中形成的解释模式和阐述思路，不能根据新的问题意识来重新解读文本，激活那些在当时更在当代具有重要意义的思想。我们认为，即使这些思想曾在过去的解读者甚至在文本创作者本人那里一度被忽略，在新的问题视阈中也有重新激活的合理性和必要性。事实上，毋庸讳言，列宁之所以以《序言》为根据阐述历史唯物主义，还受到了恩格斯在《费尔巴哈论》1888 年单行本序言的提示。恩格斯承认《形态》手稿特别是"费尔巴哈章"的内容是"阐述唯物主义历史观的"，但指出"这种阐述只是表明我们在经济史方面的知识是多么不够"；恩格斯还援引了马克思在《序言》中对《形态》的描述，马克思指出，"原稿……既然……达到了我们的主要目的——自己弄清问题，我们就情愿让原稿留给老鼠的牙齿去批判了"④。这些对《形态》的回忆中的评论，不仅提示了列宁，在今天仍然支持着维护以《序言》遮蔽《形态》、以生产关系遮蔽交往关系的历史唯物主义阐释模式的学者的执着，也使试图创新历史唯物主义阐释模式的学者望而却步。

---

① 参见田心铭《历史唯物主义基本原理的经典表述——马克思〈〈政治经济学批判〉序言〉研读》，《思想理论教育导刊》2011 年第 2 期。

② 参见赵家祥等主编《马克思主义哲学教程》，北京大学出版社 2003 年版。

③ 参见杨学功《超越哲学同质性神话——马克思哲学革命的当代解读》，北京大学出版社 2010 年版。其第二章"马克思哲学经典文本的当代解释"对"问题视阈"与"解释学处境"有清晰的阐述。

④ 参见《马克思恩格斯选集》第 4 卷，人民出版社 1995 年版，第 211—212 页。

　　这里我们遇到的一个前提性问题是，历史唯物主义阐释模式是不是只有一种？马克思在特定的理论背景下做出的某种表述是不是经典到排他的程度？列宁据此所强化的历史唯物主义阐释模式是不是唯一的阐述模式？无论是赞成这个表述及其阐释模式的还是反对这个模式的，都有很多论者事实上把它当作是维护或反对历史唯物主义本身的标志。人们争论着这种表述，究竟是"研究的指南"，还是"构造体系的诀窍"？是"历史过程的概述"，还是"万能的一般历史哲学公式"？是"教义"，还是"方法"？这些不仅是今天学者们争论的问题，也是马克思和恩格斯应对来自因这个表述而产生的误解而不断澄清的问题。

　　马克思在《序言》中提到了在 1847 年为反对普鲁东而写的《哲学的贫困》中已经有了一段关于历史唯物主义的表述。而马克思《序言》中没有提到，恩格斯在 1888 年重读《形态》时也没有特别注意的还有在《形态》中的表述。此外，马克思 1877 年所写的《给〈祖国纪事〉杂志编辑部的信》中对"批评家"把他关于西欧资本主义起源的概述彻底变成一般历史哲学的公式的做法看作是对他的侮辱，实际上是对他在《序言》中的表述作了重新说明和界定。恩格斯晚年的历史唯物主义通信，对《序言》表述中没有提到的和容易被误解的方面做了补充。可以这样看，也许马克思一生都在追求一个关于历史唯物主义的恰当的完整的表述，但事实上，他们的思想和表述总是在不同历史条件下、不同问题视阈中发生着改变。也就是说，历史唯物主义的最终的完整表述并没有完成，因而没有哪一个表述是可以超越时空成为阐述历史唯物主义的唯一文本依据。因此，历史唯物主义是需要后人的继续阐述的，而阐述依据的文本不同，对文本之间关系的理解不同，就可能有不同的思路和模式。

　　解释的客观性要求我们不能背离文本、背离文本之间的关联孤立地看待文本。而以《序言》表述为主要依据的阐释模式，恰恰误解了与《形态》文本的相关性，并在强化《序言》表述的权威地位的前提下，对《形态》及其交往思想作了低估和舍弃。而我们力图解除这种阐释模式对《形态》中交往思想的遮蔽，并不是出于纯粹追求解释客观性的学究式兴趣；正是今天所面临的普遍交往的世界历史进程，使我们不能无视最早从历史唯物主义立场系统论述普遍交往问题的思想体系的存在，也不能坐视一种本来包含丰富交往思想的历史唯物主义理论，被简化为脱离交往思想的理论形态。① 我们探索历史唯物主义的重新阐释不是依据主观的任意性，而是基于对文本作者所面临的普遍交往的世界历史情境的认同。我们越是融入全球化的世界历史时代，就越相信《形态》中以交往思想（内在地包含着生产关系）为核心的历史唯物主义理论一旦在重新阐释中被激活，就一定会焕发出更加强大的解释力。

① 本文的任务是分析《形态》中的交往思想被以《序言》表述为依据的历史唯物主义阐释模式的低估和遮蔽的文本误读和逻辑理路，为在新的问题视阈中更新历史唯物主义的阐释思路做一些前提性的工作。马克思在《形态》《哲学的贫困》和《序言》中都有关于历史唯物主义的经典表述，详细比较这三种表述并分析这三种表述之间的关系以及由此可能引发的新的历史唯物主义的阐述思路是另一篇论文的任务。

论《哲学的贫困》在马克思主义
哲学史中的价值与地位

戴圣鹏[*]

研究马克思主义哲学史，就无法绕开马克思主义经典作家的重要著作——《哲学的贫困》，之所以下如此定断，其原因就在于《哲学的贫困》在马克思主义哲学史上具有《1844 年经济学哲学手稿》以及《德意志意识形态》等马克思主义经典著作在马克思主义哲学或说新唯物主义哲学科学化过程中所不可具有的历史性地位与价值。

一

关于《哲学的贫困》在马克思主义哲学史中的价值与地位，马克思本人对《哲学的贫困》的评价与论述，是最具说服力的。马克思在 1859年写作的《〈政治经济学批判〉序言》中的一个评价就足以说明一切。马克思说："我们见解中有决定意义的论点，在我的 1847 年出版的为反对蒲鲁东而写的著作《哲学的贫困》中第一次作了科学的、虽然只是论战性的概述。"[①] 从马克思这个精简而明朗的论述中，我们可以知道，《哲学的贫困》是马克思自己所认为的第一部科学地概述其思想中有决定意义的论点的重要著作。从这个论述我们还可以做进一步的推论，虽然在《哲学的贫困》之前先完成的在当时并没有见诸出版的《德意志意识形态》在马克思新唯物主义哲学形成与发展中具有重要的历史意义，有人甚至把

　＊　戴圣鹏，华中师范大学马克思主义学院副教授。
　①　《马克思恩格斯选集》第 2 卷，人民出版社 2012 年版，第 4 页。

其称之为"第一部成熟的马克思主义著作"，认为其"标志着马克思主义哲学的形成"。但其相对于《哲学的贫困》而言，马克思本人并没有赋予其"第一部科学地概述其思想中有决定意义的论点的著作"这样一种价值定位，和由此在马克思主义哲学史上自然获得的历史地位。《哲学的贫困》表明了马克思新哲学在思想逻辑与表述上的科学化，而对于《德意志意识形态》而言，马克思本人既没有称它是其第一部著作①，更没有称它是第一部科学阐述其思想的著作。成熟的著作是建立在科学的论述基础之上的，不是科学的概述，就很难说是成熟的观点。也正是因为如此，《哲学的贫困》在马克思主义哲学史上的价值与地位可能是《德意志意识形态》无法比肩的，更是《黑格尔法哲学批判》（又称《克罗茨纳赫手稿》）、《1844 年经济学哲学手稿》《关于费尔巴哈的提纲》等无法相提并论的。但令人遗憾的是，《哲学的贫困》在马克思主义哲学发展史上的价值与地位，并没有引起人们的太多重视。在谈起马克思主义哲学时，不少学者似乎更重视《黑格尔法哲学批判》《1844 年经济学哲学手稿》《关于费尔巴哈的提纲》《德意志意识形态》等在马克思新唯物主义哲学形成与发展中的价值与地位，在论及马克思新哲学的重要思想时，在概述马克思新哲学思想中有决定意义的论点上并不太科学的这些著作，倒被认为是更能科学解读与把握马克思主义哲学思想的重要著作。相比于《德意志意识形态》而言，《哲学的贫困》在马克思主义哲学发展史中的价值与地位有被弱化与轻视的现象与趋势。之所以导致这种现象的产生，究其原因是多方面的，但不外乎有这么几种原因。第一种原因是，人们对《哲学的贫困》在马克思主义哲学史，特别是马克思新哲学思想的形成与发展中的价值与地位的认识不够深刻。第二种原因是在马克思哲学的研究中，有一种把马克思黑格尔化的现象与倾向，如果从黑格尔的哲学视角来解读马克思以及马克思的新哲学，那么《哲学的贫困》，相对于《黑格尔法哲学批判》《1844 年经济学哲学手稿》和《德意志意识形态》而言，其在马克思主义哲学史中的价值与地位必然被人为地估轻或忽视。第三种原因是在当今的马克思主义经典著作的研究中，学者们更多地把目光聚焦在《1844 年经济学哲学手稿》《德意志意识形态》《共产党宣言》和《资本

---

① 马克思认为其"第一部著作是对黑格尔法哲学的批判性的分析"。参见《马克思恩格斯选集》第 2 卷，人民出版社 2012 年版，第 4 页。

论》等著作上，而不太重视《哲学的贫困》。

马克思之所以把《哲学的贫困》视作其第一部科学地概述其思想中有决定意义的论点的著作，是有其深刻的原因的。在《哲学的贫困》中，马克思不仅科学地表述了其新哲学的重要原理，还科学地表明了其政治经济学的基本思想，不仅在观点概述上更为精炼与正确，在语言表述上也更为精确与成熟。因此，马克思在《哲学的贫困》中第一次科学地概述其思想中有决定意义的论点，奠定了马克思主义哲学思想体系的理论基石，为马克思主义哲学的健康发展与成熟打下了科学的思想根基。例如，马克思在《〈政治经济学批判〉序言》谈到了指导其研究工作的总的思想："人们在自己生活的社会生产中发生一定的、必然的、不以他们的意志为转移的关系，即同他们的物质生产力的一定发展阶段相适合的生产关系。这些生产关系的总和构成社会的经济结构，即有法律的和政治的上层建筑竖立其上并有一定的社会意识形式与之相适应的现实基础。物质生活的生产方式制约着整个社会生活、政治生活和精神生活的过程。不是人们的意识决定人们的存在，相反，是人们的社会存在决定人们的意识。社会的物质生产力发展到一定阶段，便同它们一直在其中运动的现存生产关系或财产关系（这只是生产关系的法律用语）发生矛盾。于是这些关系便由生产力的发展形式变成了生产力的桎梏。那时社会革命的时代就到来了。随着经济基础的变更，全部庞大的上层建筑也或慢或快地发生变革……"①马克思所谈到这些其研究工作的总思想或说其唯物主义历史观的基本原理，在《哲学的贫困》中，马克思就已经做了科学的概述。比如，在《哲学的贫困》中，马克思就论述过，人们生产力的一切变化必然引起他们的生产关系的变化。"社会关系和生产力密切相联。随着新生产力的获得，人们改变自己的生产方式，随着生产方式即谋生的方式的改变，人们也就会改变自己的一切社会关系。手推磨产生的是封建主的社会，蒸汽磨产生的是工业资本家的社会。"②

从思想渊源的角度讲，《哲学的贫困》不仅表明了马克思已基本走出黑格尔的思想影子，也科学地向世人阐述了其新哲学的核心思想。我们知道，在《德意志意识形态》中，特别是在《1844 年经济学哲学手稿》

① 《马克思恩格斯选集》第 2 卷，人民出版社 2012 年版，第 2—3 页。
② 《马克思恩格斯选集》第 1 卷，人民出版社 2012 年版，第 222 页。

中，马克思关于其新唯物主义哲学思想的表述，并不是十分的精确与科学，在一些有决定意义的论点上，其思想的表达与论述并不很成熟，在一些观点的论述与表达上仍带有明显的黑格尔或费尔巴哈的影子。例如，马克思恩格斯在《德意志意识形态》中就曾有过这样的论断："受到迄今为止一切历史阶段的生产力制约同时又反过来制约生产力的交往形式，就是市民社会。"① 这个论断既流露出马克思新哲学的思想，也反映出此时的马克思仍带有黑格尔的印迹。也正是因为如此，在一些学者看来，马克思并没有走出黑格尔的影子，仍是一个黑格尔化了的马克思。其实这样的解读与理解是有问题的，也是十分有害的。把马克思黑格尔化，认为马克思是一个黑格尔化的马克思，就必然会导致这样的一个结果，即会丧失马克思哲学的个性与独立性，特别是容易混淆马克思新唯物主义哲学与过去一切旧哲学的本质区别，也就在根本上否定了马克思新唯物主义哲学的"新"。马克思认为，《哲学的贫困》是其第一次科学地概述其思想中有决定性意义的论点的重要著作，也就是说，《哲学的贫困》是其第一次科学地概述与运用新唯物主义哲学思想中有决定性的观点或基本思想。也正是从这个意义上讲，《哲学的贫困》相对于以前的所有著作而言，是第一部科学地论述其新唯物主义哲学基本思想或核心观点的著作。从这个意义上讲，也可以说是马克思主义哲学史上的第一部成熟之作。在这以前的著作中，马克思也论述与表达过其新唯物主义哲学思想，但相对于《哲学的贫困》而言，在概述上仍缺乏科学性，在一些观点的语言表达上仍不太准确，容易让人产生认识上的雾水。因此，它们相对于《哲学的贫困》而言，在核心思想的概述与表达上是不成熟的。例如，在《德意志意识形态》中，马克思恩格斯关于"生产力"与"交往形式""交往关系""生产关系"之间的关系，就很容易给人造成理解与认识上的障碍。这种在涉及新唯物主义哲学思想中有决定意义的范畴或论点的表述上的不严谨性与不精确性，必然会影响人们对马克思主义哲学的科学把握与理解。因此，在马克思新唯物主义哲学思想中有决定性意义的观点的引证与引用上，《哲学的贫困》所概述的观点，显然要比《德意志意识形态》中的所论述的相关观点更具科学性与严谨性，以及更能正确地反映与传递马克思新唯物主义哲学的基本思想与本真精神。

---

① 《马克思恩格斯选集》第 1 卷，人民出版社 2012 年版，第 167 页。

二

《哲学的贫困》相对于《关于费尔巴哈的提纲》和《德意志意识形态》而言,特别是相对于《1844 年经济学哲学手稿》而言,马克思基本上构建了自己新哲学的理论话语体系。在《德意志意识形态》中,尤其是在《1844 年经济学哲学手稿》中,马克思新哲学的一些重要观点或基本思想的话语表述,仍没有摆脱或走出黑格尔哲学的话语体系领地,马克思新哲学的许多思想的表述以及表述语气,仍是借助于黑格尔哲学的话语表述或论述方式,甚至是直接借用黑格尔哲学的学术用语。例如,"异化""对象""市民社会""思维与存在"等。因此,从马克思的这两部著作所涉及马克思新哲学的核心观点的用语来看,马克思在其新哲学思想中有些决定性观点的表达上仍是一个带有很浓的黑格尔哲学语言味道的"青年黑格尔主义者",虽然在思想的内涵上或思想实质上,马克思已开始走出黑格尔哲学的思想领地,开拓自身的哲学的新思维与新内容。

众所周知,对于一个哲学体系而言,范畴以及范畴的用语表达,都是一个哲学思想体系大厦构建的基石。在《哲学的贫困》中,马克思在其新哲学思想体系的核心范畴的界定以及语言表达上,已基本迈出黑格尔哲学体系的范围,也可能正是因为如此,马克思在谈及其思想中有决定性的观点的科学概述上,并没有把我们十分器重并视之为马克思新哲学思想重要流露的《德意志意识形态》看作是其第一部科学地概述其思想中有决定性论点的重要著作。在《哲学的贫困》中,马克思唯物主义历史观思想中的决定性观点不仅在内容上臻于成熟,在用语表达形式上更是显得用词科学与合理,其奠定了马克思新哲学思想的话语基石,也表明马克思新哲学思想开始有了自己独立的话语表达方式和特有范畴。从这个意义上讲,《哲学的贫困》是马克思新世界观、新唯物主义哲学走向科学的第一部成熟之作,也是马克思主义哲学史中第一部科学论述其核心思想的著作。如果我们在《黑格尔法哲学批判》《1844 年经济学哲学手稿》《关于费尔巴哈的提纲》与《德意志意识形态》等马克思主义经典作家的经典著作中,看到了曾经黑格尔化了的马克思的影子,那么在《哲学的贫困》中,我们则几乎看到了已走出黑格尔哲学思想体系的马克思。借用某些人的话语来说，我们在《哲学的贫困》中，看到了一个与黑格尔相决裂的马克思。

在《哲学的贫困》中，我们不仅看到了一个走出黑格尔哲学思想领地的马克思，也同样看到了一个在思想上开始与形形色色的社会主义者及其倡导的社会主义理论撇清关系的马克思。《哲学的贫困》作为在马克思主义哲学发展史或马克思主义发展史上的第一部科学概述马克思新唯物主义哲学或唯物主义历史观中有决定性思想的著作，它的科学性不仅在于此时马克思已基本走出黑格尔的影子，还在于马克思借用此次与小资产阶级的代表人物——蒲鲁东的论战，表明了自己的阶级立场和理论所代表的阶级利益。在对蒲鲁东的《贫困的哲学》的论战与批判中，马克思第一次科学地向世人表明了自己新哲学的立场与观点，也在表明自己的立场与观点的同时，揭露了空想社会主义理论的精神实质，以及借以撇清了与各种社会主义思潮的关系。对于这一点在其稍后一点的著作——《共产党宣言》中更是做了系统的论述与刻骨的批判。也正是因为如此，我们可以说在《哲学的贫困》中，马克思第一次科学地通过对自己新世界、新哲学思想中的决定性观点的概述来表达其思想的革命性与科学性特征。马克思的新哲学不仅是革命的，还是科学的。正是因为它是革命的，所以它是科学的，也正是因为它是科学的，所以其也是革命的。在《哲学的贫困》中，马克思第一次向世人表明了其新思想、新世界观是革命性与科学性的统一。虽然当时流行的社会主义思潮，有人标榜其思想的革命性，但其革命性并没有伴随着科学性，也有人标榜其思想的科学性，但其科学性并没有表现出革命性的特征。因此，这些形形色色的社会主义思潮，在现实的生活中既无法证明其科学性也无法向人们显现其革命性，在遇到现实的问题时，都露出了其思想的原形，都表现出非科学性与非革命性的一面。马克思在《哲学的贫困》中，就是要揭露蒲鲁东思想的非科学性与非革命性，揭露其思想的虚伪性与欺骗性，揭露其思想的小资产阶级本质以及在现实的历史进程中所表现出来的反动性。马克思在《哲学的贫困》中，对蒲鲁东思想的阶级实质的揭露与批判，以及对自身新世界、新哲学核心观点的科学概述，对于我们科学地把握马克思新哲学的理论实质，科学地发展马克思主义哲学，具有重大的理论价值与实践意义。

三

马克思主义哲学是一个科学的思想体系，而《哲学的贫困》是马克思第一部科学地概述其思想中决定性观点的重要著作。因此，从这个意义上讲，《哲学的贫困》也是马克思主义哲学体系思想形成过程中产生的第一部科学概述其新哲学的核心思想的重要著作。可以这么说，无论是我们研究马克思主义哲学的基本原理与核心思想，还是我们发展马克思主义哲学，我们都应把《哲学的贫困》作为马克思科学阐述其新哲学思想的第一部开山之作。马克思在《哲学的贫困》中关于其新哲学的核心思想的科学概述，在马克思主义哲学发展过程中不仅具有稳定性，还具有连贯性。这些决定性论点以及其所体现的唯物主义历史观的核心思想，在马克思以后的著作中并没有发生什么改变。马克思关于生产力与生产关系的思想，马克思关于阶级斗争的思想，马克思关于社会革命的思想，在马克思以后的著作中都作为已成熟的概念或观点得到了具体的运用与发展。《哲学的贫困》作为马克思新哲学思想形成过程中的第一部科学表述其思想的有决定意义的观点的著作，不仅表明了《哲学的贫困》在马克思主义哲学形成过程中的里程碑式的意义，也表明了其作为第一部科学概述其思想核心观点的著作，在马克思主义哲学发展史中所具有的重要价值与突出地位。马克思新哲学核心思想或有决定性意义的论点的科学概述，是马克思主义哲学完成其理论科学化的关键一步，也是马克思主义哲学成为科学的理论体系走出的极为重要的一步。马克思主义哲学之所以是科学的，就是其核心观点或有决定性意义的观点的概述的科学化，没有科学的核心观点，就不会有科学的理论体系，更不会有马克思新哲学思想所内具的革命性特征。要科学地研究与发展马克思主义哲学，就无法绕开《哲学的贫困》。探寻马克思主义哲学的科学性，就应从《哲学的贫困》中去寻找答案。没有马克思在《哲学的贫困》中科学地概述其思想中的核心观点或说有决定性意义的论点，并通过与小资产阶级的代言人——蒲鲁东的论战来表明自己思想的阶级立场与阶级观点，就不会有《共产党宣言》的诞生。马克思恩格斯之所以能够在很短的时间内完成具有重大历史意义的宏著——《共产党宣言》，除了其与无产阶级以及革命实践有重大关系之外，马克思在《哲学的贫困》中科学概述其新哲学的核心思想，也是写作《共产党宣言》的重要思想铺垫。没有马克思科学地概述其思想中的有决定性的论点，就不会有《共产党宣言》中马克思新哲学思想的科学表达。虽然马克思恩格斯在其后为再版《共产党宣言》的序言中，认为《共产党宣言》中的一些具体方法与措施因为社会历史条件的改变而已过时与失效，但作为在《哲学的贫困》中已经形成的并在《共产党宣言》中再次论述与运用的有决定性的论点或核心思想，仍具有科学意义与革命价值。《哲学的贫困》中已表达的科学性概述以及由此形成的核心思想，作为马克思唯物主义历史观的基本原理，始终贯穿于《哲学的贫困》以后的重要著作之中。

马克思把《哲学的贫困》视为第一部科学概述其思想中有决定性的论点的重要著作，也告诉我们，《哲学的贫困》是马克思主义哲学在其形成与发展的过程中，是对新世界观的天才萌芽——《关于费尔巴哈的提纲》以及《1844 年经济学哲学手稿》《德意志意识形态》的科学发展与进一步完善。在《关于费尔巴哈的提纲》和《德意志意识形态》中，马克思的新世界观、新哲学的思想就已流露出来，在《德意志意识形态》中，马克思的新世界观、新哲学思想已见雏形，但在一些有决定性观点的表述上仍不太明确，甚至给人产生一种理解与认识上的紊乱。这种表述上的不精确性，以及概念使用上的不明朗性，很容易给人造成一种马克思在论述其新哲学思想上的不严谨感和不科学性的认识。因此，如何科学地概述马克思新哲学思想，必然是马克思所面临的首要问题。马克思新唯物主义哲学思想虽在《哲学的贫困》之前就已流露出来并初步成形，但并没有得到科学化的概述。如果把《关于费尔巴哈的提纲》视为马克思新世界观或新哲学的天才萌芽的话，那么《德意志意识形态》则可以视为马克思新世界观与新哲学思想萌发新枝的开始，而《哲学的贫困》则可以视为马克思新世界观与新哲学思想的开花结果初始阶段。当我们注意到在《德意志意识形态》中马克思的很多思想以不成熟的形式出现时，而在《哲学的贫困》中则以成熟的形式表现出来。通过对《哲学的贫困》与《德意志意识形态》中有关马克思新哲学中的基本思想与核心观点的论述来看，马克思在《德意志意识形态》中的有些表述显得有些混乱，而在《哲学的贫困》中则是明晰与精确的。从这个角度讲，《哲学的贫困》相比于《德意志意识形态》而言，其在马克思主义哲学发展史中的地位是《德意志意识形态》无法与之媲美的。在当前，我们要发展马克思主义，要科学地发展马克思主义哲学,《哲学的贫困》中有关科学地概述马克思主义哲学思想中有决定性的论点,是我们科学发展马克思主义哲学基本思想与核心观点的重要思想来源与理论支撑。马克思在《哲学的贫困》中所科学概述的核心思想与观点,有利于我们分辨出马克思在此之前的著作中,哪些观点的概述是符合马克思新哲学的思想实质的,哪些是与马克思新哲学思想的精神本质不太一致的。科学地发展马克思主义哲学的基本思想,就必须建立在马克思对其核心思想与有决定性的观点的科学认识与概述的基础之上。发展马克思主义哲学,自然不能建立在对马克思新哲学思想的非科学概述上,因为只有更为科学的认识与理解,才更有利于马克思主义哲学的科学发展。

总而言之,《哲学的贫困》作为马克思第一部科学概述其思想中有决定性论点的重要著作,在马克思主义哲学史上具有十分重要的理论价值与历史地位。它是《德意志意识形态》的进一步发展,也是《共产党宣言》问世之前的铺垫之作。它是马克思主义哲学理论体系走向科学理论体系的关键一步,是马克思主义哲学发展史上科学地概述其新哲学思想中的决定性观点的开山之作,也是马克思论述其科学社会主义思想的重磅之作。从这个意义上讲,《哲学的贫困》为我们研究马克思主义哲学的科学化历程提供了重要的理论资源,也为我们科学地发展马克思主义哲学提供了重要的思想宝库。《哲学的贫困》是马克思主义哲学形成史上的里程碑式著作,也是我们科学地发展马克思主义哲学的典范之作。注重《哲学的贫困》在马克思主义哲学史中的价值与地位,对于我们科学地发展马克思主义哲学,具有十分重要的理论价值与实践意义。

物的依赖关系与市民社会的
经济学—哲学批判
——新版《政治经济学批判大纲》研究

*仰海峰**

在《政治经济学批判大纲》中，有一个经常引起大家关注的话题，即三大社会形态与个人的全面发展问题。在中文第一版中，这部分内容被冠以"既不同于资本主义以前的各社会形态又不同于未来的共产主义社会的资产阶级社会的一般特征""资产阶级社会条件下社会关系的物化""价值的货币形式因交换的发展而发展。资产阶级社会中生产的社会性和共产主义制度下生产的社会性的区别"这三个标题。[①] 中文 1 版是根据历史考证版第一版编排的。这一版本于 1939 年和 1941 年在莫斯科分两册出版。编者在出版时既增加了标题《政治经济学批判大纲（草稿）》（由于这一标题已经得到了学界的普遍承认，本文继续沿用），又将笔记进行了分解，并分别加上了各节的小标题。中文 2 版根据历史考证第二版翻译，去掉了原来由俄文编者所加的许多标题，上文提到的这三部分内容，标题被取消并被重新置于笔记之中。[②] 对于这一部分的内容，现有的研究主要关注的是社会三大形态与个人的全面发展问题，对其他问题还缺乏更为深

 * 仰海峰，北京大学哲学系教授。本文为 2012 年度国家社科基金重大项目"当今时代文化发展的新特点新趋势研究"（项目批准号：12&ZD009）的阶段性成果，国家社科基金项目"马克思主义哲学的当代发展研究"（项目批准号：10BZX001）的阶段性成果；北京市社科基金项目"《资本论》与历史唯物主义的新探索"（项目批准号：12ZXB003）的阶段性成果。

 ① 参见《马克思恩格斯全集》第 46 卷（上），人民出版社 1979 年版，第 112—121 页。

 ② 参见《马克思恩格斯全集》第 30 卷，人民出版社 1995 年版，第 105—124 页。

入的讨论，特别是对文本本身的内在对话语境缺少分析，从而难以展示马克思思想的丰富内涵。按照我的思路，在这一部分马克思再次回到了黑格尔的市民社会理论，并在新的基础上实现了对黑格尔市民社会理论的超越，也只有在这个基础上，我们才能理解个人的全面发展问题。也正是在这一回归与超越之中，我们才能更清晰地看到马克思与黑格尔的联系与区别，从而加深对马克思思想的理解。

一　黑格尔市民社会理论的经济学—哲学分析

黑格尔的市民社会理论主要集中于《法哲学原理》一书。这本书将法看作是人的自由意志的体现，作为自由意志的直接存在即存在形式就是抽象法；当意志从外部定在出发在自身中反思并将自身规定为与普遍性对立的单一主观性时，这就是道德领域；在道德阶段，自由意志与外部世界还没能实现内在的统一，只是到了伦理领域，这个统一才得以实现。在伦理领域中，其直接性的存在是家庭，其分裂或现象界是市民社会，伦理的最终实现载体是国家。对市民社会的讨论就是在伦理部分的逻辑构架中展开的。

为了理解黑格尔的市民社会理论，我们先需要对这本书做一个总体的定位。按照我的理解，黑格尔关于法的理念的描述是以现代社会为基础的，或者说他所描述的法的理念是近代资本主义社会的法的理念。在导论中，黑格尔一开始就指出，法哲学以法的理念及其展开为对象，法的理念是自由。现代意义上的自由理念是以"人"的确立为基础，这正是现代法与过去存在的法，特别是与当时经常引证的罗马法的区别。"罗马法就不可能对人下定义，因为奴隶并不包括在人之内，奴隶等级的存在实已破坏了人的概念。"[1] 现代人是具有自我意识的人，在法的意义上就是以自由独立的人格存在的人，这种人正是资本主义社会存在的人，这种人格是建立现代所有权的基础。在现代所有权中，"物的真实的实体性就在这种价值中获得规定，而成为意识的对象。我作为物的完全所有者，既是价值的所有者，同时又是使用的所有者"[2]。这种价值占有意义上的所有权完

---

[1]　[德] 黑格尔：《法哲学原理》，范扬、张企泰译，商务印书馆1961年版，第2页。
[2]　同上书，第70页。

全不同于过去的所有权，如享有采邑者的所有权，这些人仅仅是物的有用性的所有者，而不是价值的所有者。物的价值体现了对物的质性的抽象，这种抽象在货币中得到体现。"在财产方面，由质的规定性所产生的量的规定性，便是价值。在这里质的东西对量给以定量，而且在量中既被废弃同时又被保存。"① 从这个意义上来理解价值，价值就体现为一种符号，这是货币的具体存在形式。这也意味着，在现代所有权中，只有能够转化为货币的物才是真实被占有的物，"我们可能一般地是物的所有人，而同时却不是物的价值所有人；不能出卖或质押其物的家庭，就不是价值的所有人。但是，由于这种所有权的形式不符合所有权的概念，所以对所有权的这些限制（采邑、信托遗赠），多半在消逝中"②。也就是说，现代所有权的发展，必然导致传统社会的瓦解。这个论述，有点类似于马克思在《共产党宣言》中关于资本主义与封建社会关系的描述。

正是在现代所有权中，才能产生现代意义上的雇佣劳动。当一切都以货币为中介时，人本身也必须成为能被货币中介的对象，占有表现为将自己有的东西转让出去而占有货币的东西，这正是劳动力交换的特性。"我可以把我身体和精神的特殊技能以及活动能力的个别产品让与他人，也可以把这种能力在一定时间上的使用让与他人，因为这种能力由于一定限制，对我的整体和普遍性保持一种外在关系。"③ 这种被转让的"力"与我相区别，并与奴隶制意义上的身体转让不同。这种转让可以形成一种契约关系，其核心是一种价值互换关系。"因为实在的契约中，当事人每一方所保持的是他用以订立契约而同时予以放弃的同一个所有权，所以，那个永恒同一的东西，作为在契约中自在地存在的所有权，与外在物是有区别的，外在物因交换而其所有人变更了。上述永恒同一的东西就是价值。"④ 黑格尔以法哲学的形式揭示了现代契约的经济学内容。

上面我们所讨论的是法的前提问题，很显然这个前提具有政治经济学的底蕴。在"市民社会"部分，这种经济学—哲学的分析是整个讨论的

---

① ［德］黑格尔：《法哲学原理》，范扬、张企泰译，商务印书馆1961年版，第71页。
② 同上。
③ 同上书，第75页。
④ 同上书，第83—84页。

基础。

黑格尔没有对市民社会下一个定义,但在这一章的第一节即第 182 节,他对市民社会做了一些界定。第一,在法的概念的自我展开中,市民社会处于家庭与国家之间,以国家为前提,属于抽象普遍的一个阶段;第二,在历史的意义上,市民社会是在传统社会瓦解与现代世界的发展中形成的;第三,在市民社会中,每个人都以自身为目的,其他一切在特殊的个体看来都是虚无;第四,个人要想实现自己的目的,就必须以他人为中介,用哲学的话说就是特殊性要以普遍性为中介与他人发生关系,从而构成形式上的普遍性,在满足他人福利的同时,也满足自己;第五,正是这种利己性目的的存在及其现实制约,个人的生活与权力总是与他人交织在一起,这就需要一个体现真正理性的国家,将这种形式普遍性转化为真正的普遍性。①

在市民社会的结构上,黑格尔认为包括三个环节:"第一、通过个人的劳动以及通过其他一切人的劳动与需要的满足,使需要得到中介,个人得到满足——即需要的体系。第二、包含在上列体系中的自由这一普遍物的现实性——即通过司法对所有权的保护。第三、通过警察与同业公会,来预防遗留在上列两体系中的偶然性,并把特殊利益作为共同利益予以关怀。"② 这是以政治经济学为基础的市民社会的结构分析。劳动与需要,是政治经济学的核心范畴。"政治经济学就是从上述需要和劳动的观点出发、然后按照群众关系和群众运动的质和量的规定性以及它们的复杂性来阐明这些关系和运动的一门科学。"③ 古典政治经济学也将现代意义上的劳动看作是人类社会存在的基础,从而赋予其人类学的意蕴。黑格尔在《精神现象学》中对劳动的意义做过哲学的提升。在他看来,正是在劳动过程中,人通过陶冶自然而改变了人本身,既将自身对象化,也将对象人化,并在承认他人的同时也承认了自身,从而促进了自我意识的形成。这种自我意识的构成,其核心内容是两个独立个体之间的相互承认,这种相互承认按照《法哲学原理》的话来说,就是两个具有自由意志的人之间

---

① 参见 [德] 黑格尔《法哲学原理》,范扬、张企泰译,商务印书馆 1961 年版,第 197 页。

② 同上书,第 203 页。

③ 同上书,第 204 页。

的承认。所以当黑格尔以劳动作为现代市民社会的结构环节时，这是对古典政治经济学劳动价值论的哲学论证。这一意义同样适用于需要。在政治经济学的讨论中，需要与人的自然本性相关。按照斯密的论述，分工源自于人互通有无的需要。也正是在这种互通有无中，人的需要才能得到满足。如果用哲学的话来说，也正是在这种互通有无中，特殊的个体获得了形式的普遍性规定。

当然，黑格尔并没有像政治经济学家那样，完全认同劳动与需要的肯定意义。在黑格尔看来，在需要领域中一方面包含着在事物中促进合理性的东西；另一方面这一领域又是主观目的和道德意见发泄不满的场地。劳动也是如此。一方面，以分工为基础的劳动提高了人的技能，增加了生产量，从而创造出更多的满足需要的产品；另一方面，生产的抽象化易使人越来越机械化，使人们之间的关系越来越具有一种外在的必然性。这也意味着，现代市民社会本身是一个内含悖论的体系，实际上，黑格尔关于市民社会与国家理论就是围绕着这一悖论展开的。黑格尔关于同业公会、警察等的讨论就是想在形式普遍性到具体普遍性之间构建通道，同业公会是从下向上的中介，警察则是从上而下的中介。比如在讨论到警察的必然性时，黑格尔认为："当日常需要无限地繁复起来和交叉起来的时候，无论从生产和交换满足需要的手段说——其实每个人都指望能顺利地得到满足——或是从尽可能减省就这方面的调查和洽商工作说，都会产生属于共同利益的方面，其中一个人所做的事同时也为了大家；此外，也会产生供共同使用的手段和设施。这些普遍事务和公益设施都要求公共权力予以监督和管理。"[1] 这时，警察就成为个人与普遍可能性之间的中介，为达成个人目的的普遍性提供了可能。当然，伦理精神的最后实现是在国家中。"国家是伦理理念的现实——是作为显示出来的、自知的实体性意志的伦理精神"，"国家是绝对自在自为的理性东西，因为它是实体性意志的现实，它在被提升到普遍性的特殊自我意识中具有这种现实性"[2]。只有国家才能解决现代市民社会的难题。将国家提升到市民社会之上，而不是看作个体契约的产物，或者看作市民社会的守夜人，这是黑格尔哲学回到历史时的必然结论。

---

① ［德］黑格尔：《法哲学原理》，范扬、张企泰译，商务印书馆1961年版，第259页。

② 同上书，第253页。

黑格尔的市民社会理论，体现出英国政治经济学、法国政治学和德国哲学传统的融合。根据日本学者望月清司的考察，德语中"市民"（Bürger）原指"城市"（在中世纪是"城堡"）中的居民，他们不仅有居住权，而且有市民权。但这里的市民带有"特权"的意味。这种带有特权的市民当然不是现代意义上的同权市民。黑格尔借用了德语中的"市民"概念，但对其赋予同权的含义。① 从关于法的概念的讨论中，我们可以看出，当黑格尔以自由意志作为法的核心时，作为市民的"人"就是平等而自由的。这种意义上的自由正是英国的政治经济学、法国的哲学与政治中所彰显的东西。在进一步的分析中，黑格尔又从政治经济学出发来揭示市民社会的结构，而不仅仅从法的形而上学视角来讨论，这使得黑格尔的市民社会理论深入到了政治经济学的语境之中，这里的市民社会是一种人人平等、崇尚现代财产所有权的市民社会（civil society）。但是当黑格尔以国家作为归结点时，又体现了黑格尔对英国政治经济学与法国自由理念的批判。法国大革命强调个体的自由，这是摆脱束缚的自由，但黑格尔认为，这种自由是摆脱一切界限的抽象自由，"如果意志的自我规定仅在于此，或观念把这一方面本身看作自由而予以坚持，那末这就是否定的自由或理智所了解的自由。"② 这种狂热的自由观念只能带来破坏性。而他对劳动与需要的分析，表明斯密式的市民社会也不是理想的市民社会，劳动分工虽然能够促进财富的增长和人的能力的发展，但也会导致人的机械化，建立在劳动分工基础上的市民社会，易堕落为一切人对一切人的战争的战场，只有在伦理国家中，市民社会才能成为伦理的实现条件。这正是借助于德国理念对英国政治经济学和法国自由哲学的批判。这也表明，对黑格尔的市民社会理论，需要借助于经济学—哲学分析，才能真正理解。

二　马克思的市民社会理论从《黑格尔法哲学批判》到《政治经济学批判大纲》

马克思对黑格尔市民社会理论的关注最先表现在《黑格尔法哲学批

---

① 参见［日］望月清司《马克思历史理论的研究》，韩立新译，北京师范大学出版社 2009 年版，第 10—19 页。

② ［德］黑格尔：《法哲学原理》，范扬、张企泰译，商务印书馆 1961 年版，第 14 页。

判》中。相比于市民社会理论而言，在这一文本中，马克思更为关心的是黑格尔国家理论及其错误。马克思的批判主要体现为以下三点：第一，他从费尔巴哈的主宾颠倒的方法出发，认为是市民社会决定国家而不是国家决定市民社会，批判黑格尔哲学的神秘性。当黑格尔以理念为主体，将国家看作是理念的现实体现而使之凌驾于市民社会之上时，这正是其国家理论上的形而上学。第二，批判黑格尔国家理论的二元论。比如黑格尔既想以同业公会等组织防止官僚机构的集权化，但又认为同业公会是反国家的，需要加以引导，因此"对同业公会的管理包含着下述的对立：特殊领域的私有财产和利益反对国家的最高利益——私有财产和国家之间的对立"①。黑格尔只是实现了对这种对立的调和，而没有真正解决这种对立。第三，马克思强调人民是国家的主体。马克思认为只有以人民作为国家的主体，才能消除国家与市民社会的矛盾。马克思的整个批判关注的是黑格尔《法哲学原理》中的国家部分，而对于市民社会部分则没有论及。按照我的理解，马克思此时没有理解黑格尔。黑格尔的国家理论与其市民社会理论相关，他对市民社会的分析建立在政治经济学的基础上，当马克思不能真正地进入到政治经济学语境时，马克思就无法理解黑格尔的市民社会理论，这也决定了马克思除了在原则高度批判黑格尔的国家理论之外，无法真正地揭示这两者间的内在关系。更为重要的是，如果市民社会决定国家，那么怎样分析市民社会就是马克思所要面对的根本问题，而要做到这一点，马克思就必须进入到政治经济学的语境中，这一任务对于当时的马克思来说，还无法做到。马克思后来在《〈政治经济学批判〉序言》中所回顾的研究过程，倒是真实反映了其当时的思想状态。

到了巴黎之后，马克思开始研究政治经济学，形成了以《1844年经济学哲学手稿》和《穆勒笔记》为核心的文本群（关于这一文本群的结构关系，学界已有很多讨论，这里不再描述），这是马克思建构市民社会理论的起点。虽然在这些文本群中，马克思很少使用"市民社会"的概念，而是使用"社会"概念，但如果考虑到从劳动分工出发来剖析市民社会，正是斯密以来的一个重要传统的话，那么，马克思的这些讨论关注的正是此前所没有关注、但对于马克思的思想来说又是至关重要的"市民社会"问题［望月清司对马克思在这一时期没有使用市民社会一词的

① 《马克思恩格斯全集》第3卷，人民出版社2002年版，第62—63页。

解释是："这一奇妙的现象并不意味着马克思暂时——当时也许是永远——放弃了'市民社会'概念，正好相反，它表明了马克思那一不寻常的决心：要从一个对自己而言全新的角度，即'国家经济学'——英国政治经济学——来重新获得自己早已在批判黑格尔时习惯了的那一'市民社会'概念……毫无疑问，留给马克思的艰巨任务是放弃沾有黑格尔体臭的'市民社会'（die bürgerliche Gesellschaft），彻底解读英国经济学所表象的'市民社会'（civil soceity）]"①。在这些文本中，马克思从经济学出发来探讨市民社会的结构与特征，而这里所讲的市民社会正是黑格尔所使用的市民社会，但其内容已经是政治经济学所要讨论的市民社会。在《1844 年经济学哲学手稿》的第三笔记本关于"分工"的片断中，马克思一开始就指出："在国民经济学家看来，社会就是市民社会，在这里任何个人都是各种需要的整体，并且就人人互为手段而言，个人只为别人而存在，别人也只为他而存在。"② 这里的"市民社会"一词，在原文中就是 bürgerliche Gesellschaft，但它已具有了斯密意义上的"市民社会"一词的内涵。对于市民社会的这一描述，我们在黑格尔《法哲学原理》中可以找到类似的表述："在市民社会中，每个人都以自身为目的，其他一切在他看来都是虚无。但是，如果他不同别人发生关系，他就不能达到他的全部目的，因此，其他人便成为特殊的人达到目的的手段。"③ 当然黑格尔是从批评的意义上来讨论这一特征的。这也可以看出，马克思在进入政治经济学研究之后，才真正进入黑格尔市民社会理论的语境。

在这一文本群中，马克思关于市民社会的讨论可以概括为如下几点。

第一，现代市民是以劳动分工为基础的商业社会。以劳动作为现代社会的本质特征，这是政治经济学的重要贡献，劳动价值论就是对这一问题的最好表述。马克思在《1844 年经济学哲学手稿》的第一手稿中就通过异化劳动理论对此进行了表述。正是以劳动为基础，现代社会在经济学上体现为以贸易与交换为特征的社会。"国民经济学以交换和贸易的形式来探讨人们的社会联系或他们的积极实现着的人的本质，探讨他们在类生活

---

① 参见 [日] 望月清司《马克思历史理论的研究》，韩立新译，北京师范大学出版社 2009 年版，第 37 页。

② 《马克思恩格斯全集》第 3 卷，人民出版社 2002 年版，第 353 页。

③ [德] 黑格尔：《法哲学原理》，范扬、张企泰译，商务印书馆 1961 年版，第 197 页。

中、在真正的人的生活中的相互补充。"① 从商业出发来理解市民社会，这体现了马克思思路的重要转变。

第二，现代社会既通过劳动将人的本质力量对象化，促进了人们之间的交往，又通过劳动使人与其本质异化。从劳动出发来揭示现代社会的秘密，这是政治经济学与黑格尔市民社会理论的重要特征。虽然李嘉图无意中揭示了三大阶级之间的矛盾和对立，但政治经济学从总体上来说是在完全肯定的意义上论述劳动的。黑格尔看到了劳动的否定意义，但同时认为这种否定是精神外化的必然阶段，所以他认为这种否定的意义是可以忽略的。对此马克思指出，黑格尔只看到了劳动的肯定方面，而没有看到劳动的否定方面，即劳动异化，他的劳动异化理论就是对此的描述。如果从黑格尔市民社会理论与马克思的关系来说，当马克思抓住了"劳动"这一概念时，马克思才真正地将政治经济学与黑格尔哲学联系起来，他才能真正地批判黑格尔的《法哲学原理》。当然，就"异化劳动"理论本身的建构而言，马克思又经历了许多的理论中介，在这里我们不再讨论。

第三，要进一步理解现代劳动，就必须进入到分工中，分工推动着劳动体系的建构与现代社会的形成与发展。从分工出发来描述现代社会劳动结构以及这种劳动结构对市民社会的作用，这是斯密的重要思想。黑格尔的劳动体系的思想正是对斯密这一思想的哲学表述，并从德国哲学的高度对分工所导致的机械化问题进行了批判。在黑格尔看来，分工促进了生产力的提高，有利于人的能力的发展，但同时，分工也会使人越来越机械化，无法真正地促进自由意志的自在自为的实现。这一思维方式也影响到马克思对分工问题的看法。从《1844 年经济学哲学手稿》笔记群开始，马克思就对分工进行了同样的批评。如在《1844 年经济学哲学手稿》中，马克思这样论述分工："一方面随着分工的扩大，另一方面随着资本的积累，工人日益完全依赖于劳动，依赖于一定的、极其片面的、机器般的劳动。"② 对分工的这一立场，实际上贯穿于马克思思想的始终。

第四，现代社会是不平等的社会，三大阶级构成了其基本的等级结构，它们之间处于一种对立的关系。揭示三大社会阶级的存在及其矛盾，这是李嘉图经济学的重要成果之一。在《法哲学原理》中，黑格尔讨论

---

① 《马克思恩格斯全集》第 42 卷，人民出版社 1979 年版，第 25 页。
② 《马克思恩格斯全集》第 3 卷，人民出版社 2002 年版，第 228 页。

的是"等级",这里的等级具有"共同体"的特性,体现了独立个人之间的外在普遍性,具有纠正市民社会自私自利特性的作用。马克思从经济学出发,关注的是三大阶级之间的对立关系,揭示的是市民社会本身无法调和的矛盾。这是马克思与黑格尔在市民社会阶级结构上的重要区别。

第五,以社会主义(共产主义)扬弃异化的现代社会,只有在新社会中,人的本质力量才能完全实现。社会主义与共产主义,是《1844年经济学哲学手稿》这一文本群中马克思对未来理想社会的称谓。这种社会主义是在私有财产的运动中生成的,这一生成的社会"创造着具有人的本质的这种全部丰富性的人,创造着具有丰富的、全面而深刻的感觉的人作为这个社会的恒久的现实"①。对于这种社会主义的人来说,"整个所谓世界历史不外是人通过人的劳动而诞生的过程,是自然界对人来说的生成过程"②。因而,"共产主义是私有财产即人的自我异化的积极的扬弃,因而是通过人并且为了人而对人的本质的真正占有;因此,它是向人自身、向社会的即合乎人性的人的复归。这种复归是完全的,自觉的和在以往发展的全部财富的范围内的生成。这种共产主义,作为完成了的自然主义=人道主义,而作为完成了的人道主义=自然主义,它是人和自然界之间、人和人之间的矛盾的真正解决,是存在和本质、对象化和自我确证、自由和必然、个体和类之间的斗争的真正解决"③。如果将马克思的这些论述与黑格尔的论述加以比较,我们可以看出马克思在市民社会问题上与黑格尔的重大差别。按照黑格尔的思路,市民社会的问题不可能在市民社会内部解决,只有国家理性中才能实现存在和本质、自由和必然、个体和类之间的一致,国家必然成为市民社会的本质规定。马克思则相反。马克思一方面重申了《黑格尔法哲学批判》中的思想,强调市民社会决定国家,这也意味着市民社会问题的解决才能真正解决国家层面的问题,另一方面,马克思指出市民社会的问题需要在市民社会自身中解决。马克思在这里所谓的社会主义与共产主义社会,更具有"市民社会"的性质,但这是与"市民社会"完全不同的另一种社会结构,在《关于费尔巴哈的提纲》中,马克思以"市民社会"和"社会化的人类"来区别。而要理

---

① 《马克思恩格斯全集》第3卷,人民出版社2002年版,第306页。

② 同上书,第310页。

③ 同上书,第297页。

解这一新的社会结构，前提是要理解现有的市民社会的结构。

从上面的描述中可以看出，马克思在《1844 年经济学哲学手稿》文本群中才开始真正地深入黑格尔思想中。这种理解是两方面的：一是进入到黑格尔思想的语境中；一是力图超越黑格尔的思想逻辑。也正是在这一双重维度上，马克思才能理解现代市民社会。当然，在《1844 年经济学哲学手稿》文本群中，马克思虽然抓住了黑格尔市民社会理论的核心，并以政治经济学作为自己的理论基点，但此时的马克思还没有真正地理解和超越古典政治经济学，马克思也还不能真正地揭示出市民社会本身的矛盾结构。

虽然对市民社会的讨论构成了马克思思想进程的重要线索，但只是到《德意志意识形态》中，马克思才对市民社会进行了界定。"市民社会包括各个人在生产力发展的一定阶段上的一切物质交往。它包括该阶段的整个商业生活和工业生活，因此它超出了国家和民族的范围，尽管另一方面它对外仍必须作为民族起作用，对内仍必须组成为国家。'市民社会'这一用语是在 18 世纪产生的，当时财产关系已经摆脱了古典古代的和中世纪的共同体〔Gemeinwesen〕。真正的市民社会只是随同资产阶级发展起来的；但是市民社会这一名称始终标志着直接从生产和交往中发展起来的社会组织，这种社会组织在一切时代都构成国家的基础以及任何其他的观念的上层建筑的基础。"① 这是马克思对市民社会理论的一次重要描述。结合《德意志意识形态》的全文，马克思对市民社会的分析可归结为以下几点：第一，从研究方法来说，必须从现代生产出发来描述和理解市民社会，而不是从观念出发将之看作是理念的现实体现；第二，市民社会是近代社会的产物，它与资本生产直接联系在一起；第三，以分工和生产为内在物质动力的市民社会具有世界历史的特性；第四，市民社会构成了现代国家的基础，生产力、生产与交往关系构成了市民社会的主要内容；第五，在现实的市民社会结构中，分工与生产建构出人的异化存在，但同时也是自主活动得以发生的现实基础，这就为超越与扬弃市民社会提供了基础；第六，未来共产主义社会是取代市民社会的另一个社会阶段；第七，共产主义社会是扬弃现实阶级对立的社会。

在《德意志意识形态》与《大纲》之间，马克思对市民社会与国家关系问题还有过论述。在我看来，核心理念存在于《路易·波拿巴的雾

---

① 《马克思恩格斯选集》第 1 卷，人民出版社 1995 年版，第 130—131 页。

月十八日》《1848—1850 年的法兰西阶级斗争》等著作中。在这些文献中，值得我们关注的一个核心理念是：虽然从总体上而言，市民社会决定国家，但在资本主义的实际发展中，存在着一个君主专制阶段，而正是在这个阶段，国家的权力对于资本的发展来说起着至关重要的作用。这个问题似乎又印证了黑格尔的理论。这又再一次表明，对于国家与市民社会的关系并不能做一种机械的理解，而是要在历史性的语境中进行揭示。在这一问题上，李斯特对于斯密的批评是值得考虑的：李斯特批评斯密的自由贸易思想，他认为斯密的论证掩盖了英国曾经存在过的国家对市场的保护阶段，而这一阶段是现代经济发展过程中许多国家都曾经历的阶段。当斯密提倡自由贸易时，恰好表明英国已经走了这一阶段，而对于德国来说，要发展自己则必须经历这一阶段。他的贸易保护理论正是在这样的语境中提出来的。这是从资本主义发展视角提出的问题。马克思在《评〈李斯特〉》以及《哲学的贫困》等文章中，都对李斯特进行了批判。这种批判体现了立场的差异：李斯特站在民族国家的立场上，同时也就站在资产阶级的立场上，这与黑格尔的哲学立场一致，所以他强调发展资本主义，同时又使德国的资本主义不受已经发展了资本主义的制约；而在马克思那里，既要消灭资本主义，也要扬弃现代民族国家。但如果从历史分析的视角来说，君主专制阶段对资本的保护作用问题却是无法逃避的，这也是市民社会决定国家的简单推论所无法说明的。望月清司的历史理论在这一问题上也缺乏深入思考。马克思后来在关于政治经济学批判的六册写作计划中，就考虑到要讨论国家，遗憾的是，这一计划后来没有实现，他的论述也只是散见在其他著作之中。

从马克思思想发展的角度来看，相比于《1844 年经济学哲学手稿》来说，《德意志意识形态》中对市民社会的讨论在总体思路上发生了重大的变化。在《1844 年经济学哲学手稿》中，马克思还是从一种哲学假设出发来批判资产阶级市民社会，虽然在这一批判思路中，马克思已经讨论了工业的力量问题，但这一问题还没能上升到整个历史观的高度。在《关于费尔巴哈的提纲》和《德意志意识形态》中，马克思实现了哲学变革：一方面，他实现了对工业生产的人类学意义的提升，并以之作为历史观的基础。这是历史唯物主义生产逻辑的确立；[1] 另一方面，虽然资产阶

---

① 参见仰海峰《历史唯物主义的双重逻辑》，《哲学研究》2010 年第 11 期。

级市民社会与物质生产不可分割，但对于马克思来说，批判这种市民社会仍然是其主导思想。这两个层面正是马克思哲学思想转变的关键。在《德意志意识形态》中，应该说马克思很好地实现了第一个理论层面的转变，而第二个理论层面则还远没有完成。因为从第二个理论层面来说，要实现对资本主义社会的批判，仅从分工出发来揭示其异化是远远不够的，这是拘泥于斯密的研究思路（关于这一问题，我认为望月清司对马克思市民社会理解的分析是有问题的。望月清司从分工出发来理解马克思的市民社会理论，从《德意志意识形态》来看，这个分析是对的。但如果从《资本论》出发，我们就可以看出，马克思不再从"分工"出发，而是从"协作"出发，并认为协作是资本主义社会生产的起点，分工被置于协作之后）。从这个意义上来说，过去关于马克思哲学变革的讨论还需要进一步深究。按照我的理解，只要马克思还不能真正地深入到政治经济学批判之中、不能揭示资本逻辑的运行过程，马克思的哲学革命就还没有完成。而这个过程实际上是在《政治经济学批判大纲》之后才得以实现的。也就是说，在《德意志意识形态》中历史唯物主义的生产逻辑已经较为清晰，而资本逻辑则还没有展现出来。这一逻辑较为完整的展现，最先是在《政治经济学批判大纲》中。

三　物的依赖关系与市民社会的特征

在《政治经济学批判大纲》中，如果我们撇开评达里蒙的第一部分，马克思随之讨论的就是现代市民社会中物的依赖关系问题。历史唯物主义的生产逻辑构成这一论述的前提，而资本逻辑则构成了这一论述的直接话语体系。

在进入到市民社会的讨论之前，马克思评述了达里蒙银行改革的主要构想，即想在不废除现代劳动体系的情况下，通过发行劳动券而消除以货币为中介的交换体系的负面效应。马克思对此的回答是：商品二重性和交换的普遍化，是货币得以产生和发生作用的基础，只要不废除现代劳动体系，劳动券就不可能真正解决资本主义社会所产生的矛盾。这意味着达里蒙的银行改革方案是行不通的，他并没有真正地理解现代交换体系及其根源。正是在这里，马克思进入到对现代交换关系与前现代关系的比较论述，也就是进入到我们所要讨论的主题。

马克思一开始遵循着斯密与黑格尔的思路,从分工与交换出发来分析现代市民社会,从而揭示商品交换得以产生的条件和影响。交换在原始社会就已存在,但那时的交换存在于氏族与部落的边缘,不具有普遍性。现代商品交换则是一种普遍化的关系,即一切都被纳入到交换体系。这种交换体系的产生"既要以生产中人的(历史的)一切固定的依赖关系的解体为前提,又要以生产者互相间的全面的依赖为前提"①。这正是斯密以人的本性来说明交换并以此论述分工的历史基础。

对于分工和商品交换体系的合法性,在古典经济学家和政治学家那里有两个重要的辩护:第一,分工和交换源自于人的需要,这也意味着这是一种合乎自然的体系;第二,正是在普遍化的分工与交换中,每个人在实现自身利益最大化的同时,促进了普遍利益的发展,这意味着分工与交换是合乎理性的。"经济学家是这样来表述这一点的:每个人追求自己的私人利益,而且仅仅是自己的私人利益;这样,也就不知不觉地为一切人的私人利益服务,为普遍利益服务。"②对于这一点,黑格尔在《法哲学原理》"市民社会"章中进行了多次的概括。"在市民社会中,每个人都以自身为目的,其他一切在他看来都是虚无。但是,如果他不同别人发生关系,他就不能达到他的全部目的,因此,其他人便成为特殊的人达到目的的手段。但是特殊目的通过同他人的关系就取得了普遍性的形式,并且在满足他人福利的同时,满足自己。"③另外,他在"第 187 节""第 199 节"中都有类似的描述。对交换的这一理解,马克思随之进行了两点反驳:第一,"关键并不在于,当每个人追求自己私人利益的时候,也就达到私人利益的总体即普遍利益。从这种抽象的说法反而可以得出结论:每个人都互相妨碍别人利益的实现,这种一切人反对一切人的战争所造成的结果,不是普遍的肯定,而是普遍的否定"④。如果我们将这一批判与《法哲学原理》联系起来考察就可以发现,马克思的这一反驳是在重申黑格尔对斯密的批判。黑格尔通过考察劳动体系(在黑格尔那里,这一体系以分工与交换为核心内容)认为:现代劳动体系在促进人的解放和财

---

① 《马克思恩格斯全集》第 30 卷,人民出版社 1995 年版,第 105 页。
② 同上书,第 106 页。
③ [德]黑格尔:《法哲学原理》,范扬、张企泰译,商务印书馆 1961 年版,第 197 页。
④ 《马克思恩格斯全集》第 30 卷,人民出版社 1995 年版,第 106 页。

富的增长的同时，也使人与人之间的关系发生了异化，这主要体现在：
（1）个人成为他人实现自己目的的工具；（2）个体自身被抽象化、孤立化、机械化了；（3）这一过程使特殊性得以彰显，是对普遍性的否定。应该说，马克思的第一条反驳是在读懂黑格尔之后对古典政治经济学前提的反驳。第二，"关键倒是在于：私人利益本身已经是社会所决定的利益，而且只有在社会所设定的条件下并使用社会所提供的手段，才能达到；也就是说，私人利益是与这些条件和手段的再生产相联系的。这是私人利益；但它的内容以及实现的形式和手段则是由不以任何人为转换的社会条件决定的"①。在我看来，这一反驳正是马克思超越斯密与黑格尔的地方。如果说斯密从正面肯定了分工与交换的意义的话，黑格尔则看到了分工与交换的否定方面，这是他强调从市民社会走向国家的重要理由。对于马克思来说，将私人利益置于社会之中，这就跳出了从私人利益而来的道德伦理视角，这实际上也是斯密写作《道德情操论》的重要视角。另外，将私人利益与社会条件联系起来，这是马克思与蒲鲁东主义者如达里蒙等人的重要区别，因为这里的深层问题在于：需要揭示的是这种社会条件是如何构成的，对这一问题的思考就需要从交换层面走向生产层面，这正是《政治经济学批判大纲》即将深入的问题。资本主义社会的问题产生于生产领域而非交换领域，这是走向资本生产理论的重要转换。同样，现代市民社会的问题从根本上来说是资本生产层面的问题，是资本逻辑的问题，而不是财富分配或伦理正义的问题，这些问题虽然重要，但毕竟是第二层面的。

由现代分工与交换体系产生了现代的"社会"。在黑格尔的市民社会理论中，"社会"是从家庭解体中产生出的一个新的阶段，这是普遍性的伦理走向特殊的阶段，也就是现代劳动体系所建立的新的历史阶段，所以"社会"是一个特殊性为主导的领域，市民社会就是这一阶段。在这一阶段，作为普遍性的伦理虽然被承认，但这是一种外在的承认，"这种普遍性，作为被承认的东西，就是一个环节，它使孤立的和抽象的需要以及满足手段与方法都成为具体的、即社会的"②。因此"社会"中的个人是孤立的、原子式的存在，现代个人也是通过"社会"而联系在一起的，他

---

① 《马克思恩格斯全集》第30卷，人民出版社1995年版，第106页。
② ［德］黑格尔：《法哲学原理》，范扬、张企泰译，商务印书馆1961年版，第207页。

们之间构成了一种外在的依赖关系，黑格尔认为市民社会构成了伦理性东西的现象界。从政治经济学的视角来说，"毫不相干的个人之间的互相的和全面的依赖，构成他们的社会联系"①。由于这些互不相干的个人是通过交换联系在一起的，他们的联系就体现在交换价值上，体现在货币上，个人也是通过货币实现着对他人的支配，这是一种装在口袋中的社会权力和联系。对于这种联系，马克思称之为"物的依赖关系"。

什么是"物"的依赖关系呢？这里的"物"意味着什么？黑格尔在讨论所有权时涉及到这一概念。黑格尔认为，人是一种理念的存在，必须给这种存在的自由以外部的领域，这就是所有权。因此所有权涉及到"物"的外在性问题。这里的物具有双重含义：一是指实体性的东西；一是指与实体性东西相反的东西，即对自由精神来说是纯粹外在性的状态，② 这体现了一种不自由的状态，一种异己的状态，即与自由的人相出离的状态。马克思也是在这双重含义上对物的依赖关系进行了描述：

第一，个人对生产、活动的关系表现为对个人来说是异己的东西，物的东西。

第二，产品的社会形式即交换表现为对个人是异己的东西，物的东西；"活动和产品的普遍交换已成为每一单个人的生存条件，这种普遍交换，他们的相互联系，表现为他们本身来说是异己的、独立的东西，表现为一种物"。这种物在交换价值上表现为货币，货币成为独立于个人之外并拥有支配个人的强大力量的物。"在交换价值上，人的社会关系转化为物的社会关系；人的能力转化为物的能力。"③ 交换价值一方面是以个体的全面相互依赖为基础的，另一方面又以私人利益的相互隔离和社会分工为基础，这意味着交换本身以漠不关心的形式使人们相互联系，这种联系是一种外在的、异己的联系。这些正是物的双重含义的体现。在普遍化的交换中，人的社会关系转化为物的社会关系，人的能力随之转化为物的能力，即货币的能力，作为交换手段的货币成为交换的目的，它拥有的力量越大越普遍，把个人联系起来的共同体的力量也就越小；交换越发展，也就越快地摧毁共同体。

---

① 《马克思恩格斯全集》第 30 卷，人民出版社 1995 年版，第 106 页。

② ［德］黑格尔：《法哲学原理》，范扬、张企泰译，商务印书馆 1961 年版，第 50 页。

③ 同上书，第 107 页。

第三，每个个体都以物的形式占有社会权力。由于交换的普遍化，人们只有通过占有交换的中介即货币，才能占有支配社会与他人的权力，也才能证明自己的社会权力。这种占有表明个人只能像从属于像命运一样存在于自身之外的社会生产。这里的问题在于：并不是因为货币的产生才导致了社会关系的物化，而是社会关系的物化才使货币成为统治一切的力量。马克思的这一论述既揭示了现代市民社会的重要特征，同时又表明，劳动货币理论看到的只是事物的表象。

第四，物的依赖关系是一种抽象的、内在对立的关系。物的关系使个人受到抽象统治，这种抽象是交换所具有的特征，将抽象理解是一种观念先行，这正是对物的关系的理论表现。"抽象或观念，无非是那些统治个人的物质关系的理论表现。"① 现实的抽象成为观念先行的基础，这造成了两种后果：一是现代意识形态将现实中的抽象统治看作是一种永恒的观念统治，并通过论证来加强这一统治的信念；一是哲学家容易认为新时代的特征就是受观念统治，从而把推翻观念统治与人的解放等同起来。这正是对《形态》中相关问题的深化。这种深化是通过对商品交换的哲学分析实现的。这种抽象的统治来自于商品交换所实现的形式化和数量化，马克思这样进行了描述："产品成为商品。商品成为交换价值。商品的交换价值与商品并列获得特殊的存在，即商品采取这样一种形式，通过这种形式（1）它可以同其他一切商品相交换；（2）因而成为一般商品，它的自然特性消失了；（3）它的交换能力的尺度已经确定，即它与其他一切商品赖以相等的一定比例已经确定，它是作为货币的商品，而且不是作为货币一般，而是作为一定数量的货币的商品，因为，要表现交换价值的一切差别，货币必须是可以计数的，在量上是可分的。"② 除了抽象统治一切之外，物的依赖关系还具有对立的特征。从商品交换的角度来看，商品的二重性表明商品本身就是一个矛盾的存在，交换的过程就是这一矛盾展开的过程，货币则是对这一矛盾的解决，但货币本身又体现为一个矛盾的统一体。也正是这种矛盾推动着市民社会的矛盾发展并最终会导致其崩溃。"在以交换价值为基础的资产阶级社会内部，产生出一些交往关系和生产

---

① 《马克思恩格斯全集》第 30 卷，人民出版社 1995 年版，第 114 页。

② 同上书，第 115 页。关于商品交换的抽象化与形式化问题，参见仰海峰《商品交换与社会的同质化》，《哲学动态》2007 年第 4 期。

关系，它们同时又是炸毁这个社会的地雷。"① 这种对立并不能通过劳动券就可以消解的。

相比于传统的人的依赖关系而言，物的依赖关系一方面虽然体现了人的异己性存在，但另一方面，物的依赖关系又为人的发展提供了条件。"人的依赖关系（起初完全是自然发生的），是最初的社会形式，在这种形式下，人的生产能力只是在狭小的范围内和孤立的地点上发展着。以物的依赖性为基础的人的独立性，是第二大形式，在这种形式下，才形成普遍的社会物质变换、全面的关系、多方面的需要以及全面的能力的体系。"② 正是在分工与交换的基础上，产生出协作与竞争，产生出世界市场。这就正如马克思在《德意志意识形态》中描述世界历史时所说的那样，"在世界市场上，单个人与一切人发生联系，但同时这种联系又不以单个人为转移，这种情况甚至发展到这样的高度，以致这种联系的形成同时已经包含着超越它自身的条件"③。当然这种物的依赖关系也表明，这种普遍的联系还是以异己的方式表现出来的，现代生产也还只是为社会的生产，还不是直接的社会的生产。对这一社会形态的超越，就是马克思在此所说的第三个阶段，即人的全面发展与自由人联合体的阶段。

四　超越市民社会：全面发展的个人与自由人联合体

对于现代市民社会的这种异己性，人们提出了各种各样的批评与解决方案。在本文的语境中，马克思提到了三种：一是想回到前市民社会的生活状态。"在发展的早期阶段，单个人显得比较全面，那正是因为他还没有造成自己丰富的关系，并且还没有使这种关系作为独立于他自身之外的社会权力和社会关系同他自己相对立。留恋那种原始的丰富，是可笑的，相信必须停留在那种完全的空虚化之中，也是可笑的。"④ 这是一种空洞的浪漫主义。二是看不到现代市民社会的内在矛盾及其发展所造成的可能性变化空间，以蛮干的方式来炸毁它，这是一种唐·吉诃德式的荒唐

---

① 《马克思恩格斯全集》第 30 卷，人民出版社 1995 年版，第 109 页。关于商品交换的抽象化与形式化问题，参见仰海峰《商品交换与社会的同质化》，《哲学动态》2007 年第 4 期。

② 《马克思恩格斯全集》第 30 卷，人民出版社 1995 年版，第 107 页。

③ 同上书，第 111 页。

④ 同上书，第 112 页。

行为。三是蒲鲁东主义者的解决方式，把交换从整个社会体系中分离出来，以解决交换本身的难题，这同样的"是一种空想"①。在马克思看来，能够取代现代市民社会或资产阶级社会的，将是个人的全面发展的社会，在这个新的历史阶段，以社会性为前提的自由人联合体将成为新的社会组织形式。这是不同于市民社会的新社会，是人类历史发展的第三形态。

全面发展的个人对应于市民社会中异己性存在的个人。在市民社会或资产阶级社会中，劳动分工体系使人从过去的依赖关系中解放出来，并在劳动过程中发展自己的能力和相互间的联系。这种能力和联系是在异己的、物化的意义上存在的，个人受到外在于自己的关系的制约，而这种关系又以物的形式表现出来。这时，人的生产与生活的关系都处于自己的控制之外。相反，全面发展的个人都摆脱了异己性存在的个人的特征。这种个人存在的前提是：其能力发展要达到一定的程度和全面性，这一点正是由现代市民社会得以保证的。"这正是以建立在交换价值基础上的生产为前提的，这种生产才在产生出个人同自己和同别人相异化的普遍性的同时，也产生出个人关系和个人能力的普遍性和全面性。"② 这种个人的主要特征在于：他们的社会关系不再表现为外在于他们自身的关系，而是作为他们自己的共同的关系服从于他们自己的共同的控制。这种关系似乎与前资本主义社会的共同体时代的人的关系相似，但两者有着根本的差别：在共同体中，虽然个人之间的关系表现为明显的人与人的关系，但这种关系是以作为特殊规定的个人为纽带而发生关系的，正是借助于现代货币关系，才能瓦解共同体中的个人依赖关系，才可能为个人的全面发展提供可能性。在共同体中，个人是受他人限制的；在市民社会中，个人受不以他为转移并独立存在的关系的限制；在未来社会中，个人的关系受他本身控制。从生产行为来考察，在资产阶级社会，单个人的生产要想成为社会生产的一部分，他必须以交换价值或货币为中介，"在交换价值的基础上，劳动只有通过交换才能被设定为一般劳动"。而在未来社会中，当劳动转变为共同劳动时，劳动在交换以前就会被设定为一般劳动，单个人的劳动

---

① 《马克思恩格斯全集》第 30 卷，人民出版社 1995 年版，第 110 页。关于商品交换的抽象化与形式化问题，参见仰海峰《商品交换与社会的同质化》，《哲学动态》2007 年第 4 期。

② 《马克思恩格斯全集》第 30 卷，人民出版社 1995 年版，第 112 页。

一开始就被设定为社会劳动。"在第一种情况下，生产的社会性，只是由于产品变成交换价值和这些交换价值的交换，才在事后成立。在第二种情况下，生产的社会性是前提，并且参与产品界，参与消费，并不是以互相独立的劳动或劳动产品之间的交换为中介。它是以个人在其中活动的社会生产条件为中介的。"[1] 因此，在未来社会中，不是交换最先赋予单个人的劳动以一般社会劳动的性质，而是单个人的劳动预先具有的共同性决定了其对产品的参与。生产的共同性一开始就使产品成为共同的、一般的产品。这种共同性的劳动组织形式及其相应的社会，马克思称之为自由人"联合体"。在自由人的联合体中，"他们用公共的生产资料进行劳动，并且自觉地把他们许多个人劳动力当作一个社会劳动力来使用"[2]。"只有当社会生活过程即物质生产过程的形态，作为自由联合的人的产物，处于人的有意识有计划的控制之下的时候，它才会把自己的神秘的纱幕揭掉。"[3] 也只有在这种联合体中，自由个性与人的全面发展才是可能的。

在马克思的这一论述中，体现了在面对市民社会时与黑格尔完全不同的理论立场。按照我的看法，当黑格尔强调以国家来修正市民社会时，黑格尔并不想完全推翻现实的资本主义社会，只是想使之发展得更好、更合理，以改正资本主义社会自身的问题。而对于马克思来说，资本主义社会存在着无法解决的矛盾，这决定了不可能对之进行修正，而必须以一个充分吸收了资本主义社会成果的新的社会形式来替代它，一个让资本主义更为合理的国家理性并不具有根本的意义。也就是说，对市民社会的批判，要以另一种社会组织形式取代当下的社会组织形式，是通过未来社会的组织形式来否定当下的市民社会，而不是以当下的国家来否定当下的市民社会。正是在这种超越中，马克思通过经济学—哲学的研究，才真正地抓住了黑格尔国家理论的核心问题，同时也真正地超越了黑格尔的问题域。

---

① 《马克思恩格斯全集》第30卷，人民出版社1995年版，第122页。
② 《马克思恩格斯全集》第44卷，人民出版社2001年版，第96页。
③ 同上书，第97页。

马克思《危机笔记（1857—1858）》的编辑、研究现状及意义

陈长安[*]

在苏联专家于二战前完成的解读稿的基础上，经德国专家倡导，《危机笔记》编辑工作最终在日本仙台重新启动。本文拟粗略介绍马克思《危机笔记（1857—1858）》（MEGA IV/14）的编辑工作、所收录文献及特点、编辑过程涉及的理论问题和迄今为止的相关研究，并简单说明《危机笔记》对危机理论研究、《1857—1858 年文本群》研究、《资本论》创作计划研究的意义。

一　编辑进展

（一）苏联专家的先行工作及贡献

苏联的文献学专家在二战之前，已经将笔记原稿解读，初步识别了马克思的书写内容及笔记所收入的内容，将之打印出来形成解读稿。当然，解读稿毕竟是一个初稿，其问题主要有：存在极少数辨认不出或辨认错误的书写内容、剪贴的来源期刊大多不明、注释不全。解读稿虽然是一个未完成的编辑底稿，但确实成为编辑工作因故中断之后得以重启的新起点，使编辑工作有本可续，不必从零开始。从这一点上也可以看出 MEGA 编辑的持续性及苏联专家的历史贡献。

---

　　* 陈长安，日本东北大学经济学研究科博士研究员。本稿受国家留学基金管理委员会资助，谨致谢忱！

（二）编辑工作的启动、分工和进展

本卷，即《马克思恩格斯全集》国际考证版第四部分第 14 卷（MEGA Ⅳ/14）的编辑由德国和日本的学者承担，预计 2016 年出版。编辑工作由罗尔夫·黑克尔（Rolf Hecker）、米歇尔·亨利希（Michael Henrich）、米歇尔·克拉克（Michael Krätke）在 1997 年基于莫斯科先驱们二战前所作的准备而发起。然而因故在 2006 年停顿。最终，在所有先行努力的基础上，由日本仙台的 MEGA 编辑小组重新启动。编者包括德国的罗尔夫·黑克尔、弗里茨·费勒（Fritz Fiehler）和仙台小组的守健二（东北大学）、大村泉（东北大学）、柴田信也（东北大学）、早坂启造（岩手大学）、八柳良次郎（静冈大学）、大野节夫（同志社大学）和齐藤彰一（岩手大学）。此外，东北大学研究生玉冈敦、陈长安和盛福刚也在大村泉教授指导下协助编辑。玉冈敦和陈长安利用本卷材料完成博士论文并于 2013 年 3 月取得博士学位。

文本卷（TEXT）的编辑分工已经开始，马克思手写的文字内容由德方承担，除此之外的报刊剪切粘贴内容由日方承担。

关于附属材料卷（APPARAT），根据双方达成的协议，全体编者都在准备《导言》（Einführung）、《产生和传播》（Entstehung und Überlieferung）、《注释》（Erläuterungen）。

具体编辑工作主要包括：出处调查即调查马克思摘录内容的来源报刊；解读校对即根据来源期刊解读马克思手写的摘录并校对苏联专家的解读稿；制作公司名、人名索引；从事相关研究等。

出处调查。该卷由马克思对危机的摘录组成，除少量书写内容外，绝大多数是对报刊的剪贴，必须调查每份剪贴的出处。这首先是注释的需要，也有利于相关研究。编辑小组调查了东北学院大学的《经济学家》数据库、东京经济大学的大英图书馆数据库、东北大学图书馆的《泰晤士报》数据库等，还派人到大英图书馆调查复印相关报刊。目前这一工作已基本完成，仅留下个别来源不明的摘录。

根据来源期刊校对解读稿。马克思摘录与原期刊不一致的情况大致有以下几种：个别数字誊写错误；某些常用单词的缩写；誊写段落时省略不重要的词句。在校对的过程中，会用专门的编辑符号做相关的注释或说明，这些大部分会收入到附属材料卷当中。2013 年 11 月左右，仙台小组将初步校对完全部三册笔记并派人赴柏林汇报。

　　编辑小组还在制作人名、公司名索引。统计、整理《危机笔记》出现的人物、公司，搜集其背景资料并作注释。

　　需要指出的是，这些工作非常耗时，尽管包含着琐碎乃至"无聊"的细节，却是整个编辑工作的基础性环节。

　　此外，《导言》及《产生和传播》的写作，需要作相关的文献学研究和理论研究。

　　编辑小组定期举办小组讨论会，并适时举办或参与国际学术会议。有的成员还申请了相关的研究项目，如守健二教授主持的"基于国际共同研究的马克思危机论电子数据库建设"（国際共同研究によるマルクス恐慌論のデジタル・アーカイブの構築）。

（三）收录文献及其特征

　　本卷收入的是，马克思在 1857—1858 年创作的下列三册摘录笔记[①]。

　　B84："Book of the Crisis of 1857"（《关于 1857 年危机的笔记本》，以下简称为《危机》）；

　　B88："1857 France"（《1857 法兰西》，以下简称为《法兰西》）；

　　B91："The Book of the Commercial Crisis"（《关于商业危机的笔记本》，以下简称为《商业》）。

　　这些笔记本由荷兰阿姆斯特丹国际社会史研究所（Internationaal Instituut voor Sociale Geschiedenis，IISG）收藏。B84，B88，B91 是该所加诸的整理编号。根据调查，这些笔记本创作于 1857 年 10 月到 1858 年 2 月间。随着工作的进展，可能会更准确地推测各笔记本的创作时期。

　　仅从题目就可看出，《危机》《商业》中含有"危机"二字，而《法兰西》则没有。首先，似有必要琢磨是否应该将《法兰西》看作《危机笔记》的一个笔记本。从内容来看，其他两册笔记本中，剪贴、摘录的分置、排列，都可见马克思较明确的"分章编排"，而《法兰西》却不然。马克思后来曾认为法国危机不会发生[②]。为了弄清本卷的整体特征、

---

　　① 广义的摘录，如称《危机笔记》为摘录笔记，含剪贴、摘录；狭义的摘录，专指马克思手写的内容，占《危机笔记》大约一成，其中，除极少数摘要外，绝大部分为抄录等。

　　② 在 1857 年 12 月 25 日致恩格斯的信中，马克思谈到了可视为《法兰西》的摘录笔记本。他在信中说："因为当前我们的主要任务是要弄清楚法国的情况。"并给出了结论："英国、北方各国和美国的危机，在法国从没有直接引起'法国的危机'，而只是发生间接的影响——慢性的灾难、生产的限制、商业的萧条以及普遍的不安。"

也为了区分三册笔记本各自的位置，以及直接回答该以何种顺序收入这三册笔记本，必须认真考察这一点。

三册笔记的大部分是从印刷品即报刊文章中剪切并粘贴的内容①。从这些剪切、粘贴的作业中，可以一定程度地读取马克思的构想、意见之类。例如，粘贴所剪切内容的顺序，并不一定是按其剪切内容的时间顺序。对同一文章的剪切也不是完全按照原报刊文章的顺序，而是选择了一定的行或段落。而且，这些与原文章顺序不同的粘贴非常多，由此可看出马克思按照一定观念"重构"这些粘贴的蛛丝马迹。

另一方面，非印刷品剪贴的马克思手写摘录大体可分为以下五类:

(1) 原文章的单纯抄录。此类的相当部分情况是:当马克思想剪贴某报刊文章的某处时，恰好其背面的部分也是他想剪贴的，因而抄录其中一面的剪贴。在考虑马克思究竟如何剪贴、摘录时，此类摘录可谓意味深长。

(2) 记录文章日期及来源报刊的备忘记。例如，"11 Dec.（Friday）"〔12.11（周五）〕、"Paris Nov. 12."（巴黎 11.12）、"Econ."〔《经济学家》，The Economist 的缩写〕、"M. St."（《晨星报》，Morning Star 的缩写）等。这种备忘记，作为推测刊载原文章的报刊名及发行日的材料，对以后的调查很有用。

(3) 原文章的摘要。此类极少。

以上三类基本可谓对报刊文章剪贴或抄录的补充。几乎没有马克思自己的评论这一点，是这些笔记的重要特征——是与他的其他摘录笔记，如《伦敦笔记》的重大差异。

然而，剩下的两类对《危机笔记》而言非常特殊，并有重要意义。

(4) 大统计表。马克思将报刊定期登载的物价等统计表之数个总结为一个大的统计表，就能看到一定时期的价格走势。根据这些表，可见马克思对危机的进度及特征的观察。这里，与单纯剪贴、抄录不同的是，根据信息的重构方式，马克思对相关内容的构想可以间接地表现出来。

(5) 页标题。马克思在笔记的大多数页面的页顶都写有该页处理的

―――――――――

① 但是，《危机》的开头9页是例外。这部分不是来自印刷品的剪贴，而基本是马克思手写的。有的是对时事的简单摘要。这些页有着与该册笔记其他部分以及另两册笔记显著不同的特征。这对马克思创作笔记的构想、"分章编排"而言，是非常意味深长的。

主题。如："Ⅱ) Bullion market."［Ⅱ）金银条块市场。]，"a) Raw materials for textile fabrics."（织布原材料）等。这对探讨马克思创作笔记时的"分章编排"特别重要。根据这些"页标题"，能复原每个笔记的"目录"（详见附录）。而这些"目录"是推测马克思按照何种构想整理危机现象的重要材料。

值得指出的是，马克思在很多剪贴或摘录上加了下划线。许多加了下划线的地方被直接引用或运用于马克思当时所写的报刊文章或致恩格斯的书信。

二　相关研究

（一）编辑工作启动之前的研究

在编辑工作启动之前，先后有三篇专门研究或介绍《危机笔记》或其笔记本的论文：

川端正敏教授的《马克思的〈危机笔记（1857—1858 年)〉》[1]；

克劳斯·迪特尔和罗尔夫·黑克尔教授合著的《马克思〈关于 1857 年危机的笔记本〉》[2]；

米歇尔·克莱科特教授的《马克思的〈危机笔记（1857—1858 年)〉》[3]。

需要一提的是，上述论文也表明了利用未出版 MEGA 材料从事研究的两条基本途径：一是申请到 MEGA 文献收藏单位调查研究，一是不同程度地参与 MEGA 编辑工作。

（二）编辑工作进行之中的研究

编辑工作遇到的第一个大问题是确定三册笔记的创作时期，特别是创

---

① 川鍋正敏「マルクスの『恐慌ノート（1857—1858 年)』」，『立教経済学研究』，1966 年 7 月，251—269ページ。

② Klaus-Dieter Block/Rolf Hecker, Das "Book of Crisis of 1857" von Karl Marx, Beitrage zur Marx-Engels-Forschung, Neue Folge, 1991, S. 89 – 102.

③ Michael R. Krätke, "Marx's 'Books of Crisis' of 1857 – 1858", Edited by Marcello Musto, with a special foreword by Eric Hobsbawm, *Marx's Grundrisse Foundations of the Critique of Political Economy 150 Yearsl ater*, London：Routledge，2008，pp. 167 – 175. 该书中文版《马克思的〈大纲〉：〈政治经济学批判大纲〉150 年》已由闫月梅等译出，中国人民大学出版社 2010 年出版。

作顺序。首先要处理的是，马克思按照怎样的顺序创作的这三册笔记？在 MEGA 编辑中，原则上按时序收录材料，创作顺序的确定就成了根本问题之一。关于这个问题，协助编辑工作的博士生玉冈敦和陈长安在导师大村泉教授的指导下，吸取编辑小组的讨论成果，以马恩这一时期的通信为线索，逐一考察三册笔记，对这一问题进行了研究①。其关于三册笔记的创作时期、创作顺序的主要论点是:

《危机》开始创作于 1857 年 12 月 12 日，在 1857 年 12 月末或 1858 年 1 月初基本完成；从 1858 年 1 月初开始创作②的《商业》是前一册笔记的"续册"，在 1 月里大体完成了，但是在其后的 2 月中旬有追加的记录；至于《法兰西》，虽然开始时间尚不十分明了，但最迟着手在 1857 年 12 月 8 日。到 12 月 25 日时，相当大部分已经完成。其后，持续到至少 1 月末。因此，这个笔记有一段创作时期与其他两册笔记重叠。综上，这三册笔记是按照最先《法兰西》，其次《危机》，最后《商业》的顺序创作的《危机笔记》。因此，建议 MEGA 该卷按这样的顺序收录《危机笔记》。

上述结论的关键证据主要有以下几个方面。

第一，《危机》第一页中，有来自恩格斯 1857 年 12 月 11 日书信的摘录，表明这个摘录绝不可能写于马克思应收到这封信的 12 月 12 日之前，该笔记的创作开始时间可大致推定为此时。从封面页中的"伦敦，1857 年 12 月 12 日（开始）"["Lond. 12 Dec. 1857（commenced）"]来看，该笔记很可能就开始于此时。

第二，马克思 1857 年 12 月 8 日致恩格斯的信中引用了《法兰西》第 7 页的开头抄录中的一句话，说明当马克思在 1857 年 12 月 8 日写这封信时，已经在《法兰西》中完成了抄录、剪贴《经济学家》这则通讯的部分内容。因此，《法国》的创作最晚也在 1857 年 12 月 8 日就开始了。故而，可以认为，三册《危机笔记》中，最早开始着手创作的是《法兰西》。

---

① 其研究成果曾在于 2012 年 2 月 18—19 号召开的横滨国际会议 "*Marx and Crises of Capitalism*：*Interpretations and Interventions*（马克思和资本主义危机：阐释与干预）"上以 "*The Notes of Crisis（1857－1858）by Karl Marx*：*Edition of MEGA IV/14*"（《马克思〈危机笔记（1857—1858）〉：MEGA IV/14 的编辑》）为题报告过。其日本版发表于《马克思恩格斯马克思主义研究（マルクス・エンゲルスマルクス主義研究）》2012 年 7 月第 54、55 合期。

② 这也可以从马克思在笔记标题正下方写的 "1858 年 1 月（January. 1858）"得以印证。

　　另外，马克思 1857 年 12 月 25 日曾致信[1]恩格斯并撰写文章[2]总结法国危机，因而可以推定《法兰西》的主要部分在 1857 年 12 月 25 日前已经完成。

　　第三，从剪贴、摘录的日期及从"分章编排"来看，在 1857 年末、1858 年初之际，马克思从《危机》移到《商业》。

　　目前，关于这三册笔记的上述创作顺序，以及三册笔记的具体创作过程（特别是过程的阶段性及数册笔记交叉进行的情况），编辑小组内部尚有讨论[3]和进一步研究。

　　大野节夫教授质疑《法兰西》首先创作说，力图证明最先创作的是《危机》，其要点有三：第一，三册笔记是从《危机》开始创作的，《危机》记有开始日期，如果是最先创作的《法兰西》，也应该记有开始日期；第二，《危机》不是作为危机论或《危机笔记》，而是作为"破产（Failures）"的采集笔记开始的，这个笔记本的封面数据标示了采集日期；第三，因此，成为资料来源的不是《经济学家》而是《泰晤士报》，这从业已写成的《危机》的脚注中可以明确看出。《泰晤士报》的日期，"3，4，5，7，8，9 December 1857"，表示着采集开始的日期。

　　守健二教授同意《法兰西》首先创作说，但认为这主要适用《法兰西》多个创作阶段的第一阶段。第一阶段最晚至 1857 年 11 月 14 日，然后马克思暂停并转而创作另外两册笔记，同时他也忙于《大纲》和报刊文章直到 12 月 17 日，期间，完成了《危机》的前半部分。第三阶段，马克思回到《法兰西》持续至 12 月末，完成其主要内容。《法兰西》创作过程非常独特，至少有四个阶段，需要联系这个笔记本以及整个《危机笔记》的创作动机和此时期马克思的思想进程来考察。

　　黑克尔教授则在相关会议上报告了探讨《法兰西》是否最先创作的论文《1857 年危机，马克思将〈1857 法兰西〉置于第一个笔记本吗？》[4]，

---

　　①　MEGA2 III/8, S. 229 – 232.《马克思恩格斯全集》第 29 卷，人民出版社 1972 年版，第 229—234 页。

　　②　MECW, vol. 15, pp. 413 – 418.《马克思恩格斯全集》第 16 卷，人民出版社 2007 年版，第 514—519 页。

　　③　相关内部讨论均未发表，感谢当事人同意在此介绍。

　　④　Rolf Hecker, Die Krise 1857. Legte Marx alserstes das Heft "France 1857" an? 参见会议日程表，http://marxforschung. de/2012/wp-content/uploads/2013/04/2013WerkstattMarx_ Programm. pdf.

等等。

前述关于三册笔记顺序的报告，经必要修改后用为两名合著者提交的东北大学经济学博士学位论文的第一章。玉冈敦的学位论文题为「マルクス恐慌観の研究—「恐慌ノート」（1857—1858）を中心として—」（《马克思危机观研究——以〈危机笔记（1857—1858）〉为中心》），其第二章花了 100 余页的篇幅详细考证、解读了《危机笔记》罕见手写内容的最集中而特别的部分——《危机》前 8 页手写的内容；第三章从《危机笔记》特别是《危机》的构成、创作时期和顺序，马克思对危机过程的把握及其与同时期报刊的比较等方面，探讨了马克思创作《危机笔记》的动机。陈长安的学位论文题为 In Which Period and for What Purpose did Marx Produce the Book Excerpt 1857 France? （《马克思危机笔记本〈1857 法兰西〉的成立过程》），第二章介绍了《法兰西》的概况并概括了其关注的主要问题；第三章结合马克思的通信及报刊文章探讨了《法兰西》的创作时期和动机；第四章比较分析了《法兰西》与马克思 1857 年 12 月 25 日总结法国危机的书信和文章。

此外，守健二教授的论文《1857 年经济危机和关于危机的生产理论：威尔逊、马克思、阿夫塔里昂和希尔斯的理论谱系》[1]，概括了 1857 年危机及其特征，视《危机笔记》为马克思眼中的 1857 年危机，认为《危机笔记》与《大纲》及同时期书信、文章的密切关系，在产品分类和商品价格运动方面有独特的分析。马克思 1857 年对危机的认识，经历了"第一个投入产出表""固定资本的分工"两个理论化过程。由于强调固定资本及流动资本的持续生产和向固定资本的转化，马克思对 1857 年危机的分析，可以称之为关于危机的生产理论，在思想史上构成一条从威尔逊、马克思、阿夫塔里昂到希尔斯的理论谱系。

（三）有待进一步研究的问题

在该卷的《导言》《产生和传播》《注释》中，编辑小组需要对《危机笔记》涉及的理论问题作适当的研究和介绍。这些问题至少包括：《危

---

[1]　Kenji Mori, *The 1857 Economic Crisis and the Production Theory of Crisis: A Theoretical Lineage of Wilson, Marx, Aftalion and Hicks*, 可参见 http://www.econ.tohoku.ac.jp/e-dbase/dp/terg/terg279.pdf, 曾报告于前述横滨国际会议。

机笔记》创作的时代背景，即对 1857 年危机的研究；马克思危机理论与同时代思想家的比较及其特质；《危机笔记》在马克思思想发展中的地位，等等。

三　理论意义

（一）对危机理论及其形成研究的意义

对马克思有没有危机理论，学界有很多不同看法。尽管马克思没有论述危机的专著，然而其危机思想散见于政治经济学批判中，则是不争的事实。《危机笔记》是少有的专门涉及危机的长篇幅文本，其编辑出版，将为研究马克思的危机理论提供直接的实证材料，对探讨马克思危机理论的形成过程及其视角、方法，以及用马克思的危机思想说明当前的危机，均具理论意义。在此不专门论述，后面将陆续提到。

（二）对 1857—1858 年文本群综合研究的意义

《危机笔记》创作于 1857 年危机，与此同时，马克思留下的文本还有《大纲》、书信、文章，共同组成 1857—1858 文本群[①]。不应孤立地研究《危机笔记》，而应该对这个文本群加以综合研究，才能更好地把握马克思 1857—1858 年的思想，当然也包括危机理论；这样才能更好地体现《危机笔记》的理论意义。

以下围绕《危机笔记》与文本群的关系加以说明。

1. 《危机笔记》与《大纲》

按照马克思在 1857 年 12 月 18 日致恩格斯的信中所说，他的"工作是双重的：（1）写完政治经济学原理……（2）当前的危机。"这封信很清楚地交代了马克思在近代资本主义第一次世界性经济危机中的双重工作，而《大纲》和《危机笔记》正是这双重工作留下的文本。

《大纲》多次直接论及 1857 年危机。一是谈到当货币作为一种国际支付手段及金银的流动时，马克思先后在《货币章》《〈货币章〉和〈资本章〉的增补》以及《〈政治经济学批判·第一分册〉初稿片段》反复

---

① 参见陈长安《危机理论的源头活水——马克思 1857—1858 年文本群的当代价值》，《中国社会科学报》2010 年 3 月 25 日第 74 期。

提及 1857 年危机的例子:

"尽管现代经济学家自以为比重商主义高明,但在 1857 年普遍危机时期也和在 1600 年一样,金银又完全出现在这一规定上。"①

"采取这第三种形式的货币(金银)现在在国际交往中仍起着重要作用,这一点是经过 1825、1839、1847、1857 年的有规则的相继发生的货币危机以后,才变得十分清楚,并重新为经济学家们所承认。"②

"从 1825 年、1839 年、1847 年、1857 年金的大量外流和危机时起,金银在国际交往中所起的特殊作用再度变得十分明显,并再一次为经济学家们所承认。"③

在《危机笔记》中,马克思对主要国家的金银流动及中央银行采取的相关措施予以详细记录和持久关注。事实上,在后来的《资本论》第 3 卷相关章节中,马克思又提及了 1857 年危机中的金银流动问题。

另外,马克思在论及价值实现与生产过剩的关系时也提及 1857 年危机:"另一方面,李嘉图及其整个学派始终不了解现实的现代危机,在这种危机中,资本的这种矛盾暴风雨般地突然爆发出来,越来越威胁到作为社会基础和生产本身基础的资本本身。"④

当然,《危机笔记》与《大纲》的联系不仅仅体现在被直接提及上。这两个文本至少有以下相通之处。

(1)都从法国开篇

如前所述,三册笔记本中最先着手创作的是《法兰西》,其中时间最早的剪贴均来自 1857 年 11 月 7 日的《经济学家》,占据了前五页每页的开头。该五页的标题依次命名为"法兰西/巴黎证券交易所""法兰西""危机""法兰西银行""法兰西贸易"。这些剪贴基本来自《国外通讯》(Foreign Correspondence)栏、只有第五页的第一份来自《商业及其他消

---

① MEGA2 II/1.1, S.151.《马克思恩格斯全集》第 30 卷,人民出版社 1995 年版,第 180 页。

② MEGA2 II/1.2, S.733.《马克思恩格斯全集》第 31 卷,人民出版社 1998 年版,第 286 页。

③ MEGA2 II/1.2, S.29.《马克思恩格斯全集》第 31 卷,人民出版社 1998 年版,第 327 页。

④ MEGA2 II/1.2, S.323.《马克思恩格斯全集》第 30 卷,人民出版社 1995 年版,第 391 页。

息》（Commercial and Miscellaneous News）。这也是整个《危机笔记》时间最早的剪贴。第一页的第一份剪贴是关于法国主要银行及铁路公司股票价格的周统计表（10月29日至11月5日），在其后，马克思画表誊写了接续数周的统计数字；第二页的第一份剪贴是关于财政大臣对法兰西财政形势的报告以及所采取的对策，第二份中通讯员指出财政大臣没有提到海军经费的因素；第三页的第一份剪贴是关于美国危机对法国的消极影响，第二份是关于贸易法令和铁路公司股价；第四页的第一份剪贴是关于财务大臣应对危机的措施之一：由政府出面令中央银行以持股为条件向重要企业提供帮助；第五页的第一份剪贴是巴黎零售贸易下降的《国外通讯》栏的文章，报道的是法国财务大臣给皇帝拿破仑三世的报告。马克思的剪贴包括财务大臣对时局的解释和所采取的相应措施，也包括通讯员对财务大臣的质疑点，说明他非常关心面临危机的法国形势。财务大臣在报告了财政收支情况后，所强调的第一点就是法兰西银行暂时提高贴现率并强调金银储备较去年增加了50000000法郎。法兰西银行的金银储备及金银价值是核心问题之一。而写作《大纲》时，马克思在很快否定巴师夏和凯里之后，花了一段时间研究生产关系总体、论述政治经济学的哲学方法，写下《导言》，但没有找到分析危机的具体切入点。之后进入《货币章》的写作，借批评达里蒙的《论银行改革》，论述货币问题，找到了分析危机的切入点，这也可看作《大纲》思虑成熟的开篇。首先涉及的，与《危机笔记》一样，也是法兰西银行金银储备及金银价值（货币本质）的问题。这个开篇的写作时间，与《法兰西》大致同期或比之略晚。也许这个开篇是对《危机笔记》首先关注到的法国形势尤其是相关措施的回应。

《危机笔记》和《大纲》都以法兰西开篇，或许还与马克思对法国危机和革命的期待有关。

1848年革命失败后，马克思在写作《伦敦笔记》时仍然期待革命高涨，并认为革命的到来是危机的产物："在资产阶级关系内一般来说可能达到的这个资产阶级社会生产力如此蓬勃发展的普遍繁荣时期，谈不上真正的革命。只有当现代生产力和资产阶级的生产形式这两个因素互相陷入矛盾冲突的时期，这样的革命才是可能的……一场新的革命只能是新的危机的后果。但它也像新的危机一样是必然会发生的。"① 马克思还撰写了

---

① MEGA2 I/10，S. 466 – 467.《马列主义研究资料》1984年第5辑，第13页。

很多文章预言危机的到来。如 1852 年 10 月 15 日、19 日马克思接连写下《贫困和贸易自由——日益迫近的商业危机》《商业繁荣的政治后果》,预言英国经济暂时性的繁荣表明它即将进入现代工商业周期性循环的狂热发展阶段,接着会进入过度扩张和崩溃阶段。而危机的到来,"会使不可避免的反对托利党人的斗争带有更激烈和更革命的性质"[①]。

1853 年 9 月马克思接连于 13 日写下《政治动态——欧洲缺粮》、20 日写下《西方列强和土耳其——日益迫近的经济危机——印度的铁路建设》、23 日写下《西方列强和土耳其——经济危机的征兆》三篇文章,在报道、分析时事时顺带分析危机、展望革命。

在 1855 年 1 月,马克思于 8—22 日写下《工商业的危机》[②],并于 11 日写下《英国工商业的危机》[③] 专门分析危机。这两篇文章的思路,是从对贸易数据分析出生产过剩从而预言危机的爆发。此后,3 月 2 日写的《英国的危机》[④] 用"以最尖锐的形式表现出来的市场上商品过剩和由此产生的一切后果"来分析工商业危机,并预言危机"再过几个月"就会爆发。在 5 月 19 日写的《金融市场》[⑤] 一文中,针对英国报界的乐观主义者根据"金融市场的状况有了改善"——对银行地窖里黄金的积累和银行贴现率的降低,而认为工商业危机已经结束的观点发表了相反的看法。

马克思在《贸易和财政状况》一文举到了法国的例子。他引用的关于法国的资料说到"无数股票却在人们手里转来转去,根本不顾结算日期……所有这些企业大部分带有的纯粹投机性质"[⑥],而法兰西银行、动

---

① MECW, Vol. 11, p. 364. 《马克思恩格斯全集》第 8 卷,人民出版社 1961 年版,第 424 页。

② MECW, Vol. 13, pp. 571—578. 《马克思恩格斯全集》第 10 卷,人民出版社 1962 年版,第 637—645 页。

③ MECW, Vol. 13, pp. 585—589. 《马克思恩格斯全集》第 10 卷,人民出版社 1962 年版,第 652—657 页。

④ MECW, Vol. 14, pp. 59—62. 《马克思恩格斯全集》第 11 卷,人民出版社 1962 年版,第 114—117 页。

⑤ MECW, Vol. 14, pp. 198—200. 《马克思恩格斯全集》第 11 卷,人民出版社 1962 年版,第 256—258 页。

⑥ MECW, Vol. 14, p. 534. 《马克思恩格斯全集》第 11 卷,人民出版社 1962 年版,第 604 页。

产信用公司等金融机构发行的银行券、债券超过其资本的 5 倍、9 倍①。

马克思在预见危机时，和《伦敦笔记》研究危机一样，期待危机爆发后迎来新的革命高潮。比如，在《英国的危机》一文中，在他预言危机"再过几个月"就将来临之后，紧随其后就写道"但是一旦工人阶级自己充分感觉到危机的影响，近 6 年来处于沉寂状态的政治运动就会重新开始"，文章末尾断言"英国已经到了自己的 1847 年，谁知道它的 1848 年将在什么时候开始和将是什么样子呢"？

但是当美国危机爆发时，马克思首先想到的却是其对法国的影响。马克思在 1857 年 10 月 20 日致恩格斯的信②中这样说："美国危机妙极了（我们在 1850 年 11 月的述评中就已经预言过它一定会在纽约爆发）。它立即影响到法国工业。"然后才是英国："英国的金融评论家哀叫说，英国的商业是健康的"。在这封信的最后部分，马克思运用经济数据详细分析了波拿巴政府糟糕的国债状况。1857 年 12 月 25 日致恩格斯的信开头就说："因为当前我们的主要任务是要弄清楚法国的情况。"至于马克思为何首先期待法国危机和革命，尚有待研究。

（2）对危机认识都从金融层面逐步深入到生产层面

面对危机，达里蒙认为"一切弊病，都来自人们顽固地保持贵金属在流通和交换中的优势地位"③，"不仅现今的危机，而且周期性的商业危机，都应该归因于金银享有的这种特权，即唯有金银才能充当可靠的流通工具和交换工具"④，而解决危机的方法在于"金银成为同其他商品一样的商品，或者，准确的说，一切商品都具有金银一样的等级（由于同样的名义）而成为交换工具"⑤。简单地说，达里蒙认为危机源于金银作为货币的特权，废除金银的这种特权就能解决危机。在马克思看来，贵金属

---

① MECW，Vol. 14，p. 536.《马克思恩格斯全集》第 11 卷，人民出版社 1962 年版，第 606 页。

② MEGA2 III/8，S. 184.《马克思恩格斯全集》第 29 卷，人民出版社 1972 年版，第 189—193 页。

③ MEGA2 II/1. 1，S. 43.《马克思恩格斯全集》第 30 卷，人民出版社 1995 年版，第 59 页。

④ MEGA2 II/1. 1，S. 60.《马克思恩格斯全集》第 30 卷，人民出版社 1995 年版，第 72 页。

⑤ MEGA2 II/1. 1，S. 60.《马克思恩格斯全集》第 30 卷，人民出版社 1995 年版，第 72 页。

外流的原因是法国主要食物歉收、重要工业原料歉收、进口过剩,需要耗费大量相当一部分原本用于再生产贵金属在国际市场购买食物、工业原料以补偿生产的缩减,同时支付对外战争、投机等非生产性费用也要耗费金银,使再生产更加困难。因此,食物、工业原料的价格必然上涨,其他一切商品价格以同样的比例下跌。这意味着其他一切商品的生产率乃至整个社会的平均生产率的降低。在这种情况下,废除金银的特权,以任何一种别的东西作为货币,都会导致货币贬值,随之而来导致生产的瘫痪和普遍的危机。只有"在经济上对资产阶级社会实行革命",才能从根本上废除货币的贬值。"资产阶级社会的弊病不是通过'改造'银行或建立合理的'货币制度'所能消除的。"① 马克思实际是借批判达里蒙也否定了任何单用银行改革分析和解决危机的思路。

　　马克思在批判达里蒙之后随即花专门篇幅论述货币的产生、本质、职能等问题,比较系统地阐述了自己的货币理论。马克思认为,"价值是商品的社会关系,是商品的经济上的质……作为价值,商品是货币"②。货币实际上以物的形式代表了一切社会关系,因而在前两次开篇的基础上以货币作为开篇。贸易政策、金融改革都是试图在流通领域分析和解决危机,马克思批判了这些思路,随即深入生产领域分析和解决危机。《资本章》详细论述了资本的生产过程、流通过程,系统、全面地勾画出资本主义社会的生产体系。

　　而在《危机笔记》,如前所说的《法兰西》,其最初五页的标题"法兰西/巴黎证券交易所""法兰西""危机""法兰西银行""法兰西贸易"多次间隔重复出现,看似凌乱,而《危机》和《商业》两个笔记本的目录则显得越来越系统。《危机》的目录分两次逐渐成形。第一次寻破产、英格兰银行、伦敦货币市场、银行与危机的顺序,集中关注的银行、货币方面。而第二次则明确按照货币市场、生产市场、劳动市场的顺序构思总体章节,这个构思到《商业》得到确立。这与《大纲·货币章》以批评达里蒙为切入点,把对危机的认识从货币关系深入到生产关系的方向是一

---

　　① MEGA2 II/1.1, S.70.《马克思恩格斯全集》第30卷,人民出版社1995年版,第82页。
　　② MEGA2 II/1.1, S.76.《马克思恩格斯全集》第30卷,人民出版社1995年版,第89页。

致的。

（3）《危机笔记》与《大纲》的理论互动①

1857 年 11 月，当马克思正写作《大纲》笔记本 II 时，他开始为《危机笔记》剪贴摘录报刊，其中《经济学家》用得最密集。因此，《大纲》中的有些篇章明显基于《经济学家》。这其中最突出的例子就是，笔记本 II 中利用《经济学家》独具编辑特色的 32 类、432 个商品的价格表，另加上 3 类（啤酒、鱼、土豆），"按照资本的基本要素"分组②。马克思对市场的"总体形态"的重组可以概括如下：

黄金市场

货币交换，金银条块市场

借贷市场，票据市场

有息债券市场

国债券市场

股票市场

货币机构本身的股票

交通工具的股票（铁路股票，运河股票，轮船公司股票，电报局股票，公共马车公司股票）

一般工业企业的股票（矿业股票）

公共事业企业的股票（煤气公司股票，自来水公司股票）

保管商品的企业股票（船坞股票）

工业公司或商业公司的股票

保险公司的股票

本国股票，本国公债券市场

国外股票，国外公债券市场

I. 产品

①谷物市场

种子市场，谷物市场，西米市场，马铃薯

---

① 本部分内容根据前述守健二论文的相关章节。

② MEGA2 II/1.1，S. 203—204.《马克思恩格斯全集》第 30 卷，人民出版社 1995 年版，第 239—240 页。

②殖民地产品市场

咖啡，茶叶，可可，糖，烟草，香料（胡椒、辣椒、桂肉、丁香、姜、干豆蔻皮、肉豆蔻）

③果实

杏仁，无核小葡萄干，无花果干，李干，梅干，葡萄干，橘子，柠檬，糖蜜

④食品

奶油，干酪，腌肉，火腿，猪油，猪肉，牛肉（熏制），鱼

⑤酒

葡萄酒，罗木酒，啤酒

II. 原产品

①机器工业的原料。

亚麻，大麻，棉花，丝，羊毛，兽皮，皮革，古塔波胶

②化学工业的原料

碳酸钾，硝石，松节油，硝酸钠

III. 同时作为生产工具的原料

金属（铜、铁、锡、锌、铅、钢等），原木，建筑木材，燃料木材，造船木材

辅助生产资料和辅助材料

药材和燃料（胭脂红、靛蓝），树脂，油类，煤炭

　　以上重组与《危机笔记》（尤其是《危机》《商业》两册）目录的近似性，可以确证这样的假设：马克思根据刚刚在《大纲》笔记本 II 中得出的货币市场和商品市场分类而制定的《危机笔记》目录。

　　《危机笔记》和《大纲》的理论互动还不止于此。比如，与《大纲》相比，《危机笔记》第二、三册即《危机》《商业》的一个深刻洞见是含蓄地将非货币市场商品分为三类：产品市场、工业市场和劳动市场。而《大纲》笔记本 II 仅仅清晰地考虑了原产品而没有考虑工业生产。由于这些原产品的生产可以独立进行，笔记本 II 没有考虑各市场间的相互关系。而在《危机笔记》中，马克思面临着生产过程和市场的相互联系的问题，甚至要考虑生产的循环。马克思对钢市场的摘录显示了解决上述问题的迹象。在《危机》《商业》两个笔记本中，马克思从不同报纸中摘录了很多

关于格拉斯哥、伯明翰、南威尔士钢贸易的报告。有趣的是，马克思把这些相同主题的剪贴分置于两个不同的标题之下："钢"（"生产市场"）和"工业市场"。这是很好理解的，因为"格拉斯哥的生铁""伯明翰的成铁"等既是金属（"非织布的原材料"）又是工业成品。钢在这里身兼工业生产的原材料和产品，可以表明马克思在这一阶段所处理的一个理论问题。对这个问题的进一步思考，将不可避免导致生产过程和市场相互依存的概念，直至生产的纵向循环概念（或投入矩阵的不可分解性）。马克思对这个问题的第一次解决是在《大纲》笔记本 IV（《危机笔记》的写作当时也在进行）中建构的投入产出表①。

2.《危机笔记》与同时期书信及文章

围绕当时的双重任务，马克思还与恩格斯通信交流、为报刊撰写文章。这些书信堪称理解《危机笔记》的钥匙，有的书信也总结或利用了《危机笔记》中的材料，有的书信还录于《危机笔记》中。而报刊文章也运用了《危机笔记》的材料。

之前提到确定三册笔记本的顺序的最关键的两个证据都源于书信和《危机笔记》之间的引用。

书信和文章对《危机笔记》的总结和运用，最典型的例子就是马克思在 1857 年 12 月 25 日致恩格斯的信和所写的《法国的危机》一文。马克思在信开头就说："因为当前我们的主要任务是要弄清楚法国的情况，所以我把所有关于法国商业、工业和危机的摘录重新看了一遍，得出了几点结论，想简略地告诉你……"② 这里所说的"关于法国商业、工业和危机的摘录"就是指的笔记本《法兰西》。马克思在这封信中简要说了六点结论，这六点结论也是《法国的危机》的论点，所不同的只是后者更符合报刊文章的行文需要。支撑六点结论的许多材料均来自危机笔记本《法兰西》。陈长安的博士论文第四章对此做了详细的考证和分析。

（三）对《资本论》创作计划研究的意义

马克思在《大纲》的《导言》中首次提出了《资本论》创作计划（"政治经济学批判计划"）的"五篇结构"："显然，应当这样来分篇：

---

① MEGA2 I/1.2, S.352.《马克思恩格斯全集》第30卷，人民出版社1995年版，第431页。

② MEGA2 III/8, S.229.《马克思恩格斯全集》第29卷，人民出版社1972年版，第229页。

（1）一般的抽象的规定，因此它们或多或少属于一切社会形式，不过是在上面所阐述的意义上。（2）形成资产阶级社会内部结构并且成为基本阶级的依据的范畴。资本、雇佣劳动、土地所有制。它们的相互关系。城市和乡村。三大社会阶级。它们之间的交换。流通。信用事业（私人信用）。（3）资产阶级社会在国家形式上的概括。就它本人来考察。'非生产'阶级。税。国债。公共信用。人口。殖民地。向外国移民。（4）生产的国际关系。国际分工。国际交换。输出和输入。汇率。（5）世界市场和危机。"①《导言》写于《危机笔记》之前·仅拿"五篇结构"中的后三篇与《危机笔记》的目录作比较，就可以看到，"五篇结构"中的后三篇中列出的许多具体方面都在《危机笔记》中有详细反映。

表1　　　"五篇结构"中的后三篇与《危机笔记》相关章节对应表

"五篇结构"的后三篇	《危机笔记》中的主要对应章节		
	《法兰西》	《危机》	《商业》
（3）资产阶级社会在国家形式上的概括。就它本人来考察。"非生产"阶级。税。国债。公共信用。人口。殖民地。向外国移民	法兰西银行；政府措施；法兰西国家收入	英格兰银行；银行和危机；劳动市场	I）货币市场 1）英格兰银行 3）借贷市场，公债 5）证券市场 IV）劳动市场
（4）生产的国际关系。国际分工。国际交换。输出和输入。汇率	法兰西贸易；输出和输入；巴黎证券交易所	伦敦货币市场 I）货币市场概观 II）金银条块市场 III）证券市场 II）货币市场	I）货币市场 2）金银条块市场 α）金银的进入 β）银价及其运动 γ）国际交换
（5）世界市场和危机	危机；意大利；西班牙	VI）汉堡，王国北部，普鲁士，奥地利（德国） IX）合众国 III）生产市场 IV）工业市场 V）劳动市场	II）生产市场 III）工业市场 V）其他（合众国，中国和印度，其他，澳大利亚，巴西） IV）劳动市场

① MEGA2 I/1.1，S.43.《马克思恩格斯全集》第30卷，人民出版社1995年版，第50页。

　　而从实际内容来看，后三篇的几乎每个方面都在《危机笔记》中有所反映。从这个意义来讲，《危机笔记》也可以视为"五篇结构"后三篇，至少是后两篇，特别是第五篇"世界市场和危机"的最初准备材料。

　　当《危机笔记》基本完成时，马克思在1858年2月22日致拉萨尔的信中把"五篇结构"计划改变成"六册结构"计划："全部著作分成六册：（1）资本（包括一些绪论性的章节）；（2）土地所有制；（3）雇佣劳动；（4）国家；（5）国际贸易；（6）世界市场。"①

　　从"五篇结构"到"六册结构"，后三篇和后三册看似基本没有变化，也许是因为马克思在提出"六册结构"时之前特别强调了"叙述（我指的是叙述方式）是完全科学的"，加之是通信语言的缘故，"六册结构"要比"五篇结构"更加简练。

　　但如果仔细比较的话，后三册除了比后三篇语言简练之外，还是有细微的差别，主要体现在"国际贸易"册和"世界市场"册。"五篇结构"的第五篇所列出的诸方面，讲的主要是国际金融，而非国际贸易；第五篇讲的是"世界市场和危机"，而非仅仅"世界市场"。这些差别实际与《危机笔记》的创作进展也有关联。

　　《危机笔记》对笔记的记录，在总体上有一个从货币金融市场、到贸易市场、国际贸易再到生产市场的逐步深入过程，这与《大纲》从《货币章》深入到《资本章》的过程大致对应。这体现了马克思在生产方式的深层结构而非货币金融的表层结构来认识危机。马克思的危机理论的这个基本立场应该说放之于当前的危机仍然是成立的。1858年2月22日，马克思已经基本完成了《危机笔记》和《大纲》，因而在构想政治经济学著作结构时，能够将研究的顺序转变为叙述的顺序，"完全科学"地概括之。

　　提出"五篇结构"的《导言》写于1857年8月，其时《危机笔记》当在酝酿中，直到10、11月时才开始创作的。当时，马克思仍然十分期待危机发生并引起革命。但随着《危机笔记》的创作进展到1857年底，马克思已经清楚地意识到危机和革命不会马上到来，12月25日关于法国

---

　　①　MEGA2 III/9，S. 73.《马克思恩格斯全集》第29卷，人民出版社1972年版，第531页。

危机的书信和文章就是一个明证。这可以有力地解释马克思何以在"六册结构"中将第六册调整为"世界市场"而没有写危机。

《危机笔记》处于"五篇结构"和"六册结构"的转变中间,同时涵盖了"五篇结构"和"六册结构"中的后三篇和三册,且能很好地见证其中的基本相同和细微差异。考虑到后来的"四卷计划"中恰恰"舍弃"了这三篇和三册,《危机笔记》在《资本论》创作计划研究中就具有独特的意义了。马克思"舍弃"这三册,应该看作实事求是的调整,而不能视为"慢性死亡"的放弃,更不能认为相关理论不重要。这里仅举一个例子。在《资本论》第 3 卷第 30 章《货币资本和现实资本 I》中,马克思再次提到 1857 年危机:"1857 年,美国爆发了危机。于是金从英国流到美国。但是美国物价的涨风一停止,危机接着就在英国发生了。金又由美国流到英国。英国和大陆之间也发生了同样的情况。在普遍危机的时刻,支付差额对每个国家来说,至少对每个商业发达的国家来说,都是逆差,不过,这种情况,总是像排炮一样,按照支付的序列,先后在这些国家里发生;并且,在一个国家比如在英国爆发的危机,会把这个支付期限的序列压缩到一个非常短的期间内。这时就会清楚地看到,这一切国家同时出口过剩(也就是生产过剩)和进口过剩(也就是贸易过剩),物价在一切国家上涨,信用在一切国家过度膨胀。接着就在一切国家发生同样的崩溃。于是金流出的现象会在一切国家依次发生。这个现象的普遍性恰好证明:1. 金的流出只是危机的现象,而不是危机的原因;2. 金的流出在不同国家发生的顺序只是表明,什么时候会轮到这些国家算总账,什么时候会轮到这些国家发生危机,并且什么时候危机的潜在要素会轮到在这些国家内爆发。"这里说到 1857 年危机中美国、英国和大陆之间的金流动现象,《危机笔记》中有非常翔实、持续的记录,这里说到的金流动和危机的原因,也是《危机笔记》所关注和要探讨的核心问题之一。

祈望以上对《危机笔记》编辑、研究现状的简介以及对其理论意义的概括,能为相关研究起到抛砖引玉的作用,也请与会前辈、同仁不吝赐教。

表 2　　　　　　　**根据笔记"页标题"复原的"分章编排"**①

Book of the Crisis of 1857

Failures	1
Bank of England	2—3
London Moneymarket	4
I）General Aspect of the Moneymarket	4
II）Bullion Market	5—8
III）Security Market	9—11
IV）Produce Market	12—17〈13—17 空白〉
V）Industrial Market	18—20〈19、20 空白〉
Bank and Crisis	21
America	21—24〈24 空白〉
VI）Hamburg, Nothern Kingdoms, Prussia, Austria.（Germany.）	25—32
Produce Market	33—35
IX）United States	36—38
I）Failures	39—40
II）Money Market	41
1）Bank of England	41
2）London Loanmarket	42
3）Bullion Market	43
a）Efflux and Influx of Bullion	43
b）Price of Silver	44
c）Foreign Exchanges	45
4）Security Market	46
a）Consols	46
b）Railway-Jointstockbank-Mining shares	48—50
III）Produce Market	51
①Rawmaterials for textile fabrics.	51
a）Cotton	51—52
b）Silk	53〈不明〉

---

① 此目录可参见 http：//www. iisg. nl/archives/en/files/m/ARCH00860full. php#N1016A。

续表

c）Wool	54
d）Hemp and flax.	55
②Metals	56
③Hids and Leather	57
④Mincing-Lane	58—60
⑤Mark-Lane	61—63
IV）Industrial Market	64—67
V）Labour Market	68—72

1857 *France*

France/Bourse	1
France	2
Crisis	3
Bank of France	4
French Trade	5—10
Bank of France	11—14
French Corntrade	15
French Cornmarket	16
Ex-and Imports	17
French Trade	18—20
Governmental Measures	21—22
Italy	23—24
Spain	25/25a
〈空白〉	26
Bourse	27—28
Fr. Garn Rheine Traffic	29
〈空白〉	30
French Trade	31
〈空白〉	32
Railways	33
〈空白〉	34

续表

Northern Europe etc	35
〈空白〉	36
French Bourse	37
〈空白〉	38
French State Revenue	39

The Book of the Commercial Crisis

I) Moneymarket	1
1) Bank of England	1—4 〈4 空白〉
2) Bullion Market	5
α) Efflux and Influx of Bullion	5—6 〈6 空白〉
β) Price and Movement of Silver	7—8 〈8 空白〉
γ) Foreign Exchanges	9—10
3) Loanmarket	11—12
Public Funds	13—14 〈14 空白〉
4) Failures	15—16
5) Security Market	17
α) Public Funds	17—18
β) Share Market	19—20
II) Produce Market	21
1) Raw Materials for Textile Fabrics	21
α) Cotton	21—24 〈23、24 空白〉
β) Silk	25—26 〈26 空白〉
γ) Wool	27—28 〈28 空白〉
δ) Hemp and flax	29
Loanmarket. Railway u. Funds.	30
2) Metals	31—32 〈32 空白〉
3) Hids and Leather	33—34 〈34 空白〉
4) Mincing-Lane	35—40
5) Marklane	41—46 〈45、46 空白〉
III) Industrial Market	47—56 〈55、56 空白〉

IV）Labourmarket	57—62〈60、61、62 空白〉
V）Miscellaneous	
United States	63—64〈64 空白〉
China and India	65
Miscellaneous	66—76〈64 不明、76 空白〉
Australia	77
Brazil	79—80〈78、80 空白〉

基于思想史分析视野的
《资本论》的哲学性质

卜祥记 *

一般而言，任何有重要影响的著述都包含了一定的哲学思想，并因而都可以对其做哲学的分析。但是，就《资本论》而言，当我们试图把它作为一本哲学巨著时，这并不仅仅在于它内在地蕴含了丰富的哲学思想，更在于它本身就是马克思唯物史观创立与发展进程中的关键性环节，并且正是这后一个方面为前者提供了合法性的根据，即《资本论》本来就是马克思构建与完善其唯物史观理论大厦必不可少的重要组成部分。这就决定了《资本论》绝非一般而言的所谓包含了一定的哲学思想，它本身就是哲学思想的体系或体系化的哲学思想，只不过采取了经济学的表达语言而已。因而，从马克思唯物史观思想史的角度，给予《资本论》作为历史哲学巨著的合法性以合理定位，将是我们讨论《资本论》哲学思想的前提性工作。

基于马克思思想发展史的分析视野，我们认为，对《资本论》哲学思想或哲学性质的讨论应当注意以下几个方面：

第一，当我们试图研讨马克思《资本论》的哲学思想或哲学性质的时候，首先必须澄清马克思哲学思想的边界，即这里所说的哲学思想究竟是什么意义上的哲学思想。从对马克思思想发展史的分析可以看出，马克思所发动的哲学革命的本质乃在于以感性活动、现实个人的劳动或实践为基础的唯物史观的伟大建构，马克思终生致力于解决的唯一重大课题，乃是对人类历史之

---

* 卜祥记，上海财经大学人文学院教授。

谜的追问与解答。作为一个伟大的哲学家，马克思只有一个哲学，那就是唯物史观。因此，当我们讨论马克思"《资本论》的哲学思想或哲学性质"时，这里所说的"哲学"本质上就是"唯物史观"，而且只能是"唯物史观"。

首先，就围绕"国民经济学的哲学批判"这一根本主题展开的《手稿》而言，它在哲学批判、经济批判与社会批判的有机汇集中，为人类历史之谜的解答初步奠定了坚实的理论基石——"感性活动"或"劳动"的原则；"感性活动"或"劳动"乃是《手稿》的核心成果与理论高度①。马克思正是依据这一原则展开了对国民经济学理论前提的批判，从而萌发了后来成为《资本论》研究主题的理论诉求，并把作为"私有财产的积极扬弃"以及"自然主义＝人道主义"的共产主义②作为人类历史之谜的解答。因此，在《手稿》中，我们看到马克思从不抽象地讨论在人之外的自然界问题，他所关注的始终是与人发生关系的自然界，是作为人的对象性存在的自然界。那么，自然界何以成为人的自然界呢？这显然是由于人的劳动活动，正是在现实个人的对象化活动中，自然界才成为人的自然界；而自然界成为人的自然界的过程，就是人类社会的生成与历史——正像马克思指出的那样"整个所谓世界历史不外是人通过人的劳动而诞生的过程，是自然界对人来说的生成过程"③。因此，人类社会的生成及其规律才是马克思关注的核心问题。

尽管马克思此时还不能解决这个问题，但他已经明确地把作为异化劳动和私有财产之扬弃共产主义作为其整个批判理论的归宿，并把共产主义理解为"自然主义＝人道主义"，即理解为人与自然、人与人、人与社会之矛盾的解决与它们之间的和谐（对象性关系）。然后，马克思写下了一段意味深长的论断——"我们看到，主观主义和客观主义，唯灵主义和唯物主义，活动和受动，只是在社会状态中才失去它们彼此间的对立，从而失去它们作为这样的对立面的存在"④。在这里，所谓主观主义和客观

① 参见卜祥记《感性活动：〈1844年经济学哲学手稿〉的核心成果与理论高度》，《中国社会科学内部文稿》，2012年第2期。

② 《马克思恩格斯文集》第1卷，人民出版社2009年版，第185页。

③ 同上书，第196页。

④ 同上书，第192页。类似的表达或者这一表述的前身在《黑格尔法哲学批判》中是可以看到的："抽象唯灵论是抽象唯物主义；抽象唯物主义是物质的抽象唯灵论。"参见《马克思恩格斯全集》第3卷，人民出版社1995年版，第111页。

主义、唯灵主义和唯物主义、活动和受动的对立，不过就是人与自然之对立的理论表达，当马克思把人的感性活动、劳动、实践作为唯物主义的理论基石，并开启唯物主义的社会历史研究路向时，也就从根本上取消了人与自然的对立以及作为这种对立之理论表达的唯物主义与唯心主义的分野。这就意味着马克思的哲学既不是单纯地关注与人无关的自然界的自然唯物主义，也不是孤立地思考与自然界无关的人（它本质上只能是无人身的理性）的唯心主义，而是把二者结合起来的真理，即《关于费尔巴哈的提纲》中所宣示的实践唯物主义。当然，在马克思看来，这种唯物主义所追求的人与自然、人与人的和谐状态，不仅本质地表现为"社会状态"即共产主义的社会状态，并且也只能在这种社会状态中才能实现。

其次，与其说《关于费尔巴哈的提纲》是马克思新世界观天才萌芽的第一个文件，还不如说《手稿》才是马克思新世界观天才萌芽的真正发生地。因为整个"提纲"中的基本判断无不源自于《手稿》的基本思想，而《手稿》的重要性就在于它第一次公开宣示，"全部社会生活在本质上是实践的"①，新唯物主义乃是奠基于"感性活动"或"实践"之理论基石的唯物主义，即"实践唯物主义"。这一宣示首次明确地澄清了马克思哲学与一切形式的旧哲学（其中包括自然哲学）的界限，明确地把基于实践活动并由实践活动所创生的人类社会作为唯物主义研究的唯一对象。

再次，就《形态》而言，它本身就是以现实个人的劳动活动创造人类社会这一前提出发，并借助于自发分工的理论环节，所展开的一部关于人类历史的宏大叙事，因而表现为马克思唯物史观理论体系的草创；并且，也正是在对实践唯物主义理论内涵的如此具象化的铺陈中，马克思第一次明确地区分了"物质本体论"与"实践本体论"的理论界限：一方面，马克思指出："这种活动、这种连续不断的感性劳动和创造，这种生产，正是整个现存的感性世界的基础。"……在这里出现的乃是马克思"实践本体论"的本质立场；另一方面，马克思同时又指出："当然，在这种情况下，外部自然界的优先地位仍然会保持着，而整个这一点当然不适用于原始的、通过自然发生的途径产生的人们。但是，这种区别只有在

① 《马克思恩格斯文集》第1卷，人民出版社2009年版，第56页。

人被看做是某种与自然界不同的东西时才有意义。此外，先于人类历史而存在的那个自然界，不是费尔巴哈生活于其中的那个自然界，这是除去在澳洲新出现的珊瑚岛以外今天在任何地方都不再存在的，因而对于费尔巴哈来说也是不存在的自然界。"① 在这里出现的乃是对"物质本体论"的明确拒斥。

最后，就《形态》之后的《贫困》《宣言》以及整个《资本论》研究的理论成果而言，马克思哲学研究所围绕的核心课题无不从属于对人类历史之谜的追问与解答。因此，对《资本论》哲学性质的讨论也就只能从唯物史观哲学的理论高度，并把它作为马克思唯物史观理论体系建构的重要环节与组成，给予正确的理解。

第二，《资本论》的哲学性质绝不仅仅在于它包含了丰富的哲学思想，更在于它本身就是马克思唯物史观建构中的重要组成与环节，因而本质上就是一部唯物史观的理论巨著。如果说马克思哲学就是与自然唯物主义有本质界限的实践唯物主义，而实践唯物主义就是致力于破解人类历史之谜的唯物史观，那么《资本论》就是唯物史观的理论主干，即作为洞悉资本主义生产之谜与社会之谜的"资本哲学"的唯物史观，并因而表现为浓缩版的唯物史观。

首先，从整体与部分的关系看，当马克思在《形态》中草创出唯物史观的基本理论体系时，摆在马克思面前亟待解决的重大课题，就是对这一基本理论体系所展开的人类历史宏大叙事中的当下环节，即现实的资本主义经济运行机制以及基于其上的社会运行机制给予透彻的分析。这种分析的必要性在于：如果不能对资本主义社会的经济运行机制做出科学的说明，那么《形态》所提供的关于人类历史的宏大叙事就不仅是不完整的，而且是内容空虚的，因而还只能是一种理论设想，而作为这一宏大叙事之本质旨归的共产主义诉求也就是缺乏科学根据的空想了。在《形态》第一章中，马克思之所以花费大量笔墨去分析由封建行会手工业的"等级资本"、工场手工业的"商业资本"到机器大工业的"工业资本"的历史进展，一方面是为了完整展示"工业资本"的直接来历，系统呈现人类社会的宏观历史演进——这一工作在《资本论》第1卷第11—13章中的"协作""分工和工场手工业"以及"机器和大工业"部分再度呈现出

---

① 《马克思恩格斯文集》第1卷，人民出版社2009年版，第529—530页。

来；另一方面则是为了借此论证共产主义的历史必然性。对于这一时期的马克思而言，由于他尚不具备揭示资本主义经济运行机制及其内在矛盾机制的能力，他对共产主义必然性的论证也就只能以人类历史的宏大叙事为依托。这种状况在《贫困》与《宣言》中依然没有、也不可能发生根本性的改观。因为在这两部文献中，马克思所做的工作还只是运用刚刚创制的唯物史观理论工具，通过对蒲鲁东经济学理论之哲学立场的批判，为即将展开的"资本论"研究进行必要的理论"清场"工作——而且这种理论清场工作还主要集中于哲学立场的"清场"。因此，《宣言》对共产主义历史必然性的论证所能依据的依然是间接性的理论工具，即作为宏大历史叙事之理论总结的唯物史观原理——生产力与生产关系的矛盾运动规律。但实际上，在这一时期，这一原理本身也是需要论证的。换言之，如果没有对资本主义经济运行机制的科学说明，那就不能确证资本主义社会的发展也一定会遵循这一矛盾运动规律，资本主义的灭亡与共产主义的胜利也就不能被认作历史发展的必然。在这里出现的就是马克思必然走向《资本论》研究的理论逻辑，而旨在"揭示现代社会的经济运动规律"① 的《资本论》研究，就是马克思对唯物史观基本原理的具体论证，因而本质地表现为唯物史观理论建构的重要环节。

正是在这个意义上，我们认为，《资本论》本身就是一部唯物史观的理论巨著。因此，当恩格斯把"唯物主义历史观"和"通过剩余价值揭开资本主义生产的秘密"这两个"伟大的发现"，作为社会主义从空想走向科学的根据时②，恩格斯的判断是极其准确的；只是需要指出，这一论断实际上包含着如下理论逻辑，即对资本主义生产秘密的揭示使得马克思的唯物史观成为科学，并进而使得马克思的社会主义成为科学的理论。在这个意义上，剩余价值理论已经不再仅仅是与唯物史观并列的东西，它本身就是唯物史观的组成部分了。如果我们可以把作为唯物史观组成部分的《资本论》称之为"资本哲学"，那么，基于《资本论》在马克思唯物史观理论建构中的重要地位，我们也就可以把马克思的"资本哲学"看作是唯物史观的理论主干。

---

① 《马克思恩格斯文集》第 5 卷，人民出版社 2009 年版，第 10 页。
② 《马克思恩格斯文集》第 3 卷，人民出版社 2009 年版，第 545—546 页。

　　其次,从一般与个别的关系看,作为唯物史观理论主干的"资本哲学",同时还是一个浓缩版的、具象化了的唯物史观,它不仅严格地遵循着本源于《手稿》、草创于《形态》、发展于《贫困》和《宣言》中的唯物史观原理,而且完整地蕴含了唯物史观的所有理论要素。就前者而言,在1859年的《〈政治经济学批判〉序言》中,在回顾自己走向《资本论》研究的思想历程时,马克思不仅第一次系统总结了这一刚刚发现的唯物史观的基本原理,而且明确地把它作为"一经得到就用于指导我的研究工作(即《资本论》的研究工作——引者注)的总的结果"①。就后者而言,我们看到:(1)正如马克思的唯物史观理论体系一样,马克思对资本主义商品生产的特殊劳动的分析,也是从"人类生活的一切社会形式所共有"的"一般劳动",即作为"人和自然界之间的物质变换的一般条件"和"人类生活的永恒的自然条件"的劳动②出发的。(2)"分工"是人类劳动向商品生产活动进展的根本性因素。资本主义商品生产的前身是简单商品生产;它作为一种特殊形态的劳动,直接地源自于由于剩余产品的出现而发生的偶然性交换变成普遍性的社会现象,间接地但却本质地根源于"分工"的出现③;正是"自发分工"而不是斯密所谓的人类交易的禀赋,使得起初作为偶然事件的商品交换成为必然性的现实,并逐步推动着使用价值的生产向交换价值的生产,即"产品生产"向"商品生产"的历史性跨越④。(3)由分工所促生的商品生产经历了不同历史性时期的发展产生了货币。马克思指出:"分工使劳动产品转化为商品,因而使它转化为货币成为必然的事情。"⑤ 对这一必然性的历史分析表明,"货币是以商品交换发展到一定高度为前提的。货币的各种特殊形式,即单纯的商

---

　　① 《马克思恩格斯文集》第2卷,人民出版社2009年版,第591页。

　　② 《马克思恩格斯文集》第5卷,人民出版社2009年版,第215页。

　　③ 同上书,第55页。马克思指出:"各种使用价值或商品体的总和,表现了同样多种的、按照属、种、科、亚种、变种分类的有用劳动的总和,即表现了社会分工。这种分工是商品生产存在的条件,虽然不能反过来说商品生产时社会分工存在的条件。"

　　④ 同上书,第215、197页。马克思指出:"产品表现为商品,需要社会内部的分工发展到这样的程度:在直接的物物交换中开始的使用价值和交换价值的分离已经完成。但是,这样的发展阶段是历史上完全不同的经济的社会形态所共有的。"马克思还指出:"产品成为商品,需要一定的历史条件。要成为商品,产品就不应作为生产者自己的直接的生存资料来生产。"

　　⑤ 同上书,第129页。

品等价物，或流通手段，或支付货币、储藏手段和世界货币，按其中这种或那种职能的不同作用范围和相对占优势的情况，表示社会生产过程的极不相同的阶段"①。(4)"资本"就是商品生产在经历了这一系列极不相同的发展阶段后的历史性产物，它的产生标志着社会生产过程的一个新时代。正像马克思指出的那样：就"货币的各种特殊形式"而言，"不很发达的商品流通就足以促使所有这些形式的形成。资本则不然。有了商品流通和货币流通，决不是就具备了资本存在的历史条件"②；就"资本"存在的直接经济表现而言，它意味着"全部产品或至少大部分产品采取商品的形式"③；但这种情况的发生是有前提的，即"只有当生产资料和生活资料的占有者在市场上找到出卖自己劳动力的自由工人的时候，资本才产生……因此，资本一出现，就标志着社会生产过程的一个新时代"④。(5) 那么，生产生活资料的占有者与出卖自己劳动力的自由工人在市场上相遇这一事实，又是如何发生的呢？对此，马克思一方面指出"对这个问题货币占有者不感兴趣。他把劳动市场看做是商品市场的一个特殊部门。我们目前对这个问题也不感兴趣"⑤——在马克思看来，这一问题就是"资本"何以产生的历史条件的问题，"而单是这一历史条件就包含着一部世界史"⑥，它显然不属于《资本论》所要直接讨论的问题，正如全部产品何以采取商品的形式这个问题也"不属于商品分析的范围"⑦ 一样。尽管如此，马克思仍然抑制不住地对这一问题作了如下实质性的提示："但是有一点是清楚的。自然界不是一方面造成货币占有者或商品占有者，而另一方面造成只是自己劳动力的占有者。这种关系既不是自然史上的关系，也不是一切历史时期所共有的社会关系。它本身显然是以往历史发展的结果，是许多次经济变革的产物，是一系列陈旧的社会生产形态

---

① 《马克思恩格斯文集》第 5 卷，人民出版社 2009 年版，第 198 页。

② 同上书，第 198 页。

③ 同上书，第 197 页。马克思指出："在什么样的状态下，全部产品或至少大部分产品采取商品的形式，我们就会发现，这种情况只有在一种十分特殊的生产方式即资本主义生产方式的基础上才会发生。"

④ 同上书，第 198 页。

⑤ 同上书，第 197 页。

⑥ 同上书，第 198 页。

⑦ 同上书，第 197 页。

灭亡的产物。"① 同时，在《资本论》许多理论部分，比如在对"协作""分工和工场手工业""机器和大工业"历史进程的分析②中，在对资本的原始积累的研究中以及为了呈现商品拜物教的秘密而展开的对孤岛上的鲁滨逊、昏暗的中世纪以及自由人联合体的历史分析③中，在不影响《资本论》理论逻辑正常展开的前提下，马克思实际上已经对这一历史进程做了尽可能深入的分析与说明。（6）在生产生活资料的占有者与出卖自己劳动力的自由工人在市场上相遇，并结伴来到生产的场所后，资本的蛹化过程就开始了。在这里发生的乃是作为同一个过程的劳动过程与价值增值过程，而当作为这一过程之结果的商品在流通领域得以实现后，资本羽化成功了——"戏法终于变成了。货币转化为资本了"④；资本的秘密——它同时也就是剩余价值的秘密，也就彻底暴露出来了。（7）资本无限增值的生命驱动及其实现，内在地包含着自我否定的矛盾。历史地看来，这一矛盾乃是在简单商品经济中就已经包含了的矛盾——"分工使他们成为独立的私人生产者，同时又使社会生产过程以及他们在这个过程中的关系不受他们自己支配"，或者"分工使劳动产品转化为商品，因而使它转化为货币成为必然的事情。同时，分工使这种转化能否成功成为偶然的事情"⑤——在资本主义商品经济中的凸显；现实地看来，正是这一矛盾最终必然导致资本主义经济制度以及奠基于其上的整个政治制度的消亡。共产主义之作为人类历史之天命的根据随之被空前巩固地建构起来。作为《资本论》基本理论构成的如上理论环节，不正就是唯物史观的基本理论要素吗？据此，我们认为，《资本论》绝不仅仅是包含了丰富的哲学思想，它本身就是真正的哲学巨著，是浓缩版的唯物史观；并且，正是由于它，马克思的唯物史观才真正成为现实的科学。

再次，作为唯物史观理论巨著的《资本论》，其哲学性质本质地表现为对资本逻辑的批判。对资本的历史性肯定从属于对资本逻辑的批判；对资本逻辑的批判，直接地表现为基于特定理论前提与理论归宿而发生的对资本现实罪恶的控诉，内在地表现为基于唯物史观的理论范式对资本主义

---

① 《马克思恩格斯文集》第 5 卷，人民出版社 2009 年版，第 197 页。
② 同上书，第 374—581 页。
③ 同上书，第 94—97 页。
④ 同上书，第 226 页。
⑤ 同上书，第 129 页。

的病理学诊断，因而只要资本逻辑依然是统治人类活动的基本原则，作为唯物史观或资本哲学的《资本论》的批判性立场及其科学性质，就绝不会因为其个别理论判断的现实局限性而有丝毫动摇。

首先，当我们把对资本逻辑的批判视为作为唯物史观理论巨著的《资本论》的本质性质时，这并不意味着我们忽视了马克思对资本逻辑之历史必然性或历史合理性的充分肯定。毫无疑问的是，在马克思思想发展的几乎每一个历史时期，都有对资本逻辑之生成的历史必然性及其合理性的确认。比如，早在《手稿》中，马克思就指出："那些对完成的自由工业、完成的纯洁道德和完成的博爱商业的危险多少有点预感的国家，企图阻止地产资本化，却完全白费力气。"然后，紧接着，马克思用黑格尔式的语言指出了资本统治世界的历史必然性——"与资本不同，地产是还带有地域的和政治的偏见的私有财产、资本，是还没有完全摆脱同周围世界的纠结而达到自身的资本，即还没有完成的资本。它必然要在它的世界发展过程中达到它的抽象的即纯粹的表现"。① 当然，对于这一过程，马克思此时还不能从人类经济史或社会史的角度给予说明；这一工作最早是在《形态》中，在借助于自发分工而展开的对人类历史的宏大叙事中开始的。在《贫困》中，马克思进一步展示了被蒲鲁东作为纯粹经济学范畴的"分工和机器""竞争和垄断""所有权或地租"等经济事实的历史性。在《宣言》中，马克思不仅明确地指证了作为"生产方式和交换方式的一系列变革的产物"的"现代资产阶级"的历史必然性，而且第一次明确肯定了"资产阶级在历史上曾经起过非常革命的作用"②，并写下了众所周知的如下论断——"资产阶级在它的不到一百年的阶级统治中所创造的生产力，比过去一切世代创造的全部生产力还要多，还要大"③。作为《经济学手稿（1857—1858 年）》重要理论贡献之一的"三大社会形态"理论，则为资本主义历史必然性与合理性的确认提供了更为坚实的理论基础。

但是，应当指出的是：在马克思思想发展史中一以贯之的对资本的历史必然性与历史功绩的指认，无不从属于对资本逻辑的批判，并因而表现

---

① 《马克思恩格斯文集》第 1 卷，人民出版社 2009 年版，第 177 页。
② 《马克思恩格斯文集》第 2 卷，人民出版社 2009 年版，第 33 页。
③ 同上书，第 36 页。

为一个思想的整体。换言之,正如马克思给予肯定的对象与批判所指向的对象乃是同一个对象一样,他对这个对象的肯定与批判乃是同一个思想整体的两个方面。那种貌似辩证法,实则折中主义的习惯性思维,常常用"一方面""另一方面"的评价模式把二者割裂开来,看作是彼此并列的纯粹反思关系,也就彻底取消了马克思思想的整体性。对此,马克思称之为思想的"粗率和无知"——其"粗率和无知之处正在于把有机地联系着的东西看成是彼此偶然发生关系的、纯粹反思联系中的东西"①。对于这种折中主义的危害,卢卡奇在《什么是正统马克思主义》一文中曾经给予了深刻的说明:"辩证的方法被取消了,随之总体对各个环节在方法论上的优越性也被取消了;各部分不从整体来理解,相反,整体被当作不科学的东西被抛弃,或者退化成了不过是各部分的'观念'或'总和'。"② 因此,真正的辩证法绝不是把整体分解为各个部分或方面,并试图通过对各个部分或方面的把握去再现整体,而是始终从整体出发去认知各个部分或方面,并把它们作为从属于整体的部分或方面。当我们据此分析作为唯物史观理论巨著的《资本论》时,我们显然不可以用它"一方面"肯定了资本的历史功绩、"另一方面"又有对资本的批判等之类的含混词句或折中主义的思维范式,去界定《资本论》的哲学性质;而是应该旗帜鲜明地把它的唯物史观的哲学性质理解为一个整体,并归之于作为整体性特质的对资本逻辑的批判。正如《资本论》的副标题——"政治经济学批判"——所表明的那样,它作为完整理论整体的本质立场就是对资产阶级政治经济学的批判,就是对资产阶级政治经济学研究对象的资本主义的批判,就是对统治资本主义经济活动的资本原则或资本逻辑的批判。澄清这一本质,就杜绝了貌似完整理解《资本论》、实则淡化《资本论》批判立场与批判意义的种种折中主义企图;明确这一本质,就彻底拒斥了貌似全面把握《资本论》、实则把《资本论》曲解为对资本存在永恒性证实的实证主义倾向;指明这一本质,就坚决划清了与貌似丰富发展《资本论》、实则已经蜕变为"非批判的实证主义"③ 的所谓马克思主义

---

① 《马克思恩格斯文集》第8卷,人民出版社2009年版,第12页。

② [匈]卢卡奇:《历史与阶级意识——关于马克思主义辩证法的研究》,杜章智等译,商务印书馆1996年版,第57页。

③ 《马克思恩格斯文集》第1卷,人民出版社2009年版,第204页。

现代经济学的界限；申明这一本质，就彻底回击了貌似科学地解释现代资本主义、实则是"同样非批判的唯心主义"① 立场之再现的现代西方主流经济学对《资本论》的歪曲与指责。

其次，我们把"对资本逻辑的哲学批判"作为《资本论》之哲学性质的本质立场，并不仅仅是由于如上所言的方法论上的根据，也不仅仅是因为马克思同时还有对资本的深刻批判。如果我们简单地挑选出马克思控诉资本罪恶的的个别言辞，作为马克思批判立场的根据，那将同样陷于用"一个方面"取消"另一个方面"的折中主义泥潭。实际上，所有这些肯定性或批判性的论断以及内在于其中的批判立场都是由《资本论》的研究对象、历史前提和研究宗旨决定的。就《资本论》的研究对象而言，马克思是有直接说明的；在该书第一版序言中，马克思明确指出："我要在本书研究的，是资本主义生产方式以及和它相适应的生产关系和交换关系。"② 那么，资本主义生产方式的直接历史前提是什么？是雇佣劳动。资本主义生产关系和交换关系的直接历史前提又是什么？是资本逻辑——因为生产关系与交换关系的核心是所有制关系，而资本主义时代的所有制关系就是作为社会关系的资本。如此一来，《资本论》所要研究的就是以雇佣劳动和资本逻辑为直接历史前提的资本主义生产的规律。这不仅让我们立刻回忆起马克思早在《手稿》中给自己提出的研究任务——作为《资本论》研究诉求的初始表达，马克思要求自己在未来的研究工作中，以异化劳动和私有财产关系为前提，揭示国民经济学家一切范畴的来历，即揭示资本主义经济活动的规律，而且它也让我们有充分的理由得出以下判断，即作为这一初始理论诉求之现实表达的《资本论》研究，必然本质地秉承着《手稿》对异化劳动和私有财产关系的批判性立场。事实上，只要是把"雇佣劳动"而不是一般意义上的人类劳动、把"资本逻辑"而不是一般意义上的社会关系的逻辑作为研究对象，这一研究的本质立场就只能是批判，而不可能是实证主义式的非批判的证实。这样一来，我们就完全可以理解，为什么当德国工人党在其纲领中以"劳动价值论"作为争取无产阶级利益的斗争武器时，马克思却在《哥达纲领批判》一开

---

① 《马克思恩格斯文集》第 1 卷，人民出版社 2009 年版，第 204 页。
② 《马克思恩格斯文集》第 5 卷，人民出版社 2009 年版，第 8 页。

始就给予无情的批判了①——这种批判并不意味着马克思不赞同"劳动价值论",而是为了鲜明地指出作为"劳动价值论"之主体的"劳动"本质上乃是"异化劳动"或"雇佣劳动"。同时,我们也就完全可以理解,马克思为什么在一系列"经济学手稿"和《资本论》中,一再强调劳动之作为"生产劳动""生产资本的劳动"或"雇佣劳动"的异化性质。比如,在《经济学手稿(1857—1858年)》中,马克思特别要求把劳动与生产劳动区分开来——"钢琴制造者再生产出资本;钢琴演奏者只是用自己的劳动同收入相交换。但钢琴演奏者生产音乐,满足我们的音乐感,不是也在某种意义上生产音乐感吗?事实上他是这样做了:他的劳动是生产了某种东西;但他的劳动并不因此就是经济意义上的生产劳动;就像生产幻觉的傻子的劳动不是生产劳动一样。劳动只有在它生产了它自己的对立面时才是生产劳动……只有生产资本的劳动才是生产的;因此,没有做到这一点的劳动,无论怎样有用——它也可能有害——对于资本化来说,不是生产劳动,因而是非生产劳动"②。(比如,资本论中……)当马克思把"生产资本的劳动"作为《资本论》研究对象的直接历史前提时,其本质性的批判立场就必然内在于其中,并因而成为《资本论》的整体性立场。就《资本论》的研究宗旨而言,它作为无产阶级的圣经,自然也不是为了论证资本逻辑的历史必然性,而是致力于通过对资本主义生产方式发展规律的分析,展示资本主义必然灭亡的历史命运。

---

① 马克思指出:"劳动不是一切财富的源泉。自然界同劳动一样也是使用价值(……)的源泉,劳动本身不过是一种自然力即人的劳动力的表现。上面那句话(即哥达纲领中有关"劳动是一切财富和一切文化的源泉"的说法——引者注)在一切儿童识字课本里都可以找到,并且在劳动具备相应的对象和资料的前提下是正确的。可是,一个社会主义的纲领不应当容许这种资产阶级的说法回避那些唯一使这种说法具有意义的条件。只有一个人一开始就以所有者的身份来对待自然界这个一切劳动资料和劳动对象的第一源泉,把自然界当做属于他的东西来处置,他的劳动才成为使用价值的源泉,因而也成为财富的源泉。资产者有很充分的理由硬给劳动加上一种超自然的创造力,因为正是由于劳动的自然制约性产生出如下的情况:一个除自己的劳动力以外没有任何其他财产的人,在任何社会的和文化的状态中,都不得不为另一些已经成了劳动的物质条件的所有者的人做奴隶。他只有得到他们的允许才能劳动,因而只有得到他们的允许才能生存。"参见《马克思恩格斯文集》第3卷,人民出版社2009年版,第428页。

② 《马克思恩格斯全集》第30卷,人民出版社1995年版,第264页。正如马克思早在《手稿》中指出的那样:"国民经济学把无产者即既无资本又无地租,全靠劳动而且是靠片面的、抽象的劳动为生的人,仅仅当做工人来考察",因而,"劳动在国民经济学中仅仅以谋生活动的形式出现"。参见《马克思恩格斯文集》第1卷,人民出版社2009年版,第124页。

因此，就在马克思写下我们上面引述的有关"本书研究"的对象那段话之后，马克思紧接着指出："问题本身并不在于资本主义生产的自然规律所引起的社会对抗发展程度的高低。问题在于这些规律本身，在于这些以铁的必然性发生作用并且正在实现的趋势。"① 这些趋势既是资本统治世界的必然趋势，更是资本必然走向灭亡的趋势；作为对资本逻辑的哲学批判，《资本论》对这一双重历史趋势的说明显然既不在于对资本罪恶与社会对抗的直观表达——否则必将陷入纯粹浪漫主义的道德控诉与伦理社会主义的空想，更不在于对资本逻辑伟大历史功绩的弘扬——否则必将跌入资产阶级实证主义经济学的理论陷阱，只能在于对资本主义的实证性分析与批判性研究的内在贯通。对资本逻辑的实证分析，把对资本逻辑的批判引向经济活动的深处；对资本逻辑的批判则赋予实证性研究以理论之魂。

最后，只要资本逻辑依然是统治人类生活的基本原则，作为唯物史观理论巨著的《资本论》的批判性立场及其科学性，就绝不会因为其个别理论判断的现实局限性而有丝毫动摇。在《资本论》第1卷于1867年出版以来的近150年的历史进程中，对《资本论》的诋毁与捍卫、颠覆与发展的博弈始终没有停歇，并将依然会持续下去。这些争论涉及从方法论到基本原理等相当广泛的内容，并基本可以划分为两个层面，即作为纯粹经济学理论的争论与作为唯物史观原理之经济学表达的理论问题的争论。然而，由于《资本论》之作为唯物史观理论巨著的哲学性质，因而任何发生于纯粹经济学层面的理论争论都与唯物史观的存续有着不同程度的关联。在这个意义上，在坚持中发展、在发展中捍卫马克思的《资本论》，就成为当代马克思主义者的神圣职责。但是，另一方面，我们也应该看到，当我们把《资本论》作为马克思唯物史观的哲学巨著并因而可以恰当地称之为"资本哲学"的时候，它本质上不过是唯物史观在资本主义经济活动规律之研究中的应用；同时，我们还应当看到，虽然这种基于唯物史观的个案性研究对于唯物史观之成为科学的理论是至关重要的，但我们却也不能由于这种个案研究的所谓失败，就从根本上推翻马克思的唯物史观；假如有一天，某个天才经济学家真的像今天的某些资产阶级御用文人自我吹嘘的那样彻底颠覆了马克思的《资本论》，我们依然可以自信地

---

① 《马克思恩格斯文集》第5卷，人民出版社2009年版，第8页。

坚守内在于《资本论》之中的唯物史观的理论底线——资本的历史性;
我们依然坚信,这一只是可能发生的偶然事件,既不影响马克思依然是一
位伟大哲学家的事实,也不能改变那个所谓的天才经济学家依然只能是一
个经济学家的事实。马克思可以不是一个经济学家,但他是一个永远的哲
学家;经济学家可以如杂草丛生般地茂盛于世,但他要成为一个哲学家,
却要经历艰难的思想修炼。当萨特试图用人道主义去填补马克思理论中的
所谓人学空场时,海德格尔犀利地评论到:萨特根本无法与马克思对话,
因为只有马克思深入到那历史的一维中去了。不懂得历史,没有历史的观
点,这是萨特的理论症结,也是当今某些自负的经济学家的症结;当他们
仅仅纠缠于对当下经济事实的证实而坚决拒斥任何宏大历史叙事,失去了
历史的方向感而迷失于实证主义迷宫中的时候,我们有必要再度申明马克
思对费尔巴哈理论症结的诊断:"他没有看到,他周围的感性世界决不是
某种开天辟地以来就直接存在的、始终如一的东西,而是工业和社会状况
的产物,是历史的产物,是世世代代活动的结果,其中每一代都立足于前
一代所奠定的基础上,继续发展前一代的工业和交往,并随着需要的改变
而改变他们的社会制度。"① 这就是马克思唯物史观的理论底线,是马克
思提供给这个世界的,并且不会由于《资本论》某些理论判断的现实局
限性而发生改变的唯物史观的理论精髓。在这个意义上并且仅仅在这个意
义上,我赞同卢卡奇的如下观点:"我们姑且假定新的研究完全驳倒了马
克思的每一个个别的论点。即使这点得到证明,每个严肃的'正统'马
克思主义者仍然可以毫无保留地接受所有这种新结论,放弃马克思的所有
全部论点,而无须片刻放弃他的马克思主义正统。"②

---

① 《马克思恩格斯文集》第 1 卷,人民出版社 2009 年版,第 528 页。
② [匈]卢卡奇:《历史与阶级意识——关于马克思主义辩证法的研究》,杜章智等译,商
务印书馆 1996 年版,第 47 页。

《资本论》的哲学史意义

白　刚[*]

作为马克思"毕生的伟大著作"的《资本论——政治经济学批判》，在根本而重要的意义上，其横空出世，是奠立在"两大超越"的基础上：既超越了古典政治经济学，又超越了古典哲学。在此基础上，《资本论》实现和成就了马克思的"新唯物主义"哲学——不仅"解释世界"，更要"改变世界"，真正扭转了西方哲学的观念论传统，因而《资本论》具有独特而深刻的哲学史意义。

一　《资本论》对古典政治经济学的超越

古典政治经济学是资本主义制度确立和上升时期的资产阶级经济理论体系，它突破了重商主义只关注流通领域里商品交换关系的局限，开始从流通领域过渡到生产领域。对此，马克思在《资本论》中指出："我所说的古典政治经济学，是指从威·配第以来的一切这样的经济学，这种经济学……研究了资产阶级生产关系的内部联系。"[①] 马克思的《资本论》与古典政治经济学有着深厚的渊源关系。所以马克思才在《资本论》第1卷第2版的"跋"中承认："我的价值、货币和资本理论就其要点来说是斯密—李嘉图学说的必然的发展。"[②] 只不过是马克思在《资本论》中塞进了比古典政治经济学更加深刻的历史唯物主义内容：实际的经济关系是

---

*　白刚，吉林大学教授。

① 马克思：《资本论》第1卷，人民出版社2004年版，第99页注。

② 同上书，第19页。

以一种完全新的方式——历史唯物主义方法进行考察的。①

　　虽然古典政治经济学突破了重商主义者囿于"交换关系"考察价值的局限,而进入了资产阶级"生产关系内部"来考察价值的来源,甚至亚当·斯密还提出了"劳动价值论",这个转变开了此后确认生产关系为政治经济学对象的先河。② 但令人遗憾的是,古典政治经济学并没有完成这个转变过程,主要原因在于:其一,古典政治经济学仍然不能摆脱物(商品)的外观的迷惑。对此,马克思指出:"把表现在物中的一定的社会生产关系当作这些物本身的物质自然属性,这是我们在打开随便一本优秀的经济学指南时一眼就可以看到的一种颠倒"。③ 在研究资产阶级社会内部联系时,古典政治经济学只注意于各经济范畴之间量的关系的分析,而忽略了它们之间的质的社会关系本质。所以马克思强调:"古典政治经济学的根本缺点之一,就是它从来没有从商品的分析,特别是商品价值的分析中,发现那种正是使价值成为交换价值的价值形式。恰恰是古典政治经济学派的最优秀的代表人物,像亚当·斯密和李嘉图,把价值形式看成一种完全无关紧要的东西,或在商品本性之外存在的东西。"④ 与古典政治经济学相反,在"凡是资产阶级经济学家看到物与物之间的关系(商品交换商品)的地方,马克思都揭示了人与人之间的关系"⑤。从而最终破解了商品(资本)的社会关系本质之谜。其二,古典政治经济学忽视了资本主义生产关系中最主要的关系,即作为"全部现代社会体系所围绕旋转的轴心"的"资本和劳动的关系"。⑥ 虽然古典政治经济学涉及到了劳动是一切财富的源泉、是一切价值的尺度,但它解释不了为什么作为"死劳动"的资本会越来越大,而作为"活劳动"的工资却越来越少,且只靠工资为生的工人越来越多、越来越穷。在这个矛盾面前,以往的经济学束手无策,只是写一些或说一些毫无意义的空话。只有马克思的《资本论》,通过从分析商品——"资产阶级社会的细胞"入手,在揭示出商品的二因素——使用价值和交换价值的基础上,又进一步揭示出了劳动的

---

① 《马克思恩格斯〈资本论〉书信集》,人民出版社 1976 年版,第 244 页。

② 陈岱孙:《从古典政治经济学派到马克思》,北京大学出版社 1996 年版,第 7 页。

③ 《马克思恩格斯全集》第 49 卷,人民出版社 1982 年版,第 56 页。

④ 马克思:《资本论》第 1 卷,人民出版社 2004 年版,第 98—99 页注。

⑤ 《列宁专题文集:论马克思主义》,人民出版社 2009 年版,第 69 页。

⑥ 《马克思恩格斯文集》第 3 卷,人民出版社 2009 年版,第 80 页。

两重性——具体劳动和抽象劳动，从而抓住了"理解政治经济学的枢纽"，① 才探寻了资本增值的产生过程，并一直追溯到它的劳动根源，最终使"资本和劳动的关系"第一次得到了"科学的说明"（恩格斯语）。其三，虽然古典政治经济学所涉及的只是资本主义的生产关系，但它却把这一生产关系当作一般的、普遍的和永恒的自然形式，从而使古典政治经济学不能揭示资本主义生产方式运动的本质和发展规律。"如果把资产阶级生产方式误认为是社会生产的永恒的自然形式，那就必然会忽略价值形式的特殊性，从而忽略商品形式及其进一步发展——货币形式、资本形式等的特殊性。"② 为此，马克思在《资本论》中明确指出：资产阶级的政治经济学，把资本主义制度不是看作历史上过渡的发展阶段，而是看作社会生产的绝对的最后的形式。③ 所以，资产阶级的经济学家普遍对资本主义持一种非批判的实证主义态度，认为资本主义是自然的、非历史的普遍永恒存在。但马克思却敏锐地认识到，资产阶级的经济学家对资本主义的这一指认，使资本主义"成了某种完全非历史的东西"，因而"资产阶级关系就被乘机当作社会一般的颠扑不破的自然规律偷偷地塞了进来"④。

马克思从《哲学的贫困》到《资本论》，对古典政治经济学提出的根本的责难，就是指古典政治经济学对资本主义经济范畴的非历史的、永恒的、固定不变的和抽象的阐释。马克思认为，只有赋予这些范畴以历史的性质才能说明和理解它们的相对性和暂时性。古典政治经济学家把资本主义生产的条件变成一切生产的永恒的条件，他们没有看到这些范畴是由历史决定的，因而是历史的和暂时的。所以马克思强调："古典政治经济学几乎接触到事物的真实状况，但是没有自觉地把它表述出来。只要古典政治经济学附着在资产阶级的皮上，它就不可能做到这一点。"⑤ 而只有马克思的超越古典政治经济学的"哲学—政治经济学"批判，才揭开了罩在资本主义社会关系上的"神秘面纱"，并证明了其不可避免的灭亡。因此，正是马克思"最终把资本主义的秘密追踪到它剥削劳动的诡诈的方式，但是，他做到这点，并不是通过对资本主义的道德谴责，而是通过使

①　马克思：《资本论》第 1 卷，人民出版社 2004 年版，第 55 页。
②　同上书，第 99 页注。
③　同上书，第 16 页。
④　《马克思恩格斯全集》第 30 卷，人民出版社 1995 年版，第 28 页。
⑤　马克思：《资本论》第 1 卷，人民出版社 2004 年版，第 622 页。

用古典政治经济学和劳动价值理论。他创新了劳动力的概念，并表明劳动力的使用价值与交换价值之间的差额是可以测量的。他接着把剩余价值与利润联系起来"①。

　　其实，早在《1844 年经济学哲学手稿》中马克思就批判过古典政治经济学，但那时的批判和在《资本论》里所作的批判之间，则有着非常重要的差异。如果用一句话来概括的话，二者之间的差异就在于后者明确提出了"经济危机现象"。前者其局限就在于缺乏"经济危机"意义上的批判，因此无论它怎样批判古典政治经济学，也只能停留于古典政治经济学的框架之内。在古典政治经济学看来，经济危机不过是例外的反常事态，也被认为由失败政策所导致的毫无疑问的后果。而马克思的超越则在于不把经济危机看作例外，而把它作为资本主义经济所无法克服的"固有矛盾"。马克思的《资本论》比《1844 年经济学哲学手稿》进步，就在于后者对古典政治经济学的批判还停滞于古典政治经济学的框架内，而前者却跳出了这一框架，明确提出了"经济危机现象"。所以，对经济危机这种现象的揭示本身就是对于古典政治经济学的批判。② 对经济危机的揭示表明，经济不仅不是物质的，反而是一种幻想形态和虚假观念。马克思在从"正常"的经济学方面去看资本主义经济的同时，还从"异常"的哲学侧面——"抽象力"去观察。这样，马克思就跳出了古典经济学单纯实证主义的视野。马克思的这种视点体现在《资本论》里，才使得他对古典政治经济学之根本性批判成为可能。

　　马克思在《资本论》里所作的工作，无疑是针对资本主义社会的"有意识的体系化"（＝古典政治经济学）之批判，也是对于"资本主义的内在结构"之照明。③ 实际上，马克思的《资本论》从古典政治经济学那里继承了许多，以致一些非马克思主义的经济学者通常把《资本论》只当作古典政治经济学的一个"变种"（＝追随者）。④ 在一定意义上，这种看法是有其道理的。实际上，《资本论》就是马克思对古典政治经济

---

　　① ［英］梅格纳德·德赛：《马克思的复仇》，汪澄清译，中国人民大学出版社 2006 年版，第 64 页。

　　② ［日］柄谷行人：《马克思，其可能性的中心》，［日］中田友美译，中央编译出版社 2006 年版，第 70—71 页。

　　③ 同上书，第 4 页。

　　④ 同上书，第 12 页。

学文本的批判性解读成果。对此，阿尔都塞指出：马克思的《资本论》"在李嘉图使用利润这个名词的地方使用了剩余价值，在李嘉图使用收入分配这个词的地方使用了生产关系"①，是深黯其意的。但是，古典政治经济学缺失在自我毁灭式的自我发展中实现自我超越的辩证法原则，而马克思在《资本论》中将其与取自古典哲学的革命性辩证法结合了起来。由此，《资本论》才实现了对古典政治经济学的超越，才使政治经济学"这门科学发生了真正的革命"（列宁语）。

二　《资本论》对古典哲学的超越

在马克思的"哲学—政治经济学批判"视野中，黑格尔以"绝对精神"为代表和主宰的古典哲学，以最抽象的形式表达了最现实的人类状况——"个人现在受抽象统治"（马克思语）。可以说，黑格尔哲学就是资本主义社会现实最高和最终的理论和意识形态表达。从《1844 年经济学哲学手稿》到《资本论》，马克思在对"现实—经济"领域里的古典政治经济学进行批判和超越的同时，也一直在"思想—哲学"领域里对以黑格尔为代表的古典哲学进行深入的批判和超越。

卢卡奇认为，在马克思之前，黑格尔是"唯一把古典政治经济学同哲学问题、辩证法问题联系在一起的人"，"黑格尔所发展出来的那种特殊形式的辩证法，乃是从他研究资本主义社会问题，研究经济学问题里生长出来的"。② 虽然黑格尔还没有达及后来马克思对"资本"这一本质规定的充分自觉意识，但资本主义市民社会中，市场交换原则作为"抽象"成为统治性力量，却是黑格尔要肯定的东西："黑格尔像英国古典政治经济学家那样，是以他当时形成的关于私有制的永恒性的资产阶级的教条主义观念为出发点的。"③ 对此，马克思后来在《1844 年经济学哲学手稿》中也强调：黑格尔站在现代国民经济学家的立场上，只看到劳动的积极的

① ［法］阿尔都塞、巴里巴尔：《读〈资本论〉》，李其庆、冯文光译，中央编译出版社2001 年版，第 194—195 页。

② ［匈］卢卡奇：《青年黑格尔》（选译本），王玖兴译，商务印书馆 1963 年版，第 140页。

③ ［苏联］伊·奥伊泽尔曼主编：《14—18 世纪辩证法史》，钟守人等译，人民出版社 1984年版，第 17 页。

方面，而没有看到它的消极的方面，因为黑格尔唯一知道并承认的劳动是抽象的精神的劳动。① 可以说，古典政治经济学反映的资产阶级社会的意识形态，通过黑格尔的绝对精神以理论的方式展现了出来。对此，当代英国著名马克思主义学者梅扎罗斯甚至认为："正如亚当·斯密一样，黑格尔接受了资本的有利方面，并极其敏锐地将斯密的政治经济学的主要原则融合到他自身的专横的哲学概念中。"② 而马克思也认为黑格尔精神哲学在实质上就是资产阶级社会的意识形态最充分和最集中的表述，是德国现实中尚不成熟的资产阶级等价交换原则"在观念上的延续"。③ 而这也正是马克思在《资本论》中需要继续超越的。

应该说，马克思哲学与黑格尔哲学，特别是马克思的辩证法与黑格尔的辩证法之间有着内在而深刻的渊源关系，这是毫无疑问的。对于这一点，就连马克思本人都有过明确的指认。在《资本论》第 1 卷第 2 版"跋"中，马克思谈到自己的辩证法与黑格尔的辩证法的关系时就指出：将近 30 年以前，自己就批判过黑格尔辩证法的"神秘方面"，"我的辩证方法，从根本上来说，不仅和黑格尔的辩证方法不同，而且和它截然相反"。但紧接着马克思又强调，当德国知识界发号施令的模仿者们把黑格尔当作一条"死狗"时，自己却公开承认"是这位大思想家的学生"，并且在关于"价值理论"的一章中，有些地方"甚至卖弄起黑格尔特有的表达方式"④。也正是基于此，列宁才在《哲学笔记》中指出：不钻研和不理解黑格尔的全部逻辑学，就不能完全理解马克思的《资本论》，特别是它的第 1 章。⑤ 而海德格尔甚至也说过"没有黑格尔，马克思是不可能改变世界的"话。⑥ 但马克思在不断赋予黑格尔哲学最高荣耀的同时，更是明确宣称要放弃、摧毁和取代黑格尔哲学，即完全告别（扬弃）德国古典"哲学"的世界。

概括来说，马克思在《资本论》及其相关手稿中对黑格尔哲学扬弃，

---

① 《马克思恩格斯文集》第 1 卷，人民出版社 2009 年版，第 205 页。

② ［英］梅扎罗斯：《超越资本：关于一种过渡理论》上，郑一明等译，中国人民大学出版社 2004 年版，第 22 页。

③ 《马克思恩格斯文集》第 1 卷，人民出版社 2009 年版，第 9 页。

④ 马克思：《资本论》第 1 卷，人民出版社 2004 年版，第 22 页。

⑤ 列宁：《哲学笔记》，人民出版社 1998 年版，第 151 页。

⑥ ［法］费迪耶等：《晚期海德格尔的三天讨论班纪要》，《哲学译丛》2001 年第 3 期。

主要体现在三个方面。其一，正是黑格尔全能的、所向披靡的"绝对精神"，转变为了马克思的"人类劳动"。在《资本论》中，马克思强调"要考察的是专属于人的那种形式的劳动"，而这一"劳动"是"人以自身的活动来中介、调整和控制人和自然之间的物质变换的过程"①。这实际上也就是变"精神主体"为"劳动主体"的过程。《资本论》通过对人类劳动"两重性"——具体劳动和抽象劳动的划分，深刻揭示出了资本增值及获取剩余价值的根源。所以，正是"在劳动这个社会的深层矿井中探索了资本家致富的源泉"，②马克思才使哲学从天国降到尘世，从而为《资本论》提供了超越古典哲学的基础原则，并且为其学说提供了革命强力和信心——"劳动的社会化"敲响了资本主义私有制的丧钟，剥夺者就要被剥夺了。也正是在这一意义上，恩格斯才强调："德国的工人运动是德国古典哲学的继承者。"③其二，黑格尔无所不包的"辩证法"，作为一种基本结构模式运用于马克思的《资本论》，按照黑格尔的辩证法来思考已经构成的内容，阐释社会矛盾发展和社会形态演变，并且也部分充当了马克思资本批判的逻辑语言。对此，马克思自己也承认："黑格尔的辩证法是一切辩证法的基本形式，但是，只有在剥去它的神秘的形式之后才是这样，而这恰好就是我的方法的特点。"④剥去黑格尔辩证法的"神秘形式"，正是马克思《资本论》所完成的工作。所以列宁认为，在《资本论》中"马克思把黑格尔辩证法的合理形式运用于政治经济学"⑤。而恩格斯更是明确指出：马克思的功绩就在于"第一个把已经被遗忘的辩证方法、它和黑格尔辩证法的联系以及差别重新提到人们面前，同时在《资本论》中把这个方法应用到一种经验科学即政治经济学的事实上去。他获得了成功，以致德国现代的经济学派只是由于借口批判马克思而抄袭马克思（还常常抄袭错），才胜过了庸俗的自由贸易派"⑥。其三，黑格尔的"国家理念"作为一个自由原则的"伦理实体"，被马克

① 马克思：《资本论》第1卷，人民出版社2004年版，第207—208页。
② ［德］弗兰茨·梅林：《马克思传》，樊集译，持平校，人民出版社1972年版，第474页。
③ 《马克思恩格斯文集》第4卷，人民出版社2009年版，第313页。
④ 《马克思恩格斯〈资本论〉书信集》，人民出版社1976年版，第254页。
⑤ 列宁：《哲学笔记》，人民出版社1998年版，第149页。
⑥ 《马克思恩格斯文集》第9卷，人民出版社2009年版，第440—441页。

思应用于《资本论》中,让它转变成了"以每一个个人的全面而自由的发展为基本原则"的"自由王国"。"自由王国只是在必要性和外在目的规定要做的劳动终止的地方才开始;因而按照事物的本性来说,它存在于真正物质生产领域的彼岸。"这个领域内的自由只能是,"社会化的人,联合起来的生产者,将合理地调节他们和自然之间的物质变换,把它置于他们的共同控制之下,而不是让它作为一种盲目的力量来统治自己"。因此,"在这个必然王国的彼岸,作为目的本身的人类能力的发展,真正的自由王国,就开始了"①。这样,最朴素也是最激动人心的共产主义观念就到来了。恰恰是黑格尔的连接——共产主义作为哲学上的"绝对",就成了黑格尔国家原则的进一步净化和润色。② 可以说,通过《资本论》的研究,马克思在古典政治经济学和经验主义历史学占统治地位的英国,重新发现和超越了黑格尔。而且他比曾经激烈批判黑格尔的时期更从根本上对之进行了"批判"。因此,以《资本论——政治经济学批判》命名的这部巨著,实际上也可以命名为《资本论——黑格尔法哲学批判》。③ 在此意义上,我们确实又可以说马克思的全部功绩就在于使李嘉图黑格尔化。

阿尔都塞通过"读"《资本论》,真正深刻领会和认识到了马克思超越古典哲学的独特"革命":我们所继承的哲学,伟大的古典哲学传统,由于马克思突然间引起的那场不可捉摸的、近乎无形的遭遇战的冲击,已经在根本上(并在其所有意图方面)受到了动摇。然而这一点从未以直接的哲学话语形式出现,完全相反:它出现在《资本论》那样的文本形式中。换言之,那不是一种"哲学的"文本,而是一种用以对资本主义生产方式(并通过它,对各种社会形态的结构)进行考察的文本——这正是在《资本论》中表述出来的东西。④ 也就是说,马克思哲学存在着,却又从来没有被当作"哲学"来生产。马克思接受了哲学的塑造,却又拒绝从事纯哲学写作,但他依然在《资本论》的写作中实践了他从未写

---

① 马克思:《资本论》第3卷,人民出版社2004年版,第928—929页。

② [英]伯尔基:《马克思主义的起源》,伍东译,华东师范大学出版社2007年版,第92—93页。

③ [日]柄谷行人:《跨越性批判——康德与马克思》,赵京华译,中央编译出版社2011年版,第119页。

④ 陈越编:《哲学与政治:阿尔都塞读本》,吉林人民出版社2003年版,第226—227页。

过的"哲学"，并开创了一条异于西方哲学史的哲学发展新道路。

三　《资本论》的哲学史意义

《资本论》既是伟大的经济学著作，也是伟大的哲学著作。马克思《资本论》的主要课题在于：通过对价值形态之显微镜性阐释，来打破与经济学或货币经济的历史一样有历史的、古老的"偏见"。而正是在所谓细微的东西里，才包含着货币形态的谜，细微的差异才是本质性的差异——或者说，恰恰在此处，才存在着马克思与古典政治经济学或黑格尔之间的"差异"。① 也就是说，之前理论家们将哲学和经济学作为单独的学科来处理，而现在马克思则将两者很好地结合了起来：既借鉴辩证法超越古典经济学，又利用经济分析超越古典哲学。《资本论》成了"经济学语境中的哲学话语"（张一兵语），而马克思则成了"一个变成经济学家的黑格尔，一个变成社会主义者的李嘉图"（拉萨尔语）。但《资本论》的经济学是"显性的存在"，而其哲学却是"隐性的存在"。《资本论》的哲学，实际上就是马克思自己所说的分析经济形式，既不能用"显微镜"，也不能用"化学试剂"，二者都必须用"抽象力"——辩证法来代替。② 也正因如此，马克思才认可俄国学者考夫曼对自己《资本论》方法的指认：我的研究方法是严格的实在论的，而叙述方法不幸是德国辩证法的。③ 而正是在此意义上，列宁才强调：虽说马克思没有遗留下"逻辑"（大写字母的），但他遗留下《资本论》的逻辑，应当充分地利用这种逻辑来解决当前的问题。在《资本论》中，唯物主义的逻辑、辩证法和认识论（不必要三个词：它们是同一个东西）都应用于一门科学，而唯物主义则从黑格尔那里吸取了全部有价值的东西，并且向前推进了这些有价值的东西。④ 马克思哲学的存在本身只是以实践的状态存在于分析资本主义生产方式的科学实践即《资本论》中，存在于工人运动史上的经济实践和政治实践中。我们可以读到马克思真正哲学的地方就是他的主要著作

---

① 　［日］柄谷行人：《马克思，其可能性的中心》，［日］中田友美译，中央编译出版社2006 年版，第 15 页。

② 　马克思：《资本论》第 1 卷，人民出版社 2004 年版，第 8 页。

③ 　同上书，第 20 页。

④ 　列宁：《哲学笔记》，人民出版社 1998 年版，第 290 页。

《资本论》。① 所以说，《资本论》就是马克思哲学的科学实践和理论表征。

按照阿尔都塞的理解，对马克思的《资本论》应该进行"双重阅读"：既借助马克思主义哲学来阅读《资本论》，又应该在《资本论》中读出马克思主义哲学。如果这种双重阅读是必要的和有成效的，那么我们就有可能在这种阅读中认识到马克思的科学发现所包含的这一哲学革命的本质：一次开创了全新的哲学思维方式的革命。② 正是《资本论》的这一哲学革命，使马克思在政治经济学批判的视阈中开辟了一条既不同于古典政治经济学、也不同于古典哲学的新通道。马克思的《资本论》不是为资本主义唱赞歌——决不用玫瑰色描绘资本家，而是运用哲学（抽象力），抽象（还原）出资本的全部现实生活关系，对现存的一切进行无情的批判，从而推翻"抽象"奴役人的一切关系，"为一个更高级的、以每一个个人的全面而自由的发展为基本原则的社会形式建立现实基础"③。所以，马克思的《资本论》在根本上就是"人类自由解放的辩证法"。对此，当代英国学者认为马克思的《资本论》发现了摧毁资本主义的道路，它"以像黑格尔解释世界同样深刻的方式，完成了解释（理解）资本主义的哲学任务"④。在此意义上，阿尔都塞通过阅读《资本论》也得出：马克思的全部功绩就在于使李嘉图黑格尔化、辩证法化。⑤ 也就是说，《资本论》按照黑格尔的辩证法来思考已经形成的资本主义社会"个人现在受抽象统治"的本质。说到底，《资本论》不仅是贯穿着"对现存的一切进行无情的批判"的辩证法，而且是变革了"把理论引向神秘主义"的全部的"独立的哲学"。正是马克思的《资本论》，使得"凡是对于货币形态以及根据货币形态而展开的思考所进行的批判，都化为对于一切形

---

① ［法］阿尔都塞、巴里巴尔：《读〈资本论〉》，李其庆、冯文光译，中央编译出版社2011年版，第24页。

② 同上书，第80—81页。

③ 马克思：《资本论》第1卷，人民出版社2004年版，第683页。

④ ［英］梅格纳德·德赛：《马克思的复仇》，汪澄清译，中国人民大学出版社2006年版，第65页。

⑤ ［法］阿尔都塞、巴里巴尔：《读〈资本论〉》，李其庆、冯文光译，中央编译出版社2001年版，第101页。

而上学的批判"①。列宁强调："哲学史和社会科学史都十分清楚地表明：
马克思主义同'宗派主义'毫无相似之处，它绝不是离开世界文明发展
大道而产生的一种故步自封、僵化不变的学说。恰恰相反，马克思的全部
天才正是在于他回答了人类先进思想已经提出的种种问题。他的学说的产
生正是哲学、政治经济学和社会主义极伟大的代表人物的学说的直接继
续。"②《资本论》对资本主义的"哲学—政治经济学"批判，就是建立
在马克思前所未有地汲取了古典哲学三大主要传统的基础上——古希腊城
邦典范、希伯来先知和德国的观念论。③ 因此，马克思的《资本论》与其
说是一门关于政治经济学的科学，毋宁说是给我们提供了一个对资本的
"哲学—政治经济学"批判以及与此相联系的要求社会革命的政治实践。
《资本论》包含着对古典政治经济学和古典哲学各不相同但又相互关联的
七种批判：规范批判、内在批判、拜物教批判、政治经济学批判、辩证批
判、历史批判以及作为危机理论的批判。④ 所以，虽然马克思的这些批判
没有以哲学固有的领域里的方式来表达，但是，《资本论》还是孕育着对
于以往"哲学史"总体之批判。⑤ 在此基础上，我们完全可以说《资本
论》就是马克思的《哲学全书》，它扭转了西方哲学史的观念论传统，开
辟了哲学发展的新方向。

　　正是通过《资本论》的"哲学—政治经济学"批判，马克思"从把
囿于理论阐释的思考的优先中解脱出来，迈入了历史的、政治的活动"⑥。
也就是说，马克思的《资本论》通过对古典政治经济学和以黑格尔为代
表的古典哲学以及以往一切旧哲学的批判，真正把握了"新唯物主义"
哲学的彻底批判本性，"把对资本世界本身的原理的批判同对近代以来的

---

　　① ［英］柄谷行人：《马克思，其可能性的中心》，［日］中田友美译，中央编译出版社
2006 年版，第 41 页。
　　② 《列宁专题文集：论马克思主义》，人民出版社 2009 年版，第 66—67 页。
　　③ ［美］麦卡锡：《马克思与古人：古典伦理学、社会正义和 19 世纪政治经济学》，王文
扬译，华东师范大学出版社 2011 年版，第 9 页。
　　④ 同上书，第 328 页。
　　⑤ ［日］柄谷行人：《马克思，其可能性的中心》，［日］中田友美译，中央编译出版社
2006 年版，第 72 页。
　　⑥ ［美］汉娜·阿伦特：《马克思与西方政治思想传统》，孙传钊译，江苏人民出版社 2007
年版，第 10 页。

西方哲学传统的批判内在关联起来"，① 从而彻底终结和颠覆了整个"解释世界"的西方哲学传统，开创了自己独特的"改变世界"的新哲学。正是在此意义上，罗素认为："把马克思纯粹当一个哲学家来看，他有严重的缺点。他过于尚实际，过分全神贯注在他那个时代的问题上。他的眼界局限于我们的这个星球，在这个星球范围之内，又局限于人类。"② 实际上，这是对马克思新哲学不同和超越旧哲学传统的另一种形式的赞扬。所以说，本质意义上的对西方哲学传统的批判和超越，要是没有马克思的《资本论》——"哲学—政治经济学"批判这一维度，那是根本不可能的。而对资本主义的"哲学—政治经济学"批判，正是马克思从《1844年经济学哲学手稿》到《资本论》的终生事业。

　　海德格尔晚期曾指出：当今的"哲学"满足于跟在科学后面亦步亦趋，这种哲学误解了这个时代的两重独特现实——经济发展与这种发展所需要的架构。而马克思却懂得这"双重现实"。③ 在此意义上，《资本论》正是对"经济发展"——古典政治经济学的实证主义与这种发展所需要的"架构"——古典哲学的观念论这一"双重现实"的揭示和超越。所以，《资本论》不仅是马克思一生中最重要的经济学著作，而且也是马克思主义哲学的伟大思想宝库。《资本论》表明，离开对政治经济学的批判研究，离开对资本主义生产方式的深入解剖，就不可能有马克思哲学的产生和发展；而没有马克思哲学的世界观和方法论指导，也就不可能实现在政治经济学领域的革命。④ 马克思的《资本论》，正是把历史唯物主义应用于价值、价格和利润这些"神秘东西"的产物。而《资本论》作为对"资本主义生产方式以及和它相适应的生产关系和交换关系"的系统研究，自然也成为运用科学世界观和方法论、丰富和发展马克思主义哲学的伟大著作。正如列宁所言："自从《资本论》问世以来，唯物主义历史观已经不是假设，而是科学地证明了的原理。"⑤ 正是这一原理敲响了资本主义私有制的丧钟。在这一意义上，《资本论》无疑是"向资产者脑袋发

　　① 吴晓明、王德峰：《马克思的哲学革命及其当代意义》，人民出版社 2005 年版，第 6 页。
　　② ［英］罗素：《西方哲学史》下卷，何兆武、李约瑟译，商务印书馆 2004 年版，第 343 页。
　　③ ［法］费迪耶等：《晚期海德格尔的三天讨论班纪要》，《哲学译丛》2001 年第 3 期。
　　④ 黄楠森等主编：《马克思主义哲学史》上册，北京大学出版社 1987 年版，第 232 页。
　　⑤ 《列宁专题文集：论辩证唯物主义和历史唯物主义》，人民出版社 2009 年版，第 163 页。

射的最厉害的炮弹"（马克思语），这一炮弹"最后在理论方面给资产阶级一个使它永远翻不了身的打击"①。

　　所以说，马克思的《资本论》既超越了作为"非批判的实证主义"的古典政治经济学，又超越了作为"非批判的唯心主义"的古典哲学，而一跃成为了"批判的实证主义"的"新唯物主义"哲学。而正是《资本论》的这一双重批判和超越，扭转了西方哲学史的观念论传统，开辟了哲学，特别是马克思新唯物主义哲学"现实化"的新向度和新视野，具有独特而深刻的哲学史意义。

①　《马克思恩格斯〈资本论〉书信集》，人民出版社 1976 年版，第 189 页。

作为主体的劳动时间

——《资本论》及其手稿时间观的存在论阐释

王林平　高云涌*

20 世纪 90 年代以来，国内学术界关于马克思时间观的研究取得了长足的进展，越来越多的学者达成了一定的共识：马克思成熟的时间思想是集中体现在《资本论》及其手稿中的，马克思始终是把时间问题放在资本主义社会这一特定的社会历史条件下来进行考察的；时间与价值、劳动、资本、人的自由和全面发展等问题密切相关。但是，时间概念究竟是怎样与价值、劳动、资本、自由等概念逻辑相关的，学界却鲜有专门的哲学层面的系统论证。作为对相关研究的进一步补充和理论呼应，本文拟从存在论的视角出发，主要以《马克思恩格斯全集》中文第 2 版为文本依据，对《资本论》及其手稿的劳动时间概念进行再考察，对上述问题进行系统论证，进而表明：资本逻辑（即马克思所说"资本的趋势"或"资本的规律"）实质上就是资本家通过强制劳动，以客体化、对象化劳动时间为依托，追求更多地统治和支配活劳动时间的逻辑，同时也是建立在雇佣劳动制度基础上的剩余劳动时间与自由时间的矛盾逻辑。

---

* 王林平，哈尔滨工程大学马克思主义学院教授。高云涌，《学习与探索》杂志社编审。本文是国家社会科学基金重大项目"《资本论》哲学思想的当代阐释"（12&ZD107）、黑龙江省哲学社会科学研究规划项目"基于人与人的社会关系视阈的马克思社会时空观研究"（12D011）阶段性成果。

一　测度时间观念与一般劳动时间概念的出场

马克思在《资本论》第 1 版序言中明确指出，他的研究对象是资本主义生产方式以及和它相适应的生产关系和交换关系，其研究目的是揭示现代社会的经济运动规律。在这样的研究语境中，时间概念是随着劳动概念的出场而出场的。"因为劳动是运动，所以时间是它的自然尺度。"①"正如运动的量的存在是时间一样，劳动的量的存在是劳动时间。"② 这样，劳动时间（即劳动的持续时间）的概念就成为《资本论》及其手稿时间观的基础性逻辑环节，在这一环节中，马克思赋予劳动时间的基本社会规定性是：其一，劳动量的计量手段；其二，价值量的唯一尺度。这表明，量的规定性及其计量是马克思使用劳动时间概念的首要关注点。从这个意义上看，《资本论》及其手稿的时间概念不仅与近代哲学时间观有着直接的理论渊源关系，而且与近代欧洲社会日常生产和生活中通行的时间观念有着更为密切的逻辑关联。但是与海德格尔认为技术的"座架"让所有的人都成为了无差别时间中的"人们"或"常人"的批判性反省不同，马克思本人对时间概念的把握是以现实的经济社会生活为基础的，并且是在建构性的意义上展开的。马克思相关文本中大量出现的"持续时间""在时间和空间上""时间上先后""在一定时间内""同一时间""时间的推移""在时间上连续发生""时间单位"等说法涉及的都是这种时间概念。

我们知道，马克思时代人们日常生产和生活中普遍通行的时间观念是以当时的自然科学特别是牛顿的力学时间观为基础的，而其思想来源则可追溯到古希腊。亚里士多德认为，时间是运动的数目，是运动的尺度，时间是循环的。欧洲近代时间观念的形成不仅受希腊文化的影响，同时也深受基督教线性时间观的影响。二者共同构成近代力学时间观的思想来源。近代的时间概念是随着力学的产生和发展而建立起来的，是描述自然运动过程的基本概念。伽利略曾把时间流动的均匀性和连续性作为自由落体定律的前提预设，并把时间概念纳入力学体系。在此基础上，牛顿提出：

---

① 《马克思恩格斯全集》第 30 卷，人民出版社 1995 年版，第 157 页。

② 《马克思恩格斯全集》第 31 卷，人民出版社 1998 年版，第 422 页。

"绝对的、真正的和数学的时间自身在流逝着，而且由于其本性而在均匀地，与任何其他外界事物无关地流逝着，它又可以名之为'延续性'；相对的、表观的和通常的时间是延续性的一种可感觉的，外部的（无论是精确的或是不相等的）通过运动来进行的量度，我们通常就用诸如小时，日，月，年等这种量度以代替真正的时间。"① 在牛顿力学中，时间仅是描述运动的一个几何参量，除了长度性质，没有关于时间的结构和其他性质的问题。与牛顿的时间观展开争论的莱布尼茨时间观，虽然把时间理解为事物或现象的关系和次序，而不是事物或现象的某种规定性，但依然与前者持有同样的主张——时间是运动的量度。

　　近代欧洲日常时间观念源于以牛顿力学为典型代表的近代科学，而致力于把世界机械化、数学化的近代科学的最重要特征，则是把时间视为独立的变量。因此，基于对经验世界中排列次序的感觉和对事件发生的先后、快慢、迟早以及持续久暂这些感性材料的抽象，当时的人们普遍持有这样一种观念：时间是以某种均匀的、有规律的速度流动的空洞形式，是可以进行等分、计量和管理的。这种建立在计算理性基础上的时间观念在19世纪中叶的欧洲社会得到了逐步普及。这种普及的具体的社会历史背景就是作为19世纪英国工业革命的核心技术成果的机械钟表的普及，以及与之相伴随的"资本主义时间意识"（奈杰尔·思里夫特语）的形成。时钟也正是从那时起成为工业时代协调和控制社会生产和生活的工具。这种背景下产生的时间观念就是一种测度时间观念，侧重于对时间的量的规定性（包括时刻和时长）的把握。

　　马克思就是在这种测度时间观念的基础上展开其政治经济学批判的。由于机器大工业时代各经济部门之间以及内部劳动分工的复杂程度和各种劳动之间的质的差异的增大，提出了怎样来衡量质上不同的各种劳动体现在商品中的价值量大小和各种商品的交换比例的问题，迫使马克思做出了机器大工业时代任何异质劳动都可归结为一般的、抽象人类劳动的同质性预设。马克思把这个同质性基础上的量度标准设定为抽象人类劳动量即价值量标准，这个劳动量或价值量本身用劳动的持续时间（时长）来计量。马克思由此得到了一个"一般劳动时间"的概念，即一般的、抽象人类

———————————
　　① ［英］塞耶编:《牛顿自然哲学著作选》，王福山译，上海人民出版社1974年版，第19页。

劳动的持续时间。当马克思说决定价值量的是社会必要劳动量或社会必要劳动时间时，他其实指的乃是抽象社会必要劳动的持续时间。正是由于马克思是在一般劳动时间的意义上来理解社会必要劳动时间的，才使他最终超越了亚当·斯密、大卫·李嘉图以及同时代的其他经济学家，建构起劳动价值论的理论大厦的。我们知道，劳动价值论的一个基本观点是：资本主义社会化商品大生产过程是生产使用价值的劳动过程和剩余价值生产过程的统一。当马克思把劳动时间设定为劳动量的计量手段和价值量的唯一尺度时，他直接针对的乃是价值形成过程和剩余价值的生产过程。"价值形成过程和单纯劳动过程的区别在于：后者是从质的方面来考察，而前者是从量的方面来考察，而且只是就它所包含的是社会必要劳动时间而言的。"[①] 因此，马克思从量的方面来考察价值形成过程的必要前提，也可以说，全部剩余价值理论的必要前提，就是这个建立在测度时间观念基础上的一般劳动时间的概念。

　　仰海峰博士在《资本逻辑与时间规划——基于〈资本论〉第 1 卷的研究》[②] 一文中，在以往研究的基础上，从资本逻辑与量化时间的关系出发，对资本逻辑的时间境域进行了揭示，并提出了一个观点：商品的普遍化是物化时间（物化时间对应于商品交换中作为交换价值规定性的劳动时间，以量化的货币表现为直接形态，是可计算性的时间）的社会存在基础。在笔者看来，如果从一般劳动时间的意义上来理解该文所说的"物化时间"[③]，就会发现上述观点其实是值得进一步商榷的。按照马克思的分析，正是一般劳动时间使商品的等价交换在逻辑上得以可能，使隐藏在商品、货币、资本、利润、剩余价值这些社会化身背后的本质被真正揭示。而可计算性的劳动时间得以流行的社会存在基础则是前文所指出的作为 19 世纪英国工业革命的核心技术成果的机械钟表的普及，以及与之相伴随的"资本主义时间意识"的形成，而不能简单地将其归结为商品的普遍化，因为商品的普遍化显然还要以（等价）交换为逻辑前提。

---

　　① 《马克思恩格斯全集》第 21 卷，人民出版社 2003 年版，第 395 页。

　　② 仰海峰：《资本逻辑与时间规划——基于〈资本论〉第 1 卷的研究》，《哲学研究》2013 年第 2 期。

　　③ 中文第 2 版的《马克思恩格斯全集》已经将旧版中的"物化劳动时间"均改译为"对象化劳动时间"或"客体化劳动时间"。

二　劳动时间的主体形式及其客体化身

一般劳动时间概念的提出，除了与日常测度时间观念有关外，也与马克思的关系存在论立场直接相关。在《从关系思维层面重释马克思辩证法》①一文中笔者提出并论证了这样一种观点："在《资本论》及其手稿中，马克思改变了早期对关系的实体主义理解，转而承诺了关系的逻辑先在性，进而把实体理解为关系者，又把关系者理解为关系的化身、体现者和运动的主体。在此基础上，马克思运用其超常的抽象能力以思维逻辑和概念框架的形式建构起了作为关系思维方式的历史辩证法，在批判各种对象性理论的哲学前提的过程中，把经济社会形态中的各种对象性存在如商品、货币和资本等都作为社会关系的化身来加以考察，并由此揭示了资本主义社会利益关系的矛盾运动规律。"按照此种理解，各种社会意识同样是一定社会关系的化身、体现者和担当者。这也是根据马克思本人关于概念范畴与社会现实之间的关系的基本论述得出的一个基本结论。马克思在《〈政治经济学批判〉导言》中提出，"在研究经济范畴的发展时，正如在研究任何历史科学、社会科学时一样，应当时刻把握住：无论在现实中或在头脑中，主体——这里是现代资产阶级社会——都是既定的；因而范畴表现这个一定社会即这个主体的存在形式、存在规定、常常只是个别的侧面"②。资产阶级社会的范畴"表现它的各种关系……以及对于它的结构的理解"③。劳动时间概念正是这样一个重要的关系范畴。

虽然在《资本论》及其手稿中，我们没有找到马克思关于时间本质的直接论述，但是基于其明确的关系存在论立场，我们有理由确信，对于近代两种重要哲学时间观即实体论（以牛顿为代表）和关系论（以莱布尼茨为代表）的理论论争，马克思对时间本质的看法从逻辑上分析只能是倾向于关系论的，即倾向于把时间的本质理解为事物运动的关系和次序。因为莱布尼茨注意从运动变化和关系来理解时间，注意到时间的量和质，这种主张更适合被马克思利用来揭示现代经济运动的质的和量的规定

---

①　高云涌：《从关系思维层面重释马克思辩证法》，《光明日报》2010 年 4 月 6 日。

②　《马克思恩格斯选集》第 2 卷，人民出版社 1995 年版，第 24 页。

③　同上书，第 23 页。

性。由于马克思的研究目的在于揭示现代社会的经济运动规律，因此对于经济运动的次序性、持续性和周期性或节奏性的把握，构成了其时间概念的质的规定性方面。劳动时间概念因此也就同时具有了量的规定性和质的规定性。马克思所使用的"决定交换价值的一般劳动时间"① 的概念强调的是劳动时间概念的量的规定性一面——"一般劳动时间本身只容许有量的差别"②。马克思同时又认为，"作为一般劳动时间，它在一个一般产品、一般等价物、一定量的对象化劳动时间中表现出来"③，"一般劳动时间即客体化劳动时间"④。这就引出了一个作为主体的劳动时间的概念。

马克思明确提出，"劳动时间本身只是作为主体存在着，只是以活动的形式存在着"⑤。在此基础上他明确区分了"作为主体的劳动时间同决定交换价值的一般劳动时间"⑥。"决定交换价值的一般劳动时间"也就是客体化劳动时间"不是处于运动形式，而是处于静止形式；不是处于过程形式，而是处于结果形式"⑦。虽然马克思没有直接对"作为主体的劳动时间"做过明文界定，但根据他对"活劳动"的界说——"如果劳动作为在时间上存在的劳动，作为活劳动而存在，它就只能作为活的主体而存在，在这个主体上，劳动是作为能力，作为可能性而存在；从而它就只能作为工人而存在"⑧ ——我们可以认为"作为主体的劳动时间"在一定意义上也就是马克思所说的"活劳动时间"，而对象化劳动时间则是活劳动时间客体化的结果。马克思在早期批判黑格尔时曾指出，在黑格尔那里现实的主体是作为结果出现的，"其实正应当从现实的主体出发，考察它的客体化"⑨。在《资本论》及其手稿中考察价值形成过程时，马克思将这一主张付诸实施，将劳动时间视为现实的运动主体，将商品、货币、资本等视为其不同运动阶段的客体化结果或化身来加以考察，因此也可以说

---

① 《马克思恩格斯全集》第 30 卷，人民出版社 1995 年版，第 121 页。
② 《马克思恩格斯全集》第 31 卷，人民出版社 1998 年版，第 548 页。
③ 同上书，第 424 页。
④ 《马克思恩格斯全集》第 30 卷，人民出版社 1995 年版，第 524 页。
⑤ 同上书，第 121 页。
⑥ 同上。
⑦ 同上书，第 92 页。
⑧ 同上书，第 230 页。
⑨ 《马克思恩格斯全集》第 3 卷，人民出版社 1995 年版，第 32 页。

劳动价值论就是"建立在客体化劳动时间上的价值理论"①。那么什么是客体化劳动时间呢? 马克思认为客体化劳动时间就是对象化劳动时间,劳动时间的对象化就是劳动时间的实现,也就是劳动时间的客体化。而价值,也随之被马克思看作对象化的劳动时间。此外,商品、货币、资本、利润、工资、剩余价值甚至雇佣工人等,也都相应地被马克思看作对象化的劳动时间的化身。

马克思把商品价值(交换价值)理解为劳动时间的客体化和对象化。他明确指出,"价值一般只是对象化的劳动时间"②。"作为价值,一切商品都只是一定量的凝固的劳动时间。"③ 从现象上看,商品是作为使用价值存在的,经过理论的抽象,它才具有交换价值。这样,在马克思的理论视阈中,商品便具有了作为一定量对象化一般劳动时间而表现出来的形式。从量的规定性来说,商品的交换价值等于商品中所消耗的、对象化的劳动量,而劳动量的尺度就是劳动时间本身。正是在这个意义上,马克思才说,"每一个商品(产品或生产工具)都等于一定劳动时间的对象化"④。同时,马克思进一步强调,决定交换价值的、作为价值要素和价值实体的对象化、客体化劳动时间只能是一般劳动时间,而且,产品所包含的一般劳动时间是由活劳动时间和对象化劳动时间共同构成的。在这里,对象化劳动时间也就是活劳动的物质存在方式。尤为重要的是,马克思还注意到,商品价值由一般劳动时间决定是有其一定的历史前提的——这种情况只有在资本生产的基础上、在两个阶级分离的基础上,也就是劳动作为雇佣劳动、生产资料作为资本的基础上才能发生。

马克思把货币也理解为劳动时间的客体化和对象化。他明确指出,"货币是作为一般对象的劳动时间,或者说,是一般劳动时间的对象化,是作为一般商品的劳动时间"⑤。"就商品的价格通过金实现来说,商品同金交换是同商品、同劳动时间的特殊化身交换,但是,就通过金实现商品的价格来说,商品同金交换就不是同商品交换,而是同货币,同劳动时间

---

① 《马克思恩格斯全集》第 30 卷,人民出版社 1995 年版,第 522 页。

② 《马克思恩格斯全集》第 32 卷,人民出版社 1998 年版,第 197 页。

③ 《马克思恩格斯全集》第 44 卷,人民出版社 2001 年版,第 52 页。

④ 《马克思恩格斯全集》第 30 卷,人民出版社 1995 年版,第 89 页。

⑤ 同上书,第 119 页。

的一般化身交换了。"① 货币之所以是价值尺度，因为它是对象化在一定实体上的一般劳动时间，因而它自身就是价值，而且是因为这个特定的化身被看作价值的一般的物质的化身，是同劳动时间的特殊化身不同的劳动时间本身的化身，也就是说，因为它是一般等价物。交换价值作为一定量的一般劳动时间的对象化或客体化，通过流通在自己的对象化或客体化进程中，发展为作为贮藏货币和一般支付手段的货币存在。

马克思同样在劳动时间的客体化和对象化的意义上来理解资本。"资本不创造任何新价值，一般地说，它把交换价值加到产品上，只是由于它本身具有交换价值，也就是说，由于它本身可归结为对象化劳动时间，因而由于它的价值的源泉是劳动。"② 对象化在资本中的劳动时间从总量上看由对象化在原料中的劳动时间、对象化在工具中的劳动时间和对象化在劳动价格中的劳动时间三部分组成。作为资本的人格化身，资本家因之同对象化劳动时间有了密不可分的联系。资本家之所以是资本家，之所以是资本的代表和人格化身，只是因为他同作为他人劳动的劳动发生关系，占有他人的劳动时间并设定这种劳动时间。资本家不是用资本直接去交换一般劳动时间，而是用包含在商品中的、耗费在商品中的一般劳动时间去交换活劳动时间即包含在活劳动能力中的、耗费在活劳动能力中的时间。在这个意义上，马克思认为，雇佣工人以货币的形式得到了一定的一般劳动时间（对象化劳动时间），而以活劳动时间的形式把它还给了资本家。因此，如果从资本、资本家和雇佣工人三者之间的关系入手来考察资本关系本身，就会发现资本其实就是对象化劳动时间对活劳动时间的统治关系，或者说是对象化劳动时间对活劳动时间的支配关系。

正是由于资本被归结为对象化劳动时间，利润、工资、剩余价值等也都相应地打上了对象化劳动时间的烙印。在《资本论》中，马克思把劳动者为了生活而完成的那部分劳动时间叫作工资，把他为了积累而劳动的剩余时间叫作利润。因此，利润也可以被理解为剩余劳动时间的实现。雇佣工人作为工资得到的货币，代表满足他的生活需要所需的商品中包含的劳动时间即有酬劳动时间。这就意味着，对于马克思来说，工资作为资本家用来购买对劳动能力的暂时支配权的等价物，是作为一般劳动时间的直

---

① 《马克思恩格斯全集》第 31 卷，人民出版社 1998 年版，第 484 页。
② 《马克思恩格斯全集》第 33 卷，人民出版社 2004 年版，第 71 页。

接化身的独立形式的商品即货币。"一切剩余价值,不论它后来在利润、利息、地租等等哪种特殊形态上结晶起来,实质上都是无酬劳动时间的化身。"① 这就是说,剩余价值的实质,就是被资本家无偿占有的他人的对象化或客体化的一般劳动时间。剩余价值的产生,是由于作为一般劳动时间的人格化身的雇佣工人交换这些商品所付出的一般劳动时间多于这些商品所包含的一般劳动时间,是由于为一定量的对象化或客体化劳动付出了更多的活劳动。因此,马克思才得出结论:"资本在生产过程结束时得到的剩余价值,用交换价值的一般概念来表示就是:对象化在产品中的劳动时间(或者说,包含在产品中的劳动量)多于在生产过程中预付的原有资本所包含的劳动时间。"② "剩余价值只是对象化的剩余劳动时间。"③ "剩余劳动时间是劳动群众超出再生产他们自己的劳动能力、他们本身的存在所需要的量即超出必要劳动而劳动的时间,这一表现为剩余价值的剩余劳动时间,同时物化为剩余产品,并且这种剩余产品是除劳动阶级外的一切阶级存在的物质基础,是社会整个上层建筑存在的物质基础。"④

三　资本逻辑:剩余劳动时间与自由时间的矛盾逻辑

一般认为,资本逻辑就是以最小的成本实现最大的利润,不断追求增值自身的逻辑。如果从对象化劳动时间的意义上来理解资本,那么资本逻辑就具有了更为丰富的内涵。马克思本人并没有直接使用"资本逻辑"这一概念,在《资本论》及其手稿中他往往用"资本的趋势""资本的规律"等提法来表达相同的意义。如果从对象化劳动时间和资本逻辑的关系入手追溯马克思的思路,那么"工作日"的概念就会首先映入我们的眼帘。"必要劳动和剩余劳动之和,工人生产他的劳动力的补偿价值的时间和生产剩余价值的时间之和,构成他的劳动时间的绝对量——工作日(working day)。"⑤ 概括起来说,《资本论》及其手稿中所说的工作日,作为一般劳动时间,是指必要劳动时间加上剩余劳动时间之和,具有单个的

---

① 《马克思恩格斯全集》第44卷,人民出版社2001年版,第611页。
② 《马克思恩格斯全集》第32卷,人民出版社1998年版,第192页。
③ 同上书,第197页。
④ 同上书,第215页。
⑤ 《马克思恩格斯全集》第44卷,人民出版社2001年版,第266页。

工作日、同时并存的工作日和依次进行、互相连接的工作日等几种形式。马克思将正常工作日看做劳动能力的消费和价值增值的尺度，并且基于资本是对象化劳动时间对活劳动时间的统治和支配关系的观点总结道，"对象化工作日支配更多的活工作日，这是一切价值创造和资本创造的精髓"①。

　　立足于对工作日概念的如上理解，马克思对资本逻辑即"资本的规律"或"资本的趋势"进一步做了揭示。其一，关于资本运动的理想目标。马克思指出，"如果资本所支配的全部劳动时间达到最大限度，比如说，达到无限大的量∞，结果必要劳动时间成了这个∞中的无限小的部分，而剩余劳动时间成了这个∞中的无限大的部分，那么这就是资本价值增值的最大限度，而这也就是资本努力追求的趋势"②。其二，关于资本实现理想目标的方法或手段。马克思指出，"我们在考察生产过程时已经看到，资本主义生产竭力追求的只是攫取尽可能多的剩余劳动，就是靠一定的资本物化尽可能多的直接劳动时间，其方法或是延长劳动时间，或是缩短必要劳动时间，发展劳动生产力，采用协作、分工、机器等，总之，进行大规模生产即大量生产"③。立足于资本关系是对象化劳动时间对活劳动时间的支配关系的理解，笔者认为，可以把资本逻辑进一步理解为剩余劳动时间与自由时间的矛盾逻辑。

　　这里所说的"矛盾逻辑"并非逻辑学界的"不协调逻辑"，而是"矛盾规律"的另一种说法。在马克思的理论语境中，"逻辑"和"矛盾"概念都有着特定的含义。关于"逻辑"，正如美国学者奥尔曼所指出的，马克思把"逻辑"作为"规律"的同义词，"规律"指现实世界中的关系，而"逻辑"，正如马克思通常使用的，认为这些同样的关系反映在它们具有包容性的概念的含义之中。关于"矛盾"，马克思继承了黑格尔的观点，认为"矛盾"就是"两极相联"这样一种关系——对立面的一方是另一方自己建立起来的、是其自否定的产物，而这个对立面与它所否定的那同一个东西的关系就是矛盾。当我们把资本逻辑视为剩余劳动时间与自由时间的矛盾逻辑时，我们想表达的是这样一种含义：劳动时间与自由时

---

① 《马克思恩格斯全集》第 30 卷，人民出版社 1995 年版，第 603 页。
② 同上书，第 537 页。
③ 《马克思恩格斯全集》第 34 卷，人民出版社 2008 年版，第 591—592 页。

间二者之间并不必然地构成一种矛盾关系,只有剩余劳动时间和自由时间之间才构成"两极相联"的矛盾关系;只有在这个矛盾关系的基础上,对象化劳动时间才能支配更多的活劳动时间,对象化工作日才能支配更多的活工作日;资本逻辑实际上就是剩余劳动时间与自由时间二者互相产生、互为对立面的逻辑。

虽然马克思把自由时间界定为不被生活资料的直接生产所占去的、可供自由支配的时间,但这并不意味着自由时间就完全等同于非劳动时间或者劳动时间就完全等同于非自由时间了。"直接的劳动时间本身不可能像从资产阶级经济学的观点出发所看到的那样永远同自由时间处于抽象对立中,这是不言而喻的。"① 每当马克思把劳动时间和自由时间两个概念并列起来使用的时候,他都是设定了共同的理论前提的,这就是同一工作日内必要劳动时间与剩余劳动时间的二分以及"个人—社会"的分析框架。也就是说,一方面,马克思总是在同时并存的个人的、他人的或社会的——具体来说就是同时并存的工人(阶级)和资本家(阶级)——这种复合主体的语境中而非单一主体的语境中分析劳动时间与自由时间二者的关系的。另一方面,马克思事实上是把劳动时间与自由时间二者关系的问题逻辑转换为必要劳动时间、剩余劳动时间和自由时间三者的关系问题来加以探讨的。而且,如果取消了必要劳动时间与剩余劳动时间的二分,所谓劳动时间与自由时间的关系问题也就成了抽象空洞的形而上学呓语。

正是在上述理论语境中,马克思揭示出"对象化工作日支配更多的活工作日"的具体机制。按照马克思的分析,雇佣工人的同一工作日即同一活工作日包括必要劳动时间和剩余劳动时间两个部分,其中必要劳动时间构成对象化工作日;剩余劳动时间由活劳动所创造,是被资本在它的产品中直接吸收的活劳动时间,它构成比对象化工作日更多的活工作日,是一种过度劳动时间,即工人超出维持他们本身的生存所需要的劳动时间而延长的劳动时间;所谓剩余价值就是这种对象化的剩余劳动时间的化身。资本家通过强制劳动将雇佣工人的剩余劳动时间无偿占为己有,并将之转化为自己的必要劳动时间,而这种必要劳动时间同时也就是资本家的自由时间,即并不是维持其直接生存所需要的时间。因此马克思才说,

---

① 《马克思恩格斯全集》第 31 卷,人民出版社 1998 年版,第 108 页。

"在一方产生剩余劳动时间，同时在另一方产生自由时间"①。这说明，资本主义社会的自由时间是以通过强制劳动吸收雇佣工人的超出维持其生存所需的活劳动时间为基础的。而这样一来，雇佣工人就丧失了其精神发展所需要的时间，也丧失了在家庭范围内从事的自由劳动的时间，更丧失了如用于战争、国家的管理等从事非直接的生产活动，或者用于发展工艺、科学等不追求任何直接实践目的的人的能力和社会的潜力的时间等，使个人得到充分发展的时间。

但是如果从全社会着眼，被资本在它的产品中直接吸收的活劳动时间却使资本家无偿获得了大量的可以自由支配的时间，以及维持其生存的物质基础，给不劳动阶级提供了发展其他能力的可以自由支配的时间，"这样也就为不劳动的、不直接劳动的人口创造出一定的自由时间，也就能够发展智力等等；精神上掌握自然"②。同时，雇佣工人的过度劳动时间还把原来被束缚在某个生产部门中的劳动能力和劳动"游离"出来，使之投入新的生产部门。这样，雇佣工人就在对象化工作日之外，为全部社会成员特别是不直接从事劳动的那部分社会成员创造出大量可以自由支配的时间，既为个人生产力的充分发展，也为社会生产力的充分发展创造出广阔余地。在作为几个世纪以来资本家和工人之间斗争的结果的法定工作日长度（正常工作日的规定）的社会条件下，资本的趋势就是要从劳动强度、工人人数等因素着手，采取各种方法和手段（如使用机器、发展科学技术等等）减少必要工作日数对全部对象化工作日数的比例，并进一步促成所谓资本的文明面——无限发展生产力、扩大流通、开拓世界市场、取代旧的生产方式、鼓励竞争等——的展现。而这些所谓资本文明面的展现，实际上也是"节约劳动时间"的体现。但是，节约雇佣工人的劳动时间，将生产费用降到最低限度，虽然从社会结果上看有利于生产力的发展，但从劳资关系的角度看，绝不是增加雇佣工人的自由时间，而仅仅等同于增加资本家的自由时间（即资本增值）而已。

通过上述分析，我们可以发现，资本逻辑实际上就是剩余劳动时间与自由时间二者互相产生、互为对立面的逻辑。就如马克思所说，"资本本身是处于过程中的矛盾，因为它竭力把劳动时间缩减到最低限度，另一方

---

① 《马克思恩格斯全集》第32卷，人民出版社1998年版，第215页。
② 《马克思恩格斯全集》第31卷，人民出版社1998年版，第179页。

面又使劳动时间成为财富的唯一尺度和源泉"①。而以劳动时间作为财富的尺度,则表明财富本身是建立在贫困的基础上的,资本家的自由时间(同时也是其必要劳动时间)只是在同雇佣工人的剩余劳动时间之间互相产生、互为对立面的条件下而存在的。这就使得雇佣工人的剩余劳动时间与资本家的自由时间二者之间实际构成了一种"两极相联"的矛盾关系。正是由于这一矛盾关系的不断生成和发展,资本家才能源源不断地无偿占有雇佣工人的活劳动时间并加以自由支配,实现对象化工作日对活工作日的支配。而这一切又都是以私有制和强制性的雇佣劳动制度为基本前提的。据此,马克思才展望,当社会生产不再是为了少部分人获得建立在其他大多数人的剩余劳动时间基础上的自由时间,而是直接把维持人的生存所必需的从事直接物质生产劳动的时间减到最低限度的时候,才会给全社会所有的人腾出时间,人的个性才有可能在艺术和科学等方面得到自由发展。那时,可以自由支配的时间将会成为财富的尺度,将会取代劳动时间而成为社会关系矛盾运动的新的主体。最后,以上述观点反观当前国内学界有关中国社会资本逻辑问题的探讨,我们亦可得出一个结论——不能简单地将马克思语境中的资本逻辑批判直接照搬到解决当代中国问题的探讨中来,只有把资本逻辑批判发展为当代形态,它才有可能成为马克思主义哲学研究走入现实的真实路径。而在新的社会历史背景下如何从时间境遇层面深入揭析资本逻辑的当代形态特别是中国形态,则是我们必须面对的一个前提性的基础理论问题。

---

① 《马克思恩格斯全集》第 31 卷,人民出版社 1998 年版,第 101 页。

马克思主义哲学史研究与
马克思主义哲学理论创新

一种崭新的社会形态

——论中国特色社会主义的
独特价值和伟大意义

赵剑英[*]

　　经过30多年的改革开放，我国社会主义市场经济深入发展，各方面取得了伟大成就，中国的国际地位不断提升，同时我们所面临的国际环境也发生了重大变化。全球化、信息化、网络化、市场化、工业化、城镇化等多重变革，都在同一个时空中交集叠加，形成了一个复杂的发展环境。国内社会发展面临利益分化、阶层分化、认识分化，西方反华势力加紧对我国意识形态渗透，党内外、国内外对中国特色社会主义的认识因此出现了不同的声音和期待，对一些重大理论和现实问题看法不一。面对这些不同声音，党的十八大报告提出，坚持中国特色社会主义的道路自信、理论自信和制度自信。在新进中央委员会的委员、候补委员学习贯彻党的十八大精神研讨班上的讲话中，习近平总书记明确指出："中国特色社会主义，是科学社会主义理论逻辑和中国社会发展历史逻辑的辩证统一，是植根于中国大地、反映中国人民意愿、适应中国和时代发展进步要求的科学社会主义……道路对于一个政党、一个国家至关重要。道路问题是关系党的事业兴衰成败第一位的问题，道路就是党的生命。"[①] 党的十八大报告指出："道路关乎党的命脉，关乎国家前途、民族命运、人民幸福。"从

　　* 赵剑英，中国社会科学出版社总编辑。

　　① 《习近平在新进中央委员会的委员、候补委员学习贯彻党的十八大精神研讨班开班式上发表重要讲话，强调毫不动摇坚持和发展中国特色社会主义，在实践中不断有所发现有所创造有所前进》，《人民日报》2013年1月6日。

马克思主义社会形态理论视角，从与其他社会形态相比较的视野，深入学习党的十八大报告和习近平总书记一系列重要讲话，我们可以深刻地认识到中国特色社会主义的非凡与独创及其伟大意义。

一　中国特色社会主义形态:道路、理论、制度的统一

从马克思主义社会形态理论理解中国特色社会主义的伟大意义。按照历史唯物主义观点，社会形态是奠基于一定生产力之上的一定的经济基础和上层建筑的统一。在生产力和生产关系的矛盾、经济基础和上层建筑的矛盾推动下，社会形态才得以不断发展，依次更替，社会形态的发展的统一性和普遍性在于：经济基础和上层建筑的矛盾运动推动人类社会从低级形态到高级形态发展演进，其基本路径是原始社会—奴隶社会—封建社会—资本主义社会—共产主义社会（社会主义社会是它的初级阶段）。马克思主义又认为，社会形态的发展的普遍性、统一性（典型性）并不排斥其多样性和特殊性。人类社会形态实际的发展过程和实际存在的社会形态是复杂的、多样的。两种社会形态之间往往有一个过渡的形态。同一社会形态既有共同的本质，不同的国家和民族，在经济基础和上层建筑方面又具有不同的特点。历史唯物主义还认为，社会形态的演进发展也是依次更替的顺序性和不同步性的统一，由此形成同一时代多种社会形态并存的复杂局面。同一时代多种社会形态在空间中并存的多样性，不过是社会形态的更替在时间上不同步性的另一种表现。这些在时间上不同步，空间上并存的不同社会形态，相互影响，相互制约，在多样的差别中显示了历史发展的方向和主流。

根据历史唯物主义的基本观点，我们认为，中国特色社会主义，从中国历史的纵向维度看，经过新民主主义革命，从半殖民地半封建社会发展为新民主主义社会，经历社会主义革命，进入到社会主义社会。但它是初级阶段的社会主义。中国特色社会主义不同于传统、僵化的社会主义模式。从横向上看，中国特色社会主义也不同于其他国家的社会主义形态，如苏联模式、古巴模式。当然更与资本主义的多种社会形态有本质的区别，如民主社会主义、自由资本主义、国家垄断资本主义等。

我们认为，中国特色社会主义是中国近代以来谋求民族独立解放、建设发展过程中产生的一种社会主义形态，是既体现科学社会主义理论逻辑

又反映中国国情的一种新型社会主义，是在目前全球化背景下与其他多种资本主义社会形态相并存，既相互斗争又相互合作，并不断显示出明显优势的一种新型的制度文明形态。

我们只有立足马克思主义的社会形态理论的高度去认识中国特色社会主义道路、理论和制度，才能更加深刻地认识到中国特色社会主义的非凡与独特，才能深刻理解其历经沧桑而深具丰富的民族性内涵及世界历史意义！中国特色社会主义是中国共产党的独创，是中国人民近代以来的历史选择。中国特色社会主义道路、理论、制度的三者统一正是中国特色社会主义社会形态。

二　中国特色社会主义是社会主义，而不是其他什么主义

习近平总书记明确指出："中国特色社会主义是社会主义而不是其他什么主义，科学社会主义基本原则不能丢，丢了就不是社会主义。"① 这是关于中国特色社会主义本质规定性的说明，是对中国特色社会主义性质和方向的回答。中国特色社会主义是社会主义，因为它坚持了科学社会主义的价值理念和基本原则即生产力的高度发达，实现共同富裕和人的全面而自由的发展，这三点集中概括了科学社会主义的规范性概念的精髓要义。

马克思恩格斯创立科学社会主义，是以正确认识和揭示社会发展规律为前提和基础的。他们在《〈政治经济学批判〉序言》对唯物史观作了经典描述："人们在自己生活的社会生产中发生一定的、必然的、不以他们的意志为转移的关系，即同他们的物质生产力的一定发展阶段相适应的生产关系。这些生产关系的总和构成社会的经济结构，即有法律的和政治的上层建筑竖立其上并有一定的社会意识形式与之相适应的现实基础。物质生活的生产方式制约着整个社会生活、政治生活和精神生活过程。不是人们的意识决定人们的存在，相反，是人们的社会存在决定人们

---

① 《习近平在新进中央委员会的委员、候补委员学习贯彻党的十八大精神研讨班开班式上发表重要讲话，强调毫不动摇坚持和发展中国特色社会主义，在实践中不断有所发现有所创造有所前进》，《人民日报》2013 年 1 月 6 日。

的意识。"① 生产力与生产关系、经济基础与上层建筑构成社会发展的基本矛盾和根本动力。其中，生产力是最终决定因素，是一切社会进步的尺度。生产关系要适应生产力的发展，与生产力一定发展阶段相适应的生产关系，构成一定社会形态的经济结构和现实基础，规定着社会形态的主要特征。

马克思恩格斯还从历史观和价值观相统一的高度，在对资本主义社会进行批判的基础上，描绘和说明了共产主义社会的基本原则和实现条件。在 1877 年给《祖国纪事》杂志编辑部的信中，马克思概括道，人类社会最后达到的是"在保证社会劳动生产力极高度发展的同时又保证每个生产者个人最全面的发展的这样一种经济形态"。同时，马克思还明确指出这是一个"生产将以所有的人的富裕为目的"的社会。在他看来，由于这个社会的存在，"不仅可能保证一切社会成员有富足的和一天比一天充裕的生活，而且还可能保证他们的体力智力获得充分的自由发展和运用"。

马克思恩格斯以唯物史观为依据，将生产力原则与共同富裕原则、人的全面而自由的发展原则相结合，阐释了科学社会主义的精髓。其中，生产力原则是基础，正如马克思在《资本论》中明确指出，只有生产力的高度发展"这样的条件，才能为以每个人的全面而自由的发展为基本原则的社会形式创造现实基础"。同时，生产力发展将以所有的人的富裕和全面自由发展为目的。科学社会主义既不是社会生产力水平十分低下条件下的"均富"，也绝不是生产力发达条件下的"贫富分化"。

中国共产党在开创和发展中国特色社会主义的实践进程中，科学认识和把握了科学社会主义的本质内涵，即始终将解放和发展生产力，实现共同富裕，以及实现人的全面发展，作为核心的理念和原则指导现代化建设。

党的十一届三中全会之后，邓小平提出必须搞清楚什么是社会主义、怎样建设社会主义这个重大理论和实际问题。在总结国内外社会主义建设实践的经验和教训后，他给出明确的答案："社会主义的本质，是解放生产力，发展生产力，消灭剥削，消除两极分化，最终达到共同富裕。"②

---

① 《马克思恩格斯选集》第 2 卷，人民出版社 1995 年版，第 31—35 页。
② 《邓小平文选》第 3 卷，人民出版社 1993 年版，第 373 页。

此后，江泽民、胡锦涛在坚持邓小平社会主义本质论的基础上，强调了人的全面发展。江泽民在 2001 年"七一"讲话中说："我们建设有中国特色社会主义的各项事业，我们进行的一切工作，既要着眼于人民现实的物质文化生活需要，同时又要着眼于促进人民素质的提高，也就是要努力促进人的全面发展。这是马克思主义关于建设社会主义新社会的本质要求。"胡锦涛在 2003 年党的十六届三中全会提出了科学发展观，并将以人为本，促进人的全面发展作为科学发展观的核心。习近平总书记从道路、理论和制度三者相统一的角度，依据社会主义近 500 年的发展历史，针对对中国特色社会主义的多种曲解、误解和质疑，从正反两个方面深刻阐释了中国特色社会主义的基本内涵，进一步导引和规范中国特色社会主义的理论和实践。

三　中国特色社会主义是改革开放的社会主义，而不是封闭僵化的传统社会主义

中国特色社会主义是邓小平在改革开放的背景下开创的，它是不断改革和开放的社会主义，不是封闭僵化的传统社会主义。十八大报告明确指出，绝不走封闭僵化的老路。

马克思恩格斯只是从价值形态维度描述了科学社会主义的基本原则，并未为社会主义建设提供现成答案。新中国成立后前 30 年，面临在实践中认识和把握社会主义这一崭新课题，我们党做了很多尝试，试图走出苏联模式。但也因为一些主客观原因，对社会主义本质的认识出现了偏差，表现为离开生产力抽象谈论社会主义，离开生产力的发展要求，过于强调生产资料公有和共同富裕，盲目追求更大、更公、更纯的生产关系。由于党在指导思想上的"左"的错误，政治体制和社会管理陷入僵化。在思想文化领域，拒斥资本主义的技术、管理经验和我国优秀传统文化。"宁要社会主义的草，不要资本主义的苗"。实践证明，封闭僵化的社会主义道路是走不通的。

邓小平深刻认识封闭僵化的传统的社会主义的弊端，并在此基础上重新思考在经济文化比较落后的中国如何建设社会主义，在"解放思想，实事求是"的思想路线指导下，成功破题，开创了中国特色社会主义。与传统的社会主义相比，中国特色社会主义的特征就是，它是改革和开放

的社会主义。改革就是改变不适应生产力发展的各种生产关系、管理体制机制;开放就是顺应全球化的时代潮流,积极参与国际分工,加强与世界其他国家的交流和合作,充分利用世界优秀文明成果。因此,习近平总书记说:"如果没有 1978 年我们党果断决定实行改革开放,并坚定不移推进改革开放,坚定不移把握改革开放的正确方向,社会主义中国就不可能有今天这样的大好局面,就可能面临严重危机,就可能遇到像苏联、东欧国家那样的亡党亡国危机。"①

中国特色社会主义科学地认识到中国的社会主义是在特定的时代背景和历史时空中发展的,它不可能脱离现有的客观条件。习近平说:"一个国家实行什么样的主义,关键要看这个主义能否解决这个国家面临的历史性课题。"② 因此,只有不断地改革和开放,才能更好地解决时代发展提出的新问题。如果停滞不前,只会给人留下刻舟求剑的笑柄。

四　中国特色社会主义是人民利益至上的社会主义,而不是仅满足少数人的利益的新官僚资本主义

中国特色社会主义以马克思主义群众史观为指导,坚持人民群众是历史的主体,将维护最广大人民群众的根本利益,实现人民群众的全面发展,作为其根本目的。

人民利益至上是中国共产党一贯坚持的原则和宗旨。毛泽东在张思德的追悼会上提出"全心全意为人民服务"的思想,党的"七大"将其作为中国共产党的宗旨写入党章,并形成"一切为了群众,一切依靠群众,从群众中来,到群众中去"的群众路线。邓小平曾说:"我是中国人民的儿子。我深情地爱着我的祖国和人民。"江泽民把我们党要"始终代表中国最广大人民的根本利益"作为其"三个代表"重要思想的内容之一;胡锦涛把以人为本作为科学发展的核心。

党的十八大报告也明确提出"必须坚持人民主体地位"。具体体现在:政治上,坚持人民民主,完善人民代表大会制度、政治协商制度和基

---

① 《讲话》,《人民日报》2013 年 1 月 6 日。
② 同上。

层民主制度，发展社会主义民主政治，保障人民群众当家做主的权利；经济上，努力提高人民群众的生活水平，坚持社会主义基本经济制度和分配制度，调整国民收入分配格局，加大再分配调节力度，着力解决收入分配差距较大问题，使发展成果更多更公平地惠及全体人民，朝着共同富裕方向稳步前进；文化上，丰富人民精神文化生活，保障人民基本文化权益；社会建设上，加强管理，维护社会公平正义。最近，为更好地实现党的十八大确定的奋斗目标，习近平总书记全面部署开展党的群众路线教育实践活动，进一步改进党的工作作风。党和人民群众是鱼和水、血与肉、舟与水、种子与土地的关系，党来自人民、植根人民、服务人民，人民是党的生命，是党永远立于不败之地的根本。脱离人民群众，损害人民利益，与民争利，党就会丧失生命。只有关注民生，切实解决人民群众反映强烈的突出问题，维护大多数人民群众的利益，密切党和人民群众的关系，才能保持党的先进性和纯洁性，巩固党的执政基础和执政地位。

中国特色社会主义 30 多年的发展，使人民群众的物质文化生活得到极大提高，政治参与、教育权、健康权和发展权等各种权益得到更好的维护。但是近些年来，我国经济发展也出现一些不好的现象，某些地方政府官员权力寻租、贪污腐败，进而导致权力资本化倾向，资本与权力相互交织，利用权力配置社会资源，限制市场准入、压制竞争，为特定人群牟取私利。有些学者将这种现象称为权贵资本主义或新官僚资本主义。这种现象值得警惕，可以说，权贵阶层或既得利益集团越来越成为腐蚀社会健康发展的毒瘤，成为改革的强大阻力，成为维护社会公平正义，实现共同富裕的障碍。但这不是中国特色社会主义的应有之义，而是由于社会主义初级阶段公有制企业运营机制和政治民主制度的内在缺陷所导致的腐败而产生的，是一种权力异化现象，它必将随着中国特色社会主义制度的不断完善而被铲除。

五　中国特色社会主义是社会主义市场经济，而不是国家资本主义

中国特色社会主义实行社会主义市场经济。社会主义市场经济是把社会主义的基本经济制度及理想价值与市场调节手段相结合的经济形态，在坚持市场础性调节作用的同时，使国家在关键的市场领域和市场环节保持

足够的控制力和调节能力。这是党总结世界经济发展的经验教训,在长期社会主义建设实践探索中总结出来的,也是基于中国基本国情的"中国独创"。它克服了单纯计划指导和完全自由化、市场化调节的弊端,更好地处理了公平与效率的关系,既能保证经济的快速发展,又保证不偏离公平正义、共同富裕的社会主义方向。

世界金融危机爆发之后,中国的经济一枝独秀。一些西方人士在总结中国成功的经验时,给中国贴上"国家资本主义"标签,指责中国等新兴经济体通过政府支持获得不公平的竞争优势。称我国的宏观调控扼杀了市场效率和活力,国有企业效率地低下,垄断了主要的资源和大部分市场份额,破坏了公平竞争的市场经济秩序。他们鼓吹"市场万能论",以全球化名义极力推销新自由主义。主张绝对自由化、彻底私有化和完全市场化,反对国家对经济的任何干预和调控。

这种"国家资本主义"的指责是完全站不住脚的。首先,我国经济的性质是社会主义。公有制为主体、多种所有制经济共同发展的基本经济制度,保证国家对国民经济命脉的控制,以此实现人民群众的根本利益,体现社会主义共同富裕的价值目标。而国家垄断资本主义,是西方垄断资本控制国民经济和整个国家,国家予以总体协助和支持,以满足大资本家剥削、掠夺财富的目的。因此,两者具有根本性质的区别。其次,第二次世界大战以后,世界各国都或多或少地加强了国家干预和政府管制,政府主导或宏观调控是每一个国家都有的,声称自由化、私有化、市场化的国家也不可能没有政府的监管和调控。因此,不能因我国政府控制国民经济命脉就否认我国的市场经济地位。再次,那些宣称新自由主义的西方国家发展得并不好,放松对金融债务的监管,导致严重的金融危机。这场危机至今还未结束。某些西方学者拿在自己国家都已失灵并引发危机的招数,推销给别的比自己发展得更好的国家,其中的用意又是什么呢?他们的深刻用意在于,用国家资本主义的大棒,削弱主权国家对经济的调控作用,企图维持一直以来在全球游戏规则中所占据的有利位势。最后,在国际贸易和经济竞争中,我国积极参与经济全球化,坚持独立自主原则,遵循国际经济规则和国际惯例来实行内外开放和国内外市场公平竞争。对外不利用不正当手段获得更多的竞争优势,国内市场也绝不歧视外国企业。

六　中国特色社会主义是以社会主义核心价值 体系为意识形态特征的社会主义,而不是 "接受了普世价值"的社会主义

中国特色社会主义在意识形态上坚持马克思列宁主义、毛泽东思想和中国特色社会理论为指导，坚定社会主义和共产主义的理想信念，积极构建社会主义核心价值体系。十八大报告指出：社会主义核心价值体系是兴国之魂，决定着中国特色社会主义发展方向。要深入开展社会主义核心价值体系学习教育，用社会主义核心价值体系引领社会思潮、凝聚社会共识。所谓"魂"即精神特质，如果社会主义核心价值体系这个"魂"丢了，中国特色社会主义就丧失了社会主义性质。

近几年，有些人宣扬"普世价值"，所谓的普世价值实质上是西方的自由、民主、人权等价值观念。他们声称"西方价值观是人类文明的主流"，"中国只有接受西方的普世价值才有前途"，"改革开放就是逐步接受普世价值的过程"。这些言论显然是故意反对、抹黑和仇视马克思列宁主义、毛泽东思想和中国特色社会主义理论，搞乱我们党和国家的意识形态和人们的信仰。习近平总书记说："苏联为什么解体？苏共为什么垮台？一个重要原因就是意识形态领域的斗争十分激烈，全面否定苏联历史、苏共历史，否定列宁，否定斯大林，搞历史虚无主义，思想搞乱了……"①

普世价值不是纯学术的争论。从学理上讲，人类对美好事物的向往应该是相通的。我们积极倡导富强、民主、文明、和谐，倡导自由、平等、公正、法治，倡导爱国、敬业、诚信、友善。很显然，这些与西方提倡的价值观有相通的地方。但是，一个社会的主流价值观的形成都有其特定的历史背景，与其基本制度形态和主流意识形态是一体的。以美国为首的西方国家宣扬的普世价值，并非是18世纪启蒙思想家主张的自由、民主、人权概念，而是它们在冷战结束后企图"重塑世界"而抛出的新言论。这一点，美国自己的著名学者塞缪尔·亨廷顿倒是揭示得非常清楚。他在《文明的冲突与世界秩序的重建》中写道："普世文明的概念是西方文明

---

① 《讲话》,《人民日报》2013年1月6日。

的独特产物……20 世纪末，普世文明的概念有助于为西方对其他社会的文化统治和那些社会模仿西方的实践和体制的需要作辩护。普世主义是西方对付非西方社会的意识形态。"

很显然，社会主义核心价值体系与普世价值具有本质区别，前者是中国特色社会主义的意识形态特征，是服务于实现国家富强、人民幸福、民族复兴的中国特色社会主义道路的；而普世价值本质上是为以美国为首的西方国家推行霸权主义辩护的。如果以普世价值为魂，社会主义就名存实亡了，就变了颜色。因此，宣扬普世价值实质上是引导中国偏离社会主义道路，走向资本主义道路。

七　中国特色社会主义是和平发展的社会主义，而不是侵略掠夺别国的霸权主义

中国特色社会主义坚持走和平发展之路，正如邓小平所说，中国人民集中精力搞生产，"实现四化，永不称霸"①。我国自建国以来就主张和平共处五项原则，在社会主义现代化建设中一直强调独立自主，合作共赢。主张尊重各国选择自己道路的权利，绝不屈服于一切形式的霸权主义。"各国的事情，一定要尊重各国的党、各国的人民，由他们自己去寻找道路，去探索，去解决问题，不能由别的党充当老子党，去发号施令。我们反对人家对我们发号施令，我们也决不能对人家发号施令。这应该成为一条重要的原则。"②

历史上西方资本主义强国的崛起都是靠侵略别国、掠夺资源的武力崛起、称霸世界，以殖民的方式掠夺资源，实现大国崛起。因此，由于中国在经过 30 多年的发展和积累后综合国力迅速提升，一些西方势力就鼓吹"中国威胁论"，这是敌对势力封堵中国，阻碍中国崛起和强大的借口，是子虚乌有的。党的十八大报告中提出，我们要走和平、发展的道路，在国际关系中弘扬平等互信、包容互鉴、合作共赢的精神，共同维护国际公平正义。习近平访美期间在与奥巴马的会晤中强调：中国将坚定不移走和平发展道路，坚定不移深化改革、扩大开放，努力实现中华民族伟大复兴

---

① 《邓小平文选》第 2 卷，人民出版社 1994 年版，第 111 页。
② 同上书，第 319 页。

的中国梦，努力促进人类和平与发展的崇高事业。这些都表明，西方资本主义国家所谓的大国崛起之路这样的老路，是中国特色社会主义所摒弃的。

八　中国特色社会主义是基本定型但未完全定型，正在发展完善中的社会主义

中国特色社会主义作为一种社会形态，它是一个逐渐形成并不断发展完善的过程。中国特色社会主义在改革开放的伟大探索中前行。面对国际国内复杂多变的形势，不断解决发展中遇到的经济、政治、文化、社会、生态等各种难题，形成了一系列治国理政、内政外交等的理论、制度和政策，中国特色社会主义道路越来越明晰，中国特色社会主义形态基本形成。邓小平在1992年"南方谈话"中指出："恐怕再有30年的时间，我们才会在各方面形成一整套更加成熟、更加定型的制度。在这个制度下的方针、政策，也将更加定型化。"①

我们认为，经过30多年的改革开放和社会主义现代化建设，我们形成了中国特色社会主义道路、理论体系和制度，并取得了举世瞩目的辉煌成就，综合国力和国际地位大幅提升，由此我们有足够的理由这样说：中国特色社会主义道路、理论体系和制度的三者统一构成中国特色社会主义社会形态，已基本定型。中国特色社会主义道路是实现途径，中国特色社会主义理论体系是行动指南，中国特色社会主义制度是根本保障，三者统一于中国特色社会主义伟大实践。这一伟大实践也就构成了中国特色社会主义社会形态，它具有丰富和特定的内涵。对此，党的十八大报告作了初步概括：中国特色社会主义道路，就是在中国共产党领导下，立足基本国情，以经济建设为中心，坚持四项基本原则，坚持改革开放，解放和发展社会生产力，建设社会主义市场经济、社会主义民主政治、社会主义先进文化、社会主义和谐社会、社会主义生态文明，促进人的全面发展，逐步实现全体人民共同富裕，建设富强民主文明和谐的社会主义现代化国家。中国特色社会主义理论体系，就是包括邓小平理论、"三个代表"重要思想、科学发展观在内的科学理论体系，是对马克思列宁主义、毛泽东思想

---

① 《邓小平文选》第3卷，人民出版社1993年版，第372页。

的坚持和发展。中国特色社会主义制度,就是人民代表大会制度的根本政治制度,中国共产党领导的多党合作和政治协商制度、民族区域自治制度以及基层群众自治制度等基本政治制度,中国特色社会主义法律体系,公有制为主体、多种所有制经济共同发展的基本经济制度,以及建立在这些制度基础上的经济体制、政治体制、文化体制、社会体制等各项具体制度。习近平总书记强调:"这些都是在新的历史条件下体现科学社会主义基本原则的内容,如果丢掉了这些,那就不成其为社会主义了。"①

这样的概括表明,我们党对中国特色社会主义的认识和把握,已经达到了一个前所未有的新高度。习近平总书记说:"中国特色社会主义是科学社会主义理论逻辑和中国社会发展历史逻辑的辩证统一,是植根于中国大地、反映中国人民意愿、适应中国和时代发展进步要求的科学社会主义,是全面建成小康社会、加快推进社会主义现代化、实现中华民族伟大复兴的必由之路。"② 中国 30 多年的发展取得巨大成就也证明,中国特色社会主义表现出优越于同时期其他社会制度的活力和有效性,作为一种新的社会形态已基本确立。

但是,正如习近平总书记所说:"马克思主义必定随着时代、实践和科学的发展而不断发展的,不可能一成不变,社会主义从来都是在开拓中前进的。我们对社会主义的认识,对中国特色社会主义规律的把握,已经达到了一个前所未有的新的高度,这一点不容置疑。同时,也要看到,我国社会主义还处在初级阶段,我们还面临许多没有弄清楚的问题和亟需解决的问题,对许多重大问题的认识和处理都还处在不断深化的过程之中,这一点也不容置疑。对事物的认识是需要一个过程的,而对社会主义这个我们只搞了几十年的东西,我们的认识和把握也还是非常有限的,还需要在实践中不断深化和发展。"③ 当前,我们仍处于社会主义初级阶段,经济发展处于转型期,贫富分化、信仰缺失、道德滑坡、贪污腐败、生态破坏、资源浪费等问题日益严重,也因此出现了一些质疑中国特色社会主义的声音。这是中国特色社会主义发展到一个新的阶段必然要面临的问题,

---

① 《习近平在新进中央委员会的委员、候补委员学习贯彻党的十八大精神研讨班开班式上发表重要讲话,强调毫不动摇坚持和发展中国特色社会主义,在实践中不断有所发现有所创造有所前进》,《人民日报》2013 年 1 月 6 日。

② 同上。

③ 同上。

也是任何国家发展进程中都要面临的。我们要对中国特色社会主义道路、理论和制度充满自信，坚持科学社会主义的基本原则，坚持理论创新、实践创新和制度创新，在改革开放实践中不断深化对许多重大问题的认识，并解决这些问题，就能不断完善中国特色社会主义的道路、理论和制度。

正如习近平总书记指出的，"我们坚信，随着中国特色社会主义不断发展，我们的制度必将越来越成熟，我国社会主义制度的优越性必将进一步显现，我们的道路必将越走越宽广，我国发展道路对世界的影响必将越来越大"①。我们一定能"在中国共产党成立 100 年时全面建成小康社会"，"在新中国成立 100 年时建成富强民主文明和谐的社会主义现代化国家"。也就是说，中国特色社会主义作为一种既有别于僵化的传统社会主义，也有别于各种资本主义的新型制度文明就真正确立起来了，作为一种新的社会形态的中国特色社会主义的制度科学性、有效性、合理性就完全显示出来了。到那时，那些反对和质疑中国特色社会主义的人也许不得不低下高傲的头颅，只剩下失望的感叹。到那个时候，中华民族孜孜以求的伟大梦想——中华民族伟大复兴就要真正实现了。

参考文献

1. 《马克思恩格斯选集》第 2、3 卷，人民出版社 1995 年版。

2. 《邓小平文选》第 2、3 卷，人民出版社 1993、1994 年版。

3. 胡锦涛：《坚定不移沿着中国特色社会主义道路前进为全面建成小康社会而奋斗——在中国共产党第十八次全国代表大会上的报告》，载《人民日报》2012 年 11 月 18 日。

4. 《习近平在新进中央委员会的委员、候补委员学习贯彻党的十八大精神研讨班开班式上发表重要讲话，强调毫不动摇坚持和发展中国特色社会主义，在实践中不断有所发现有所创造有所前进》，《人民日报》2013 年 1 月 6 日。

5. 塞缪尔·亨廷顿：《文明的冲突与世界秩序的重建》，新华出版社 2002 年版。

---

① 《习近平在新进中央委员会的委员、候补委员学习贯彻党的十八大精神研讨班开班式上发表重要讲话，强调毫不动摇坚持和发展中国特色社会主义，在实践中不断有所发现有所创造有所前进》，《人民日报》2013 年 1 月 6 日。

马克思主义价值论的形成和发展概述

李德顺　孙美堂[*]

作为马克思主义哲学的内在组成部分，马克思主义价值论是以马克思创立的实践唯物主义和历史唯物主义为基础，以人的活动即历史和实践为对象而形成的关于价值及其意识的本质、规律，以及依据价值规律实现人类解放的科学理论。

一　马克思恩格斯的理论奠基

马克思恩格斯当年虽然没有直接对哲学上的"价值"进行专门的系统论述，但在他们谈论的许多问题和思想中，都涉及了对这一领域的独特见解，从而为理解和阐述马克思主义的价值理论提供了必要的基础和依据。

第一，马克思的早期著作中就表现了对价值问题，特别是人的价值问题的极大关注。马克思的博士论文《德谟克利特和伊壁鸠鲁自然哲学的差别》（1841）曾就人的自由与必然和反对神本主义价值观念等问题做过探讨。1843—1844 年所写的《〈黑格尔法哲学批判〉导言》和《经济学哲学手稿》，一方面通过对旧社会进行深刻的揭露和批判，形成和表达了全新的共产主义社会理想和价值观念的核心内容；另一方面冷静地考察了价值和人的价值问题的一些深层理论基础。马克思肯定了"人的根本就是人本身"[①]，揭示了人类劳动中两个尺度的意义和"人也按照美的规律

---

* 李德顺，中国政法大学终身教授；孙美堂，中国政法大学教授。

① 《马克思恩格斯选集》第 1 卷，人民出版社 1995 年版，第 9 页。

建造""人在他所创造的世界中直观自身"① 等本质特征，实际上把价值确认为人的本质力量对象化的显现。

第二，马克思和恩格斯在 1845—1846 年间清算费尔巴哈哲学和青年黑格尔派所做的工作（《关于费尔巴哈的提纲》和《德意志意识形态》），阐述了新唯物主义的世界观方法论，要求从实践即人的主体性活动方面理解现实世界。这一根本思想，为把"价值"科学地理解为人的实践活动中的内在因素和目的性内容，提供了最重要的基础。同时，他们还提出要充分地理解"批判的、革命的实践"的意义，坚持改造现实世界使之革命化的方向；并就人的社会存在和社会意识，人的需要、利益、人的活动的历史方式及其条件等，做了丰富的具体考察，阐明了历史唯物主义的基本观点，旗帜鲜明地表达了自己哲学的社会历史性质："实践的唯物主义者即共产主义者。"②

第三，马克思主义价值论不仅产生于马克思的哲学变革和社会批判，而且与政治经济学有密切的联系。《资本论》《政治经济学批判》手稿和其他经济学著作中，对于各种不同意义的价值概念进行了全面的考察和把握：

首先，严格区分了物品的使用价值和商品价值（交换价值）。马克思面对利用混淆商品价值与使用价值来否定他的政治经济学理论的庸俗经济学观点，进行了坚决的、毫不妥协的斗争。他反复强调：一般意义（即哲学）上的价值和使用价值，同这里政治经济学意义上的价值"毫无共同之处"，甚至指出，"作为使用价值的使用价值，不属于政治经济的研究范围"③。

同时，马克思对哲学上的一般"价值"概念的词源和含义作了考察和规定。交换价值归根到底理解为实现产品使用价值的社会历史形式。就是说，哲学的价值概念和政治经济学的价值概念之间，表现出某种一般和个别的相互联系，不是彼此完全排斥的。在此基础上，马克思通过对经济利益和经济价值的具体分析，从广泛的意义上考察了人类社会生活中的价值现象和价值关系。他对资本主义经济实质的批判，以及对生活与消费、

---

① 《马克思恩格斯全集》第 42 卷，人民出版社 1979 年版，第 97 页。
② 《马克思恩格斯选集》第 1 卷，人民出版社 1995 年版，第 75 页。
③ 《马克思恩格斯全集》第 13 卷，人民出版社 1962 年版，第 16 页。

分配与交换、需求与供给、费用与成本；乃至经济与道德、经济与艺术、经济与政治等关系的论述，事实上构成了马克思主义哲学价值论的丰富内容。

第四，马克思和恩格斯在涉及经济、政治、科学、道德、艺术、宗教、军事、国家与法、自由与必然等问题的广泛领域，就各种价值现象进行了大量的具体考察、分析和论述，使自己的价值思想体现在理论体系的各个方面，并同各种主观主义和教条主义的价值观区别开来。例如：

关于价值的本质，马克思采取了"关系—实践说"的立场，否定了"属性说"。他指出：财富、价值等"这种语言上的名称，只是作为概念反映出那种通过不断重复的活动变成经验的东西，也就是反映出，一定的外界物是为了满足已经生活在一定的社会联系中的人的需要服务的"，"他们可能把这些物叫做'财物'，或者叫做别的什么，用来表明，他们在实际地利用这些产品"①。针对有些人认为价值是"物的一种属性"，马克思说，"的确，它们最初无非是表示物对于人的使用价值，表示物的对人有用或使人愉快等等的属性"②；但是，这不过是物"被'赋予价值'"③，也就是说，是人把本来不属于物的东西（价值）看成了是物本身所固有的东西；"人们实际上首先是占有外界物作为满足自己本身需要的资料，如此等等；然后人们也在语言上把它们叫做它们在实际经验中对人们来说已经是这样的东西，即满足自己需要的资料，使人们得到'满足'的物"④；这种表述造成了一种假象："他们赋予物以有用的性质，好像这种有用性是物本身所固有的，虽然羊未必想得到，它的'有用'性之一，是可作人的食物……"⑤ 最后一句十分机智地嘲弄了"羊具有可食性"之类的说法，形象地揭示了将价值与客体属性等同起来这种思维和表达习惯的荒谬。

马克思在理解价值现象的基础和根源时，首先着眼于对价值关系中主体尺度的考察，从而表明，人的主体性是揭开一切价值和评价之谜的关

---

① 马克思：《资本论》第 1 卷，人民出版社 2004 年版，第 405、406 页。

② 《马克思恩格斯全集》第 26 卷（Ⅲ），人民出版社 1974 年版，第 326 页。

③ 《马克思恩格斯全集》第 19 卷，人民出版社 1963 年版，第 406 页。

④ 同上。

⑤ 同上。

键。例如就物的有用性和一切使用价值而言，马克思说："……物都是许多属性的总和，因此可以在不同的方面有用。发现这些不同的方面，从而发现物的多种使用方式，是历史的事情"①；"只有当物按人的方式同人发生关系时，我才能在实践上按人的方式同物发生关系"②；"假如我们想知道什么东西对狗有用，我们就必须探究狗的本性……如果我们想把这一原则运用到人身上来，想根据效用原则来评价人的一切行为、运动和关系等等，就首先要研究人的一般本性，然后要研究在每个时代历史地发生了变化的人的本性"③。

马克思还揭示了人的劳动和实践活动中的价值目的性，即"劳动过程……是制造使用价值的有目的的活动，是为了人类的需要而占有自然物，是人和自然之间的物质变换的一般条件，是人类生活的永恒的自然条件"④；并进一步着重探讨了人类劳动中固有的两个"尺度"。这就与各种仅仅用人的意识来解释价值现象的唯心主义价值理论区别开来了。

恩格斯在描述人类意识的形成时，指出了人类两大基本意识（真理意识与价值意识）的共同起源："随着手的发展，头脑也一步一步地发展起来，首先产生了对个别实际效益的条件的意识，而后来在处境较好的民族中间，则由此产生了对制约着这些效益的自然规律的理解。"⑤ 就是说，在人类意识的形成和发展中，关于实际效益（属于价值问题）的意识，同关于客观条件和自然规律（属于知识、真理问题）的意识，是不可分割的两项内容。而价值意识又是不言而喻的前提。

第五，马克思和恩格斯的科学社会主义学说体现了价值与真理统一的历史观。社会主义从空想到科学的发展，既是社会主义发展的两大不同阶段，也代表了两种不同的历史思维方式。"社会主义"最初是作为一个将要取代资本主义的未来美好的社会体系而被提出和认同的。早期的空想社会主义者对资本主义的无情批判，提出并热情追求社会主义的美好未来，这种价值追求的大方向无疑是高尚的。更为可贵的是，空想社会主义者通

---

① 《马克思恩格斯全集》第 23 卷，人民出版社 1972 年版，第 48 页。
② 《马克思恩格斯全集》第 42 卷，人民出版社 1979 年版，第 124 页注②。
③ 《马克思恩格斯全集》第 23 卷，人民出版社 1972 年版，第 669 页注（63）。
④ 同上书，第 208 页。
⑤ 《马克思恩格斯选集》第 3 卷，人民出版社 1995 年版，第 457 页。

过深刻地认识资本主义的弊病,有针对性地提出关于未来的合理化构想,他们"天才地预示了我们现在已经科学地证明了其正确性的无数真理"①。但说到底,空想社会主义毕竟是一种不成熟的理论,不成熟的理论产生于不成熟的资本主义生产状况和阶级状况。马恩创立的科学社会主义继承并发扬了前人追求人类解放和美好前途的崇高信念,同样富有献身于人类解放的崇高理想。但它不同于空想社会主义之处,则主要在于两点:(1)它超出了主观的价值构想而找到了历史的客观逻辑,回答了社会主义的历史根据和必然性问题。这意味着从一种单纯的价值观念上升为具有科学真理性的学说;(2)它解决了社会主义的社会基础和主体力量问题,意味着从一种抽象的价值观念上升成为一种现实具体的价值观念。上述二者之间的内在联系,构成了价值和真理统一的、完整的、科学的历史观。这是社会主义思想史上最伟大的成就。

马恩的相关论述很多,这些论述确立了以实践唯物主义的方式研究价值问题的基础、方法和风格,成为理解和建构马克思主义价值理论的丰富资源和充分依据。

二　社会主义价值实践的探索历程

马恩之后,世界共产主义运动的阵营出现了分化。各种理论流派的争论聚焦在社会主义革命和建设的一些根本问题上,使得对马恩价值理论的整理和继承出现了曲折、复杂、零乱的状况。

(一)列宁的价值思想

列宁在领导俄国革命和建设的过程中提出的独特价值思想,主要有:真理与价值统一的实践标准,理论的客观性与党性统一的原则,共产主义新型道德观等。

列宁一直极为重视辩证法的实践意义,称辩证法为"革命的代数学",并进一步总结出辩证逻辑的四条方法论原理:(1)"观察的客观全面性";(2)"事物'自己运动'的规律性";(3)"实践标准";(4)"真理的具体性"。列宁认为这些是唯物辩证法的基本要求。在这里,他提出了一个很

---

① 《马克思恩格斯选集》第 2 卷,人民出版社 1995 年版,第 636 页。

重要的价值论思想：人们的需要、利益和兴趣是人们实践和认识的原因，它们的满足和实现程度又是评价实践和认识的一个重要因素，"认识只有在它反映不以人为转移的客观真理时，才能成为对人类有机体有用的认识，成为对人的实践、生命的保存、种的保存有用的认识"①。因此他强调，在认识的全面性中，必须体现出实践的特性，即"必须把人的全部实践——作为真理的标准，也作为事物同人所需要它的那一点的联系的实际确定者——包括到事物的完满的'定义'中去"②。在这里，他把实践作为真理标准与价值标准（"事物同人所需要它的那一点的联系的实际确定者"）的意义统一起来，进一步丰富了马克思关于实践和实践标准的理论。

基于对价值判断的主体性的发现，列宁突出强调了理论工作中自觉的党性（阶级性）原则。他认为，在历史科学中没有"纯粹的客观性"，想完全游离于党性和阶级性之外是不可能的。因此他主张，要将党性、阶级性的立场与科学的客观性原则尽可能统一起来，必须保持"原则的坚定性与策略的灵活性相结合"，首先要以对无产阶级、劳动人民是否有利作为评价标准。列宁分析了国家、民主、正义等价值观念的阶级性和相对性，批判了"超阶级国家观"，否定"议会道路"，认为这些都是以阶级妥协的幻想代替阶级斗争，以折中主义代替辩证法的错误表现。

但在理解价值判断和价值选择的主体性（党性与阶级性）时，列宁出于当时斗争的需要，显然过于强调了阶级和政党的政治主体性，而未能充分注意社会上多元主体的现实关系和人民群众的历史主体地位等问题，这就容易使价值主体定位单一化、简单化，并为日后走向"一切以阶级斗争为纲"的"左"倾路线埋下了伏笔。

（二）苏联时期③的价值研究处境

列宁逝世后，苏联继续探索社会主义建设道路，使苏俄从一个落后的农业国，发展成为经济、政治、科技、军事上都相当强大的工业国。但与

---

① 《列宁选集》第 2 卷，人民出版社 1995 年版，第 100 页。
② 《列宁选集》第 4 卷，人民出版社 1995 年版，第 419 页。
③ "苏联"这个名称是指最初由俄罗斯与乌克兰、白俄罗斯等加盟共和国组成的"苏维埃社会主义共和国联盟"。它正式诞生于 1922 年底，到 1991 年底苏联解体以前，加盟共和国的数量已增加到 15 个。

这些成就相比，在理论建设方面却不成功。正如邓小平后来所说："社会主义制度并不等于建设社会主义的具体做法。苏联搞社会主义，从 1917 年 10 月革命算起，已经 63 年了，但是怎么搞社会主义，它也吹不起牛皮。"① 10 年后苏共失败和苏联解体的事实，证明了邓小平判断的现实意义。

　　如果从理论的角度来总结苏联从兴盛到衰解的经验教训，就不能不特别注意斯大林时期的思想理论状况。在所有制改造基本完成以后，斯大林和联共（布）中央提出了"向西方资本主义影响（包括其思想残余）全面发起进攻"的政治任务②。在意识形态领域全面落实"以阶级斗争为纲"的攻势下，哲学首当其冲。由斯大林亲自主持撰写的《辩证唯物主义和历史唯物主义》，被规定为"共产主义理论基础""马克思主义政党理论基础"。苏共中央还制定了决议，要求所有人都必须遵循这个"中央审查过的、对联共（布）历史和马克思列宁主义基本问题的解释，而不容许有任何随意的解释"；宣布以往"庞杂的歧异观点和随意解释，从此终止"③；继而发动了一系列有关的整顿和批判运动，使得很长一段时间里，理论界的主要任务局限于学习、解释和宣传官方意见。随着对斯大林个人崇拜的加剧，思想理论领域的专制和"一言堂"现象日益泛滥，以阶级斗争为纲的极端偏激的意识形态倾向主宰了理论研究，理论争论被越来越多地从政治方面"上纲上线"，学术批评变成了政治声讨和批判；甚至对马恩原著进行独立的研究也受到排斥，而一些人（如李森科④）为了迎合而制造出来的伪科学成果和文化垃圾，却受到了鼓励和肯定。这种思想管制的结果，必然使基础理论研究趋于萎缩，马克思主义价值论研究和社会主义价值体系建设也深受其害。五六十年代在苏联曾一度兴起关于马克思主义价值理论的研究。但因其被疑与西方的新康德主义有联系，就在这一"杜撰的家谱"⑤ 中被打入了另册。价值研究从此成为禁区和空白。

---

①　《邓小平文选》第 2 卷，人民出版社 1993 年版，第 250 页。

②　参见黄楠森等主编《马克思主义哲学史》第 5 卷，北京出版社 1996 年版，第 389 页。

③　同上书，第 393 页。

④　李森科是苏联时期臭名昭著的伪科学家。他出于政治投机的考虑否定遗传基因的存在，把西方遗传学家孟德尔—摩尔根等称为"苏维埃人民的敌人"，并赢得了斯大林和赫鲁晓夫的支持，红极一时，曾两度担任全苏列宁农业科学院院长。

⑤　[苏联] 图加林诺夫：《马克思主义中的价值论》，齐友等译，中国人民大学出版社 1989 年版，第 129 页。

直到80年代中期，在苏联出版的哲学词典中，"价值论"还被界定为"一种资产阶级唯心主义哲学理论"①。苏联后期出现的发展停滞和思想混乱，不能不说与未能形成科学的社会主义价值观念体系有深刻的关联。

（三）西方马克思主义者的价值思想

西方马克思主义，是20世纪初在西方资本主义国家兴起的马克思主义理论派别。他们对列宁主义特别是斯大林所代表的马克思主义路径有所怀疑和批评，并联系资本主义发展的最新态势，提出了自己在坚持和发展马克思主义方面的不同看法。

西方马克思主义流派众多，其价值思想主要表现在对"物化"和"异化"现象的批判反思与倡导"人道主义"两大方面。他们的理论成果在西方世界产生了重要影响，显示了马克思主义的生命力。

西方马克思主义者在阐发马克思"商品拜物教"和"异化"思想的基础上，通过分析物化、异化现象，来批判资本主义对人与物关系的颠倒、对人的主体性和价值的否定，寻求人的主体性和自我意识的复归。卢卡奇分析批判资本主义的物化特征、经济宿命论对无产阶级阶级意识的消解；霍克海默和阿多诺把资本主义物化原因归结为启蒙精神所包含的工具理性；马尔库塞则指出在发达资本主义社会，技术发展意味着统治人的手段的发展，人被整合到商品主导的社会，成为"单向度的人"。后来的鲍德里亚对资本主义商业逻辑导致"符码社会"的批判，福柯对资本主义发达社会"知识权利"的剖析，也是这一批判视角的演进和发展。

针对苏联的经验教训，西方马克思主义者一般都很重视发掘马克思的人道主义思想。卢卡奇就开始注重马克思的人道主义；萨特等人将马克思主义与存在主义结合，发展为存在主义的马克思主义。按照他们的解释，马克思主义原本的旨趣，是关怀在具体境况中的人的存在，而后来的马克思主义者背离了这个初衷，以至马克思主义中存在"人学的空场"。西方马克思主义的宗旨是恢复人的地位，使马克思主义重新关心人。马克思早年手稿如《1844年经济学哲学手稿》出版后，西方马克思主义掀起一股热潮，把阐发马克思的人道主义思想作为主题。马克思晚年的读书笔记被冠以

---

① 《哲学词典》俄文版，时代出版社1985年版。

《人类学笔记》,许多研究者也对它做人道主义的解释,甚至认为马克思放弃了阶级斗争和科学社会主义的思路,重新回到他早年的人道主义思想。

在批判和否定之后,他们提出了各种恢复人(首先是无产阶级)主体性的思路。葛兰西主张"无产阶级文化领导权",主张确立一种新的人生观,并使其渗透到被统治阶级的意识中,以便取代他们从前的观念,缩小人们对资产阶级赞同范围,保证无产阶级夺取政权后能获得广泛支持。霍克海默和阿多尔诺主张用黑格尔和马克思的"否定辩证法"取代工具理性;马尔库塞试图从文艺、审美艺术等活动中寻找自由精神,以超越物化对人的束缚;哈贝马斯则以对"主体间性""公共性"和"对话"理论的研究,倡导面对人类现代情境下的建设性思维。

总之,西方马克思主义在批判现代资本主义的工具主义、技术统治、文化工业、消费主义等造成的异化,批判苏联模式社会主义导致的非人道现象时,也试图寻找马克思主义和社会主义新的发展道路,如"第三条道路""大拒绝""通过艺术和审美的超越"等。这些探索使西方马克思主义者成为20世纪中后期最活跃、最受瞩目的思想家。

三　中国特色社会主义价值观的基础

毛泽东思想和中国特色社会主义理论两大成果,奠定了中国特色社会主义价值体系的理论基础。

(一)毛泽东提出的人民主体论价值观

毛泽东把"为人民服务"确立为共产党的宗旨。"宗旨"即最高的、根本的、核心的价值观念。"为人民服务"的含义是:"共产党人的一切言论行动,必须以合乎最广大人民群众的最大利益,并为最广大人民群众所拥护为最高标准。"① 这一宗旨的确立,解决了作为马克思主义者的中国共产党人应有的根本信念、信仰和理想是什么的问题,也回答了社会主义事业以什么为评价成败得失的根本标准问题。毛泽东指出:"中国一切政党的政策及其实践在中国人民中所表现的作用的好坏、大小,归根到底,看它对于中国人民的生产力的发展是否有帮助及其帮助之大小,看它

① 《毛泽东选集》第2卷,人民出版社1991年版,第1096页。

是束缚生产力的，还是解放生产力的。"① 因此全党要始终"全心全意地为人民服务，一刻也不脱离群众；一切从人民的利益出发，而不是从个人和小集团的利益出发；向人民负责和向党的领导机关负责的一致性；这些就是我们的出发点"②；等等。毛泽东还提出了"真理与人民利益一致"这个具有高度理论创造性和实践指导性的哲学命题。应该说，人民主体论的价值观念，是中国共产党的强大思想基础和精神资源，同时也是检验党的政策和策略的一个根本价值尺度。

新中国成立后，由于经济结构和社会关系发生了变化，"人民群众"本身的情况也发生了历史性的变化。毛泽东曾看到，在社会主义条件下要区分"敌我矛盾"和"人民内部矛盾"，而正确处理人民内部矛盾的问题，已经成为能否正确地依靠群众并为人民服务的中心问题。但他未能解决好"区分两类矛盾"与"坚持阶级斗争"之间如何统一的问题，而是用"以阶级斗争为纲"取代了"以正确处理人民内部矛盾为中心"，结果由于分不清"人民"与"敌人"而造成了重大失误。

(二) 邓小平的价值与真理统一社会主义观

邓小平吸收了毛泽东和苏联东欧等国家在社会主义建设中的经验教训，提出了以改革开放推动建设"中国特色社会主义"的纲领。这一纲领的理论核心，是重新理解社会主义的本质，使之回归价值与真理统一的科学社会主义观。邓小平关于社会主义本质的重新规定，最大特点是旗帜鲜明地把人民主体论的价值标准和引入社会主义的本质规定之中。邓小平毫不怀疑社会主义最终胜利的历史必然性，但是针对已往主要是"左"的错误所表现出来的片面性，他强调指出：社会主义能否实现，社会主义的本质和优越性能否体现出来，有个搞好搞不好，能不能正确理解，能不能采取正确的政策等一系列关键问题。不解决这些问题，就没有现实的社会主义。而这一切都取决于实践，取决于在实践中是否做到解放思想、实事求是，是否坚持以解放和发展生产力为基础、坚持"三个有利于"的标准，是否能够使全体人民走向共同富裕，达到让"人民满意"的效果，等等。这就牢牢把握住了"生产力发展的根本作用"和"人民群众的历

---

① 《毛泽东选集》第 2 卷，人民出版社 1991 年版，第 1079 页。

② 同上书，第 1094—1095 页。

史选择"这两个客观必然性基础,从而在动态实践的高度上,重新完整、充分地确立了价值与真理高度统一的、自觉的科学社会主义观。这一新的重大历史成果推动了社会主义事业的新繁荣。中国特色社会主义的实践经验,也为它提供了有力的证明。

如何以此为核心进行社会主义价值和价值观念体系的全面建设,则成为中国特色社会主义事业的重大历史任务。

四 当代中国马克思主义价值论的表述

由马恩奠基并在100多年的社会实践中获得检验和发展的马克思主义价值理论,经过苏联、东欧、西欧、日本,特别是中国的马克思主义者的不懈探索,目前已被确认为马克思主义哲学中一个基本组成部分。我国学者尝试概括出三点关于马克思主义价值理论的基本观点和逻辑特征。

(一) 实践唯物主义的价值本质论

在吸收中国古代和西方价值研究"情境—关系说"成果的基础上,当代中国的马克思主义价值论贯彻马克思的实践唯物主义,将其提升为"关系—实践说"。这一学说首先把价值现象置于人类社会的历史实践之中,用人类对象性活动的客观过程和结果说明价值。指出价值产生于人按照自己的尺度去认识世界和改造世界的活动,是人类特有的对象性活动(实践)中普遍必然的现象,而不是外在于人类生存发展活动的某种先验的、神秘的现象。在理解价值的本质时,它主张要始终同人的存在方式和客观本性相联系,同人的需要和能力的历史发展相联系;它以对人的历史唯物主义理解为前提,充分理解人的客观现实性(人的社会存在、社会关系、人的需要和能力、人类活动中的"两个尺度"等),并以此来说明价值的本质及其客观性。因此它注重对实践和主客体关系进行具体分析,反对将价值抽象化、凝固化、绝对化。既不像主观主义和唯意志论那样,把价值看作人的主观精神绝对自由的表现,也不像庸俗唯物主义和自然主义那样,把价值看作是与主体创造活动无关的自然本性或自在属性。

(二) 以全面反映论为基础的评价和价值观念理论

从人的社会存在决定社会意识出发,指出价值作为客体对主体的意义，是指主客体之间的一种关系质态，这种质态并不依赖于人们对它的理解和兴趣，相反却产生并决定着人们的态度和评价。因此必须区分价值与价值观念，将价值观念看作是现实生活中客观的价值关系在头脑中的表现，从而确立了价值研究的科学必要性和可行性，否定了完全主观化、直观化、随意化、非理化的倾向。

在区分价值的客观形态和主观形态（价值观念）的基础上，指出价值意识所反映的主要是主体自身的客观状况。人们的评价往往表达了人对客体的兴趣、态度、情感和价值观念；价值观念是人们具体评价中使用的主观标准；但这一标准本身是主体的社会存在、需要、能力等客观现实的反映；而检验评价及其标准之是非得失的标准，最终在于实践。最终只有以人类历史主体的存在和发展为标准，只有同社会历史发展趋势相一致的主体，才能够建立和实现最合理的、真正富有生命力的价值观念。追求人类美好高尚价值的活动，并不能仅仅在头脑中进行，而是必须经过对全部现实社会关系的改造，消除那些扭曲人的心理的各种不公正的实际状况，才能真正实现人类追求的理想价值。

（三）科学共产主义的价值信念

马克思的实践唯物主义及历史唯物主义是科学共产主义学说的基础；作为理想目标的共产主义则是实践唯物主义的价值结论。马恩指出，人类从异化、依附状态走向自由全面发展的必然形态是共产主义；但这一社会形态并非来自现实的历史进程之外，只能来自历史进程本身。"共产主义对我们来说不是应当确立的状况，不是现实应当与之相适应的理想。我们所称为共产主义的是那种消灭现存状况的现实的运动。这个运动的条件是由现有的前提产生的"[1]；因此"实际上，而且对实践的唯物主义者即共产主义者来说，全部问题都在于使现存世界革命化，实际地反对和改变现存的事物"[2]，推动世界不断地朝着人的解放方向发展。

这一学说依据价值的本质来说明文化的本质和多样性。任何文化的核心都是一定的价值体系。地球上人类文化的多元化面貌，充分显示了价值和价值观念体系的多元化。而文化多元化现象背后的实质，则是每一文化

---

[1]　《马克思恩格斯选集》第 1 卷，人民出版社 1995 年版，第 87 页。

[2]　同上书，第 79 页。

体系主体的权利与责任。随着人类社会的不断发展，这种现实的多元化同时又表现了历史进步的必然性。通过对真、善、美、自由、公平、正义等人类理想价值的不断充实丰富，不断追求和实现，人类将走向"以每个人的自由全面发展为原则"的世界秩序。

总之，马克思的科学共产主义学说，首先是一个以人民为主体，以人的解放为目标，积极改造世界的历史运动理论；其次是关于这种历史运动前进道路的战略和策略体系；最后才是关于未来美好社会的描述和承诺。对社会历史规律的洞察和对人类绝大多数即人民主体的充分信赖，是对人类美好前途抱有充分信心的基础。

马克思主义哲学发展史中扬弃
和复兴形而上学的两大传统

侯 才*

在近代，传统的形而上学终结了。黑格尔哲学在一定意义上成为传统形而上学的最后代表和终结标志。但是此后，围绕如何对待传统形而上学及其遗产，哲学家们始终持有不同的意见。由此，对待传统形而上学的态度构成现代哲学得以发展的一个不可回避的前提，有如哈贝马斯所言"是黑格尔之后所有流派的立足根本"①。如何对待传统形而上学及其遗产的问题也反映到马克思主义哲学内部，这表现在马克思主义哲学发展过程中所呈现出来的扬弃和复兴形而上学的两大传统，然而，由于种种原因，这还有待揭示和阐明。

一 扬弃抑或复兴传统形而上学？

在如何对待传统形而上学这一重大哲学问题上，极而言之，在马克思主义哲学发展史中存在扬弃和复兴形而上学的两大传统，它们分别是由马克思和恩格斯开启和代表的。

马克思在创立其"新唯物主义"或唯物主义历史观的过程中，一反西方哲学中从柏拉图到黑格尔的理念论的传统，运用经验的和实证的方法，从人们的物质生产实践活动出发，把物质生产实践活动视为人的

---

　* 侯才，中央党校哲学教研部教授。

　① ［德］哈贝马斯：《后形而上学思想》，曹卫东、付德根译，译林出版社2001年版，第27页。

"整个现存的感性世界的基础"①，或人与自然界相统一的基础，并以此维度去重新审视和描述人们所面对的世界，摈除了对整体世界及其终极统一性的追寻，同时把被以往哲学家们看成独立自为并且凌驾于现实世界之上的理念世界归根于经验的现实世界，即与人处在对象性关系中的"感性世界"，从而从根本上扬弃了传统的形而上学，实现了哲学史上的一种变革。乃至海德格尔认为，"随着这一已经由卡尔·马克思完成了的对形而上学的颠倒，哲学达到了最极端的可能性。哲学进入其终结阶段了"②。

马克思将其对传统形而上学的扬弃，表述在这样一段经典的话中："因为对社会主义的人来说，整个所谓世界历史不外是人通过人的劳动而诞生的过程，是自然界对人来说的生成过程，所以关于他通过自身而诞生、关于他的形成过程，他有直观的、无可辩驳的证明。因为人和自然的实在性，即人对人来说作为自然界的存在以及自然界对人来说作为人的存在，已经成为实际的、可以通过感觉直观的，所以关于某种异己的存在物、关于凌驾于自然界和人之上的存在物的问题，即包含着对自然界的和人的非实在性的承认的问题，实际上已经成为不可能的了。"③

与此相联系，马克思也提出了一种独特的自然观的构想。他从其实践观出发，以对象性为方法，认为"非对象物是非存在物"，"被抽象地理解的、自为的、被确定为与人分隔开来的自然界，对人来说也是无"。因此，"在人类历史中即在人类社会形成过程中生成的自然界，是人的现实的自然界"④。基于这一理解，马克思明确地宣布："因此，自然科学（宜理解为马克思所理解的自然观——引者注）将抛弃唯心主义的方向，从而成为人的科学基础……说生活还有别的什么基础，科学还有别的什么基础——这根本就是谎言。"⑤ 与此同时，马克思也明确肯定了在人与自然

① 《马克思恩格斯文集》第 1 卷，人民出版社 2009 年版，第 529 页。

② 《海德格尔哲学选集》（下卷），孙周兴选编，上海三联出版社 1996 年版，第 1244 页。尽管海德格尔仍然将马克思哲学视为一种"劳动的新时代的形而上学"，但它毕竟已不同于传统的形而上学。

③ 《马克思恩格斯文集》第 1 卷，人民出版社 2009 年版，第 196—197 页。

④ 同上书，第 210、220、193 页。

⑤ 同上书，第 193 页。

界对象性关系之外的自然界存在的某种"优先地位"，肯定了黑格尔的作为"绝对精神"的超验世界也有某种存在的合理性，即它作为一种逻辑的描述"为人类的现实历史找到了思辨的表达"①。不难看出，正是这两点"肯定"，使马克思在与传统形而上学决裂的同时，也与存在论意义上的虚无主义以及实证主义划清了界限。

与马克思对待传统形而上学的态度不同，恩格斯通过其长达十余年的"自然辩证法"研究，尝试构建一种"辩证的同时又是唯物主义的自然观"，从唯物主义哲学的立场返回到形而上学。这种自然观与马克思视野中的"感性世界"或"人化自然"即"在人类社会形成过程中生成的自然界"不同，是以整体自然界为对象的。恩格斯在1885年（马克思逝世后第3年）写下的《反杜林论》第2版"序言"中明确地提出了"辩证的同时又是唯物主义的自然观"这一概念，用其与"唯物主义历史观"的概念相对置和并列，并如此肯定了他自己所做的把辩证法用于唯物主义自然观方面的工作："马克思和我，可以说是把自觉的辩证法从德国唯心主义哲学中拯救出来并用于唯物主义自然观和历史观的唯一的人。"②

此外，恩格斯还提出了"现代唯物主义"这一概念，试图用其整合和包摄由他本人构建的"辩证的同时又是唯物主义的自然观"与主要由马克思所创立的唯物主义历史观。他强调，"现代唯物主义"是在利用旧唯物主义的基础上所实现的一种哲学思想的系统综合："所谓现代唯物主义，否定之否定，不是单纯地恢复旧唯物主义，而是把两千年来的哲学和自然科学发展的全部思想内容以及这两千年的历史本身的全部思想内容加到旧唯物主义的永久基础上。这已经不再是哲学，而是世界观"。③

正是恩格斯的以整体自然为对象的"辩证的同时又是唯物主义的自然观"的提出，及其所呈现出的综合唯物主义历史观与传统唯物主义的倾向，开启了恢复和复兴形而上学传统的进程。这种传统尔后经由狄慈根和普列汉诺夫的"辩证唯物主义"、列宁的"辩证唯物主义"和"历史唯

① 《马克思恩格斯文集》第1卷，人民出版社2009年版，第529、201页。
② 《马克思恩格斯选集》第3卷，人民出版社1995年版，第349页。
③ 《马克思恩格斯全集》第4卷，人民出版社1958年版，第178页。

物主义"概念的并置①、最后到斯大林的"辩证唯物主义和历史唯物主义"体系而获得最终定型,并且一直延伸到传统的马克思主义哲学教科书中。应该说,这与马克思本人通过物质实践活动扬弃传统形而上学的理路大异其趣。

纵观马克思恩格斯逝世后马克思主义哲学的发展,大体沿着马克思与恩格斯所分别开启和代表的两条路线行进:俄苏马克思主义哲学和改革开放前的中国马克思主义哲学主要继承、沿袭和发展了恩格斯所开启和代表的传统;西方马克思主义特别是其人本主义思潮则主要继承、沿袭和发展了马克思所开启和代表的传统。而在改革开放后的中国,特别是伴随着关于"实践唯物主义"的讨论,也呈现了返回到马克思本人所开启和代表的传统的趋向。从实质上看,马克思与恩格斯思想的差异及其所开启和后来得以展开的上述两大传统,实际上是如何对待形而上学这一重大问题在马克思主义哲学内部两种不同的反映。

在当代,在海德格尔提出其"基础本体论"并将马克思对传统形而上学的扬弃归结为"虚无主义的极致"以后,如何看待形而上学的问题被重新提出,并且尖锐化了。与此相关联,马克思与恩格斯学术思想之间的差异,乃至马克思主义哲学内部两大传统之间的差异也被突出地彰显出来。

由此给我们遗留和提出的一项重大课题是:对于马克思主义哲学来说,一种科学的形而上学是否合理和可能?或至少在多大程度上是合理和可能的?这完全类似康德当年所提出和致力于解决、尔后又被海德格尔以某种方式重新提出和致力于解决的课题,但是却被赋予了更广阔的历史和文化背景以及更深刻的哲学蕴意。

---

① 列宁曾分别用不同的概念来概括马克思主义哲学,如"辩证唯物主义""完备的哲学唯物主义""战斗的唯物主义"等。值得注意的是,尽管列宁在《马克思主义的三个来源和三个组成部分》以及《卡尔·马克思》中用"完备的哲学唯物主义"或"现代唯物主义"来概括和称谓整个马克思主义哲学体系,并将其划分为"哲学唯物主义""辩证法"和"唯物主义历史观"三个组成部分,但是他在《唯物主义与经验批判主义》以及《纪念赫尔岑》两文中,已经将"辩证唯物主义"和"历史唯物主义"两个概念对置并并列使用。例如,他在评价赫尔岑时认为:"赫尔岑已经走到辩证唯物主义跟前,可是在历史唯物主义前面停住了。"参见《列宁选集》第 2 卷,人民出版社 1995 年版,第 284 页。

二　自然能否成为独立的本体论研究对象?

卢卡奇曾致力于对这一问题给出彻底的回答。从他的《历史与阶级意识》（1923 年出版）到《关于社会存在的本体论》（完成于 1968 年），昭示出卢卡奇的相关思想轨迹和毕生追求。纵观卢卡奇的思想过程，可以明显地看出一种在由马克思和恩格斯所分别代表的扬弃和复兴形而上学传统之间游移、摇摆和动摇的倾向。这为我们思考如何合理地对待传统形而上学提供了一个有益的个案和启示。

在《历史与阶级意识》中，卢卡奇针对当时在马克思主义理论界占统治地位的"自然本体论"倾向，明确主张自然是一个社会范畴。他说："自然是一个社会范畴。这就是说，在社会发展的一定阶段上什么被看作是自然，这种自然同人的关系是怎样的，而且人对自然的阐明又是以何种形式进行的，因此自然按照形式和内容、范围和对象性应意味着什么，这一切始终都是受社会制约的。"① 与此相适应，他诉诸一种以社会历史过程中主客体关系为基础的关于人类社会生活整体理解的"总体"辩证法，从而表明马克思主义哲学是一种关于社会实践的历史辩证法或"革命辩证法"而非"自然辩证法"。同时，从这一理解出发，卢卡奇还对恩格斯有关辩证法的理解提出了直言不讳的批评："他对最根本的相互作用，即历史过程中的主体与客体之间的辩证关系连提都没有提到，更不要说把它置于与它相称的方法论的中心地位了。""恩格斯对辩证法的表述之所以造成误解，主要是因为他错误地跟着黑格尔把这种方法也扩大到对自然界的认识上。然而辩证法的决定性作用，即主体和客体的相互作用、理论和实践的统一、在作为范畴基础的现实中的历史变化是思想变化中的根本原因等等，并不存在于我们对自然的认识中。"② 从对象化即实践关系的视阈来看，卢卡奇提出的这一有关自然以及相关辩证法的见解无疑是极为天才的，它完全超越了旧唯物主义的自然观，与马克思在《1844 年经济学手稿》中所表述的"在人类社会形成过程中生成的自然界，是人的现实

---

①　［匈］卢卡奇:《历史与阶级意识》，杜章智、任立、燕宏远译，商务印书馆 1996 年版，第 318—319 页。

②　同上书，第 50、51 页。

的自然界"以及认为黑格尔辩证法的"伟大之处"是"抓住了劳动的本质"的观点显现出惊人的类似和一致。

　　然而,卢卡奇晚年在反思《历史与阶级意识》中所曾表述的上述观点时却又走向这一理解的对立面。在《历史与阶级意识》新版序言(1967年)中他检讨了自己忽视"自然本体的客观性"的错误,同时在《关于社会存在的本体论》中,他重新对马克思的本体论进行解读和阐释,将整体自然或整体世界列为本体论的对象,将其区分为无机自然、有机自然和社会存在三种形态或三个发展阶段,明确地将包括无机自然和有机自然在内的自然存在确立为社会存在的前提,并将劳动中的"目的性设定"作为自然存在向社会存在或自在存在向自为存在转变的标志。与《历史与阶级意识》中强调自然是社会范畴不同,此时卢卡奇转而认为,社会存在以自然存在为前提,社会辩证法以自然辩证法为前提。他明确指出,"自然总是……自在存在者,并必然是独立的本体论研究的对象",而"社会存在在整体上和在所有个别过程中都以无机自然和有机自然的存在为前提"。"自然无论是有机自然,还是无机自然的规律和范畴构成了社会范畴的一个归根结底(在根本改变它的本质的意义上)不可取消的基础。"① 具体体现在马克思那里,卢卡奇认为,"对马克思来说辩证法不是单纯的认识原则,而是任何一种现实的客观法则。在无机和有机的自然界里如果没有一种相应的本体论的前史,那么这样一种成形的辩证法在社会中就不会存在和发挥职能"。因此,马克思所实现的"社会存在本体论中的唯物主义转折是以一种唯物主义的自然本体论为前提的,这种转折是通过发现经济在社会存在中的优先地位而造成的"。"一种唯物主义的自然本体论的基础,即历史性、过程性、辩证的矛盾性等,都已经包含在马克思本体论的方法论基础之中了。"②

　　这样,卢卡奇就从马克思意义上的社会化的自然本体或包括自然在内的社会本体重新返回到传统形而上学意义上的、包括自然和社会存在在内的整体世界本体。也可以说,在一定意义上认同、肯定和接受了恩格斯所提出的"自然辩证法"的构思。

---

　　① 〔匈〕卢卡奇:《关于社会存在的本体论》上卷,白锡堃、张西平、李秋零等译,重庆出版社1993年版,第429、642—643、644页。

　　② 同上书,第449、645、646页。

但是，这种尝试首先遇到的一个问题就是，在人及其实践活动之外即属人的对象化关系之外的自然本体或世界本体对人来说有何意义？诚如马克思在《德意志意识形态》中所说："当然，在这种情况下，外部自然界的优先地位仍然会保持着……但是，这种区别只有在人被看作是某种与自然界不同的东西时才有意义。此外，先于人类历史而存在的那个自然界……这是除去在澳洲新出现的一些珊瑚岛以外今天在任何地方都不再存在的……自然界。"①

其次，这种尝试至少在客观上排除了作为自然存在与社会存在统一的现实基础的劳动或物质实践，将存在二重化了，是以二元论为前提的。它分别赋予自然存在和社会存在以一种纯化的形式，并将两者机械地分割、并列，从而排除了两者的同一、相互交叉和融合的方面，即社会存在本身就在自然存在之中，是自然存在的一个有机组成部分，不过是自然存在的一种特殊表现形式和体现，而自然存在作为社会存在的前提在一定范围内和一定程度上也内化于社会存在之中和存在于社会存在之内，等等。即便卢卡奇所云的劳动中的"目的论的设定"可以将自然存在与社会存在、自在存在与自为存在相区别，但是这种区分也是相对的，在特定和有限范围内才是有意义的，因为说到底，连这种"目的论设定"本身也无非是自然存在的一种表现形式。

在《关于社会存在的本体论》中，卢卡奇虽然提出了独立的整体自然本体论的设想，但并没有对此展开论证，只是肯定了自然存在本体论是社会存在本体论的前提。他真正要做的工作实际上正如本书书名所显示的，是构建一种社会存在本体论，而这种社会存在本体论的核心范畴是"劳动""再生产"和"异化"。

三　人们能够把握整体自然存在或本体吗？

假若如卢卡奇所说，自然必然是独立的本体论研究对象，而这一自然又是至少包括无机自然和有机自然（实际上还应包括社会）在内的整体，那么，如何认识和把握这一整体的自然本体？在《关于社会存在的本体论》中，卢卡奇在谈到总体性在马克思本体论中的地位时坦率承认："自

---

① 《马克思恩格斯文集》第1卷，人民出版社2009年版，第530—531页。

然的总体性常常是只能推论出来的，尽管是以人信服的方式，而社会中的总体性总是直接既定的。"① 这也就意味着，承认总体自然实际上是"自在之物"，一般而论并不是人们的经验所能够企及和把握的对象。

在《历史与阶级意识》新版序言中，卢卡奇还谈到，面对康德所云的"自在之物"，即便是人的直接的实践活动，其作用也很有限。他认为，恩格斯（在《自然辩证法》中）试图用实践来驳倒康德的"自在之物"，这种尝试虽然正确，但实际上却并未能真正解决这一任务，甚至导致了对"自在之物"的某种回避："恩格斯想用直接实践来反驳康德的'不可捉摸的自在之物'的任务却远未解决。因为劳动本身很可能仍旧是一种纯粹操作的过程，自发或自觉地回避了'自在之物'的问题，并且全部或部分地忽略了它。"②

既然如此，人的实践活动能否解决和消除康德所云的"自在之物"呢？卢卡奇认为，如果实践要满足恩格斯赋予它的功能，它就必须超越直接性，并且在继续实践的同时，把自身发展成为一种内容广泛的实践③。可是，卢卡奇未注意到，就通常的意义而言，即便实践再发展，实践的内涵再扩大，其范围也仍限于感性或经验的世界之内。

值得注意的是，不仅康德而且维特根斯坦、胡塞尔、海德格尔都明确地拒绝了经验之外的所谓整体世界本体。正因如此，卢卡奇对他们一一展开了批判。

维特根斯坦将任何本体论问题都作为无意义的形而上学而加以拒绝。他认为，关于哲学问题的大多数命题和问题，不是虚假的，而是无意义的。所以我们根本不能回答这一类的问题，而只能确定它们的无意义性。关于整体世界问题，维特根斯坦认为也是如此："实际上唯我论所指的东西是完全正确的……——世界是我的世界，这个事实表现于此：语言的界限……意味着我的世界的界限。——世界和生活是一致的。——我就是我的世界……主体不属于世界，而是世界的一部分。"鉴此，维特根斯坦坦率承认，确实存在着不可言说的东西，这是自己显现出来的神秘的东西。

---

① ［匈］卢卡奇:《关于社会存在的本体论》上卷，白锡堃、张西平、李秋零等译，重庆出版社1993年版，第661页。

② ［匈］卢卡奇:《历史与阶级意识》，杜章智、任立、燕宏远译，商务印书馆1996年版，第13页。

③ 同上书，第14页。

因此，他的结论是："凡是不能够说清楚的事情，都应该沉默。"① 卢卡奇认为，维特根斯坦在他本人的哲学结论面前躲进了非理性主义，甚至"有时倾向于一种非理性的本体论"。②

胡塞尔的观点在卢卡奇看来非常接近实证主义。例如，胡塞尔在其《逻辑研究》中明言："询问'外在世界'的存在和本性的问题是一个形而上学的问题。作为对理念本质和对正在认识的思想的有效的意义的普遍解释的认识论确实包括了一般的问题，即对不动的'现实的'对象的一种知识或理性的猜测是否可能和如何可能……我们人是否能在事实所给予我们的数据的基础上真实地获得这样一种知识甚至获得实现这种知识的任务，但这不是经验所面对的问题。"③

海德格尔直接继承胡塞尔的立场，在断言"对自在存在者整体的把握……原则上是不可能的"④ 同时，他索性从一开始就把本体论的对象领域集中在人和人的世界，即"此在"及其在世的存在结构。他的理由是："凡是以不具备此在式的存在特性的存在者为课题的各种存在论都是赖此在自身的存在者状态上的结构为根基并作说明的，而这种此在的存在者状态结构包含着先于存在论的存在之领会的规定性。因而其他一切存在论所源出的基础存在论必须在对此在的生存论分析中来寻找。"⑤ 对于有关自然的本体论问题，海德格尔则明确地认为，由于自然是人的存在界限，人只能通过人所处的一定的社会形式来认识它，它只不过是作为人的存在结构范畴的一部分而存在，所以，它无法满足人们把握整体世界的要求："自然就是——从本体论的范畴的意味来了解——可能的在世界之内的存在者的存在之极限状况。此在只有在它的在世的一定样式中才能发现自然的存在者。这一认识具有某种使世界异化的性质。'自然'作为对一定的在世界之内照面的存在者的存在结构的范畴上的总体把握，是绝不能使世

---

① ［奥］维特根斯坦：《逻辑哲学论》，伦敦1956年版，第188页。

② ［匈］卢卡奇：《关于社会存在的本体论》上卷，白锡堃、张西平、李秋零等译，重庆出版社1993年版，第425、423页。

③ ［德］胡塞尔：《逻辑研究》，哈勒1913年版，第20页。

④ ［德］海德格尔：《路标》，孙周兴译，商务印书馆2000年版，第126页。

⑤ ［德］海德格尔：《存在与时间》，陈嘉映、王庆节译，生活·读书·新知三联书店1988年版，第428—429页。

界之为世界被理解的。"① 卢卡奇认为，海德格尔由此就将自然完全归结为社会存在的一个组成部分，这虽然有一定的合理性，但却排除了自然是独立的本体论的认识对象。而且，海德格尔的这种以人为中心的社会本体论也绝不具有历史的普遍性，而只不过是对高度发达的资本主义时代人普遍地被操作这种特殊社会状况的一种描述。

这样，在卢卡奇看来，海德格尔的基础本体论总的说表面上看似乎与新实证主义相区别，实则不过是新实证主义的补充。

卢卡奇对维特根斯坦、胡塞尔、海德格尔等人的批判，都是以肯定独立的自然本体或世界本体是我们的认识对象为前提的。在这里，论证的结论已经包括在前提中了。至于独立的自然本体或世界本体为什么能够成为或者可以成为我们认识的对象，他并没有给出更多的理由和论据。卢卡奇只是强调社会本体论应该或必然有其自然本体论前提，但是，这种提法本身已经将社会与自然纯化并分割开，而且，更重要的是，自然本体论是否是社会本体论的必然前提，与我们是否能够认识和把握（整体的）自然本体，是两个不同的问题。卢卡奇谈到的唯一有意思的一点是扬弃实践的直接性，并将实践扩展为一种内容更为广泛的实践。但是如何扬弃和扩展，卢卡奇语焉未详，并未能给出具体的方案。在这一点上，犹如他对海德格尔的指摘一样，他自己在维特根斯坦的沉默处也没有发出任何更具体更清晰的声音。

其实，在如何对待整体自然本体或世界本体问题上，维特根斯坦、胡塞尔、海德格尔都展现出充分的睿智。在既有的西方理性主义哲学的框架内，他们都已经达到哲学所能达到的最远之处。如果想继续前进，只能彻底打破既有的西方理性主义哲学的框架，诉诸一种特殊的实践——西方哲学所谓的"神秘的"直观。马克思恩格斯在《德意志意识形态》中曾提到与"仅仅看到眼前的东西的普通直观"不同的"看出事物的真正本质的高级的哲学直观"。胡塞尔、海德格尔提出并诉诸"本质直观"（这显然是马克思恩格斯所云的一种"哲学直观"）。海德格尔甚至尝试通过"本质直观"将"此在"与"虚无"即人与最高的整体本体连接起来，从而揭示出此在通向虚无而又超越虚无的道路。但是他未能找到实现这种"本质直观"的具体的方法。

---

① ［德］海德格尔：《存在与时间》，陈嘉映、王庆节译，生活·读书·新知三联书店 1988年版，第 429 页。

四　马克思是否肯定了整体自然本体是哲学的对象？

卢卡奇从"社会存在在整体上和在所有个别过程中都以无机自然和有机自然的存在为前提"这一论断出发，认为马克思所实现的社会存在本体论中的唯物主义转折是以一种唯物主义的自然本体论为前提，马克思承认整体自然本体论是独立的哲学对象，并且在马克思哲学中包含了一种整体自然本体论。这种观点实际上完全是对马克思的误解。如前所述，马克思哲学视阈中的世界是以人的实践活动为基础的"整个现存的感性世界"，即处在属人的对象关系中的、已经和正在成为人的实践和认识的现实对象的世界，而绝非整体自然或整体世界。马克思正是由此维度出发，摈除了对整体世界及其终极统一性的追寻，同时把被以往哲学家们看成独立自为并且凌驾于现实世界之上的理念世界归根于这一"现存的感性世界"，从而彻底地扬弃了传统的形而上学。

对此，我们还可以从马克思与康德哲学的关系来考察。

康德在《纯粹理性批判》中区分了经验物与非经验物（"自在之物"），而把人的理性能力（"思辨理性"）完全限定在经验的范围之内，"悬置知识，以便给信仰腾出位置"①，从而彻底划清了知识与信仰的界限，否定了一切把人类知识扩展到可能经验的范围之外的尝试。同时，他虽然否定了自在之物在思辨理性中超感官运用的客观实在性，却承认自在之物在实践理性中超感官运用的客观实在性。因为在康德看来，实践理性运用的特点恰恰与纯粹理性相反，是超验的，而它的对象就是被悬设的"自在之物"，即灵魂不朽、自由和上帝。其中，灵魂不朽的悬设是源自通过生存的持续性来完全实现道德律的需要，自由的悬设是源自按照理智世界的法则来规定主观意志的需要，上帝的悬设是源自使理智世界实现至善的需要。然而，尽管这些自在之物的悬设为实践理性所必需，有其在实践理性范围内超感官运用的客观实在性，康德却直言，它们是非真实的概念："它们是非真实的概念这一点，也是任何诡辩在任何时候都不会从哪怕最普通的人的确信中夺走的。"②

---

① ［德］康德：《纯粹理性批判》，邓小芒译，杨祖陶校，人民出版社2004年版，第22页。
② ［德］康德：《实践理性批判》，邓小芒译，杨祖陶校，人民出版社2003年版，第183页。

康德为理论理性划定了界限。但是,不可否认,在康德那里,现象界与自在之物（现象与本质、经验世界与超验世界、形而上与形而下、感性与理性等）是二元的,理论理性与实践理性（理论与实践、认识与效用、认识论与伦理学等）也是二元的。他回答了道德本体问题,但是却没有触及和回答自然本体。正如卢卡奇所评论的:"对世界的自然科学和宗教的研究似乎处于不可克服的相互矛盾中。对二者进行调和的尝试,如康德所进行的调和,并没有触动这一基本对立;因为尽管在康德那里物理世界从本体论上来说被降为现象,但它的基本特性,如何实现它的内在规律性的方法尚未受到触动。作为宗教需求实现的范围被打开的仅仅是纯粹道德世界,而这个世界与自然界的本体论的特性应该毫无关系。"①

马克思肯定了康德对理论理性的划界,并由此出发,以人的实践活动为基础,取消了康德的自在之物——把上帝归根于现实的人的世界,认为他是人的世俗世界的虚幻反映,把脱离人的肉体而存在的精神（灵魂）归结为幽灵和虚无,把自由作为理想社会即共产主义的价值表征,同时,也消除了康德的理论与实践的二元对立——把新唯物主义归结为实践唯物主义,把共产主义者归结为实践唯物主义者。这样,马克思就把康德的批判的方法论彻底化了。马克思只肯定了自然界在人类发生学和人类生存论意义上的优先性,肯定了进入社会范畴的自然界（人化自然）会不断伴随人的实践活动的发展而不断扩展,原生自然界的界限在人的实践活动面前会不断消减或隐退,除此之外,他没有肯定更多的东西。若可以将马克思的实践概念视为一种本体的话,那么,这完全是一种经验的本体。

五　康德之后形而上学确已被完全终结?

在当代哲学家中,哈贝马斯对待传统形而上学的态度显然是值得人们重视和关注的。这种态度代表了当代大多数哲学家们在形而上学问题上所持有的立场。尽管他与马克思的哲学思想愈渐远离,但至少仍被某些人（如迪特·亨利希等）视为卢卡奇之后最重要的马克思主义哲学家,并且本人又出身于法兰克福学派。因此,我们也有某种理由将其相关思想纳入

---

① ［匈］卢卡奇:《关于社会存在的本体论》上卷,白锡堃、张西平、李秋零等译,重庆出版社1993年版,第454—455页。

马克思主义哲学传统中来考察。

哈贝马斯对传统形而上学有过深入的研究和明晰的看法。这集中体现在他的《后形而上学思想》一书中。他在该书中不仅对西方形而上学的历史作了颇为经典的回顾和描述（见第 7 章《多元声音中的理性同一性》，即他的第十四届德国哲学大会的讲演稿），而且也鲜明地表达了他对形而上学的基本观点："形而上学的解释形式在现代失去了其价值，并发生了变化，尽管它们还替理论保存着原始神话所具有的统一力量：宗教和形而上学的基本概念所依赖的整个价值体系，随着科学、道德和法律等专家文化的兴起以及艺术走向自律而崩溃了。康德的三大批判是对不同的理性区域彼此独立所作出的一种反应。针对客观知识、道德实践认识以及审美判断的论证形式，在 18 世纪就已经分道扬镳，并且在无疑能够自行确定其有效性标准的机制范围内各行其是……今天，哲学阐明正常人的知性所依据的有效性标准，已超出了哲学自身的管辖范围。哲学必须在不由它自主的理性条件下从事活动。所以，相对于科学、道德和艺术而言，作为解释者的哲学不可能再具有认识本质的特权，拥有的最多只是可能会出错的知识。哲学必须放弃其传统形式，即作为一种干预社会化过程的学说，而保留其纯理论。最终，哲学也无法再根据价值的高低，把不同生活方式的复合总体性加以等级化；哲学只能把握生活世界的一般结构。从上述三个意义上说，康德之后，不可能还有什么终极性和整合性的形而上学思想。"①

据此，在哈贝马斯看来，哲学的功用就十分有限、具体和明确的了："哲学所剩下的以及力所能及的就是通过解释把专家知识和需要探讨的日常实践沟通起来。哲学剩下的就是通过阐释来推动生活世界的自我理解进程。这个进程与整体性密切相关，同时又必须借助于专家文化的客观化、道德化和审美化的干预，使生活世界避免过于异化。"②

然而，当哈贝马斯对今天哲学所面临的任务作出如此规定时，显然已经撇开了维特根斯坦所提及的哲学必须沉默面对的问题："我们觉得即使一切可能的科学问题都能解答，我们的生命问题还是仍然没有触及到。当

---

①　［德］哈贝马斯：《后形而上学思想》，曹卫东、付德根译，译林出版社 2001 年版，第 18 页。

②　同上。

然不再有其他问题留下来，而这恰好就是回答。人们知道生命问题的解答在于这个问题的消灭。这难道不是在长时期怀疑之后才明白生命的意义的人们还是不能说出这个意思究竟何在的原因吗？确实存在不可言说的东西。这是自己显现出来的神秘的东西。"①

　　正是生命问题与整体世界相联系。它的存在和奥秘直接与整体世界相关联。在一定意义上，生命问题是一个整体世界的问题，因为对它的回答要以对整体世界的回答为前提。

　　那么，在生命问题乃至整体世界问题面前，哲学确实可以心安自得、无所事事吗？在现代西方哲学那里，情况似乎确实如此。然而，在中国传统哲学中，呈现的却完全是另一番完全不同的景观。在这里，生命问题和整体世界问题以及二者的统一都是在哲学框架而非宗教框架内被探究、揭示和阐明的。当然，这是另外一种形式的哲学，一种不同于理性主义方式的哲学。于是，就此而言，现代西方哲学仿佛走到了中国传统哲学的起点上，中国传统哲学的起点似乎构成了现代西方哲学的终点。其实，整个现代哲学的发展已经愈益明显地呈现出复归古代哲学的趋向，这是一种哲学自身内在逻辑所规定的否定之否定。

---

　　① ［奥］维特根斯坦：《逻辑哲学论》，伦敦 1956 年版，第 186 页。

马克思哲学中两种逻辑间的张力
及一种可能的解决方式

王南湜[*]

对资本主义进行理论的和实践的批判，是马克思持续一生的活动中轴，但作为批判之武器的思想或理论范式却并非恒定不变的，而是有过几次重大的变化。如何理解这些变化，是马克思思想发展史研究的关键性问题；而对此问题的不同理解，则事实上构成了对马克思思想阐释的不同范式或路径。这当中，尤为重要的是如何理解古典政治经济学对于马克思思想的影响。如果将政治经济学研究扩展到对于哲学观念的影响，则如何将这种影响与前此马克思的哲学观念整合起来，则是关键的关键之所在。这当中涉及到马克思对于传统哲学思维方式的双重颠倒或翻转所导致的实践旨趣与理论旨趣之间的张力，以及对这一张力的解决方式等重大理论问题。

一

按照惯常的理解，马克思主义的三个组成部分，即哲学、政治经济学和科学社会主义，分别来源于德国古典哲学、英国古典政治经济学和法国社会主义，分别是对于三种来源的改造。既然三个组成部分一一对应于三个来源，其间并无交叉之处，因而结论便自然地只能是，古典政治经济学和法国社会主义思想对于马克思创立其哲学并无实质性的影响。而这样一

* 王南湜，南开大学哲学院教授。

来，本文所要讨论的问题，即马克思哲学中实践旨趣与理论旨趣之间的张力也就被消解于无形之中，无从谈起了。

但按照这种理解会立即出现一个问题，那就是通过对于德国古典哲学改造而可能形成的哲学，与自第二国际以来人们实际上所阐释的马克思主义哲学之间存在着巨大反差。马克思的哲学既然是对于德国古典哲学的改造，那么，由于从康德到黑格尔的德国古典哲学，特别是马克思与之有密切关系的青年黑格尔派哲学，都是一种强调主体能动性的哲学，即便是费尔巴哈的批判，也只是把黑格尔的绝对精神主体置换成了感性的人主体，即通常所谓"人本主义"，仍然是从主体出发去解释世界的，因而，马克思的这种改造的结果便只能是一种强调人的能动性的主体性哲学，而不可能是一种千方百计地抹杀人的能动性的哲学。但实际上自第二国际以来流行的马克思主义哲学却是一种类似于法国唯物主义那样的哲学，所不同的只是将对于自然界的唯物主义解释推广到了历史领域而已。如若马克思主义哲学只能是这样一种哲学，那么与其说它是对于德国古典哲学的批判继承，还不如说是对于法国唯物主义的非批判继承。然而，悖谬的是，法国唯物主义式的这种对于历史的唯物主义解释，似乎又得到了《政治经济学批判序言》被人们视为历史唯物主义之定义的那段著名论述的支持。显然，马克思早期哲学中强调主体能动性的人本主义与这里所表达出来的经济决定论之间存在着巨大的理论立场上的反差。

这就向人们提出了一个不能回避的问题：马克思早晚期思想之间的关系。对此关系，较温和的说法是认为尽管至《形态》马克思的思想才趋于成熟，但二者之间还有某种连续性。这种温和的说法中包含着写作《形态》与写作《资本论》的马克思在思想上大致同质的意思。但从《形态》到《资本论》的发展，果真是一条平滑的连续线吗？有人不以为然。事实上，如若认真研读马克思从《形态》到《资本论》的一系列文本，便不难发现其中的重大变化。如马尔库什便把马克思的思想划分为四个阶段。他写道："在马克思全部著作中我们发现了批判理论的四种形式"，且这些范式之间存在着明显的跃迁①。

不仅如此，人们还发现，即便在马克思早期思想中，也存在着两种相

---

① ［匈］马尔库塞：《语言与生产——范式批判》，李大强、李斌玉译，黑龙江大学出版社2011年版，第175页。

异的逻辑。这为孙伯鍨先生所最先指出，张一兵教授在其著作《回到马克思》中则深入而细致地考察了每一个发展阶段中马克思思想中所存在的双重逻辑之间的复杂关联和情势消长。而对于英国古典政治经济学之科学性路向对于马克思哲学发展的重要性之重估，在唐正东教授的《斯密到马克思》中更是达到了一个全新的高度。唐正东教授在该书中所提出的与马克思思想中双重逻辑相关的主要论点，是对英国古典政治经济学特别是李嘉图理论的高度评价。他写道："马克思政治经济学的科学化之时，也是他的哲学思想的成熟之日。"结论是，只是到了《大纲》中，马克思才"凭借着在生产关系问题上的重要突破，一举完成了历史唯物主义经济哲学方法的最终建构"[①]。显然，唐正东教授的这一结论与学界的惯常理解是大相径庭的，因而是极富挑战性的。

　　这样一来，无论如何，马克思思想中早晚期的重大差别也就无可置疑地凸显出来了，从而迫使我们不得不重新思考两者之间的关系，特别是，如果只是到了《大纲》中马克思才达到了政治经济学的科学化，那么，即便是除去有争议的《手稿》不论，被人们普遍视为新世界观之起点的《提纲》和《形态》，是否还有其独立的理论意义？或者说只是马克思走向成熟的一个过渡阶段？进而，如果只有晚期思想是科学化的，且与之有重大差异的早期思想在不同程度上是人本主义的，则还可提出一个问题，那就是这种人本主义在马克思的思想中是否亦有其独特的意义？而如果这种人本主义有其独立意义，则它与晚期的科学化思想又是何关系？即如果我们不能将其消融于晚期思想之中的话，则必须对这种不能消融给出一个合理的说法，而不能对其视而不见。

二

　　为了进一步理解上述问题，我们现在必须看看古典经济学到底是一种什么样的科学，即它在科学性质上是属于经验主义的呢，还是非经验主义或者说理性主义的。这一点涉及到人本主义与近代科学的关系问题，即是否能够将古典经济学纳入到人本主义之范围内，从而消解马克思思想中人

---

　　① 唐正东：《斯密到马克思——经济哲学方法的历史性诠释》，南京大学出版社 2002 年版，第 116、386 页。

本主义与科学理性的张力。此一问题亦关涉到近代科学的性质问题，因而必须将之放置在近代科学革命的背景下予以考察。

这里涉及的核心问题，首先是英国古典经济学乃至一般的古典经济学（包括法国重农学派），是一种什么性质的科学，其次它与马克思的理论到底是一种什么样的关系。与之相关，马克思的哲学与政治经济学研究到底是合一的，还是有所区别的，如果有区别，是什么样的区别。

这一在传统的马克思哲学研究领域中看似未必起眼的问题，却着实关涉到马克思对于西方传统哲学思维方式的双重颠倒或翻转问题，并进而关涉到如何理解马克思哲学中实践旨趣与理论旨趣的关系问题，因而不能不认真对待之。

古典经济学在某种意义上可以说是对于近代自然科学的一种向社会生活领域的推广。关于这一点，可从不同方面得到印证。首先是古典经济学家自身对这一学科的认识。这在古典经济学创始人威廉·配第那里表现得十分明显。"他认为社会发展有其客观的自然规律，并把探讨这种客观规律作为自己经济研究的目的。为了达到这个目的，他采用自然科学的方法……去探讨了隐藏在纷繁复杂的资本主义现象背后的真实的东西"①。配第如此，其后的斯密和李嘉图就更是如此了。其次是马克思对古典经济学的评论。马克思写道："真正的现代经济科学，只是当理论研究从流通过程转向生产过程的时候才开始。"② 而配第等"早期古典学派的理论标识着这个过渡的开端"③。而只有到了李嘉图这里，才达到了完全的经济科学④。这一点也为关于古典物理学与古典经济学的对比研究所确证⑤。

如果古典经济学在本质上是类似于经典物理学那样的科学，尽管其严密性尚不能与后者相比，那么我们就可以借助人们对近代科学，特别是经典物理学的认识来分析古典经济学的根本性质。这里所谓近代科学的根本性质，不是指近代科学的具体结论，而是指近代科学所据以建立的那一基础，即作为近代科学之前提的近代科学家心目中世界的总体构造。

---

① 马涛：《经济思想史教程》，复旦大学出版社 2002 年版，第 83—84 页。
② 《马克思恩格斯全集》第 25 卷，人民出版社 1972 年版，第 376 页。
③ 陈岱孙：《从古典经济学派到马克思》，北京大学出版社 1996 年版，第 5 页。
④ 《马克思恩格斯全集》第 26 卷第 2 册，人民出版社 1973 年版，第 183 页。
⑤ 参见吴杰、邝小明《论古典经济学与物理学的关系及动态系统仿真》（Ⅰ）、（Ⅱ）、（Ⅲ），《计算机仿真》2012 年第 1、2、3 期。

　　与古代科学的目的论以及宇宙有限论不同，近代科学用机械因果观念取代了古代的目的论因果观念。这一对目的论因果关系的拒斥、对机械因果关系普泛化的结果，便是任何对于世界的解释只能依据能够数学化的机械决定论来进行。与之密切相关，数学化的机械论世界必然要求破除等级的因而是有限的宇宙，而预设匀质的无中心的因而必定是无限的宇宙观念。

　　不难看出，虽然古典经济学尚未能达到如同牛顿物理学那样精确的程度，但这只是程度的问题，而其在本质上是追求着这种精确性的。而近代科学的这种特征，也便是古典经济学的特征。近代科学的这种特征，就其将机械因果关系普泛化，认为任何对于世界的解释只能依据能够数学化的机械决定论来进行而言，是以预设世界的本质乃是一理性的结构为前提的。没有这种关于世界为理性存在的预设，要以数学化的机械决定论来描述世界就是不可想象的。就此而言，笔者赞同唐正东教授将古典经济学视为一种非经验主义的观点。诚然，与近代科学一样，古典经济学也重视经验观察，但这种重视决非是要像经验主义哲学所设想的那样，去通过归纳得出科学结论，而是如配第那样，是要通过观察去探讨隐藏在纷繁复杂的资本主义现象背后的真实的东西。因此，如果近代科学的实质性方法不能被归结为经验主义的，则古典经济学也不能被归为经验主义。

　　近代科学中因果观念和宇宙观念的转变，其意义着实非同小可，它意味着一种与古代截然不同的世界观念的形成。这当中的开创性的人物是伽利略。当伽利略指出，自然这本书是以数学的语言来写的，并严格区分第一性质和第二性质，认为前者是绝对的、客观的、不变的和数学的，是知识的王国，而后者则是相对的、主观的、起伏不定和感觉得到的，是意见和假象的王国时，一种新的世界观便开始形成了[①]。说自然这部大书是用数学的语言写成的，这决不仅仅是一个比喻，而是宣布了一条准则，凡是能用数学这种理性的典型形式处理的事物，便是真实而客观的，是第一性质，而凡是不能以之处理的，便只能被打发到主观的、缺乏真实性的第二性质的领域中去。而这一切发展的结果，便是最终达到"笛卡尔那著名的二元论：一方面是由一部在空间延展的巨大机器构成的世界；另一方面

---

　　① 参见［美］伯特《近代物理科学的形而上学基础》，徐向东译，北京大学出版社2003年版，第63页。

是有没有广延的思想灵魂构成的世界"①。

在这样一种全新的世界观念之中，人在宇宙中的有着与古代和中世纪世界中完全不同的地位。在古代与中世纪，人是处于那个有限的有机整体性的世界之中的；而现在，人被视为"是在真实的、基本的王国之外的东西"，即"具有目的、情感和第二性质的人，则被推离出来作为一个不重要的旁观者，作为在这部伟大的数学戏剧之外的半真实的效应"②。于是，在近代人看来，"这一宇宙为同一基本元素和规律所约束，位于其中的所有存在者没有高低之分。这就意味着科学思想摒弃了所有基于价值观念的考虑，如完美、和谐、意义和目的。最后，存在变得完全与价值无涉，价值世界同事实世界完全分离开来"③。

这样一来，近代科学意识便导致了一个巨大的矛盾：一方面是有广延的客观的物质世界，它犹如一架数学机器，服从机械因果关系的支配；另一方面则是无广延的主观的精神世界，拥有意识、目的、情感、价值等。如何克服这一矛盾，这是近代哲学所面临的任务。

与之类似，古典经济学构造出来的，或者说，它所极力追求的目标乃是能以机械因果观系来解释社会经济生活，也就是说，这是一个决定论的世界。如果马克思接受了古典经济学的基本原则，那么，在此意义上，马克思也必定要接受这样一种决定论的世界观。当然，可以说马克思改造了古典经济学，但问题是这改造是一种什么样的改造呢？是一种古典经济学内部的提升改造呢，还是一种外部的如同黑格尔那样基于德国唯心主义的"误读"？如果是后者，又如何解释马克思对于古典经济学家特别是对李嘉图的称赞？

任何对马克思政治经济学批判的认真阅读而不是一种黑格尔主义的"误读"，都只能得出马克思是沿着斯密和李嘉图的古典政治经济学去推进的，而决非将之"误读"成了一种人本主义的理论体系。但这样一来，人们便似乎必须接受第二国际理论家对于马克思哲学的机械决定论阐释，这也意味着人们还得接受近代科学世界观所造成的上述矛盾，亦即将目

---

① 参见［美］伯特《近代物理科学的形而上学基础》，徐向东译，北京大学出版社2003年版，第95页。

② 同上书，第80页。

③ ［法］柯瓦雷：《从封闭世界到无限宇宙》，北京大学出版社2008年版，"导言"第2页。

的、价值、情感等东西打发到纯粹主观的领域中去。诚然，这种理解从理论内部来看，通过将目的、价值等打发出去而消除了矛盾，但却随即带来一个更致命的问题，那就是马克思早年对于旧唯物主义丧失能动性的批判，现在却尴尬地击中了自身。如果人们还要坚持马克思在《提纲》中强调自己的哲学要一反传统哲学只是解释世界而要将改变世界置于首位的，则必须面对这样一种理论困境：任何对于世界的改变活动，都必然要预设世界的可改变性，即世界的非决定论性，而如果世界是决定论性或不可改变的，则谈论改变世界有何意义？换言之，对世界可改变性的预设，都在某种意义上预设了人主体的能动性，也就使其理论在某种意义上具有一种人本主义的性质，从而与科学所预设的决定论世界相矛盾。马克思哲学并不能超越这一问题，而是必须直面这一问题。同理，如何看待这一问题，这也是当今马克思阐释中所面临的根本性的问题。

三

在近代科学所造成的形而上学危机的基础上，要想解决上述问题，从逻辑上说，有三条道路可走：或者将人本主义发展到极致，将主体的实践或行动视为第一性的存在，最终走向一种彻底的唯意志论；或者走向彻底的决定论的唯物论，即将主观的东西完全归结为物质的派生物；或者考虑以某种历史主义的方式将两种截然对立的东西统一起来。第一种方案的长处是充分估计到了主体的自发能动作用，而所实现的解决则实际上是以对科学世界的客观性的贬低甚至抹杀为代价的，因而实际上并未解决问题。第二种方案实际上同样未解决问题，而只是将那一棘手的问题取消掉了。第三条道路就是黑格尔的历史主义辩证法的道路，但也未能实现其所许诺的思维与存在对立的和解，而是以思维或精神对存在或自然的吞并而强行将世界归并入绝对理念之中，且是将实践理念或意志消融于理性或理论理念之中的。这便是黑格尔的辩证神正论或神义论。而这一神义论又有其深刻的文化背景，它涉及到西方文化中的诺斯替主义或灵知主义元素与现代性的关系问题。

布鲁门伯格将现代性视为中世纪基督教第一次克服诺斯替主义未成功之后果。这一诺斯替主义所导致的现代性问题，即个体性的主体主义或个体主义的主体性与神或世界的不可克服的矛盾关系，正是现代性所内在地包含的悖论，因而在现代形而上学的基础上是根本不可能获得一种根本性的解决的。这就说明，无论是从近代科学革命还是从基督教神学所内在蕴含的张力来看，导向这种现代性困境都是不可避免的。而这意味着，如果人们预设了一种黑格尔式的辩证神义论，认为对立和矛盾只是辩证发展的一个环节，终归会在某一状况下获得消解，并急匆匆地沿着黑格尔的路数去理解马克思，就不可避免地重蹈黑格尔之覆辙，将马克思视为黑格尔主义之一支派，而不可能真正理解马克思哲学的独特性。因此，必须看到，面对黑格尔哲学之困境，马克思便不再可能继续黑格尔那种路数，而必须另辟蹊径。

四

马克思终生的理论努力可以看作是对于这一问题之解决方式的持续的多次"另辟蹊径"。在《1844 年经济学——哲学手稿》中，马克思是沿着费尔巴哈的思路向前推进对黑格尔的批判的。在《德意志意识形态》中，现实的个人仍是出发点，现实世界仍是建立于人的劳动基础之上的，但异化概念被放置在了分工理论的基础之上，因而异化的扬弃、自主劳动的实现是建立在生产力发展和分工消灭的基础上的。只是在《资本论》及其手稿中，在对于经济学深入研究的基础上，随着剩余价值学说的建立，所谓的从"以抽象的人的本质为出发点的思辨逻辑"，向"以现实的经济事实为出发点的科学逻辑"的转换或翻转才算真正实现。

如果我们联系布鲁门伯格以及吉莱斯皮关于现代性是对于中世纪唯名论革命的一种反应，且其中的矛盾无法得到彻底解决的看法，则马克思亦不可能将此问题予以彻底解决，而只能以某种方式予以有限的解决。这当中，如果人、神、自然三种元素不可能被彻底地消除其中之一的话，则所谓解决便只能是在以某种方式将三种方式重新排列的基础上予以平衡。事实上，在马克思的思想中，这三种元素都是存在的，只是在不同阶段各自的强弱程度不同罢了。从此思路看，马克思哲学上的发展，可归结为两次颠倒或翻转，一次是从黑格尔式的绝对精神那样的无限主体或绝对主体向人或现实的个人这样的有限主体的翻转，另一次则是从这种从人出发的"人本主义"向从"自然规律"出发的"科学逻辑"的翻转。这第二次翻转所导致的结果似乎是重回第二国际式的"自然主义"。

因此，必须考虑的问题是，马克思在第二次翻转中是否彻底地否定了第一次翻转。如果没有彻底否定，这理论出发点完全相异的双重翻转又是如何能够并存的。在《政治经济学批判导言》中，马克思在论及方法论问题时，把自己方法和黑格尔思辨方法的根本差别做了一个对比："黑格尔陷入幻觉，把实在理解为自我综合、自我深化和自我运动的思维的结果，其实，从抽象上升到具体的方法，只是思维用来掌握具体并把它当作一个精神上的具体再现出来的方式。但决不是具体本身的产生过程……具体总体作为思想总体、作为思想具体，事实上是思维的、理解的产物"①。马克思这里所表达的思想的关键之处有两点：其一是思维及其产物"思想具体"与"实在主体"的差别与对待。黑格尔将"思维"与"实在主体"唯心主义地合而为一了，使思维成了"绝对"或"无对"；而在马克思这里，"思维"与"实在主体"则是对待的，亦即是"有对"或"相对"的。思维既然"有对"，便是有限的，不能自足，而只能以"对方"即"实在主体"为对象。正是肯定思维与实在或理论与实践之间的这种差别与对待，才使得辩证法具有了唯物主义的维度。在这里，唯物主义就意味着对于马克思而言，"实在主体"是外在于其辩证方法的，绝不能把思维主体借助于辩证法所把握的"思维具体"等同于"实在主体"。对于唯心主义者黑格尔来说，作为主体的绝对精神既然是"绝对"或"无对"的，那么所谓思维运动便是这一主体的自我认识，即主体"自我综合、自我深化"。而对于马克思来说，既然思维是"有对"的或"相对"的，它所"相对"的便是在它之外存在的"实在主体"，那么思维具体便只能是对于现实经济社会的一种观念中的描述。而"材料的生命一旦观念地反映出来，呈现在我们面前的就好像是一个先验的结构了"②。马克思用了一个"好像"，把自己与黑格尔严格地区别开了。

既然思维主体所把握的"思维具体"只"好像"是一个"先验的结构"，而决非如在黑格尔那里那样正是一个"先验的结构"，那么，这个"思维具体"在存在论上的地位便犹如康德哲学中的现象界，是思维把握"实在主体"的产物，而其本身并无直接的实在性。这样，在马克思哲学中，便存在着两个层面，一个是直接实在的实践世界或实在世界，这是由

① 《马克思恩格斯全集》第46卷（上册），人民出版社1979年版，第38—39页。
② 《马克思恩格斯全集》第23卷，人民出版社1972年版，第23页。

实践主体的实践活动所构成的马克思所说的"实在主体",另一个则是由思维主体的理论活动所构成的理论世界或者马克思所说的"思维具体"。但既然实践世界是实在世界或实在主体,而理论世界只是思维主体对于这一实在主体的观念性把握,那么,前者便是本源性的,而后者则是派生性的。这也就是说,如果说早期马克思思想更多的是人本主义的话,那么,其后期的翻转虽然从一种意义上是走向了自然主义的科学逻辑,但从另一种意义上看,则又是在更深层次上返回到了一种实践哲学的人本主义上。

布鲁门伯格所说的反对正统基督教神学的唯名论革命,所导致的结果,从一个方面看,便是近代道德哲学史上唯意志论道德哲学在与传统理性主义的斗争中的兴起,以及理性主义道德哲学在新形势下的重构。唯名论与实在论或者唯意志论与理性主义的对立,在一种意义上亦可视之为行动者眼光或视角与旁观者眼光或视角的对立。因此,我们亦可从这两种视角对比的角度,来理解马克思哲学两次翻转之间的关系。从基于行动者眼光的实践哲学立场来看,行动者的实践世界或生活世界,是第一性的实在,而旁观者的理论世界不过是对这一现实世界的抽象化而已,是一个派生出来的世界,是第二性的存在。而从基于旁观者眼光的理论哲学立场来看,只有理论眼光所"看"到的世界才是第一性的实在,而行动者的实践世界不过是这一抽象的本质性的实在世界所派生出来的现象而已。后一种旁观者的理论哲学方式是传统形而上学的一般进路;而前一种行动者眼光的实践哲学方式则是在对传统形而上学的批判中发展起来的哲学进路,大致上,克尔凯郭尔、费尔巴哈,以及 20 世纪诸多哲学家都可归结为此一进路。马克思往往也被归之于这一进路。但对马克思的这种归结是有问题的。

其所以如此,在于这种归结忽略了马克思给予极大重视的工具性生产劳动。工具的特殊性首先在于它一方面本身直接就是客观世界的一个组成部分,另一方面同时又是人主体的一种延伸,是人主体将其置于自身与对象之间的中介。这一中介具有一种鲁曼所指出的简化对象世界,使人主体能够以一御多之功能。在此意义上,它本身就已是一种具有抽象化功能的客观实在之物,或者说一种具有符号功能的实在之物。当人主体借助工具改变对象世界之际,同时已是将对象世界抽象化,而构成了一个与原初的自在世界不同的具有某种抽象性的对象世界,是一种初级抽象。而科学就是在此基础上进一步将这种抽象的对象世界的符号化,或者说是一种二级抽象。正是在工具性劳动的基础上,理论活动才可能发展起来。这一点,在近代科学的因果观念中可以很清楚地看出来。这就是伯特所指出的：近代机械论因果观念"把一个有待说明的事件分析成为比较简单的（而且往往是预先存在的）构件，以及以原因为手段对结果进行预言和控制"①。这种"以原因为手段对结果进行预言和控制"，显然正是工具性劳动方式的一种在观念中的自然延伸。正是基于工具性劳动中所特有的以原因为手段对结果进行控制的因果关系，人们才进而构成了科学的理论世界中因果关系。也正是借助于工具性活动以及有这一活动的符号化而来的科学的理论活动，人才将自身从动物世界中超拔出来，使之自成一类。

这样，一方面，科学源于工具性劳动这种特殊的生活实践，从而能够通过对于工具体系的改进而重返生活实践，但另一方面，科学作为概念体系，由于它已是对于生活实践的二级抽象，因而便不能简单地还原为生活实践。

这种不可还原性，意味着我们不可能基于单一的行动者视角或旁观者视角，将马克思哲学构成一个逻辑一贯的体系。但不可还原只是表明不能将二者构成一个统一的逻辑体系，并不意味着这两个层面之间是完全并列，互不相干的，不可能有非逻辑的相互关联。而是说，一方面，基于行动者眼光和基于旁观者眼光是不能相互兼容的，二者是各成体系的，即在各自体系内部是不能羼杂对方的原理的；但另一方面，二者之间又是互为前提的。一方面，基于旁观者眼光的理论哲学之中不可避免地隐含着基于行动者眼光的主体性的价值原则，但这种价值原则是其前提，不能是其体系中的原理。而另一方面，基于行动者眼光的主体性的实践智慧之中，也必定隐含着基于旁观者眼光的客观性原则作为其前提，任何实践智慧若不考虑科学所揭示的规律性的东西，其所引导的行动必定会陷于失败。而这种双重维度或双重内容，乃是由人的生存状况的有限性所所决定的。人作为既超越了自然界而又未能彻底超越自然界，既分享了某种神性，而又并非真正的神性存在物，他只能以一种行动者与旁观者的双重身份或双重视角来与世界关联。这双重身份或双重视角既不能完全合一，又不能完全分离，而只能处于一种若即若离，相互规定、相互作用的二重性状态之中。如将行动者或"事前"的眼光归并为旁观者或"事后"的眼光，则人自

---

① ［美］伯特：《近代物理科学的形而上学基础》，徐向东译，北京大学出版社 2003 年版，第 265 页。

我僭越为能通观全局的全知的上帝；如将旁观者或"事后"的眼光归并为行动者或"事前"的眼光，则人又重回无知的自然界，成为单纯的动物。人就是这么一种永远"在途中"的二重性的存在物。人类的这种处境是康德最先揭示出来的，而马克思则将之置于历史之中，极大地深化了对人类境况的理解。

重新反思"哲学基本问题"

——哲学观念变革的重大课题之一

贺 来*

"哲学基本问题"是马克思主义哲学与马克思主义哲学史上的重大问题。对于"哲学基本问题",在中国无论从事哲学研究的专业工作者,还是略有中等文化程度以上的普通中国人,都可谓耳熟能详。这主要归功于传统哲学教科书不遗余力的长期传播与引导。但是,不断地重复和辩护不应成为拒斥反思批判目光审视的理由,有时甚至相反,许多不断予以重复和辩护的哲学观念,恰恰最有可能成为逃避哲学反思的抽象教条。所谓"哲学基本问题"正是其中最具代表性的典型之一,由于其影响深远巨大,从根基处对其进行深入反省,已成为进一步推动哲学观念变革、实现理论创新的前提性的重大课题。

一 "哲学基本问题"与哲学自由创造本性的冲突

虽然具体表述有所差异,但按照流行的观点,所谓"哲学基本问题",就是哲学最高的、最根本的问题,是贯穿和统率其他哲学问题的"第一问题",构成了全部哲学的最高"支点"和"中心"。其代表性的表述是这样:"哲学从总体上把握世界,对世界的本质以及人与世界的关系作出根本性的解释,始终包含和存在着一个基本问题,这就是思维和存在的关系问题。任何哲学包括现代哲学都没有也不可能超越哲学的

---

* 贺来,吉林大学哲学与社会学院教授。

基本问题"，"哲学的基本问题，是贯穿于全部哲学问题之中并统帅和制约其他一切问题的根本问题，也是各种哲学流派、思潮争论的根本问题"①。

从上述对"哲学基本问题"的理解和表述，我们可以分解出两个最主要的诉求。第一，所有哲学形态，无论存在多少差异，都有一个围绕运转的轴心，后者如同"看不见的手"，支配着一切哲学思想和哲学活动，或者干脆说，支配着哲学本身，成为哲学思考和活动不可逾越的"不二法门"。第二，所有哲学问题，无论多么丰富多样，都有一个作为灵魂和核心的"元问题"，这一"元问题"是所有问题的制造者、规范者和引领者，其他哲学问题的产生、延续与解决都依赖于理解和处理这一"元问题"的方式，或者说，尽管哲学问题范围广大，内容纷繁，但哲学的"元问题"始终"永恒在场"，它构成了全部哲学问题"底牌"和"深层结构"，这一"元问题"即是哲学的"基本问题"。

这两个主要诉求，简言之，就是哲学基本问题之所以为"基本"，首先在于它能掌控一切哲学形态、流派和思潮，其次是它能掌控一切哲学问题。

抛开一切先验的、现成的、先入为主的教条，以一种健康、清明和诚实的理性来对理解哲学，就可发现，这种对"哲学基本问题"的诉求是与哲学的理论本性完全相违背的。

从表现形式来看，哲学之区别于其他学科的一个重要之处，就在于它的"不定性"。从历史上看，哲学一个令人惊讶之处就是它仿佛永无确定的性质，永远缺少统一的认识，哲学在发展过程中扮演过各种角色，从无固定的活动地盘、研究对象、理论领域，而且始终派别林立、观点歧异、纷争不已。哲学在全部文化中所处位置和发挥功能也是不确定的。在古代，哲学甚至并不是一门学科、一门学术科目或一门思想专业的名称，它仅指"由受人尊重的个人——智者所持的意见总和，这些意见有关于今日或许会被称作为'科学的'问题（例如物理的、化学的或天文的主题）"，以及有关我们应称为"道德的"或"政治的"问题，在中世纪，哲学仍然不是一门独立的学科，而仅是宗教文化的一个方面。只有到了17、18世纪，随着自然科学取代宗教成为思想生活的中心和思想生活的

---

① 《马克思主义哲学》，高等教育出版社、人民出版社2009年版，第6页。

世俗化，哲学作为一门学科才逐渐成形①。

哲学的这种"不定性"只是哲学的表象，其深层所体现的是哲学独特的精神气质，即哲学的"自由"和"创造"本性，而哲学的自由与创造本性又根源于人的"自由"和"创造"本性。

人之区别于物，最根本的在于他不是如同物一样的"现成存在者"，而是在生存实践活动中不断创造自己生活并向未来敞开的存在者，不断否定和超出自身，在生存筹划活动中面向未来敞开自我超越的空间，是人独特的存在方式。这即是说，人的存在意味着一种面向未来的"可能性"。对于人的生存来说，可能性总是高于其现实性，在自我否定中不断生成新的可能性，是人独特的存在特性。如果说对于物而言，物种固有的单一的尺度先天地规定了它的全部存在，因而物是彻底的"必然性"存在。那么对于人来说，其特殊性正在于通过实践活动突破先天的"物种"尺度，去不断地生成和创造新的尺度。在此意义上，人的存在超越了任何某种固有的、先验本质的规定。正是因为这一点，体现了人是真正的"自由自觉"的存在物，表明了人禀赋自由和创造的生存本性。

人的特殊生存本性需要一种特殊的意识形式来自觉予以把握和领会。② 哲学正是适应人的这一特有本性和存在方式，以一种反思意识的方式表达对自身的存在性质、生存意义、生活价值的理解，以及对人的未来前景和理想境界的追求的一种特殊意识形式。在此意义上，人类之所以需要哲学，根源于人的自由和创造的生命本性，可以说，哲学是人的自由和创造的生命本性的思想表达。正因为此，"自由"和"创造"也构成了哲学与生俱来的精神品格。国内有学者这样指出，"人之所为是一切问题之根源，所有根本的或致命的问题都是做出来的……人的存在方式就是做事并且使自身的存在变成问题，这种自作自受的存在方式就是一切问题与反思的根源。为什么人所造成的问题注定是难以解释或难以解决的？因为这问题并非事先存在，不是事先就位的思想对象，甚至往往使意向落空，超越了意向性而即将发生的问题就是未来，未来性和不可预言性正是真正的

① ［美］理查德·罗蒂：《哲学与自然之镜》，中译本作者序，生活·读书·新知三联书店1987年版。

② 对此的详细讨论，请参见贺来《马克思哲学与人的理解原则的根本变革》，《长白学刊》2002年第5期。

存在论问题之所在"①,由于人的自由和创造本性,决定了人的"不定性",而人的"不定性",也决定了哲学的"不定性",哲学的"不定性"所体现的正是人的自由和创造本性。

上述哲学的"不定性"以及哲学的自由和创造本性,为我们重新反思哲学"基本问题"提供了坚实的基点。以此为基点,我们就可以进一步反思:其一,如果非要寻求"哲学基本问题",那么,究竟什么才配得上成为"哲学的基本问题"?其二,究竟是否存在掌管所有哲学形态、派别和思潮,同时也掌握所有哲学问题的哲学基本问题?

按照上述对哲学的理解,如果一定要寻求哲学的"基本问题",那么,由于人的生命存在及其自我理解,才构成了哲学的最深刻的根源和母体。因为只有它才有资格成为根本性的、本源性的哲学问题。也正是在这个意义上,苏格拉底才说:"认识人自己"是哲学的根本主题。康德也才把"人是什么"视为哲学的最高主题。卡西尔在《人论》一开头这样概括道:"认识自我乃是哲学探究的最高目标——这看来是众所公认的。在各种不同哲学流派之间的一切争论中,这个目标始终未被改变和动摇过:它已被证明是阿基米德点,是一切思潮的牢固而不可动摇的中心。即使连最极端的怀疑论思想家也从不否认认识自我的可能性与必要性。"② 就此而言,一切哲学形态、派别和思潮,都是以不同方式表达对人的生命存在的自我理解。

但把人的生命存在及其自我理解作为哲学的"基本问题",这实质上只是从哲学区别于其他具体学科的角度凸显哲学独特的精神特质,它并不意味着把某个具体的哲学问题设定为哲学的"基本问题",相反,它将真正超越以某个具体问题居于哲学的绝对中心地位并占据话语霸权地位的做法,而是以一种无限开放的态度,把所有的哲学问题都视为人通向自我理解和自我认识的一种思想可能性。由于人的生命内容的无限丰富性和面向未来的无限可能性,决定了进入哲学反思的道路和途径也是无限丰富和无限可能的,每一种哲学都是关于人生命可能性的一种视角,都是独一无二的、沐浴着创造者生命光辉和个性烙印的"这一个",不同哲学流派各不相同的理论姿态和立场,表明他们所反思和阐发的内容属于人的生命圆周

① 赵汀阳:《第一哲学的支点》,生活·读书·新知三联书店 2013 年版,第 10 页。
② [德] 卡西尔:《人论》,甘阳译,上海译文出版社 1985 年版,第 3 页。

的不同扇面和不同层面。在此意义上，每一种哲学都代表着一条旨在提升人们生命自觉意识的道路，许许多多这样的道路的不断开启，共同生成一个与人丰富多彩的生命内涵相互映射的、充满生机的生命空间。在此意义上，没有任何一个哲学问题可以掌控全部哲学流派和哲学思潮，也没有任何一个哲学问题可以掌控其他所有的哲学问题。

这即是说，以人的生命存在及其自我理解作为哲学的"基本问题"，并不是在某一特定的具体哲学问题的意义上凸显哲学的"基本问题"，而只是从哲学最为根本的理论性质和功能的角度显明哲学所特有的自由和创造本性。就此而言，把某一特定问题规定为"哲学基本问题"，认为这一问题在全部哲学中占据统治性的支配地位，这与哲学的自由创造本性是相违背的。

二　"哲学基本问题"与哲学思想的历史和成就的冲突

关于哲学"基本问题"的传统教条，不仅与哲学自由创造的理论本性相冲突，而且也与哲学思想的历史和成就相冲突。

无论中国还是西方，哲学都经历了两千多年的漫长发展历程，涌现出无数杰出的哲学思想家，产生了众多的哲学流派，经历了复杂曲折的思想嬗变，其间既有连续，亦有断裂，既有思想的遗忘和失踪，亦有思想的重振和复兴。需要追问的是：在这一极为丰富的、充满异质性的哲学思想长廊中，是否存在贯穿其中、所有不同的哲学家、哲学派别、哲学思想都自觉或不自觉服膺的"以一驭万"的"基本问题"？

对此问题的回答，取决于是否承认不同哲学形态、哲学流派、哲学传统和哲学有着本质性的思想差异和精神个性。如果承认这一点，那么我们就不得不放弃关于哲学"基本问题"的传统观念，并承认"哲学基本问题"所具有的多样性、丰富性与变异性。

首先需要思考的是：每一个真正重要的经典哲学家是否有其独立的、属于他自己的基本问题？回答是肯定的。一个哲学家之所以成为哲学家，最根本的标志就在于他提出了独特的哲学问题，这一独特的哲学问题构成了他最为重大的思想出发点，凝聚着他的理论关怀，构成其全部思想体系的灵魂。西方的柏拉图、笛卡尔、康德、黑格尔、尼采、马克思、维特根斯坦、胡塞尔、海德格尔、杜威、德里达……中国的孔、孟、老、庄、程、朱、陆、王……可以说，这些历史上最重要的哲学家们每一个人所倾心的基本问题是迥异其趣的。俄罗斯哲学家利亚霍韦茨基和秋赫京在《哲学百科全书》中的"哲学基本问题"词条中,这样描述爱尔维修等人的"基本问题":"爱尔维修认为哲学的基本问题是人类幸福的本质问题,卢梭认为是社会不平等及其克服的途径问题,培根认为是通过发明创造扩大人战胜自然的能力问题……"①对于加缪来说,"真正严肃的哲学问题只有一个:自杀。判断生活是否值得经历,这本身就是在回答哲学的根本问题。其他问题——诸如世界有 3 个领域,精神有 9 种或 12 种范畴——都是次要的,不过是些游戏而已"②,而对于海德格尔来说,"究竟为什么在者在而无反倒不在?显然这是所有问题中的首要问题"③,所有这些哲学家都有着属于自己的、完全个性化的"基本问题"。如果把柏拉图与尼采、笛卡尔与马克思、黑格尔与德里达,维特根斯坦斯与胡塞尔等置于同一基本的"问题域",证明他们分享着同一个"基本问题",认为他们只是围绕着同一个"基本问题",从不同侧面对这一基本问题所做出的不同理解、解决和阐发,其高下优劣之分也取决于他对此基本问题理解、解决和阐发的"正确"程度。这很显然是对哲学史上那些伟大哲学家的原创性思想的低估和简化。他们中的大多数人一定会表示抗议并拒绝接受。

坚持"哲学基本问题"的传统观念的人们会反驳:不管你接受与否,"思维与存在关系"问题都以不可抗拒之力制约、支配和掌控着其思想的运作并规定其思想成色。然而,这实质上是要求这些哲学家放弃自身钟情的"基本问题",削平其孜孜以求、倾尽毕生之力所创造的丰满的思想成果,强制性地使之适应一个外加的问题框架。哲学史将因此变得如此贫乏、刻板和无趣。反之,如果我们承认每一个哲学家都有着属于他的、他自己钟情倾心的"基本问题",则其特有的思想视角、其思想的丰富性与多面性,就能得到充分的尊重和凸现。很显然,这是两种截然不同的思想后果,孰优孰劣,只要放弃偏见,是很容易做出判断的。俄罗斯哲学家奥伊泽尔曼说得十分中肯:"不存在一个全部哲学学说共有的哲学基本问题。存在不少的哲学基本问题。因为每位杰出的哲学家都对'什么是哲

---

① 转引自〔俄〕奥伊泽尔曼《元哲学》,高晓惠译,人民出版社 2013 年版,第 237 页。

② 〔法〕阿尔贝·加缪:《西西弗的神话》,杜小真译,生活·读书·新知三联书店 1998 年版,第 1 页。

③ 〔德〕海德格尔:《形而上学导论》,熊伟等译,商务印书馆 1996 年版,第 3 页。

学'的问题有自己的回答，并因此确定自己的研究对象，形成他认为的哲学基本问题。"①

需进一步思考的另一重要问题是：不同形态、不同民族、不同传统、不同类型的哲学是否有独立的属于它自己的哲学基本问题？回答同样是肯定的。就形态和民族而言，哲学有中国哲学、西方哲学、印度哲学之分，即使同属西方哲学，也有欧陆哲学和英美哲学之别；就类型而言，哲学有诸如本体论哲学、认识论哲学、语言哲学、生存论哲学等的分别，等等。哲学形态、民族和类型的不同，必然使得它们会有着不能彼此还原和代替的特殊的"基本问题"。关于不同形态和民族的哲学在基本问题上的区别，梁漱溟先生早在《东西文化及其哲学》等著作中曾作了十分深入透切的阐发，随着对"西方中心论"不断深入的批判与解构，这种区别已经得到了越来越多人的认同。事实上，即使同处"西方哲学思想圈"，英国哲学与德国哲学、法国哲学与美国哲学等不同民族之间哲学所关心的"基本问题"也有重大差异；至于不同思想类型和传统的哲学所关心的基本问题所具有的异质性，更是十分显明的事实。柏拉图关注的基本问题是如何超越"意见世界"，抵达超感觉的永恒的"终极实在"，所谓"思维与存在"的关系问题总体上处于其视野之外，柏拉图因其对这一基本问题的开创性思考，奠定了西方哲学史上影响深远的"柏拉图主义"哲学，即以"本体论"为核心的"唯心主义"哲学传统。前期维特根斯坦关心的基本问题是"要为思想划一个界限，或者毋宁说，不是为思想而是为思想的表达划一个界限"②，后期维特根斯坦则要在回到语言的日常用法，描述"语言游戏"的性质，显明"语言是一种活动的组成部分，或者一种生活形式的组成部分"③，前期和后期的维特根斯坦因对其基本问题的奠基性贡献，开辟了现代西方哲学的"语言哲学"的理论传统。而对于近代哲学来说，"思维与存在关系"的确构成了其基本问题，从笛卡尔开始，随着"认识论"成为哲学的中心课题，克服思维与存在的矛盾，实现二者的和解和统一，构成了"认识论"这一哲学类型和理论传统所要

① ［俄］奥伊泽尔曼：《元哲学》，高晓惠译，人民出版社 2013 年版，第 239 页。

② ［奥］维特根斯坦：《逻辑哲学论》前言，贺绍甲译，商务印书馆 2009 年版。

③ ［奥］维特根斯坦：《哲学研究》，陈嘉映译，生活·读书·新知三联书店1992年版，第19 页。

处理和解决的基本问题。恩格斯在《路德维希·费尔巴哈与德国古典哲学的终结》中说道："全部哲学，特别是近代哲学的重大的基本问题，是思维与存在的关系问题。"恩格斯在这里特别强调"思维与存在关系"是近代哲学的重大的基本问题，完全符合哲学发展的真实情况。黑格尔也在几乎相同的意义上说道："近代哲学并不是淳朴的，也就是说，它意识到了思维与存在的对立。必须通过思维去克服这一对立，这就意味着把握住统一。"① 这充分表明，只有在近代认识论哲学类型的理论传统中，思维与存在的矛盾才真正作为一个重大问题获得了充分的自觉意识，并成为近代认识论哲学的基本的、中心的问题。

可见，在不同哲学家、哲学类型和理论传统中，所面临和所要解决的哲学基本问题是有着重大差别的。如果以"思维与存在关系"的问题框架去统摄它们，难免会导致怀特海所谓"误置具体性谬误"，使本来波谲云诡、充满思想传奇的哲学发展史变得平面化和简单化，甚至导致种种对哲学思想的历史和成果的人为扭曲。作为在马克思主义哲学传统中成长起来的哲学家，奥伊泽尔曼对哲学史的这种看法颇值得中国同仁予以重视。"哲学同任何广泛的理论研究一样，存在许多可以称之为基本的、最重要的、第一位的问题。这类问题的数量在哲学发展过程中不仅没有减少，反而与日俱增……在 20 世纪下半叶出现的最新哲学学说令人印象深刻地表明，哲学不断产生新的基本问题，并且也根本改变着哲学的语言；也就是说不仅创造出新概念，而且创造出以往哲学词汇中没有的和根本不具备哲学意义的新词汇。"②

通过以上讨论，我们认为，"哲学基本问题"的提法只有相对于某一特定的分析框架或话语背景才是有意义的。这种分析框架或话语背景或者是某位重要的、经典哲学家的哲学思想体系，或者是不同哲学形态、哲学传统、哲学类型所代表的哲学思想空间。脱离开特定的分析框架或话语背景，来讨论对于所有哲学形态、传统和类型和哲学家等都无条件适用的"哲学基本问题"，这种哲学史分析方法必然是还原论和简化主义的。它将抹杀哲学史上不同哲学家在问题意识与思想视野上的独特性与创造性，忽视不同哲学形态、哲学传统和哲学类型在思想路向、理论旨趣与精神特

---

① ［德］黑格尔：《哲学史讲演录》第 4 卷，贺麟、王太庆译，商务印书馆 1981 年版。
② ［俄］奥伊泽尔曼：《元哲学》，高晓惠译，人民出版社 2013 年版，第 272 页。

性等方面的丰富性与多样性，因而与哲学发展的思想及其成果在根本上是相冲突的。

三　马克思哲学是对传统的"哲学基本问题"的超越

要超越传统的"哲学基本问题"的理论教条，一个不可回避的课题是马克思哲学与"哲学基本问题"的关系。

毫无疑问，按照长期以来形成的观念，"思维与存在关系"是马克思哲学的基本问题，与哲学史上的"唯心主义"与"形而上学"哲学家不同，马克思哲学既"辩证"又"唯物"地解决了"思维"与"存在"的关系，实现了"思维"与"存在"的辩证统一。对此问题的圆满解决规定了马克思哲学的理论性质并显示了它在哲学史上最重大的理论贡献。

长期以来，这种观念几乎成为无须反思的无条件真理。自20世纪80年以来，随着国内哲学观念变革的不断深化，对于马克思哲学的理论性质、功能及在哲学史上的变革意义等的研究和探讨已经取得重大进展，传统马克思主义哲学教科书中的许多哲学观念，都被放到了批判审视的目光之下并得到了深入的反思，其中不少已被视为独断和抽象的教条而遭到摒弃。然而，"哲学基本问题"似乎是一个特殊的例外，有些学者对传统哲学教科书代表的哲学观念也曾表达不满，可对"哲学基本问题"却情有独钟，仍把它视之为全部马克思哲学中最为核心的部分来予以捍卫，似乎它享有免于批判的神圣权威。这一点正说明，对"哲学基本问题"的深入反思与批判，实质上触及马克思哲学观念变革最硬核、最深层的内容之一。

系统讨论马克思哲学的理论性质与思想内涵远非本文所能及，在此只想从国内哲学界已经获得的成果出发，揭示马克思哲学理论性质、思想关怀、思想旨趣等方面与"哲学基本问题"的理论诉求之间所存在的重大冲突。

自80年代以来，国内学术界对马克思哲学的研究不断深化，传统哲学教科书体系所代表的哲学观念不断被突破，产生了关于马克思哲学的一些重要认识成果，形成了一些较具代表性、并获得大多数人普遍承认的理论见解。举其要者，第一，马克思哲学在根本上是"实践唯物主义"，这是从理论性质上对马克思哲学进行的重新解读；第二，马克思哲学实现了

"回到现实生活世界"的哲学变革,实现了从"理论哲学"范式向"实践哲学"范式的理论转向;第三,马克思哲学克服了对传统哲学的抽象性、封闭性与独断性,是推动哲学从传统转向现代的代表性哲学;第四,马克思哲学的理论目标不是获得关于整个世界的大全式知识,而是以人的自由和解放为根本价值取向,自由和解放,构成了马克思哲学最为核心的人文关怀。

以上见解从不同角度表明,马克思哲学在思维方式、理论性质、理论功能等各方面,与包括近代哲学在内的传统哲学产生了重大的区别,甚至是形成了某种思想的"断裂"。可以说,马克思生成和创造了一种全新的话语框架。这种全新的话语框架,是以"实践哲学"为本性、以关注现代社会人的现实生存状态及其自由解放为价值取向、以批判和改变与人的自由和全面发展不相容的"旧世界"并推动创造一个未来的新社会为旨趣的。它表明,马克思哲学所关注的基本问题与包括近代哲学在内的传统哲学所关注的基本问题相比,呈现出重大的变化。

对于自己的哲学所真正和切实关注的基本问题,马克思曾在其著述的不同语境中有过多次专门表述。例如,青年马克思在《集权问题》一文中就曾这样说道:"真正的批判要分析的不是答案,而是问题……问题却是公开的、无所顾忌的、支配一切个人的时代之声。问题是时代的格言,是表现时代自己内心状态的最实际的呼声。"① "德法年鉴"时期的马克思在《论犹太人问题》中通过对犹太人问题与犹太人真正解放道路的批判性反思,指出:"这里指的是哪一类解放?人类所要求的解放的本质要有哪些条件?只有对政治解放本身的批判,才是对犹太人问题的最终批判,也才能使这个问题真正变成'当代的普遍问题'。"② 在此,马克思所指的"当代的普遍问题"就是"人类解放"问题。在《〈黑格尔法哲学批判〉导言》中,针对德国现实和德国哲学的关系,马克思说:"德国的哲学是德国历史在观念上的延续。因此,当我们不去批判我们现实历史的未完成的著作,而来批判我们观念历史的遗著——哲学的时候,我们的批判就恰恰接触到了当代所谓的问题之所在的那些问题的中心。"③ 在此,"当代所

---

① 《马克思恩格斯全集》第 1 卷,人民出版社 1995 年版,第 203 页。

② 《马克思恩格斯全集》第 3 卷,人民出版社 2002 年版,第 167 页。

③ 同上书,第 205 页。

谓的问题之所在的那些问题的中心"同样意指"人类解放"问题。在《关于费尔巴哈的提纲》中，马克思说："哲学家们只是用不同的方式解释世界，而问题在于改变世界。"① 在《德意志意识形态》中，马克思说："实际上，而且对实践的唯物主义者即共产主义者来说，全部问题在于使现存世界革命化，实际地反对并改变现存的事物。"② 在此，马克思对于究竟什么是其哲学所关注的最根本的问题做了更明确的表述。

　　虽然这些论述并没有使用"哲学基本问题"这样的字眼，但这些"家族相似"并不断得到强化的论述实际上已表明，在马克思看来，对哲学真正最重要的问题并不是"思维与存在关系"之类的"思辨哲学"问题，而是在于如何批判性地理解、反思和改变与人的自由个性相冲突、相敌对的现代资本主义社会关系，克服"抽象对人的统治"，并面向未来，寻求超越"政治解放"的局限性从而实现"人类解放"的现实道路。这也就是说，马克思哲学关心的基本问题是如何通过现实的实践，不断消除"非神圣形象的自我异化"，改变不合人性的社会关系与社会制度，"在批判旧世界中发现一个新世界"，寻求"人和自然界之间、人和人之间的矛盾"的真正解决，实现"自由和必然、个体和类之间的斗争"的真正和解③。简言之，对现实社会生活的反思、批判、超越与改变，是马克思哲学的"基本问题"，而在马克思看来，"社会生活本质上是实践的。凡是把理论导致神秘主义方面去的神秘东西，都能在人的实践中以及对这个实践的理解中得到合理的解决"。就此而言，也可以说，马克思哲学的基本问题就是"实践"问题。

　　很显然，马克思哲学所开启的是一个与以往哲学有着重大不同的理论视阈。这一理论视阈表明马克思在哲学史上实现了"范式"转换。这一点国内马克思主义哲学领域的很多学者均表示认同。但一些人在使用"范式转换"这一概念来描述马克思哲学所实现的理论变革时，却并没有充分自觉到："范式转换"首要的体现在哲学的"基本问题"的转换。作为"范式"这一概念的提出者，库恩在《科学革命的结构》中明确说道："范式之所以获得了它的地位，是因为它们比它们的竞争对手更成功地解

---

① 《马克思恩格斯选集》第 1 卷，人民出版社 2012 年版，第 140 页。

② 同上书，第 155 页。

③ 参见《马克思恩格斯全集》第 3 卷，人民出版社 2002 年版，第 297 页。

决了一些问题，而这些问题又为实践者团体认识到是最为重要的"①，"范式是一个成熟的科学共同体在某段时间内接纳的研究方法、问题领域和解题标准的源头活水"②。这即是说，范式决定着问题的提出和解决，范式的革命在根本上就是问题域的革命。对于哲学理论来说，范式转换必然意味着基本问题的重大转换。倘若在基本问题上完全沿用之前哲学话语并与之保持"一以贯之"的连续性，那怎么谈得上真正意义上的"范式转换"呢?

　　承认对现实社会生活的反思、批判、超越与改变，或者说"实践"是马克思哲学的基本问题，也就必须相应承认，"思维与存在关系"不应该被视为马克思哲学的基本问题。这里的道理很简单:切实贯彻生活实践观点，那么，无论"思维"，还是"存在"，抑或"思维"与"存在"关系，都必须以生活实践为根基才能获得切实的理解，离开生活实践，它们都将是纯粹悬空的、无根的抽象存在与抽象关系。关于思维，马克思说:"人的思维是否具有客观的（gegenständliche）真理性，这不是一个理论的问题，而是一个实践的问题。人应该在实践中证明自己思维的真理性，即自己思维的现实性和力量，自己思维的此岸性。关于思维——离开实践的思维——的现实性或非现实性的争论，是一个纯粹经院哲学的问题。"③关于"存在"，马克思说:"从前的一切唯物主义（包括费尔巴哈的唯物主义）的主要缺点是:对对象、现实、感性，只是从客体的或者直观的形式去理解，而不是把它们当做感性的人的活动，当做实践去理解，不是从主体方面去理解。因此，和唯物主义相反，唯心主义却把能动的方面抽象地发展了，当然，唯心主义是不知道现实的、感性的活动本身的。"④对于"思维"与"存在"的矛盾及其解决，马克思说:"主观主义和客观主义、唯灵主义和唯物主义，活动与受动，只是在社会状态中才失去它们彼此之间的对立，从而失去它们作为这样的对立面的存在……理论的对立本身的解决，只有通过实践方式，只有借助于人的实践力量，才是可能的;因此，这种对立的解决绝对不只是认识的任务，而是现实生活的任

---

① ［美］库恩:《科学革命的结构》，金吾伦、胡新和译，北京大学出版社2003年版，第21页。
② 同上书，第95页。
③ 《马克思恩格斯选集》第1卷，人民出版社2012年版，第134页。
④ 同上书，第133页。

务，而哲学未能解决这个任务，正是因为哲学把这仅仅看作理论的任务。"① 可以十分清楚地看出，与生活实践相比，思维、存在以及思维与存在关系都只是第二位的、派生的，它们只有以生活实践为根基，才可以获得其具体的内涵与真实的意义。也就是说，在马克思看来，与生活实践相比，思维与存在关系并不具有"基本性"，如果切实认同这一点，又有什么理由同时接受"思维与存在关系"是哲学的基本问题呢？倘若无视这一点，坚持把"思维与存在关系"视为马克思哲学的基本问题，其结果必然是把派生的东西当成了本源的东西，并遗忘马克思哲学真正的"基本问题"。

事实上，当马克思强调从生活实践的观点理解思维、存在以及思维与存在关系的时候，实际上已经蕴含了对以往哲学脱离生活实践，把"思维与存在"关系抽象出来并把它主题化这种做法的尖锐批判。从上面的引文中，马克思把这样的问题称为"经院哲学"的问题，并指出，以往哲学脱离生活实践，仅从"理论哲学"的角度看待"思维与存在关系"问题，注定了其无法正确地提出问题，更无法真正解决问题。从哲学史看，马克思所指的"以往哲学"既包括在"世界本原"和"本体"问题上的种种旧唯物主义和唯心主义，也包括意识到思维与存在的对立并试图克服它的近代认识论哲学。无论追求世界的"本原"和"本体"，还是寻求"思维与存在"的统一，在根本上都是围绕着寻求关于整个世界的最高原理和最高知识，以及这种最高原理和最高知识何以可能等问题展开的。国内已有学者深入哲学史，论证它们均为西方哲学史上的"知识论哲学传统"的产物，应该说完全符合西方哲学发展的历史实情②。在此意义上，脱离生活实践这一真正的"基本问题"，把"思维与存在关系"抽象出来，视之为哲学的"基本问题"，这正是马克思哲学所反对并努力予以超越的。

四 基本结论

以上我们把"思维与存在关系"分别置于哲学的理论本性、哲学发

---

① 《马克思恩格斯全集》第 3 卷，人民出版社 2002 年版，第 306 页。
② 参见俞吾金《关于哲学基本问题的再认识》，《北京大学学报》1997 年第 2 期。

展的历史和马克思哲学的理论变革等三重理论语境中，对它进行了较为深入的批判性反省。我们可以由此形成如下基本观点。

首先，我们可以看出，教条式的坚持传统的"哲学基本问题"这一观念，主要根源在三个方面：其一是企图掌握哲学话语霸权的不切实际的野心。以为抓住能统率和支配全部哲学的"基本问题"，就等于占据了哲学的话语制高点，拥有展开和分析哲学一切问题的"总开关"。其二是对哲学与哲学发展史的简单化、化约论的理解方式。以为抓住"哲学基本问题"，就等于发现了理解和评价哲学和哲学史一切问题的"总钥匙"。其三是对马克思哲学的理论特质和思想硬核的理解没有真正彻底地摆脱近代哲学所预设的理论原则。不是从马克思哲学的特有话语空间出发阐发其真正关注的"基本问题"，而是把马克思哲学纳入近代哲学的问题框架中，结果马克思哲学真正的基本问题反而被遗忘和掩蔽了。因此，破除"哲学基本问题"的话语霸权，对于推动对马克思哲学理论精神的深入理解，深化哲学观念的变革和哲学的思想解放，具有十分特殊的意义。

其次，对于哲学来说，不存在普适性的、对于过去、现在和未来所有的哲学思想创造成果都适用的"哲学基本问题"。作为人的自我反思和自我意识理论，哲学禀赋自由和创造的思想本性，而不断发现、创造和生成自己的重大的基本问题，正是这种自由和创造本性最根本的体现。就此而言，哲学永远在"路途"之中，哲学的"基本问题"也永远在不断创造和生成之中。

再次，从哲学发展史来说，"哲学基本问题"的提法只有相对某种特定的哲学话语体系才能获得其确切的含义。这或者是某一哲学家的哲学思想体系，或者是某种具有"家族相似"性的哲学传统、哲学形态、哲学类型。脱离开特定的哲学话语体系，认为存在于所有哲学话语体系之上并统率所有哲学家、哲学流派、哲学传统、哲学形态等的"哲学基本问题"，是与哲学思想发展的历史事实相违背的。

最后，马克思哲学是对传统哲学的重大变革，这种变革具有"范式"转换的意义。"基本问题"的转换是"范式转换"的硬核。如果承认马克思哲学属于"实践哲学"的理论范式，也就必须相应承认马克思超越了以"思维与存在关系"为中心的传统知识论哲学的基本问题。否则，对马克思哲学理论变革与范式转换的理解必然是不彻底、不充分的。

重思马克思对黑格尔辩证法的"颠倒"

王庆丰*

在阿尔都塞看来，马克思《资本论》第 2 版跋中的"颠倒问题"是辩证法发展史上的一个"路标"。这个问题不仅是理解马克思与黑格尔辩证法理论传承关系的核心节点，更是理解马克思辩证法特殊理论本性的关键所在。但是，我们往往将这一理论疑难简约化：把"颠倒"问题朴素地理解为马克思将黑格尔"头足倒置"的辩证法颠倒过来，亦即将辩证法从唯心主义移植到唯物主义的地基上去。但是，事情本身远非如此简单。阿尔都塞指出，"所谓'对黑格尔的颠倒'在概念上是含糊不清的。我觉得，这个说法严格地讲对费尔巴哈完全适合，因为他的确重新使'思辨哲学用脚站地'。但是，这种说法不适用于马克思，至少不适用于已脱离了'人本学'阶段的马克思"①。因此，作为颠倒概念的"'倒过来'一词只有象征的意义，甚至只是一种比喻，而不能最后解答问题"。②辩证法的颠倒问题绝对是马克思哲学思想研究中重大的理论疑难之一，而澄清这一疑难是我们推进马克思辩证法研究的前提条件。

如何理解这一具有象征意义的"颠倒"概念，不仅关涉到对马克思辩证法的理解，甚至决定了对整个马克思哲学革命的理解。在此，我们借鉴海德格尔关于尼采对柏拉图主义的"颠倒"来类比马克思对黑格尔辩证法的颠倒，以期达到对"颠倒之谜"的本质性理解。海德格尔在《哲

* 王庆丰，吉林大学哲学教授。本文系国家社会科学基金重大项目"《资本论》哲学思想的当代阐释"（12&ZD107）与吉林大学青年学术骨干支持计划"《资本论》哲学思想解读史研究"（2012FRGG02）的阶段性研究成果。

① ［法］阿尔都塞：《保卫马克思》，顾良译，商务印书馆 2006 年版，第 76 页。
② 同上书，第 76—77 页。

学的终结与思的任务》一文中指出，"纵观整个哲学史，柏拉图的思想以有所变化的形态始终起着决定性作用。形而上学就是柏拉图主义。尼采把他自己的哲学标示为颠倒了的柏拉图主义。随着这一已经由卡尔·马克思完成了的对形而上学的颠倒，哲学达到了最极端的可能性"①。从海德格尔的这段话，我们可以得出两个最基本的判定：第一，形而上学就是柏拉图主义；第二，尼采和马克思都是对传统形而上学的颠倒。众所周知，黑格尔在自己的体系中以最宏伟的方式概括了全部哲学的发展，可以说他是整个传统形而上学的完成。据此，在颠倒传统形而上学的意义上，尼采哲学和马克思哲学具有同质性，这就为我们用尼采颠倒柏拉图主义来类比马克思对黑格尔辩证法的颠倒提供了合法性的理论根基；另外，海德格尔两卷本的《尼采》详细地分析了尼采对柏拉图主义的颠倒，这也为我们的类比提供了事实的可能性。

<h2 style="text-align:center">一</h2>

在《尼采》一书中，海德格尔对"颠倒"问题的追问可谓一语中的。"据尼采本人的证词，他的哲学乃是一种颠倒过来的柏拉图主义。我们要问：在何种意义上，为柏拉图主义所特有的美与真理的关系通过这种颠倒而变成了一种不同的关系？"② 我们之所以认为海德格尔的追问触及到了问题的实质，是因为他意识到通过"颠倒"使事情本身发生了本质性的改变，变成了一种不同的、别的关系。"颠倒"不是简单的翻转，而是意味着本质性的改变。简单的颠倒过来，并不能使之发生根本性的变化。然而，流俗的理解却把马克思的哲学革命理解为是对黑格尔哲学的简单颠倒。如果将一个事物或问题颠倒过来，就会发生根本性的变革，那么实现哲学革命的就不是马克思，而是费尔巴哈。因为费尔巴哈在马克思之前就已经把哲学拉回到唯物主义的地基之上了。阿尔都塞清楚地表明，"至于对黑格尔的'颠倒'，这个著名的词正好反映了费尔巴哈的企图。费尔巴

---

① ［德］海德格尔：《面向思的事情》，陈小文、孙周兴译，商务印书馆1999年版，第70页。

② ［德］海德格尔：《尼采》上卷，孙周兴译，商务印书馆2002年版，第221页。译文略有改动，下文改动之处不再一一标明。

哈正是作为黑格尔的晚辈，才采用了这个词，并把它推广了开来。值得指出的是，正当费尔巴哈自称他已经把黑格尔哲学'颠倒'过来的时候，马克思在《德意志意识形态》中恰恰指责他依旧是黑格尔哲学的俘虏。马克思还指责费尔巴哈接受了黑格尔的问题的前提，指责费尔巴哈作出的答复虽然不同于黑格尔，但回答的问题却与黑格尔相同"①。当马克思指责费尔巴哈依旧是黑格尔哲学的俘虏的时候，就已经证明简单的翻转并不能产生哲学革命。

海德格尔详尽地分析了这种简单的、朴素的颠倒。"倘若对柏拉图主义的'颠倒'可以等同于那样一种做法，一种仿佛仅仅把柏拉图的一些句子颠三倒四折腾一番的做法，那么，上面这个问题就可以轻轻松松地通过一种简单的换算来解答了。"② 很显然，海德格尔坚决反对这种对"颠倒"的肤浅的理解。实际上，一开始尼采也没有特别自觉地意识到这个问题。海德格尔指出，"尼采本人也经常颠三倒四地表达事实，不仅是为了以一种粗犷的方式来说明他的意思，而且也是因为他自己就常常以这种方式进行思考，尽管他所寻求的其实是某种不同的东西"③。颠倒绝非一种简单的换算。此时的尼采不仅没有意识到这一问题，也没有认真地去思考颠倒柏拉图主义之后的哲学应该是什么样的形态。"只是到晚期，在他的思想工作中止前不久，尼采才完全清楚地认识到，他在这种对柏拉图主义的颠倒中被推向了何方。随着尼采越来越理解了这种倒转的必然性，亦即把它理解为克服虚无主义的任务所要求的，他也就越来清楚地认识到了上面这一点。"④

根据海德格尔的提示，尼采的"颠倒"关涉的是对柏拉图主义的颠倒，所以我们在思考颠倒问题的时候，必须从对颠倒的对象——"柏拉图主义"入手。"因此，在说明对柏拉图主义的颠倒时，我们必须以柏拉图主义的结构形态为出发点。在柏拉图看来，超感性领域就是真实世界。它作为赋予尺度的东西是高高在上的。而感性领域作为虚假的世界位居低层。高层的东西是首先惟一地赋予尺度的东西，因而是值得追求的东西。

---

① ［法］阿尔都塞：《保卫马克思》，顾良译，商务印书馆 2006 年版，第 60 页。
② ［德］海德格尔：《尼采》（上卷），孙周兴译，商务印书馆 2002 年版，第 221 页。
③ 同上。
④ 同上。

在颠倒之后，感性领域即虚假世界就位居高层，而超感性领域即真实世界则位居低层。这在形式上是容易推算出来的。"① 我们知道柏拉图把世界分为理念世界和现象世界，理念世界作为超感性领域是一个真实的世界，现象世界作为感性领域是一个变动不居的、虚假的世界。理念界位居高层，规定并主宰着现象界。如果要对柏拉图的观念进行颠倒的话，最直接的思考就是"让感性领域即虚假世界位居高层，而超感性领域即真实世界则位居低层"。但是问题在于，理念界和现象界的简单翻转就能克服柏拉图主义吗？颠倒就意味着这种简单的翻转吗？

对此，海德格尔给出了否定的回答。"如果我们仅仅以这种方式来看颠倒，那就可以说，高层和低层的空位还是保留着的，仅仅做了不同的分配而已。而只要这种高层与低层决定了柏拉图主义的结构形态，则柏拉图主义在其本质上就依然持存着。这种颠倒并没有完成它作为对虚无主义的克服必须完成的东西，亦即一种对柏拉图主义的彻底克服。"② 可见，颠倒作为一种简单的翻转并不能真正地克服柏拉图主义。在此基础上，反观马克思对黑格尔辩证法的颠倒，如果仅仅是一种从唯心主义到唯物主义的翻转，也依旧无法彻底克服黑格尔主义。所以马克思才会认为费尔巴哈依旧是黑格尔哲学的俘虏。阿尔都塞指出，"说到底，如果问题的确仅仅是把颠倒了的东西颠倒过来，那么事物的颠倒显然并不会因简单的位置移动而改变本质和内容！用头着地的人，转过来用脚走路，总是同一个人！在这个意义上，哲学的颠倒无非是位置的颠倒，是一种理论比喻：事实上，哲学的结构、问题、问题的意义，始终由同一个总问题贯穿着"③。阿尔都塞的说法不仅形象，而且一针见血。"用头着地的人，转过来用脚走路，总是同一个人！"这就意味着把辩证法从唯心主义移植到唯物主义的地基上，辩证法本身不会发生本质性的改变。

那么，怎样的颠倒才能使事情本身发生根本性的改变呢？这就需要我们继续关注海德格尔关于尼采如何真正地颠倒柏拉图主义，如何真正地克服柏拉图主义的论述。海德格尔认为，"只有当高层本身根本上被清除掉，先前对一个真实的和值得追求的东西的设定已经终止，理想意

---

① ［德］海德格尔：《尼采》上卷，孙周兴译，商务印书馆2002年版，第221—222页。

② 同上书，第222页。

③ ［法］阿尔都塞：《保卫马克思》，顾良译，商务印书馆2006年版，第61页。

义上的真实世界已经被取消掉，这时候，对柏拉图主义的彻底克服才能获得成功"①。克服柏拉图主义不是要对理念世界和感性世界进行简单的倒转，而是要彻底地消解理想意义上的真实世界——理念世界。然而，"对以往最高价值的批判并非简单地就是一种对它们的驳斥，把它们宣布为不真实的，而是要揭示出它们的起源，即它们如何起源于某些设定，后者恰恰必须肯定那个为被设定的价值所否定的东西。所以，真正说来，对以往最高价值的批判就意味着：揭示那些附属的价值设定的可疑来源，从而指明这些价值本身的可疑性"②。在尼采看来，虚无主义是西方历史的一个基本事实，是历史性运动的一个基本方式。虚无主义意味着：最高价值的自行贬黜。柏拉图以来的哲学中被设定为决定性的现实和法则的东西，失去了它们的约束力量，新的价值设定必然就是一种对一切价值的重估。正是基于这样的理解，后来尼采指出柏拉图的理念世界只不过是实在性蒸发出来的最后一缕烟雾。至此，对柏拉图主义的颠倒才彻底完成。这对我们理解马克思辩证法的颠倒问题具有重要的意义。如果以尼采对柏拉图主义的颠倒为参照系，那么对黑格尔辩证法的颠倒根本不是将辩证法颠倒在唯物主义的基础上，而是彻底地消解掉辩证法的唯心主义本性，消解黑格尔对"绝对精神"的价值设定。

　　让我们回过头来再看一下马克思关于"颠倒"问题的经典表述："辩证法在黑格尔手中神秘化了，但这决没有妨碍他第一个全面地有意识地叙述了辩证法的一般运动形式。在他那里，辩证法是倒立着的。必须把它倒过来，以便发现神秘外壳中的合理内核。"③ 在这里，马克思明确地把"颠倒"理解为发现神秘外壳中的合理内核。如果是这样的话，我们似乎应该扔掉思辨哲学的神秘外壳，以保留辩证法的宝贵内核。换句话说，剥去外壳和把辩证法颠倒过来在马克思那里应该是同一个意思。怎么在颠倒的意义上去理解剥去外壳呢？或者说，在剥去外壳的过程中，究竟是什么东西被颠倒过来了呢？

　　马克思的这一经典表述不免让人心生疑虑。难道马克思对黑格尔辩证法的颠倒，就像人们剥干果一样，把外壳剥掉，留下里边的果仁那样简单

---

① ［德］海德格尔：《尼采》上卷，孙周兴译，商务印书馆2002年版，第222页。

② 同上书，第26页。

③ 《马克思恩格斯文集》第5卷，人民出版社2009年版，第22页。

吗？事实上这是不可能的！因为在黑格尔哲学那里神秘形式和合理内核并不是被摆放在一起的泾渭分明的两个东西。"说辩证法能够像外壳包裹着的内核一样在黑格尔的体系中存身，这是不可思议的事。"因为"不能想象黑格尔的意识形态在黑格尔自己身上竟没有传染给辩证法的本质，同样也不能想象黑格尔的辩证法一旦被'剥去了外壳'就可以奇迹般地不再是黑格尔的辩证法而变成马克思的辩证法"①。因此，我们需要重新审视马克思关于"颠倒"的经典论述，决不能使马克思的"剥离"庸俗化和简单化。"剥离"也应该在海德格尔所说的清除或消解掉高层的超感性世界本身的意义上去理解。在黑格尔那里，神秘外壳和合理内核是交织在一起的。恩格斯认为黑格尔的体系和方法之间存在着矛盾，其实就黑格尔哲学自身而言是不存在的。恩格斯只不过是想为辩证法开辟出一条新路来，才如此主张的。"神秘外壳根本不是思辨哲学、'世界观'或'体系'，不是一种可被认为同方法相脱离的成分，而是本身就属于辩证法。"② 神秘性不仅是黑格尔哲学体系的外壳也是其辩证法内核的本性。所以马克思才会说，"辩证法在黑格尔的手中神秘化了"。他正是用他自己合理形态的辩证法去反对和破除黑格尔辩证法的这种神秘形式。"神秘外壳无非是辩证法本身的神秘形式而已，换句话说，它不是辩证法的一种相对外在的成分（例如'体系'），而是与黑格尔辩证法同质的一种内在成分。"③ 神秘外壳与合理内核是相互渗透在一起的，神秘性既是外壳的本性也是内核的本性。马克思对黑格尔辩证法的颠倒就是要破除黑格尔辩证法的神秘性，而这是通过简单的翻转或者简单的对外壳的剥离所无法做到的。

二

颠倒不是简单的翻转和剥离，而是对超感性世界神话的消解。这种意义上的颠倒究竟该如何进行？海德格尔一语道出了"颠倒"的真义。"当尼采认识到对柏拉图主义的颠倒就是一个从柏拉图主义中转向出来的过程时，他已经精神错乱了。迄今为止，人们既没有认识到这种颠倒乃是尼采

---

① ［法］阿尔都塞:《保卫马克思》，顾良译，商务印书馆 2006 年版，第 78—79 页。
② 同上书，第 79—80 页。
③ 同上书，第 80 页。

的最后步骤，也没有看到尼采只是在其创作生涯的最后一年里（1888 年）才清晰地完成了这种颠倒。"① 颠倒实际上是"转向"。尼采只是到了学术生涯的最后一年才完成了这种颠倒，可见理解和解决这一问题的艰难性。就此意义而言，马克思对黑格尔辩证法的颠倒并不是将其倒立过来，而是从黑格尔的哲学城堡中撤离出来，当然这一撤离也并非简单地将黑格尔哲学弃之如敝屣。阿尔都塞指出，"必须从'改弦易辙'这一认识出发，我们才能研究关于马克思向黑格尔借鉴和继承的问题，特别是关于辩证法的问题"②。作为"转向"的颠倒意味着对"翻转"的否定，意味着不再拘泥于颠倒问题的表面含义。针对将颠倒问题简单化的倾向，胡克不无嘲讽地说道："如果马克思的辩证法对其批评者来说还仍然是一个神秘的话，其原因在于他们不知道到什么地方去寻找其解答。他们过分拘泥于他的关于把黑格尔的方法头脚倒置的隐喻，似乎能够用我们检验母猪屁股的办法来研究一种方法！"③ 胡克所主张的是要在"应用"的地方去领悟马克思辩证法的意义，其实和从黑格尔辩证法中"转向"出来的观点有异曲同工之妙。

在转向的意义上去理解颠倒和剥离，最重要的是要清晰地认识到从什么样的东西里转向出来。马克思剥去黑格尔辩证法的神秘形式就是批判作为德意志意识形态的黑格尔哲学。在《德意志意识形态》中，马克思明确指出，"德国的批判，直至它最近所作的种种努力，都没有离开过哲学的基地。这个批判虽然没有研究过自己的一般哲学前提，但是它谈到的全部问题终究是在一定的哲学体系即黑格尔体系的基地上产生的。不仅是它的回答，而且连它所提出的问题本身，都包含着神秘主义"④。整个德国思想界都笼罩在黑格尔哲学的阴影之下，或者说是黑格尔哲学基地上的产物。因为，黑格尔的哲学确实是 18 世纪的百科全书，是已经获得的全部知识的总结，也是历史的总结。对马克思来说，这个世界就是他当时生活的意识形态世界，也是他开始思想时所面临的意识形态世界。

马克思写作《德意志意识形态》最重要的一个目的就是要洞穿当时

---

① ［德］海德格尔：《尼采》上卷，孙周兴译，商务印书馆 2002 年版，第 222—223 页。

② ［法］阿尔都塞：《保卫马克思》，顾良译，商务印书馆 2006 年版，第 67 页。

③ ［美］悉尼·胡克：《对卡尔·马克思的理解》，徐崇温译，重庆出版社 1989 年版，第 313 页。

④ 《马克思恩格斯文集》第 1 卷，人民出版社 2009 年版，第 514 页。

德国的意识形态幻象。只有在这一前提下，才有可能把握住人类社会的真正现实。"德意志意识形态的世界无可比拟地是最受意识形态压迫的世界，也就是离历史实际最远的世界，是欧洲各意识形态世界中受神秘主义和异化影响最深的世界。马克思就在这一世界中诞生，并开始思想。马克思的开端的偶然性在于，他诞生时被包裹在一块巨大的意识形态的襁褓之中，而他成功地从这块沉重的襁褓中解脱了出来。"① 当时支配着 18 世纪 30 年代至 40 年代的德意志意识形态世界的正是德国的唯心主义，具体而言就是黑格尔的思辨哲学。马克思的哲学革命就体现在这一解脱、突破和转向之中。马克思辩证法的颠倒问题亦应该在这一哲学革命的思想背景之下获得理解。"1840 年德国青年知识分子从黑格尔那里继承来的思想，同它们的外表相反，包含着一部分含蓄的、被掩盖的、经过伪装的和改变了方向的真理，而马克思在经过多年的理论努力后，终于用批判的威力把这一真理挖掘了出来，使它重见了天日和得到了公认。所谓把黑格尔的哲学（或辩证法）'颠倒过来'、使之'重新用脚立地'这个著名论题实际上就贯穿着这种逻辑。"② 阿尔都塞的这一论断向我们表明，颠倒问题所贯穿的逻辑就是真理方向的改变，一种转向的逻辑，从黑格尔哲学的神秘形式中转向出来。

马克思在致狄慈根的信中谈到，"一旦我卸下经济负担，我就要写《辩证法》。辩证法的真正规律在黑格尔那里已经有了，当然是具有神秘的形式。必须去除这种形式"③。毫无疑问，马克思所谓的辩证法的神秘形式指的就是黑格尔哲学的"思辨"。在其逻辑学中，黑格尔明确地表达了关于"思辨"的含义。在论及逻辑学概念的进一步规定和部门划分时，黑格尔指出："逻辑思想就形式而论有三方面：（a）抽象的或知性［理智］的方面，（b）辩证的或否定的理性的方面，（c）思辨的或肯定理性的方面。"④ 这三个方面并不构成逻辑学的三部分，而是每一逻辑真实体的各环节，亦即每一概念或每一真理的各环节。辩证法和思辨并不能等同，而是概念或真理的两个环节。哲学把怀疑主义作为一个环节包括在它

---

① ［法］阿尔都塞:《保卫马克思》，顾良译，商务印书馆 2006 年版，第 62—63 页。

② 同上书，第 61 页。

③ 《马克思恩格斯文集》第 10 卷，人民出版社 2009 年版，第 288 页。

④ ［德］黑格尔:《小逻辑》，贺麟译，商务印书馆 1980 年版，第 172 页。

自身内，这就是哲学的辩证阶段。黑格尔之所以把辩证法与怀疑主义联系起来，是因为辩证法是以否定为其结果。但哲学不能像怀疑主义那样，仅仅停留在辩证法的否定结果方面。所以，哲学必须从否定的辩证阶段上升到肯定的思辨的阶段。"思辨的阶段或肯定理性的阶段在对立的规定中认识到它们的统一，或在对立双方的分解和过渡中，认识到它们所包含的肯定"①。辩证法与思辨的区别就在于它们分别标志着否定和肯定的环节。流俗理解的最大失误就在于把辩证法和思辨混同了起来，从而也就无法澄清辩证法的颠倒问题。黑格尔指出，"思辨的东西（das Spekulative），在于这里所了解的辩证的东西，因而在于从对立面的统一中把握对立面，或者说，在否定的东西中把握肯定的东西。这是最重要的方面，但对于尚未经训练的、不自由的思维能力说来，也是最困难的方面"②。而辩证法则是"抽象—否定"的方面，这是必须要超越的环节。

与黑格尔不同，马克思反对思辨的肯定，主张辩证法的否定。在《1844年经济学哲学手稿》中，马克思高度评价了"黑格尔的《现象学》及其最后成果——辩证法，作为推动原则和创造原则的否定性"。③ 其实马克思的这一说法也并不是和黑格尔完全对立。黑格尔也认为，"辩证法是现实世界中一切运动、一切生命、一切事业的推动原则。同样，辩证法又是知识范围内一切真正科学认识的灵魂"④。但是黑格尔和马克思对辩证法的重视是不一样的，黑格尔是把辩证法当作逻辑学的一个环节：在辩证的阶段，这些有限的规定扬弃它们自身，并且过渡到反面。黑格尔强调的是整体中这一环节的重要性。而马克思则把辩证法当作了整体本身。所以马克思必须反对逻辑学的"思辨"环节。"因为黑格尔根据否定的否定所包含的肯定方面把否定的否定看成真正的和惟一的肯定的东西，而根据它所包含的否定方面把它看成一切存在的惟一真正的活动和自我实现的活动，所以他只是为历史的运动找到抽象的、逻辑的、思辨的表达，这种历史还不是作为一个当作前提的主体的人的现实历史，而只是人的产生的活动、人的形成的历史。"⑤ 马克思要从黑格尔辩证法中彻底"转向"出来，

---

① ［德］黑格尔：《小逻辑》，贺麟译，商务印书馆1980年版，第181页。
② ［德］黑格尔：《逻辑学》上卷，杨一之译，商务印书馆1981年版，第39页。
③ 马克思：《1844年经济学哲学手稿》，中央编译局译，人民出版社2000年版，第101页。
④ ［德］黑格尔：《小逻辑》，贺麟译，商务印书馆1980年版，第177页。
⑤ 马克思：《1844年经济学哲学手稿》，中央编译局译，人民出版社2000年版，第97页。

就必须彰显辩证法的"批判性"，消解掉黑格尔哲学的"思辨性"。

三

那么，马克思为什么要颠倒黑格尔的辩证法，剥离辩证法的神秘形式，消解掉黑格尔哲学的思辨结构呢？这是因为作为肯定环节的思辨最终会导致一种"意识形态"。"所有这些武断的推论并非神奇般地局限于黑格尔的'世界观'和'体系'，它们实际上在黑格尔辩证法的构造和结构中，特别在黑格尔的矛盾中也得到反映，而这个矛盾的任务就是魔术般地推动历史世界的具体内容去达到意识形态的目的。"① 马克思必须突破黑格尔的思辨逻辑所形成的沉重的意识形态襁褓，重新发现真实的历史和真实的对象，这是马克思实现人类解放所需要的根本条件。

"为了从这一意识形态中解放出来，马克思不可避免地要认识到，德意志意识形态的过分发达实际上同时也是德国历史不发达的表现，因而必须从意识形态的大踏步倒退中重新退回到起点，以便接触事物本身和真实历史，并正视在德意志意识形态的浓雾中若隐若现的那些存在。没有这一重新退回，马克思思想解放的历史就不能被理解；没有这一重新退回，马克思同德意志意识形态的关系，特别同黑格尔的关系，就不能被理解；没有向真实历史的这一退回（这在某种程度上也是一种倒退），青年马克思同工人运动的关系依然是个谜。"② 在这里，阿尔都塞把马克思的哲学革命或者说把马克思对黑格尔的颠倒理解为"退回"。从彼岸世界退回到此岸世界，退回到对象的实际。"退回"这一概念相对于"超越"这一概念更具有优越性。因为，我们必须抛弃"超越"（扬弃）这个概念所包含的黑格尔的逻辑精神，否则马克思对黑格尔辩证法的颠倒又容易陷入黑格尔哲学的螺旋运动中去。因为"超越"一词可能意味着克服错误而走向真理，但马克思的颠倒则是克服幻觉而走向现实，或者更确切地说，是要消除幻觉并从被消除的幻觉退回到现实。

马克思能够穿越德意志意识形态的幻象而退回到现实绝非偶然。日本学者柄谷行人曾将马克思的批判称之为"移动式批判"，正是在这种不断地移动

---

① ［法］阿尔都塞：《保卫马克思》，顾良译，商务印书馆 2006 年版，第 92 页。
② 同上书，第 64—65 页。

中马克思才退回到了对象的实际。柄谷行人强调，"当我们考察马克思的时候，也应当注意到他的不断移动及其在思想上的绝对重要性"①。没有这种思想的移动，没有这种不断地流亡，没有这种德国之外的视角，马克思就无法看清德国的意识形态幻象。按照阿尔都塞的说法，"马克思作出了一项根本的发现，他发现法国和英国并不符合它们的神话，他发现了法国的现实和英国的现实，发现了纯政治的谎言、阶级斗争、有血有肉的资本主义和组织起来的无产阶级。偶然的巧合为马克思和恩格斯作了分工，前者发现了法国的现实，后者发现了英国的现实。这里的问题也还是后退，而不是超过，也就是从神话退回到现实。这场真实的经历揭开了幻觉的面纱，而马克思和恩格斯由于他们自身的开端，当时就生活在这种幻觉之中"②。

　　因此，强调马克思的移动式批判，并非是要强调马克思是一个流亡者。马克思确实曾流亡过英国，后来被允许回国，事实上，1850 年他也确曾一度回到德国。但他留在英国，其主要原因是为了研究资本主义。这样一来，我们便无法称他为单纯的政治流亡者，而毋宁说那是他自己主动选择的场所。因为当时的英国把现代世界的事实摆在了马克思的面前。"于是，一切都发生了变化，马克思终于发现了使他陷于迷茫之中的意识形态浓雾的现实。他不得不放弃用德国的神话去解释外国的现实，承认这些神话不但对外国毫无意义，而且对德国自己也是如此，这些神话只是使德国对自身的奴隶地位抱有幻想。马克思看到，必须相反用外国取得的经验去观察德国，以便对德国有清楚的认识。"③

　　从意识形态向现实的这一退回恰巧是与一种崭新现实的发现同时发生的。关于这一新的现实，马克思在"德国的哲学"著作中找不到任何反映。就这样，马克思在法国发现了有组织的工人阶级，恩格斯在英国发现了发达的资本主义，以及不需要哲学和哲学家的干预而按照自己的规律进行的阶级斗争。恩格斯在《英国工人阶级状况》中指明了这一退回的原因，"英国工人阶级的历史是从上个世纪后半期，随着蒸汽机和棉花加工机的发明而开始的。大家知道，这些发明推动了工业革命，工业革命同时

---

　　① ［日］柄谷行人：《跨越性批判——康德与马克思》，赵京华译，中央编译出版社2011 年版，第97 页。

　　② ［法］阿尔都塞：《保卫马克思》，顾良译，商务印书馆2006 年版，第69 页。

　　③ 同上书，第71 页。

又推动了整个市民社会的变革，它的世界历史意义只是现在才开始被认识。英国是发生这种变革（这种变革越是无声无息地进行，就越是强有力）的典型地方，因此，英国也是这种变革最主要的结果即无产阶级发展的典型国家。只有在英国，才能把无产阶级放在它的一切关系中并从各个方面来加以研究"①。在《资本论》中，马克思在谈到工作日、资本主义积累一般规律的例证时都选择的是英国的发展事实，之所以有这样大量的事实被列举，都是因为英国是最典型的资本主义社会。马克思指出，"现代社会的任何一个时期，都不如最近 20 年这样有利于研究资本主义的积累。在这个时期，真好像是福尔土纳特的钱袋被发现了。不过，在所有国家中，英格兰又是一个典型的例子，因为它在世界市场上占据首位，因为资本主义生产方式只有在这里才得到了充分的发展"。②

马克思通过《资本论》对资本主义社会的现实进行了详尽而又细致的分析。马克思所退回到的这个出发点不仅和青年黑格尔派不同，也与黑格尔哲学不同。如果不认真看待这个出发点的差异，如果看不到马克思的后退并不是退到黑格尔原来的出发点，就不可能解决黑格尔和马克思之间的关系问题。青年黑格尔派的出发点就是黑格尔的哲学。虽然青年黑格尔派中的每一个人都断言自己已经超越了黑格尔哲学，但他们与黑格尔哲学之间都存在着一种"依赖关系"，因此没有一个人对黑格尔体系进行全面的批判。马克思则揭示了黑格尔哲学的意识形态本性。黑格尔通过辩证法的逻辑进程，最终达到了绝对精神，而普鲁士国家就是这种完美理念的体现，这使得黑格尔哲学成为普鲁士国家的官方哲学。

在《资本论》第 1 版跋中，紧随那段"辩证法是倒立着的"论述之后更为重要的表述："辩证法，在其合理形态上，引起资产阶级及其空论主义的代言人的恼怒和恐怖，因为辩证法在对现存事物的肯定的理解中同时包含对现存事物的否定的理解，即对现存事物的必然灭亡的理解；辩证法对每一种既成的形式都是从不断的运动中，因而也是从它的暂时性方面去理解；辩证法不崇拜任何东西，按其本质来说，它是批判的和革命的。"③ 在这里，相对于黑格尔的辩证法，马克思提出了"合理形态"的

---

① 《马克思恩格斯文集》第 1 卷，人民出版社 2009 年版，第 388 页。
② 《马克思恩格斯文集》第 5 卷，人民出版社 2009 年版，第 746—747 页。
③ 同上书，第 22 页。

辩证法的观念。这种辩证法如果能够引起资产阶级及其夸夸其谈的代言人的恼怒和恐怖，是由于辩证法的批判的和革命的本性，这种批判的辩证法就是对资本主义社会的批判。因此，马克思的辩证法"并非仅仅是对黑格尔做了唯物论的颠倒，而是意味着从黑格尔式的问题构成本身走出来，实现了非连续性的变化"。①

在马克思关于辩证法"颠倒"问题的经典表述之前，马克思以赞美的方式援引了一位俄国评论者对《资本论》的方法的解释。这段话可能会对我们理解黑格尔与马克思辩证法之间的差异有所助益。这段话的核心观点如下："作为这种批判的出发点的不能是观念，而只能是外部的现象。批判将不是把事实和观念比较对照，而是把一种事实同另一种事实比较对照。对这种批判唯一重要的是，对两种事实进行尽量准确的研究，使之真正形成相互不同的发展阶段，但尤其重要的是，对各种秩序的序列，对这些发展阶段所表现出来的顺序和联系进行同样准确的研究……"② 对这篇评论，马克思给予了非常高的评价。他指出，"这位作者先生把他称为我的实际方法的东西描述得这样恰当，并且在谈到我个人对这种方法的运用时又抱着这样的好感，那他所描述的不正是辩证方法吗"③？ 可见，马克思高度认可俄国评论者对其辩证方法的描述。通过这一评论，我们可以看到：黑格尔辩证法是将"事实和观念"比较对照，而马克思辩证法则是"把一种事实同另一种事实比较对照"。这意味着：黑格尔是把思维和存在的统一性作为其哲学解决的主要问题，思想的客观性也就成为其所要到达的最终目标，但也因此其哲学不可避免地会被上升为一种意识形态或被意识形式所利用。而马克思则是将资本主义社会的事实和共产主义社会的事实相比较对照，试图揭示出资本主义社会必然被共产主义社会所取代的社会发展规律。因此，马克思的批判的辩证法在其理论旨趣上必然是对资本主义社会的批判，这种批判本身宣布了革命的必然性。批判的、革命的辩证法必须以马克思从黑格尔哲学所营造的意识形态幻象中挣脱出来为前提。"'马克思的道路'之所以堪称典范，这并不由这条道路的起源

①　［日］柄谷行人：《跨越性批判——康德与马克思》，赵京华译，中央编译出版社2011年版，第97页。

②　《马克思恩格斯文集》第5卷，人民出版社2009年版，第22页。

③　同上。

和细节所决定，而是因为马克思具有不屈不挠的意志，决心从自命为真理的神话中解放出来，因为他经历了推翻和扫除这些神话的真实历史。"①在此意义上，我们可以说，马克思的辩证法穿越了意识形态的幻象，退回到实际对象本身，从而彻底实现了对黑格尔辩证法的颠倒，确立了"合理形态"的辩证法。

---

① ［法］阿尔都塞：《保卫马克思》，顾良译，商务印书馆 2006 年版，第 73 页。

论历史唯物主义的两种
"历史"概念与意蕴

刘怀玉[*]

"回到马克思"的口号已经在中国学术界喊出了几十年，一个实质性的成果是：人们发现，马克思的哲学理念其实就是历史唯物主义。用历史唯物主义解读马克思主义哲学，已成为许多学者的共识，进而人们也普遍接受对历史唯物主义作出"广义"与"狭义"的理解。[①] 对于广义历史唯物主义之内涵，争论不大，可否定者不少，人们普遍认为决定论的进化论的唯物主义历史观过于"僵硬"而显得"迂阔"；对于狭义历史唯物主义，争议很大，可感兴趣、求新解的人很多，人们总在追问政治经济学批判何以是现代性批判的历史唯物主义的哲学话语。我们认为，历史唯物主义在原初经典中的面貌并不十分清楚，在很大程度上与马克思的叙述方式不无关系，有必要从叙述研究方式的角度去理解历史唯物主义中广义与狭义的历史概念与意蕴，弄清二者在通俗性与严格性、时代流行性与独创性上的区别。对这些问题的探讨，有助于更深入地理解马克思的哲学思想，也有助于推进历史唯物主义的研究。

---

[*] 刘怀玉，南京大学哲学系教授。本文系教育部人文社会科学重点基地重大项目"历史唯物主义的社会空间化理论与当代资本主义发展问题"及国家社会科学基金资助课题"历史唯物主义空间化问题研究"的阶段性成果。

[①] 国内学界最早提出此问题的可能是南京大学的学者。1982 年，孙伯鍨、姚顺良在《晋阳学刊》当年第 5 期合作发表了《从"两种生产"的理论谈对历史唯物主义的狭义和广义解释》一文，提出若不对历史唯物主义的基本观点作广义的解释，就不能对全部人类历史发展作出统一的、科学的说明。之后，张一兵教授出版了《马克思历史辩证法的主体向度》一书，明确了广义历史唯物主义和狭义历史唯物主义的提法。

一 广义与狭义:研究对象之分或者叙述方式之别

马克思恩格斯生前均没有对历史唯物主义作出过广义与狭义的区分,这只是后人的理解和说明。恩格斯在马克思逝世时动情地谈及了马克思一生的"两个发现",即后来广为人知的唯物史观与剩余价值学说。①恩格斯作为第二把提琴手,在使历史唯物主义变得通俗易懂和广为流传方面功不可没,但他对马克思青年时代就已指出的、并在政治经济学研究中着力证明的资本主义社会异化的、颠倒的历史特征并不十分重视,这仅从他对"两个发现"的表述中可见一斑:作为"人类历史的发展规律"的唯物史观在篇幅上比作为"现代资本主义生产方式和它所产生的资产阶级社会的特殊的运动规律"的剩余价值学说多了一倍。再加上《政治经济学批判》(第1分册)的匿名书评(但书评颇有影响)、《反杜林论》《社会主义从空想到科学的发展》《路德维希·费尔巴哈和德国古典哲学的终结》等公开发表的著作,恩格斯对历史唯物主义的通俗解释都加深了人们的判断:唯物史观与剩余价值学说是前后两种不同的理论形态,唯物史观既然研究并揭示的是人类社会历史的发展规律,当然是广义的;而以剩余价值学说为标识的政治经济学批判既然是以特定的现代资本主义社会为对象,那自然就是狭义的。在很长一段时间里,人们对历史唯物主义的理解就是广义历史唯物主义,是唯物主义历史观。

早在1973年前后,日本马克思主义学者望月清司就曾针对苏联僵化的教科书体系而指出,"要严格区分马克思历史理论和唯物史观教义体系":马克思的历史唯物主义与其说是反映人类社会历史发展普遍规律的历史哲学,不如说是主要局限于地中海和阿尔卑斯山脉以北的西欧市民社会兴起过程问题研究的历史理论②。这实际上是较早地把历史唯物主义从研究对象上作出广义与狭义区分的重要尝试。改革开放后,历史唯物主义传统理解中含混的、模糊的广义和狭义之两分,逐渐被我国学者意识到并

---

① 《马克思恩格斯选集》第3卷,人民出版社1995年版,第776页。
② 参见〔日〕望月清司《马克思历史理论的研究》,韩立新译,北京师范大学出版社2009年版。

突出出来。南京大学的孙伯鍨先生从研究对象、研究重点以及研究方法上对历史唯物主义作出了广义与狭义的区分：在研究对象上，广义历史唯物主义主要指整个人类社会历史发展的一般的规律和本质；狭义历史唯物主义主要指当代社会尤其是资本主义社会历史发展的逻辑、特点以及研究方法；在研究重点上，广义历史唯物主义侧重于社会发展理论，狭义历史唯物主义侧重于当代资本主义社会的批判。在他和姚顺良合著的《马克思主义哲学史》第 2 卷部分章节中，他们又指出在研究方法上，广义历史唯物主义是通过对德国思辨唯心主义和传统唯物主义历史哲学的批判，而实现了对所有唯心主义历史观的唯物主义批判；狭义历史唯物主义则是通过认识论的批判揭示资本主义社会颠倒着的、物化外观，从而恢复人的实践的主体性、实现人的自由解放。[1] 张一兵教授是国内最早明确采用广义历史唯物主义与狭义历史唯物主义提法的学者。他指出广义历史唯物主义是客体向度的、在历史发展中始终起决定作用的、基础作用的客观的物质生产过程，任何一个社会都有着人们无法选择、无法改变、客观的历史基础；狭义历史唯物主义则是主体向度的、需要认识的主体批判地揭示资本主义社会种种迷雾和假象的辩证的历史的唯物主义。人类社会不存在一个一般的、永恒的社会生产，还原论意义上的历史是不存在的，只有用历史的、批判的方法才能重构历史认识论意义上的历史。[2] 几乎与张一兵教授同时，俞吾金教授也提出广义与狭义的历史唯物主义概念，但明显对狭义历史唯物主义持批判态度。他认为，如果对历史唯物主义的理解仅仅停留于社会历史领域的观念的"狭义的历史唯物主义概念"，就不可能理解马克思的划时代的哲学变革的真正的实质和意义，马克思哲学是对应于广义的社会或社会生活（即在人的生存实践活动中展现出来的整体世界）的"广义的历史唯物主义概念"。[3] 我以为，俞、张二教授似乎表面上的争论，其实是一致的，这就是他们共同地把批判目标对准了传统的教科书体

---

[1] 参见《从"两种生产"的理论谈对历史唯物主义的狭义和广义解释》；孙伯鍨《探索者道路的探索》，江苏人民出版社 2002 年版。孙伯鍨、张一兵主编《走进马克思》，江苏人民出版社 2001 年版；黄楠森、庄福龄、林利主编：《马克思主义哲学史（修订本）》第 2 卷，北京出版社 2005 年版，第 109—262 页。

[2] 参见张一兵《马克思历史辩证法的主体向度》，河南人民出版社 1995 年版；张一兵《回到马克思》，江苏人民出版社 2003 年版。

[3] 参见俞吾金《论两种不同的历史唯物主义概念》，《中国社会科学》1995 年第 6 期。

经典与当代:马克思主义哲学史研究

系的那种历史唯物主义概念。俞教授之所以认为传统历史唯物主义概念还不够广义而是狭义的，是因为它把视角停留于社会历史领域，而实际上历史唯物主义是马克思主义哲学的绝对的终极地平线，在社会历史视角之外并无独立的自然历史发展过程可言，从而在历史唯物主义之外并无什么辩证唯物主义可言，马克思主义哲学就是广义的历史唯物主义。张教授之所以有意无意把传统历史唯物主义概念悬搁起来，是以为这仍然是一种非历史的非批判的历史哲学，所以历史唯物主义概念必须严格化与狭义化，也就是主体化。两人表面上分歧其实内在地包含着共同点，即共同认为马克思主义哲学只是一种以人的实践主体性活动为基础的历史唯物主义。

本文认为，广义与狭义历史唯物主义之二分法，与其说是由于研究对象的广义与狭义之分而造成的，不如说实际上反映的是马克思在创立与发展历史唯物主义过程中的两种叙述方法。换言之，广义的历史唯物主义是一种通俗或大众化的理论叙述方法，而狭义的历史唯物主义则是一种严格的而富有创造性的理论叙述方法。

正如马克思所说的，"在形式上，叙述方法必须与研究方法不同"①。他因此还自我提醒同时也警告别人："叙述的辩证形式只有明了自己的界限时才是正确的。"② 马克思生前不止一次指出，一个哲学家要想突破时代局限性尤其是权力话语的束缚，表述出自己的真正的原初的思想是多么的困难，所以很多哲学家的思想体系只是"自在地"存在，而是不是"自觉地"存在，比如伊壁鸠鲁与赫拉克里特只有"自在地"哲学体系残篇，而并无"自觉地"的完整哲学体系。"即使那些赋予自己的著作以系统的哲学家如象斯宾诺莎那里，他的体系的实际的内部结构同他自觉地提出的体系所采用的形式是完全不同的。"③ 正像重农学派代表人物魁奈表面上像某个地主手下可怜巴巴的租户那样说话，而实际上他第一个把政治经济学建立于其真正的即资本主义的基础之上。"对一个著作家来说，把某个作者实际上提供的东西和只是他自认为提供的东西区分开来，是十分必要的。这甚至于对于哲学体系也是适用的：例如，斯宾诺莎认为是自己

---

① 马克思:《资本论》第 1 卷，第 2 版跋，人民出版社 2004 年版，第 21 页。
② 《马克思恩格斯全集》第 31 卷，人民出版社 1998 年版，第 398 页。
③ 《马克思恩格斯全集》第 29 卷，人民出版社 1972 年版，第 540 页。

体系的基石的东西和实际上构成这种基石的东西，两者完全不同。"① 而当我们面对马克思本人的哲学时，实际上也存在着马克思表面上"自觉地"叙述形式以及他其实想表述的真实（自在的）思想之间的重要区别，这就使得他的思想不是现成可用而是需要回溯性与重建性的双重阅读研究过程。

他出于要为同时代人所理解的考虑，常常要采用 19 世纪流行的价值观念、思想方法和语言风格来叙述自己的思想，而他的本真的创造性的哲学革命思想，往往被遮蔽在对他而言不得已的、时代化的语言风格中或者无声地隐匿在没有发表的手稿中。"历史"作为马克思主义哲学的基本的理论空间，无论是广义的还是狭义的历史概念，都并不是可以现成接受的，而是需要经过批判予以重构的。

二　广义与狭义：两种不同的叙述方式

马克思确立广义历史唯物主义的《德意志意识形态》（以下简称《形态》）生前没有发表，他是在"第一次科学地表述了关于社会关系的重要观点"② 的《政治经济学批判》（第 1 分册）序言（以下简称《序言》）中对相关问题作了集中而简要的论述，即人们耳熟能详并进行了概述的"社会存在决定社会意识""生产力和生产关系、经济基础和上层建筑的矛盾运动与社会革命""五形态社会理论"。恩格斯在马克思墓前的讲话基本上又是《序言》中相关论述的浓缩，所以《序言》就成了马克思第一次、也是唯一一次公开系统阐述广义历史唯物主义乃至历史唯物主义基本原理、创立过程及其与经济学研究关系的文本。

不到 3000 字的《序言》以"警示性的语言和简短的回顾"，③ 将广义历史唯物主义的重要观点高度概括而又中规中矩地表达了出来。但《序言》中还是有一点"悬念"的。马克思开篇在介绍全书内容时写道："我面前的全部材料形式上都是专题论文，它们是在相隔很久的几个时期内写

---

①　《马克思恩格斯选集》第 4 卷，人民出版社 1995 年版，第 631 页。

②　《马克思恩格斯文集》第 10 卷，人民出版社 2009 年版，第 167 页。

③　［英］戴维·麦克莱伦：《马克思传》，王珍译，中国人民大学出版社 2006 年版，第 318 页。

成的，目的不是为了付印，而是为了自己弄清问题，至于能否按照上述计划对它们进行系统整理，就要看环境如何了。"① 遥相呼应，在《序言》的倒数第二段，马克思在"不点名"地回忆《形态》书稿命运时写道："两厚册八开本的原稿早已送到威斯特伐利亚的出版所，后来我们才接到通知说，由于情况改变，不能付印。既然我们已经达到了我们的主要目的——自己弄清问题，我们就情愿让原稿留给老鼠的牙齿去批判了。"② 马克思的思想发展确实存在"自己弄清问题"的艰苦历程，这个历程也几乎伴随他终生，但在一篇不长的序言里两次强调"自己弄清问题"与"环境"（能否系统整理取决于环境如何）、"情况"（因情况有变而不能付印）的紧密关系，我们有理由认为他在《序言》中公布广义历史唯物主义，着实有着对《形态》没能发表之遗憾的弥补。

在当时还不为人知的《形态》中，马克思就指认了一向为传统哲学所忽视的物质生产的基础性地位，也借此确立了广义历史唯物主义。他在批判费尔巴哈的直观唯物主义"根本不理解人类历史"的基础上，指出物质生产作为"连续不断的感性劳动和创造活动，是整个现存感性世界的基础，只要它哪怕只停顿一年，不仅整个人类世界甚至连单个人的存在也就没有了"。③ 所以，人类历史就是生产的历史，就是社会生活生产和再生产的历史，人类物质生活条件的生产与再生产是全部社会存在和发展的基础。在第 1 分册出版前，马克思就已敏锐地觉察到一般意义上的物质资料生产亘古就有且会一直存在下去，但建立在其之上的哲学反思却是当代历史与思想的结果，只有通过政治经济学批判才能将对传统哲学的批判推进到对社会历史生活本身的批判。正如国内有学者所言："马克思的政治经济学批判，就是要揭示资本逻辑的运行规律及其历史效果"，与此同时，"超越资本逻辑构成了其理论指向"。④ 而美国学者普殊同（Moishe

---

① 《马克思恩格斯选集》第 2 卷，人民出版社 1995 年版，第 31 页。关于马克思说的"面前的全部材料"，《马克思恩格斯选集》的注释部分认为是"指他的 1857—1858 年经济学手稿和一些准备材料、大纲及摘录笔记等"。参见《马克思恩格斯选集》第 2 卷，第 648 页；而麦克莱伦则认为"完全是指 1844 年手稿和 1850—1852 年的伦敦笔记"，见《马克思传》，第 313 页。二者虽然在解释的范围上差别不小，但都确证了马克思"自己弄清问题"与其思想历程息息相关。

② 《马克思恩格斯选集》第 2 卷，人民出版社 1995 年版，第 34 页。

③ 《马克思恩格斯选集》第 1 卷，人民出版社 1995 年版，第 77 页。

④ 仰海峰：《历史唯物主义的双重逻辑》，《哲学研究》2010 年第 11 期。

Postone）的一个重要观点是，应当把马克思的批判理论从本质上理解为对资本主义中的劳动的批判，而不是将其理解为从劳动的立场对资本主义的批判，这一点对于全面理解《资本论》具有重要而深远的意义。并且从根本上区分了什么是马克思的"政治经济学批判"，什么是这种批判通常被传统马克思主义者错误地解释为"批判的政治经济学"①。

马克思的研究理路和潜在动因在当时还不为人知，他庞大的政治经济学研究又尚在进行中，他既觉得"预先说出正要证明的结论是有妨害的"，②又不确定读者是否愿意真想跟他一道下定决心"从个别上升到一般"。③所以，马克思在《序言》中就用一种迎合当时在英国流行的进步主义历史观的文风阐述了自己"所得到的、并且一经得到就用于指导我的研究工作的总的结果"。④马克思的表述，逻辑周延，结构清楚，也顾及了人们普遍的接受能力与习惯，所以很容易被时人理解。列宁认为这就是马克思本人对"推广运用于人类社会及其历史的唯物主义的基本原理"所作的"完整的表述"。⑤

这种人们理解起来不怎么困难的表述，影响是巨大的，几乎所有关于历史唯物主义的研究与论争都绕不开这个"纯粹典型形式"。⑥但《序言》中的经典表述恰恰存在三个不容忽视的问题：第一，《序言》中的广义历史唯物主义确实存在有违于马克思实际上已经在《政治经济学批判1857—1858年手稿》（以下简称《57—58手稿》）中确立的严格的历史批判精神，因而没能完全摆脱超历史的形而上学幽灵的问题。"人们在自己生活的社会生产中发生一定的、必然的、不以他们的意志为转移的关系，

---

① 参见莫伊舍·普斯顿《〈大纲〉视角中的〈资本论〉》，载［意］马塞罗·默斯托《马克思的〈大纲〉——〈政治经济学批判大纲〉150年》，闫月梅等译，中国人民大学出版社2011年版，第174页。

② 《马克思恩格斯选集》第3卷，人民出版社1995年版，第31页。

③ 同上。

④ 同上。

⑤ 《列宁选集》第3卷，人民出版社1995年版，第423—424页。

⑥ 苏联学者巴伐图利亚语，原话为："为了把握一种观点最一般最本质的特征，必须考察这种观点表现为纯粹典型形式的时刻。而对于唯物史观来说，这一时刻在马克思主义史上就是1859年马克思所发表的《政治经济学批判》的一书序言。"参见［苏联］Г. А. 巴加图利亚（Багатурия，Г. А.）《马克思的第一个伟大发现——唯物史观的形成和发展》，陆忍译，中国人民大学出版社1981年版，第3页。

即同他们的物质生产力的一定发展阶段相适合的生产关系。这些生产关系的总和构成社会的经济结构,即有法律的和政治的上层建筑竖立其上并有一定的社会意识形式与之相适应的现实基础。物质生活的生产方式制约着整个社会生活、政治生活和精神生活的过程。不是人们的意识决定人们的存在,相反,是人们的社会存在决定人们的意识。社会的物质生产力发展到一定阶段,便同它们一直在其中运动的现存生产关系或财产关系(这只是生产关系的法律用语)发生矛盾。于是这些关系便由生产力的发展形式变成生产力的桎梏。那时社会革命的时代就到来了。随着经济基础的变更,全部庞大的上层建筑也或慢或快地发生变革。"① 马克思先是用社会静力学的方式对人类社会的结构层次做了决定论意义上的说明,又从社会动力学角度指出了两重社会基本矛盾所推动的人类社会发展过程及其形态。这无疑是在实证科学层面指认人类社会有一个普遍适用的过程与规律,实际上也就成了对生产方式、社会结构等马克思自己的核心概念的非历史、非批判的扩张和运用。第二,马克思因为当时对东方历史还不够了解,使用了"亚细亚生产方式"一词,这难免不落入欧洲中心论的历史哲学狭隘性之窠臼。《序言》里的马克思对社会历史形态作的划分,与《形态》《雇佣劳动与资本》等当时没公开和已发表的文本中所作的划分一样,都是以欧洲的历史为线索展开的。第三,马克思阐述的社会发展动力的两种革命形式,可以看成是对人类社会作出了直线性的决定论的进步论假设。这种假设极易导致政治行动策略上对历史复杂性、跳跃性与历史主体能动性作用的误解与忽略。这就有了第二国际后来"坐等革命"的改良主义严重错误。也就是说,由于缺失狭义而严格的历史唯物主义理论规定,广义历史唯物主义便有可能沦落为晚年马克思所担心的超历史的历史哲学,以致恩格斯不得不引用马克思批评 19 世纪 70 年代末法国马克思主义者时说的话来告诫"唯物史观的许多朋友":"我只知道我自己不是马克思主义者。"②

　　与叙述流畅、表述完整的《序言》相比,被马克思坚决压下来的、隐藏狭义历史唯物主义要害的《导言》中叙述的声音则是多重的,里面有科学的话语,有反讽的话语,有审美的话语,也有道德的话语,这些不

---

① 《马克思恩格斯选集》第 3 卷,人民出版社 1995 年版,第 32 页。
② 《马克思恩格斯选集》第 4 卷,人民出版社 1995 年版,第 691 页。

同话语交织在一起，使人们在阅读时颇感艰涩。所以《导言》1902 年发表时，世人对这个未完成的手稿并不十分在意。直到 1939—1941 年《57—58 手稿》陆续公之于世后，人们才回过头来发现《导言》的震撼力与穿透力。

《导言》表达的强烈的意向以及透露的理论意图表现为三个方面：第一，构成历史发展本质的，不是每个历史时代连续的一般性和共同点，而恰恰是"区别于这个一般和共同点"的"差异"，正如马克思所言："构成语言发展的恰恰是有别于这一般和共同点的差别"。① 社会历史总是一定的差异的生产方式。第二，马克思在《导言》中强烈反对了启蒙时代的进步观，他以古希腊艺术显示出恒久魅力为例，说明了文化、艺术的发展与社会的经济发展并不具有一一对应的同构性或者普遍的进步性，历史有断裂、有分叉、有不平衡性，线性的平滑的积累式的进步观应当让位于断裂的分叉的不平衡的历史观。第三，马克思强调研究历史尤其是研究资本主义的历史，不在于研究历史上究竟发生了什么以及延续了什么，而在于我们必须研究既定的、当下的主体的结构，"问题不在于各种经济关系在不同社会形式的相继更替的序列中在历史上占有什么地位，更不在于它们在'观念上'（蒲鲁东）（在关于历史运动的一个模糊的表象中）的次序。而在于它们在现代资产阶级社会内部的结构"。② 资本主义社会的历史不仅是以往人类历史的高度发展和继续发展，而且是一种断裂一种中断，更是在总体性结构中对以往历史的摧毁和重构。马克思用"世界史不是过去一直存在的；作为世界史的历史是结果"③ 这句结论道破了天机：资本主义社会以前是没有严格意义上的世界历史的。

而《形态》中的世界历史则是基于不同民族、族群、国家在商业、经济、文化、政治等现实交往过程中，慢慢地由多样性转变为普遍性、统一性的世界史。"只有随着生产力的这种普遍发展，人们的普遍交往才能建立起来；普遍交往，一方面，可以产生一切民族中同时都存在着'没有财产的'群众这一现象（普遍竞争），使每一民族都依赖其他民族的变革；最后，地域性的个人为世界历史性的、经验上普遍的个人所

---

① 《马克思恩格斯选集》第 2 卷，人民出版社 1995 年版，第 3 页。
② 同上书，第 25 页。
③ 同上书，第 28 页。

代替。"① 这是交往的世界历史观,还明显带有亚当·斯密的分工理论与交往理论的经验主义历史观的痕迹,即将历史看成是交往之"多"所形成的最终之"一"。《形态》中所展望的未来共产主义也是"以生产力的普遍发展和与此相联系的世界交往为前提的",② 是摆脱了地方局限性和私有制狭隘性的交往共同体。《序言》中的"经典表述"与《形态》中带有目的论色彩的历史观是一致的。这些实际上仍是基于资产阶级市民社会社会关系的批判性超越想象,并不足以揭示资本主义社会特殊的、必然的历史特征。既然历史唯物主义针对的世界历史乃是历史发展到资本主义阶段的产物,就有必要对"历史"作出限定,以使其具有严格的当代性意义。因此,马克思的狭义历史唯物主义进行了非常有意义的区分:一是区分经济社会的客观物质性特征与经济社会的暂时的历史的物化特征;二是区分经济发展的基础性决定性作用与经济的历史阶段性的主导性总体影响;三是区分经济发展的不可超越的历史过程的必然性与经济发展的盲目扩张的暂时必然性。

正如某些学者所说,从《大纲》开始,马克思真正意义上的历史唯物主义概念才开始形成了③。这就是他用历史替代了目的论。人们通常把马克思那句名言"人体解剖是猿体解剖的一把钥匙"理解为典型的目的论,这是对马克思的莫大的误解。由于强调资本主义的历史独特性,而拒绝将其发展规律强加给一切历史,进而强调每一种生产方式是受其自身独特的再生产所支配,马克思恰恰给我们提供了反目的论的命题。当然这个历史也不是决定论。相反,成熟的马克思越来越少地倾向于关于适用一切社会历史过程的一般历史动力论与阶段论假设的历史决定论。流行一时的说法是,青年马克思是人本主义者、主体论者,而成熟马克思则是决定论者,与此说法正好相反。《从大纲》开始到《资本论》,马克思坚持了这样一种历史唯物主义:历史的最终依据并不是某种类似于物自体的经济基础或上层建筑,而是实践活动,这种物质基础本身是由人的实践所构成的。这里的历史既不是偶然性,也不是预先已经安排好的因果关系的进

---

① 《马克思恩格斯选集》第 1 卷,人民出版社 1995 年版,第 86 页。
② 同上。
③ 参看 [加] 埃伦·梅克辛斯·伍德《〈资本主义生产以前的各种形式〉中的历史唯物主义》,载 [意] 马塞罗·默斯托《马克思的〈大纲〉——〈政治经济学批判大纲〉150 年》,闫月梅等译,中国人民大学出版社 2011 年版。

程，这种进程倒是由人类主体能动性在社会关系与社会实践的背景中所形成的。

由此可见，马克思哲学的真正革命性意义主要不是表现在对人类历史的一般唯物主义解释，甚至也不满足于对人类的历史发展的物质生产实践基础的发现及其演进逻辑的泛泛一般地解释，而是在以具体总体的实践性、历史性为首要性原则的辩证法基础上，对 19 世纪流行一时的庸俗的一般历史观念所进行的根本批判。马克思的哲学既反对那种掩盖历史起源的"永恒自然状态说"，也就是那种非历史的理性主义，也反对那种一味强调民族历史起源特殊性、拒绝历史发展一般性的浪漫主义。马克思的哲学是强调不同时代有着不同特殊的抽象/一般性这样一种具体的历史主义观点，这是一个很独特然但又很不好理解的主张。那么历史唯物主义的基本叙事逻辑究竟是什么呢？其中有没有历史进步论启蒙叙述逻辑呢？我们要说的是这种启蒙大叙事在马克思著作中起作用但作用不可高估。马克思的政治经济学批判将历史与社会理论从资本主义僵化的意识形态中解放出来了。而且它与启蒙运动将进步视为由超历史的运动原理所支配的单一的线性进程也不同。资本主义生产方式不是一般人性的产物、不是人类的一般自然状态，而是历史发展到一定阶段才有的历史的产物，从而也表现为后来历史发展的一定的历史前提。资本主义从一个更长远的历史来讲，它不是人类最好的社会，也不是人类自古以来就有的自然状态，而是以往社会发展到一定阶段所导致的一个偶然的或者说是一个强化的结果而已。所以马克思的辩证法就是既是积累式的辩证法，也是回溯式的辩证法，或者说解构式的。

复言之，马克思关心的不是人类一般的生产，他关心的是资本主义这个一般的生产是如何从以往的社会形态中派生出来的，是一定历史阶段的一般生产，而不是永恒的一般生产。构成历史本质的这个一般只有面对这些不同历史时代与国家地区的个别和差异的时候才有意义。如果因为这个一般而否认了每个时代劳动的差异，这个一般就毫无意义。这是马克思的辩证法，讲一般的时候一定不要忘了个别，讲个别的时候一定不要忘了一般，这就是马克思心目中最具体的世界。具体的世界是什么呢，就是一般、特殊和个别的统一体。任何事物从来既不作为一般而存在，也不作为个别而存在，而是作为一般的个别和个别的一般的统一而存在。这个一般的个别和个别的一般的统一是什么呢，那就是特殊，这就是具体的总体，就是黑格尔和马克思心目中的真理，也就是辩证法。为了取代一种抽象而普遍的历史观，马克思提出对历史进步进行批判分析。这种分析强调一种历史的独特性，尤其是资本主义历史的独特性。资本主义的历史普遍性与其说是以往历史转变为世界历史那种普遍性的延续，不如说是资本主义所独特创造出来的。于是，相比于启蒙运动关于进步的观念，马克思的分析既更多的是历史的，又更少的是决定论的。在其人类解放观上既更多的是与历史独特性相吻合的，同时又真正具有普遍性，既意识到了资本主义的制度的强迫性，却又对人类主体性与斗争性持更为开放的立场①。

马克思把自己狭义的严格的历史唯物主义概念方法论集中表述为："在研究经济范畴的发展时，正如在研究任何历史科学、社会科学时一样，应当时刻把握住：无论在现实中或在头脑中，主体——这里是现代资产阶级社会——都是既定的；因而范畴表现这个一定社会即这个主体的存在形式、存在规定、常常只是个别的侧面。"② 正是基于对"历史"严格的自觉的限定，《导言》以及《57—58手稿》《资本论》及其手稿所表达的历史观，才突破交往历史观的局限而转向了资本积累的历史观。马克思深刻指出现代社会的本质是资本的权力，"资本是资产阶级社会的支配一切的经济权力"，③ 资本主义社会之所以不是以往历史的简单继续和数量积累，是与其资本逻辑的特殊生产方式密不可分的。马克思在《资本论》中使用从抽象到具体的黑格尔逻辑学的叙述方式，从某种意义上说正是他找到了理论再现资本主义生产逻辑发生、发展过程的最好方法。资本主义的生产不是为了眼前的直接的物质生活需要，而是为了追逐剩余价值，是一种抽象的价值驱动和支配下的现实的生产与再生产。前资本主义社会的社会生产中，商品的生产是为了获得货币以购买想要的商品，是 W—G—W，起点和终点都是商品；而在资本主义生产中则为了价值的增值，是 G—W—G'，"循环的动机和决定目的是交换价值本身"，"货币在运动终结时又成为运动的开端"。④ 资本主义社会追求剩余价值现实的历史活动

①　参看［加］埃伦·梅克辛斯·伍德《〈资本主义生产以前的各种形式〉中的历史唯物主义》，载［意］马塞罗·默斯托《马克思的〈大纲〉——〈政治经济学批判大纲〉150年》，闫月梅等译，中国人民大学出版社2011年版，第133—134页。

②　《马克思恩格斯选集》第2卷，人民出版社1995年版，第24页。

③　《马克思恩格斯选集》第1卷，人民出版社1995年版，第25页。

④　马克思：《资本论》第1卷，人民出版社2004年版，第175、177页。

过程与黑格尔绝对观念自我外化、自我扬弃的过程恰是高度一致的，正像绝对观念是遮蔽了历史起源、社会起源和意识起源的形而上学怪影一样，资本主义也总是想尽一切办法遮蔽自己作为以往历史结果的前提，将资本生产的前提当成永恒的自我运动。在马克思那里，从抽象到具体当然不是观念生成万物并在万物中认识自身、实现自身的唯心主义的神秘过程，也不只是科学再现事物的研究方法，而是揭示资本主义特殊的必然的历史特征的科学方法。

资本主义社会的特殊性就在于其是一个以掩盖自己历史起源、将自己作为自己起源的自我膨胀、自我繁殖的过程，历史成了一个没有主体的抽象物支配人的主客颠倒的必然性过程。这个过程如果不采取一种历史的辩证的想象是无法把握的，只有指出资本主义是独特的、暂时的历史形态，而不是以往社会的自然延续，才能洞穿资本主义社会的暂时性、独特性，才能在根基上批判资本主义。狭义历史唯物主义的独特意义决非是广义历史唯物主义的具体运用，而是一种哲学方向的转折。马克思在《导言》中实现的话语转换，正是从之前本质地认定经济是人类社会发展永恒的基础前提与最终动力机制，转换为历史地确认资本主义所开创的发达的市场经济社会形态，无非是人类历史上暂时出现的一种以盲目—自发的调节机制来控制社会生活的现实秩序。他深刻地写道："在一切社会形式中都有一种一定的生产支配着其它一切生产的地位和影响。这是一种普照的光，一切其它色彩都隐没其中，它使它们的特点变了样。这是一种特殊的以太，它决定着它里面显露出来的一切存在的比重。"[①]"因此，把经济范畴按它们在历史上起作用的先后次序来安排是不行的，错误的。它们的次序倒是由他们在现代资产阶级社会中的相互关系决定的，这种关系同看来是它们的合乎自然次序或者符合历史发展次序的东西恰好相反"。[②] 在后来的《资本论》中，马克思更是深入而具体地阐述了这种不平衡发展的特点。

不过，人们以往不太注意的是，马克思的政治经济学批判一方面充分揭露了资本主义社会不可克服的内在矛盾及其不平衡的发展特征，另一方面又指出现代社会是一个有机体社会。他在《资本论》第 1 版序言中写

① 《马克思恩格斯选集》第 2 卷，人民出版社 1995 年版，第 24 页。
② 同上书，第 25 页。

道："现在的社会不是坚实的结晶体，而是一个能够变化且经常处于变化过程中的有机体。"① 这也就是说，一方面从人类发展的总过程和总趋势看，社会愈来愈具有有机整体性；另一方面社会机体具有自我更新的能力，任何一个具体的社会都经历从形成、发展到衰亡，最后被新社会取代的过程。人类社会的历史就是社会有机体不断自我更新代谢的历史，具体表现为各种社会形态的更替，即社会机体类型或"形式"更迭的历史。当然，社会有机体的自组织、自调节能力是有限的，当矛盾的激化超过了自我调节的限度时，必然会被新的社会形态所代替，又开始新的自我组织与调节的运动。一个是对过去起源的批判性的追溯，一个是对未来的科学展望，两端共同构成马克思非普通意义的、批判的历史辩证法，使得马克思牢牢地把握住了资本主义独特的、矛盾的、必然灭亡的本质。

三　广义与狭义之争的历史误区与当代反思

在马克思主义发展史上，广义和狭义的两种"历史"概念时常被人自觉不自觉地提到，却又总是被误解、曲解和非难。

受恩格斯影响，第二国际开启了广义历史唯物主义的解释模式。在第二国际的理论家那里，马克思的历史观不是被简化为类似于达尔文进化论意义上的社会进化论，就是被简化为类似于机械力学意义上的经济决定论；或者，干脆用康德式的二元对峙取代马克思哲学中主客体统一的、辩证的历史概念。前者表现为以卡尔·考茨基为代表的、主流的、实证科学的社会进化论，后者表现为以爱德华·伯恩斯坦为代表的修正主义的人道关怀的价值哲学。在面对资本主义的现实与矛盾时，他们不是用实证科学的办法就事论事地解释，就是仅从外在的、主体的、道德的良知来论证社会主义。这实际上是对历史唯物主义的庸俗化和肢解化。

苏联和东欧的马克思主义（尤其是斯大林意识形态体系），基本沿袭了第二国际的理解模式。尽管他们也不同程度地强调社会的内在矛盾而不再将社会看成是一个简单的进化过程，但仍然片面强调历史规律的客观性与经济的决定作用，同时又小心翼翼地掩盖甚至竭力消解人的主观能动性和无产阶级的主体意识，试图用一种虚假神圣的历史必然性命令来代替历

① 马克思：《资本论》第1卷，人民出版社2004年版，第10、13页。

史主体的选择，从而形成了对广义历史唯物主义机械教条化的理解，历史唯物主义成了无历史的、封闭的、必然逻辑的五形态历史哲学和经济决定论。

随着马克思生前手稿的陆续发现，西方掀起了对"两个马克思"（即青年马克思与老年马克思）的持久争论，许多西方学者都指摘第二国际和苏联教科书体系中非批判性的、机械决定论的弊端，转而强调无产阶级和人的主体性问题。在以卢卡奇、葛兰西为开端的第一代西方马克思主义学者看来，历史唯物主义的主要任务不再是揭示人类社会历史的客观规律，而是批判地揭示资本主义社会物化的、异化的拜物教现实。这实际上就是将广义历史唯物主义悬置了。而以阿尔都塞为代表的结构主义学派则将广义历史唯物主义改造成为一种社会关系、社会结构的多元决定论，从而将历史决定论变成了结构决定论，历史也就成了"无主体的过程"。①以霍克海默和阿多诺为代表的、西方马克思主义最有影响力的学派之一——法兰克福学派在反对机械决定论、经济决定论和庸俗唯物论解释模式的同时，将历史唯物主义置于工具理性批判的理论逻辑之中，认为当代资本主义已经从马克思所看到的生产关系异化发展为生产力的异化，即从"过去"劳动对"现在"劳动、资本对人的奴役发展成为科学技术生产力对人的自我奴役，人与人的矛盾被人与自然的对抗所取代。广义历史唯物主义成了他们眼中非批判的社会进化论或工具理性支配下的进化过程。他们或是以青年马克思的异化和人道主义思想为基础，认为历史唯物主义理论的价值指向在于反对资本主义社会的异化和不人道现象，从而实现人的自由解放，如马尔库塞和弗洛姆；或是以青年马克思的劳动概念为基础，强调历史唯物主义的批判超越性质，如施密特；或者是以晚期资本主义社会的现实为基础，如法兰克福学派晚期代表人物哈贝马斯，他就认为马克思主义经典论述已经不能解释晚期资本主义的社会实践，需要在科学和价值两个向度上重建历史唯物主义，强调用以价值理性为特质的交往理性填充历史唯物主义，并最终用交往行动理论替代了历史唯物主义。

另外，法兰克福学派和结构主义学派又都从狭义历史唯物主义强调的资本逻辑中寻找为我所用的理论资源。前者从以隐性人本主义价值悬设为

---

① ［法］路易·阿尔都塞：《列宁和哲学》，远流出版公司 1990 年版，第 146 页；另参见张一兵《问题式、症候阅读与意识形态》，张一兵译，中央编译出版社 2003 年版，第 265 页。

前提的物化、主客体颠倒的角度，将马克思对资本主义的批判转化成了对工具、技术的批判，最终把资本主义看成是人类不可抗拒、不断危机的命运，从而在消极悲观意义上看待现代性的矛盾和危机。后者则用无主体的、无历史的结构取消了人的主体地位，成了另一种悲观主义。到了后马克思主义那里，由于阿尔都塞的消极影响，他们不约而同地放弃了历史唯物主义的核心构件，生产方式的作用、资本逻辑的批判双双被话语批判、权力批判、符号批判、意识形态批判等微观批判幻觉所取代。这些各执一端的理论想象不同程度地遮蔽了狭义历史唯物主义的"历史"概念，从而也付出了沉重的理论代价，历史唯物主义的理论锋芒被钝化，马克思历史辩证法严格的核心意义也愈加含混。

我们认为，历史唯物主义不是一般意义上的唯物主义历史观，不是一般意义的历史哲学，不是批判社会的价值悬设和人文解释学，也不仅是认识社会的逻辑方法，而是独特的、辩证的逻辑形态和结构。历史一方面有其客观实在的过程，一方面则必须通过辩证的科学的认识逻辑加以把握。历史唯物主义的关键既不是简单地将人类社会历史过程还原成一个基本的客观实在，也不是把人的历史本质还原成一种永恒不变的客观实在，更不是将历史归结为一个所谓客观的决定过程，历史唯物主义的要害是彻底的、历史性的精神和方法，只有彻底的历史性才能保证历史唯物主义的合法性。

虽然广义历史唯物义备受责难，但广义、通俗的唯物史观叙述逻辑，在苏联等国家革命与现代化传播实践过程中确实起了重大的作用，这一点无可否认。广义历史唯物主义仍是马克思主义哲学得以当代言说的合法性底线。马克思有明显地域性特征的语意自然不能成为超越地理空间的理论声明，迄今为止也没有一个民族完全匹配《序言》中的"五形态"，但谁也无法否认物质生活资料的生产与再生产是全部人类社会生存的基础，人类必须不断地与外部自然界进行物质和能量变换才能生存，这是人的生命活动的本质特征。人类社会历史既是物质生产发展的历史，也是社会关系不断变化的历史。物质资料的生产、人的生产和社会关系的生产与再生产本身是同一个历史过程，共同构成了人的社会活动的三个方面，而且社会关系的生产与再生产构成社会结构变迁所必需的动力机制和保障。这正是广义历史唯物主义的开放性意义之所在。我们不赞成将广义历史唯物主义仅仅看成是供马克思进一步研究的指导线索和一个研究假设，[①] 但确实也要看到其实乃一个期盼中的可能，而正是因为其没有现成的方案，我们才需要激活马克思辩证的批判的历史概念。

狭义历史唯物主义的理论优势在于，当古典政治经济学和传统的进步观念把自己封闭在由历史上资本主义特定经验衍生出来的观念范畴的局限中，封闭在有关人性、合理性、系统的运动法则及历史过程的资本主义假定中的时候，其提供了超越资本主义的政治经济学批判，从而解构资本主义最顽固的意识形态。马克思的创造性就在于不再把感性的和现象形态的社会现实作为社会的唯物主义的客观本质，而是将以颠倒的神秘的方式存在着的统治人的资本的力量和资本的逻辑作为社会最深刻的现实，通过从抽象上升到具体的辩证方法，既指认了资本主义是过去历史的断裂，也指认了资本主义自身不可克服的局限性和向未来社会飞跃的可能性。与此同时，马克思狭义的严格的"历史"概念也是一种颠倒、摧毁资本主义颠倒世界的辩证想象。马克思的历史辩证法不仅是科学地解释、再现社会矛盾发生和发展的辩证过程，而且是通过理论方式获得人的自由的可能和自由的追求，包含存在论、价值论、实践论在内的哲学活动。从必然王国抵达自由王国的过程，就是重新获得人的主体性，摆脱类似形而上学的资本逻辑统治，从抽象的客观性所支配下的片面的抽象的主观的个人，变成具有社会丰富性规定、社会发展能力的人，实现个人与类的重新统一。[②] 历史唯物主义的生命力过去、现在、将来都在于既批判性地揭示资本主义对现代历史的总体性统治的逻辑及其必然的危机命运，又提出历史发展新的可能途径或替代性前景。

在资本主义全球化发展的今天，"历史"已不再是多线论与单线论、

---

① 英国学者特雷尔·卡弗在《马克思的社会理论》一书中强调《序言》中广义历史唯物主义的经典表述只是供马克思进一步研究的指导线索，更像是研究假设，用卡弗在书中引用的劳丹《进步及其问题：科学增长的理论》中的话就是"关于某一研究领域的实体和过程、关于用以探究该领域问题和建构理论的一套一般假定"，它"既不是解释性的，也不是预测性的或可直接验证的"。卡弗还进一步认为，虽然在马克思看来，特定现象或环境与实际确证这一研究假设的程度完全是一个不能肯定的问题，但这不妨碍这一研究假设在历史学研究中的生命力以及其对后来历史学研究的很大影响。国内有学者基于此认为卡弗要表达的意思就是：马克思的唯物史观不是"科学"（因为它不可证伪），但却有"意义"。参见鲁克俭《国外马克思学研究的热点问题》，中央编译出版社2006年版，第196—198页。

② 马克思：《资本论》第3卷，人民出版社2004年版，第928—929页。

普遍论与特殊论的"非此即彼"的二者择一式命题，也不再是传统马克思主义所强调的世界历史体系的等级制，而是资本的统治逻辑不断流动、不断制造地方性差别和对立以及中心和边缘等级制的过程。我们一方面必须恪守广义历史唯物主义的策略底线和开放性视野，另一方面必须坚持狭义历史唯物主义把握特殊对象的特殊逻辑的科学方法论，赋予历史唯物主义以严格的形式，从而形成一种新的严格的批判维度（在这方面，以大卫·哈维为代表的地理维度和空间维度的历史唯物主义是一个典型的对狭义历史唯物主义的激活与运用）。唯有如此，历史唯物主义才能合乎时代要求而始终具有旺盛的生命力。至于马克思在表述上的"弱点、空缺和疏忽"（阿尔都塞语），尚可进一步研究，但这不影响其基本理论的正确性。

重估马克思历史理论的独特
贡献及其当代价值

孙乐强[*]

20 世纪 70 年代，西方史学界出现了著名的"语言学转向"，这对传统史学和马克思的历史唯物主义产生了巨大冲击。一些学者纷纷认为，马克思的历史理论已经走到了尽头。这也促使我们重新思考一个问题，即作为一种独特的历史理论，马克思的历史唯物主义与传统历史哲学、现代史学和后现代史学之间存在什么样的本质差异？它在史学发展史上具有什么样的历史地位和独特贡献？这一话题似乎是一个老问题，然而，随着中国道路问题的逐步升温，这一问题又重新作为一个焦点话题，进入到国内学者的视野之中。此时大家都清楚地意识到，如果不从思想史上清晰揭示出马克思历史道路理论的独特贡献，就无法真实厘清中国道路的现实意义及其当代价值。

———

在西方思想发展史上，历史哲学是一个晚近的发明。它主要围绕两个重要问题展开探讨：一是历史发展的动力或规律是什么，二是该如何认识历史，即历史认识论问题。在古希腊时期，哲学家们所追寻的是一种永恒不变的本体，因此，历史往往被视为变异的东西，被排除在哲学的视阈之

　　[*] 孙乐强，南京大学哲学系副教授。本文为国家社科基金青年项目"《资本论》及其手稿中的历史唯物主义思想再研究"（12CZX002）和教育部人文社会科学青年基金项目"马克思社会再生产理论与历史唯物主义的创新研究"（11YJC720038）的阶段性成果。

外。同样，在中世纪，历史又被束缚在神学的思想之中，没有结出历史哲学的智慧果实。与此相类似，虽然在不同时期形成了不同的唯物主义流派，但从根基上讲，这些唯物主义仅仅停留在自然领域，当它们进入历史时，又完全陷入到唯心主义的窠臼之中，因此，在它们这里，历史哲学仍是一个沉默的空白。严格说来，真正意义上的历史哲学直到18世纪才出现。它首先在维科的《新科学》中得到了正面阐述。具体而言，这一著作的重要贡献在于：第一，它明确区分了人类史与自然史，第一次将人类史从神学的旋涡中解放了出来；第二，明确指出了人类社会历史的发展不是杂乱无章的，而是存在客观规律的，维科将其称为"人类社会生活的规律"①；第三，明确肯定了这些规律是可以认知的，从而将不可知论从人类史中剔除了出去；最后，"虽然维科未提出'历史哲学'这个概念，但事实上他已经建立了一种历史哲学；他把历史与哲学这两个过去截然分开的领域融合起来，从而为用哲学反思历史、用历史确证哲学的'新科学'开辟了道路，奠定了基础"②。可以说，这些思想都深深影响了后来的马克思。然而，由于社会历史条件的限制，维科并没有将这些原则贯彻到底：他虽然看到了历史是由人自己创造的，并承认人类社会发展的客观性和规律性，但他并没有真正揭示出这种创造的现实基础，也没有提供一套科学认识历史规律的内在机制，最终滑向了"天意"或"上帝"的神秘幻象之中。

而后来的古典政治经济学恰恰在这两个问题上做出了重要推进。以魁奈为代表的重农学派和以斯密、李嘉图为代表的古典政治经济学，开创了一种独特的社会历史认识论，即从劳动和生产的自然必然性出发来理解社会的阶级结构和运行机制，将社会发展过程视为不以人的意志为转移的客观过程，从而将历史从维科的"天意"和"上帝"的神秘外衣中解放了出来。更为重要的是，他们所创立的劳动价值论，为我们系统解剖资产阶级社会提供了一个科学支点。就像马克思所评价的那样："同这个科学功绩紧密联系着的是，李嘉图揭示并说明了阶级之间的经济对立——正如内在联系所表明的那样，——这样一来，在政治经济学中，历史斗争和历史

---

① ［意］维科:《新科学》，朱光潜译，人民文学出版社2008年版，第146页。
② 韩震:《历史哲学导论》，北京师范大学出版社2008年版，第20页。

发展过程的根源被抓住了，并且被揭示出来了。"① 这与维科相比，是个了不起的贡献。然而，由于特有的经验主义，他们并没有将这些科学方法贯彻到底，而是陷入到超历史的意识形态之中，于是，"以前是有历史的，现在再也没有历史了"。

直到 18—19 世纪，历史科学才真正取得了辉煌的成就。它主要体现在两个重要的国度：一是法国复辟时期的历史学，主要以梯也尔、米涅、基佐等人为代表。他们的主要贡献在于：第一，他们主张从阶级斗争来解释历史的发展，把前者视为历史发展的动力，在一定程度上形成了"阶级斗争史观"的逻辑；第二，他们看到了物质利益在历史发展过程中的作用，在某种程度上揭示了阶级斗争产生的根源；第三，强调历史的发展是一个不以人的意志为转移的客观过程，承认历史发展的规律性；最后，他们打破了传统的英雄史观，肯定了人民群众在历史发展过程中所起的积极作用。然而，他们的局限性也是非常明显的，在他们看来，阶级斗争的推动作用只局限于封建社会向资产阶级社会的转变中，严重缩小了阶级斗争的作用范围；虽然他们看到了物质利益上的对立，但这种对立并不是从生产过程中生发出来的，而是停留在有产与无产的法权对立上；虽然肯定了历史发展的规律性，但却陷入到宿命论的旋涡之中，等等。而历史哲学的另一个分支则是德国历史哲学，它经由康德、赫尔德，最终在黑格尔那里集于大成。后者在充分吸收维科、古典政治经济学以及法国史学成就的基础上，建构了一个大一统的历史哲学体系：首先，他实现了哲学与历史的系统融合。黑格尔指出，历史是理性的产物，只有借助于理性的最佳形式即哲学方法，才能真正认识历史；于是，哲学成了反思历史的方法，而历史则成了确证哲学的质料，由维科所开创的"新科学"到了黑格尔这里才真正达到完善的程度。其次，肯定了历史发展的客观性和规律性。在黑格尔看来，人类历史的发展并不是各个事件杂乱无章的堆积，而是有规律的客观过程。而要想认识这一规律，就必须运用理性，穿透杂乱无章的现象，发现它们背后的本质，只有这样，才能揭示历史发展的规律性和必然性。再次，肯定了内在矛盾是历史进步的根源。他认为，只有借助于内在矛盾，历史才能不断向前发展。最后，进步主义历史观。在黑格尔看来，历史的发展既不是一种循环史观，也不是卢梭式的退化史观，而是一

---

① 《马克思恩格斯全集》第 26 卷（Ⅱ），人民出版社 1973 年版，第 183 页。

个不断走向完善、走向圆满的进步过程。

通过上述梳理,可以看出,第一,从维科到黑格尔的历史哲学家都没有科学回答这一问题,即历史的存在论基础到底是什么。第二,历史认识论问题。古典政治经济学的劳动价值论、法国历史学家的"阶级斗争"和黑格尔的矛盾辩证法,虽然为我们认识历史提供了一定的启示,但由于他们特有的局限性,使得这些贡献被限制在庸俗经验主义或思辨哲学之中,无法为我们理解现实历史提供科学指南。第三,历史规律问题。虽然这些历史哲学家都承认历史规律,但这些规律究竟是什么,他们并没有清晰地揭示出来。第四,历史道路问题。不论是维科、古典经济学家,还是法国复辟时期的历史学家、黑格尔,他们在勾画历史发展过程时,都将资产阶级社会预设为历史的终点,抹杀了历史道路的多样性。

二

有了上述背景,下面就让我们来仔细分析马克思在历史哲学上的独特贡献。

第一,马克思解决了历史的存在论基础问题,创立了科学的物质生产理论。可以说,从劳动或生产的自然必然性出发来分析资产阶级的社会结构,并不是马克思的原创,魁奈和古典政治经济学早就这样做了。然而,由于他们方法论上的经验主义,导致他们只是从物质形式的视角来理解生产的内涵,这样就把生产单纯地理解为"物"的生产,在一定程度上忽略了生产的社会形式。而马克思则超越了这种经验维度,实现了对生产范畴的科学界定。在他看来,生产首先是指物质生活的生产和再生产,它是人改造自然界的活动,也是"人类生活得以实现的永恒的自然必然性"①,只要有人存在,这种活动就不能停止。其次,生产指的是人本身的生产。正如维科指出的那样,历史是人自己创造的,因此,生产必然也是人类主体的生产。最后,生产也是指关系本身的生产。马克思恩格斯指出,不论是通过劳动达到自己生命的生产,还是通过生育达到他人生命的生产,都

---

① 《马克思恩格斯全集》第 44 卷,人民出版社 2001 年版,第 56 页。

"表现为双重关系：一方面是自然关系，另一方面是社会关系"① 的生产。因此，生产决不是古典经济学所界定的那样，只是一种物的生产，同时也是人和关系本身的生产。基于此，马克思将物质生活的生产、物质生活的再生产、人本身的生产和关系的生产诠释为生产范畴的科学内涵，并将其视为历史原初的"四种因素"，实现了对古典政治经济学的全面超越，真正解决了历史的存在基础问题。

　　第二，也是在生产理论的基础上，马克思创立了独特的历史观，实现了对以往历史理论的革命性变革。马克思恩格斯指出："迄今为止的一切历史观不是完全忽视了历史的这一现实基础，就是把它仅仅看成与历史过程没有任何联系的附带因素。因此，历史总是遵照在它之外的某种尺度来编写的；现实的生活生产被看成某种非历史的东西，而历史的东西则被看成是某种脱离日常生活的东西，某种处于世界之外和超乎世界之上的东西。"② 一切唯心主义都把观念当作社会历史发展的根本动力，完全忽视了人类历史的现实基础；而旧唯物主义者虽然看到了外在自然界的客观性，但当他们走向历史时，就又陷入到唯心主义的深渊之中。对此，马克思恩格斯愤怒地指出，物质生产才是人类历史的现实基础，因此，决不能从观念或上帝出发来认识历史，相反，只有从物质生产出发，才能揭示历史发展的内在机制。也是在此基础上，马克思创立了自己的历史观，"这种历史观和唯心主义历史观不同，它不是在每个时代中寻找某种范畴，而是始终站在现实历史的基础上，不是从观念出发来解释实践，而是从物质实践出发来解释观念的形成"③。这一观点后来在 1859 年的《〈政治经济学批判·第一分册〉序言》中得到了进一步的阐述。这种历史观倡导从生产范式出发，来揭示社会结构及其发展机制，真正颠覆了一切唯心主义的思辨性，同时，也超越了一切旧唯物主义，是对以往历史观的全面变革。

　　第三，马克思揭示了人类历史发展的根本动力及其客观规律。黑格尔哲学虽然存在众多缺陷，但它却开辟了一条独特的道路，即从内在矛盾入手来理解历史的发展过程。恩格斯说："黑格尔的思维方式不同于所有其

---

①　《马克思恩格斯选集》第 1 卷，人民出版社 1995 年版，第 80 页。

②　同上书，第 93 页。

③　同上书，第 92 页。

他哲学家的地方，就是他的思维方式有巨大的历史感作基础。"① 那么，这种历史感是什么？我以为，恰恰就是内在矛盾运动的辩证法。黑格尔把内在矛盾范畴引入到哲学之中，打破了一切唯心主义或唯物主义概念的静止性、绝对性，从"历史发生学"出发，向我们展现了绝对精神是如何从胚芽状态走向成熟的。这种历史观决不是一种平面意义上的历史观，也决不是通过一种经验性的方式就可以描述出来的，它需要对历史运动机制的科学认识。从这个意义上讲，从矛盾入手来理解历史，并不是马克思的独特贡献。而他的独特贡献在于，它把这种矛盾观从精神王国中解放出来，将其奠基于现实的物质生产之上，揭示了人类历史发展的根本动力及其内在规律，即生产力与生产关系、经济基础与上层建筑之间的内在矛盾。马克思指出："社会的物质生产力发展到一定阶段，便同它们一直在其中运动的现存生产关系或财产关系（这只是生产关系的法律用语）发生矛盾。于是这些关系便由生产力的发展形式变为生产力的桎梏。那时，社会革命的时代就到来了。随着经济基础的变更，全部庞大的上层建筑也或慢或快地发生变革。"② 这种从物质生产出发来揭示人类历史发展的新哲学，真实解决了唯心主义和旧唯物主义所没有解决的问题，为人们科学认识历史运动及其发展规律奠定了坚实基础。也正基于此，恩格斯将这种新哲学称为"唯物史观"或"历史唯物主义"。

第四，马克思揭示了阶级斗争在历史发展中的根本作用及其发展趋势。李嘉图通过分配关系的分析，已经触及到了现代社会的三大阶级，并看到了他们之间的阶级对立；而法国复辟时期的历史学家已经明确地将阶级斗争指认为历史发展的动力。以此来说，从阶级或阶级斗争出发来诠释历史发展，并不是马克思的原创。而他的独特贡献在于，从物质生产出发揭示了阶级斗争产生的内在根源，全面阐述了阶级斗争在有文字记载以来的人类历史发展中的基本作用，科学诠释了阶级斗争发展的最终趋势。马克思指出："无论是发现现代社会中有阶级存在或发现各阶级间的斗争，都不是我的功劳。在我以前很久，资产阶级历史编纂学家就已经叙述过阶级斗争的历史发展，资产阶级的经济学家也已经对各个阶级作过经济上的分析。我所加上的新内容就是证明了以下几点：（1）阶级的存在仅仅同

---

① 《马克思恩格斯全集》第 13 卷，人民出版社 1965 年版，第 531 页。

② 《马克思恩格斯全集》第 31 卷，人民出版社 1998 年版，第 412—413 页。

生产发展的一定历史阶段相联系；（2）阶级斗争必然导致无产阶级专政；（3）这个专政不过是达到消灭一切阶级和进入无阶级社会的过渡。"①

最后，马克思建立了独特的历史道路理论。马克思在不同时期提出了不同的社会发展理论，而它的经典表述是《1857—1858年经济学手稿》中的"三形态"理论和1859年《序言》中的"经济的社会形态"理论。他指出："大体来说，亚细亚的、古代的、封建的和现代资产阶级的生产方式可以看作是经济的社会形态演进的几个时代。"② 在马克思看来，经济的社会形态的发展是不以人的意志为转移的客观过程，"我的观点是把经济的社会形态的发展理解为一种自然史的过程"③。一个社会即使揭示了自身运动的发展规律，也无法逃脱这些规律的限制，更不可能取消这些规律，它所能做的只是"缩减和减轻分娩的痛苦"。这些论点都清楚地表明，在马克思看来，社会历史发展就像自然界的运动一样有其自身的内在规律，而历史唯物主义的"任务就在于发现这个过程的运动规律"④，从而为人类迈向自由指明方向。

三

到了这里，马克思的独特贡献似乎已经明确了，实则不然；上面我们只是简单复述了马克思的论点。由于这些观点的新颖性，在后来的传播中引发了无数的争论和扭曲。为了进一步澄清马克思在这一问题上的独特贡献，下面我们就通过对这些曲解的回应，来全面揭示马克思历史理论的革命意义。

首先，是对马克思生产理论的批判，这主要以鲍德里亚为代表。他在《生产之镜》中对马克思的生产理论做出了全面、彻底的批判。他认为，生产理论实际上只是资产阶级社会的特定产物，是现代资本主义特有的意识形态。而马克思恰恰把这种仅仅适应于资产阶级社会的生产理论，无限地放大到前资本主义社会之中，并将其作为自己哲学的根基，以此来建构

---

① 《马克思恩格斯选集》第4卷，人民出版社1995年版，第547页。
② 《马克思恩格斯全集》第31卷，人民出版社1998年版，第413页。
③ 《马克思恩格斯全集》第44卷，人民出版社2001年版，第10页。
④ 《马克思恩格斯选集》第3卷，人民出版社1995年版，第364页。

一个超越现代资产阶级社会的历史理论。当他这样做的时候,恰恰中了资产阶级的诡计:他只不过是用一种生产主义来反叛另一种生产主义,在根基上始终没有跳出资本主义的意识形态,因而在本质上只是一种虚假的镜像革命。当鲍德里亚这样指责的时候,实际上也就把马克思的生产力与生产关系、经济基础与上层建筑之间的矛盾运动,完全局限于资产阶级社会了;因此,他也毫不避讳地断言,马克思的历史唯物主义对于理解前资本主义社会而言是毫无意义的。① 那么,该如何看待鲍德里亚的这一批判呢? 在这里,为了回应这一批判,笔者想引用马克思在《资本论》中回应他的批判者的一段长文。马克思指出:"借这个机会,我要简短地回答一下美国一家德文报纸在我的《政治经济学批判》一书出版时(1859年)对我的指责。在那本书中我曾经说过……'物质生活的生产方式制约着整个社会生活、政治生活和精神生活的过程'。可是据上述报纸说,这一切提法固然适用于物质利益占统治地位的现今世界,但却不适用于天主教占统治地位的中世纪,也不适用于政治占统治地位的雅典和罗马……有一点很清楚,中世纪不能靠天主教生活,古代世界不能靠政治生活。相反,这两个时代谋生的方式和方法表明,为什么在古代世界政治起着主要作用,而在中世纪天主教起着主要作用。"② "可见,希腊人和罗马人看来也要有某种生产过程,从而有某种经济,这种经济构成他们的世界的物质基础,就像资产阶级经济构成现今世界的物质基础一样。"③ 通过这两段话,我们可以看出:第一,鲍德里亚的批判与美国这家德文报纸的批判如出一辙,都指责马克思把只适用于资产阶级社会的理论,放大到前资本主义社会之中,是一个不可饶恕的错误。第二,在马克思看来,这种指责如隔靴搔痒:生产活动不仅仅是资产阶级社会的经济基础,同时也是前资本主义社会的物质基础。因此,在马克思看来,他的历史唯物主义决不仅仅适用于资产阶级社会,同样也适用于前资本主义社会。第三,这也涉及到一个重要问题,即如何理解马克思的"经济"范畴。所谓"经济"决不是今天流行意义上的经济内涵,它特指"生产活动"本身。马克思在上

---

① [法]让·鲍德里亚:《生产之镜》,仰海峰译,中央编译出版社 2005 年版,第 93—94 页。

② 《马克思恩格斯全集》第 44 卷,人民出版社 2001 年版,第 100 页。

③ 同上。

文中已经明确指出了这一点，同时在别的地方也多次强调了这一点。比如，他在《资本主义生产以前的各种形式》中指出："资产阶级以前的历史以及它的每一阶段也有自己的经济和运动的经济基础这一事实，归根到底不过是这样一个同义反复，即人们的生活自古以来就建立在生产上面，建立在这种或那种社会生产上面，这种社会生产的关系，我们恰恰就称之为经济关系。"① 再比如，他在《资本论》第 2 卷中更进一步地明确指出，所谓"经济，即生产过程本身"②。有了这些界定，鲍德里亚或萨林斯等人的批判自然就不攻自破了。

其次，是对马克思社会发展机制的批判，这主要以英国学者莱尔因为代表。他在《重构历史唯物主义》一书中指出，马克思在社会发展机制上存在一个重要断裂，即"两种公式之间的对立：一是《政治经济学批判》序言中的'客观公式'，强调生产力的发展及其与生产关系的冲突；二是《共产党宣言》中的'主观公式'，侧重于阶级斗争"③。实际上，莱尔因并没有真正理解二者之间的内在关系。在我看来，物质生产与阶级斗争并不是对立的，而是内在联系在一起的。马克思虽然强调阶级斗争的重要性，但这种斗争始终是奠基于物质生产之上的，只有以生产力和生产关系之间的内在矛盾为基础，阶级斗争才具有客观效力。马克思指出："我们判断一个人不能以他对自己的看法为根据，同样，我们判断这样一个变革时代也不能以它的意识为根据；相反，这个意识必须从物质生活的矛盾中，从社会生产力和生产关系之间的现存冲突中去解释。无论哪一个社会形态，在它所能容纳的全部生产力发挥出来以前，是决不会灭亡的；而新的更高的生产关系，在它的物质存在条件在旧社会的胎胞里成熟以前，是决不会出现的。"④ 换言之，在马克思看来，历史唯物主义的主体向度是奠基在客体向度之上的，只有当生产力和生产关系之间的内在矛盾达到成熟的时候，阶级斗争才有可能取得最后的胜利。就像恩格斯后来反思的那样，1848 年的无产阶级革命之所以失败，根本原因并不在于阶级斗争本身，而是根源于当时的生产力水平，"历史表明，我们以及所有和

① 《马克思恩格斯全集》第 30 卷，人民出版社 1995 年版，第 481 页。
② 《马克思恩格斯全集》第 45 卷，人民出版社 2003 年版，第 132 页。
③ ［英］乔治·莱尔因：《重构历史唯物主义》，姜兴宏等译，中国社会科学出版社 1991 年版，第 24 页。
④ 《马克思恩格斯全集》第 31 卷，人民出版社 1998 年版，第 413 页。

我们有同样想法的人，都是不对的。历史清楚地表明，当时欧洲大陆经济发展的状况还远没有成熟到可以铲除资本主义生产的程度"①。这些观点都清楚地表明，在马克思那里，生产理论是与阶级斗争理论内在联系在一起的，任何把二者割裂开来或对立起来的做法，都是错误的。

最后，是对马克思历史道路理论的批判。在这一问题上，存在两种不同的解释路向：第一种主要以俄国学者米海洛夫斯基为代表，他把这一道路解释为适用一切社会的一般历史哲学理论，认为资本主义是一切民族都必须经过的道路。第二种主要以吉登斯和莱尔因等人为代表。他们认为，马克思的历史道路理论实际上是一种欧洲中心主义的线性发展观，在他这里，"历史表现为一种直线发展的普遍的过程：各个社会经济阶段以其自然必然性一个接一个地向前发展，最后必然导致共产主义社会"②。我以为，上述两种路径完全扭曲了马克思历史道路理论的真实内涵。第一，马克思的历史道路理论决不是一种超历史的一般历史哲学。他在《给〈祖国纪事〉杂志编辑部的信》中对米海洛夫斯基的这种做法做出了全面批驳，"他一定要把我关于西欧资本主义起源的历史概述彻底变成一般发展道路的历史哲学理论，一切民族，不管它们所处的历史环境如何，都注定要走这条道路……但是我要请他原谅。他这样做，会给我过多的荣誉，同时也会给我过多的侮辱"③。马克思举例指出，在古罗马，虽然存在同样的情况，但结果却完全不同，"因此，极为相似的事变发生在不同的历史环境中就引起了完全不同的结果。如果把这些演变中的每一个都分别加以研究，然后再把它们加以比较，我们就会很容易找到理解这种现象的钥匙；但是，使用一般历史哲学理论这一把万能钥匙，那是永远达不到这种目的的，这种历史哲学理论的最大长处就在于它是超历史的"④。第二，该怎么定位马克思的历史道路理论呢？在这一问题上，笔者非常赞同吴晓明教授的观点。他指出，马克思的历史道路理论，正如他的"生产一般"理论一样，只不过是在特定历史条件下的一种"科学抽象"。与一般历史哲学不同，它决不提供适用于各个历史时代的药方，也不会为我们理解具

---

① 《马克思恩格斯选集》第 4 卷，人民出版社 1995 年版，第 512—513 页。

② ［英］乔治·莱尔因：《重构历史唯物主义》，姜兴宏等译，中国社会科学出版社 1991 年版，第 32 页。

③ 《马克思恩格斯选集》第 3 卷，人民出版社 1995 年版，第 341—342 页。

④ 同上书，第 342 页。

体的社会形态提供现成答案；而要想做到这一点，就必须要深入到具体社会形态的物质生产方式的差异之中，通过对这些差异的比较研究，才能找到适合每个社会形态的发展道路。① 第三，这也由此回答了吉登斯和莱尔因等人的指责，马克思从来都没有说过，任何一个社会都必须要经过"亚细亚—古代社会—封建社会—资本主义社会"的线性发展逻辑。这一点在《资本主义生产以前的各种形式》《资本论》第 1 卷的"原始积累"章以及晚年他对俄国发展道路的研究中都得到了明确指认。最后，从这意义上说，中国道路的形成决不是对马克思历史道路理论的证伪，相反，而是这一理论的科学证明。而要想真正把握中国道路的实质，就必须沉降到当下中国社会的物质生产方式之中，这是马克思历史道路理论具体化的必然要求。

四

如果说上述批判是从马克思哲学内部展开的，那么，在后来的西方学术思潮中，这一理论也遭到了巨大的外部批判。在马克思看来，历史不仅具有客观性，而且也具有规律性。然而，到了现代史学这里，规律范畴被从历史学中彻底地剔除了出去，似乎只要谈到了历史规律，就是一种近代形而上学一样。具体而言，这种抛弃又分为四种不同类型：第一种主要以客观主义史学为代表。这种学派认为，历史最重要的原则就是"如实直书"，以第一手文献为依据，以史料为佐证，真实记录和再现历史事实。虽然年鉴学派把这个问题推进了一步，形成了一种以整体结构为核心的历史理论，但它仍像客观主义史学一样，完全忽视了历史本身的运动规律，最多只是一种历史编纂学意义上的历史。第二，以历史事件的不可重复性来否定历史规律的存在，这主要以新康德主义的弗莱堡学派比如文德尔班、李凯尔特为代表。他们从事实与价值二分出发，将自然科学与历史科学对立起来，认为普遍规律只是自然科学的范畴，应当从历史学中排除出去，历史的发展过程只不过是单个事件的交替和堆积。因此，在本质上并不存在历史规律，历史学的任务也决不是揭示历史运动的规律，而是要描述这些单个事件的特征和性质，从而对它们做出价值判断。第三，以历史

---

① 　吴晓明：《马克思的历史道路理论及其具体化承诺》，《哲学研究》2013 年第 7 期。

的主观性或精神性来否定历史规律的存在，这主要以新黑格尔主义者克罗齐和柯林伍德为代表。前者从黑格尔的精神哲学出发，认为任何历史都是当代精神建构的产物，由此喊出了绝对历史主义的口号："一切历史都是当代史。"而柯林伍德则更进一步。他认为，历史的过程并不是单个事件的更替过程，也不是绝对意志的演变史，而是内在思想的演变历程，由此炮制出了"一切历史都是思想史"的唯心主义论点，否定了历史运动的客观规律。第四，以历史的不可预测性来否认历史规律的存在，这主要以波普尔为代表。他认为，历史事件都是单一的、特殊的、不可重复的，因而历史活动从根本上说是不可预测的，永远不可能找到历史运动的客观规律。"历史学的特点在于它关注实际的独特的或特定的事件，而不是关注规律或概括"。①

　　所有这些趋向都在根基上抛掉了历史规律存在的可能性，陷入到事实崇拜或唯心主义的旋涡之中，阉割了历史发展的客观基础和内在规律，都是需要批判和反思的。不过，仔细来看，这种解构还是不彻底的，他们虽然否认了历史规律的存在，但在某种程度上，他们还承认历史事件或事实的客观性。然而，到了 20 世纪 70 年代，这种解构变得更加彻底。此时，西方史学界出现了著名的"语言学转向"，从而形成了一种以解构主义为核心的后现代史学，它不仅解构了一切历史规律，而且也解构了一切客观事实，它的主要代表人物是罗兰·巴特和海登·怀特。他们认为，一切历史都不过是语言建构的结果，根本不存在所谓的"客观性"，更不存在所谓的"本质"或历史规律：首先，一切文献和史料都只是语言虚构的结果，是对过去的一种主观描述，根本不具有"事实"可言；其次，历史是由一系列没有任何意义的片段组成的，根本不具有因果联系，更不存在内在统一性和必然性；最后，所谓历史只不过是作者虚构出来的一种语言游戏，是一种文学小说。因此，历史学的任务决不是去发现历史的客观事实或运动规律，而只是解释历史文本的虚构过程。

　　通过上述论述，可以发现，第一，不论是现代史学还是后现代史学，它们都没有真正理解马克思历史规律的真实内涵：他这里的规律既不是黑格尔意义上的主观规律，也不是研究者任意捏造出来的虚幻规律，而是历

---

　　① ［英］卡尔·波普尔:《历史决定论的贫困》，杜汝楫、邱仁宗译，上海人民出版社 2009 年版，第 113 页。

史运动本身呈现出来的客观规律。它们在摒弃传统形而上学规律的同时，却把马克思的客观规律抛弃掉了，显然抹杀了二者之间的本质差异，在倒洗澡水的时候，连小孩也一起倒掉了。其次，后现代史学本身就是一个悖论，它打倒了一切元叙事逻辑，而自己却又提供了一种元叙事方式。如果按照它自己的逻辑，可以发现，它实际上也不过是在讲述一个冠冕堂皇的故事，虽然有点动听，但却是虚假的、不足为信的。① 再次，后现代史学完全阉割了历史的真实性和客观性，陷入到历史虚无主义的泥潭之中。在尼采宣告"上帝死了"之后，福柯也公开宣称"人死了"。沿着这种思路往下走，我们可以说，后现代史学喊出了另一个生动的口号："历史学家死了，历史学终结了！"在历史的长河中，人们既找不到活着的意义，也找不到人生的方向，而是沉迷在文字的游戏之中无法自拔，彻底陷入到历史虚无主义之中。犹如奥克肖特所说：我们"航行在无边无际、深不可测的海洋上……不知来自何方，亦不知前往何处"，我们唯一所能做的事就是"保持船体平稳随波逐流"。② 我认为，这种立场是不可取的：虽然他们力图超越传统形而上学的叙述方式，建构一种新型的史学观，但由于他们放弃了科学的方法，过分推崇解构主义和后现代解释学，最终又重新回到了形而上学的虚构之中，无法为我们研究历史提供一把科学之匙。在这点上，我坚决同意福斯特的判断：历史唯物主义仍然是我们认识历史的科学指南。③

---

　　① 韩震、董立河：《历史学研究的语言学转向》，北京师范大学出版社 2008 年版，第 229 页。

　　② ［美］埃伦·伍德、贝拉米·福斯特：《保卫历史》，郝名玮译，社会科学文献出版社 2009 年版，第 225 页。

　　③ 同上。

马克思的拜物教批判理论的
一般方法论意义

李惠斌

李惠斌*

本文试图提出这样一个观点：马克思的拜物教批判理论具有一般的方法论意义，是历史唯物主义的一个非常重要的方面。但是由于种种原因，特别是由于卢卡奇的引领，人们往往从物化或异化的意义上理解这个概念，或者如人们所说的，是从"社会病理学"的意义来理解这个概念，而不是从方法论病理学的意义上来理解这个问题，以至于忽略了马克思通过这个概念揭示出来的历史唯物主义的一般方法论意义。所以今天我们有必要恢复马克思使用这个概念时的方法论意义，对于马克思的拜物教批判理论展开一种"方法论病理学"的拯救工作。

一 问题的提出

卢卡奇的确是一位世界公认的天才学者。他通过马克思在《神圣家族》《德意志意识形态》和《资本论》等少数著作中提到的"异化"概念，在没有机会读到《1844 年经济学哲学手稿》的情况下，提出了自己的"物化"概念，从此开启了后来受到阿尔都塞等人严厉批判但是却得到许多西方马克思主义学者研究、推崇和发挥的马克思思想的人本学解释路径。

不过卢卡奇的物化概念主要来自马克思的拜物教批判理论。他对马克思的"商品拜物教"概念作了如下的解释。他说：

---

* 李惠斌，中共中央编译局马克思主义与中国现实问题研究中心主任。

商品结构的本质已经多次强调指出过。它的基础是，人与人之间的关系获得物的性质，并从而获得一种"幽灵般的对象性"，这种对象性以其严格的、仿佛十全十美的和合理的自律性掩盖着它的基本本质，即人与人关系的所有痕迹。这个问题的提法对经济学本身多么重要，抛弃这个方法上的出发点对庸俗马克思主义的经济学观点来说导致了何种后果，不属本文讨论的范围。这里只打算以马克思经济的分析为前提，探讨一下从一方面作为对象性形式、另一方面又作为与之相适应的主观态度的商品拜物教性质中产生出来的那些基本问题。只有理解了这些，我们才能看清资本主义及其灭亡的意识形态问题。①

我们在这里看到，卢卡奇对马克思的拜物教理论的理解是基本正确的，因为他从某种意义上说是在重复列宁 10 年前的一个解释。列宁 1913 年 3 月对这个概念作过这样的理解，他写道："凡是资产阶级经济学家看到物与物之间的关系（商品交换商品）的地方，马克思都揭示了人与人之间的关系。"列宁不但一般地看到了马克思的商品拜物教批判理论的实质，而且看到了马克思对于商品、货币和资本等问题上的拜物教批判理论，这就是我们今天讲的"三大拜物教批判理论"。列宁紧接着说："商品交换表现着各个生产者之间通过市场发生的联系。货币意味着这一联系愈来愈密切，把各个生产者的全部经济生活不可分割地联结在一个整体。资本意味着这一联系进一步发展：人的劳动力变成了商品。"②

卢卡奇在这里接受了列宁对这个概念的解释，但是，他的解释却完全转变了方向。因为不论是在列宁的这句话里，还是在马克思的《资本论》中，我们看到的都是，或者主要是，对于资产阶级经济学的方法论批判。但是，卢卡奇在这里把这个批判的维度作了悬置的处理，即如他说，"这个问题的提法对经济学本身多么重要，抛弃这个方法上的出发点对庸俗马克思主义的经济学观点来说导致了何种后果，不属本文讨论的范围"。卢卡奇紧接着说，我这里"只打算以马克思经济的分析为前提，探讨一下从一方面作为对象性形式、另一方面又作为与之相适应的主观态度的商品拜物教性质中产生出来的那些基本问题。只有理解了这些，我们才能看清

①　[匈]卢卡奇：《历史与阶级意识》，杜章智等译，商务印书馆 1992 年版，第 144 页。
②　《列宁专题文集——论马克思主义》，人民出版社 2009 年版，第 69 页。

资本主义及其灭亡的意识形态问题"。如果说马克思在拜物教批判理论中着重的是方法论的病理学分析的话,那么,卢卡奇显然是如阿尼塔·查理所说,着重的是对于资本主义社会的一种"社会病理学"研究。

随着马克思《1844年经济学哲学手稿》的出版和传播,卢卡奇开启的这个对于资本主义的社会病理学批判维度受到了国外许多学者的重视和追随,特别是成为法兰克福学派社会批判理论中的一个核心概念,它几乎成了马克思拜物教批判理论的唯一解读向度。

我在这里可以粗略地举出一些国外学者的名字:海德格尔、马尔库塞、弗洛姆、阿多诺、哈贝马斯、德波(景观拜物教批判)、鲍德里亚(能指拜物教批判)、雷特尔、齐泽克、霍耐特、马尔库什、查理、霍尔、阿拉托、皮特金、迈耶斯、韦斯特曼、达姆斯……

尽管这个解读维度受到过阿尔都塞的批评。但是,这种解释方式似乎从来就没有因此而变得式微。而且,我们也不能把这个问题归咎于卢卡奇,因为卢卡奇只是表示暂时放弃拜物教批判理论的方法论维度。不幸的是卢卡奇的这个暂时放弃却成了一种长期的忽略。

二 马克思拜物教批判理论的基本内涵

(一) 马克思提出的拜物教问题

我们已经通过卢卡奇和列宁的论述对马克思的拜物教问题有了一个大概的了解。我们来看一下马克思本人的准确表述。马克思在《资本论》第1卷第1章专门用了一节的篇幅论述了他的拜物教理论。马克思在这里写道:

> 商品形式的奥秘不过在于:商品形式在人们面前把人们本身的社会性质反映成劳动产品本身的物的性质,反映成这些物的天然的社会属性,从而把生产者同总劳动的社会关系反映成存在于生产者之外的物与物之间的社会关系……商品形式和它借以得到表现的劳动产品的价值关系,是同劳动产品的物理性质以及由此产生的物的关系完全无关的。这只是人们自己的一定的社会关系,但它在人们面前采取了物与物的关系的虚幻形式。因此,要找一个比喻,我们就得逃到宗教世界的幻境中。在那里,人脑的产物表现为赋有生命的、彼此发生关系

并同人发生关系的独立存在的东西。在商品世界里，人手的产物也是这样。我把这叫做拜物教。劳动产品一旦作为商品来生产，就带上拜物教性质，因此拜物教是同商品生产分不开的。①

（二）拜物教理论贯穿了《资本论》一书的始终

我们知道，《资本论》第 1 章是对于马克思之前发表的中文 175 个页码的《政治经济学批判》一书的概述。而中文译本的《资本论》第 1 卷第 1 章共有 56 个页码，其中的"商品的拜物教性质及其秘密"一节就用去了 15 个页码。可见这个问题对于马克思的《资本论》，甚至他的整个学说，具有多么重要的意义。不仅如此，马克思在《资本论》的其他章节也在不断地重复和强调他的这个理论。例如在第 2 章的末尾，马克思写道：

> 这些物，即金和银，一从地下出来，就是一切人类劳动的直接化身。货币的魔术就是由此而来的，人们在自己的社会生产过程中的单纯原子般的关系，从而，人们自己的生产关系的不受他们控制和不以他们有意识的个人活动为转移的物的形式，首先就是通过他们的劳动产品普遍采取商品形式这一点而表现出来。因此，货币拜物教的谜就是商品拜物教的谜，只不过变得更明显了，耀眼了。②

显然，这里讲的是货币拜物教的问题。

马克思后面更进一步论述了资本拜物教的问题。马克思在第 4 章指出："在简单流通中，商品的价值在与商品的使用价值的对立中，至多取得了独立的货币形式，而在这里，商品的价值突然表现为一个处在过程中的、自行运动的实体，商品和货币只是这一实体的两种形式。不仅如此。现在，它不是表示商品关系，而可以说是同它自身发生的私自关系，它作为原价值同作为剩余价值的自身区别开来，作为圣父同作为圣子的自身区别开来，而二者年龄相同，实际上只是一个人……资本的最初解释者重商

---

① 《马克思恩格斯文集》第 5 卷，人民出版社 2009 年版，第 89—90 页。
② 同上书，第 112—113 页。

主义者就是这样来描述资本的。"①

我们在《资本论》第1卷的最后一章（第25章）看到，马克思借用韦克菲尔德的话说："资本不是一种物，而是一种以物为中介的人和人之间的社会关系。"② 不仅如此，马克思在这里还加了一个注说："黑人就是黑人，只有在一定的关系下，他才能成为奴隶。纺纱机是纺棉花的机器，只有在一定的关系下，它才成为资本。脱离了这种关系，它就不是资本了，就像黄金本身并不是货币，砂糖并不是砂糖的价格一样……资本是一种社会生产关系，它是一种历史的生产关系。"③

马克思在《资本论》第3卷中也对资本拜物教的本质更展开了进一步的描述。例如，马克思在谈到"生息资本"时写道：

> 在生息资本上，这个自动的物神，自行增值的价值，会生出货币的货币，纯粹地表现出来了，并且在这个形式上再也看不到它的起源的任何痕迹。社会关系最终成为一种物即货币同它自身的关系……下面一点也是颠倒的：尽管利息只是利润即执行职能的资本家从工人身上榨取的剩余价值的一部分，现在利息却反过来表现为资本的真正果实，表现为原初的东西，而现在转化为企业主收入形式的利润，却表现为只是在再生产过程中附加进来和增添进来的东西。在这里，资本的物神形态和资本物神的观念已经完成。在 G—G' 上我们看到了资本的没有概念的形式，看到了生产关系的最高度有颠倒和物化：资本的生息形态，资本的这样一种简单形态，在这种形态中资本是它本身再生产过程的前提；货币或商品具有独立于再生产之外而增值本身价值的能力——资本的神秘化取得了最显眼的形式。④

马克思在《资本论》第3卷中对这个问题作了比较直接的表述，这就是大家都非常熟悉的一句话："资本不是物，而是一定的、社会的、属于一定社会形态的生产关系，后者体现在一个物上，并赋予这个物以独特

① 《马克思恩格斯文集》第5卷，人民出版社2009年版，第180—181页。
② 同上书，第877—878页。
③ 同上书，第878—879页。
④ 《马克思恩格斯文集》第7卷，人民出版社2009年版，第441—442页。

的社会性质。"①

三　马克思拜物教批判理论的一般方法论意义

（一）马克思的拜物教理论是对于资产阶级经济学的方法论批判，因此我们说它是一种拜物教批判理论

马克思使用"拜物教"这个词本身就带有批判的意义。马克思也的确说到商品拜物教是资本主义生产本身带来的现象。马克思在《资本论》第 1 卷的早期版本中也不止一次地使用过"异化"概念，而这个词本身是与对于资本主义的道德批判相联系的。但是，马克思在《资本论》中使用拜物教概念主要的不是对于资本主义及其生产方式的道德的和人本主义的批判，而是对于资产阶级政治经济学本身的批判，从而使这个概念成为马克思本人的新理论的一种奠基式的概念。

与此相对照，马克思的拜物教理论主要是针对资产阶级经济学，目的在于推出他的新的经济学说。下面举例说明：

> 商品世界具有的拜物教性质或劳动的社会规定所具有的物的外观，使一部分经济学家迷惑到什么程度，也可以从关于自然在交换价值的形成中的作用所进行的枯燥无味的争论中得到证明，既然交换价值是表示耗费在物上的劳动的一定社会方式，它就像例如汇率一样并不包含自然物质。②

> 因为商品生产形式是资产阶级生产的最一般的和最不发达的形式……所以，它的拜物教性质显得还比较容易看穿。但是在比较具体的形式中，连这种简单性的外观也消失了。货币主义的幻觉是从哪里来的呢？是由于货币主义没有看出：金银作为货币代表一种社会生产关系，不过这种关系采取了一种具有奇特的社会属性的自然物的形式。而蔑视货币主义的现代经济学，当它考察资本时，它的拜物教不是也很明显吗？认为地租是由土地而不是由社会产生的重农主义幻觉

---

① 《马克思恩格斯文集》第 7 卷，人民出版社 2009 年版，第 921 页。
② 《马克思恩格斯文集》第 5 卷，人民出版社 2009 年版，第 100 页。

又破灭了多久呢?①

在这一章的末尾,针对有经济学家认为"珍珠或金刚石作为珍珠和金刚石是有价值的"这一说法,马克思讽刺说:

> 直到现在,还没有一个化学家在珍珠或金刚石中发现交换价值。可是那些自以为有深刻的批判力、发现了这种化学物质的经济学家,却发现物的使用价值同它们的物质属性无关,而它们的价值倒是它们作为物所具有的。在这里为他们作证的是这样一种奇怪的情况:物的使用价值对人来说没有交换就能实现,就是说,在物和人的直接关系中就能实现,相反,物的价值则只能在交换中实现,就是说,只能在一种社会的关系中实现。在这里,我们不禁想起善良的道勃雷,他教导巡丁西可尔说:"一个人长得漂亮是环境造成的,会写字念书才是天生的本领。"②

(二) 马克思拜物教批判理论不限于批判资产阶级经济学,而且是其创立自己全部学说的方法论依据,是其新唯物主义即历史唯物主义的一个重要内容

首先,马克思的拜物教批判理论是他创立其经济学理论的一个方法论依据。马克思在《资本论》第 1 卷中有这样一句话,马克思说:"把价值看做只是劳动时间的凝结,只是对象化的劳动,这对于认识价值本身具有决定性的意义,同样,把剩余价值看做只是剩余劳动时间的凝结,只是对象化的剩余劳动,这对于认识剩余价值也具有决定性的意义。"③ 如果没有对于马克思拜物教批判理论的正确的方法论解读,这句话是没有办法理解的。

其次,马克思的拜物教批判理论是其创立自己全部学说的方法论依据,是其新唯物主义即历史唯物主义的一个重要内容。我们可以把这个理论同马克思的《关于费尔巴哈的提纲》第一条对照来看,二者表述的是

---

① 《马克思恩格斯文集》第 5 卷,人民出版社 2009 年版,第 100—101 页。
② 同上书,第 101—102 页。
③ 同上书,第 251 页。

同一个内容。

　　从前的一切唯物主义（包括费尔巴哈的唯物主义）的主要缺点是：对对象、现实、感性，只是从客体的或者直观的形式去理解，而不是把它们当作感性的人的活动，当作实践去理解，不是从主体方面去理解。[①]

　　从实践主体的方面去理解对象、现实和感性存在物与以客体或直观的形式去理解这些对象，是两种完全不同的世界观和方法论。马克思和恩格斯在《德意志意识形态》中对这个问题作了一次比较系统的清理工作。

四　本项研究的意义

　　从上面的分析我们已经可以看出，这个问题是一个关乎世界观和方法论的问题。兹事体大。

（一）本研究意在对西方马克思主义中的人本主思潮进行一种反拨

　　我们有必要指出，单纯从异化和物化的意义上来理解马克思的拜物教批判理论可能是有问题的。马克思虽然在《资本论》的早期版本中多次使用过异化概念，但是，马克思在《资本论》的法文版中对于出现"异化"概念的地方进行了重要的删除处理。这一点可以看段忠桥的文章《马克思的异化概念与历史唯物主义——与俞吾金教授商榷》[②]。这是一个值得重视的现象。

　　阿尔都塞也曾经试图对这种人本主义倾向给以反拨，但是，他却陷入了另一个错误，因为他因此而把马克思的拜物教批判理论与马克思的异化理论作同等看待，而且把它归入马克思的不成熟概念的行列，并且把它划归为"资产阶级的意识形态"。因此，阿尔都塞在这个问题上反而造成了混乱。实际上，他在逻辑上是犯了同样的错误。

　　运用马克思青年时期所使用的概念，即关于人的哲学概念，如异化、分裂、拜物教、整体的人，等等。[③]

---

① 《马克思恩格斯文集》第 1 卷，人民出版社 2009 年版，第 499 页。

② 段忠桥：《马克思的异化概念与历史唯物主义——与俞吾金教授商榷》，《江海学刊》2009 年第 3 期。

③ ［法］阿尔都塞：《保卫马克思》，顾良译，商务印书馆 2006 年版，第 236 页。

（二）马克思的拜物教批判理论的一般方法意义，还包括马克思所说的"主体性"方法在历史唯物主义理论中的重要意义

我们后来引入的马克思主义哲学，往往把旧唯物论中"物质实体"概念或物质原则作为一种至高无上的原则，但是我们忘记了这正是马克思对于旧唯物论批判的核心内容。拜物教批判理论在哲学上就是对旧唯物论中物质实体概念的批判。从我们上面的论述可以看出，这不是一般意义上的批判，而是具有实质意义的批判，是反映了一种新旧世界观和方法论的对立，值得我们高度重视。

从我们上面的分析可以看出，这两种倾向最后都会走向对于马克思本人思想的反动。而且我们在马克思的著作中可以看到，马克思在其著作中对于这两种倾向都已经作了明确的批判。而且，如果不对于这两种倾向进行深入的批判，要准确地理解马克思的理论和思想是非常困难的。

实际上，卢卡奇在《历史与阶级意识》一书中已经对于马克思在其拜物教批判理论中所表述的一般方法论意义进行了论述。比如卢卡奇写道：

> 费希特就把实践、行为、活动作为全部哲学的方法论中心。他说："哲学究竟是从事实（Tatsache）出发，还是从行为（Tathandlung）出发（……）根本不像某些人觉得的那样是不重要的。如果哲学从事实出发，它就把自己置于存在和有限的世界，它就难于找出一条从这个世界通向无限和超感性的道路；如果它是从行为出发，它就正好站在把这两个世界联结起来的，由此出发可以一眼通观这两个世界的那一点上。"①
>
> 我们可以把全部现实看作我们的历史……现实可以被把握为我们的"行为"，即把我们有意识的行为认作我们的活动。从这上意义上说，行为实际上就是历史。②（大意）

制度经济学家康芒斯作了与马克思同样的工作。他的名言是："债务不是物，而是制度。"他说：

---

① ［德］费希特：《知识学》第 2 篇导言，《费希特全集》德文版，第 3 卷，第 52 页。
② 同上书，第 223—224 页。

实际上，债务或所有权都不是财富。它们是制度。我们从数量观点把它们叫做资产和负债。我们认为这是商人的资本的意义……银行家买进一项债务时，他不是买一种具体的物资，而是买那叫做债务的制度。制造家买进具体的物资时，他所买的不是物资，而是物资的所有权。①

大多数人在说到或听到财产的时候，想到某种物质的东西，例如土地、房屋、牲畜和货币等等。可是那不是财产的真正意义，财产这个名词的真正的和原来的意义不是指导物质的东西；而是指使用和处理一种东西的绝对权利……财产……的真正意义是完全指一种权利、利益或所有权；因此，把物质的东西叫做财产和叫做权利、利益、所有权，是同样的荒谬。②

麦克劳德说"经济学所研究的不是'土地、房屋、牲畜和谷物，'而是土地、房屋、牲畜和谷物'以及一切其他东西'上的'财产'。财产和财产权一样；物质的东西对经济学没有价值，除了因为它们能被人依法占有和它们的所有权能依法转移。"③

康芒斯对这个问题作了大量的论述。但是，由于马克思的这个思想在后来的研究中没有得到应有的重视，所以，康芒斯对于马克思的了解非常片面。他如果了解马克思的工作，他的研究工作会节省很多时间。

我们今天需要研究劳动和财产权问题，没有马克思的这个方法论的指导，这种研究是无法进行的。

---

① ［美］约翰·康芒斯：《制度经济学》下卷，于树生译，商务印书馆1962年版，第15—16页。

② 同上书，第19页。

③ 同上。

从黑格尔到《资本论》:现代性
矛盾的调和与超越

郗 戈*

无论是关于马克思主义哲学史、《资本论》哲学，还是关于现代性理论的研究，都绕不开黑格尔与马克思（特别是《资本论》）的关系问题。这一问题关涉到三个基本理论问题：一是黑格尔对马克思思想的影响是否仅仅是方法论或体系建构层面的外在影响；二是马克思思想发展进程中是否存在着"成熟"与"不成熟"的断裂，是否存在从哲学向经济学的学科专业转换；三是《资本论》及其手稿是否存在着严格的学科界分，其中的哲学思想是否仅仅是指经济学研究的"方法论"。上述这些问题其实就是马克思主义理论在纵向和横向上的统一性、整体性问题，因而在思想史维度中对其进行全面深入研究，具有极为重要的意义。

我们的思想史研究并非脱离问题意识的抽象比较，而是在现代性这一时代根本问题的思考历程中展开具体深入的思想史探究。当黑格尔将哲学的任务规定为"扬弃分裂"时，他其实已经把各种哲学观念的对立理解为现代性分裂的症候，并力图以思辨哲学来加以调和。① 黑格尔将"分裂"理解为现代性矛盾的实质：在取代中世纪宗教信仰的大一统体系之后，启蒙理性难以整合国家与市民社会的分离，因而不能建立现代社会的有机统一。而马克思则沿着黑格尔这一思路不断深究，通过对《法哲学原理》《精神现象学》与《逻辑学》等著作的批判性解读，进一步揭示出现代性及其启蒙精神根植于市民社会的经济异化之中，并根本地服从于资

---

* 郗戈，中国人民大学马克思主义学院副教授。

① 参见［加］查尔斯·泰勒《黑格尔》，张国清等译，译林出版社2002年版，第76—115页。

本统治，由此便真正抓住了现代性矛盾的要害。

一 现代性的内核：从国家到市民社会

思想史研究表明，正是在黑格尔的启发下，马克思发现现代性的结构特征是国家与市民社会的分离，并通过哲学与政治经济学的结合，深入剖析现代性的内核即市民社会，实现了哲学革命，最终得以透视现代性的矛盾本性。当然，这一过程并非仅仅是马克思的被动接受，而是他自觉主动地改造黑格尔思想资源的结果。批判地阐发黑格尔的《法哲学原理》，构成了青年马克思思想变革的关键环节。基于此，马克思才从宗教和哲学批判，转向国家政治批判，并走向市民社会的经济学批判。《法哲学原理》及其批判，是《资本论》的真正发端。不考察马克思早期思想，特别是他对黑格尔国家哲学的批判，就无法理解《资本论》得以产生的问题意识与思想根源。

首先，从黑格尔的《法哲学原理》到马克思的《资本论》，存在着一条现代性问题的思考路径：深入发掘现代社会的内核，即通过政治经济学透视市民社会的内在矛盾，从而在社会总体批判中深挖现代性的矛盾与根基，并予以和解或超越。

黑格尔引导马克思确立了现代性批判的总体性视野：即从启蒙主义预设的理性个人视阈拓展为更为广阔的社会总体视阈。《法哲学原理》的谋篇布局透露出黑格尔现代性批判的思路：第一篇"抽象法权"批判了现代自然权利说和社会契约论的自由观点的形式化和外在性；第二篇"道德"则集中批判了从卢梭到康德的现代道德哲学的自由观点的主观性和内在性；第三篇"伦理"则为"抽象法权"和"道德"提供了一个更高的总体，并扬弃外在自由和主观自由的片面性而将这二者吸纳为伦理总体（即现实的自由）的环节。黑格尔的"伦理（德文 Sittlichkeit）"意指使得已经存在的公共生活、礼俗伦常继续得以维持和发展；它包含家庭、市民社会和国家三个发展环节，个人自由在其中得以不断发展与实现。由此可见，黑格尔力图超越启蒙主义预设的个人主体的自由观念，而开启一种社会总体性的自由观念。这一思路深刻地影响了青年马克思的思想演进。为了探寻现实的自由之路，马克思从"博士论文"时期立足于青年黑格尔派观点伸张个人的自我意识，到《莱茵报》时期基于黑格尔国家哲学力主建构理性国家,再到《德法年鉴》时期以后借助黑格尔所倚重的政治经济学深入剖析市民社会、探寻新社会的现实条件与发展趋势。这一系列思想演进的线索,就在于超越启蒙主义的个人自由观念,力图在更为广阔的社会历史领域重新界定"自由"问题,着力发掘个人自由发展的社会基础与历史条件。

黑格尔基于总体视野的现代性批判有其明确的聚焦点即国家与市民社会的关系问题,这也构成了马克思现代性批判的理论基点。在近现代西方思想史上,黑格尔较早地把握到了"市民社会"与"国家"的现代分离,其现代性思想的关键课题便是国家与市民社会的分化与整合的问题。黑格尔早在青年时代(耶拿时期)就倾心研究英国政治经济学,以期透视市民社会的规律与矛盾,而晚年出版的《法哲学原理》一书更是他的市民社会研究的理论结晶。该书认为,市民社会与国家的分化是现代性的标志特征与进步成果之一:"市民社会是在现代世界中形成的,现代世界第一次使理念的一切规定各得其所。"① 然而,分化同时也包含着普遍性与特殊性之间的分裂对抗,后者必须在国家的层面上才能予以调和。很显然,青年马克思继承和发展了黑格尔的国家与市民社会理论,他对黑格尔所发现的国家与市民社会分离这一现代性特征极为重视,并认为,"国家本身的抽象只是现代才有,因为私人生活的抽象也只是现代才有。政治国家的抽象是现代的产物"。② 而在批判性解读《法哲学原理》的基础上,马克思批评黑格尔颠倒了主语(市民社会)和谓语(国家),而实际的情况是,市民社会决定政治国家,国家非但不能调和市民社会的矛盾,反倒被市民社会中的私有财产及利益冲突所支配。世俗基础即市民社会的分裂不断上升为神圣王国即国家、宗教领域的分裂。现代社会呈现出泛经济化、经济主导政治等新趋势。只有同时超越市民社会以及与之对立的国家,才能建构新社会。

通过批判地继承黑格尔的国家哲学,马克思从副本批判推进到原本批判,逐层深挖,深入到现代性的"内核":作为私人经济领域的市民社会。在近现代西方思想史上,黑格尔较早地从经济视角理解市民社会,将其看作私人间的经济关系和经济组织,即私人劳动以市场交换为中介而满

---

① [德]黑格尔:《法哲学原理》,范扬等译,商务印书馆1961年版,第197页。
② 《马克思恩格斯全集》第3卷,人民出版社1995年版,第42页。

足私人需要的领域。但是，他并没有将市民社会理解为现代社会的内核，而是把作为伦理实体的"现代国家"理解为现代性的最终归宿。然而马克思对黑格尔颠倒了的国家与市民社会关系进行了"再颠倒"，将市民社会看作国家的基础和前提，从而一举突破国家与市民社会之间的外在关系而推进到市民社会的内部结构。《黑格尔法哲学批判》之后不久写作的《论犹太人问题》一文，典型地反映了青年马克思的这种思想演进逻辑。此文的谋篇布局已经清晰地展示出马克思所理解的现代社会结构。关于犹太人问题，布鲁诺·鲍威尔就事论事，直观地认为问题根源在于宗教异化和对抗，犹太人从宗教中解放，国家从宗教中解放（即政治解放）便是最终的解决方案。而马克思则管中窥豹，一叶知秋，从现象透视本质，从环节揭示整体，将犹太人问题置于现代社会的政治经济结构中予以深究。该文第一部分从宗教问题追溯其根源——政治解放（即国家与宗教分离，国家与市民社会分裂），指出犹太人问题不是纯粹的宗教神学问题，而是政治解放的问题；政治解放有其限度，导致了现代文明的二重性即政治国家与市民社会、公共生活与私人生活、共同体与个人的世俗分裂，政治国家沦为市民社会的"工具"，市民社会反过来支配政治国家；因而宗教问题的出路并不在于单纯扬弃宗教异化、实现政治解放，而在于从政治解放走向人类解放，即扬弃国家与市民社会，超越二者的对抗分裂。第二部分则从政治解放及其界限追溯到其根基即市民社会的内在分裂与经济异化，并指出，市民社会的原则是犹太精神即私有财产与营利冲动统治下的经济异化和市民利己主义，人的解放就是要从犹太精神中解放出来。要言之，该文从宗教问题进入国家领域的政治问题，再从国家政治问题推进到市民社会的经济问题，由浅入深，不断深挖，逐层展示了现代性问题的社会总体结构。

沿着黑格尔所开辟的道路不断前行，马克思更为深入地探究了现代性的内核，并从市民社会的自我分裂中发掘出资本的内在矛盾，从而抓住了现代性的内在逻辑与矛盾本质。与斯密所开启的古典政治经济学传统将市民社会（或市场）视作自律的均衡体系不同，黑格尔明确意识到了市民社会的内在矛盾，并将其思辨地表述为普遍性与特殊性的矛盾，即市民社会的假象是特殊性，而其中却又蕴含着普遍性的真理。主观特殊性原则体现在无节制的私有产权、经营牟利活动之中，不断引发私欲膨胀、生产过剩与贫富分化等断裂失衡，逼使整个社会陷入"坏无限"（或译作"恶的无限"），从而必然要求国家这一普遍性的伦理实体从更高层次上加以规制和调和。① 不同于黑格尔的思辨理解，马克思紧扣市民社会的内在矛盾不断深入发掘，将普遍性与特殊性的矛盾分析发展深化为"资产阶级社会"② 中私有制、异化、剥削、经济危机和阶级对抗的分析，并最终达到资本矛盾分析的深度，为资本主义社会的内在超越和新社会的建构探寻客观基础与现实路径。

其次，现代性问题的思路演进也带动了从黑格尔到马克思的哲学思维方式的巨大变革：政治经济学与哲学的重新结合。要在现代性境遇中实现哲学革命，就必须从天堂下降到尘世，关注尘世生活中的矛盾，必须紧扣现代性问题的内核即市民社会问题，从探究宗教、国家问题的哲学批判深化为直面市民社会问题的政治经济学批判，将哲学与政治经济学结合起来。黑格尔明确地将政治经济学视作市民社会的科学，认为它发现了经济领域庞杂现象之中的理性必然性即规律，填补了"伦理"之中从"家庭"到"国家"的过渡环节。因此，他便将政治经济学（特别是斯密、萨伊和李嘉图）的理论成果吸收到其哲学体系（法哲学）内部。③ 而马克思则继承和发展了黑格尔对政治经济学的新颖理解，并将哲学与政治经济学更为内在地结合起来，实现了"哲学—政治经济学"总体性革命，创建了一种新形态的哲学理论。

值得注意的是，哲学与政治经济学的这一融合，恰恰是一种古典的整体性视野的再生；而被黑格尔复活、马克思发展的这种整体性视野，恰恰构成了透视现代性问题的关键门径。与其说《1844 年经济学哲学手稿》是哲学与经济学的"相遇"，不如说是二者的"重逢"，甚至是西方古典思想的整体性视野的"再生"。在西方最早的经济思想家如色诺芬、亚里士多德那里，并不存在独立于哲学和政治学的经济学，而经济学与哲学的

---

① 参见［德］黑格尔《法哲学原理》，范扬等译，商务印书馆 1961 年版，第 200—201 页。

② 黑格尔与马克思"市民社会"术语的德语原文是"bürgerliche Gesellschaft"，此术语在马克思著作中有两重含义，一是指在一切时代都构成上层建筑之基础的物质交往，其含义类似于经济基础；二是"真正的市民社会"，就是指"资产阶级社会"，即资本主义社会的经济基础甚或资本主义社会的整体。马克思使用该术语的第二种含义时，在《马克思恩格斯全集》和《马克思恩格斯选集》中文版中较多地译作"资产阶级社会"。参见《马克思恩格斯选集》第 1 卷，人民出版社 1995 年版，第 130—131 页。

③ 参见［德］黑格尔《法哲学原理》，范扬等译，商务印书馆 1961 年版，第 204—205 页。

明确分化则是现代学科建制不断区分思辨哲学与实证科学的结果。从词源学上看,"经济(英文 economy)"一词源自古希腊语 οικονομία,意指家政管理,即治理家庭财产的方法、实践智慧。①家政从属于政治伦理与实践理性,是哲学或伦理学的一部分,服务于人的德性潜能在社会制度中的实现这一核心问题。而这一整体性视野却被强调独立于哲学、经济学、伦理学的现代学术传统取代了。整体性的现代性问题即"人在现代社会境遇中如何发展自己的潜能",被分割为两类专业领域:一类是主观性的价值规范问题,属于研究个人道德选择的道德哲学或伦理学领域;另一类是客观性的事实规律问题,划归研究社会的政治经济制度的经济科学和政治科学。这种学科专业分化固然有其进步性与合理性,然而却系统地遮蔽了整体性的现代性问题。只有重新开启古典的整体性视野,将政治经济学与哲学伦理学重新结合起来,才能够统观现代性的整体轮廓、透视其内部结构,进而探究现代性境遇中人的发展问题。黑格尔与马克思都具有深厚的古典学养,都能纵横古今之间兼具古典与现代之视野,都力图以不同的方式去重新整合"哲学伦理学"与"政治经济学"之间日益扩大的裂痕,从而继承、发展了古典的整体性视野。这赋予他们超越于同时代思想家的一种人类历史发展的总体性视野,从这个视野出发便可以透视现代性的过去、现在与未来。美国学者麦卡锡注意到亚里士多德(从《尼各马可伦理学》到《政治学》)、黑格尔(从《法哲学原理》的"道德"篇到"伦理"篇)和马克思(从青年马克思的人本学到成熟马克思的政治经济学批判)的思想演进逻辑之间的深层同构性:从道德哲学或伦理学的抽象探讨逐步深入到更为具体、更为根本的政治经济制度的"元"伦理学探讨,从而形成了哲学伦理学与政治经济学有机统一的总体性视野。②马克思哲学革命的实质就是"哲学—政治经济学"总体性革命,即从青年时期立足人本伦理学批判经济异化,追问"人的社会性潜能应当实现,但事实上没有实现"的"哲学—经济学问题",深化发展为成熟时期通过政治经济学批判解剖资本主义社会,探求"人的社会性潜能如何在政治经

---

①　参见[古希腊]亚里士多德《政治学》,吴寿彭译,商务印书馆1965年版,第10、504页。

②　参见[美]麦卡锡《马克思与古人:古典伦理学、社会正义和19世纪政治经济学》,王文扬译,华东师范大学出版社2011年版,第1—21、164页。

济现实中全面发展"这一更为深刻的"哲学—经济学问题"。青年马克思与成熟马克思之间并非如阿尔都塞所说有一个认知范式的"断裂",而是同一种"哲学—政治经济学"总体性视野不断成长、日渐成熟的连续过程。

二　现代性的裂变:异化劳动及其扬弃

市民社会是以市场交换为中介的私有财产间的经济关系,其能动机制正是劳动。青年马克思进入市民社会领域探讨经济问题的第一个关节点便是异化劳动问题,异化劳动批判也就构成了青年马克思审视现代性矛盾裂变的主要理论路径。通过创造性地阐发《精神现象学》,马克思得以构想劳动的理想原型来作为异化批判的立足点,并剖析异化劳动中蕴含的"解放潜能",最终将异化劳动理论提升到"劳动—实践"的历史辩证法的高度,从而历史地理解了现代性的矛盾。由此,《1844 年经济学哲学手稿》就成了从黑格尔《精神现象学》到马克思《资本论》的发展历程中的一个极为显著的思想路标。

《1844 年经济学哲学手稿》(逻辑编排版)的文本结构,呈现了此时马克思透视市民社会中现代性矛盾的整体思路:先揭示现代劳动的异化性质,而后探究扬弃异化的现实路径,最后提升为"劳动—实践"的历史辩证法。"序言"表明了从多个领域全面批判现代资产阶级社会的整体性问题意识。"笔记本Ⅰ"通过批判古典政治经济学及其启蒙主义的经济构想,从工资、利润和地租切入市民社会的内在矛盾,揭示出现代雇佣劳动的异化性质,并将异化劳动和私有财产视作资产阶级社会(现代性)的核心矛盾而加以批判。"笔记本Ⅱ"涉及"私有财产的关系"。"笔记本Ⅲ"重点探讨异化劳动、私有财产的扬弃即超越资产阶级社会的共产主义的生成运动。最后,通过对《精神现象学》的解读展开"对黑格尔的辩证法和整个哲学的批判",把针对异化劳动这一特殊劳动形式的批判,提升到整个人类劳动的历史辩证法高度。黑格尔的精神和自我意识的历史辩证法终究被马克思扬弃,而其中萌生着的"劳动—实践"即人的自我生产的历史辩证法得以确立。这便是以劳动辩证法为核心线索的人类历史发展三段论:未异化的社会形式—异化的社会形式—扬弃异化的社会形式。

　　马克思的异化劳动理论包含着明确的逻辑结构，即立足于人本学价值悬设（劳动的"理想原型"）去批判呈现于资产阶级政治经济学中的"经济事实"（雇佣劳动制度的剥削关系）。然而，值得追问的是，异化劳动理论所预设的这一劳动—实践的理想原型在思想史上是如何发生发展的?

　　我们认为，马克思的劳动—实践范畴显著地得益于黑格尔《精神现象学》中的劳动思想，特别是他对劳动的"有用性"和"生命表现"这双重内涵的整体理解。黑格尔的劳动概念，综合了启蒙主义所强调的"有用性"与浪漫主义所力主的"生命表现"两大现代思想倾向，形成了一个二重性的劳动概念:一方面，劳动服从"有用性"原则，是服务于人的生理需要、自然本能的工具;另一方面，劳动又是人的生命表现、自我实现，是自我意识和理性在现代的集中体现。[①] 马克思继承和发展了黑格尔对劳动的深邃理解。在马克思那里，异化的实质是劳动的二重性内涵的分裂与对抗。劳动活动本身就具有目的性和工具性双重属性:一方面，劳动本身就具有人性的、社会性的内在目的，即人的生命表现、自我实现和自由自主，体现为劳动活动的自主性、创造性和解放性;另一方面，劳动作为手段则服从于自然性、动物性的外在目的，即人的生理需要、动物本能和物质利益，体现为劳动的工具性、有用性和功利性。未异化的理想劳动（自由自觉的活动），表现为正常的"目的—手段"关系:劳动满足生理需要是手段，是为了人的自我解放、自我实现的内在目的。而异化劳动（谋生劳动、抽象劳动），则表现为劳动中的"目的—手段"关系的颠倒:劳动作为手段，丧失了人的自我实现的内在目的，而完全服从于生理需要或物质利益这一外在目的。也就是说，"异化劳动把自主活动、自由活动贬低为手段，也就把人的类生活变成维持人的肉体生存的手段"[②]。马克思在讨论共产主义的物质基础即现代的工业与科学时，又重申了劳动的"外在的有用性"与"人的内在本质"之间的区分，并强调不能仅仅停留于有用性方面来理解工业和科学，必须将其理解为人的生命表现与自我解放的活动。[③]

---

　　① 参见［德］黑格尔《精神现象学》下卷，贺麟等译，商务印书馆1979年版，第97—99页;［加］查尔斯·泰勒《黑格尔与现代社会》，徐文瑞译，吉林出版集团有限责任公司2009年版，第214—236页。

　　② 《马克思恩格斯全集》第3卷，人民出版社1995年版，第274页。

　　③ 同上书，第306—307页。

与劳动的理想原型相联系,马克思还立足于《精神现象学》,区分了劳动的"异化形式"与"解放潜能",从而为现代异化的自我扬弃奠定了内在基础。在《精神现象学》第4章"自我意识"的"主人与奴隶"一小节中,黑格尔集中谈论自我意识发展中的"承认"环节。他指出,相互对立的个人都希望他人承认自己的自我意识,并为承认而斗争,拼死赢得胜利的一方获得承认,成为主人,而相应地,因为怕死而失败的一方沦为奴隶,丧失承认。由此便形成了主奴关系,即自我意识的独立性与依赖性以及承认关系的不平衡结构。在主奴关系中,作为独立的自我意识的主人统治、支配着作为依赖的为他意识的奴隶,而奴隶则通过自身的劳动改造、形塑外物来满足主人的需要;由此,劳动和劳动所陶冶的物就构成了主奴关系的关键性中介。然而,奴隶的劳动并非只具有消极依赖性,而是潜含着日益发展的自主性、解放性潜能。一方面,奴隶以劳动加工物,塑造世界,从而获得自我确证,在劳动活动和劳动产品的创造性中重新发现自己,他的自我意识的依赖性就逐步转化为独立性;另一方面,主人依赖于奴隶的劳动和产品,进而依赖于奴隶,他的自我意识的独立性就逐步转化为依赖性。原先不平等的承认关系最终将被劳动对奴隶的解放作用所打破。由此,劳动便构成了人类自我解放和自我实现的历史进程中的关键性机制。① 通过对《精神现象学》特别是主奴关系思想的阐发,马克思深刻地把握到了劳动的异化形式中所蕴含着的解放潜能。马克思将工业与科学(即现代社会典型的劳动形式)视作共产主义得以生成的最重要的物质基础,并明确区分了工业与科学的异化形式与解放潜能:一方面,现代社会的工业和科学处于异化形式中,受外在的有用性原则支配,服从于人类本质相脱离的需要和利益;但另一方面,它们又是人的内在本质力量的感性表现,为人的解放做好了物质准备。诚如马克思所说,"人的对象化的本质力量以感性的、异己的、有用的对象的形式,以异化的形式呈现在我们面前"。② 以工业和科学为代表的劳动实践活动,既是人类从属于自然需要,受制于资本增值的异化形式,同时又包含着人类主宰和改造自然、重新支配自身命运的巨大解放力量。扬弃异化的关键就在于释放内蕴于异化

---

① 参见［德］黑格尔《精神现象学》上卷,贺麟等译,商务印书馆1979年版,第122—132页。

② 《马克思恩格斯全集》第3卷,人民出版社2002年版,第307页。

劳动中的解放潜能,这构成了现代资产阶级社会的自我否定、自我超越趋势。不应该到劳动之外去寻求神秘力量的救赎,而要紧紧抓住内在于劳动活动的异化形式与解放潜能的辩证法。

更进一步地,通过创造性阐发《精神现象学》的理论成果,马克思从黑格尔的"精神(自我意识)"辩证法转换到"劳动—实践"辩证法,从而将异化劳动批判理论提升到实践的历史观的高度,将现代性矛盾呈现为历史性的过渡环节。首先,马克思称赞黑格尔将劳动理解为人的自我生成过程的观点,并将其发展为人通过劳动改造世界、自我创造的历史性观点。[①] 这一历史观点将现代资产阶级社会形式中的劳动特殊形式,提升到贯穿整个人类历史的"劳动一般""实践一般"的普遍性高度,从而为马克思创立新唯物主义世界观和历史唯物主义,透视资本主义现代性提供了关键性的理论基点。其次,马克思置换了被黑格尔视作历史过程之主体的"精神"及其"自我意识",代之以劳动实践活动为根基的新型历史主体范畴。通过批判《精神现象学》"绝对知识"章,马克思指出,黑格尔的命题"它在自己的异在本身中就是在自身"抹杀了主体与客体的本体论差别,从而虚化了自然和人类自身的物质存在,因而也就将感性的对象性活动(劳动)抽象化为纯粹精神的活动即自我意识。由此,马克思重新肯定了劳动实践活动对于自我意识的生存论根基地位,建立了以劳动实践活动和人与自然对象性关系为核心范畴的新型历史观。[②] 再次,在提出劳动实践范畴的基础上,马克思创造性地发展了黑格尔的历史辩证法,提出了以异化劳动及其扬弃为核心的历史辩证法,即"原初未异化—异化、分裂—扬弃异化、自我复归"的三段式发展结构。《精神现象学》特别是第6章"精神"至第8章"绝对知识"包含着一个深刻的否定之否定的历史辩证法:人与自然、个人与共同体的原初统一在现代启蒙中发生分化、异化,并为更高的统一与和解(即黑格尔的哲学)奠定了基础。马克思深谙这一历史辩证法的结构,并以劳动实践活动的为核心线索,提出了自己的历史辩证法即人与自然、人与社会的原初统一(未分化)—现代资产阶级社会的分裂(异化)—未来的更高的统一(社会主义)。其中,第二个环节的分裂异化构成了原初统一及其在更高层次上复归的中介

---

① 《马克思恩格斯全集》第3卷,人民出版社2002年版,第319—320页。
② 同上书,第321—338页。

和基础,其存在具有历史的必然性与合理性。这种历史中介性之所以可能,正是因为现代资产阶级社会中的自我否定趋势即劳动的异化形式中所蕴含的解放潜能。最后,随着从精神辩证法向劳动辩证法的这一转变,历史辩证法的内在目的也发生了根本性的变化。不再是黑格尔意义上的精神的自我表现、自我认识构成了历史的目的,而是人的社会性潜能在社会总体中的发展和实现构成了历史的客观的、内在的目的。由此,全面异化的资产主义现代性就构成了这一历史目的得以最终实现的一个必然的中介环节,而这一异化的根源在马克思思想的后续发展中被追溯到资本的统治。

三   现代性的根基:资本的"有限"与"无限"

对现代性矛盾的探究聚焦于市民社会领域,但不能止步于异化批判,而是必须追问异化(劳动与私有财产间的分裂对抗)的深刻根源:占据支配地位的生产关系。这就触及到了现代性的根基——资本统治与资本逻辑。诚如列宁在《黑格尔辩证法(逻辑学)的纲要》中所说,"虽说马克思没有遗留下'逻辑'(大写字母的),但他遗留下《资本论》的逻辑",并"从黑格尔那里吸取了全部有价值的东西并发展了这些有价值的东西"。① 正是通过对黑格尔《逻辑学》的创造性重构,马克思得以穿透资产阶级启蒙意识形态及其经济学形式,透视市民社会和现代性的真正根基——资本逻辑及其自我扬弃的逻辑。

基于黑格尔《逻辑学》对"知性"的批判,马克思实现了对启蒙主义思维的历史性超越,破除了资产阶级意识形态的理论遮蔽,开启了把握资本逻辑的总体视阈。这一思维方式的革命,不是抽象的观念转换,而是包含历史性内涵的方法论变革,即超越启蒙的知性思维方式(抽象的理智)对"有限性"的执着,走向总体性的辩证法。以康德为代表的启蒙主义是一种知性思维,内含"有限性"与"无限性"的对抗分裂,而黑格尔则力图以调和性的理性思辨扬弃这种分裂。基于此,马克思更进一步走向了批判性的历史辩证法。具体来看,黑格尔与马克思对启蒙思维方式的超越首先表现在,超越"应然"与"实然"的分裂,转而把握事物自身中的理性必然性,从分裂的知性思维上升到总体的理性思维或历史思

① 《列宁全集》第55卷,人民出版社1990年版,第290页。

维。黑格尔指出,典型的启蒙主义思维是一种知性思维或抽象理智,坚持一系列的区分与割裂,尤其执着于信仰与知识、无限与有限、应然与实然、理想与现存、自然权利与国家权力之间的抽象对抗。[①] 与此不同,黑格尔则尊重合理性与现实性的统一,认为哲学的任务就在于理解"事物本身的理性",使我们与现实相调和。[②] 思辨理性的目的就在于,肯定地理解现实中的理性——一种和解的、自我肯定的必然性。因而他便在《法哲学原理》中集中论述了法权与国家的统一、个人权利和自由的最高实现形式是作为伦理实体的国家等观点。在黑格尔的影响下,马克思在柏林大学就读期间就认识到,坚持应然与实然分离的康德式理想主义是逃避现实的,而黑格尔式现实主义则要钻进现实本身抓住现实的内在矛盾而谋求合理解决。[③] 马克思要理解事物中的理性,就是理解事物自身的客观规律、内在矛盾及发展趋势。从《1844 年经济学哲学手稿》中的基于人本学价值悬设的异化劳动批判走向《德意志意识形态》中的生产力与交往形式的矛盾分析,以至《资本论》中资本内在矛盾的分析,正是超越启蒙思维的应然与实然、资产阶级政治经济学的"自然"与"人为"的抽象对立,而不断走向"先有—现有—将有"的历史辩证法思维。但与黑格尔显著不同的是,马克思思维方式的核心并非黑格尔式的肯定的、调和的思辨,而是否定的、批判的辩证法。[④] 马克思所理解的现实中的"理性"正是蕴藏于现代性中的自我否定、自我扬弃、自我超越的力量——资本内在矛盾的逻辑与自我超越的趋势,这构成了新社会的内在根基。

更进一步地,黑格尔与马克思对启蒙的知性思维的超越还表现为,从抽象上升到具体的方法,以及对事物自身理性必然性或客观规律的具体总体的展现。马克思在写作《资本论》时期反复借用黑格尔《逻辑学》(《小逻辑》)的体系,这不单纯是一个外在的、形式的体系建构技术的问题,而是一个总体地把握资本辩证法的根本性问题。通过对《逻辑学》的概念运动结构(存在论—本质论—概念论)的创造性借用,马克思最终揭示出资本范畴的总体运动逻辑即《资本论》三段式结构:资本的生

---

① 参见 [德] 黑格尔《小逻辑》,贺麟译,商务印书馆 1980 年版,第 8、34 页。

② 参见 [德] 黑格尔《法哲学原理》,范扬等译,商务印书馆 1961 年版,第 10—14 页。

③ 参见《马克思恩格斯全集》第 47 卷,人民出版社 2004 年版,第 7—8 页。

④ 参见 [德] 黑格尔《小逻辑》,贺麟译,商务印书馆 1980 年版,第 172 页。

产过程—资本的流通过程—资本主义生产的总过程。其逻辑顺序是从抽象上升到具体,从简单发展为复杂,从环节发展为总体;其发展的内在动力或枢纽是劳动二重性,而运动的主体则是资本(作为生产关系),资本矛盾推动资本的运动,其运动轨迹与内在规律便是资本逻辑。由此便克服了资产阶级政治经济学拘泥于启蒙知性思维而遮蔽资本总体的拜物教观念——将资本当作自然的物质事实而加以永恒的肯定。

那么,马克思所发现的资本逻辑究竟是什么?他又在何种意义上借助黑格尔《逻辑学》来把握和呈现资本逻辑的总体图景呢?我们认为,正是通过对黑格尔《逻辑学》无限性与有限性的辩证法的创造性重构,马克思得以把握现代性矛盾的本质,并将其表述为《资本论》的核心观点:资本的逻辑及其界限。简言之,资本作为占统治地位的现代生产关系,成为了一种主体性的存在,其活动历程具有辩证性的内在联系、运动轨迹和发展规律,这便是资本的逻辑。资本逻辑蕴含着"无限性"与"有限性"的矛盾,并最终自我扬弃而走向"真无限"。所谓"真无限"是指内在地包容了"有限性",并以有限事物为中介而自我发展、自我复归的无限性。而"坏无限"只是对有限事物的单纯否定,而未对有限性的辩证扬弃,无力实现有限性与无限性的统一,表现为有限事物的无止境重复与否定,以及有限向无限的无穷趋近。[①] 马克思借用《逻辑学》中"有限性"概念,用以揭示资本存在的自我限制和有限性;借用"坏无限"概念,用来把握资本逻辑的自我矛盾即价值增值与劳动过程的对抗;借用"真无限"概念,来揭示社会生产力无限发展以及人的全面发展这一人类历史的内在目的。

首先,马克思将资本看作一个内含矛盾和界限的有限存在,并将资本增值视作资本无穷尽地否定自身有限性的"坏无限"。

黑格尔注意到市民社会内含一个主观特殊性原则所导致的"坏无限",马克思将其指认为资本自我增值的无限性。黑格尔指出,市民社会的特殊性原则体现为无节制的牟利活动,可能会使市民社会陷入崩溃的边缘:"特殊性本身是没有节制的,没有尺度的,而这种无节制所采取的诸形式本身也是没有尺度的。人通过表象和反思而扩张他的情欲……并把情

---

① 参见〔德〕黑格尔《小逻辑》,贺麟译,商务印书馆1980年版,第206—208页。

欲导入恶的无限。但是,另一方面,匮乏和贫困也是没有尺度的。"① 而在《资本论》中,马克思将市民社会孕育的这一"坏无限"清晰地界定为价值增值的无限性:"资本的运动是没有限度的",资本家的目的"不是取得一次利润,而只是谋取利润的无休止的运动"。② 这就涉及到了资本的双重逻辑问题。

资本逻辑是二重性的,同时包含价值增值与劳动过程两种趋向。在《资本论》及其手稿中,马克思主要是从资本生产的二重性(劳动二重性)出发来透视资本主义社会机体的,并将资本的双重逻辑理解为现代资本主义社会运行发展的核心法则。所谓资本的双重逻辑,就是指,(作为生产关系的)资本支配下的现代生产劳动是"劳动过程"与"价值增值"这双重内涵、双重进程与双重趋势的内在统一。一方面,资本基础上的生产是人与自然之间的劳动过程,其核心是劳动的物化或具体化,即具体劳动生产商品的物质属性,创造其使用价值或有用性的过程。另一方面,资本基础上的生产又是价值增值过程,其核心是劳动的抽象化以至数量化,即抽象劳动生产商品的社会属性,创造其价值(即无差别的人类劳动的单纯凝结,内含剩余价值)的过程。因而,无论是劳动过程还是价值增值,都是资本生产的内在环节。要言之,资本生产是劳动过程与价值增值对立统一的矛盾体。这一矛盾的统一性在于:价值增值支配劳动过程,内在地制约着劳动过程的发生发展;劳动过程服从于价值增值,以价值增值为最高目的;资本主义生产实质上就是剩余价值的生产。这一矛盾规定着资本主义生产不同于其他任何形式的生产方式的特殊本质。按照马克思的历史性观点,古代社会的生产的目的是使用价值,而只有现代资本主义社会的生产目的是价值或交换价值,价值增值支配着使用价值生产过程。因而,现代资本主义社会就是资本统治的社会形态,要把握现代性的本质,就必须抓住资本的双重逻辑。

既然资本的双重逻辑中居于支配地位的是价值增值,那么这就使得资本的发展过程必然是一个无止境的"坏无限":价值增值力求不断否定资本自身的有限性,但却又不断遭遇资本的界限,无法扬弃有限性而达到"真无限"。劳动过程即使用价值的生产和消费,受制于人的自然需要和

① [德] 黑格尔:《法哲学原理》,范扬等译,商务印书馆 1961 年版,第 200—201 页。
② 《马克思恩格斯全集》第 44 卷,人民出版社 2001 年版,第 178—179 页。

社会需要，因而在一定时间地点内具有明确的限度，并不是无止境的。然而，资本主义的劳动过程受无止境的资本增值支配，在后者的强劲拖拽下，开始不断挣脱自然和社会的诸种限制，盲目地趋于无限。因此，资本逻辑的双重性恰恰蕴含着资本生产的内在矛盾。作为双重性的存在，资本的生产过程不可能一帆风顺，它必然在自身内部包含着自我矛盾，在自己本身中不断遭遇发展的内在界限。在《资本论》及其手稿中，马克思反复强调:"资本是一个活生生的矛盾"，"资本本身就是矛盾"，"资本主义生产的真正限制是资本自身"。资本生产的双重性实质上就蕴含着资本逻辑的矛盾性与内在界限。由此，资本增值就不可能无限制地发展下去，必然是一个不断破除界限与不断遭遇界限的"坏无限"。

　　进而，资本逻辑的内在矛盾又被马克思理解为"坏无限"与"真无限"之间的矛盾。① 按照黑格尔的理解，"坏无限"局限于一系列的有限目的，总是不断遭遇无穷无尽的内外界限，并把这些界限当作偶然碰到的障碍，无视其中的理性必然性。而"真无限"符合理性必然性的内在目的，将界限当作自身发展的条件，视作自身展开的内在要素，因而能够扬弃界限而达到自由发展。资本增值与生产力发展的矛盾，恰恰体现了"坏无限"与"真无限"的矛盾。在资本主义生产中，劳动过程的社会生产力是无限发展的，并不断扬弃内外界限，构成了人类历史发展的内在目的，因而是黑格尔意义上的"真无限"。与此不同，资本增值虽然是无止境的，但又是自我限制的，拘泥于价值增值这一狭隘的有限目的，与生产力发展（以至人的发展）这一内在目的相对立，因而只能是"坏无限"。这二者的结合必然产生根本性的矛盾。具体来看，第一，从劳动过程来看，劳动的社会生产力的发展与资本增值过程之间发生着矛盾。随着社会生产力的不断发展、生产技术的日益进步，资本有机构成提高导致利润率趋于下降，这就与价值增值是资本主义生产的最高目的之间发生了矛盾，即社会必要劳动时间不断减少与劳动时间是价值量的唯一尺度之间的矛盾。在这一矛盾中，利润率的下降会不断削弱资本主义生产的刺激和动力，促进生产过剩和资本过剩，从而威胁资本主义生产过程本身。由此，

---

　　① 参见［英］布劳因《黑格尔和马克思的无限:从无限概念到资本概念》，孙大鹏译，载吴晓明主编《当代学者视野中的马克思主义哲学:西方学者卷》，北京师范大学出版社2008年版，第636—648页。

劳动的社会生产力的发展便构成了资本价值增值的内在限制。第二，从价值增值过程来看，"生产剩余价值的条件"与"实现剩余价值的条件"之间发生着矛盾。资本生产的目的是生产剩余价值，而剩余价值的生产过程与实现过程在时间和地点上是分离的。剩余价值生产只受社会生产力的限制，而剩余价值的实现则受不同生产部门的比例关系和社会消费能力的限制。社会消费能力既不取决于绝对的生产力，也不取决于绝对的消费力，而是取决于以资本对劳动的剥削关系为基础的消费力，这种消费力受制于资本增值的欲望，将社会上大多数人的消费压缩到相对狭小的限度之内。因此就形成了生产力不断发展、剩余价值生产不断扩大与实现这个剩余价值的消费条件相对缩小之间的冲突。进而，社会生产总过程中生产与消费之间不是直接统一的，而是通过市场交换过程而间接统一的，依赖于市场自发的盲目运行而非社会的自觉调节。由此，生产与消费之间的矛盾便愈演愈烈。综合劳动过程与价值增值两个方面来看，社会生产力发展的无限趋势与价值增值这一有限目的之间发生着深刻矛盾。资本价值增值的狭隘目的与为实现这一目的而无限制地增加生产、无条件发展劳动生产力的生产方法相矛盾："手段——社会生产力的无条件的发展——不断地和现有资本的增值这个有限的目的发生冲突。"① 在资本主义生产的无限性与有限性的各种结构性断裂之中，不断产生出周期性的经济危机，通过现有资本贬值的方式来调整、维持资本增值的过程继续进行。

最后，马克思将资本逻辑的发展趋势理解为资本这一有限存在物的自我扬弃与内在超越，并从中孕育出"真无限"即社会生产力的全面发展。按照黑格尔的理解，任何有限事物都包含着自我矛盾和内在界限：它因为表现着精神而得以存在，又因为不能完全表现精神而必然死亡，消逝于精神的无限总体之中。有限存在物必然自我扬弃，融入"真无限"。"真无限"并不与有限性抽象对立，而是以有限事物为中介而自我复归，通过扬弃将有限性包容在自身内部。② 资本作为有限存在物，在其自我持存中包含着自我扬弃的趋势，必然成为"真无限"自我发展的必要条件和中介环节。劳动过程是任何社会都普遍存在的物质内容，价值增值对劳动过程的支配则是资本主义社会特有的社会形式。资本的双重逻辑内含"普

---

① 《马克思恩格斯全集》第 46 卷，人民出版社 2003 年版，第 279 页。

② 参见［德］黑格尔《小逻辑》，贺麟译，商务印书馆 1980 年版，第 206—207 页。

遍性"与"特殊性"之间的矛盾:劳动过程、生产力的普遍化发展趋势与价值增值、资本统治的特殊发展形式之间的矛盾。作为自我限定的存在,资本包含着自我矛盾或内在界限,因而也就孕育着自我否定的趋势。从历史发展的现实性来看,资本主义现代性条件下,资本自身成为了最高主体和目的本身,而个人与社会的生产力则沦为资本所掌控的客体与工具。也就是说,生产力发展的"真无限"暂时以异化形式束缚于资本这一"有限性"存在之中。而从历史发展的可能性来看,资本主义现代性条件下日益积累的人类发展趋势,使得资本的力量有可能重新被人类所支配,最终,资本将作为客体和工具服务于作为主体和目的的社会生产力本身的发展。更进一步地,资本逻辑内在地指向了资本的自我扬弃与内在超越。作为自我限制的存在,资本包含着自我矛盾或内在界限,也就孕育着自我否定的趋势。《资本论》的真正主题恰恰是历史地把握资本逻辑特别是其内含的自我否定趋势,通过对现代资本主义社会的内在批判来发现共产主义的物质基础与发展趋势。这也正是作为"真无限"的生产力全面发展扬弃资本的有限存在与资本增值的"坏无限",而将其化作内在中介环节的过程。

四　结语

从总体上看,马克思对现代性的内核即市民社会的批判思路是不断深化发展的:从私有财产到异化劳动再到资本统治。马克思的市民社会(资产阶级社会)批判从关注市民社会的基本要素即私有财产与所有权,进展到其活动性根源即异化劳动,而后在历史视阈中透视劳动与所有权的分离与结合,由此便深刻触及现代性的根基——资本统治。在资本统治的现代社会,异化劳动和私有制就表现为资本的产物与表象。

我们的思想史考察表明,黑格尔对马克思特别是《资本论》的影响,不仅是方法论或体系建构上的外在的、形式的影响,而且是更为内在的、更为深刻的问题意识、理论视野与思维方式层面的影响。同样地,青年马克思与成熟马克思的思想也并非"认识论断裂"或"不成熟"与"成熟"的简单对立,而是对现代资本主义社会不断深入批判的连续发展过程。而从青年马克思著作到《资本论》之间也并不存在哲学与经济学的截然区分,其本身就是"哲学—政治经济学"总体性革命不断深化与发展的连续过程。

从黑格尔《精神现象学》到马克思《资本论》，标志着西方现代性批判思想的一个极为关键的发展：在总体性视野中审视现代性，并从现代性分裂的精神和解走向资本统治的自我克服，从乐观调和的理论思辨走向改变世界的革命实践。随着现代性批判的这一深入发展，哲学形态本身也发生了革命性的变化：哲学与政治经济学汇通，从天堂下降到尘世，关注尘世生活核心的矛盾裂变。由于马克思的创造性转换，哲学从此不再是历史终结时分才冉冉起飞的密涅瓦的猫头鹰，而是历史破晓时分便引吭高歌的高卢雄鸡。

苏格兰启蒙运动与青年马克思的市民社会理论

臧峰宇[*]

苏格兰启蒙运动是"启蒙时代"最重要的思想谱系之一。尽管这场运动是一个复杂的思想事件,但是,苏格兰启蒙思想家对市场经济、人的科学、经验理性和道德情怀的强调,仍然具有丰富的"公约数",尤其是他们将市民社会从国家中分离出来的思想对黑格尔和马克思等后世思想家影响深远。青年马克思受黑格尔和青年恩格斯的启发,在阐释市民社会理论的过程中,逐渐形成了实践先于原则的历史唯物主义思想,尽管他稍后在其所处时代的现实层面将市民社会规定为现代资产阶级社会,但实践先于原则的思想方法始终是马克思政治哲学的理论基石。梳理马克思政治哲学与苏格兰启蒙运动的关系,并从苏格兰启蒙思想家的法哲学和道德哲学中汲取文化资源,对当代中国的思想启蒙具有重要的启示意义。

一 苏格兰启蒙运动的学术思想缘起

18 世纪可谓人类思想史上的"启蒙时代",其耀眼的光环似乎一直笼罩在卢梭、伏尔泰、孟德斯鸠等法国学者身上,其实这个时代具有耐人寻味的国际性格。当时,维科、莱辛、潘恩、车尔尼雪夫斯基等思想家分别在意大利、德国、美国和俄国写下了意蕴深远的启蒙著述,而在大不列颠岛北部,沙夫茨伯里、哈奇森、休谟、斯密、斯图亚特、弗格森、李嘉图

---

* 臧峰宇,中国人民大学哲学院副教授。

等思想家的作品毫不逊色于同时代的欧洲学人。启蒙思想家并非观点一致的学术共同体，或许"只能将启蒙运动看作统计学上的集中现象"，启蒙运动的特征主要表现为"艺术创造、科学发现和哲学沉思相互作用的交叠模式，反过来又影响人们对历史、艺术、科学、哲学和宗教的态度"①。这样的评价完全适用于评价苏格兰启蒙运动，"任何将其进行普遍化归纳的企图都是危险的"②。思想交锋是其中常见的理论景观，但他们具有共同的问题意识。

受益于霍布斯和洛克的政治哲学、新哈林顿主义以及自然法传统，③苏格兰启蒙思想家掀起了一场旷日持久的思想运动④。他们拥有宽容、开放的眼界，乐于分析和接受来自异域的思想观念。这个学术共同体认真讨论各国的文化观念，而且尚未受到现代学科边界的束缚，其中各具特色的思想家几乎都具有人文社会科学的广博视野。这种没有明显学科苑囿的研究被称为"苏格兰知识"，以具有苏格兰特色的政治经济学、历史科学和道德哲学为主要内容。⑤ 值得提及的是，当时除了思想家致力于启蒙事业之外，也有不少政治家参与其中。例如，"苏格兰王"阿盖尔公爵在执掌苏格兰政局期间对启蒙学派给予多方面不菲的财政支持，因而被称为"苏格兰启蒙运动之父"。各种社团在此期间像雨后春笋般涌现——爱丁堡哲学学会、格拉斯哥政治经济俱乐部、社团择优学会、拨火棍俱乐部、阿伯丁博学俱乐部等社团汇集了大量的社会精英，"这些俱乐部是苏格兰

---

① 参见 Hampson, Norman, *The Enlightenment: An Evaluation of its Assumptions, Attitudes and Values*, London: Penguin Books Ltd, 1968, pp. 9 – 10。

② G. P. Morice ed. , *David Hume: Bicentenary Papers*, Edinburgh: Edinburgh University Press, 1977, p. 42.

③ 参见 Hont, Istvan, Ignatieff, Michael, *Wealth and Virtue: The Shaping of Political Economy in Scottish Enlightenment*, Cambridge: Cambridge University Press, 1983, p. 7。

④ 威廉·罗伯特·斯科特在 1900 年出版的著作中将哈奇森称为"苏格兰启蒙运动的范例"。参见 Scott, Robert William, *Francis Hutcheson: His Life, Teaching and Position in the History of Philosophy*, Cambridge: Cambridge University Press, 1900, p. 265. 但是，作为明确的学术主题，"苏格兰启蒙运动"研究是从 20 世纪 60 年代兴起的。迄今对这场运动起止时期的说法有很多种，综合英国学界各种观点并仅从文献出版角度来看，这场运动的代表作最早可追溯至曼德维尔的《蜜蜂的寓言》（1714），前后跨越百余年，可将李嘉图的《论政治经济学与赋税原理》（1817）视为这场思潮的收山之作。

⑤ 参见 Chitinis, C. Anand, *The Scottish Enlightenment and Early Victorian English Society*, London, 1986, p. 1。

启蒙运动的一种重要特征，它为哲学家、神学家、律师和科学家——这些思想家代表参与启蒙运动的所有领域——提供了讨论和辩论的语境"①。他们激发彼此的思想火花，共同塑造了启蒙思想的苏格兰民族特征。

应该说，除了受到以往思想家的影响之外，苏格兰启蒙运动的兴起恰是当时苏格兰社会状况的直接反映。18 世纪的苏格兰耕地和牧场稀少，自然资源和气候均不适合大量人口居住，很多人迫于生计而背井离乡。为了解决生活的实际困难，苏格兰学人研究如何加快经济发展并增加社会财富。他们在开发自然资源和促进商业流通的同时也注重思想启蒙的任务。由于这时大不列颠刚经历过"光荣革命"、苏格兰与英国兰合并等重大事件，② 政治相对稳定，社会经济生活是人们关心的主要领域。所以苏格兰启蒙思想家不像其法国同仁一样专注激进革命的政治启蒙，而着重考虑经济生产生活方式的变革及其对政治的影响。当然，或许还有一种对这些思想家的学术倾向何以形成的有力解释——"资助"是他们收入的主要来源，除了上面提到的阿盖尔公爵之外，还有一些苏格兰的开明地主和商人出资。苏格兰启蒙思想家与这些出资人之间"没有多少利益分歧，而这或许可以解释为何在他们的著作中缺乏政治激进主义"。③ 这时的爱丁堡被称为"大不列颠的雅典"。苏格兰启蒙思想家的著述不仅直接影响了英格兰学人④，对欧洲乃至国际学界的启蒙研究也具有深远的影响力。

当这场启蒙运动的思想传播近半个世纪之后，苏格兰人被视为欧洲最

---

① A. Broadie ed. , *The Scottish Enlightenment*, Cambridge: Cambridge University Press, 1997, p. 17.

② 正如苏格兰启蒙思想家约翰·戴瑞坡所言，"光荣革命首先为我们（苏格兰）政府带来别样的信条，合并则赋予我们的立法机关以别样的权利，所以，现今我们上院和下院与英格兰上院和下院整合在一起。英格兰的政制建基于一种君主制、贵族制和民主制之间的恰当的平衡上，而正是这种君主制、贵族制和民主制之间的恰当平衡使英格兰的政治体制成为人类的奇迹"。参见 Davidson, Neil, *Origins of Scottish Nationhood*, Pluto Press, 2000, p. 81。

③ Rendall, Jane, *The Origins of the Scottish Enlightenment*, New York: St. Martin's Press, 1978, p. 15.

④ 除了受到苏格兰启蒙思想影响之外，18 世纪的英格兰启蒙思想家也有独特的贡献。如果将苏格兰启蒙学派代表人物称为情感主义启蒙思想家，那么在同时代的英格兰还有理性主义启蒙思想家，他们以威廉·渥拉斯顿、萨缪尔·克拉克、吉尔伯特·柏内特为代表，与大陆启蒙哲学家的思想比较接近，或因没有苏格兰启蒙思想的民族特征而不为人所熟知。参见 L. A. Selby-Bigge, *British Moralists*, *Selections from Writers Principally of the Eighteenth Century*, Vol. ii, Oxford: the Clarendon Press, p. 29。

有教养的市民。他们熟悉法国和荷兰甚于熟悉英格兰，他们思想的国际化
程度很高，读书是他们的基本生活习惯。尽管我们很难对苏格兰启蒙运动
的学术地图做出认知测绘，但可以清楚地看到这些思想内部相当丰富的
"公约数"，涉及自然科学和社会科学诸多领域，彼此之间还存在着不容
忽视的相互影响。当然，在 18 世纪的苏格兰乃至英格兰，"社会科学居
于首位，而自然科学（如物理学、化学、医学、植物学）处于第二位，
尽管支持二者之一的实际根据似乎是互不相容的"①。这时的政治经济学
是社会科学的核心内容。应该说，苏格兰启蒙思想家以深厚的历史眼界分
析了个人德性与社会经济生活的内在关系，在很大程度上否定了理性设计
对构建社会秩序的先导作用，而且强化了人的社会性及其德性标准。

　　"人的科学"是休谟提出的重要概念，他把人性置于社会理论的核心
位置，重视道德哲学之于启蒙的意义。这种思路在其他苏格兰启蒙学者的
论述中也颇为常见，他们将市场经济而非政治契约视为社会存在的基础，
并从人性角度思考市民社会的道德精神。斯密强调"内在的我"，倡导对
光荣、崇高和尊严的爱，为市场经济确立道德法则。这些原则都不是外在
植入的，而基于社会的实际需要以及人们的交往经验。他们普遍关心经济
生产之于人类生活的重要意义，并界定了与政治社会或政府相区别的市民
社会或文明社会。② 他们重视社会物质生活状况，可以说，"社会交往是
自然的还是人为的，在一个复杂的个人主义的社会如何形成道德判断，如
何规定社会发展各阶段的特色；如果没有这样的认识——物质生活的发展
是现代社会的驱动力，现在将无法讨论这些问题"③。

　　除了强调"人的科学"之外，苏格兰启蒙学者还重视唯物主义和历
史科学。在他们看来，作为科学的历史学首先关注社会发展史，人类思想
史乃是社会发展史的一般结果。苏格兰启蒙学者基于自然和社会生活的唯
物主义观念超越了理性先行的唯心主义哲学，与同时代的法国唯物主义也

---

　　① *The Cambridge Companion to the Scottish Enlightenment*, edited by Broadie, Alexander, Cambridge：Cambridge University Press, 2003, p. 4.

　　② 弗格森所谓"文明社会"、休谟所谓"大型社会"、斯密所谓"商业社会"与他们使用
的"市民社会"概念近乎同义语，都被用来从基于经济生活的人类社会的角度规定社会形态，
当然这些多样的表述使市民社会具有更丰富的意蕴。

　　③ Robertson, John, "The Scottish Contribution to the Enlightenment" in P. Wood ed., *The Scottish Enlightenment：Essays in Reinterpretation*, Rochester：Rochester University Press, 2000, p. 52.

有明显的区别。他们试图规定理性的限度，主要从常识角度把握理性的功能及其外化形式，这种"经验理性"与大陆哲学的"先验理性"之间最重大的区别就在于实践和原则孰先孰后。可以说，这些观念已经接近历史唯物主义，而且对康德、黑格尔等后世思想家也产生了重要影响，① "人的科学"和"历史科学"更是作为关键概念进入《1844 年经济学哲学手稿》和《德意志意识形态》等青年马克思哲学文本。

更为重要的是，苏格兰启蒙学者对政治问题的阐释，使这场启蒙运动具有独特的政治哲学内涵。正如哈耶克所强调的，苏格兰启蒙学者与法国启蒙思想家具有不可忽视的差异，"法国的政治自由思想是从英国（主要是苏格兰人阐明的）输入的"，"法国这个民族实际上在此前根本就不知道自由为何物"②。无独有偶，约翰·格雷也看重苏格兰启蒙运动在政治思想史上的价值，他指出，"在苏格兰启蒙运动的社会哲学家和政治经济学家的著作中，我们发现了对自由主义原则和基础的第一次全面而系统的阐述"③。当然这种对自由主义的强调实际上是单向度的，苏格兰启蒙学者在强调个人自由的同时，诉求市民社会成员的平等，并使之作为一种政治原则得以确立起来。与此同时，"公共领域"在苏格兰启蒙运动中出现了。基于此，可以肯定地说，休谟在他的暮年如此表述苏格兰启蒙运动并无虚言，"我相信，这是历史的时代，这是历史的民族"④。

二　市民社会:苏格兰启蒙运动的政治哲学主题

尽管苏格兰启蒙运动是一场回归"常识"的学术思潮，但其对个人自由与社会平等的论述及诸种理论建构具有不可忽视的政治价值，苏格兰启蒙学者在阐释市民社会的过程中形成了鲜明的政治哲学主题。他们沿袭

---

① 例如，休谟的"怀疑论在历史上所受到的重视有过于它本身的价值，它的历史意义在于：真正来说，康德哲学是以它为出发点的。"参见［德］康德《历史理性批判文集》，何兆武译，商务印书馆 1990 年版，第 22 页。而苏格兰启蒙学者对法哲学和市民社会的论述更是给了黑格尔直接的启示。

② 《哈耶克论文集》，邓正来译，首都经济贸易大学出版社 2001 年版，第 483—484 页。

③ ［英］约翰·格雷：《自由主义》，曹海军、刘训练译，吉林人民出版社 2005 年版，第 35 页。

④ J. Y. T. Greig ed. , *The Letters of Hume*, Vol. 2, Oxford: Oxford University Press, 1932, p. 230.

了古希腊哲学家对市民社会①的政治—伦理规定，将市民法视为现代社会的文明特征，认为市民既是政治动物，也是有德性的法律意义上的主体，市民社会乃是个人的联合体或曰政治共同体。由于苏格兰和英格兰合并有很多衍生品，英格兰习惯法纳入苏格兰市民法便是其一，所以苏格兰启蒙学者从法哲学角度理解市民社会的现实定位，探究市民社会的经济形态及其与国家王权之间的关系。从务实的角度出发，这场致力于改善苏格兰经济社会发展状况的启蒙运动扬弃了纯理性的思辨原则，在实现物质社会文明化的过程中诉求市民的自由与平等，很多精彩的创见意蕴深远。

苏格兰启蒙学者并非市民社会概念的提出者，即使在英国学术思想史上也并非首创。据目前可考，"市民社会"一词在英国出现最早为1594年，当时被表述为"ciuill society"，指的是比任何一种私人团体都更具有人性内涵的社会。但这个表述在当时没有得到人们足够的重视，它成为引人注目的概念乃是17世纪末以后的事情，最具代表性的是洛克在《政府论》中的相关阐述。② 而他真正成为影响深远的规范概念，当然是苏格兰启蒙学者的贡献。遗憾的是，这个贡献尚未得到政治哲学层面的重视，即使在英国包括苏格兰学界，斯密、休谟、弗格森等苏格兰启蒙思想家的哲学也通常被当作常识哲学或经济哲学来加以理解。"我们要永远铭记，启蒙运动是一个事件，或者是一系列复杂的历史事件和历史进程，它处于欧洲社会发展的特殊时期。因此，它包括社会变革的元素、社会制度的类型、知识的形式、知识和实践的合理化设计、技术的突变，即使这些现象在今天仍然非常重要，但用一个词来概括启蒙是非常困难的。"③ 福柯意识到归纳启蒙思想的困难，但他强调启蒙运动的政治性，而这恰恰是苏格兰启蒙运动文献中近乎被人们淡忘至少是未予重视的内容。

我们已经注意到苏格兰启蒙运动不强调政治性的民族历史成因，但从苏格兰启蒙运动的世界历史意义来看，这场提升市民社会的启蒙思想实践

① "civil society"一词的拉丁文来源是"civilis societas"，指的是遵守市民法的文明社会，居于其中的公民高雅而富有德性。参见 Sills, L. David, *International Encyclopedia of the Social Sciences*, New York: The Macmillan Company & the Free Press, 1968, p. 201。

② 参见方朝晖《市民社会的两个传统及其在现代的汇合》，《中国社会科学》1994年第5期。

③ Foucault, Michel, "What Is Enlightenment?" in *The Foucault Reader* ed., Rabinow, Paul, London: Penguin, 1984, p. 48.

所具有的政治哲学内涵颇为厚重。其中，界定市民社会和国家的区别，是苏格兰启蒙思想家最重大的政治哲学遗产。正是由于阐发了市民社会与国家适度分离的启蒙思想，现代社会的发展范式得以确立，而这也意味着政治解放的完成。对市民社会的强调实则指明现代社会的公共领域，使市场经济成为现代社会的宠儿，斯密等苏格兰启蒙思想家试图从市场经济角度提出解决私人领域和公共领域之间矛盾的方案。他们提倡将政治共同体建立在市场经济的基础上，并阐述一种有别于以往的积极的政治哲学，在规范和丰富市民美德的过程中确认具有普遍意义的市民精神。身处市民社会的个人崇尚自由且热心公益，法律是维护市民自由的保障。

在苏格兰启蒙思想家看来，社会秩序在人性中具有自然基础，国家是权力受到限制的服务型公共职能承担者，市场经济的良性运转以公共精神为思想根基。闪耀在市场经济中的"看不见的手"体现了他们对调节国家和市民社会之间关系的高度自信，也表明市民社会对个人尊严的高度重视。"先进思想家似乎有个逐渐一致的共识，认为财富之路寓于让贸易自由，以及使经济生活逐渐解脱国家的干预，因此，亚当·斯密出版《国富论》首卷（1776 年）的时候，几乎是为整个启蒙运动发言。"[1] 其实有很多发言者早于斯密，比如弗格森的《市民社会史论》就比斯密的《国富论》早出版 9 年，这本著作使他广受赞誉，而其重要性当然源于与市民社会的精彩阐释。"启蒙运动的基本要素正是在苏格兰被发现的：随着爱国群体和社团将注意力集中在经济和社会问题上，落后的世界和现代的世界存在着年代学和地理学上的相近性。"[2] 而这个现代的世界正是随着市民社会升起在人们思想和生活的地平线上的。

弗格森将社会发展历程看作"是人类行为的结果，但不是人类设计的结果"[3]。他认为政治秩序不是原子化的个人以服从、遵守和沉默的方式来维护的社会状态，这样的社会是奴隶制，而不是自由的现代世界。现代人必然在抗争和行动中确立新时代的社会秩序，因为现代市民乃是文明

---

[1]　［英］约翰·麦克里兰：《西方政治思想史》，彭淮栋译，海南出版社 2003 年版，第 350 页。

[2]　Robertson, John, "The Scottish Contribution to the Enlightenment" in P. Wood, ed., *The Scottish Enlightenment: Essays in Reinterpretation*, Rochester: Rochester University Press, 2000, p. 38.

[3]　［英］弗格森：《文明社会史论》，林本椿、王绍祥译，辽宁教育出版社 1999 年版，第 136 页。

人。他看到个人的世界具有公共性，"人天生是社会的一员，从这一点考虑，个人似乎不是为自己而生。当他的幸福和自由与社会利益相矛盾时，他必须放弃个人幸福和自由。他只是整体的一部分"①。可以肯定的是，崇尚"常识"的苏格兰启蒙思想家不是个人至上主义的倡导者，在他们的思想中不难看到自由主义的理想诉求，但对社会利益的强调力透纸背。"在这种繁盛的民族渴望达到，并且在一定程度上也能够达到的条件下，人类奠定了安全的基础，并进而建立起与他们的见解相适合的上层建筑。"② 弗格森已经意识到经济基础和上层建筑之间的关系，市民是承载这种关系的主体，或曰是市民社会良性运转的关键。公共领域不是他者的世界，它在一定程度上甚至就是个人生活本身。尽管苏格兰启蒙思想家对如何调整私人利益和公共利益关系的看法不同，但是在强调市民社会对个人生活的意义以及个人对市民社会的义务方面，确实具有不少相似的论调。

从人性的深处理解社会秩序，就是他们论述相关问题的明显相似之处，而休谟在这个方面的阐释可谓最为精彩。如果说《人性论》偏重论述人性的普遍存在样态，那么我们可以在《政治论文选》中看到休谟对政治生活较为充分的哲学阐述。在休谟看来，"人诞生于家庭，但须结成社会，这是由于环境必须，由于天性所致，也是习惯使然"③。换言之，市民社会是人性的必然，也是人们生活习惯的自然结果。市民社会的权力是由法律赋予的，下面这段话充分说明了休谟对这个问题的看法："政治上有一条大家认为是无可争议和普遍适用的箴言：通过法律授予高级官员的权力，不论这种权力多么大，它对于自由的危险，总是小于强夺和篡夺的权力，即使这种权力很小。因为法律总是对所授予的每种权力给予限制，而且同意接受所授予权力这个事实的本身就树立了授权者的权威，保持了该体制的协调一致。而不经过法律手续获得每一项特权之后，又可以要求另一项权力，而且要求一次比一次便利；第一次篡夺的权力既可以成为以后篡权的先例，又可以成为继续篡权的力量。"④ 这种观念提示我们

---

① ［英］弗格森：《文明社会史论》，林本椿、王绍祥译，辽宁教育出版社 1999 年版，第 62—63 页。

② Ferguson, Adam, *An Essay on the History of Civil Society*, ed. by Fania Oz—Salzberger, Cambridge University Press, 1995, p. 180.

③ ［英］大卫·休谟：《休谟政治论文选》，张若衡译，商务印书馆 1993 年版，第 23 页。

④ 同上书，第 115 页。

必须重视"市民"这一概念的法学意义,这恰是"市民"概念在欧洲思想史上得到普遍标注的语义之一,法律的限制使市民社会权力失控的可能性降到最低点。

从对市民社会的理论阐释上可以很好地看到苏格兰启蒙思想的理论布局。重视政治经济学乃是出于促进资本和劳动力在经济领域流动的需要,以"看不见的手"调整市场秩序,避免垄断对市场经济产生阻碍作用,彰显了自由理念的现实价值;当然,社会秩序仅靠彰显自由的信任规则来维系是远远不够的,关键在于自律。苏格兰启蒙思想家充分意识到道德的现实功能,作为市民的文明人不是道德世界的局外人,道德在相当大的程度上就是自然秩序中的法律。我们如今从多学科角度来整理苏格兰启蒙思想家的遗产固然更为精细,但从整体理论布局的角度把握各学科交汇点的问题意识同样重要,而这个交汇点就是市民社会。可以说,"政治经济学是一门'立法者的科学',自然法学(natural jurisprudence)是揭示人类社会的自然正义准则和政治基本原理的科学"①。在这个意义上,人的科学、历史科学和政治科学是贯穿苏格兰启蒙思想家市民社会理论的关键词,崇尚科学是工业革命的必然结果。

斯密的论述最为有力,他的《国富论》和《道德情操论》享誉至今②,这两部分别被归纳为政治经济学和道德哲学的文本理论视阈颇为广阔。斯密对人的社会性加以感性确证,认为人性中有同情和交换的本能,每个人都有着保护自己不受伤害的自然权利,这是市民政府存在的前提。斯密从自然自由的角度规定君主应尽的义务。"第一,保护社会,使其不受其他独立社会的侵犯。第二,尽可能保护社会上各个人,使其不受社会上任何其他人的侵害或压迫,这就是说,要设立严正的司法机关。第三,建设并维持某些公共事业及某些公共设施(其建设与维持绝不是为着任何个人或任何少数人的利益),这种事业与设施,在由大社会经营时,其利润常能补偿所费而有余,但若由个人或少数人经营,就决不能补偿所

---

① 王楠:《亚当·斯密的社会观:源于人性的自然秩序》,《社会学研究》2006 年第 6 期。

② 值得指出的是,斯密的市民社会理论远不止在这两部著述中得到体现,我们可以在《法哲学讲座》中更为充分地理解他的政治哲学主张。

费。"① 其实，这正是国家对市民社会所尽的义务，国家之所以能够良性
运转正是因为符合市民社会的需要。

我们深知无原则合并苏格兰启蒙思想的危险，这些思想家对市民社会
的具体观点也不一致。比如休谟特别是斯密试图在新的社会伦理视阈中审
视市民的价值，弗格森则在肯定现代工业文明和商业文明的过程中批判现
代社会的道德危机。我们只是通过对弗格森、休谟和斯密的相关思想略作
归纳，从中看到苏格兰启蒙运动的政治哲学内涵，而这些思想在沙夫茨伯
里、哈奇森、斯图亚特等其他苏格兰启蒙思想家的著述中也不鲜见。他们
主要从人性层面探究市民社会的自然秩序，从中发现市场经济的现实价
值，认为市场经济是维系市民社会运转的经济基础，道德自律是作为市民
的文明人必须具有的现代素养，法律是市民社会和个人避免遭受威胁的保
障，市民社会对王权和国家的限制理所当然。这些想法基于苏格兰社会的
日常生活状况，而不是纯粹理论设计的结果。苏格兰启蒙思想家对社会形
态的规定以及对经济基础的强调，对青年马克思的影响不容忽视。可以
说，18 世纪发生在苏格兰的这场思想启蒙运动确为历史唯物主义的思想
源头，② 而马克思走得更远。

三　黑格尔、恩格斯与青年马克思的市民社会理论

苏格兰启蒙运动对德国古典哲学家的影响不可小觑，它与法国启蒙思
想一并成为 18 世纪后半叶以来德国哲学的思想资源。这不仅突出表现为
康德关于"什么是启蒙运动"的思考，③ 而且突出表现为黑格尔对市民社
会的理论阐释，而正是黑格尔的阐释引起了青年马克思的重视。《法哲
学》是黑格尔的市民社会理论的代表作，黑格尔将"civil society"转译成

---

① ［英］亚当·斯密：《国民财富的性质和原因的研究》下卷，郭大力、王亚南译，商务
印书馆 1974 年版，第 252—253 页。

② 参见 Berry, J. Christopher, *Social Theory of the Scottish Enlightenment*, Edinburgh：Edin-
burgh University Press, 1997, p. 93.

③ "人类脱离自己所加之于自己的不成熟状态"，"要有勇气运用自己的理智"，而不是使
自己的"勇气和决心"长久地陷于"别人的引导"，这是康德在《什么是启蒙运动》一文中对启
蒙的价值所作的规定，这篇文章与后来福柯的《何谓"启蒙"？》可谓启蒙思想研究史上的两篇
经典力作。

德文"bürgerliche Gesellschaft",① 关于商业社会、道德精神和法哲学的阐述来自对弗格森和斯密作品的阅读。黑格尔直接沿用了苏格兰启蒙思想家对市民社会和国家的区分,他意识到市民社会的现代价值,认为"市民社会是在现代世界中形成的,现代世界第一次使理念的一切规定各得其所"②。可以说,黑格尔汲取了斯密对生活在商业社会的市民道德情操的阐释,但主要从国家角度理解问题,将国家视为伦理精神的最高阶段,是普遍原则的最高体现,是市民社会的决定者。在黑格尔看来,市民社会是"私人需要的体系",由道德意识的主体联合而成,他们具有实现利益需要的自由权利。同业公会是公共精神的培养机构,是国家和个人的中介。市民社会的伦理精神尚处于不发达阶段,因而需要警察和法院使用强制力量制止不法行为,确立保障市民合理享受公共资源的社会秩序。

黑格尔将市民社会视为以分工和交换为基础的经济社会范畴,这体现了弗格森和斯密等苏格兰启蒙思想家的影响。应当看到,"bürgerliche Gesellschaf 在黑格尔这里具有一种重要的转义,这一术语在黑格尔这里是从斯密经济学意义上的互为经济活动个体的'市民'(Burger)入手的,在这里,他看到了公民社会中那种公共自由政治关系的真正现实基础,这就是自发的商品—市场的自由生产和交换结构,这恰恰是自由主义精神中'自然秩序'的本质。在这里,真正起关键性决定作用的不是个人,而是个人之间的相互作用的总体性结果,即斯密所说的'看不见的手'"③。但黑格尔的市民社会理论与苏格兰启蒙思想家的政治哲学观念也存在着不可忽视的断裂,比如他将"法"的价值上升到更为宽泛的文化层面,"谈到法的时候,不仅指人们通常对这一名词所了解的,即市民法,而且指道

---

① "civil society"的德语直译应为"zivil Gesellschaft"。转译词"bürgerliche Gesellschaft"与"civil society"有一个关键差异,"在弗格森的一生中,这一词语获得了新的重要地位和新的意义,指出这一点很重要:与公民传统(civic tradition)相反的是,黑格尔在'市民社会'和'国家'之间作了区分,在私人贸易领域和社会相互作用的个人与政府与法律管辖的公共领域之间作了区分。黑格尔阅读和使用了弗格森的著作,并在弗格森德文译本的帮助下,使'bürgerliche Gesellschaft'概念成为了德国学术圈的显学,这一事实是思想史上具有讽刺意味的事情之一。"参见 Ferguson, Adam, *An Essay on the History of Civil Society*, Cambridge:Cambridge University Press, 1995, p. xix。"bürgerliche Gesellschaft"直译为英文则是"bourgeois society",这个概念与古希腊作为城邦社会的市民社会更为接近。

② [德]黑格尔:《法哲学原理》,范扬、张企泰译,商务印书馆1961年版,第197页。

③ 张一兵、周嘉昕:《市民社会:资本主义发展的自我认识》,《南京大学学报》2009年第2期。

德、伦理和世界史而言；它们之所以同样是属于法，是因为概念按照真理而把思想汇集起来的"①。这与德国狂飙运动的文化旨趣内在一致，即在研究英国人所强调的物质社会的德性基础的时候，德国思想家更乐于指出现代社会在思想文化层面的价值，或者说他主要从哲学革命和精神自由的角度来理解启蒙。更为重要的是，由于坚信"思想不能跳出它的时代"，黑格尔在为德国政治辩护的过程中置换了苏格兰启蒙运动的逻辑，确认了国家对市民社会不可撼动的决定作用。他对国家意志的强化以及理性精神居于社会生活首位的看法，显然与苏格兰启蒙思想家意见相左，而这恰是马克思在《黑格尔法哲学批判》及其导言中批判黑格尔的着力点。

　　马克思对黑格尔法哲学的批判内容不需在这里赘述，需要指出的是，青年恩格斯的《政治经济学批判大纲》等文本在另一个层面影响了青年马克思的政治哲学运思。这种影响主要体现在经验层面，即青年恩格斯关于英国哲学和社会生活的理解。青年恩格斯在曼彻斯特不仅直接了解了工人阶级状况，而且深刻领会了英国经验论，曾热爱德国哲学的他起初很不理解实践先于原则的思维逻辑，并因此指责英国人的功利和浅薄，但随着对经济生活的深入研究，他愈发认识到政治经济学的魅力，而这正是从斯密、李嘉图等苏格兰启蒙思想家的著述中获得的灵感。我们有充分的理由证明，恩格斯早年的这些作品对马克思产生了很大的触动作用，而马克思在阅读苏格兰启蒙思想的过程中开始勾勒历史唯物主义的基本理论图景，研究他此后各时期对市民社会的阐释，是理解马克思政治哲学的必经之路。

　　青年马克思多次提及苏格兰启蒙思想家的理论，这些研究主要表现在对市民社会和国家之间关系的理解上，即市民社会是黑格尔意义上的国家对立物。我们可以在《黑格尔法哲学批判》《神圣家族》《德意志意识形态》等马克思早期文本中看到他的这些论述。马克思认同黑格尔对市民社会概念的德文转译，② 他认为"'市民社会'（bürgerliche Gesellschaft）

---

　　① ［德］黑格尔：《法哲学原理》，范扬、张启泰译，商务印书馆1982年版，第42页。

　　② 值得注意的是，恩格斯1852年9月23日致信马克思，谈及《路易·波拿巴的雾月十八日》的英译问题时说，"'资产阶级社会'（bürgerliche Gesellschaft）被译成'中等阶级社会'，这从语法和逻辑的角度严格说来是不对的，应当说'资产阶级社会'（bourgeois society）或者根据情况说'商业和工业社会'（commercial and industrial society）并且可以加一个注：我们理解的'资产阶级社会'是指资产阶级、中等阶级、工业和商业资本家阶级在社会和政治方面是统治阶级的社会发展阶段。"参见《马克思恩格斯全集》第28卷，人民出版社1973年版，第139页。

这一用语是在 18 世纪产生的，当时的财产关系已经摆脱了古典古代的和中世纪的共同体（Gemenwesen）；真正的市民社会只是随同资产阶级发展起来的；但是市民社会这一名称始终标志着直接从生产和交往中发展起来的社会组织，这种社会组织在一切时代都构成国家的基础以及任何其他观念的上层建筑的基础"①。他后来在《〈政治经济学批判〉序言》中明确指出黑格尔概括"市民社会"这一概念的理论贡献，"法的关系正像国家的形式一样，既不能从它们本身来理解，也不能从所谓人类精神的一般发展来理解，相反，它们根源于物质的生活关系，这种物质的生活关系的总和，黑格尔按照 18 世纪的英国人和法国人的先例，概括为'市民社会'，而对市民社会的解剖应该到政治经济学中去寻求"②。这里所谓按照法国人的先例，主要指的是"bourgeois"一词的法语"bourgeoisie"在法国大革命之前被视为"第三等级"。用黑格尔自己的话来说，"我们没有两个不同的字眼来代表 bourgeois（市民）和 citoyen（公民）"。③ 因为在现代社会，没有市民之外的公民，将"civil"概括为"bürgerliche"，就是赋予"市民"以现代社会的阶级特征。青年马克思说得更干脆，"宗教信徒和公民之间的差别，是商人和公民、短工和公民、土地占有者和公民、活生生的个人和公民之间的差别。宗教信徒和政治人之间的矛盾，是 bourgeois 和 citoyen 之间，是市民社会的成员和他的政治狮皮之间的同样的矛盾"④。

马克思在批评黑格尔法哲学的过程中确认市民社会的历史价值，他不能容忍黑格尔对国家权力的美化，因为这种阐述不符合 19 世纪欧洲市民社会的发展状况。萨拜因这句话恰好说明马克思批判黑格尔政治哲学的重心所在："对国家加以理想化，以及对市民社会给予道德上的低评价，这两者结合在一起都不可避免地要导致政治上的独裁主义。"⑤ 马克思对市民社会的强调主要汲取了苏格兰启蒙学者对经济基础的重视，而并未充分考虑这些思想家对市民社会的道德建构，因为后者在历史唯物主义框架内是由前者决定的。马克思从批判的角度指出抽象个人这种理论预设背后存在的社会关系，从历史唯物主义层面研究社会，关键在于探究人与人在生

① 《马克思恩格斯选集》第 1 卷，人民出版社 1995 年版，第 130—131 页。
② 参见《马克思恩格斯选集》第 2 卷，人民出版社 1995 年版，第 32 页。
③ 参见［德］黑格尔《哲学史讲演录》第 2 卷，商务印书馆 1960 年版，第 365 页。
④ 参见《马克思恩格斯全集》第 3 卷，人民出版社 2002 年版，第 173—174 页。
⑤ ［美］萨拜因：《政治学说史》，盛葵阳、崔秒因译，商务印书馆 1986 年版，第 729 页。

产过程中产生的交往形式。① 在这个意义上，他提升了苏格兰启蒙思想的实践高度，而将道德价值的提升视为自然的历史过程。如何提升社会发展进程中的个人道德情操和精神高度，使社会平等成为最基本的正义原则，则是值得我们深思之处。

关于市民社会的政治哲学阐释，马克思的话语具有深切的历史感，他看到"国家的唯心主义的完成同时就是市民社会的唯物主义的完成。摆脱政治桎梏同时也就是摆脱束缚住市民社会利己精神的枷锁。政治解放同时也是市民社会从政治中得到解放，甚至是从一种普遍内容的假象中得到解放"②。在相当长的历史时期内，市民社会是人们得以安居的生活共同体，个人自由和社会民主是市民社会运转的基本政治原则，作为市民社会成员的个人是社会运转的最终目的，选举是市民社会权力确认与行使的基本形式。而他的最不凡之处在于提出国家和市民社会的消亡，国家消亡之后的社会形态并非传统意义上的市民社会。换言之，市民社会仍然是人类生活的前史，未来的理想社会才是人类历史的真正开始。

综上所述，苏格兰启蒙运动并非仅是苏格兰的地方知识，尽管这场思潮的倡导者并非旨在发起一场关乎世界启蒙的思想运动，但这并不妨碍苏格兰启蒙运动导致了很多事件的发生。这些相当激进的事件引领时代的走势，而且发挥着持久的影响，从而使之在很大程度上变成了国际知识。市民社会理论是这种国际知识的政治哲学表达样态，苏格兰启蒙思想家的相关阐述是我们不能忽视的政治哲学遗产，黑格尔和马克思等哲学家以不同的方式继承了这个思想遗产，并为其赋予时代精神。马克思的市民社会理论以实践思维超越历史，从市民社会与国家以及市民社会与分工这样两重关系的角度，确认市民社会的历史价值和现代意义，并从社会阶级的角度指出这个社会终将消亡的历史趋势，从而开始了新的启蒙。马克思的启蒙思想在东方国家引发了一系列历史变革，而现实社会主义的正反两方面经验提醒我们"重新理解马克思"，这正是当今中国的启蒙不可回避的历史课题。

---

① 参见 Clarke, Simon, *Marginalism & Modern Sociology*: *From Adam Smith to Max Weber*, London: Macmillan Press, 1991, pp. 4—7。

② 《马克思恩格斯全集》第 3 卷，人民出版社 2002 年版，第 187 页。

超越资本与空间生产的历史限度

车玉玲[*]

"我们生活在一个最好的时代，亦是一个最坏的时代。"诚如《双城记》中所言，在人类历史上，我们从未如此繁华、富裕、奢侈与进步，但是却也从未如此地堕落、空虚、浪费与焦虑，社会似乎正在经历着一个经济飞速发展与精神极度衰败并行的阶段。早在 19 世纪，目光深远的先知们已经从各个角度预言了这个行将到来的时代——"上帝死了""西方的没落""孤独的此在"等，这些都从精神与文化的角度描述了 20 世纪的特征，然而，这个时代的根本问题与内驱力是什么呢？对此，卢卡奇一针见血地指出，"因为在人类历史的这个阶段，任何问题最终都要返回到商品的问题，任何答案都会在商品结构之谜的答案中发现"[①]。的确，在当代，几乎一切皆为商品，资本逻辑与原则渗透并规训了社会的方方面面，成为了当代社会的主流价值观，"今天，我们生活在为资本的统治所牢牢控制的世界中"[②]。然而，早在 150 多年前，马克思就宣告了资本主义的丧钟要敲响了，资本也必将终结与退场。那么，我们不禁要问，资本何时退场？缘何资本与资本主义制度在今天依旧一路凯歌？"资本"是可以超越的一种历史现象、还是我们别无选择的永恒存在？对于以上这些问题的回答，正是本文所要回应的时代之问。

---

* 车玉玲，苏州大学政治与公共管理学院教授。本文为国家社会科学基金"空间与资本：对《资本论》的当代解读"（项目编号：2012BZX001）的阶段性成果。

① ［匈］卢卡奇：《历史和阶级意识》，重庆出版社 1998 年版，第 92 页。

② ［英］I. 梅扎罗斯：《超越资本——关于一种过渡理论》，郑一明等译，中国人民大学出版社 2003 年版，第 1 页。

一　资本的当代形态与空间资本化

资本来到世间，它的本性是增值。资本的这一特性，并没有随着时代的推移而发生改变，不同的只在于资本增值的方式。当资本穷尽了一个领域中的一切增值潜力之际，必将突破这个领域的外壳，而寻找新的领域。在人类社会的现阶段，资本的历史已经经历了工业资本、垄断资本、商业资本、金融资本、知识资本、虚拟资本等的历程。在资本不断创新的过程中，每当它进入一个新的领域，刚开始之际，都会经历一个财富急剧累积的阶段，随着它在这个领域的成长与成熟，资本积累财富的速度将出现逐渐递减的过程，直至停止，再去寻找新的宿主。或者说，资本从未放弃任何一个寻找新的宿主的机会。马克思非常明确地指出了资本所具有的这种创新本性。他说："资产阶级除非对生产工具，从而对生产关系，从而对全部社会关系不断地进行革命，否则就不能生存下去"①。在资本不断创新与突破限制的过程中，资本渗透到了诸多的领域。在自由的资本主义时期，资本主要是通过空间中的"物"的生产与生产关系来达到增值的目的。然而，随着资本主义发展到晚期，资本寻找到了新的增值载体——空间，即通过空间生产使空间资本化。卢森堡、列斐伏尔、哈维等人早已经指出，空间拓展是资本逻辑的必然产物。空间生产不仅成为资本增值的新来源，而且缓解了资本主义的内在矛盾，"资本主义没有灭亡就是因为资本主义生产方式在空间上的无限扩张性和自我突破性，资本主义发现自己有能力淡化自己一个世纪以来的内部种种矛盾的手段：占有空间并生产空间"②。

空间资本化主要表现在如下几个方面。第一，空间由一种"场所"而成为了可以买卖的商品，传统的物理空间具有了商品的特征，并作为一种可以投资的产品而存在，如房地产。第二，不平衡的地理发展。以往对于空间的占领通过战争与武力的形式在国家与国家之间展开争夺，现在转变为通过资本扩张的形式获得。这表现为在全球经济一体化的背景下，发达国家对落后国家与地区在资源上的掠夺。具体而言，发达国家通过技术

---

① 《马克思恩格斯选集》第 1 卷，人民出版社 2012 年版，第 402—403 页。

② Lefebvre, H. , *The Survival of Capitalism*, London：Allison & Busby, 1976, pp. 70 – 71.

输出与垄断资本，利用落后国家与地区廉价的劳动力与原材料生产出所有权归自身所有的商品、奢侈品等，再倾销到全球，从而赚取利润。众所周知，中国作为世界工厂，为美国等发达国家生产与加工高档奢侈品与各类商品，但是作为加工厂却没有出售这些产品的资格，这样中国企业赚取的仅仅是很少的一点加工费，而巨额的商业利润却被发达国家获得。与以往的殖民入侵所不同的是，这种掠夺的方式表面看来是温和的、建立在双方自觉自愿的基础上，实际上却是一种不流血的战争，是一种更为残酷与全面的剥削。发达资本主义国家借助于不平衡的地理发展，不仅缓解了它的经济危机，而且建立了全球市场。与此同时，再生产出了资本主义生产关系，并以一种兵不血刃的形式把资本主义的价值观与制度推向了全球。第三，金融资本的出现打开了物理空间与心理空间之间的壁垒，空间的资本化不仅仅包含对于真实的物理空间的商品化与资本化，还包括资本对于明日空间与心理空间的占领。在当代，贷款与信用卡透支的消费形式已经为我们每个人所熟知与使用。这种消费形式首先表现为对于未来的透支。比如当我们贷款买房的时候，与传统的消费形式相比，实际上我们是购买了未来能够拥有的空间，资本通过这种形式把未来的空间商品化，从而敛聚财富、刺激经济增长。另外，这种贷款与透支的消费形式，总是要建立在信用的基础上，它实际上依托的是人们的信用程度。"作为财富的社会形式的信用，排挤货币，并篡夺它的位置。正是由于对生产社会性质的信任，才使得产品的货币形式表现为某种转瞬即逝的和观念的东西，表现为单纯想象的东西。"① 这种消费方式，虽然在表面上看来，还是以物质为依托，但实际上是人们对于未来事情的一种约定与期待。随着金融衍生品的诞生，信用超限度膨胀，观念的因素大大地超过了物质本身的实际内涵，人们更多地"炒作"观念与创意，并借助金融资本之手把这种"虚拟经济"推向全球，如华尔街的金融体系提出"意志经济"。这种消费方式与信用制度直接导致了商品的价格与它的使用价值及交换价值都脱离了关系，而成为了一种观念的游戏，人们炒作与买卖的是预期与观念。这是资本对于心理空间的侵袭与占领。

因此，当代国外马克思主义者虽然提出了"历史唯物主义的空间转向"，但是他们更多地是指物理空间的资本化与商品化，当然还包括资本

---

① 《马克思恩格斯全集》第 46 卷，人民出版社 2003 年版，第 650 页。

主义生产关系随着空间生产的发展而对于全球的占领与侵袭，这些依旧是在物理空间中所表达的。然而，现实的资本走得更远，它直接炒作与买卖的是预期与观念，提出所谓的"思想有多远，资本追求剩余价值的触角就能够有多远"。因此，资本已经走向了心理空间，这是资本在当代的最新形态。然而，随着资本在这些领域的深入与拓展，它赢利的速度将会递减，并将穷尽这些领域的一切赢利可能，当它把所有的养分都榨取干的时候，就是它的毁灭之际，这时资本必须为自己寻找新的宿主才能鲜活过来。这就如同一个吸血鬼，吸干一个之后必然寻找下一个目标。那么，这个过程难道是不可穷尽的吗？答案显然是否定的。

二　资本的内在矛盾与空间生产的界限

无论从外部条件还是从资本本身内在的运行规律来说，资本不断创新以实现增值的疯狂过程都不会无限地进行下去。马克思指出："资本主义生产的真正限制是资本本身"①，也就说，资本本身以及资本主义都只是一个历史现象，资本将被其自身所毁灭。同样，作为当代资本主要表现形态的空间生产也将会在资本化的过程中遇到它的界限，最终被新的历史形态所取代。

在人们的观念之中，似乎存在着一种根深蒂固的误解，即现存的不仅是合理的，而且是永恒与不可更改的。但这一观念显然与真正的现实并不相符。历史事实多次证明，不存在什么永恒，万物皆有生自有灭。在一切事物之中都已经蕴含着自我否定的力量。当然，资本也并不会例外，无论它在今天占据多么重要的位置，终究会被其内在的否定性所颠覆。从理论上看来，资本及其一切被资本所统治的社会制度终将被超越。

马克思反复论证了资本的限度，资本是一个动态的过程，它是一种不断超越限制其自身赢利本性的运动过程。当一个领域的赢利空间逐渐缩小直至消失之际，资本就开始了突破这一限度与寻找新的载体的努力。在《1857—1858年经济学手稿》中，马克思明确指出："资本决不是摧毁一切界限和一切限制，而只是摧毁同它不相适应的、对它来说成为限制的那

---

① 《马克思恩格斯全集》第46卷，人民出版社2003年版，第278页。

些界限", "资本所打碎的界限, 就是对资本的运动、发展和实现的限制"①。"这不是一般生产的限制, 而是以资本为基础的生产的限制。"②只有在生产过程中, 资本增值的目标才能获得实现。然而, 正是在这个过程中, 资本的内在矛盾显示出来了。在马克思所处的自由资本主义时期, 资本家获得利润主要通过两种方式:一是资本家通过付与工人少于其实际劳动价值的工资而剥削工人的活劳动, 以此获得绝对剩余价值; 二是借助于技术的不断进步、减少劳动力的使用, 从而获得相对剩余价值。这样的结果就是, 由于工资的减少与失业的增多, 导致商品的过度积累与购买力的相对不足, 这是资本所永远无法克服的内部矛盾, 也是资本主义制度经济危机的根源。西方马克思主义者列斐伏尔把此称作"资本的第一循环", 这个过程是在商品生产领域内进行的。为了摆脱第一循环造成的过度积累的危机, 资本进入到了第二循环的过程。哈维提出, 资本的第二循环主要是利用时间的补救方法来克服与缓解第一循环过程的危机, 即通过金融信贷体系向固定资产和消费基金领域投资, 同时借助虚拟资本增加投资者的选择性与灵活性, 这样促使资本从低利润领域向高利润领域流动, 加速生产设备更新换代的频率等。但是, 哈维指出, 时间的补救方法只能放缓过度积累危机的到来, 但是不能从根本上解决这个问题。自 20 世纪 70 年代之后, 晚期资本主义出现了一个显著的转向, 即通过"空间资本化"与"空间安置"使得资本的这一内在矛盾、资本主义的经济危机得到了有效的缓解, 这是资本的第三次循环, 成为了当代资本主义得以持续发展的新动力。"如果没有内在于地理扩展、空间重组和不平衡地理发展的多种可能性, 资本主义很早以前就不能发挥其政治经济系统的功能了。"③ 然而, 这三种资本循环的方式都无法从根本上克服资本的内在矛盾, 资本在造就全球市场的同时, 也把经济危机从资本主义国家推广到了全世界。

　　显然, "空间资本化"已经成为当代资本创新的主要形态之一, 它与全球金融资本、虚拟资本结合, 同时借助于现代社会中的多种消费形式与投资形式(如贷款、股票、期货等)正以一种锐不可当的态势在全球范

---

① 《马克思恩格斯全集》第 31 卷, 人民出版社 1998 年版, 第 11 页。
② 《马克思恩格斯全集》第 30 卷, 人民出版社 1995 年版, 第 395 页。
③ [美]大卫·哈维:《希望的空间》, 胡大平译, 南京大学出版社 2006 年版, 第 23 页。

围内拓展开来。目前，在空间资本化这一领域之中蕴含的巨大增值潜力尚未完全释放出来，可以说这一过程正处于如火如荼的上升时期，甚至在有些边缘国家与地区并未展开。然而，正是由于异质性空间的存在，空间的资本化才成为可能。与此同时，空间资本化不是一件制胜法宝，它的界限已经显现了。第一，资本的普遍化本性与其增值本性之间的悖论。马克思指出："资本作为财富一般形式——货币——的代表，是力图超越自己界限的一种无止境的和无限制的欲望。"① 也就是说，增值与突破一切界限是资本的本能，然而，"增值"必然以"限制"与"界限"为必要前提，这样才存在着增值的可能。具体而言，当资本突破空间的所有限制与障碍，当它的普遍性彻底展开，而获得一种同质性的社会空间之时，利润必然下降甚至成为"零利润"。也就是说，空间资本化越全面或者说全面完成之际，利润将越少。这就如同一条抛物线，利润达到顶峰之际也是逐渐回落之时，及至趋于零。这是资本自身内在矛盾在空间资本化过程中的展开。第二，资本扩张的无限性与空间本身之有限的矛盾。不断地"占有与生产空间"、使得所有空间都成为它的增值载体，这是资本的本性。早在 20 世纪初期，西方马克思主义者罗莎·卢森堡就指出，这是资本主义生产方式经久不衰的原因。只不过在那个时期，对于空间的争夺主要是通过军事手段。而今天以一种温和的、同时也是更为有效的空间生产的方式，占有空间。但是无论哪种方式，都无法摆脱一个宿命，即空间是有限的。空间资本化的速度越迅捷，就会越快地接近它的终点。第三，空间生产自身的界限，即空间生产是"社会关系的粗暴浓缩（列斐伏尔语）"。在空间生产的过程中，以资本逻辑运行的空间具有同质性的特征，当代的"大都市"就是典型的例证。无论就其外在的表现形式（摩天大楼、商圈、广场、高档住宅等），还是大都市所倡导的以"消费"为核心的价值理念，都具有千篇一律的特点。但是，这种同质性的空间同时又是割裂的、分离的、被驾驭的。首先，因为这种空间是有等级的。众所周知，任何一个大都市都是高档住宅与贫民窟并行，并以此区分了不同的阶层。越是发达的城市，这一特点就越为明显。其次，空间生产导致了中心地区与边缘地区的存在，通常边缘是为中心服务的。如当代城市与农村之间、发达国家与落后国家之间。在全球大规模的城镇化过程中，大多数时候都以

---

① 《马克思恩格斯全集》第 30 卷，人民出版社 1995 年版，第 297 页。

牺牲农村与农民的利益为代价。再者，空间生产导致了"都市病"与现代人的存在焦虑等精神疾病。都市病几乎成为了当代城市的不治之症：交通拥堵、环境污染、垃圾成山等，与都市的发展相伴随。除此之外，由于处在都市中被规训的空间之中，现代都市人离自然渐行渐远，喧嚣而竞争激烈的都市生活，导致现代人精神处于亚健康状态。福柯认为这造成了现代人生命存在的焦虑感，他说："从各方面看，我确信，我们时代的焦虑与空间有着根本的联系。"①

可以说，虽然空间资本化在当代的资本形态中具有重要的位置，但是由于资本自身的内在否定性、空间资本化的内在矛盾，及其空间生产自身的限制，这些决定了它的历史局限，它只是一种历史现象。列斐伏尔认为，城市空间作为被资本所操纵的主要地区将成为反抗的主要阵地，未来的革命将以"城市革命"为主体。他把那些被空间生产所剥削的人称为"边缘人"，这些人包括失地农民、妇女、学生、被无产阶级化了的小资产阶级、流浪汉等，他们斗争的目标在于争取空间的控制权并生产出真正的人类生活空间。

三　超越资本的可能途径

综上所述，从理论上看，超越资本是可能的。当代西方马克思主义学者 I. 梅扎罗斯认为，超越资本不仅指超越资本本身，而且要超越一切由资本所统治的社会制度。但是，现实中的种种事实及其目前广为流传的观念都在显示，一切"别无选择"，资本在全球无可争议地占据着统治地位。历史上曾经出现的社会主义国家苏联失败了，正在进行的社会主义国家也无法阻挡资本的渗透与市场的洪流，那么，在现实的社会生活中，超越资本如何可能呢？现存的资本的统治真的如看起来的那么"永恒"吗？

实际上，近年来由于资源的耗竭越来越突出，一个非常迫切的现实问题摆在了人们面前，生态学马克思主义明确指出，资本与资源之间的矛盾已经到了非常尖锐的程度，现有的生产与生活方式继续维系下去将使这个星球崩溃。"对我们星球的有限资源的掠夺式利用的普遍接受——尽管当

---

　　① ［法］米歇尔·福柯:《不同空间的正文与上下文》，载见包亚明主编《后现代性与地理学的政治》，上海教育出版社 2001 年版，第 20 页。

前只是被有特权的少数人实践，但已造成极大破坏——会使整个制度立即崩溃。对于美国人口数量——占不到世界人口的 5%——与其消费总的可利用能源的 25% 这之间的巨大差异，应当给予充分的考虑。如果另外 95% 的人采纳同样的消费方式，试图从剩下的 75% 中挤出 25% 的 19 倍，无需过多想象就可判断将会发生什么。"① 简言之，地球上的资源是无法维系全世界人都像美国人那样生活，而那种生活恰恰是所有人都向往的。目前的发展模式继续下去必然带来两个主要问题，要么是地球资源的耗竭，要么是军国主义的战争。无论是哪种结局，都可能带来人类文明的毁灭。这一越来越突出的现实困境提醒人们，必须改变现行的资本主义制度。

但是，即便清醒地认识到了这一点，资本主义也不会采取合理的政策限制生产，因为资本无限扩张的本性是不可避免的，它不会放弃自身的本性。相反，现行的制度千方百计地为资本的无限扩张扫平一切障碍。梅扎罗斯用"挥霍性社会"和"破坏性生产"描述了当代社会的这种特征。"所谓挥霍性社会是指大量的耐用商品被以最快的速度消费，过早地淘汰与废弃（比如手机、电脑、电器等），才能为连续再生产提供条件，只有这样才能保持经济的进步与社会的平稳。换言之，消费成为了当代社会进步的支撑性动力，通过广告、大众文化、心理、政策等各种手段刺激人的需求，成为了消费社会的主流价值观。因为人的生物需求的有限性，因此必须调动人的心理需求，鲍德里亚正是在这一意义上指出这是个物的死亡的时代，现代人消费的只是"物的象征意义"。只有这样，才会使消费摆脱人的生物需求的限制、而成为一种无止境的人生追求。与"挥霍性消费"相对应的则是"破坏性生产"，即生产脱离了人的真正需要，而只是为了"满足资本再生的全部要求"。这意味着"资本主义生产的限制已经被资本自身再生产的形式克服"，成为了与真正生产相对抗的破坏性生产，因为"'先进的'资本的生产时间对环境的灾难性冲击，趋于导致社会新陈代谢再生产的基本条件的彻底毁灭"②。

尽管表面看来，当代发达资本主义国家处于持续、平稳的发展阶段，

① ［美］I. 梅扎罗斯：《超越资本——关于一种过渡的理论》，郑一明等译，中国人民大学出版社 2003 年版，第 4 页。

② 同上书，第 11 页。

但实际上，它不过是通过空间生产、金融系统、虚拟资本、军事手段等，把资本主义矛盾与危机转向了全球，这只会使问题更加难以解决。由美国最先爆发的席卷全球的金融危机就充分地说明了问题。显然，今天资本主义的危机已经不是国家与民族内部的，而是波及全球范围，并且危机已经从周期性的危机转为"结构性危机"，即危机并不仅局限于经济领域，而是包括政治危机在内的制度性危机。与传统的周期性危机相比，结构性危机更为普遍、持续、扩展，并在全世界的范围内增加了不平等，主要表现为发达的资本主义国家对弱小经济国家的"结构性支配"，只不过有时是在一些堂而皇之的借口之下进行。对此，梅扎罗斯得出了一个结论："占支配地位的统治制度之所以处于危机之中，是因为它的历史存在理由和合法性已经消失，再多的操纵或公然的压抑也不能重新改造它。因此，当浪费的数十亿可以 50 次地供养他们时，却使千百万人处于贫穷和饥饿状态，这充分显示了这种统治制度的极大罪恶。"① 可以说，选择新的社会形态的需要，不只是抽象的理论思考，也是来源于当代社会面对资源耗竭的灾难与结构性危机的一个现实选择。

　　另外，在人类社会历史的现阶段，众多思想家如梅扎罗斯、哈维、詹姆逊、福斯特、列斐伏尔等人，虽然从不同角度关注当代资本的不同形态，但是他们都得出了一个共同的结论：资本积累在今天已经达到了最高阶段，在空间生产、消费领域、心理领域、金融衍生品、虚拟世界等，一切可能领域都已经展开并且无所不用其极，各个领域之间互相沟通，形成了一种强大的资本占据绝对优势的控制力量。但是，按照资本的发展逻辑来看，普遍化程度越高则预示着越接近资本的界限。这不仅意味着"资本主义私有制的丧钟就要响了"，而且也意味着资本以异化的形式为人的全面发展做好了准备。因为"在产生出个人同自己和同别人相异化的普遍性的同时，也产生出个人关系和个人能力的普遍性和全面性"②。换言之，资本自我否定性为人的全面性的诞生提供了条件，它是人的自我超越的一个否定的阶段。马克思说："培养社会的人的一切属性，并且把他作为具有尽可能丰富的属性和联系的人，因而具有尽可能广泛需要的人生产

---

　　① ［美］I. 梅扎罗斯：《超越资本——关于一种过渡的理论》，郑一明等译，中国人民大学出版社 2003 年版，第 829—830 页。

　　② 《马克思恩格斯全集》第 30 卷，人民出版社 1995 年版，第 112 页。

出来——把他作为尽可能完整的和全面的社会产品生产出来……这同样是以资本为基础的生产的一个条件。"① 也就是说，在资本的废墟上将诞生真正的人。马克思在《资本论》中明确地表达了这一观点。当资本完成了它的历史使命——发展生产力与创造财富之后，物的关系对于人的统治将被扬弃，属于人的历史才会真正开始。

　　问题在于，人们无法判断资本何时能够达到它的界限而走向自我消亡，包括马克思本人。但是，今天我们似乎真正看到了超越资本的时代已经到来，因为资本几乎已经在一切领域达到了它的顶端。1913 年卢森堡在《资本积累论》中的预言在今天再一次响起："到了一定的发展阶段，除了实现社会主义之外，没有其他的出路，而社会主义的目的不是积累，而是以发展全球生产力，来满足劳动人民的需要。因此，我们看到，社会主义由于它本身的特质，是一个和谐的、普遍的经济形态。"② 这个社会主义不同于传统的一切社会主义，也不是打着各种旗号的一切由资本所统治的社会制度，而是完全超越于资本统治的有机整体，它标志着以往一切"经济社会形态"的终结，是人类历史的新的起点。生态社会主义者用"更少地生产、更好地生活"来表明这一社会形态对资本逻辑的扬弃，实现由技术、权力关系、文化和自然等四因素决定的以"协作"为核心的和谐社会模式。也许今天，那个"一定阶段"即将到来，因为我们的时代发展与堕落并存、绝望与希望同在，贫穷与富裕各自走向了极端，除了新的社会形态——社会主义，我们似乎已经"别无选择"。

---

① 《马克思恩格斯全集》第 30 卷，人民出版社 1995 年版，第 389 页。

② ［德］罗莎·卢森堡：《资本积累论》，生活·读书·新知三联书店 1959 年版，第 376 页。

国际视野中的马克思主义哲学研究

何为"现实":马克思与尼采的启示

刘森林

  对于马克思主义哲学来说,关注现实,从现实出发,研究现实问题,是一个非常重要和非常基础性的问题。可什么是"现实",如何才是走向"现实"呢?这个题目很大,一篇短文自然不能给予完整回答,但这个问题非常重要,值得我们做深入的探究。众所周知,自从黑格尔以来,特别是青年黑格尔派以来,这个问题就成为一个较有普遍性的问题。从黑格尔、谢林、费尔巴哈、马克思、赫斯甚至施蒂纳,一直到尼采,都强调回归"现实"、从"现实"出发的重要性。本文试图从马克思与尼采的相关思想及其启示入手,从"现实"的社会、自然基础,或者"现实"与社会、自然的关系角度谈一点看法。

  现实(Wirklichkeit, Actuality)作为一个哲学概念并不古老,似乎近代哲学才逐渐把它当作一个重要概念对待。按照洛维特的说法,"现实"成为哲学分析的对象,得益于黑格尔把"现实"与"实存"相区别:后者可能是偶然的、转瞬即逝的、暂时的、很快就会枯萎的,只涉及某个具体存在的东西;只有前者才是必然的、本质性的、涉及面广甚至涉及整体的、因而不会转瞬即逝的、具有相当固定性和连续性的东西。当然,反过来说也差不多:正是黑格尔把现实与实存统一起来,把"现实"视为一种行动中的、变动着的存在,以至于把"现实"与"运动"、与"实现"统一起来,把"现实"看作是具有必然性和合理性的东西的一种自我实现,才使得"现实"成为哲学的一个重要范畴。洛

刘森林,中山大学马克思主义哲学与中国现代化研究所、哲学系教授。本文的研究与写作受到中山大学中央高校基本科研业务费专项资金的资助。

维特说:"给予现实概念中的这种变迁以推动的,恰恰就是黑格尔,就是他史无前例地把现实的、当前的世界提升为哲学的内容。"① 而巴枯宁概括的"只有对一只死的眼睛来说现实才是死的。现实是上帝永恒的生命"也较有代表性,很接近亚里士多德所谓"现实等同于自身即是目的的活动"的观点。

一　现实不自呈现,需要哲学批判:揭示现实的社会基础

现实性都是马克思和尼采极力主张的。在他们看来,有的思想试图为了某种特定目的掩盖现实,或者逃避现实。必须把思想拉回到现实基础之上,使思想真正反映、解释、直面现实。只有这样,思想才会有生命力。而现实之中真正具有生命力的东西,也就是他们赞赏的东西,才能被思想揭示出来,才有望获得更充分的实现。

对于马克思来说,意识形态、理论总是自觉不自觉地遮蔽现实:一开始,马克思受浪漫主义思想的影响,批评观念论(唯心主义)哲学的抽象性。而当时的浪漫主义(德国早期浪漫派)曾经认为只有遵从个体性才是现实的:概念、理论是抽象;最高的存在和最具体的存在都是个体性的。受此影响,马克思曾批评观念论哲学,一度对浪漫派"尊重个体性以约束普遍性,尊重现实性以约束纯粹观念性"的做法心向往之。在这里,个体性是作为限制抽象性和观念性的"现实性"存在的,因而,个体性作为"现实的东西"是与"观念的东西"对立和相互限制的。我们知道,浪漫派认为这种现实的个体性存在无法通过概念、逻辑来确切地表达,只能通过艺术的方式获得真切地表达。就像 F. 施莱格尔所说的,个体的特点就是宇宙的特点。宇宙就是个体性的。所有的个体都是诗意的,一个个体的定义必然是诗意的,是永无终结的多义的诗。如此一来,每个个体都有永无终结的、多样的实在的定义。

但后来,马克思发现,"个体性"能释放出的现实性的潜力是非常有限的。他认为浪漫主义不够现实,用想象力替代了智慧,他们不愿直白地

---

① ［德］卡尔·洛维特:《从黑格尔到尼采》,李秋零译,生活·读书·新知三联书店 2006年版,第 184 页。

看待现实，愿意给它一种幻想和主观的色彩，以便让现实导向理想的远方，这个远方或者是中世纪、古希腊，也可以是古老的东方。即使沿着这条路进行极致性推进的施蒂纳，后来把这个"理想的远方"导向了未来，符合马克思和尼采只有面向未来才能确定现实的基本倾向，但仍然被马克思视为不现实的冥想。

在《第六届莱茵省议会的辩论》中，马克思针对极度推崇个体性的立场说。"由于这些先生（他们推崇个体性、否定普遍性——引者）在现代国家中的现实地位远不符合他们想象中的地位，由于他们生活在处于现实世界彼岸的世界里，由于他们用想象力来代替头脑和心脏，所以他们就不满意实践，就必然求助于理论，不过这是彼岸世界的理论即宗教。然而，他们这种宗教具有浸透着政治倾向的论战性的辛辣色彩，并且或多或少有意识地为十足世俗而又极其虚幻的愿望披上圣洁的外衣。"①

用想象力替代智慧，失去现实性的典型例子，与马克思发生争执的，众所周知就是施蒂纳。通过对施蒂纳的批判，马克思明白，个体性释放出的现实性意蕴，是很有限的。对个体性的过度崇尚，走向了诗性想象和主观冥想，想象力替代了智慧！所以，现实更与普遍性、必然性、社会性内在相关，他希望在个体性与普遍性之间找到平衡。也就是说，浪漫主义立足于个体性原则批评观念论哲学不现实，以及观念论哲学立足于普遍性、必然性批评浪漫主义不现实，都是各执一端、片面极端的。他希望超越这种相互批评，达到对"现实"的历史唯物主义理解。

通过对施蒂纳的批判，可以看出：如果要问"现实的人"何以"现实"？"现实"系指什么？"现实性"的内涵在马克思那里是什么？那么，在马克思的施蒂纳批判中，生动具体的个人，首先是身体而后才能成为社会、精神性存在的个人，这就意味着，具体性、个别性、生动性、身体性首先构成"现实性"的前提性内涵虽是无疑的，但它们绝不是"现实性"的根本内涵。马克思针对唯一者逻辑强调的"现实性"主要是指社会性，即受生产关系及其相应的生产力的制约性质。而"生产关系"和"生产力"除了体现在具体的制度、技术、人、器物上既具有具体性之外，也具有普遍性、一般性，甚至具有超阶级的人类性。在不发达的社会关系条件下，个性很可能不是个人内在的东西，倒是社会性"加给个人的偶然

---

① 《马克思恩格斯全集》第 1 卷，人民出版社 1995 年版，第 163 页。

性"，即把社会性"加给个人的偶然性说成是他的个性"。① 鞋匠的儿子擅长修鞋，音乐家的儿子擅长音乐，并不见得就是他们的"个性"，而是社会不发达的产物，是他们偶然地出生在这样的家庭的结果。鞋匠的儿子可能有音乐家的天赋。只有社会关系发达到能够给更多的人提供各种施展自己才能的机会时，个体人真正的个性才能展现出来。没有发达的社会关系支撑的"个性"，实际上仍然是落后的普遍性社会关系的表现物，根本不是真正的个性。鞋匠儿子的"现实"是怎样的，既与他的自然禀赋直接相关，更与他所处社会关系的发达程度、具体情境内在相关。真正的个性必须以发达的社会关系为基础，以现代市场社会中物的普遍交换为基本前提，也就是以物、人的普遍化、标准化为基本前提。施蒂纳所谓"现实的人"之"现实"，只是考虑与众不同的每个人的唯一性和具体性，而不考虑社会关系、社会环境对人的激发、塑造、规制、导引等作用，就势必陷入基于偶然所是和价值应该的主观想象，失去起码的现实性。

由此，要问怎么是"不现实"的话，就是没有考虑社会关系对人的制约和塑造，没有考虑生产关系、生产力，以及生产劳动对于人的重要性。这些东西才是人的真正现实。这不仅是因为它们对人的激发、塑造、规制、导引等作用，为每个人提供了一个现实的可能性空间，成为人的现实处境，也是因为只有这一处境的发达、公正、宽容，才能给每个人的内在欲望、目的、个性提供一个表达、展现最后获得实现的基础和空间。黑格尔认为，"现实"（Wirklichkeit）主要与活动、生效（wirken）相关，是这种活动、生效的结果；而人们用"现实"（Actuality）一词翻译希腊词 energeia，energeia 词根上也是与活动、功能相联系。由此，可以说，"现实"一词中蕴含着一种具有内在目的和必然性的事物的活动及其实现的意义，这种内在目的和必然性在运动、活动中的实现，标志着这一事物成为现实。从此而论，施蒂纳的"现实"仍然只是复制了亚里士多德和黑格尔早就具有的"内在实现"的基本含义，只有马克思才为之增添了一种新的内涵：那些激发、确定、促进、确保这种"内在实现"的东西才是"现实"的关键内涵。什么东西能激发、确定、促进、确保这种"内在实现"，什么东西就是"现实"的关键。对马克思来说，这种关键的"现实"如尚未确定，还不明确，那么每个人要实现的"内在目的"

---

① 《马克思恩格斯全集》第 3 卷，人民出版社 1960 年版，第 508 页。

"个性"到底是什么都难以真正确定,何谈进一步的实现?

在这个意义上,从现实的人出发也就等于是从现实的社会关系出发,从他们的物质生活条件出发。这与从社会劳动总体出发并没有实质性的差异。这些东西才是使人的潜能、个性获得怎样的实现的关键和基础。

简单地说,马克思对现实的看法主要有三点:第一,与观念性抽象或浪漫主义想象对立的,与感性、生活、对象化联系在一起的一种性质。第二,社会性是马克思确定现实的第二个特点。自然对人的现实性是社会赋予的,以社会为中介达成的。第三,全面性、复杂性和更大的关联性。比如他在1844年手稿中强调,要把人的现实完全实现出来,就必须在视觉、听觉、嗅觉、味觉、触觉、思维、直观、感情、愿望、活动、爱这些方面使人都能对象化地获得实现。[1]

二　现实被意识形态掩盖,需要哲学批判:揭示现实的自然基础

如上所述,马克思的现实概念受浪漫派和费尔巴哈的影响,最后走向了对现实的社会性维度的强调,超越了费尔巴哈关于现实是感性的、自然的,即强调现实的感性、自然、本能维度。长期以来,我们以为这意味着,费尔巴哈沿着自然、感性、本能探寻现实的路子是一条死路,这个看法在学界很流行。但这是值得重新思考的。实际上,尼采就是沿着这条路往前走,取得了瞩目的成就。

如果说马克思是从哲学走向了政治经济学批判,进一步揭示了意识形态的经济社会基础;尼采则是从哲学走向了心理学的批判,进一步揭示了意识形态的自然、本能的基础。

与马克思不一样,尼采更愿意从自然、身体、本能的角度看待社会历史现象,如果说唯物史观结束了以道德和感情评价历史的传统,告别了情感主义和道德主义的社会历史观,用生产力和生产关系取代了情感与道德,那么,尼采沿着马克思的路继续向前走,继续探究现实与道德、情感之间的对立与冲突,或者道德、情感对现实的掩饰。对马克思来说,发现社会的现实需要告别唯道德主义,戒绝用小人得势、君子失势的道德观看

---

① 马克思:《1844年经济学—哲学手稿》,刘丕坤译,人民出版社1979年版,第77页。

待历史；同时他也告诫我们，"从纯粹的人的感情上""感到悲伤的"事，也就是有道义的事，绝不一定是促进历史进步或有利于历史进步的事。针对英国入侵印度导致印度古老文明的消解以及由此带来的印度人民的痛苦，马克思深表同情之后，竟然一连用了 4 次"但是我们不应该忘记"来表达这样的看法：悲伤、同情与历史进步的关系很复杂，甚至冲突。在这种复杂关系中，悲伤、卑鄙、愚蠢都不是问题之所在。问题的关键在于，历史事件是否促进了历史进步，至少是否"充当了历史的不自觉的工具"。如果是的话，"那么，英国不管干了多少罪行，它造成这个革命毕竟是充当了历史的不自觉的工具。总之，无论一个古老世界崩溃的情景对我们个人的感情来说是怎样难过，但是从历史观点来看，我们有权同歌德一起高唱：'我们何必引者痛苦而伤心，既然它带给我们更多欢乐'"。① 这意味着，道德、情感虽然容易与未经反思的人们产生共鸣，很"自然"地获得人们的认同，但却经常掩盖真正的现实。而尼采更是提醒我们，西方主流道德（基督教道德）本来就是以自觉地掩饰真正的现实开始的，也是以此为特征的。如果说马克思是从经济、社会的角度看待道德、情感背后的现实，那么，尼采更愿意从自然、本能、生命意志的角度看待道德、情感背后的现实。尼采说，"生命本身在根本上就是占有、伤害、征服异族和弱者；以及镇压、严酷、用自己的行为对别人施加影响、同化以及在其程度最轻微的情况下，至少是剥削……"② 生命的成长、壮大，获得优势，提升和高贵，都不是道德不道德的事，而是力量的增长问题。提升、促进、有利于生命的东西，在尼采看来是"好的"东西，以区别于"善的"。而这种"力量"，显然不仅是生产力，也包括自然的、意志的、精神的力量。问题不在于"什么道德不道德的驱使，而是因为它是活的，因为生命就是权力意志"③。按照尼采的看法，文明是不能彻底改变自然秩序的，文化只能在尊重这一自然秩序的基础上对自然予以提升。如果文明完全颠倒了自然秩序，出现文化与自然的根本对立时，就意味着文化陷入了衰败，就应该予以反思和纠正了。在尼采看来，现代文明就已经陷入了这种境地，这就是所谓的虚无主义境地。

① 《马克思恩格斯选集》第 1 卷，人民出版社 1995 年版，第 765—766 页。
② ［德］尼采:《善恶的彼岸》，梁余晶等译，光明日报出版社 2007 年版，第 259—260 页。
③ 同上书，第 260 页。

　　按照这种理论，现实比人们所想象的更为隐蔽，伪装得更复杂，隐蔽得更深。所以，按照尼采的思想来说，政治经济学的批判还没有穷尽对现实的揭示，还可以进一步地从心理学批判的角度进行补充和展开。从社会经济的层面进一步深入到人的自然、本能、身体、意志、欲望结构的层面，一些更真切更露骨的现实才能呈现出来。因此，在马克思恩格斯认为不存在意识形态的地方，尼采认为可能存在更为隐蔽的意识形态。比如，恩格斯曾说，无产阶级的平等观"起初采取宗教的形式，借助于原始基督教"来表达。① 早期基督教的平等观是可以为无产阶级所用的一种表现形式，是一种有发展前景的形式。对此，尼采肯定不予认同，因为原始基督教在尼采眼里是不折不扣的颠倒和掩盖现实的意识形态。

　　按照尼采的逻辑，奴隶们失败了，没有其他的方法对胜利者进行反击，就采取了道德反击的方式。说自己之所以失败，是因为犯有原罪。只要信仰上帝，在内心中营造一个纯粹的世界，就能最终取胜。实际上，这是对现实世界的完全颠倒：世界本来是一个权力意志的世界，权力欲、战争、荣耀都有利于生命，却被犹太教、基督教看成罪恶，而那些软弱的东西、不利于生命提升的东西，如谦卑、忍让、顺从、忏悔却被视为美德。尼采认为这是价值的完全颠倒。这种颠倒意味着，作为失败者的奴隶，内心不够强大，甚至被失败的现实击溃掉了，他们内心怀有一种深深的恐惧。为了寻求一个安慰，不至于被失败击倒，失去生存的意义，就幻想和虚构了一个纯粹精神和善本身的世界，作为世界的归宿、根基、希望，以为只要全身心地维系于它，最终的胜利必定到来，世界最终就属于自己。

　　为什么保罗派的基督教要如此解释世界？为什么他们要道德化地扭曲现实？在尼采看来，那是因为他们满怀恐惧，被现实击溃了。他们害怕现实，不敢正视现实。他们只能用道德化的解释来化解自己的恐惧，安慰自己的内心，保留内心的某种希望，在内心保持一块不投降的区域。"作为柏拉图式宗教的基础，恐惧扮演了根本的角色"。尼采的话是这样说的："人们满腹狐疑地对不可救药的悲观主义，怀有深深的恐惧，正是这种恐惧迫使人们许多世纪以来，对存在作出了宗教上的解释……"② 我们知道，霍克海默与阿多诺在《启蒙辩证法》中进一步发挥了尼采的这种观

①　《马克思恩格斯选集》第 3 卷，人民出版社 1995 年版，第 448 页。
②　［德］尼采：《尼采论善恶》，朱泱译，团结出版社 2006 年版，第 92—93 页。

点,用恐惧、焦虑来解释西方的启蒙进程与本性。如果按照马克思的唯物史观,奴隶的思想观点不可能占据统治地位的,尼采的这种解释应该没有生命力。按照尼采的解释,基督教道德、道德上的这种奴隶起义取得了如此的成功,而军事、政治、经济上的奴隶起义少有成功。可见,意识形态的威力可能比政治、经济和军事的威力有时还要大,而"现实"的呈现可见多么取决于哲学。当然,按照尼采的思想,基督教意识形态的成功,也是奴隶谋取权力意志的表现。尽管基督教这种意识形态曾如此成功,但尼采坚定地认为基督教否定了现实。他说:"在基督教中,无论道德还是宗教在任何一点上都没有触及现实(Wirklichkeit)。"凭借"神""灵魂""精神""罪""拯救"等概念,基督教虚构了一个世界,这个世界还不如梦幻世界,这"是因为后者反映了现实,而前者则伪造、贬低并否定现实……那个整体的虚构世界根植于对自然之物(——现实!)的恨,它表达了一种对现实的深深的不舒服感……但这恰恰说明了一切,是谁单单有理由依靠谎言逃离现实?是遭受现实之苦的人。然而,遭受现实之苦恰恰意味着一种变得不幸的现实"。①

在尼采看来,真正的现实是残酷的,一般人是承受不了的,不敢直面的,不能轻易把它挖掘出来给所有人看。如果让他们直面真正的现实,他们会因此失去慰藉、没有希望、心如死灰般倒下去、站不起来的。而且,尼采的洞见是,在哲学的意义上,要清醒地意识到,不要随便相信这个那个是最终的现实。要相信"现实"的深不见底:尼采坚决反对有一种根本的、固定的、可以完全把握住的现实存在。真正的现实是需要多层次剥离和深挖才能不断得以呈现出来的。尼采认为,"人们写书不正是为了把其内心感受隐藏起来么?的确,他会怀疑一个哲学家是否有可能拥有'最终真实'的看法,会怀疑在他们的每一个洞穴之后难道就没有,难道就一定没有,另一个更深的洞穴——在表面现象之上,是否还有一个更加广阔、更加奇异、更加丰富的世界,在每一个理由之后,在每一个想要装点这些'理由'的尝试之下,是否还存在着一个深不见底的理由"②。这里的"人们"不是一般人,不是一般的所谓的"哲学家",而是那个承担

---

　　①　[德]尼采:《敌基督者》,吴增定译,载《〈敌基督者〉讲稿》,生活·读书·新知三联书店 2012 年版,第 148—149 页。

　　②　[德]尼采:《善恶的彼岸》,梁余晶等译,光明日报出版社 2007 年版,第 295 页。

未来重任的未来哲人。按照尼采的思想,最终的现实、最终的真实,都是传统形而上学的表现,是所谓的"哲学家"(哲学工作者)的观点。尼采讽刺这样的"哲学家"动不动就声称看透了根本现实,动不动就要根据自己的发现建构一种根本的形而上学,并把它作为一种本体基础,把一切都归于其上。在《人性太人性》中,尼采写道:"没有永恒的事实,正如没有绝对的真理。因此,当前需要的是从历史角度的哲学思考,并且以适度而不过分的方式思考。"① 可以说,"最终、永恒的事实"这样的解释都会受到马克思与尼采的批评。在他们的眼里,这就是传统形而上学把世界抽象化、凝固化的表现。

在这个问题上,马克思和尼采一致之处在于,现实不是随便、轻易地可以揭示出来的,不是轻松地就能接受和面对的。发现、揭示、直接面对现实,而不是掩饰、歪曲现实,是需要能力、需要勇气、需要方法和塑造未来的坚定努力的。现实不会自动呈现。

三　只有强者才能直面现实,弱者往往逃避现实

马克思与尼采在这一点上颇为一致。马克思在《路易·波拿巴的雾月十八日》中直接说过,不能直面现实的弱者总是通过想象的方式来超脱现实,随着他们对待现实的方式的不合理,现实会日益离他们远去,以至于弱者最后对现实毫无感觉和认知:"弱者总是靠相信奇迹求得解放,以为只要他能在自己的想象中驱除了敌人就算打败了敌人;他总是对自己的未来,以及自己打算建树,但现在还言之过早的功绩信口吹嘘,因而失去对现实的一切感觉。"② 我们知道,对马克思来说,能够直面现实的只能是一个能够把握、创造历史的阶级群体:无产阶级。在马克思的笔下,无产阶级绝不是弱者。说无产阶级是历史发展中的弱者,进而认为马克思主义为弱者辩护,我觉得是不合适的。马克思所说的无产阶级最多暂时处在底层,但不是最底层,更不是弱者。他们是能够创造未来的强者。

尼采对能够直面现实的强者的要求同样很高,甚至更高。在他看来,

---

① ［德］尼采:《人性的,太人性的》,载《尼采全集》第2卷,杨恒达译,中国人民大学出版社2011年版,第13页。

② 《马克思恩格斯全集》第11卷,人民出版社1995年版,第136页。

苏格拉底、叔本华甚至某种意义上的柏拉图都做不到直面现实，而在逃避现实。因为他们在塑造一种固定的形而上学，塑造一个纯粹精神和善的世界，希望把现实中的一切都归到这个世界中去，这是一种粗暴的形而上学，一种简单化，一种对真实的生命世界的践踏和摧残。传统的形而上学在回避现实，虚无主义就是对现实的一种回避。

在尼采看来，世界的虚假性和现实性，在某种意义上就是取决于怎样看待存在的生成、变动、多样性和矛盾等性质，是否把它们看作是世界本身的属性，是否要以某种方式否定它、贬低它和诋毁它。"更迭替换，变动，多样性，对立，矛盾，战争"①，就是构成世界现实性的特征。在这里，马克思与尼采至少在存在的斗争性，存在必然具有的矛盾性上，是非常一致的。尼采强调，如果人们想把现实世界中那些有害的、具有破坏性的东西取消掉，那就意味着对现实的违背和臆想，这是对世界最大的主观想象："在一切事物都是互相联系和互相制约的现实世界里，谴责和遗忘某些东西，意味着谴责和遗忘所有东西。"② 在这方面，尼采与马克思的看法倒是非常类似的。

如果说，马克思认为一个富有远见和创造力的阶级群体可以做到直面现实，那么，在尼采眼里能够直面现实的只是极少数的未来哲人。对尼采来说，只有他们才有勇气直面现实，并推动现实走向新的文化。在《敌基督者》中，尼采认为，"在每一个健康的社会中，都有三种生理上侧重点不同、但又相互制约的类型"。第一种是侧重精神的，是创造者；第二种是侧重臂力、性情热烈，是执行者和秩序规则的维护者守护者；第三种则是大多数人的平庸。前两种是遴选出来的。"最高的种姓——我称之为极少数人——作为最完善的等级，拥有极少数人的特权：它代表幸福，代表美，追求美的东西；只有在他们身上，善才不是软弱。"③ 尼采最推崇的查拉图斯特拉就是一个比任何思想家都真实的思想家，是第一种人。"他的学说，而且也惟有他的学说，把其真诚性视为最高道德——这就与逃避现实的'理想主义者'的胆怯相对立。查拉图斯特拉身上的勇气要

---

① ［德］尼采：《重估一切价值》，林笳译，华东师范大学出版社 2013 年版，第 156 页。

② 同上。

③ ［德］尼采：《敌基督者》，吴增定译，载《〈敌基督者〉讲稿》，生活·读书·新知三联书店 2012 年版，第 250 页。

胜过所有思想家的勇气的总和。说老实话和有的放矢,这是波斯人的美德。"①

按尼采的看法,大多数人(第三类人)不会也没有勇气追究现实,因而把一切视为自然而然的。在马克思那里,这就是摆脱不了资产阶级意识形态,把一切都视为自然历史的观点。在第三类人与第一类人之间,尼采引入了一种既想看穿现实但又承担不起由此引发的压力与负担的人。他在帕斯卡身上看到了这类人的典型:他看到了纯粹理智认知的可怕后果,但不敢再向前直面更可怕的现实了,倒退回能带来安慰的世界。他的内心还不够坚强,他的勇气还不够强大。只有在这个虚无主义世界里看透现实,并致力于未来新文化创造的未来新人,才能承担起直面虚无主义现实,并创造一种新的更高的文化的重任。为此,尼采才不同于柏拉图,把原来是武士的美德的"勇敢"赋予这种未来哲人:勇敢是未来哲人的第一美德,不再是武士的美德!柏拉图所说的四种美德是:智慧、勇敢、节制、正义。而尼采所说的未来哲人的四种美德则是:勇敢、洞察力、同情、孤独。值得注意的是,勇敢不再是武士阶层的美德,而是哲人的首要美德。思想者最重要的美德不是智慧,而是勇敢。当然,在尼采的眼里,帕斯卡还缺乏的勇气,他自己充足得很;帕斯卡都没有完全做到的事,他自己足能做到。

也许,在马克思和尼采所想到的类型之外,现在还应该加上犬儒主义者一类:他们对"现实"看得清楚,却混迹其中捞取好处了事,还不时讽刺挖苦一下并不令他认同的现实世界。古代犬儒主义主张摆脱外在物质的束缚,回归自然和德性的生活,摆脱习俗和偏见的羁绊,发扬理性追求真理,超越对权力的恐惧,实现人的自主性和自由。但是,今天的犬儒主义却走向古代犬儒主义的反面,成了玩世不恭、消极无为的代名词,成了颓废主义的意识形态。按照马克思与尼采的标准,以及黑格尔的标准,这种犬儒主义者不是直面现实者,他们充其量在利用"现存"谋取私利,而做不到对"现实"的真正把握。

---

① 〔德〕尼采:《瞧,这个人》,黄敬甫、李柳明译,团结出版社2006年版,第148页。

英国新马克思主义在思维方式上的变革

乔瑞金[*]

形成于 20 世纪 50 年代末的英国"新左派"，尽管不断转换其研究视角和研究主题，在思想方面也出现诸多差异，但在产生的时代背景、指导思想、研究范式以及目的诉求等方面，基本上具有内在的一致性，存在一些明显可辨的历史传承和内在特质。因此，可以用"新马克思主义"来指称它。英国学者玛德琳·戴维斯在《英国新左派的马克思主义》的文章中认为，在英国产生的这种新左派的马克思主义是一种"独立的"马克思主义或"新马克思主义"，[①] 这个论断同我们的看法基本上是一样的。

英国新马克思主义把现实的人作为研究活动的着眼点，把如何改善人的现实生存状况、改进人的生活方式和提高人的社会实践能力作为研究活动的目标指向。因此，从一开始，他们就坚持人的全面解放的哲学立场，倡导新文化生活方式，展现科学技术的社会意义，表现出强烈的人道主义、文化唯物主义和技术实践论的思想。这些思想构成其基本的哲学倾向。英国新马克思主义以在物质生产高度发达的英国实现社会主义为目标，因而以技术批判、文化批判和社会批判为利剑，直指现代主义的意识形态和资本主义制度本身，通过设计各种各样的理想社会主义社会和开展多种形式的微观社会运动，尝试把理想变为现实。他们以马克思的经典思想为基础，以各种具体的学术领域为对象，结合英国实际，追求思维方式的创新和变革，形成了各种解释模式，先后出现了新历史主义、结构主义

---

* 乔瑞金，山西大学马克思主义哲学研究所所长。

① ［英］玛德琳·戴维斯：《英国新左派的马克思主义》，载张亮编《英国新左派思想家》，江苏人民出版社 2010 年版，第 9 页。

和地理—历史唯物主义等诸多形式。这些看似不同的思维范式，其实都是整体主义的不同变种，因而展现出思维方式内在发展的清晰的逻辑特征、历史脉络和学术气息，体现出新的认识论和方法论意义。本文尝试从思维方式变革的角度，提出我们的一些看法。

英国新马克思主义是在历史主义传统的基础上形成的。因此，他们在回归经典、深入研究马克思主义的过程中，在思维范式上发生了根本性转换。这种转换首先表现为从旧历史主义向新历史主义的跨越，其中汤普森、霍布斯鲍姆、威廉斯等人的工作起了主导性作用，从而形成了在"当代西方颇有影响的史学流派"，试图把英国知识分子中的马克思主义历史学家的传统和观点，与工人运动中产生的新思想结合起来，并自称为"新马克思主义史学"①。

新历史主义者把历史活动看成是一个过程。人本身具有积极的作用，因此，一定要回归历史的"本体"，在历史自身的总体性存在的高度，建构人与客观世界的关系，深入历史的本质。新历史主义的最主要的推动者是汤普森和霍布斯鲍姆（霍布斯鲍姆甚至被人们认为是"当代西方头号马克思主义历史学家"）②，他们认为，新历史主义是一种"还原过去的人尤其是过去的穷人，这是对理论的重大贡献"。总体来看，新历史主义的大多数成员都自觉地运用历史唯物主义的观点和方法进行研究，并把历史研究和现实分析紧密结合起来。他们抱着共产主义的政治信仰，时刻关注当代社会主义运动的发展进程和前进方向，并直接参加了现实的政治斗争。从社会主义人道主义观点出发，对下层民众的悲苦命运充满同情，把人的自由和解放作为终生奋斗的目标，相信"一个正义而人道的未来社会的根源可以在英国过去的大众性民主斗争中发现"③。

新历史主义在思维范式上首先坚持社会主义人道主义的历史观，通过还原历史的本来面目，使人民从尘封的历史中走出来。他们要从历史中为现实政治斗争寻找动力和根据，找到使英国等西方发达资本主义国家变革为社会主义所依靠的力量。正如霍布斯鲍姆所指出的那样："使马克思主

---

① 何兆武等：《当代西方史学理论》，上海社会科学院出版社 2003 年版，第 433—434 页。

② 同上书，第 461 页。

③ Edwin A. Roberts, "From the History of Science to the Science of History: Scientists and Historians in the Shaping of British Marxist Theory", *Science and Society*, No. 4, October 2005, pp. 529 – 558.

义渗透进历史科学的主要动力是政治上的动力。几乎所有成为马克思主义者的知识分子,以及所有成为马克思主义历史学家的历史学家,这样做的时候最初都是由于政治信念吸引他们去从事跟马克思结合在一起的事业。马克思主义及其在知识上的影响的历史的出发点是群众性社会主义运动和知识分子政治化的历史。"① 整体上看,历史学派运用马克思主义进行历史研究彰显为一种"从下往上看"的研究理念和批判视角,其最具影响力的著作是汤普森的《英国工人阶级的形成》等。

新历史主义者坚持马克思的文本精神,突出工人阶级的社会自觉性,强调阶级意识之于阶级形成和阶级斗争的重要性。在批判"经济决定论"和教条主义的过程中,强调了意识形态的相对独立性,并在强调主观能动性和意识形态相对独立性的过程中,同样也强调经济基础的作用,始终未忽视经济结构对工人阶级生活的决定性影响。汤普森在强调阶级是一种处于发生状态的历史现象时,同时也指出,"阶级是一种文化的和社会的形成,不能孤立地、抽象地而必须按照与其他阶级的关系来给它下定义"②。文化是意识形式的概括,社会是生产关系的总和。阶级是文化意识和社会生产共同作用而形成的晶体,天然地处于一定的、必然的不以其意志为转移的生产关系之中,受到物质生活的生产方式的制约。虽然生产关系是由人创造的,但它一经被创造出来,就成为既有的、现实的客观存在物,它也会反过来制约和改造人。在此意义上,我们说,社会存在决定社会意识,而不是社会意识决定社会存在。这正是历史唯物主义的立脚点。以此为前提,唯物史观才强调社会意识对社会存在的反作用,从而使二者之间形成了互动关系,社会历史也变成了整体的历史。社会历史是整体的历史,同样也是霍布斯鲍姆所坚持的一个基本观点。在《从社会史到社会的历史》中,霍布斯鲍姆明确指出,从根本上说,真正的历史应该是全部的历史,即"总体史",应包括人类生活的各个层次,应从整体上理解历史。汤普森和霍布斯鲍姆的史学思想凸显了整体论的思维模式。

在英国历史主义和新历史主义传统影响下成长起来的新生代马克思主义者们,其代表是佩里·安德森。由于接受了西方马克思主义者葛兰西和

---

① [英]艾瑞克·霍布斯鲍姆:《马克思和历史》,易克信译,《第欧根尼》1985 年第 1 期,第 85 页。

② E. P. Thompson, *The Poverty of Theory and Other Essays*, London: MerLin Press, 1978, p. 295.

结构主义者阿尔都塞等人的思想，安德森等人开始了对新历史主义的批判性的扬弃，形成了英国式的结构主义的马克思主义，表明英国新马克思主义思维范式的重大转向。安东尼·伊斯茹普认为，这种阿尔都塞式的马克思主义，是一种"试图寻求理论的、科学的和理性主义的"[①]马克思主义。安德森等人在马克思主义理论和学说遭到种种质疑和危机的时刻，始终站在马克思主义经典的立场上维护着它的纯粹性和必要性，始终坚守着马克思的革命设想，期待着马克思主义理论和工人阶级实践的完美结合，期待着社会从"必然王国"向"自由王国"的转变。

安德森认为，马克思主义就是"历史唯物主义"。历史唯物主义首先是一门历史的科学，是有关过去的历史事件、历史事实、历史过程和历史活动的记录。尽管如此，却不能把历史唯物主义完全等同于"历史编撰学"，因为历史唯物主义的目的在于从历史的编撰和书写中发掘出历史发展的一般规律和机制，从而为人类历史的发展提供一种因果解释。因此，历史唯物主义就不应仅仅聚焦于过去，而应主要关涉现在和未来。正如安德森所明确表述的："理解过去的核心目的之一就是提供对于历史过程的一种因果解释，它能够为当前充分的政治实践提供基础，以便把现存的社会秩序变革为一种期望的、民众的未来，这就是《共产党宣言》的抱负。"[②]在此意义上，历史唯物主义就是一种"科学社会主义"，或者换言之，历史唯物主义就是一种理解当前和把握未来的事业，一种带有无产阶级革命理想的社会主义的政治工程。

安德森把社会主体和社会结构这两大问题看成"一直是解释人类文明发展的历史唯物主义最重要和最基本的问题之一"[③]。有关社会主体的问题，马克思早在1848年《共产党宣言》中就指出："至今一切社会的历史都是阶级斗争的历史。"[④]这就把历史变革的动力归因于阶级之间的冲突和斗争。有关社会结构的问题，马克思则在1859年《〈政治经济学批判〉序言》中表述到："社会的物质生产力达到一定阶段，便同它们一直在其中运动的现存生产关系或财产关系发生矛盾，于是这些关系并由生产力的发展形势变

---

① Antony Easthope, *British Poststructuralism since 1968*, London and New York: Roulfedge, 1988, p. 2.

② Perry Anderson, *Arguments within English Marxism*, London: Verso, 1980, p. 85.

③ ［英］佩里·安德森:《当代西方马克思主义》，余文烈译，东方出版社1989年版，第39页。

④ 《马克思恩格斯全集》第4卷，人民出版社1965年版，第461页。

成了生产力的桎梏。那时，社会变革的时代就到来了。"① 这就把历史变革的动力归因于生产力和生产关系之间根本矛盾的斗争。对于这两种因果解释机制，马克思本人并没有作出统一而完美的解决。这就对那些想要实现社会主义伟大事业的当代马克思主义学者提出了一种理论困境：一方面，社会主义的实现无须工人阶级（无产阶级）的任何参与和斗争，只需坐等资本主义自身的新陈代谢即可；另一方面，社会主义的建立需要工人阶级的长期不懈的斗争，最终打破资本主义的国家机器。因此，社会结构与社会主体之间的关系问题就成为安德森首先要解决的一个核心理论困境。

在社会结构与社会主体的这一理论博弈中，安德森试图对阿尔都塞的结构主义马克思主义和汤普森的意志主义的马克思主义加以整合，在社会结构与社会主体之间进行某种协调和架构。他在《英国马克思主义的内部争论》中明确表述到，所有社会的变革机制的最根本的因素都是由生产力和生产关系之间的矛盾，而不是由生产关系所产生的阶级冲突或对立所引发的，前者包含了后者，因为生产力的首要因素就是劳动者，它同时也是作为由生产关系所规定的阶级而出现的。但它们并不完全等同，生产方式的危机并不等同于阶级的冲突，在某个历史时刻，它们也许可以结合，也许无法结合。一方面，任何重大的社会经济危机，无论是封建主义的还是资本主义的，都典型地吸收了所有无意识的社会阶级；另一方面，这一危机的解决也一直是长期阶级斗争的结果。总之，从一种生产方式向另一种生产方式的变革时代，实际上就是阶级斗争的特权领域。因此，在社会秩序的维持和颠覆中，生产方式和阶级斗争总是相互作用的。② 一方面，安德森怀有一种深层的结构主义和理性主义的意识，认为社会结构是社会主体的一种根本存在方式和存在状态，它不单单只是一种理智的创造和构想，而是对社会现实的一种深层表现和反映。在马克思本人所给出的诸如生产力/生产关系，基础/上层建筑这样的社会结构中，其中生产力和生产关系之间的变革是社会变革最根本的动力机制。他认为，"显然，马克思的理论拥有一个原则，带有一种独有的清晰和力量——生产力和生产关系之间的矛盾是长期历史变革最深层的动力"。③ 另一方面，安德森怀

---

① 《马克思恩格斯全集》第 13 卷，人民出版社 1962 年版，第 8—9 页。

② Perry Anderson, *Arguments within English Marxism*, London：Verso, 1980, pp. 55 – 56.

③ Ibid. , p. 81.

有一种主观主义的意识，强调了社会主体的积极作用，认为阶级斗争是解决结构危机的一种根本方式，因而通向社会主义的道路依旧需要通过阶级斗争来实现。正如他所诘问的："当今世界上任何主要的发达国家，如果没有武装冲突或内战就不可能取得胜利。然而，从封建主义向资本主义的经济变迁仅仅只是从一种私有制转向另一种私有制，那么，从私有制向公有制这一更巨大的历史变革必然会使权力和财富的剥夺更加剧烈，它将会担负起更少伤害的政治形式么？"① 因此，安德森对于历史唯物主义这一难题的解决，就是一种深层结构主义基础之上的一种温和主义和折中主义的解决，从而给出了一种"从上向下看"的社会历史的解释范式，突出了空间结构在社会认识中的特殊作用，具有与新历史主义异曲同工的妙用。

随着新马克思主义的发展，把历史主义的时间过程和结构主义的空间构造结合为一体而形成新的研究范式的热情越来越高，哈维从地理学的思维出发，把地理的空间性与其时间的发展性密切联系起来，构造了一种全新的思维范式，使英国新马克思主义自身在社会和历史认识中达到一种辩证法的高度。

哈维从全球化的时代背景出发，认为人们在思维方式上转向空间是必然的。因此，作为时代精神的活的灵魂的马克思主义，就必须适时调整策略和内容，充分彰显出马克思恩格斯文本中丰富的空间思想。哈维正是以此为出发点，把在传统马克思主义理论研究中被忽视的空间发掘出来。他始终认为，在当代西方资本主义社会"后现代"的语境之中，马克思主义理论的批判武器并没有丧失有效性和锋芒，历史唯物主义依然可以用来解剖各种从表面上看来令人眼花缭乱和争论不休的现象。因为马克思主义是关于资本主义的理论，只要资本主义存在，马克思主义就具有理论价值和意义。更具体地说，资本主义并没有放弃它掠夺的本性，只是以隐形的方式，实施着它的掠夺，它以全球化的方式展开着对全球的殖民扩张，"全球化成为帝国主义的同义词"②。

在哈维看来，在历史唯物主义的传统中，空间的重要性一直被时间的

---

① Perry Anderson, *Arguments within English Marxism*, London: Verso, 1980, p. 195.

② ［法］萨米尔·阿明：《资本主义、帝国主义、全球主义》，载［美］罗纳德·H·奇尔科特编《帝国主义政治经济学：批判的范式》，社会科学文献出版社 2007 年版，第 217 页。

维度所遮蔽，使得康德哲学中的时空双维世界成为只强调时间的单维世界，只有强调历史—地理双重含义才能完整地表达资本主义社会。"资本主义历史地理学必须成为我们理论研究的对象，而历史—地理唯物主义则是我们研究问题的方法。"① 哈维对早期的新左派给予强力批判，认为新左派放弃了对历史唯物主义的信任，转而向文化政治上去推进，某种程度上，这脱离了批判观点，从根本上说，也就脱离了马克思主义。这是由于大多数人错误地理解历史唯物主义，是对历史唯物主义的片面认识，仍然是根据斯大林的历史唯物主义进行批判的。

基于这样的分析，哈维提出了历史—地理唯物主义。他以空间为切入点，重新定义和塑造马克思主义的当代价值和意蕴，并凝练出以空间为中心的新的思维范式，明确提出了这一思维范式的四重原则，即差异性原则、象征性原则、内在性原则与开放性原则。

差异性原则是指在进行社会批判时，必须考察事物间的多元性特征，它由空间的异质性和关系性特征决定；象征性原则是空间分析所内含的原则之一，它强调"地理学想象"，是对场所、空间和景观在构成和引导社会生活方面的重要性的一种敏感；内在性原则是指在理解社会问题时必须从结构性的角度出发；而开放性原则则是指历史—地理唯物主义是一种无限制的和辩证的探究方法，而不是一种封闭的和固定的理解实体。这也是马克思主义哲学最鲜明的特征之一。"我们的理论是发展着的理论，而不是必须背得烂熟并机械地加以重复的教条"②。显而易见，当今的资本主义社会发生了根本变化，"客观的时空必须发生变化以适应社会再生产这一崭新的物质实践"③。一提及空间，立刻就会想到封闭性，然而这是对空间的狭隘解读。在哈维看来，这种空间是牛顿、笛卡尔所说的绝对空间。他把空间分为：绝对空间、相对空间和关系空间。在社会生活中，关系性空间发挥更多的作用和影响，其最大的特征就是开放性。"关系性的空间观点认为，在界定空间或时间的过程中，没有空间或时间这样的东西存在（如果上帝创造了世界，那么也是在许多种可能性之中），选择要创

① David Harvey, *The Urbanization of Capital*, Oxford: Blackwell and Baltimore & MD: Johns Hopkins University Press, 1985, p. 144.

② 《马克思恩格斯选集》第 2 卷，人民出版社 1995 年版，第 681 页。

③ David Harvey, "Between Space and Time: Reflections on the Geographical Imagination", *Annals of the Associate of American Geography*, Vol. 80, No. 3, 1990, p. 419.

造特殊类型的空间和时间。"① 关系空间主要包括内在关系的观念，也就是说，理解一个事物时，不可能仅仅依靠事物本身来理解，还取决于环绕着那个点而进行的一切其他事物。关系空间可以表达更多的内容和含义，可以驾驭更为丰富的内容，"唯有在最后这一种架构里，我们才能开始掌握当代政治的许多方面，因为那是政治主体性和政治意识的世界"②。

历史—地理唯物主义正是借助关系空间实现对资本主义社会的政治解读。资本主义社会是不断发展变化着的，这也是社会再生产和转化的内在需求。作为解释其内涵的方法论，历史—地理唯物主义也必定是开放和发展的，只有这样才能从本质上理解资本主义，而不是仅仅局限在一定时期。

历史—地理唯物主义是哈维重新构建马克思主义的元理论。差异是无所不在的和基本的社会的辩证法。象征性与内在性是社会生活的基础部分，开放性原则是社会再生产和转变的基础。这四个方法论原则相互牵制，互相影响，共同构成了解释资本主义世界的总方法。总之，历史—地理唯物主义实现了地理学与唯物主义研究的结合。地理学与马克思主义的结合，实现了时间与空间的双向互动，正如苏贾所言："这种历史—地理唯物主义并不仅仅是空间上对经验结果的追溯，也不仅仅是在时间上对社会行为在空间上的诸种制约与限制进行描述，而是一种振聋发聩的呼喊，呼吁对总体上的批判社会理论……以及对我们审视、定义、阐释事物的许多不同的方法进行一次彻底的改革。"③

英国新马克思主义在其发展过程中，不断地进行着思想的自我更新，不断地提炼和创造着新的思维范式。我们看到，英国新马克思主义在思维方式上首先从关注时间开始，进而突出空间的重要性，而在其发展中，借助于对历史和地理问题的综合思考，把二者有机地结合在一起，达到了一种辩证的和整体的高度。

---

① David Harvey, *Spaces of Neoliberalization: Towards a Theory of Uneven Geographical Development*, Weisbaden: Franz Steiner Verlag, 2005, p. 96.

② Ibid., p. 100.

③ ［美］爱德华·W. 苏贾：《后现代地理学——重申批判社会理论中的空间》，王文斌译，商务印书馆2004年版，第69页。

在发展中坚持历史唯物主义：
"英国马克思主义"的理论启示

张　亮*

　　近年来，变化了的意识形态格局和学术格局对历史唯物主义提出了更高的要求和挑战，即要求历史唯物主义能够在与其他人文社会科学思潮的理论竞争中证明自己的科学性和当代价值，重新确立自己在人文社会科学研究中的领导地位。换言之，历史唯物主义只有通过不断的发展，做出新的、能够征服思想界进而争取人民群众的科学成果，才能得到真正牢固的坚持。在 20 世纪马克思主义哲学发展史上，"英国马克思主义"在这个方面树立了最值得人们重视的榜样：绝大多数"英国马克思主义"思想家都是从事具体的人文社会科学研究的学者，但是，他们却在历史唯物主义的指导下创造出了一大批具有世界性影响的学术著作，在对历史唯物主义做出实质性推进的同时，极大地提升了历史唯物主义在西方学术界的理论声誉和影响力。那么，他们是怎样做到这一点的呢？答案其实并不复杂，首先是要能准确认识历史唯物主义的科学的批判的方法论本质，其次是要有在历史唯物主义的指导下研究本土问题的自觉意识，最后是要能找到"哲学和社会科学的联盟"的恰当方式或道路。

一

　　作为一个由具体的概念、原理构成的科学的理论体系，历史唯物主义

＊　张亮，南京大学哲学系教授。

的真正本质和精髓是科学的批判的方法论。早在历史唯物主义诞生之初，马克思恩格斯就对此做过阐明："在思辨终止的地方，在现实生活面前，正是描述人们实践活动和实际发展过程的真正的实证科学开始的地方。关于意识的空话将终止，它们一定会被真正的知识所代替。对现实的描述会使独立的哲学失去生存环境，能够取而代之的充其量不过是从对人类历史发展的考察中抽象出来的最一般的结果的概括。这些抽象本身离开了现实的历史就没有任何价值。它们只能对整理历史资料提供某些方便，指出历史资料的各个层次的顺序。但是这些抽象与哲学不同，它们绝不提供可以适用于各个历史时代的药方或公式。"① 在他们晚年的书信中，针对当时已经表露出来的教条主义倾向，恩格斯再次强调历史唯物主义的本质在于方法，指出"我们的历史观首先是进行研究工作的指南，并不是按照黑格尔学派的方式构造体系的诀窍"，② "如果不把唯物主义方法当做研究历史的指南，而是把它当做现成的公式，按照它来裁剪各种历史事实，那它就会转变为自己的对立物"。③

　　然而，在恩格斯逝世后先后成为马克思主义"正统"的第二国际马克思主义和苏联"教科书体系"中，历史唯物主义的方法论精髓在不同程度上都失落了。就马克思主义哲学特别是历史唯物主义的世界性传播而言，第二国际理论家做出了不可抹杀的巨大贡献。但是，在同时代自然科学观念和资产阶级哲学的影响下，他们实际上认为"马克思主义从其本性上来讲与哲学没有任何关系"，④ 因而更多地强调历史唯物主义是一种科学的社会学观点体系，从而在事实上忽略甚至遗忘了马克思主义哲学的"正统"是"认识社会和历史的正确方法"。⑤ 十月革命的胜利从政治上和理论上颠覆了第二国际的"正统"地位，将苏联推到了马克思主义理论舞台的中心。20 世纪 20 年代末 30 年代初，在斯大林的领导下，苏联青年红色哲学家沿着普列汉诺夫和列宁开辟的马克思主义俄国化道路，对马克思主义哲学进行体系化建构，建构出了一个原本主要用于普及教育之

---

① 《马克思恩格斯选集》第 1 卷，人民出版社 1995 年版，第 73—74 页。

② 《马克思恩格斯选集》第 4 卷，人民出版社 1995 年版，第 692 页。

③ 同上书，第 688 页。

④ ［美］柯尔施：《马克思主义和哲学》，王南湜、荣新海译，重庆出版社 1989 年版，第 4 页。

⑤ ［匈］卢卡奇：《历史与阶级意识》，杜章智、任应等译，商务印书馆 1992 年版，第 42 页。

用的马克思主义哲学原理"教科书体系"。该体系后来因为斯大林《论辩证唯物主义和历史唯物主义》的背书而获得了某种神圣且不容置疑的绝对真理性,成为马克思主义哲学的新"正统"。① 历史地看,"教科书体系"对历史唯物主义的广泛传播做出了不可磨灭的历史贡献,但问题的关键在于,它同样未能准确地把握历史唯物主义的方法论精髓,而是在马克思恩格斯已经超越的旧唯物主义的立场上,将历史唯物主义重新理解为一种包罗万象的教条体系。

　　由于英国共产党在政治上和理论上长期追随苏联,因此,在1956年新左派运动兴起之前,英国的马克思主义者都不可避免地受到"教科书体系"的深刻影响。不过,由于政治传统、思想传统等原因,后来参与创立"英国马克思主义"的那些马克思主义知识分子大多数来自文学、自然科学、历史学和经济学等非哲学领域。他们学习、研究历史唯物主义的目的并非为了掌握哲学理论本身,而是为了指导各自的具体研究。这使得他们比较容易克服"教科书体系"的教条主义桎梏,把握到历史唯物主义的方法论内涵。事实上,早在20世纪30年代初,经济学家和经济史学家多布就通过自己的理论研究形成了一种截然不同于"教科书体系"的马克思主义观,认为马克思主义就是历史唯物主义,或者说关于历史的唯物主义。据此,他反对把马克思主义作为一种"直觉"或"先验的逻辑",强调必须通过研究历史经验形成历史认识。② 可以肯定地说,在新左派运动兴起之前,"英国马克思主义"思想家就已经通过自己的努力比较清楚地确证了历史唯物主义的方法论本质,尽管此时他们并没有正面表达对"教科书体系"的不满。只有如此,爱德华·汤普森方才能在新左派运动兴起后的次年即发表长文"社会主义人道主义",对斯大林主义进行了深入全面的批判,而其核心思想之一就是批评"教科书体系"未能把握《德意志意识形态》中的实践唯物主义思想,在科学的批判的方法论的意义上来领会历史唯物主义的本质,从而以庸俗化的方式把历史唯物主义扭曲为一种新教条。③ 汤普森的这种批评代表了"英国马克思主义"

---

① 张亮:《应当如何正确对待"教科书体系"?》,《福建论坛》2011年第7期。

② Dobb, Maurice, *On Marxism Today*, London: Hogarth Press, 1932, pp. 14—16.

③ [英]汤普森:《社会主义人道主义:致菲利士本书》,载张亮、熊婴《伦理、文化与社会主义:英国新左派早期思想读本》,江苏人民出版社2013年版,第10—15页。

思想家的集体心声，而随后涌现的"文化唯物主义"则体现了他们破旧立新的最初理论成果。[①]

二

"英国马克思主义"对历史唯物主义的深化与发展，主要体现在社会形态理论、阶级理论、国家理论、文化理论和意识形态理论等方面。[②] 必须看到的是，这些成果并不是通过解读、阐发马克思主义经典作家的既有论述而取得的，而主要源于"英国马克思主义"思想家在历史唯物主义的指导下对具体英国问题的深入研究。事实上，综观 20 世纪马克思主义哲学史，从"西方马克思主义"到中国化马克思主义，那些对历史唯物主义的发展做出显著贡献的马克思主义者，通常都具有自觉而强烈的本土意识。

那么，对于在发展中坚持历史唯物主义来说，自觉的本土意识有什么意义呢？

首先，这是因为自觉的本土意识有助于马克思主义者找到真正具有时代性的本土问题。正如青年马克思曾指出的那样，"哲学家并不像蘑菇那样从地里冒出来的，他们是自己的时代、自己的人民的产物，人民的最美好、最珍贵、最隐蔽的精髓都汇集在哲学思想里"。[③] 这意味着马克思主义者只有找到真正具有时代性的本土问题并做出令人满意的回答，才可能真正体现变化了的时代精神的精华，从而坚持并发展历史唯物主义。与同时代的马克思主义哲学家相比，"英国马克思主义"思想家对历史唯物主义基本原理的理解或许不够精深，甚至存在可以指摘、批判之处，但问题的关键在于，借助自觉的本土意识，他们敏锐地把捉到了那些真正具有时代性的当代英国问题。具体地说，二战以后，阶级起源问题历史地成为英国社会共同关注的主题。以汤普森为代表的马克思主义历史学充分意识到了这一问题的重要性，并进行了长期深入系统的研究，成功解答了英国工

[①] 张亮：《"英国马克思主义"的"文化唯物主义"及其当代评价》，《河海大学学报》2012 年第 4 期。

[②] 张亮：《"英国马克思主义"的历史、理论道路和理论成就》，《马克思主义研究》2012 年第 7 期。

[③] 《马克思恩格斯全集》第 1 卷，人民出版社 1956 年版，第 219—220 页。

人阶级的形成问题,从而在阶级形成、阶级意识和阶级斗争分析方法等方面丰富和发展了马克思主义的阶级理论。由阶级起源问题还衍生出了其他两个引发英国社会高度关注的理论问题:工人阶级的文化和革命性问题。对于前一个问题,理查德·霍加特、雷蒙·威廉斯和汤普森分别从文学批评和历史研究两个不同路径出发进行了开创性的研究,在为工人阶级文化成功辩诬的同时开创了文化研究这一全新的学术场域。随后,斯图亚特·霍尔领导下的伯明翰学派对大众文化(工人阶级文化)进行了极富论战性的创造性研究,极大地发展了历史唯物主义对当代发达资本主义条件下的文化和意识形态现象的认识。而经过米利本德的努力,以英国工党的革命问题为中介,英国工人阶级的革命性问题最终转化为了对英国政治体制的反思和批判,并借由米利本德和普兰查斯关于资本主义国家的本质和自主性问题的论战,扩展到对欧洲历史上不同国家形式的形成和向资本主义过渡的不同形式等问题的探讨,最终使得历史唯物主义的国家理论和社会形态理论得到深化和发展。

其次,这是因为自觉的本土意识有利于马克思主义者发掘必要的理论资源进行理论创新和方法创新。不管是理论创新还是方法创新,它们都需要利用适当的理论资源。在创新的过程中,究竟应当利用哪些资源、以及如何利用这些资源?这就要求创新者必须对这些资源具有相对深入的认识。以汤普森为代表的马克思主义历史学家是利用英国本土资源进行成功创新的典范。英国拥有悠久的社会主义史学研究传统。不过,当二战后汤普森等人开始进行系统的马克思主义史学研究时却发现,马克思恩格斯阐发的唯物史观并不能直接适用于他们所重点关注的处于资本主义形成过程中的英国社会,因为唯物史观的经典论述所依托的社会原型,是19世纪中叶资本主义制度已经完全建立起来的英国社会。为此,他们进行艰难的探索,最终将唯物史观(以生产方式为基础的社会结构理论和以阶级斗争为核心的历史发展理论)与英国本土的社会主义史学传统("自下而上"的历史观)结合起来,开创了一种全新的社会史范式,不仅改变了英国史研究的面貌,而且对整个世界史学都产生了重要影响。[1] 另一方面,霍尔领导下的伯明翰学派在利用外来理论资源研究英国本土问题方面

---

① See Kaye, J. Harvey, *The British Marxist Historians: An Introductory Analysis*, Cambridge: Polity, 1984.

取得了巨大成功。60 年代以后，伯明翰学派着重致力于当代资本主义社会中的大众文化（无产阶级文化）研究。这就使霍加特、威廉斯、汤普森等开创的“文化主义”研究范式变得不敷适用的同时，迫使伯明翰学派去寻找新的研究范式。当时，在《新左派评论》杂志的倡导和推动下，大批欧陆思潮、理论、学说登陆英国。那么，应当如何面对、选用这些林林总总的外来资源呢？伯明翰学派的做法是基于自身研究的英国问题选择可吸收的理论资源，最终在马克思资本理论的基础上，吸收、整合葛兰西的霸权理论、阿尔都塞的意识形态理论以及巴特的符号学，提出了新的“结构主义”研究范式，形成了一大批有影响的成果，从而将文化研究推向顶峰。

　　最后，这是因为自觉的本土意识为马克思主义者的理论本土化探索提供了重要的动力。从某种意义上讲，“英国马克思主义”对历史唯物主义的发展是“果”，而它的“因”则在于“英国马克思主义”思想家对马克思主义本土化或英国化的持续探求。① 如果没有自觉的本土意识，这种马克思主义本土化探索显然是不可能的。

三

　　21 世纪初，有国内学者提出，在历史唯物主义指导下研究中国问题是实现马克思主义哲学的创新和发展的一条重要路径。② 然而这一主张并没有产生太大的反响。之所以如此，主要是因为国内学界意识到，虽然它指出的方向是正确的，但并没有找到现实的道路，而真正要紧的恰恰是创新的道路或方法本身。在这种情况下，人们重新审视历史唯物主义的发展道路，进而发现：在创立历史唯物主义之后，马克思实际上就没有再从事思辨的哲学建构，而是转向“真正的实证科学”，以政治经济学批判的形式来把握自己时代精神的精华，政治经济学批判历史地成为他贯彻和发展历史唯物主义的主要道路。这从一个非常深刻的方面说明，“哲学和社会

---

① ［英］玛德琳·戴维斯：《英国新左派的马克思主义》，载张亮《英国新左派思想家》，江苏人民出版社 2010 年版，第 1—36 页。
② 韩庆祥：《当代中国马克思主义哲学创新的三种路径及其回应》，《哲学动态》2004 年第 7 期。

科学的联盟"是马克思为历史唯物主义的发展开辟的全新的哲学道路。①
在 1931 年题为"社会哲学的目前形势和社会研究所的任务"就职演讲
中,霍克海默以卢卡奇和柯尔施的理论反思和理论实践为中介,系统阐释
了马克思所开辟的这条创新道路的必要性和重要性,强调历史唯物主义只
有在与社会科学的联盟中才能把握时代精神的变迁,从而为改造世界提供
科学的认识。② 综观"西方马克思主义"发展史,可以清楚地看到,那些
对历史唯物主义的坚持与发展做出重要贡献的"西方马克思主义"思想
家,归根结底走的都是"哲学和社会科学的联盟"这条道路。

　　作为从事具体的人文社会科学研究的学者,"英国马克思主义"思想
家显然不具备"西方马克思主义"思想家那种专业的哲学反思能力,不
过,这并没有妨碍他们对"哲学和社会科学的联盟"道路的理解、把握
和践行。事实上,较之于那些同样曾深受"教科书体系"影响的英国马
克思主义哲学工作者,他们由于较少教条主义的观念桎梏,所以反倒容易
理解并自觉践行这一道路,从而在硕果累累的学术实践中走出了一条别开
生面的"哲学和社会科学的联盟"道路。回顾他们所走过的道路,有三
点很值得当代中国马克思主义者思考和学习。

　　首先,要能够超越教条主义,用恰当的历史唯物主义原理来引导
"哲学和社会科学的联盟"。实事求是地说,"哲学和社会科学的联盟"其
实是历史唯物主义的应有之义,即便是教条主义者对此也不会持有异议。
问题的关键在于,教条主义者只能以教条主义的方式对待历史唯物主义,
无法让历史唯物主义的科学原理走出自身的抽象完整性,与社会科学发生
现实的联系。例如,面对"经济基础和上层建筑"这一条历史唯物主义
基本原理,教条主义者总是想方设法回避既有的理论阐释与现实的冲突,
努力维护既有阐释的权威性和系统性。以汤普森和威廉斯为代表的"英
国马克思主义"思想家则不然。他们不仅不回避理论与现实的冲突,而

---

① 张亮:《"哲学和社会科学的联盟":马克思在政治经济学批判中所开辟的道路》,《江海
学刊》2009 年第 2 期。

② Horkheimer, Max, "The Present Situation of Social Philosophy and the Tasks of an Institute for
Social Research", in Max Horkheimer, *Between Philosophy and Social Science*: *Selected Early Writings*,
Cambridge, Mass. : The MIT Press, 1993, pp. 1 – 15.

且努力根据现实重新思考和解读文本,形成了新的阐释。① 对于他们来说,这种新阐释当然具有真理性,但是,它并不应当作为教条存在于实证的研究之前,而应当作为科学的指南存在于研究过程之中,并在研究结束之后作为真理得到证明。换言之,这一基本原理只有在与具体的社会科学研究的结合或联盟中才具有真理性。也正是在这种联盟中,"英国马克思主义"在阶级、国家、社会形态、意识形态和文化等一系列上层建筑问题研究中获得了实质性的突破。

其次,要能够克服狭隘的门户之见,以开放的姿态吸收、综合各种有益思想资源,使"哲学和社会科学的联盟"获得更加坚实的基础。就像吉登斯评论的那样,马克思成功的关键就在于他以一种开放的心态,对同时代西欧优秀的思想文化成果进行了"强有力的综合","从而以一种连贯的方式将英、法、德三国的不同经验和认识结合在了一起,同时,又为从理论上解释这些国家在社会、经济和政治结构上的差异提供了基础"。② 然而,当苏联马克思主义成为新"正统"之后,却在马克思主义与非马克思主义之间划定了非此即彼的界限,并在事实上力图将 20 世纪西方人文社会科学几乎全部重要发展作为资产阶级意识形态加以批判和否弃。"英国马克思主义"思想家则从来都没有被这种狭隘的门户之见所困,而是始终像马克思那样,以开放的姿态汲取各种思想资源服务于自己的学术探索。例如,英国马克思主义历史学家不仅继承了英国固有的经验主义史学和社会主义史学传统,而且还与 20 世纪上半叶形成的多种新史学流派如经济史、社会史、年鉴学派等保持密切的对话和互动,最终创立一种全新的历史研究范式,产生出丰富多彩且影响深远的作品,从而"向国际历史学界展示出历史唯物主义作为分析工具的威力"。③

最后,要能够打破僵化的学科壁垒,善于通过跨学科研究达成问题的解决。作为现代自然科学迅猛发展和高等教育大众化时代来临的自然结果,二战以后,学术研究的专业化程度不断提高。这在强化了人们的学科

---

① 参见张亮《阶级、文化与民族传统:爱德华·P. 汤普森的历史唯物主义思想研究》,江苏人民出版社 2008 年版,第 96—100、123—124 页。

② [英]吉登斯:《资本主义与现代社会理论》,上海译文出版社 2007 年版,第 4 页。

③ 赵世玲:《西方马克思主义史学的发展现状——访加拿大学者布赖恩·帕尔默》,载《史学理论丛书》编辑部《当代西方史学思想的困惑》,中国社会科学出版社 1991 年版,第 325 页。

观念的同时也导致了学科壁垒的形成。在苏联马克思主义那里,这种学科壁垒变得尤为僵化:一方面,马克思主义这块"整钢"被分解为"哲学""政治经济学"和"科学社会主义"这三个"鸡犬相闻、老死不相往来"的"学科";另一方面,马克思主义哲学形成了一种虚幻的独尊意识,傲慢地将自身凌驾于其他学科之上。① "英国马克思主义"思想家大多是些介入型的知识分子,因此,他们虽然身处象牙塔,却心怀现实,因而较少受到学科壁垒的桎梏,能够自由地游走在各个学科之间,通过跨学科研究达成问题的解决。在这一方面,最著名的例子当属文化研究:文化研究原本就诞生于文学批评、历史学与社会学的交叉点上,诞生之后,它更是自觉地促进学科交叉与融合,积极地调动当代文学批评、哲学、社会学、人类学、民族学等诸多学科领域的理论资源,达成对当代发达资本主义社会中大众文化(工人阶级文化)现象的批判性理解,从而使文化研究一跃成为当代最炙手可热的"显学"之一。

---

① 张亮:《苏联马克思主义哲学模式的"学科意识"之痛》,《天津社会科学》2006 年第 3 期。

统一性哲学的断裂与革命理论的合法性论证

——马克思及其后继者的哲学贡献

夏 莹[*]

随着工业社会向后工业社会的转变，当代西方马克思主义者否弃了相当一部分马克思思想当中的经典概念，于是判断一个思想家是否可以被归入马克思主义思想阵营变得越来越困难。在被称之为激进左派的一群思想家之中，诸如拉克劳与墨菲、鲍德里亚、齐泽克、巴迪欧等人，都曾针对马克思的文本进行了相应的探讨，并对其理论进行了重大修订，诸如经济基础、生产、阶级、阶级斗争等所有的概念都遭到了最彻底的批判，这种批判是如此之彻底，以至于我们不禁要问，在何种意义上他们还是一个马克思主义者？在对诸如此类的激进左派思想的考察中，我们会发现这些仍自称为马克思主义者的西方学者们普遍具有以下两个理论旨归："批判"与"革命"。具体说来，今天可以被认定为马克思主义者的思想家们至少要符合两个条件：第一，坚持理论中的批判精神；第二，倡导实践中的革命。两者缺一不可。在我看来，马克思的思想在今天的传承也必须在"批判"和"革命"的双重意义上来加以理解和发挥。"批判"是"革命"获得合法性的理论前提。反之，"革命"是"批判"的最终旨归。在本文中我将围绕这样两个核心精神的内涵来讨论马克思及其后继者的哲学贡献。

---

* 夏莹，清华大学哲学系主任助理。

一 马克思思想中"批判"的康德色彩

将"批判"视为理论旨归并非肇始于马克思。青年黑格尔派曾经以彻底的批判姿态来面对出现于 1840 年代的各类现实和理论的问题,因为面对着共同的历史背景,青年黑格尔派与马克思曾有着共同的问题域,但显然马克思很快与其分道扬镳。以《神圣家族》为分水岭,我们看到了两种不同类型的批判哲学。

在此我们或可将鲍威尔所主张的批判称之为思辨的批判,它在本质上遵循着黑格尔关于思维与存在之间的统一性原则,即将所谓"现实的"与"合乎理性"的东西等同起来,因此倾向于以改变范畴为途径来改变现实。这样的"批判"仅仅意味着一种"批评"与"谴责"。它注定要将其批判的对象仅仅视为不合理性的存在,而批判的工作则带有启蒙的色彩。它所做的一切批判不管如何具有颠覆性,都不过是"概念的辩证法"①,是一种"宁静的批判的批判"②。

马克思由此展开了属于自己的一种独特的批判精神。这种批判并非仅仅意味着谴责和批评,而是带有康德式的"批判"内涵。即"澄清前提,划定界限"的意味。康德通过"批判"限定了理性的界限,一方面为信仰留下了空间,另一方面更为重要的是彰显了一种谨慎的态度,凸显了有限主体的思想。"人为自然立法"的规范性原则虽然帮助康德完成了认识论上的"哥白尼革命",但康德却坚持将这种立法的规范性原则局限在一定范围之内,并对于任何试图将这个原则加以推广与夸大的倾向不予承认。这一点我们可以在康德对费希特思想的批评中看得非常清楚。康德在 1799 年的一封公开信中这样说:"我是如此反对根据费希特的原则定义的形而上学,以致我在一封信中建议他把杰出的文字天赋转向应用《纯粹理性批判》的问题上,而不是把它们浪费在培养无结果的诡辩上……对我而言,没有必要表达他的哲学有无价值的看法……我断绝与那种哲学的关系,这就足够了。"③

---

① 《马克思恩格斯文集》,第 1 卷,人民出版社 2009 年版,第 295 页。
② 同上书,第 255 页。
③ Dieter Henrich, *Between Kant and Hegel*, Harvard University Press, 2003, p. 34, Note. 3.

　　在此必须指出的是，康德要与其划清界限的费希特的精神，正是一种试图从自我出发设定非我，从而凸显了主体的无限能动性的精神。海涅曾将这一精神讽刺为有着硕大无比的鹅肝的鹅，以至于区分不出鹅肝与鹅本身，在这个鹅的肚子上写着"我＝我"。① 这种理论倾向源于试图消除康德的界限，同时将康德的三大批判推向统一。这是思辨哲学的缘起，它肇始于费希特，并终结于黑格尔。康德对于费希特哲学的拒斥，在某种意义上彰显了批判哲学与观念论传统的对峙。

　　马克思在批判鲍威尔的时候，指认了鲍威尔的立场是一种"费希特主义的观点"②，这绝非偶然。在我看来，这种类比将马克思与鲍威尔的对立放入到了康德与观念论的对立当中，从而凸显了马克思的批判与康德的批判之间的内在相似性：首先，康德与马克思面对着共同的观念论的传统，只是康德的批判在观念论形成之前，马克思则在观念论完成之后。其次，康德与马克思都从根本上反对哲学的统一性原则，只是康德用划界的方式设定了一个无法被观念认知的物自体的存在，而马克思则在对思维与存在之断裂的强调中凸显"现实"抑或"实存"的独立性。两者在本质上都承认了观念（我思，或主体）的有限性。这是两者本质上的相似性。

　　当然，马克思与康德的理论旨归存在着重大的分歧。如果说康德划界式的批判哲学是为了拯救形而上学，那么马克思的断裂式的批判虽然打碎了形而上学的统一性原则，但其目的却并非是重构某种新的哲学形而上学，相反，马克思的批判最终带来了哲学指向的变化，即传统哲学中的研究方式与研究主题在马克思的"哲学"当中几乎消失殆尽。人的现实生活本身却进入到哲学视阈，在此，生活的"现实性"意味着对生活的特定历史境遇的关注，于是在被马克思称之为资本主义社会的历史境遇下，马克思的哲学所看到的只有生产、私有制、工人与资本家等。正是这一视阈的转换逼迫马克思不得不采用政治经济学批判的方法来触及这一社会现实。在此特别需要强调的是，马克思的政治经济学批判中的"批判"同样只能从断裂式批判的角度来理解。因为这一批判视角逼迫古典政治经济学家不得不面对其经济范畴推演与现实世界的事实本身之间的矛盾抑或对

---

　　① 参见［德］亨利希·海涅《论德国的宗教和哲学的历史》，海安译，商务印书馆1974年版，第118页。

　　② 《马克思恩格斯文集》第1卷，人民出版社2009年版，第342页。

抗,而马克思的政治经济学"批判"正是在洞悉这种对抗的基础上逐渐展开的。

二　马克思"批判"的形成:从"异化"到"断裂"

马克思这种带有康德色彩的"批判"的形成也经历了一个过程。它的形成与其理论视阈的转化之间是互为因果的关系。概而言之,由于马克思对物质利益的关注促使其关注现实生活,并由此发现了"异化"的存在,而由"异化"引发了对于思维与存在之间的断裂的洞悉,促成了马克思迥异于思辨批判之"批判"的形成。同时也正是基于这种"批判",马克思进一步确立了自己的历史唯物主义的理论视阈。

马克思在回顾自身理论发展历程的时候,指出了"作为《莱茵报》的编辑,第一次遇到要对所谓物质利益发表意见的难事"①,而正是试图直面这一"难事"的立场逼迫马克思脱离了学院派哲学的研究态度,并从中发现了新的时代问题。如果说黑格尔在写作《精神现象学》的时候是因为洞察到了"人的目光是过于执着于世俗事物了,以致于必须花费同样大的气力来使它高举于尘世之上"②,因此期待着富有现实性的精神对时代的拯救;那么马克思则在开始其理论的研究之时,却发现黑格尔留下的思辨哲学成了新的思想禁锢,那些观念的创造者们"屈从于自己的创造物,他们在幻象、观念、教条和臆想的存在物的枷锁下日益萎靡消沉,我们要把他们从中解放出来",③ "揭穿同现实的影子所做的哲学斗争,揭穿这种投身于幻想、精神萎靡的德国民众口味的哲学斗争,使之名誉扫地"④。于是与思辨哲学所涵盖的虚假斗争进行斗争,并将目光投向现实生活本身,再次成为时代的要求。

然而马克思并不是第一个,也不是唯一的一个关注现实的思想家。在马克思的时代,法国的社会主义倾向的唯物主义、构建"社会"概念的

① 《马克思恩格斯文集》第 2 卷,人民出版社 2009 年版,第 588 页。

② [德] 黑格尔:《精神现象学》(上),贺麟、王玖兴译,商务印书馆 1979 年版,第 5 页。

③ 《马克思恩格斯文集》第 1 卷,人民出版社 2009 年版,第 509 页。

④ 同上书,第 510 页。

苏格兰启蒙运动,① 甚至黑格尔本人，都已经对社会现实的问题给予了
足够多的关注，黑格尔甚至将政治经济学引入到哲学的研究视阈当中，
并让其在法哲学的研究中发挥着举足轻重的作用。但只有马克思，因直
面了现实与理论之间的无法和解（即断裂），从而能够在政治经济学中
引入"异化"，在哲学中则将包含特定历史情境的人的生活本身纳入其
中，打碎了固有形而上学的统一性原则，从而构筑了一种不流于乌托邦
的设想（法国空想社会主义），又能够真实地突破思辨哲学束缚的哲学
形态。

这种哲学与政治经济学之间的游走是马克思哲学的一个突出特征。
1844 年马克思对于政治经济学的研究，原本只是对黑格尔的系统批判当
中的一个分册。② 从这一意义上说，马克思从来没有割裂经济与哲学批判
之间的关系。"异化"这个概念，正是经济学与哲学批判双重视阈下的一
个产物。

异化作为黑格尔思辨哲学中一个中介性的概念，却成为马克思超越国
民经济学的一个起点。马克思明确指出的国民经济学研究的问题所在，即
它"从私有财产的事实出发。它没有给我们说明这个事实"。③ 之所以不
能说明这个事实，因为"当他想说明什么的时候，总是置身于一种虚构
的原始状态。这样的原始状态什么问题也说明不了"④。这是一种从概念
出发，而不是从事实出发的态度。它属于政治经济学研究中一种路径，即
将"完整的表象蒸发为抽象的规定"⑤ 的路径。这一路径与思辨哲学异
曲同工。因此黑格尔很容易接受国民经济学家们讨论的"劳动"的规
定，并将劳动价值论的说法运用在其对自我意识的分析当中，从而在将
劳动引入哲学的过程中也将劳动抽象化，由此劳动被视为"人的本质，
看做人的自我确证的本质"，进一步说"他只看到劳动的积极的方面，
没有看到它的消极的方面"⑥。马克思在此明确将自己与国民经济学家们

---

① 参见［英］克里斯托弗·J. 贝瑞《苏格兰启蒙运动的社会理论》，浙江大学出版社 2013
年版。

② 参见《马克思恩格斯文集》第 1 卷，人民出版社 2009 年版，第 111 页。

③ 同上书，第 155 页。

④ 同上书，第 156 页。

⑤ 《马克思恩格斯选集》第 2 卷，人民出版社 1995 年版，第 18 页。

⑥ 《马克思恩格斯文集》第 1 卷，人民出版社 2009 年版，第 205 页。

以及黑格尔区分开来。因为在马克思的研究视阈中，他"看到"了"异化劳动"。

严格说来，"异化劳动"不是逻辑推论的结果，相反它是逻辑的悖谬。它存在于现实当中，无须思考的介入，只需要真实地去"看"就会发现。

因此马克思讨论的异化的起点不是一个概念或者一个命题，而是一句带有号召性的短句："我们且从当前的国民经济的事实出发。"① 这不是一个对理论思考的召唤，而是对一种现实行动的召唤。召唤人们去"直观"那些生活在资本主义时代的工人们的现实生存状态。结果"工人生产的财富越多，他就越变成廉价的商品。他就越贫穷"②。这是全部"异化"理论的事实起点，也是思辨的统一性哲学得以断裂的起点。在这里国民经济学家们的劳动价值论遭到了现实的无情的嘲弄。理论与现实的脱节是马克思"异化"理论的核心内涵。因此马克思的异化不能等同于黑格尔的"异化"概念。对于后者来说，异化等同于对象化与外化，异化主体在异化中看到的是自身力量的确证，而非对抗。但对于马克思来说，异化却意味着异化主体与异化现实之间的对抗性，不可融合性。因此异化意味着一种断裂，不仅意味着现实的人的生存困境：劳动的产物不再确证自身，反而成为控制自身，与自身对抗的东西（即劳动的否定性方面）；同时也意味着为理论与现实之间的断裂。

马克思"看出"的异化并不能帮助马克思找到扬弃异化的可行性的道路。它带来的只是人道主义色彩的谴责与批评，此时的马克思还未意识到批判的哲学所具有的现实的力量，因为他的批判还囿于鲍威尔式批判的范围内，只不过这种鲍威尔式的批判穿上了费尔巴哈的外衣。

脱掉费尔巴哈的外衣需要一个艰难的自我反省的过程，但对于鲍威尔式批判所带来的保守主义倾向的洞察却伴随着对异化的深入理解日益清晰起来。对这一保守主义（或者按照马克思的说法批判的宁静主义）的批判形成了《神圣家族》的理论旨归。《神圣家族》包含着丰富的论题，诸如对蒲鲁东思想的探讨、对思辨结构的批判、对法国大革命以及法国唯物主义的反思、群众观点的树立，以及对犹太人问题的再思考，等等。这些

---

① 《马克思恩格斯文集》第 1 卷，人民出版社 2009 年版，第 156 页。
② 同上。

伴随着批判对象（即青年黑格尔派）的论题而产生的论题看似毫无关联，但却秉承着一脉相承的内在逻辑。在我看来，这一内在逻辑不过是"异化"思想在形而上学批判当中的一种重述。换言之，"异化"所带来的理论与现实的断裂，在马克思对青年黑格尔派的批判中被转变为思维与存在之间统一性的断裂。因此，我将马克思对这种断裂的研究视为最为核心的部分。

因此马克思借助于批判的批判家，即鲍威尔等人的口吻所说的这样一段话就变得非常重要：

"批判的批判家——职业的神学家——无论如何也不能想象，竟然有这样一个世界，在那里意识和存在是不同的，而当我只是扬弃了这个世界的思想存在，即这个世界作为范畴、作为观点的存在的时候，也就是说，当我改变了我的主观意识而并没有用真正对象性的方式改变对象性现实，即并没有改变我自己的对象性现实和其他人的对象性现实的时候，这个世界仍然还像往昔一样继续存在。因此，存在和思维的思辨的神秘的同一，在批判那里作为实践和理论的同样神秘的统一重复着。"①

马克思用肯定的语气言说着鲍威尔式批判者的看法，当鲍威尔等人坚持以自我意识构建思维与存在的神秘统一性的时候，那么观念的改变就应立即导致存在的改变，这是鲍威尔批判哲学的主张。鲍威尔不能想象的世界是个"意识和存在是不同的"世界。因此面对现实工人的生存苦难，"照批判的批判的意见，一切祸害都只能在工人们的'思维'中……但是，这些群众的共产主义的工人，例如在曼彻斯特和里昂的工场中做工的人，并不认为用'纯粹的思维'就能够摆脱自己的企业主和他们自己实际的屈辱地位。他们非常痛苦地感觉到存在和思维之间、意识和生活之间的差别"②。这种差别就是一种断裂。工人现实生存的"异化"使得任何概念的辩证法都显得软弱无力。马克思仍然秉承着《1844年手稿》中所特有的现实视角，从而一切仅仅驻足于思辨逻辑的创造、改变都遭到了马克思的嘲弄。马克思对思辨结构的嘲弄不仅砍断了思维与存在之间的统一性，更为重要的是，它同时凸显了现实、存在的优先性。

---

① 《马克思恩格斯文集》第1卷，人民出版社2009年版，第358页。
② 同上书，第273页。

三　思维与存在的断裂:革命合法性的理论前提

马克思的批判凸显了思维与存在之间的对抗性关系,这样一种断裂性的批判帮助马克思坚定了这样一种信念即"批判的武器当然不能代替武器的批判,物质力量只能用物质力量来摧毁"。① 即思辨概念的改变不能带来现实的变迁,改变现实的力量只能源于现实自身,马克思的这一批判哲学所带来的不仅意味着研究视阈的变化,同时更是理论研究的最终旨归的变迁。哲学,作为时代的精神不仅要去解释世界,更为重要的在于"改变世界"②。

"解释世界"与"改变世界"在现实中最终导致了保守主义与激进主义的不同结果。严格说来,我们无法对于这样两种倾向做任何的价值评判,它们只是面对现实的两种不同的态度。以黑格尔为代表的形而上学走向保守主义既有现实的原因,也是其理论的必然归宿。在现实中,黑格尔时代的德国四分五裂,德国贫弱的国力使其无法在现实中呼唤法国大革命断裂性的变革,德国当时的时代问题是"统一"大于"革命"。因为统一的国家的形成才可能带来德国的繁荣。因此黑格尔在《法哲学原理》的最后将国家视为"理性的形象和现实",③ 这是德国特有现实的一种反映。而在理论上,黑格尔以和解为旨归所构建的绝对哲学,虽然充满着矛盾的张力(即辩证法),但却最终走向了思维与存在的统一性。统一性哲学意味着将所有外在的矛盾内在化,从此任何外在的对抗就将最终被转换为观念体系内部的矛盾,体系获得了空前的生存弹性。显而易见,统一性原则与保守主义的政治倾向的关联就绝非偶然的,而是必然的。与此相应,我们是否可以推论出激进政治与统一性哲学的断裂有必然关联呢?在我看来,答案是肯定的。

马克思哲学的现实性不仅在于他对于资本主义社会的异化现象的洞悉与分析,更为重要的是他探寻到了改变这一现实的现实路径。在理论上对

---

① 《马克思恩格斯文集》第 1 卷,人民出版社 2009 年版,第 11 页。

② 《关于费尔巴哈的提纲》第 11 条:"哲学家们只是用不同的方式解释世界,问题在于改变世界。"参见《马克思恩格斯文集》第 1 卷,人民出版社 2009 年版,第 502 页。

③ 〔德〕黑格尔:《法哲学原理》,范扬、张企泰译,商务印书馆 1961 年版,第 360 页。

"改变世界"的呼唤，在相应的政治话语当中被转化为"革命"。马克思在政治倾向上是激进的，这一点毋庸讳言。西方学界也常以此将马克思视为秉承着理想主义的道德宣言而忽视个人自由的思想家。从而将20世纪以来诸多假借理想之名所导致的政治悲剧归罪于马克思。这种指责的一个基本论点即在于认定马克思似乎为我们构建了一个切实的道德理想（例如共产主义），并号召人们采取暴力革命的手段来实现这一理想。个人自由的丧失、生命的牺牲，都在这种道德理想的鼓舞下具有合理性和合法性。自由主义者们认为这是对每个人的权力的践踏。以赛亚·柏林这样描述马克思："马克思的语言如同一个预言者或者先知。他不是以人类的名义在言说，而是以普遍的道德法则自身在言说，他所寻求的不是拯救或者改进，而是警告和谴责，揭示真理，并拒斥一切错误。'我将摧毁，我将建构'，这个被普鲁东书写在他的作品前面的短语更为适合描述马克思的自身所富有的任务。"① 这一看法充满了理论的偏见，缺乏马克思自身理论的支撑。那些负载着理想主义道德预设的历史预言从未出现在马克思的思想当中，反而是黑格尔思辨的历史观的最终旨归。马克思明确的批判了这类历史观，因为它采取了"事后［post festum］"② 的态度，这种态度将会在现实的群众身上找寻自己的材料，于是个人注定成为历史进程的工具和中介。这是绝对精神支配下的历史观的必然结论。这一历史观的内在哲学基础正是统一性哲学。

　　然而马克思从一开始就站在这一历史观的对立面，他宣称："历史不过是追求着自己目的的人的活动而已。"③ 我们对于这句话的理解常常拘泥于所谓"人创造历史"的简单结论，而没有进一步结合马克思的相关论述发现这一命题对黑格尔历史观的颠覆性意义。人创造历史，包含两个层面的内涵：第一，人是历史主导，在马克思看来"历史什么事情也没有做，它'不拥有任何惊人的丰富性'，它'没有进行任何战斗'！其实，正是人，现实的、活生生的人在创造这一切，拥有这一切并且进行战斗。

---

　　① Isaiah Berlin, *Karl Marx*, *His life and Environment*, London, Oxford University Press, 1939, p. 7.

　　② 马克思说："哲学家参与历史只限于他这种回顾既往的意识，因为现实的运动是由绝对精神无意识地完成的。所以哲学是事后［post-festum］才上场的。"《马克思恩格斯文集》第1卷，人民出版社2009年版，第292页。

　　③ 《马克思恩格斯文集》第1卷，人民出版社2009年版，第295页。

并不是'历史'把人当做手段来达到自己——仿佛历史是一个独具魅力的人——的目的"①。可见,马克思从根本上反对将人作为手段的历史观。由此一切以理想主义之名对牺牲个人自由的合法性论证都无法在马克思的理论当中找到自己的支撑。第二,人的活动创造历史,因此历史发展从来不应是"一开始就是不言而喻"② 的。只有思辨结构的历史观会运用辩证法看到历史发展的固有脉络,并强调这种不言而喻性,但由人的活动构筑的历史从不如此确定,"因为不言而喻,现实的任务都不是不言而喻的"③。

从这一意义上说,马克思革命的激进性恰恰不在于他曾给出过革命的目标,从而激励人们不惜牺牲自己而为之奋斗,而在于他仅仅给出了革命的条件和革命的阶级,对于未来的方向却讳莫如深。因为对于历史方向的任何理解,都将最终走入德国观念论的道路,从而仅仅满足于在幻想中改变世界。因为这种历史方向的设定包含着思维与存在的最终统一,实在与应然的统一。这是西方形而上学统一性原则的最直接的体现。

马克思用哲学的批判打碎了思维与存在的统一性,在强调了两者的不可化约性之后凸显了现实条件对于人的活动的约束性。由此形成了人的能动性与受动性的矛盾对立。这是将黑格尔内化了矛盾重新外化的一个过程。革命的意义和价值也正是在正视外化矛盾,承认矛盾的不可消融的意义上才显现出来。统一性哲学原则无法兼容革命。革命,意味着斗争,意味着一个克服与超越既存的一切,带有着强烈的主观性色彩。它不会听从统一性哲学对于结果的最终"安排",而是持续在对抗性当中探寻不断克服自身、走向更高阶段的一条道路。马克思以实际斗争作为出发点,"并把批判和实际斗争看做同一件事情,在这种情况下,我们不是教条地以新原理面向世界:真理在这里,下跪吧!我们是从世界的原理中为世界阐发新原理。我们并不向世界说:停止你那些斗争吧,它们都是愚蠢之举;我们要向世界喊出真正的斗争口号"④。

这种持续的革命与斗争,在黑格尔看来或许是一种恶的无限,但却保

---

① 《马克思恩格斯文集》第 1 卷,人民出版社 2009 年版,第 295 页。
② 同上书,第 285 页。
③ 同上。
④ 《马克思恩格斯文集》第 10 卷,人民出版社 2009 年版,第 9 页。

证了现实的开放性。现实无法归入思维的规定当中，并与思维的规定保持着永恒的张力，这是斗争与革命获得合法性的理论前提。马克思在哲学上的断裂性的批判最终保障了其理论的革命性维度。由于后期的马克思将研究的视阈主要集中在对现实革命的社会历史条件的分析上（在当时表现为对资本主义社会中资本运行的分析），从而其断裂性的批判和革命性维度似乎弱化了。但这种表述的弱化并不能掩盖其精神的实质。这一点在马克思的思想被曲解、被批判甚至被抛弃之后反而被重新发掘出来。对于当代思想者而言，是否秉承着这种批判与革命的态度，近乎成为衡量其是否为马克思思想追随者的核心标准。

四　当代西方马克思主义对革命主体的批判及其重构

当代激进左派的思想家所展开的马克思主义研究进路，在某种意义上源于对这种批判与革命精神的继承。马克思理论的式微已经是不争的事实，马克思主义者在全球化的语境下，挥舞着马克思批判的武器，试图在一个表面繁华的社会背后探寻其内在深层的危机。这一危机是社会良性秩序的断裂口，或者说是社会发展的"症候"。马克思主义的功能在今天的工作是要揭示这种症候，并加速这一症候的爆发，从而激发一个完美的同时也使趋于停滞的社会保持其应有的活力。在这一意义上，共产主义作为一种激发社会发展动力的应然设定，成为激进左派至今津津乐道的主题。

断裂与症候，实际上是革命的另一种表述。当代激进左派努力回避着一切带有传统马克思主义色彩的术语，但其理论的内核却从未改变。这是他们拯救马克思的一种方式。但这种拯救的两难困境在于：一方面如果坚持革命，那么关于革命方向与革命主体的讨论是必不可少的环节，但对后两者的讨论却会将理论带回到传统的马克思理论的老路上：即将共产主义作为历史的必然目的，将无产阶级作为革命的先定选民。从而最终恢复了马克思打碎的思维与存在的统一性，这一统一性表现在用一套关于革命理论的设计预先规定革命的结果。这是向形而上学与观念论传统的倒退。但另一方面，如果坚持革命，却不关注其革命的方向与革命主体，那么马克思主义的革命理论将沦为一场不知结局为何的"游戏"。如同后现代理论的必然宿命，在"怎么都行"的理论宽容中成为既有现实的维护者，而不是批判者。因此用多元主义,或者后现代主义来重新改造传统的马克思主义,主张多元主义,消解一元论的做法,最终将与马克思的批判精神背道而驰。批判与革命,虽然意味一种断裂,但同时又是对应然的一种向往和坚持。原因很简单,如果没有对应然状态的诉求,就无法看出现实的问题所在。"问题"(马克思的"异化")总是相对于"没有问题"才得以存在的。

这正是当代激进左派所面临的理论两难。如果他们固守马克思主义,坚持批判和革命,那么他们必须要建构一个"非先验"的革命主体和革命目标。只有在这一基础之上才能保持自身的激进性。于是找寻这样一个非先验的主体,看似是一个现实问题,但其背后所需要的却是一个深刻的哲学理论的转换:形而上学与主体性、理性与必然性似乎是不可剥离的理论共同体,而当代西方的马克思主义者却要在拒斥形而上学的时候拯救主体性,在拒斥必然性的同时保存理性。

阿兰·巴迪欧在其《世纪》一书中谈到了支配这个世纪的七个变量(Sept variations)。其中他着意在"哲学"标题下写下了这样一段话:"在20世纪30年代到60年代之间,哲学家们用不同的形式来关注了作为主体的个体本真的可变性。"[1] 这个可变性的主体意味着我们不再将主体的本质视为恒久不变的。相反,主体被存在的匮乏(manque-à-être)所界定,"由此主体的本真性被敞开了,因为这种本真性既非一种本质,也非一种本性。由此主体理论有可能指认一种什么也不是的主体,主体是在特定条件下生成着的"。换言之"'是其所是',作为主体,不过是一个生成着的决定罢了"[2]。

巴迪欧的概括是准确的,当代西方马克思主义在其理论的构建当中无非做了这样两个工作:其一,追随马克思的批评者们指认革命主体的危机;其二,用各色可能的理论资源建构一个生成的,从而是非本质的主体。

拉克劳和墨菲所倡导的"后马克思主义"的领导权策略,是这种革命主体的批判和构建的一种尝试。领导权作为一种新的政治逻辑,其本质就是一种新的革命主体的构造方式。它得以构建的两个前提可概括为:其

① Alain Badiou, *Le Siècle*, Seul, 2005, p. 143.

② Ibid. , p. 144.

一，社会对抗的存在；其二，话语连接的关节点的存在。社会对抗（an-tagonism）意味着："'他者'的存在使我无法完全成为我自己，我与'他者'的这种关系并不是从完全的总体中产生出来，而是从它们构成的不可能性中产生出来。"① 这段关于对抗的描述只有在反主体性，反本质主义的语境下才能得到透彻的理解。对抗概念所表达的是"统一"的不可能性。因为他者的存在，我就是非完整的。然而这种使我非完整的他者却又不得不始终存在着，否则这个"我"也是不存在的。领导权正是因为这种对抗的存在而始终无法实现向统一性原则的回归，同时这一对抗也保持了领导权的革命性本质。

　　就这一点而言，领导权理论继承了马克思反形而上学的哲学取向，在学理层面上为社会革命留下永恒的空间。革命的可能性如何变成为现实，需要革命主体的存在。在后马克思主义的视阈中，"主体"理论是始终带着引号存在着。② 在此主体是被暂时连接起来的。所谓的领导权，其本质正是这种暂时的话语连接，其理论的重心在于连接的暂时性。谁究竟能在一段时间内掌握领导权，成为革命主体，关键在于其话语实践的连接能力，即能否将社会对抗的各个方面整合起来，找到对抗的结合点，也就找到了话语连接的关键点。领导权意义上革命主体因此没有本质，它是一个永远有待填补的空白。如同一个没有内容的形式。如此革命主体去除了传统马克思主义的先验性（即先验的为无产阶级），但同时领导权作为一个主体的空位却从不能被消解，这意味着主体的内容可以是非本质的，但主体性的原则却并没有消除。这是当代西方马克思主义者革命理论的关键要点：保持一种非本质的主体性。

　　与之相应，巴迪欧作为阿尔都塞的弟子，在对阿尔都塞理论评述中将其概括为是一种"没有主体的主体性"哲学，这一界定在我看来不过是巴迪欧为了拓展自身哲学的一个切入点。在巴迪欧的理论巨著《存在与事件》中，主体被视为是"空洞的，分裂的，非实体的，非反思性"③，在此，主体的空洞性让其在失去传统主体的本质性之后反而获得了一种新

①　Laclau and Mouffe, *Hegemony and Socialist Strategy: towards a Radical Democratic Politics*, Verso, 1985, p. 125.

②　Ibid. .

③　Alian Badiou, *L'être et L'évenement*, editions du Seul, 1988. p. 9

的发展空间。主体是空洞,或者用结构主义的话语来说,主体成为了某种"主体位置",然而这种主体的解构最终消解的只是主体的本质性。主体位置最终变成了主体空位,这种空位,在巴迪欧的数学化的语言中变成了空集合。空集合并非零集合,零集合中仍然包含着一个"零"的数字,而空集合成为了一个多元要素可能共存的空间。这种空间的多元化的空位在等待着一种填充。而事件,作为他的哲学的另一个关键词,则充当着激发主体,填充空位的契机。任何一种突发事件,就如同一种症候,一种连续体中的断裂,在其中要求主体的参与并承担责任。换言之,正是事件唤出了主体,只是此刻的主体也只存在于事件当中,并在突发事件结束后消失。因此对于巴迪欧来说,如何能说出一个我来?只能是我是我,因为我正在(为一个新的社会,一个新的艺术,一种新的科学秩序)斗争①。

从这一意义上说,巴迪欧与拉克劳,一个采用集合体的数学原理,一个采用结构主义语言学的相关原则,其所构筑的主体却是相似的:它们都只在社会断裂口处才会出现,它们没有本质性的内涵,而是在生成过程中逐渐形成。

当代西方马克思主义所做的努力虽然缩小了马克思思想范围,但却洞悉了马克思思想中残存的形而上学,借助于各色新的理论资源,今天的马克思主义者们正在努力地完成马克思思想的彻底化。这种彻底化集中表现在对马克思主体理论的重构上。从这一意义上说,当代西方马克思主义对马克思的背叛(诸如对其经济、阶级、生产概念的拒斥),同时也是坚持马克思的一种独特方式。

对于马克思及其后继者的考察,让我们看到马克思思想与形而上学之间的复杂关系,这一关系的复杂性使得我们不应轻易的将诸多马克思思想在现实中的失败,视为马克思思想自身的失败。当代西方马克思主义者的态度或许更值得我们关注:这是一种平视马克思,并与其思想保持适当距离的研究方式。在这样的研究方式下,马克思的哲学精神反而得到更为清晰的关照。

---

① 参见 Hallward Peter, *Badiou:A Subject to Truth*, Universtiy of Minnesota Press, 2002。

第十三届马克思哲学论坛学术总结

孙 麾

（2013 年 10 月 27 日）

在"经典与当代"的中国马哲史的反思理路中，可以发现，马克思主义哲学在中国重大的历史转折中，曾经自觉地担当起时代变革的先导。随着改革开放实践活动波澜壮阔地展开，马克思主义哲学经过号角般的响亮又逐渐陷入了沉寂，在从社会舞台退回书房的寂静的学术研究中，中国马克思主义哲学的学术性大大深化和拓展了，在这里我们可以简略回首其中的深刻印记：从异化人道主义问题到以人为本的核心理念；从东方社会理论到世界历史思想；从社会结构理论到社会形态演变规律；从苏联马克思主义到西方马克思主义；从教科书批判到研究范式转换；从历史考证版（MEGA2）到文本学兴起；从本体论根基到多元存在论；从价值哲学到文化哲学；从政治哲学到经济哲学；从生态哲学到空间理论，这种种基于文本深度耕耘的研究路径和研究范式，毫无疑问丰富了马克思主义哲学的思想谱系，深化了马克思主义哲学的学术内涵。

但问题还有它的另一面。正如 1843 年，马克思在《德法年鉴》的办刊方针中所明确阐明的，《德法年鉴》的目的是对震撼整个欧洲社会的各种问题作出哲学和政治的回答。那么，我们也可以设问，当代中国的马克思主义哲学的学术成果能对震撼整个中国社会的各种问题作出哲学和政治的回答么？这种设问不是对"退回书房"的批判，而是对"走出书房"的呼唤。按照马克思开辟的哲学路线，"它将通过思想向现实迈进。哲学始终把它导向政治领域。它不会满足于在孤立的概念中止步不前，它将努力参与现实生活,尽一切可能改变和改造现实生活"。①

从马克思主义哲学的中国语境来看,中国问题正在成为与世界性问题和大国间竞争密切相关的哲学问题。苏联解体,美国乘机占据唯一全球性大国地位,其战略更是强化霸权外交、发起网络空间战、推广普世价值、开发思想资源,形成思想的力量。当今全球化大势与当代中国已经充分展开的矛盾状况,反映到马克思主义哲学的学术视野中,必然要求马克思主义哲学从地域性的传统话语中解放出来,在国际交往和文明对话中来验证和发展马克思主义哲学。

在国际学术舞台上展开对马克思主义哲学的研究,不是要强调在研究的成果中引用外文文献,不是主张要按照西方的理论范式分析中国的问题,更不是以西方学术话语言说中国的未来道路,而是在世界历史大格局中赢得思想空间和理论话语权,在与西方学术的批判性对话中,塑造中国的学术自信,实现世界学术的中国表达,从而为人类文明发展史贡献中国道路的历史独创论。

我们要在西方价值普世化的精神高地中赢得思想尊重,必须以理论的原创性和民族价值的普遍性作为标志,这就是马克思主义哲学面对的学术语境,这就是马克思主义哲学担负的学术使命,这就是马克思主义哲学展开未来想象的现实基点。

真正自由的全球思想空间是一个以尊重为前提的平衡的思想生态系统。走向人类解放需要高度智慧,在知识哺育和智慧创造的竞争中,任何强推思想大一统新帝国的努力都会打破思想生态的平衡。我们的问题是,在这样的智慧竞争中,"哲学何为"?

① 《马克思恩格斯全集》第 3 卷,人民出版社 2002 年版,第 662—663 页。